国家出版基金项目
NATIONAL PUBLICATION FOUNDATION

中国社会科学院近代史研究所中华民国史研究室

总编 李 新

中华民国史

大事记

第六卷

(1931—1933)

韩信夫 姜克夫 主编

中 华 书 局

编著者名录

1905—1910 年　韩信夫　刘明逵

1911 年　郭永才　王明湘　齐福霖　范明礼

1912 年　张允侯　张友坤　章伯锋　胡柏立
　　　　耿来金　刘寿林　钟碧容

1913 年　胡柏立　耿来金

1914 年　章伯锋　张允侯

1915 年　钟碧容

1916 年　郭永才　王明湘

1917 年　韩信夫　范明礼

1918 年　刘寿林　钟卓安　章伯锋

1919 年　张允侯　张友坤

1920 年　钟碧容

1921 年　齐福霖

1922 年　陈　崧　王好立

1923 年　朱信泉　任泽全

1924 年　蔡静仪

1925 年　韩信夫　丁启予　陈永福

1926 年　严如平　柏宏文

1927 年　吴以群　罗文起

1928 年　查建瑜　韩信夫

1929 年　娄献阁　白吉庵

1930 年　李静之　张小曼

1931 年　任泽全

1932 年　石芳勤　徐玉珍

1933 年　江绍贞

1934 年　熊尚厚

1935 年　吴以群　刘一凡

1936 年　郭　光

1937 年　郭大钧　王文瑞　李起民
　　　　　李隆基　常丕军　刘敬坤

1938 年　陈道真　韩信夫

1939 年　李振民　张振德

1940 年　梁星亮

1941 年　陈仁庚　梁星亮

1942 年　董国芳

1943 年　李振民　张守宪

1944 年　梁星亮　张振德

1945 年　齐福霖　王荣斌

1946 年　查建瑜　任泽全

1947 年　陈　敏　章笑明　汪朝光

1948 年　卞修跃　贾　维　陈　民

1949 年　江绍贞　朱宗震

审　订　李　新　韩信夫　姜克夫　齐福霖　吴以群
　　　　　（以下按姓氏笔划为序）
　　　　　王学庄　江绍贞　刘敬坤　朱宗震　朱信泉
　　　　　孙思白　汪朝光　李振民　严如平　杨天石

　　　　杨光辉　邱权政　张允侯　陈铁健　郑则民
　　　　尚明轩　周天度　查建瑜　贾　维　梁星亮
　　　　章伯锋　曾业英
校　阅　王述曾
修　订　韩信夫　江绍贞　齐福霖　孙思源

目　录

第六卷

1931 年(民国二十年)

1 月

1 月 1 日 国民党中央党部及国民政府举行庆祝元旦大会,国民政府主席蒋介石等党政要员在南京首都机场阅兵。同日,蒋介石发表新年文告,提出民国二十年最切要之两事为敬教、劝农。立法院院长胡汉民发表《我们今后的任务》一文,称今后惟一的任务是协助人民筹备地方自治。

△ 国民政府令:张学良、何应钦、朱培德、杨树庄特赐荣褒。

△ 国民政府令:授予刘峙、韩复榘、何成濬、陈调元、王金钰、陈济棠、朱绍良、徐源泉、王树常、于学忠等 68 人宝鼎勋章。

△ 国民政府公布《政治犯大赦条例》、《国民会议代表选举法》、《卷烟税库券条例》。

△ 全国军队开始编遣,分甲、乙、丙三种师,各"剿共"部队暂缓实施,俟"剿共"完毕后再行编遣。全国军费每月暂定 1200 万元,以师为单位支配。

△ 张学良通电宣布辽宁、吉林、黑龙江、热河、河北、察哈尔、山西七省是日起裁撤厘金;浙江、陕西、河南三省府亦均于同日宣布裁厘。5日,河北各税局以各税局均系出资包办,大都限期未满为由拒绝裁厘,

并称在当局无新办法前仍继续征税。

△　北平崇文门关所属十三门税局及各地所设分局、关卡 50 余处,是日均停止征收厘金。

△　第十八师之第五十二、五十三两旅于龙冈被红军全歼,师长张辉瓒被俘后,富田、东固、头陂等地国民党军是日纷纷撤退。

△　第十军军长徐源泉督率所部向洪湖红军贺龙部发动总攻。第四十八师徐继武旅从潜江,韩昌峻旅从天门县岳口、沔阳县仙桃,张振汉旅从沙市,补充一、二团从武穴,新三旅徐德佐部从仙桃至张家沟,湖北警备旅容景芳部从螺山市,特务团从新堤,新二旅刘培绪部从监利,同时向洪湖缩紧包围,攻击前进。3 日,徐德佐部攻占沔阳。4 日,红军 3000 余人反攻沔阳,激战五小时,不胜。5 日,特务团攻占汊河口红军第十四区苏维埃政府。8 日,容景芳旅占领周家湾。10 日,徐继武旅占领渔阳镇。11 日,刘培绪旅占领柳家集。13 日,徐德佐旅攻占峰口。17 日,刘培绪旅攻占翟家湾。至此,红军主力退出洪湖。

△　何应钦、顾祝同、陈继承在西安倡办的《西北文化日报》出版,陈海观任总编辑。

1 月 2 日　第九路军总指挥鲁涤平电令第五十师谭道源及第二十八师公秉藩继续向龙冈进攻。红一方面军得知谭道源师东移消息,以红十二军为正面、红三军团为左翼、红三军为右翼,向东韶星夜急进。

1 月 3 日　红一方面军在东韶从西、南、北向谭道源师发起猛攻,至下午,红军突破谭师阵线,形成合围之势。谭率残部突围东逃。是役,谭师被歼大半,团长黄敬、团附谭济康被击毙,弃步枪千余支,机枪 40 余挺。至此,对江西红军发动的第一次"围剿"结束。

1 月 4 日　陆海空军总司令开封行营主任刘峙因驻河南宁陵新编第四师师长秦庆霖不服调遣,纵兵扰乱地方,派第二十三师师长李云杰率部将秦师包围缴械。是日,秦被押往开封。5 日,刘峙奉蒋介石令委秦为开封行营中将参议。

1 月 5 日　蒋介石在国民政府纪念周报告本年政府最重要的两大

工作,一为召开国民会议,一为废除不平等条约。

△ 内政部长刘尚清在南京宣誓就职。7 日,刘谈内政部施政方针是"剿匪安民"、"甄别县长"、"推行自治"。

△ 前隶属甄寿山部之杨万青、苏纪昌部被第十七路军总指挥杨虎城收编后,编入李云溪特务师,驻陕西凤翔一带。是日,苏、杨率部哗变,将师长李云溪、参谋长尚天初等杀死,并将凤翔城劫掠一空,向西逃去。杨派孙蔚如、赵观涛两师追剿,将叛军歼灭。

△ 山东平市官钱总局在济南开业。该局经理宋福祉称过去山东全省发行纸币共 1008 种,"可算纸币最紊乱之省份"。

1 月 6 日 国民政府任命马麒代理青海省政府主席;派吴凯声为出席国际联合会第十四届禁烟委员会会议代表。

△ 国民政府铨叙部成立,为负责官吏的甄别考核和任用之政府机构。

△ 山东省政府以济南市政府焚烧毒品误烧炸药,死伤公务员多人,决定将市长陈维新免职,并取消济南市政府,市属各机关归省府直辖。

1 月 7 日 财政部长宋子文应张学良电邀,由南京启程赴天津,与张商洽北方各省裁厘后军政费用抵补及晋绥军善后费用诸问题。10日,宋在津对记者谈,全国裁厘后损失约 9900 万元,中央办统税五种、特种消费税 19 种,各省所受裁厘损失当由中央酌补。18 日,宋子文离津返京,19 日向蒋介石报告办理北方裁厘及与张商洽北方军队编遣费情形。

△ 中国共产党扩大的六届四中全会在上海召开。王明提出《两条路线的战争》(又称《为中共更加布尔什维克化而斗争》)。会议在国际代表米夫的操纵下,通过《中共四中全会决议案》,改选政治局,接受共产国际远东局提出的以王明为首的中央政治局委员和候补委员名单。王明(陈绍禹)等取得中共中央的领导地位。

△ 湘赣红军李明瑞部攻克湖南道县城。欧冠正率附近各县民团

会同彭位仁第十六师章亮基旅反攻。

△ 第五师师长兼淞沪警备司令熊式辉因坠机受伤未愈,电总司令部请辞本兼各职。10 日,蒋介石准熊辞第五师师长本职,遗缺以该师副师长胡祖玉升任。

△ 上海招商局船员罢工,经调解于 12 日复工。

1 月 8 日 国民政府任命钱永铭为驻法国特命全权公使,原任高鲁免职。

△ 财政部令撤销苏、浙、闽、皖、赣、湘、鄂、川、豫、鲁等省财政特派员公署,惟广东、河北两省暂准设置;本月下旬开征特税;特税总局设于南京,各省及商业繁盛地区设分局。

△ 武汉行营主任何成濬、湘鄂赣边区"剿匪"督办王金钰、第十三师师长夏斗寅抵长沙与湖南省府主席何键商讨"剿共"计划。19 日,何、王、夏在京谒见蒋介石,详陈湘、鄂、赣三省"剿共"情况及今后三省联合"剿共"军事计划。

△ 考选委员会委员长邵元冲在京对各报记者谈考试问题,略谓欲使国家吏治澄清,"必须拔取专门人才,服务专门之事";自本年起,将实行各种考试遴选官吏。

1 月 9 日 外交部就外人近二年来非法贩运鸦片到华事发表宣言,略称:"现且筹备管理全国鸦片贸易,将来鸦片进口与出口,统由内政部设一机关管理",每年进口额由国务会议决定。并限定上海为惟一进口鸦片口岸,希望各关系国予以联络合作。

△ 国民政府训令行政院饬财政部迅速发行陕西救灾公债 800 万元。

△ 山西善后协进会在太原开会,决议:一、山西驻军以师为单位,一律编为国防军,开往边疆;二、财政绝对公开,向中央力争 2400 万元金融公债;三、将山西兵工厂改为农具制造厂,收回正太路;四、厉行军民分治。

△ 中华文化教育基金董事会在上海举行年会,董事长蔡元培、董

事胡适、蒋梦麟、司徒雷登等九人到会。会议以该基金至 1945 年即将用完,为预筹财源,决议凡以后从该基金中取款时,提存三分之一作将来基金。并决议为资助北京大学的革新事业,每年捐助 20 万元,以五年为限。

    △   上海虹口鸭绿路 67 号大中印刷所承印共产党刊物《红旗日报》,被公共租界捕房查获,搜去所有刊物,承印该刊物的店主钱金淦及店员被逮捕。

1 月 10 日   蒋介石在励志社设宴招待在京党政军要员,并发表演说,略谓"中国贫弱的原因是由于现在处在二十世纪的消费时代,而中国本身只有十八世纪的生产能力",并强调要"节流"。

    △   英、美、法、荷、挪五国分别照复外交部,请开会议解决撤销领事裁判权事。

1 月 11 日   胡汉民召集国民会议方案起草委员会开会,审查《国民会议组织法》。胡宣称召集国民会议的目的在于"谋中国之统一与建设","对内解决民生问题,对外打倒列强政治经济的侵略","博采国民对今后政治的意见"。

    △   蒋介石原定新年后北上巡阅,因"剿共"紧张,须坐镇调遣,是日宣布延期北行。同日,蒋电令各"剿共"部队,限本年 4 月 30 日为"剿共"结束日期。

    △   孙连仲奉蒋介石命率部赴江西"剿共",是日率所部旅、团长抵南京,向蒋请示具体行动方案。旋即返回济宁防地,准备开拔事宜。

    △   财政部因裁厘后据各省报告政费支出不敷甚巨,决定令各省财政厅催办营业税,以资抵补。

    △   第五十二师韩德勤部奉蒋介石令由徐州调往江西"剿共",是日先头部队开拔。韩部在南昌集中后,归鲁涤平指挥。韩之徐州防地由第七师王均部接防。

    △   江苏省清乡督办张之江在扬州召开全省"绥靖"会议,决议分区"会剿",徐海区由张砺生骑三师和张华堂骑一师负责;扬州区由赵建

勋旅负责;淮阴区由梁冠英第二十五路军负责;宁镇区由谷正伦负责;淞沪区由熊式辉负责;苏常区由李明扬负责。预定四个月将全省"匪患"肃清。

1 月 12 日 胡汉民在国府纪念周讲演,指责国府简任以上官吏违背国府禁令,不经请假擅自离京赴沪者比比皆是,并在租界内广置房产,经营种种,寻欢作乐,此事必须加以矫正。胡自称"本人在租界无一草一木","二三年来未离京一步"。

△ 总税务司公布 1930 年海关税收,全国总数合关平银 1.8057 亿两。

△ 中东路理监事会议结束。中方理事长莫德惠所提关于中俄文并用、平均用人、整顿路务、开源节流、修改运则、振兴路有林矿业等提案均通过。

△ 国民党江西省党部代表熊育锡及省府代表罗一东到京向中央请愿,请求速派得力军入赣"剿共"。蒋介石允派孙连仲、徐庭瑶两部前往。

△ 新编第三十一师陶广部攻江西中央苏区修水渣津一带,大肆杀戮。

1 月 13 日 国民政府特派邵元冲为高等考试复核委员会委员长。

△ 国民政府以刘衡、戴王思怙、戴董淑敏、俞福谦于民国十九年中捐资兴学各在三万元以上,特予明令嘉奖。

△ 司法院通令规定,政治犯请求赦免,须向住在地地方法院申诉呈请,由高等法院组成委员会核审;军法会审案不在此例。

△ 陆海空军总司令部调原第十一师师长陈诚任第十四师师长,原任第十一师副师长罗卓英代理该师师长;第十四师师长钱大钧调武汉军校任教育长。

△ 国民政府特派调解桂局代表、广西善后会办伍廷飏向张发奎、李宗仁、白崇禧当面传达中央意见,要求桂方限期通电服从中央,和平解决桂局,否则将以武力解决。

　　△　湖北省政府通令各县积极组织"铲共宣传团"。同日,武汉行营令崇阳、通城、修水、万载、萍乡、铜鼓、平江、浏阳、醴陵、岳阳等县县长到浏阳开"湘鄂赣边县联防会议"。25 日,联防会议开幕。

　　1 月 14 日　国民政府明令改组察哈尔省政府:原省政府委员杨爱源、彭赞璜、张砺生、童效先、索狄木拉普坦、项燮益、杭锦寿,均免本职,彭、项分别免去民政、财政各厅厅长兼职;任命刘翼飞、伍庸、文光、高惜冰、赵兴德、德穆楚克栋鲁普、杭锦寿为察哈尔省府委员,刘兼省府主席,文兼财政厅长,高兼教育厅长,赵兼建设厅长。

　　△　国民政府令:派臧启芳为接收天津比国租界专员。

　　△　国民党中政会决议,将威海卫口岸暂定为自由商港,税收原则交行政院规划决定。

　　△　国民政府警卫师改编完毕,共编步兵三旅,炮兵一旅,师直属坦克、特务等营及教育队,共三万余人,冯轶裴任师长。

　　△　国民党山西省党部向中央建议彻底解决山西问题措施四项:一、军民分治,消除以军专政之害;二、对晋军实施编遣,以谋"苏民固防";三、改组兵工厂,"以永绝国家乱源";四、发行整理金融公债,以维持晋省金融。

　　△　旅京甘人百余人由马福祥领衔向国民政府请愿,要求蒋介石早日视察甘肃,以定西北大计,并速派甘省府人员及西北行营军队入甘,以固边防。

　　△　据《申报》报道:国民党北平市党部决定取消市总工会、商民协会、农民协会、妇女协会、学生联合会,并函市公安局会同派人接管。

　　1 月 15 日　国民党中常会通过《国民会议代表选举法施行法》。20 日,国民政府明令公布。

　　△　全国内政会议在南京举行,出席代表 55 人,内政部长刘尚清主席并致开幕词。中央代表王宠惠致词称,内政工作在训政时期最主要的任务是"完成地方自治"。大会指定民政、警政、土地、卫生、礼俗等各组审查委员。大会收到提案 102 件。

　　△　国民政府令:军政部常任次长陈仪改任军政部政务次长;任命曹浩森为军政部常任次长。

　　△　天津比租界收回。中国政府在天津比租界工部局举行接收典礼,中国外长王正廷,接收专员臧启芳,河北省主席王树常及比利时总领事代表比国政府出席。收回之比租界改名为天津市第四特别区。

　　△　中共苏区中央局在江西瑞金成立,任命周恩来为书记,未到职前由项英代理;同时成立革命军事委员会,项英兼军委主席,毛泽东、朱德为副主席。红一方面军总前委撤销。

　　△　据《大公报》载:铁甲车司令部将铁甲车队改编为铁道炮队,司令部设于浦口,下辖四大队:第一大队队部设于济南,归韩复榘指挥,巡防津浦、胶济两线;第二大队队部设于开封,归刘峙指挥,巡防陇海线;第三大队队部设于徐州,归王均指挥,巡防津浦南段;第四大队队部设于汉口,归何成濬指挥,巡防平汉线。

　　△　陕西省建设厅为开发陕西发表启事,欢迎"国内同胞、国外侨胞之热心祖国实业者,关怀西北民生者,来陕投资",兴办农、工、矿、林等业,以改善陕省民众之饥寒困境。

　　1月16日　蒋介石、张学良联名代电,委任宋哲元、商震、徐永昌、杨爱源、傅作义分别为陆军第三、四、五、六、七军军长;委任庞炳勋、孙殿英、杨效欧、冯鹏翥、孙楚、杨澄源、王靖国、杨耀芳、李生达分别为陆军第一至第九师师长,傅作义兼任第十师师长。周玳为炮兵监。至此,西北编遣问题告一段落。

　　△　武汉行营通令,"铲共剿匪"区域政务,除财政、司法外,均由该区军事长官监督指挥。

　　△　第五十六师刘和鼎部攻陷红军龙岩大池根据地,红军退往古田村。闽西苏维埃政府及红军军官学校均被刘部烧毁。第五十师谭道源部、第六十师蔡廷锴部、新编第三十一师陶广部等同时对湘赣红军根据地进攻。

　　△　国民政府通电,陆海空军副司令张学良业已宣誓就职,自本年

1 月起,总司令部各公文均由张学良副署。

△　教育部公布《华侨中小学规程》,令驻外各领事转饬所属中、小学一体遵行。

1 月 17 日　国民政府令:特派林森、刘纪文为首都建设委员会常务委员。

△　国民政府令:《清乡条例》施行期延长至本年 6 月底止。

△　国民政府据内政部呈准河南省府咨请裁撤开封、郑州两市,是日指令照准,并令行政院转饬遵照。

△　外交部长王正廷在北平招待报界,答复所提各问题。王称,对外法权问题已有 13 国解决;使馆南迁者已有四五国;中俄问题,中央主张先将东铁问题解决,再议通商问题;汉口日法租界、广州湾收回案,已由各公使电本国请示;银借款问题,政府并无此意。

△　中国国际贸易协会在上海成立,张嘉璈等 17 人为理事。

△　晋军将领孙楚、杨效欧、杨澄源、王靖国、李生达、李服膺、杨耀芳、张会诏、冯鹏翥等联名电国民党中央及蒋介石、张学良,陈述天津善后会议决议只将晋军编为四个军,"与晋军实在情形,过相悬殊,万难容纳",请求将"晋军编为国军,俾与中央军同等待遇","否则惟有解甲归田"。2 月 3 日,蒋复电称:此次改编晋军,中央根据国军编遣计划,斟酌晋省财政情形编定,不容轻易变更。

△　山东省政府主席兼第三路军总指挥韩复榘将其所属部队缩编为两个甲种师、一个乙种师、一个炮兵独立团及一个独立旅。19 日,韩派第二十师师长孙桐萱往南京向蒋介石报告该路军缩编情况。

1 月 19 日　国民党中央执行委员会令各级党部在 3 月 1 日前,按中央规定办法改组各种人民团体组织,并呈报中央。

△　蒋介石在国府纪念周报告鄂、赣两省"剿共"近状,谓张辉瓒在东固失败"乃过程中必经","剿匪进行,必能依预定计划及时完成"。

△　于右任视察陕灾后返京,是日在中央纪念周报告陕西灾情,略谓陕西自民国统一后,死亡人口已达 300 余万,十室九空,穷人卖儿卖

女达 40 多万,冯玉祥、阎锡山两军阀从贩卖人口中还各自榨取税收200 万元之多。此非只阎、冯之罪恶,全体党员亦应负责任。

　△　蒋介石设宴招待出席内政会议的各省民政厅长,并指示"介绍当地官吏加入国民党"。21 日,蒋函嘱内政会议秘书处通知出席会议人员,凡有未加入国民党而愿意入党者,均可入党。

　△　红军李明瑞部攻克粤北连县。湘、粤两省当局急派军队反攻。

　△　上海《时事新报》18 日"星期评坛"发表《外交部长献地图》一文,称王正廷北行,"言为参加收回天津比国租界,实则别有所为"。是日,蒋介石指责该报向来投机,"批评外交当局,完全失去报纸的价值",并声言"政府必要制止"。

　△　上海新药业同业公会主席黄楚九逝世。上海日夜银行及大世界游览储蓄部因此宣告倒闭。各种存款委托上海银行自 6 月 18 日起按存款额一成发还。

1 月 20 日　蒋介石在京面谕何成濬,湘、鄂、赣三省"剿共"事宜,统归武汉行营全权办理,并面授"清剿"机宜四项:一、招集流亡;二、实行连坐法;三、扶植自卫力量;四、实行推进办法。并限令各军两个月内务将湘、赣共产党完全肃清。

　△　黄绍竑离香港赴南京,临行时托何荦转告陈铭枢、陈济棠,谓本人及桂各将领均愿和平,现已停止军事行动。同时,黄表示另函二陈,请恢复桂省水陆交通,停止轰炸邕、柳,缩小警备范围。桂对和平次序分两步:一、通电拥护和平,第八路军、第十路军停止封锁水陆交通;二、桂省军政长官由中央任命,李宗仁、白崇禧、张发奎通电下野。

　△　中共中央政治局会议通过《关于军阀进攻苏维埃区域的决议案》,决定由苏区中央局承担第一次全国苏维埃代表大会的准备工作,提出"不应机械的一定要在二月七日来开,再延期与否应由苏区中央局去决定"。

　△　红军孔荷宠部及赤卫队在湖南浏阳东汇集,准备进攻古港。是日,第四路军总指挥何键通电各部队,生擒或斩取孔荷宠首级送往本

部者,赏大洋一万元。

1 月中旬 许继慎、徐向前领导的红一军与蔡申熙、陈奇领导的红十五军在河南商城长竹园会合,遵照中共中央指示合编为中国工农红军第四军,军长邝继勋,政治委员余笃三,参谋长徐向前。下辖第十师(师长蔡申熙、政治委员陈奇)、第十一师(师长许继慎、政治委员庞永俊)及独立团,全军共 1.25 万余人。红四军由鄂豫皖特委直接领导。

1 月 21 日 国民政府据考试院呈以《考试法施行细则》业经公布,自民国二十年起,所有各省呈请举行考试,应一律停止;各项考试概由考选委员会按照需要,随时呈考试院核夺施行,是日训令行政院转行所属知照。

△ 国民党中政会议决议:一、承认巴拿马新政府;二、议定对"有功于革命者"给勋办法。

△ 内政会议通过《修正县组织法施行法》,规定完成县组织期限最迟不得逾民国二十三年(1934)年底。

△ 张学良在沈阳东北边防公署接受日本天皇所赠旭日大勋章,日驻沈总领事林久治郎代表日天皇授勋。东北各军政要员均参加授勋仪式。

△ 郝梦龄师全部到达修水,郭华宗师到达万载,"会剿"湘赣边区红军。

1 月 22 日 蒋介石在南京励志社召集韩复榘、孙连仲、马鸿逵等部师、旅、团长训话,并按师、旅、团三级分别各赏给大洋 5000 元、500 元、300 元。

△ 蒋介石电委孙连仲为"江西清乡督办",并令孙部自本月 27 日开拔,限 2 月 14 日前全部入赣。

△ 财政部电令全国各银行禁止非法业务,凡不遵正当营业手续,私自经营非法储蓄及类似诱惑性之业务,一经查觉,即予严惩。

1 月 23 日 国民党军罗霖、公秉藩、许克祥、路孝忱、毛炳文、蒋光鼐、蔡廷锴、胡祖玉、韩德勤、刘和鼎、张贞等师配置于吉安、吉水、永丰、南丰、乐安、宜黄、广昌、石城、兴国、赣州、泰和等地,完成对中央苏区红军的包围。

△ 徐源泉电监利、宜昌、江陵、沔阳各县长,限一周内分别组织"临时清乡委员会"。

1月24日 张学良在辽宁省府礼堂报告南京之行的感受,宣称蒋介石对国家"励精图治,惟缺乏良好之帮手","中央之富有朝气,实令人景仰"。"予自思中国之所以紊乱如斯者,我等军人必须负完全责任","今后我等应以廉明守法相勉"。

△ 全国内政会议闭会,并发表宣言,略称今后要务为"安靖地方"、"整饬吏治"、"完成自治"、"开发疆土"。

△ 武汉行营委周朝武为鄂西游击司令,令其即在潜江组司令部,协助各县清乡。

△ 徐源泉电请何成濬在洪湖地区办团防,组织"铲共团",清查户口,实行村区联防。是日,何复电,谓所请已令民政厅转饬遵办。

△ 红军贺龙部退往鄂西恩施、鹤峰一带,国民党军罗启疆部进至鹤峰县境,陈渠珍部进至桑植,徐源泉部亦由宜都等地西进。

△ 红军第一军团第三军军长黄公略部攻入铜鼓,警队民团溃逃至距城十五里处三都顽抗。27日,警队民团搜罗各地武装反攻,被红军击毙击伤极多,余溃逃,急电蒋介石请令鲁涤平派兵援救。28日,黄公略部攻下三都,在铜鼓县城建立苏维埃政府。

△ 延吉市政筹备处长兼延吉、珲春、汪清、和龙四县行政监督张书翰奉吉林省主席张作相之令,在延吉召集该四县县长讨论延边"防共"实施方案。

1月25日 黄绍竑应蒋介石召,偕伍廷飏等抵南京,向蒋报告解决桂局经过及桂省近情,表示桂省"拥护中央,一致清共"。

△ 红军湘鄂赣军区总指挥孔荷宠、李实行部三四千人攻占南昌附近高安县城,鲁涤平急电驻吉安省独立第十四旅刘夷部及赣北第五十四师郝梦龄部速往反攻。

△　中共中央在上海创刊《党的建设》杂志。

1 月 26 日　国民政府令:特派戴季陶为国民会议选举总事务所主任。

△　蒋介石在国府向何成濬、王金钰、陈仪、杨杰、贺耀组、冯轶裴、张治中、张惠长、贺国光、陈绍宽、俞飞鹏、谷正伦、夏斗寅、上官云相等参与"剿共"作战有功的军事将领 24 人授予宝鼎勋章。

△　蒋介石任命韩德勤为南昌卫戍司令,所有第五十二师及独立第十四旅均归其指挥。

△　第八路军总指挥陈济棠应蒋介石电召,从广州启程入京商议桂局善后。29 日,陈抵上海对记者谈,桂省军事行动已停止一月,第八路军最前部止于宾阳、迁江(今并入宾县)一带,该军现由余汉谋负责,桂局解决办法唯中央之命是遵。同日,云南省主席龙云以桂局即将和平解决,令第十路军除留张冲旅驻桂南外,其余全部撤回昆明。

△　蒋介石电令第二师师长顾祝同、第三师师长陈继承、第十师师长杨胜治各率所部于 2 月 1 日前全部进入甘肃。

△　张学良在沈阳召集辽、吉、黑、晋、察、热、哈、平、津等北方各省、市财政厅、局长开会,讨论厘金裁撤后另办新税抵补办法。

△　英国远东经济考察团来华考察已三月,对东北、华北及长江一带考察完毕,即将赴粤考察后回国。是日,上海交通大学校长黎照寰设宴为该团饯行。

△　红四军邝继勋部第十师围攻湖北麻城县北部磨角楼守军第十三师一部,第十三师副师长朱怀冰率四个团自麻城前往营救,与埋伏在骑骡铺的红十二师激战三日。28 日,红军攻占磨角楼,重创朱怀冰部,缴获枪千余支。

1 月 27 日　蒋介石为统一指挥湘、鄂、赣、闽"剿共"事宜,特令军政部长何应钦任"湘鄂赣闽剿匪司令",代行总司令职权,指挥四省"剿共"部队及武汉、南昌两行营。同日,蒋电令鲁涤平兼任第十八师师长。

△　国民政府公布《教育会法》,凡 38 条。

　△　中共中央政治局以罗章龙等在中共六届四中全会后非法成立"中央非常委员会"(即"第二中央")、江苏"第二省委"、上海闸北和沪中"第二区委"、"第二工会党团"进行分裂党的活动,是日通过《关于开除罗章龙中央委员及党籍的决议案》,随即付诸实施。

　△　商震、徐永昌、杨爱源在太原召集晋军各将领开军缩会议,各军长仍主张缩编为 10 个师,每军拟裁三个团,留六个团。商震表示愿让出所兼军长职务。28 日,经庞炳勋、宋哲元两人与晋军各将领斡旋,商震与各军长间隔膜已消除,预定裁兵三分之一,设军事委员会办理善后。

　1 月 28 日　国民党中政会通过保障人民自由案及中央遴选工作人员交国民政府派赴各省指导地方自治工作暂行办法;又通过戴季陶所提扩充医药卫生教育案,该案内称,现在中国九万人中才有一个西医,30 年后要达到 1000 人中有医生一人。

　△　国民政府公布《棉纱火柴水泥统税条例》。

　△　中日电讯交涉在京正式举行,讨论沪崎(上海—长崎)线合同及修改青崎(青岛—长崎)线合同。

　△　红军贺龙一部进至华容县境,新编第十一师师长张英令所部两团由南县、安乡,第四十八师刘培绪旅由藕池,两路同时向华容进攻。同日,红军孔荷宠、邵式平两部占领江西樟树,第五十四师师长郝梦龄电所部各军向樟树围攻,航空五队出动战斗机协助。

　△　上海各同业公会因江、浙两省所征营业税率超过政府规定税额达 10 倍以上,特推代表骆清华等到南京向国民党中央党部请愿。29日,沪各同业公会通电号召各商家,凡逾越财政部所颁征税纲要 2‰最高限制之营业税,概不缴纳。

　△　红军俘获之第十八师师长张辉瓒,在东固经群众大会公审后处决。

　1 月 29 日　第五十四师郝梦龄部攻占高安,红军孔荷宠部退宜丰一带。

△　贺龙部抵达石门新关，与李觉师激战后退磨子隘，武汉行营令湘、鄂、川各军联合向贺龙部"围剿"。

△　上海中国公学教职员会上书该校董事会，陈述马君武长校以来，违背董事会章程、变更学科系统、任意独裁、经费不公开、招收伪造文凭之学生、重用教育部明令撤退之教授罗隆基等办学措置失当，要求准马立即辞职。31 日，校董王云五等调停，马坚持己见。2 月 2 日，马又指使罗隆基率领"学生代表团"30 余人在校内挑起武斗，学潮扩大，马走。同日，董事蔡元培、王云五、高一涵、杨杏佛等函董事会声明无力维持局面，提出辞职。5 日，教育部派顾树森、朱应鹏等为中国公学临时接管委员。

1 月 30 日　陈济棠抵南京，对记者谈称，桂军枪械全数不到一万支，而张发奎仅有 1000 余人，桂事善后绝对遵中央意旨去做，个人无成见。当晚，蒋介石约陈济棠、黄绍竑、何应钦等共商桂局善后。31 日，陈再向蒋报告第八路军入桂情形。

△　晋军各将领与张学良所派点验晋军代表戢翼翘等续商改编晋军。晋将领多数认为天津会议决议晋军只留八师 32 团，被裁太多，主张留 10 师 60 团。协议结果，推戢赴沈阳向张学良报告。同日，张学良电晋军各将领称，晋军缩编仍须维持天津原议。杨爱源劝大家顾全大局，遵张决定办理。

△　教育部训令国立各大学、专科学校暨各省市教育厅、局转饬各公、私立高中以上学校，加紧军事训练，规定军事教育修习期为两年，每周三小时，各校校长应亲自负责指导，认真办理。

△　全国商会联合会主席林康侯分电行政院、财政部，谓安徽、江苏两省自裁厘后，所征营业税加增五倍至 10 倍之多，请政府严加矫正。

1 月 31 日　国民政府公布《危害民国紧急治罪法》，该法规定，凡"扰乱治安者，私通外国图谋扰乱治安者，勾结叛徒图谋扰乱治安者，煽惑军人不守纪律放弃职务或与叛徒勾结者"均处死刑；凡"为叛徒购办或运输军用品者，以政治上或军事上之秘密泄露或传递于叛徒者，破坏交通等行为者"处死刑、无期徒刑或 10 年以上有期徒刑;凡"宣传与三民主义不相容之主义者"处五年以上 15 年以下有期徒刑。对犯法者,戒严区内由该区最高军事机关审判,在"剿共"区域由县长及司法官二人组织临时法庭审判。3 月 1 日起为实施日期。

　　△　国民政府任命各部常务次长:内政部张我华,外交部王家桢,军政部曹浩森,财政部李调生,教育部陈布雷,交通部韦以黼,铁道部黄汉梁,实业部郑洪年、穆湘玥。

　　△　国民政府明令改组山西省政府:原省府委员商震、杨兆泰、冀贡泉、马骏、邱仰濬、孟元文、耿步蟾、陈受中、李尚仁、王录勋、陈敬棠均免本职,邱、孟、陈(受中)、王、耿、李分别免去民政、财政、教育、建设、农矿、工商各厅厅长兼职;任命商震、张济新、常秉彝、冯司直、仇曾诒、张维清、郭宝清、李尚仁、胡颐龄为山西省政府委员,商震兼省政府主席及民政厅长,张(济新)、冯、仇、常分别兼财政、教育、建设、农矿各厅厅长。

　　是月　话剧剧团大道剧社在上海成立,主要演员有郑君里等。

　　△　上海青年旅行家潘德明只身单车环游世界启程(历时七年,于1937 年回国)。

　　△　台湾总督石塚英藏离任,由太田政弘接任第 14 任台督。

　　△　台共在凤山成立改革同盟。

2　月

　　2 月 1 日　蒋介石约陈济棠、黄绍竑商谈桂军编制及桂省善后事宜。同日,蒋介石、胡汉民接见国民党四川省党务指导委员向育仁,询问川事。

　　△　交通部在沪成立国际电信局。

　　△　中德航空公司成立,韦以黼任董事长,双清、史密德为副董事长。其航线定为由上海经南京、北平、齐齐哈尔至满洲里;出满洲里后改由苏联组一新公司,自海参崴经伊尔库茨克、莫斯科而达柏林。

△ 山西省代表温寿泉在南京谈,晋钞基金被阎锡山提走,仅剩300余万元,而省银行所发钞票已超过5000万元,现晋钞每元仅值现洋三角上下,晋省经济已临绝境。

2月2日 军政部部长、湘鄂赣闽"剿匪"总司令何应钦离京赴赣,组织指挥对江西苏区红军第二次大"围剿"。参谋长贺国光、副参谋长王纶等随行。4日,何应钦抵南昌后,召鲁涤平、贺国光等商议"围剿"红军计划,决定俟各部重新布置完竣,孙连仲部到达前线后,再发动总攻。

△ 第六十师蔡廷锴部由赣州开赴兴国,旋向广昌、宁都一带红军进攻。

△ 第十七路军总指挥杨虎城电告南京总司令部,谓田颂尧、刘存厚等川军入侵陕境,已被击退。5日,蒋介石电邓锡侯、田颂尧,令其饬所部未得中央明令,不得自由开赴陕、甘境内,以免误会。25日,国民政府电令刘存厚迅将入陕川军撤回四川,以后如军队自由行动,即将该管长官严惩不贷。

△ 监察院院长于右任举行宣誓就职典礼,蒋介石、胡汉民、王宠惠等及各机关代表200余人出席。

△ 内政部奉行政院令,电咨各省、市政府将阎锡山在国内财产照《修正处理逆产条例》查封。

△ 豫鄂皖边区"绥靖"督办公署从信阳移往汉口,督办李鸣钟向何成濬报告豫边"围剿"红军情形,并提出"清剿"豫鄂皖边境红军计划,计划规定:第二十二路军总指挥吉鸿昌及第十三师师长夏斗寅所部仍驻鄂东,为"围剿"主力,第三十三师葛云龙部由豫边进攻黄安(今红安)。

△ 刘湘部抵五峰县渔洋关,罗启疆部到达鹤峰走马坪,李觉部到达石门磨岗隘,陈渠珍部到达大庸、桑植,共同对湘鄂边境红军贺龙部实行包围。

△ 晋军各军长所推代表景耀月去沈阳见张学良后,返抵太原向

各将领报告与张接洽经过,谓张对晋军编遣仍主张维持天津决议,保留军长制,仍编四军八师,添设护路军及晋南、晋北、太原三警备司令部问题,可酌情商办。军队总额为 56 团,军饷由东北及河北设法筹拨,被裁军官均送讲武堂。各军长认为结果圆满。

　　△　美国哥伦比亚大学教授孟禄由外交部长王正廷介绍,由南京到上海与财政部长宋子文商洽其所拟《改善中国经济状况计划》。该计划要点是,因德国现在无财力向美国偿付战败赔款,其生产之产品又无销路,计划由德国在华开辟一市场,由美国转账,德国藉此偿付战债。

　　△　河南省赈务会电中国红十字会,谓樊钟秀、刘桂堂、孙士贵、任应岐等部 20 余万人驻长葛县七个月,滥劫横征,勒粮派款,不下百万元,该县罗掘俱穷,人民除死亡流离者外,赤穷不能举火者逾 5000 余家,请速予赈救。

　　△　广东省政府任命唐绍仪为中山县县长,并电沪促唐速归就任。

　　△　前北京政府国务总理孙宝琦在上海病故。

　　△　红军方志敏部自赣东进入浙边,占领玉山临江湖一带,常山县县长急电浙江省府及驻杭第四师师长徐庭瑶乞援。

　　△　甘肃省赈务委员会代表杨作荣到京向国民党中央和国民政府请求拨赈款救济甘肃。据杨称,该省年来死于荒旱、疫疾、地震、兵匪之灾者,已逾 250 万人,奄奄待毙者不下 300 万。

　　△　河南修武、博爱两县收回英商福矿权委员会联合发出通电,要求收回英商福公司矿权,略谓与该公司所订矿务合同为最不平等之条约,两县数十万人民誓死不再与该公司合作,爱国保矿,不达目的,誓不中止。

　　2 月 3 日　行政院公布《电影检查法施行规则》及《电影检查委员会组织章程》。

　　2 月 4 日　国民党中政会通过《严惩商店与政府机关交易私给回扣案》及《贪赃惩治法案》,公务员回扣者,以舞弊治罪,共同舞弊之商店,亦以犯罪论;《共产党自首法》因办理大赦案对自首范围发生疑义,交法律组审查。

　　△　蒋介石召见甘肃党务整理委员田昆山、凌子惟,青海党务特派员方少云、翟宗涛等,指示办理西北党务方针。

　　△　海军部次长兼江南造船厂厂长陈绍宽由京抵沪,对记者谈海军近况和任务称:一、规划海权为当务之急,领海范围业经拟就,定为离海岸三浬以内;二、长江防务甚巩固,自宜昌至南京,均有军舰驻防;三、象山设立海军学校,俟建筑计划拟定即进行;四、改造军舰。

　　△　红军陈韶、谭思聪两部由湘东酃县向资兴进发,击溃资兴民团,缴枪数百支,占领资兴县城。何键急调军队前往围攻。

　　△　全国商会联合会通电各省商会联合会限期改组,以便推选代表参加国民会议。

　　△　训练总监部决定在南京、汉口、北平、辽宁、广州各设陆军中学一所,招收初中毕业学生,每校每期 200 至 500 名,并议定学制大纲、组织条例及毕业后派往东、西洋各国陆军大学肄业办法。

　　△　铁道部通令京沪、沪杭甬、津浦、胶济、湘鄂、南浔等路推行交通部编制的国音电报,限本年 6 月底前普及全线。

　　2 月 5 日　国民党中常会决议:一、推定中央委员分区视察人选及分配区域:辽、吉、黑、热,吴铁城;平、津、冀,张继;察、绥,苗培成;晋,孔祥熙;湘、鄂,曾养甫;两广,李文范;闽,陈肇英;滇,王柏龄;赣,何应钦;皖,桂崇基;苏、沪、京,朱家骅;浙,张道藩;黔,褚民谊;陕,焦易堂;豫,程天放;鲁、青岛、威海卫,刘纪文;川,方觉慧、丁超五;海外,林森、陈耀垣。二、圈定陈济棠、陈铭枢、黄麟书、林云陔、黄季陆、林直勉、蒋光鼐为广东省执行委员会委员。三、推孙科、林森、陈立夫、孔祥熙、宋子文、马超俊、余井塘、吴铁城、郑洪年、陈耀垣、萧佛成为暨南大学董事。四、通过《文化团体组织大纲及细则》及《省、特别市党部及县、市党部指导农会组织办法》。

　　△　禁烟委员会委员伍连德发表《流毒已极的鸦片问题》一文,主张政府准确调查各省种烟,由政府监视生产,种烟烟民每年减 50％,定

15年禁绝,在此期间海关按月抽烟土税每担2000两另储;一切操之过急的政策均应废止。13日,中华国民拒毒会开会反对国民党当局变更禁绝鸦片的政策,抗议伍连德散布鸦片公卖言论。

2月6日　蒋介石颁布豫鄂皖边区"绥靖"计划,并召第二十三师师长李云杰到京面授机宜。

△　武汉行营主任何成濬电何键,略谓本行营已电令第二十一军军长刘湘转饬该部向恩施、鹤峰"协剿"贺龙部,望何速派所部"进剿"湘西。

△　晋军将领宋哲元、商震、徐永昌、杨爱源、傅作义、庞炳勋、孙殿英、杨效欧、孙楚等通电,表示遵天津会议决议,就军、师长职。

△　据《申报》报道:山东聊城杨氏海源阁藏书,在清宣统元年官厅立案时,计有经、史、子、集四部书3236部、20.83万余卷,宋、元书464部,1.1328万卷。民国以来,颇有损失,近来聊城杨氏藏书被兵匪蹂躏后,部分运往济南,部分运往天津,部分被股匪薛传峰、王金发抢去,流失保定,已有12种被日本买去。运济部分,省教育厅提出捐出、半捐半卖及收买三项办法。与书主杨敬夫庶母交涉无结果。

△　何应钦电南京总司令部,催孙连仲部急速赴赣。

△　陕西省赈务会西路查灾委员报告,武功未埋死尸约万具,乾、郿两县共六万余具,兴平、咸阳、扶风等县未埋尸体亦颇多。

2月7日　国民政府明令改组导淮委员会,原导淮委员会委员长蒋介石、副委员长黄郛及委员陈其采、陈仪、陈辉德等18人均免本职;特派蒋介石为导淮委员会委员长,黄郛为副委员长,庄崧甫、陈其采、陈立夫、吴忠信、杨永泰等17人为导淮委员,并指定庄崧甫、陈其采、陈立夫、吴忠信、杨永泰为常委,黄郛未到任前,由庄崧甫代理副委员长。

△　国民政府令:特派孙科为国民会议选举总事务所副主任。

△　国民政府任命沈尹默为国立北平大学校长,原校长李石曾免本职;任命徐炳昶为国立北平师范大学校长,原校长易培基免本职。

△　中华全国总工会执行委员兼秘书长林育南、中共中央宣传部

工作人员李求实,中共江苏省委委员何孟雄,上海总工会秘书长龙大道,中共南京市委书记恽雨棠,共青团江苏省委委员欧阳立安,共青团上海闸北区委书记伍仲文,上海总工会组织部长阿刚,中国"左联"作家胡也频、柔石、殷夫、冯铿,中国工农红军第十四军干部汤士伦、汤士德,中共青岛市委书记王青士,中共机要工作者李文,上海总工会沪东区办事处主任费达夫等 24 人于 1 月 17 日在上海东方旅社参加党的秘密会议时,因叛徒出卖被捕,是日被淞沪警备司令部在龙华杀害。

△ 教育部派顾树森等为整理中国公学临时委员,该校所有非法团体一律解散,前发各教员聘约停止发生效力,开学延至 3 月 1 日,所有职员另订聘约,学生入学手续另俟布告。

△ 全国各实业团体在上海组织国际商会中国分会,选陈光甫、郭秉文为正副会长,林康侯为秘书长,并于 13 日电巴黎国际商会表示正式加入。

△ 湘省公布去年全省人口调查统计,男 1677.5847 万人,女 1324.1734 万人,共 3001.7581 万人。

2 月 8 日　蒋介石邀莫德惠商洽对俄方针。

△ 第十八师师长张辉瓒之首级于本月 2 日为罗霖师哨兵在吉安河中一木匾上捞获,7 日送到南昌,是日,大殓。17 日,蒋介石电赣省主席鲁涤平致唁。23 日,国民政府明令褒恤,按陆军上将阵亡例从优议恤,并予公葬。

△ 参谋、海军、财政、内政、实业五部会商领海界限问题,拟以沿海岸落水处三浬为原则,如遇战时中立则扩大界限。参谋部为便利巡防,提议以 12 浬为限,海军部仍主张三浬,会议无结果。

△ 河北省磁县县长陈中岳致电蒋介石、张学良,谓本县历年受军事之苦,现石友三之第十三路军又驻本县就地征饷,"竭泽而渔",已到"民穷财尽的绝地",请政府速给石部发饷,令其停止就地索征,以解民众倒悬。

△ 日本南满铁道社经营之抚顺煤矿发生硫磺自燃事故,矿主将

洞口封闭,矿内华工 3000 余人丧生。

2 月 9 日　国民政府公布《倾销货物税法》及《民国二十年湖北省善后公债条例》;改组禁烟委员会,任命刘瑞恒、张学良、李基鸿、钟可托、罗运炎、伍连德、张树声、田雄飞、胡毓威、陈炳光、史赞铭、陈绍宽、马寅初为禁烟委员会委员。

△　国民党中央监委张继在国民政府总理纪念周讲演农村问题,谓"中国以农立国,农业为人民生活基础","故中国应以农业为主,工业为宾,为立国之本,而不应工业化"。

△　徐源泉部张振汉、徐德佐两旅会同新十一师张英部马昆山旅向华容县城猛攻,红军段德昌退往万庾、调弦一带。

△　山西善后协进会代表张策等到南京向国民党中央请愿,提出要求五点:一、晋军应照中央军编制,一律改编为国防军,开驻边境;二、实行军民分治,打破军官独裁;三、恢复中央前颁 2400 万元整理山西金融公债,省银行收归公有,由人民组织监督机关;四、兵工厂改为生产事业工厂,兴修同蒲路,收回正太路;五、各级学校立即复课。

△　上海邮务工会及各地邮务工会发表联合宣言,反对中央拟依照《工会法》重行改组邮务工会,表示拥护原有之组织。

2 月 10 日　国民政府公布《工厂检查法》。

△　张学良在沈阳对日本新闻记者谈:东北拥护中央及四中全会决议。西北军军费由中央负担,晋军军费由晋负担。又称:要区别对待共产党中研究学说者与搞武装暴动者,对暴动分子坚决取缔。中日东北铁道问题现状,无交涉必要。

△　张学良电复戢翼翘、商震等称,晋军应按天津会议原案迅速编遣。

△　李鸣钟、吉鸿昌、刘镇华等电请河南省主席刘峙取消附加保安费,略谓河南连年大灾,历经战事,军费征集已困难,现全省又分六区办保安团,每年在地方筹款不下数百万元,保安队经费规定由省库支给,豫省各县丁地税早超过正税数倍,"民穷财尽,劫后孑遗,何能堪此"?

3月13日,河南省政府决议,取消保安附加税,以前所征者均退还。

△ 国民党天津市党部会同市公安局、日租界警察署、法租界工部局在日、英、法租界及华界逮捕中共热、察、绥三特区特种委员会主席韩麟符、军事委员会北方区主席曾丕烈等30余人。16日,韩麟符等押解北平。24日,平津卫戍司令于学忠电张学良,请对韩等"从严惩办,以绝赤色根株"。

△ 红四军第十三师攻占河南光山南部新集镇。此后,新集成为鄂豫皖根据地的政治中心。

2月上旬 中共鄂豫皖临时特委扩大会议决议,正式成立鄂豫皖特委和军事委员会,曾中生任特委书记兼军委主席,蔡申熙、郑行端为军委副主席。

2月11日 张学良主持召开的北方各省财政会议闭幕。共开大会13次,各省、区、市预算案收支相抵悬殊,议无结果,其他各类决议共76案,未决各预算案另提东北政委会取决。

△ 陆海空军总司令部参议马晓军在上海对记者谈桂局善后,略谓桂局和平解决已告一段落,李宗仁、白崇禧、张发奎给予考察名义出洋。部队交黄绍竑缩编,暂编警备军16团,各区设警备司令部,办理"剿共清乡",清乡完成后,再缩编为10个团。桂局善后期间,定为三个月,军队遣散费由中央贴补。入桂之粤第八路军分两期撤离桂境,第一期由宾阳退至横县、桂平,第二期由桂平返粤。

△ 教育部训令整顿北平大学,办法为:一、女子师范学院及其附属学校合并于国立北平师范大学;二、俄文法政学院自本年起逐年结束,不再招生,暂属北平大学;三、艺术学院照前令切实办理结束;四、女子学院自本学期起改称女子文理学院。

△ 国民政府训令行政院饬教育部在文化基金款下拨专款收购古籍文物,严禁转售外人,以保国粹。

2月12日 外交部长王正廷由京抵沪,对中外记者谈取消领事裁判权问题,希望各国尽早确定取消领事裁判权日期,中国决心以最大努力达到此目的。

　　△　教育部奉行政院令规定北京大学、北平大学、北平师范大学三校进行整顿办法：一、充实设备，减少薪资开支，以增加设备费用；二、教员不得逾部令兼课；三、学生上课的考查、试验，都要明定规则，严厉实行。

　　△　孙殿英派代表王实坪到沈阳向张学良报告该部缩编经过。孙部原有三军八师，四万余人，此次奉令改编为陆军第二师，统率二旅七团，另编一独立营，留三万人，孙自任师长。

　　△　国民党上海特别市党部宣传部召集各书店经理开会，提出严禁宣传共产主义的办法两条：一、查禁之书籍，请即烧毁；二、以后出版书籍，先送党部审核。

　　2月13日　国民政府会议决议：今后中央、地方一切对于人民强制之征收，无论其称为税或捐或费或他种名目，一切事业、企业或契约订定之含有专卖、独占、特许或其他特殊利益性质，无论其为官办、商办抑或华洋合办，非因执行法律而发生者，其设定及废止，均应先经中央政治会议决定原则，立法院审议内容，始得成立。

　　△　蒋介石、张学良联名电委高桂滋为第十一师师长。

　　△　晋军缩编达成协定。根据蒋介石、张学良电令，除商震、徐永昌、杨爱源、傅作义四个军外，孙楚部编成护路军，其体制与各军相同。警备军为三团，以荣鸿胪为警备司令，张会诏为副司令。李服膺部仍编一师，归徐永昌节制。赵承绶为"剿匪"司令，骑兵编为三个旅，归赵指挥。是日，各军长开会决议：由商、徐、杨、傅四军长及孙楚组织一军事委员会，办理晋军善后事宜。

　　△　山西善后协进会致函晋军各将领，质问扩增军队理由，略谓天津会议留四军八师之议已不合民意，今闻增八师为11师，在津议之外并增护路、警备、"剿匪"各司令，山西民穷财尽，巨额军费从何而筹，中央能否源源接济，晋省人民能否承担，晋善后问题能否解决，望向全省人民答复。

△　张学良召石友三面嘱速放还所扣各路局全部车辆,并定石部编为二个师,军费由东北负责发放。

△　国民党中委褚民谊对记者谈中法学术考察团行程计划:该团由中国学术团体协会代表李石曾与法国西托安汽车公司及法国政府代表于安订立合作办法,双方各委团长一人,团员若干人。其考察经过路线,法方用爬行汽车七辆由欧洲出发,经小亚细亚、土耳其至新疆伊犁;中方亦用法国运来爬行汽车由天津出发,经北平、张家口、绥远、宁夏、兰州至迪化,然后与法方团员会合。因新疆边界多高山峻岭,汽车不易通过,故法人须舍车步行,越过新疆境后与中国队会合,返至北平,然后南行,经汉口、出龙州至越南,中国方面旅行团即告一段落,法方继续前进。

△　何键召第四路军驻何成濬第三军团联络参谋缪梅亭返长沙,向其传达蒋介石命令:第四路军在湘西、湘南、平、浏各驻二师"围剿"红军,其余各部策应长、岳。同日,何键电汉,欢迎萧之楚部入湘,协攻湘西红军。

2 月 14 日　国民政府令:特派黄绍竑为广西善后督办,伍廷飏为广西善后会办。

△　行政院令财政部保障教育经费独立,凡一向由国税指拨之教育专款,如厘金、烟酒盐诸税,在未确定抵补办法前,应指定地方国税机关照原定实数拨给。

△　湖北省十九年度财政空前困难。该省府为保证进攻红军军费,向武汉银行界借款 60 万元,并于 15 日开始发行善后公债 300 万元。

△　国民党北平市整顿委员会宣传科办理日报及通讯社登记,共计日报登记者 26 家;通讯社登记者 18 家,尚有九家未登记。

△　教育部令上海市教育局停闭私立南洋医学院,并商同中央大学医学院组织甄别委员会甄别该校学生。

△　中国公学临时接管委员顾树森等与该校董事商议善后问题。

旋由董事长蔡元培召集全体校董会议议定:选举邵力子为校长;加推陈
果夫、邵力子、潘公展、朱应鹏、吴开先为校董。3 月 2 日,邵力子就任
中国公学校长,并致词称:中国公学是为反对帝国主义文化侵略而创
设,在中国教育史上占有极光荣之地位,要求学生不要再闹学潮,一心
一意在国民政府管理下求学。

　　△　晋军各将领开会,决定 15 日各师长返防,依天津会议实行编
遣,限本月 25 日前完成,26 日至月底由张学良派点委点验。下月起军
饷由张学良发给。编余高级军官酌任各师副师长,中级军官择优委以
参议、参事,其余送北平讲武堂。编余下级军官设差遣队择优用之,再
余者送教导团。

　　2 月 15 日　陆海空军总司令部组织"剿匪"宣传处,委贺衷寒为处
长,下设 70 队,各"剿共"军每团附一队,随军前进,宣传国民党党义。
28 日,"剿匪"宣传处所属人员 400 余人离京赴赣,并调中央军校高等
班学员 200 人、特别班学员 50 余人编成 10 个队一同入赣,分配到各师
工作。

　　△　1 日至是日止,川东禁烟查缉处重庆分处进口川、黔烟土约
7.56 万余两,出口约 44.6 万余两,重庆已成为鸦片口岸。

　　△　陈调元部驻六安之第四十六师两个营,在共产党员、营长魏孟
贤率领下发动兵变,将该部带入鄂豫皖苏区。后编为红军独立师第三
团,魏任团长。

　　△　驻美公使伍朝枢与美国国务院官员谈判取消在华领事裁判权
事,美国要求在领事裁判权撤销后,中国法庭应永设外籍顾问法官,伍
公使坚持外国顾问只能临时服务于法庭。

　　△　据《申报》报道:近半年来,华北输入海洛英价值一亿元。一般
有烟癖者,均改服海洛英,因其价格较廉,烟价反落。海洛英毒素较鸦
片更烈,已有五万人中毒。

　　2 月 16 日　国民政府任命刘三、朱庆澜、周觉、周利生、刘成禺、萧
萱、于洪起、吴忠信、高一涵、袁金铠、李梦庚、姚雨平、叶荃、王平政、刘

莪青、田炯锦、邵鸿基、高友唐、乐景涛、奇子俊、罗介夫、谢无量、郑螺生为监察院监察委员。19 日，朱庆澜以"奔走陕灾，日不暇给"为辞，电辞不就。

△　陆海空军总司令部规定"剿匪"期间审查、扣留邮电标准：一、"剿匪"计划及"剿匪"部队之详细番号；二、虚张"匪情"淆惑观听者；三、宣传共产主义及类似者；四、文字暧昧，令人可疑者；五、其他未至披露时期之军情。是日通令南京、上海、南昌、汉口各卫戍警备司令部遵照执行。

△　贺龙亲率红军 5000 人攻占鄂西长阳县城。守城军望风披靡，县长等官吏均逃走，县城大劣绅邓静皆等被红军捉拿，贫民欢欣鼓舞。

△　行政院决议，在《公务员任用条例》施行前，各省任用县长，要慎重遴委，每月月终将现任县长姓名呈报中央，各省民政厅不得自行任免。

△　国民政府令各党政机关旧历新年照常办公，工作人员在此期间严禁请假，商家不得停市，学校不得停课。但上海、徐州、济南、青岛、太原、北平、哈尔滨、武汉等各地仍照旧休业放假。18 日，上海《民国日报》发表题为《昨天》的社论，指责国民党当局强令人们废除过旧历年习惯不合民意。

△　国民党中政会外交组胡汉民、王宠惠、孙科、王正廷、孔祥熙讨论对俄问题，莫德惠、李锦纶列席，决定东路、复交、通商三事交涉原则，交莫德惠作为赴俄交涉准则。

△　财政部决定自本年度起，发行新银辅币，定三个月后着手铸造。

2 月 17 日　陕西省赈务会报告该省灾情近况：一、凤翔县百姓死亡 9.6999 万人，逃亡 1.0948 万人，绝户 1850 余户，财产损失 44.3 余元；二、扶风县死亡七万余人；三、醴泉县户口减少一半，人口减少十分之七，乡村中求一耕牛亦不可得。

△　国联交通部长哈斯到达沈阳会见张学良。次日由宋子文派员

迎接赴京。25日,哈斯在京与蒋介石接洽金借款事。

△　罗炳辉部红十二军进出吉安、泰和一线,拟强渡赣江,与第二十八师公秉藩部王懋德旅激战,南昌行营派出飞机为王旅助战。罗部退入江岸山中。

2月18日　国民党中政会讨论外交部长王正廷关于撤销领事裁判权问题的报告,决议由外交部与英、法两国交涉,由驻美公使伍朝枢与美接洽,务求短期内解决。

△　国民会议代表选举总事务所在南京成立。20日,总事务所电令各省选举总监督积极办理代表选举事宜,限4月20日前完成,不得延误。

△　武汉行营召开"剿共"会议,通过决议案多件,大致分"剿共"、"绥靖"两类:一、"剿共"由行营统一计划,统一命令;伤亡官兵按《战时抚恤条例》实施抚恤,费用暂由鄂省府垫支;二、举办清乡,从事宣传,慎选县长;防区县长不良,得由驻军呈报行营转省府处理。并议定:张印相、葛云龙、范熙绩、范石生、夏斗寅"围剿"鄂东,刘培绪、罗启疆与川、湘驻军"搜剿"鄂西,徐德佐、萧之楚、客景芳"兜剿"襄河。

△　江苏"绥靖"督办张之江电告上海水陆军警各部,江苏分六个"绥靖"区,蒋介石已任命各分区指挥官,淮扬区梁冠英,通海区赵建勋,徐海区张华堂,宁镇区李长江,淞沪区曹溥,苏常区朱锦。所有各该"绥靖"分区之内"绥靖"部队,各军及水陆公安、警察、保安队、保卫团等队伍,均一体秉承各该"绥靖"分区指挥官指挥办理。

△　《民国日报》载:据铁道部统计,津浦、京沪两路民国十九年因内战所造成的损失总数达1500余万元。全国铁路总计损失达7200余万元。19日,交通部公布民国十九年有线电因战事所受损失共达446万余元,无线电局尚不在内。

△　国民政府美籍顾问林百克由华盛顿电请国民政府加派专员赴美洽谈美国对华贷款事。同日,林宣称,胡汉民已来电令其与美政府谈判借银1000兆盎斯,照目前银价合2.6亿美元。次日,林百克之子林

百乐对记者谈,美国朝野人士均赞同借银予中国,中国政府各要人亦赞同向美借款。

△　台湾总督下令解散台湾民众党。

2 月 19 日　内政部为整顿全国警政,将公安局改为警察局,省警务处改为厅,分咨各省、市遵行。

△　中东路理事会开会,对督办权限问题争辩甚烈。俄理事、处长均出席,华理事、处长只出席半数。俄局长鲁德意发言,称东铁督办署居监督地位,无直接命令路局各处权,前督办署招收翻译未经路局办理,应作无效。华理事争辩多时无结果。

△　陕赈会电请财政部速发行陕赈公债,并称武功灾重,全县灾民达 10 万以上,未埋尸骨万余具。

△　英国下院通过以 300 万英镑之庚子赔款退还中国。

△　第十独立旅兼湘西"剿匪"指挥戴恢垣不满何键缩减所部,是日率特务营在常德哗变。

△　徐源泉令徐继武、张振汉、韩昌峻、刘培绪、徐德佐、罗启疆及驻湘西之张英、陈渠珍等部,立即动员向鄂西红军贺龙部总攻。武汉行营派飞机两架协助。

△　行政院再次电令安徽省政府撤销皖南浙盐、皖北淮盐、鲁盐附捐及出口米粮护照税。

2 月 21 日　国民政府公布《国民会议选举各省市事务所组织条例》。

△　太原各界 80 余团体 3000 余人,举行裁厘宣传大会,通过函请省府取消一元附加,减轻人民负担,依照中央命令实行裁厘及电告全省各县市商民停止交纳厘金及类似厘金之一切苛捐杂税等提案。

△　李鸣钟、夏斗寅、范熙绩、张印相、李云龙、朱传经、陈光组等在武汉开会,讨论豫鄂皖边区"围剿"红军实施方案,决议推选吉鸿昌为"追剿"总指挥,并即发动总攻。

△　海军部次长陈绍宽在中央广播电台讲演海政与国防计划,谓

建设海军之治标办法为先购巡洋舰、潜水舰,治本则须建设 60 万吨之各类型军舰。另在胶州湾、象山港、大鹏湾建设军港。

　　△　国民政府特任茹欲立为审计部部长,审计院撤销。

　　△　中央研究院历史语言研究所在南京开考古成绩展览会,展出河南安阳殷墟遗址及山东历城等处之出土文物。

　　2 月 22 日　考试院院长戴季陶由港抵沪,对记者谈,考试院现拟对国民政府成立后各省所举行的各种考试录取人员加以复核,及格者给予文凭,北京政府时期之各种考试及格人员不能承认。

　　△　第十四师师长陈诚、第十一师师长罗卓英由汉到京向蒋介石请示"围剿"红军机宜,蒋令罗师日内由岳阳、华容一带向萍乡开拔,陈师分驻武昌、咸宁一带。

　　△　民生改进研究会在上海召开,会议讨论工人生活、工人教育、小型工业、近代工业、劳动福利等议题,28 日闭幕。

　　△　武汉航运局调查十九年度进入汉口中外商轮情况,华轮不及外轮五分之一,仅英轮装载吨数即超过华轮一倍多。

　　2 月 23 日　莫德惠定 24 日离京赴沈阳,是日在京招待新闻记者,略谓:中央对俄方针已定,即将赴俄继续交涉,俄方只要尊重 1919、1920 年对华宣言精神及 1924 年中俄、奉俄协定各条,会议进行自能顺利。

　　△　武汉行营主任何成濬通令各部队切实遵照执行《剿匪会议决议案》。湘、鄂、赣各"围剿"红军部队经蒋介石批准提前发给薪饷,财政部本月补助各军 48 万元。

　　△　华北水利委员会召开第九次委员大会,决议:一、筹备建筑永定河上游水库工程;二、计划筑永定河上游拦河坝;三、研究规划箭杆河、蓟运河整理工程;四、计划大清河流域洼地排水工程;五、完成苏庄顺水坝;六、完成堵筑马厂新河决口工程;七、筹筑灌溉试验场;八、测勘黄河上中游地质、地形、水文等。

　　2 月 24 日　国民党中训部通令各省、市各级党部在 3 月底以前,将农会一律组织成立。

△　李鸣钟通令鄂豫皖边所属各部队,谓红军集结六安之麻埠一带,应切实联络,严加防范,并调吉鸿昌、张印相两部精锐"追剿",令葛云龙、赵观涛、李云杰、岳维峻等部加强信阳、广水与花园一带联防。

2 月 25 日　国民党江苏省党务整委会呈请中央严厉取缔国家主义派,速将国家主义派重要分子北平教育局局长王捷侠撤惩。

△　蒋介石在总司令部召见孙连仲部首批入赣部队营、团以上军官训话,并分别犒赏大洋。

△　交通部电饬平、津两电报局,自本月 26 日起,收回平、津、大沽间借给外商大东、大北两公司的陆线、水线电报局。

△　国民政府民食委员会讨论各省粮食登记办法,决议咨请财政部固定税则委员会厘定外米入口税率,并按县组织法于各县设立粮食管理局。

△　教育部公布《华侨教育会暂行规程》,规定在中国国民党和国民政府监督指导下组织华侨教育会,于本国首都设总会,国内外各重要地点设分会。

△　松(花江)、黑(龙江)、乌(苏里江)三江航业界联合成立哈尔滨官商航业联合局,推选东北军海军司令沈鸿烈为董事长。

△　晋军杨效欧部驻潞安第四师师长王弼因不满编遣,率部哗变。变兵将城内大小 150 余家商店掠劫一空。

2 月 26 日　国民党中常会通过《文化团体组织大纲实施细则》,凡15 条,是日国民政府训令行政院转饬遵照。

2 月 27 日　国民政府令:特派刘湘为四川善后督办,所有四川各军归刘湘全权编遣;撤销刘湘、邓锡侯、刘存厚、田颂尧、赖心辉、郭汝栋、杨森、胡若愚、刘文辉、李家钰、孙震等川康裁编军队委员会委员名义。

△　国民政府明令改组四川省政府,原四川省府委员刘文辉、邓锡侯、向传义、任鸿隽、刘湘、田颂尧、黄复生、吕超、熊骅、卢仲琳均免本

职,田颂尧、邓锡侯、任鸿隽、向传义分别免去民政、财政、教育、建设各厅厅长兼职;任命刘文辉、郭昌明、向传义、张铮、邓锡侯、田颂尧、杨森、嵇祖佑、林耀辉为四川省政府委员,刘兼省府主席及民政厅长,郭、向、张分别兼财政、建设、教育各厅厅长。

　　△　国民政府任命周大文为北平市长,原市长张荫梧免本职,周未到任前,由青岛市长胡若愚兼代。

　　△　国民政府令:训令行政、司法两院,对已核准被赦之政治犯,为防其"脱离法网后仍趋反动",除由核准机关呈报其隶属之上级机关备案外,并须摘录案情连同犯人相片,呈报中央备案。

　　△　财政部拟定海关检查华洋轮船办法,分全国为八区:一、大连、牛庄、天津、安东、烟台、青岛;二、哈尔滨;三、上海、苏州、杭州、宁波;四、汉口、宜昌、重庆、沙市;五、南京、芜湖、九江;六、厦门、温州、汕头;七、广州三角洲;八、九龙。每年增加经费30万两。

　　△　山西省政府电国民党中央称,该省连年荒歉,今又大军云集,粮秣供给,搜罗俱穷,衣薄天寒,死亡载道,请急施赈济。

　　△　国联交通部长哈斯访交通部长王伯群。王对哈斯谈,今后中国将本着国际平等原则收回航权。其办法为,外商在中国领海、内河之航运公司由中国出价收买,或由中国出资暂时合营,但名称、主权由中国支配,外股定期还清。哈斯表示愿向国际宣传。

　　2月28日　蒋介石与胡汉民因"约法"问题矛盾激化,蒋极力坚持在召开第四次全国代表大会时,制定"训政时期之约法",胡则坚决反对国民会议议及"约法"。是日蒋以胡操纵党务、把持立法院、阻止外交、包庇反动(指许崇智)、破坏约法等罪,在南京将其拘禁。宁粤分裂自此开始。

　　△　国民政府任命张静江为建设委员会委员长,曾养甫为副委员长;任命熊崇志为驻墨西哥特命全权公使,原驻墨公使李禄超免本职。

　　△　第五路军总指挥、湘鄂赣三省"剿匪"边防督办王金钰率军部人员入赣,督署设南昌,并通电就督办职。王部郭华宗第四十三师及上

官云相第四十七师已到达赣西集结待命。

△　全国商会联合会分电行政院、外交部、财政部、实业部及对俄交涉全权代表莫德惠,请向俄严重交涉,要求以俄从前在华发行的卢布赎回中东铁路。

△　青海省政府代表王廷瑞在南京对报界报告该省状况,谓自冯玉祥部退出该省后,马麒代理省主席,其部队 1.5 万余人,全省每年收入只 150 万元,不敷军政各费甚巨,大规模建设更无从筹措。

△　陈济棠、林森、陈耀垣同轮抵香港,林森、陈耀垣直接乘该轮往菲律宾,视察海外党务。

△　国民政府令:刘镇华、蒋光鼐晋给一等宝鼎勋章。

3　月

3月1日　全国铁路商业运输会议在南京开幕,铁道部长孙科主持并致词,略谓:"自铁部成立以来,因财政困难,不但新的建设未有设施,即原有建设,亦无法维护","国有各路所负债额因金涨关系,将达十万万元以上","整理方法,首在恢复运输力量"。7 日,会议闭幕,共通过决议案 160 余件。

△　闽西肃"社会民主党"。是日,闽西苏维埃政府在永定县虎冈开大会,宣判红十二军第一〇〇团政治委员林海汀等 17 名"社会民主党党魁党员",次日枪决。闽西苏维埃政府执行委员 30 余名,有近半数作为"社党"分子被处决。9 月,执掌肃反大权滥捕滥杀的闽西苏维埃政府裁判部长林一株亦被他人供成"社会民主党闽西特委书记",被处决。原红四军第四纵队司令员傅柏翠,被诬为"社民党领袖",中共闽西特委派兵围攻其家乡上杭县第四区,傅拥兵自卫取胜。在肃社党深入开展后,一些被怀疑、受追捕的"社党"分子纷纷来投,上杭县第四区遂成为"社会民主党的巢穴"。闽西"社民党"肃反,共杀 6200 人,党、政、军大批骨干被捕杀,革命元气大伤,战争节节失利,闽西苏区由原来 48

个区,急剧减少为 22 个区。

△ 中国航空公司派机作沪平线试航。该公司有飞机五架,每架可坐六人,另载邮件 400 磅。6 日,试航圆满成功。

△ 第二十五军军长王家烈被委为湘黔边区"剿匪"司令。

△ 湘鄂赣三省"剿匪"边防督办、第五路军总指挥王金钰及第十四师师长陈诚在南昌行营向何应钦报告三省红军状况及"围剿"计划。王部第四十三、四十七、五十四师已达修水、铜鼓及赣西安福、萍乡、永新一带。同日,第十九路军总指挥蒋光鼐从广州启程赴赣督师进攻红军。

△ 湘鄂川边"清乡"督办徐源泉派张振汉旅进攻藕池红军段德昌部,徐继武、韩昌峻两旅进攻白露湖红军。

△ 美公使詹森及英公使蓝普森抵南京,是日分别会晤外交部长王正廷,商洽法权问题。

△ 河南赈委会主席张钫电《申报》转济生会、红十字会等,陈述河南连年战事浩劫,豫西洛阳等 20 余县粮食断绝,死者不计其数,陇海沿线赴开封乞食者日必数千,原筹经费已尽,务恳速拨款粮急赈。

△ 中国语言文字学会在上海成立。该会之宗旨在于研究中国语言及文字之种类问题,研究政府公布的国语罗马文字,提倡上海、宁波、台州、温州、福州、兴化、厦门、汕头、广州客家及其他处之罗马字为注音之用,并提倡广用注音符号。

3 月 2 日 国民党中常会开临时会议,出席者为丁惟汾、叶楚伧、朱培德、于右任、戴季陶、孙科、蒋介石,在京中央委员均列席,通过蒋介石等 12 人提议召开国民会议制定约法的提案,并推吴敬恒、李石曾、于右任、丁惟汾、王宠惠、叶楚伧、邵元冲、刘芦隐、孔祥熙、邵力子、蔡元培 11 人为约法起草委员。会议以胡汉民反对在国民会议上制定约法,决议免去胡国民政府委员、立法院院长本兼各职,选任林森为立法院院长,邵元冲为国民政府委员兼立法院副院长,林森未回国前,由邵代理院长。

△　蒋介石在国府纪念周报告"约法"问题,略谓召集国民会议,制定"约法"是"中华民国能否确保和平统一、永免战祸之唯一关键"。胡汉民"身负党国重任",对制定"约法""独持异议","不顾本党与国民全体之公意,在中央未有具体决议以前,徒凭个人见解,发表国民会议不当议及约法之言论","重贻党国无穷之祸患"。但念胡"曾著劳绩",准胡"称病辞职",以求"公私两全"。

△　红四军邝继勋部二万余人进攻平汉路南段孝感、广水等地,在柳林站与李家寨站间,歼灭袁英之新编第十二师一部,击毙旅长侯镇华,缴获大量军用物资。5 日,红军攻占柳林车站,歼灭新编第十二师一个营,击溃两个团。

△　安徽怀远船民反对省府规定之米照捐,是日结队向该地稽查处请愿,要求放还被扣米船。稽查处开枪打伤船民二人。3 日,蚌埠工商航民千余人游行,向驻军第四十五师师长卫立煌请愿,要求主持公道。同日,蚌埠商会暨 36 个同业公会致电国民政府,控诉安徽省当局苛征米捐罪行,谓沿淮一带,扣留民船千余只,交通遭阻,两万余劳工生活陷于绝境。

△　福州商业研究所召集联席会议,讨论营业税税额问题,认为省府所规定之税额太苛,不适商情,商行应拒绝认纳,决议派代表携带该省所颁营业税条例进京请愿。

△　晋军各将领为解决晋军编遣问题,派代表景耀月再去沈阳向张学良请示。是日,景在北平谈,晋境有兵 20 万,该省难以负担,数十将领自动请求"剿共",若征调湘、赣、鄂,将唯命是听。

△　陈渠珍师顾家齐部与红军贺龙部在湖南桑植与湖北鹤峰交界之铁栖冲激战,红军击毙顾部排长二人,士兵数十人。李觉师一部急从鹤峰走马坪前往援救。贺部因兵力悬殊,撤往峦河。

△　国联财政经济部长苏尔德应国民政府之邀来华调查中国财政经济情况,是日抵沪。

3 月 3 日　第二十六路军总指挥孙连仲偕参谋长赵博生等抵南

京,向蒋介石请示入赣机宜。5日,蒋在总司令部召集孙部入赣营以上军官训话,交待进攻红军的手段和方法,并派人对孙部官兵分发赏洋。9日,孙率指挥部全体人员离京赴赣,骑兵师长关树人随行。

　　△　上海各界设宴招待朱庆澜,当即成立筹募陕灾急赈会,推许世英、张群、朱庆澜、虞洽卿、唐绍仪、钱永铭等85人为委员,募捐期定一个月,即席认定特捐共1万元。

　　△　张学良委戢翼翘、富占魁为晋军正、副点验委员长。戢点验晋北及绥远各驻军,富点验晋南及正太线各驻军;另委朱力宇为炮兵点验主任,彭振国为骑兵点验主任。

　　△　开封行营主任刘峙电令新编第十二师师长袁英同第六师师长赵观涛妥为部署,严密防范红军袭击信阳。武汉行营主任何成濬令袁英师猛攻平汉路李家寨红军。

　　△　全国商会联合会通电各省、市商会,鉴于裁厘后改办营业税,各省政府所颁营业税征收条例与商情不符,为核议品类税率妥筹办法,各省、市商会应组织营业税研究委员会。

　　△　东北大学改行委员制,张学良任委员长,臧式毅等任委员,副校长刘凤竹辞职。

　　△　上海光陆大戏院试映上海明星影片公司摄制的故事片《歌女红牡丹》,15日起在新光大戏院公映。为中国最早有声片之一。

　　3月4日　蒋介石宴请立法院全体委员,并报告胡汉民辞职经过,略谓"约法问题,为本党与中国生死存亡之最大关键",胡汉民主张"国民会议不当议及约法问题","中央各同志对此甚为不满","余对汉民之主张,事事皆可迁就,但对于主义与大政方针有关者,则决不迁就",胡"称病辞职",此乃胡"个人政见关系",也是"政治家应有之态度",希望大家"谅解","不致以个人感情,而牵涉整个政治"。

　　△　第三十四师师长岳维峻奉武汉行营令率部向红四军发动进攻。8日,岳部在孝感双桥镇与红军激战,至次日,红军集中兵力分三路进攻,岳部弹尽粮绝,大部被歼,师长岳维峻以下官兵5000余人被

俘,红军缴获枪 6000 余支,迫击炮 10 门,山炮四门。岳维峻被押解红安七里坪。1932 年 8 月 11 日被红安苏维埃政府处死。

△ 东北交通委员会代表邹恩元在京对中央社记者谈,中日南满铁路交涉应根据两原则:一、日本在我国已得利益,不论合法与否,均应声明放弃;二、经济性质问题不应涉及政治范围。6 日,中日南满铁路交涉重开谈判,日本木村理事与中国东北交通委员长高纪毅在北宁路局驻沈办事处正式接谈,决定先组专门委员会。

△ 日本驻华代理公使重光葵由沪抵京,与外交部长王正廷谈判中日宁、汉两案中国赔款问题,议定汉案赔款 30 万元,宁案赔款 75 万元。

△ 上海市商会电国民政府、行政院、财政部,请迅令皖省撤销米照捐,并严惩蚌埠稽征主任宗绒之等。5 日,上海各同业公会税则委员会通电全国各地商会,揭露宗绒之等苛征米捐,公然开枪残杀徒手请愿商民的罪行,望全国一致声援蚌埠商民。

△ 上海公共租界捕房以北新、联合、江南、群众四个书局代售华兴书局出版的左翼作家刊物,将该四书局封闭。

3 月 5 日 国民党中常会决议:增选张景惠、刘尚清为中央政治会议委员;圈定蔡廷锴、谢仪仲、余汉谋、冯天如、陆匡文为广东省党部第四届监察委员。

△ 甘肃省政府代主席马鸿宾通电全国,报告该省灾区蔓延几十县,春耕在即,籽粒无出,吁请全国各界赈济种籽。

△ 戴季陶、孙科往汤山看望胡汉民,陈济棠电胡表示慰问。

△ 山东省政府明令恢复济南市政府,委派闻承烈为市长。

△ 国联财政经济部长苏尔德来华调查中国财政经济情况,是日抵南京。

3 月 6 日 云南省府主席龙云召集所部师长商编遣事宜,决定留编七个师,且多起用唐继尧旧部,各师长甚为愤慨。11 日,第九十八师师长卢汉、第九十九师师长朱旭、第一〇〇师师长张凤春、第一〇一师师长张冲各带特务连离省城赴宜良开会,临行时将龙云委任的总参谋长孙渡一同带走。12 日,卢汉等四师长通电,表示坚决严惩现居要职的唐继尧余孽孙渡、禁烟局长马为麟、民政厅长张维翰等,并表示拥护龙云。13 日,卢汉等四师长回省城,给孙渡滇币 2.1 万元,将其送往河口,并令其出洋。唐之旧部——辞职。16 日,龙云回省府主政。22 日,蒋介石电卢汉、朱旭等师长,令其遵中央令实行编遣,同时电龙云,令其将编遣情况报告中央,并勉其安心处理省政。

　　△　徐源泉部张振汉旅攻陷红军根据地湖北石首县城,贺龙率部退往湘边。

　　△　国民党上海特别市党部训令上海市商会称,各同业公会不得自行召集代表大会;本市商界联合先后组织的行规维护委员会及营业税税则研究委员会等,在法律上均无依据,应立即纠正。

　　△　招商局"新昌"轮由大连运豆饼三万担行至吴淞口北马鞍山群岛附近遇雾触礁沉没。

　　3 月 7 日　戴季陶、邵元冲、刘芦隐、陈立夫在立法院会商胡汉民事,决定由戴、邵二人赴汤山迎胡回京。同日,南京卫戍司令通知各报,不得登载胡发表的任何文字。

　　△　古应芬由广州电国民政府请辞文官长职,并表示俟病愈后即出洋。

　　△　国民政府任命魏子京为驻秘鲁全权公使,张履鳌为驻智利全权公使。

　　△　江西红军总司令部召集紧急会议,议定"分散密布,坚壁清野"的反"围剿"计划,其要点为:撤离东固、龙冈,红五、红八等军分别开往宁都、兴国、永丰、宜黄、乐安等处山中,红九、红十两军分别进入万安、遂川一带策应,红十二、红二十两军进入吉安、泰和、吉水、永丰一带,红二十二军及第五、第六、第九各纵队进入永新、宁冈、莲花与攸县、醴陵联络,各部必须避实就虚,乘机进攻,分散密布,随时变动,使敌无可捉摸,难以防范。各军均限于 10 日晨向指定地点进发。

△ 皖省公民救省请愿团赴监察院控告皖省主席陈调元违抗中央裁厘命令,苛征捐税,枪杀人命;擅开烟禁,勒税自肥;玩匪纵兵掠劫等祸皖事实,请依法弹劾。

△ 红军贺龙部万余人反攻石首,战斗激烈。徐源泉急调大军前往救援,红军撤出战斗。

△ 海军部次长陈绍宽偕"海容"舰长及美国工程师,前往浙江象山视察建筑海军学校基础工程。

△ 上年底因经营亏损停业之上海厚生纱厂,日商意欲收买,是日上海市社会局令禁该厂售与日方。10 月,该厂由申新公司收买,改称申新六厂。

3 月 8 日 国民党中央执行委员会通电解释胡汉民辞职原因,谓胡"积劳多病,不胜繁剧,固其一因,同时因关于国民会议之约法起草问题,胡同志之讨论与中央同志相殊,愤而辞职","中央经再三郑重考虑之后","准其辞职",以明"中央对制定约法之决心"。

△ 胡汉民由汤山回南京寓所。门前贴有"遵医生嘱须静养,凡来访宾客概不接见"的启事。

△ 西康总商会电蒙藏委员会委员长马福祥报告康、藏边境情况,谓藏方于本月 2 日(有说上月 25 日)占觉母寺,刘文辉以无中央明令,不发一兵一卒,康民现处水深火热之中,渴思拯救。20 日,行政院电令四川省府主席刘文辉对康、藏纠纷应妥慎办理,无论战衅肇自何方,均应切劝停止军事行动。

△ 奉命入赣"围剿"红军之第五、第六、第十九、第二十六各路军共 14 个师,约 20 万人,布防就绪,刘和鼎驻建宁,路孝忱驻头陂,孙连仲驻东韶,郝梦龄驻沙溪,郭华宗驻东固,蔡廷锴驻兴国,王金钰、公秉藩驻富田。

△ 班禅率随从者百余人由乌珠穆沁赴热河,转沈阳讲经授礼。班禅在乌旗贝子庙半年来受顶礼者孝敬礼达数十万元。班禅将金块存于北平六国饭店。

△　北平《华北日报》编辑部、印刷部被自称国家主义派的数十名青年捣毁。10日,北平报界公会通电全国,请报界一致声援《华北日报》。同日,于学忠因《华北日报》事件推迟去沈阳,促平军警当局将肇事者缉拿严办。15日,张学良复电《华北日报》称,已令北平公安局暨卫戍司令于学忠严行查办肇事者。

△　山西省府电国民政府称,该省鸦片、金丹料面等毒品盛行,政府所颁禁烟法对犯者处罚太轻,若不加重治罚,实无救济良策,请准该省制定单行法,对贩卖、制造毒品较重者处死刑。

3月9日　蒋介石在国府纪念周讲演,略谓胡汉民"因为政见不合引退辞职,乃是一件极普通极平常的事,用不着奇异"。胡辞职后行动是否自由,这亦"不是什么重大问题","党员个人的行动,谁也不能自由的",胡亦曾说过此话。胡"因为避嫌止谤,打算此后长住南京"。胡"病源由来甚久","故亦非短时间所能痊愈"。

△　国民政府公布《危害民国紧急治罪法施行条例》,凡七条,即日实行。

△　约法起草委员会开第一次会议,讨论约法起草范围及原则,认为人民权利、义务及训政纲领,均属必要,决定列入约法之内。推王宠惠、邵力子、邵元冲三人先拟初稿。限两星期完成。

△　何成濬电何键,请令李觉、张英两师迅出湘西,与徐源泉师"会剿"红军贺龙部;并电海军派"犀王"舰巡弋监利一带,严防贺龙部返回洪湖。

△　上海大达商业银行开业。

△　中共中央主办之《红旗周报》在上海创刊。

3月10日　陆海空军讨逆阵亡将士追悼大会在南京举行,蒋介石主祭。于右任、王宠惠、蒋介石分别代表国民党中央、国民政府、陆海空军总司令致词。蒋称自北伐以来六年中死亡士兵达30余万,上年阎、冯叛变及"剿共"死亡官长2480人,士兵3.4453万人,伤者七万余人,抚恤费已发2200余万元。同日,北平、上海、武汉、济南、太原、吉林、广州、徐州、石家庄等地同时举行追悼会。

　　△　王正廷与驻华英公使蓝普森商谈撤销领事裁判权问题,王表示中国方面主张坚决撤废领事裁判权,不能只解决枝枝节节而留后患,深望各关系国早日实行放弃。英使表示待政府训令后再谈。

　　△　中共中央在上海发刊《群众日报》,31 日,改名《每日时报》。

　　3 月 11 日　国民党中政会决议:设立警察总监,直隶于行政院,总揽全国警务,首都警察厅移归其管辖。14 日,国民政府特任吴铁城为警察总监。

　　△　红四军全部撤离平汉路南段柳林站。第四十四师萧之楚部开抵广水一带警备。平汉路恢复通车。同日,安徽霍丘县叶家集苏维埃工农政府及南河渡红军学校均被萧部捣毁。

　　△　孙连仲到达南昌,何应钦、鲁涤平立即召开"围剿"红军会议,议定待孙部全部到达前线后,对江西红军第二次"围剿"即行开始。

　　△　河北省财政特派员荆有岩到南京向宋子文报告华北八省财政会议情形,称"华北因情况特殊,对中央裁厘制度,事实上难以施行,请予暂时便利"。

　　△　国民政府公布《民国二十年江浙丝业公债条例》,发行额 600万元,年息八厘,3 月 10 日起发行,七年六个月内分期还本。

　　△　大达轮船公司"大吉"轮由沪开往扬州,行至天生港,有士兵数十人登船,强行进入装有硝磺的货仓,在仓内喧哗吸烟,拒人干涉。该轮行至张横港附近之龙驹沙地方,硝磺货仓起火,全轮被焚,死亡旅客150 余人,船员 70 余人,失踪多人,损失 20 余万元。23 日上海航业公会就"大吉"轮事件电蒋介石、张学良,请令各军队凡乘商轮,必须遵守乘轮规章,倘酿灾祸,严责该管长官负责赔偿。

　　3 月 12 日　外交部长王正廷与日驻华代使重光葵会商法权问题,重光提出大纲:一、治外法权为渐进撤废;二、以开放内地承认日人在内地杂居权及土地商租作为交换条件。王正廷主张无条件撤废,决不能承认渐进主义。

　△　李文范自香港电国民政府请辞立法院秘书长职。

　△　第十九路军总指挥蒋光鼐抵赣州，并决在赣州设立"剿共"总指挥部。

3月13日　江西省地方整理委员会在南昌成立，以何应钦为委员长，鲁涤平为副委员长，孙连仲、王金钰等为委员。

　△　哈尔滨航业界推代表王理堂等九人赴中东路督办公署向莫德惠面递请愿书，要求莫在中俄会议上拒绝俄方交换航线提议；与俄订立黑龙江、乌苏里江共管协议，不让俄国独占；并要求俄方赔偿1929年中俄事变中俄方扣留商轮损失 445.5366 万元。

3月14日　蒋介石对《大公报》记者发表谈话，其要旨为：一、孙连仲部入赣"剿共"，此去定可奏效；二、晋省兵多财困，晋善后办妥，则西北自安，顾祝同师下月入甘，政府今后定以全力建设西北；三、国民会议不展期，在开会之前，本人不离京。

　△　何应钦召集江西省地方整理委员会委员开会，何主张对赣省灾民以工代赈。同日，江西省府决议：吉安、吉水、永丰、兴国、泰和、宁都、乐安之间的东固，万山丛杂，交通不便，将驱灾民修筑吉安至东固公路，以利"进剿"红军。

　△　福建南日岛警务局长邱振杰以捉拿匪徒为名，派警兵包围该岛欢度元宵的群众，无故将一群众打死，激起公愤，岛民手持枪械，将该局重重围困，警务局警职人员 59 人全部被打死。

3月16日　新任捷克驻华公使费哲尔向蒋介石呈递国书。

　△　国联交通部长哈斯及工程专家鲁克希由导淮委员会设计主任汪胡桢陪同视察淮河。

　△　上海航业公司"长江号"轮由海防驶沪，在闽瓯海面北渔山触礁沉没，14 人死亡，损失百万元以上。

　△　空军第六队由周宝衡率领飞赣，奉令助攻红军。同日，驻长沙空军飞行第四队派两分队飞往武汉，协攻鄂豫皖苏区红军。

　△　陈济棠在广州第八路军总部召开特别军事会议，讨论桂省局

势及派兵入赣等问题,各师长均列席。

△　孙连仲部第二十七师师长高树勋率该部猛攻乐安,红军顽强抵抗后撤向永丰方面。

△　《文艺新闻》周刊在上海创刊。为"左联"创办之综合性文艺周刊,由楼适夷、袁殊等编辑。

3 月 17 日　国民党中央所派晋军点验委员殷祖绳等 20 余人抵太原。同日,戢翼翘谈:晋军有机枪 1000 余挺,炮兵共 10 团,炮 360 门;晋军现有兵 10 余万,宋哲元、庞炳勋、孙楚部达四万余人,晋绥宪兵共 12 营;兵工厂原来每月开支百万元,全厂机械均系造枪炮及子弹、炮弹,改工业厂不可能,须与总部商讨方能解决。

△　湖北省政府根据徐源泉建议,令各县统一警团指挥,与军队合作"围剿"红军。

△　荷兰驻华公使欧登科自北平抵南京,谈判中荷法权问题。欧登科称,如各国均愿解决在华法权,荷政府亦愿放弃在华各地领事裁判权。

△　中央国医馆在南京开成立会,各省、市著名中医代表 200 余人出席,陈郁主持。会议推王宠惠、于右任等为名誉理事。

△　上海钱业公会以现行《银行法》窒碍难行,特通告国内各埠同业,希望一致向国民政府请愿,另订钱庄法。

3 月 18 日　国民党中政会通过财政部长宋子文所提修改现行出口税则草案原则;决定发行民国二十年短期关税库券 8000 万元,以补民国十九年度收入之不足。蒋介石就该案发言称:"全国现有收入每年 4.1 亿元,支出 5.5 亿元,不敷 1.4 亿元,唯有裁减军费,俾达收支相等,此项公债发行后,不能再发行任何公债。"

△　国民政府决定将英、俄庚款余额三分之一作兴办水利及电气事业之用,其中导淮 40%,为 3360 万元;黄河水利、广东治河、电气事业各 20%,各为 1680 万元。

3 月 19 日　国民党中常会决议:推戴季陶、刘芦隐、邵元冲、邵力子起草国民会议组织法;通过《各级党部党务工作考核办法》;废止《各级党部党务工作考核条例》;改派张学良、朱光沐、邢士廉等七人为辽宁省党务指导委员,万福麟、王宪章、王秉钧等七人为黑龙江省党务指导委员,张作相、熙洽、石九龄等七人为吉林省党务指导委员,张景惠、邹尚友、臧启芳等五人为哈尔滨市党务特派员;推丁惟汾为中央财务委员会委员;加派张学铭为天津党务整委,于学忠为北平党务整委,王树常、马愚忱、何玉芳为河北省党务整委。

　　△　全国国煤产销联合会电铁道部称:自行政院通令提倡国煤后,该部曾登报标购国煤,但近却购进日煤,切望该部能言行如一,不使利权外溢。

　　△　《哈尔滨日报》因刊登宣传苏联方面的消息,被市特警处查封。

　　△　陕西省赈务会主席康寄遥在上海对各报记者谈陕灾情况,谓陕省灾民死亡已达200余万人,尸体遍野,无人掩埋,四中全会通过发行赈陕灾公债800万元,至今未办,望报界给予声援,督促政府办理。

　　△　黄绍竑到广州,与陈济棠、陈铭枢商谈广西善后问题。

　　△　广东英文《新报》在广州创刊。

　　3月20日　国民政府会议决议:一、修正通过西北学术考察团计划大纲,决定由政府令饬各学术机关遴派专门人员组织西北学术考察团,规定路线,考察西北地质、生物、人种各项学术,以四年为期;二、内政、教育、实业、铨叙等部及考选委员会各派一人,行政院、考试院各派二人,赴日本考察各项行政及考选、铨叙诸制度,4月上旬首途,为期40日;三、各盐业自本年4月1日起,每担加征附税三角,专充偿还外债之用。

　　△　全国商会联合会分别电国民政府建设委员会、扬子江水利委员会、湖北省水利局,陈述长江一带"堤堰日增,农人与水争地,江形由碗变碟",望即派员沿江详加勘测,早日疏通淤塞,以利民生。

　　△　四川奉节县长唐家仲电沪蜀商公益会乞赈,谓该县"民生凋敝,已达极点","绝食户口,不下20万","四乡贫民无可觅食于原野,甚

至草头、麻根、蔗茎、树皮采食一空,甚有掘食白沙泥名曰观音土者",急请赈救。

△　张作相因张学良即将赴北平陆海空军副司令行营办公,是日回沈阳坐镇。

3 月 21 日　国民政府公布《特种考试法》。

△　立法院通过新盐法,规定:盐就场征税,任人自由买卖;盐场非经政府许可不得设立、采制;产盐场区及年产量由政府限定;食盐每100 公斤征税五元;中央设盐政署及稽核总所,各地各场设公署及分所,掌管一切。

△　山东省府主席韩复榘视察鲁北各地后是日返济南,韩称各县法警仍为旧日衙门,涉讼者被勒索不敢言,县府及法院积压案件有过数月不一讯者;沾化县党部直接审案、罚款,致惹地方恶感。

△　宋哲元部张自忠旅一部在山西绛县哗变,商号数百家被掠抢。

△　石友三之第十三路军铁甲车四个大队奉张学良令是日由顺德(今邢台市)开往沈阳改编。

△　上年 10 月 3 日法商"大广东"轮船主殴毙华工蔡裕钦案是日在汕头市政府签约解决,法方允惩凶、道歉、赔恤死者 1.05 万元。

△　中共中央代表夏曦指示改编红二军团为第三军,仍以贺龙为军长。

3 月 22 日　蒋介石发表题为《总统产生与革命环境关系》的谈话,声称"国民会议中只应制定约法,不必而且不应提出总统问题"。"外界传说本人要在国民会议里面提出总统问题,自己要做总统,实行独裁,这种谣言实在太没有意义"。

△　蒋介石令夏斗寅、钱大钧分担武汉防务,夏负责警备区,钱负责要塞区。

△　韩复榘第三路军、马鸿逵第十五路军及王均第七师、陈耀汉第二十六师奉命会同围剿临城悍匪孙美松部。是日,各部分别出发。

△　安徽旅沪同乡会等团体在沪开联合大会,决议呈请国民党中

央撤惩纵兵抢劫及惨杀怀远米商的陈调元,并明令皖省府从速取消盐米附捐,退还非法征收的盐米捐款,拨充六安急赈。又通过请中央严究皖省巧立机关抽收烟税案。27日,安徽省府会议决议,撤销轮船、帆船米照稽查总、分各处。

△ 何键电蒋介石,陈述湘省财政特殊困难,至2月底已积欠170余万元,第四路军军饷已欠七个月之久,无法发清,请中央每月就特税款项下拨30万元作"剿共"部队临时经费。

3月23日 国民政府公布《修正省政府组织法》,凡21条,规定省府委员七至九人,省府主席及委员不得兼任他省行政职务,省府设秘书处及民政、财政、教育、建设各厅,必要时得增设实业厅及其他专管机关。

△ "剿匪"宣传处赴赣宣传队队长蒋坚忍在京向陆海空军总司令部政训部主任周佛海报告该队宣传工作近况,据谈入赣军队共有16个师,近20万人,现已集中完毕,待令总攻。25日,陆海空军总司令部为大规模进攻红军,特组第二"剿匪"宣传处,内定蒋坚忍为处长,担任豫、鄂、皖三省"剿共"宣传。

△ 蒋介石电第二十八师师长公秉藩,以该师在吉安附近进攻红军有功,特呈国府颁给二等宝鼎勋章一枚,并赏给该师及罗霖之第七十七师各一万元。

△ 西藏达赖代表棍却仲尼由北平赴南京,商洽西藏选举国民会议代表事宜。

△ 徐源泉部会同张英师向华容红军段德昌部发动总攻。24日,陷华容县城,段德昌部退往东山、桃花山一带。

△ 西康全民援甘促进会通电称,藏军又大举侵入甘孜,残害汉民,袭击汉军,请中央派兵讨伐。

3月24日 行政院国务会议决议:青海省添设共和、亹源(今门源回族自治县)、同仁、互助、民和、玉树、都兰七县。28日,国民政府令准。

　　△　蒋介石通令全国各军、师,今后对"匪共"一律改称"赤匪",一利宣传,二利军事。

　　△　驻汉口之军政部航空署飞机第一、四两队,联合飞往罗山侦察红军活动,45 号与 44 号两机在黄冈县团风上空互撞。44 号坠地焚毁,两驾驶员死亡。45 号亦坠毁,驾驶员幸免。

　　△　蒙古各盟旗驻京联合办事处呈蒙藏委员会转呈中央通知约法起草委员会,请在起草约法时,注意扶植国内"弱小民族",使其能自决自治;蒙古地方以旗为自治单位,盟为旗与中央的联络机关;开发蒙古土地及各项利源时,应先保障蒙民生计安全;中央应指拨专款协助蒙古兴办教育、文化事业。

　　△　外交部据英公使蓝普森照会称,中英庚款分配方案已于 3 月 3 日经英女皇批准,并即日生效。

　　3 月 25 日　蒋介石令各军总指挥在国民会议召开前务将各地红军彻底消灭。同日,蒋再令各部队,拿获红军者发奖金;藏匿红军不报者与"匪"同罪。

　　△　国民党中政会讨论俄、英、意庚款余额使用办法,决议:一、将俄款三分之二、意款三分之二的一部分用以完成陇海铁路修筑工程;二、将英款利息、俄款余额中每年提 500 万元现款担保发行 1000 万元之教育、文化建设公债;三、将未经确定用途的俄款三分之一及意款三分之一作为首都建设经费发行公债还本付息之基金;四、拨款开发石油、金、铜、煤四矿。同日,中政会核准撤销中日文化协定。

　　△　晋军第六军军长杨爱源在北平对记者谈,晋、绥两省全年收入总数仅 1700 余万元,而开支总数则有 3600 余万元;专就军费一项而言,每月不足之数即达 130 万元以上。

　　△　国联财政经济部长苏尔德在南京讲演世界金银问题,谓当今因金不流通,如各国尽用金本位,金价将愈贵,故中国不必用金本位。

　　△　福建省政府决议发行公路公债 800 万元,以公路盈利及丁粮附加税为担保,于募集后第六年起分 10 年偿还。

　　△　河北、福建两省电政管理局、天津电报局遵交通部令将大东、大北两公司借线及报房并鼓浪屿支局一并收回接管。

　　3月27日　南昌行营下达向江西红军进行第二次"围剿"总攻击令,限各部4月1日开始攻击前进。各路军均已调集完毕。第五路军王金钰部第二十八师、四十三师、四十七师、五十四师、七十七师分别集中于永丰、吉安、吉水、泰和。第六路军朱绍良部第八师、二十四师分别集中于康都、瑶湖,第五十六师刘和鼎部集中于安远,新编第十三师路孝忱部集中于南丰、抚州、黎川。第十九路军蒋光鼐部除第十二师第三十四旅防守赣南外,均集中于兴国附近地区。第二十六路军孙连仲部第二十五师、二十七师分别集中于宜黄、乐安,骑兵一师集中于樟树,独立第四旅周志群部集中于宁化,独立第三十二旅卢兴邦部由闽西向长汀进发,第五十五师阮肇昌部及第四师之汤恩伯旅分布于浮梁、万年、贵浮、铅山、玉山间。鲁涤平部第十八师朱耀华旅及第五十师谭道源部分布于武宁、修水、上高、万载间。第五十二师韩德勤部分布于清江、峡江、新淦间。第六十二师香翰屏部向粤赣边蕉岭进发。

　　△　中共湘鄂西中央分局组成,中央代表夏曦任书记。

　　△　国民党中政会财政、经济两组联席会决议:茶、木、瓷器、纸张、丝绸及毛皮等特种消费税税率最高不得超过十分之一。各省特税局一般设立于省府所在地,特殊情况可以设立于物资集中地点。

　　△　国民会议代表选举总事务所电各省解释出席代表选举程序,略谓:国民党代表选举不用造送册籍,不必经过审定公告之手续,由党部在党内办理。各省代表,必须按中央提出的候选人选出半数或过半数,余者方能自由选举。凡中央指名的,即使票数不够半数,也须当选。

　　△　新任巴西驻华公使魏洛索向蒋介石呈递国书。

　　3月28日　行政院令湘、鄂、赣、闽、皖、豫、浙省府在本年8月1日前将保卫团组织完成。

　　△　国民政府训令行政院,裁厘之后,在中央未规定办法以前,应即通令各省、市不得自由抽税。

　　△　国民政府明令公布《管理英国退还庚款董事会章程》;派朱家骅、叶恭绰、王家桢、陈其采、李书华、黄汉梁、程振钧、曾熔甫、宋子良、曾养甫、马锡尔、卜隆贺耐、端纳、康德利为管理中英庚款董事会董事,指定朱家骅为董事长。

　　△　国民政府明令公布《民国二十年关税短期库券条例》,该库券定额为 8000 万元,月息八厘,自 4 月 1 日发行,分 100 个月还清本息。

　　△　国民政府公布《北平实业博览会筹备委员会组织大纲》及《银行法》。

　　△　国民政府明令豁免鱼税、渔业税。

　　△　军政部次长俞飞鹏由前线返南昌,对记者谈:进攻江西苏区各部均伐木烧山前进,崇仁、宜黄、乐安、永丰、雩都、兴国的红军,均退往广昌、瑞金、会昌等地。

　　△　中苏会议中方代表团团长莫德惠等一行 32 人应苏方代表团团长加拉罕电邀赴俄参加中苏正式会议,是日,莫等一行抵达莫斯科。

　　△　石友三由沈阳到天津,据谈 1 月份军饷 40 万元已领到,此后按月由平汉路协助 40 万元,东北助 20 万元。该部共编三个甲种师,13 个团,另有三个独立团,石自兼任一师长,另两师长为米文和、孙光前。遣汰万余人。

　　3 月 29 日　班禅派代表罗桑囊嘉自内蒙乌珠穆沁旗到京,向国民政府各机关呈送信件、公文,接洽班禅进京事。是日罗桑招待报界记者 50 余人,报告中央和西藏历来关系,并望国人一致注意,以固边陲。

　　△　日军第三十三联队在沈阳西十里码头野操,适与追捕土匪的华警相遇,日兵借口妨碍演习,出动大队包围马路湾华警所,强缴枪械 13 支,子弹 253 发。后经多方交涉,始将枪械退还。

　　3 月 30 日　山西钞价暴跌,社会极为不安。省府主席商震为安定人心,决定将每日收回中签晋钞分批焚毁,并于是日在中山公园将 2、3 两月陆续收回中签的晋钞 250 万元焚毁。

　　△　国民政府特派蔡元培、戴季陶、吴敬恒、李石曾、陈布雷、翁文

灏、竺可桢、李四光、朱家骅、秉志、傅斯年、杨铨、钱昌照、徐炳昶为西陲学术考察团理事会理事,并指定蔡元培为理事长。

△ 广西善后督办黄绍竑派代表陈适向蒋介石报告在港、粤与粤、桂将领交换意见结果,是日陈抵南京并对记者谈,谓李宗仁、张发奎等对中央收拾桂局办法并无异议,惟白崇禧尚无积极表示,且有成见。

△ 柯维喇出任澳门第112任总督。

△ 中国航空公司沪宜(宜昌)线正式通航。每周二、四、六由沪飞宜,一、三、五由宜飞沪。

3月31日 第四路军总部令陶广、陈光中、王东原等各师长督饬所部联合进攻平江、浏阳、铜鼓、万载等处红军孔荷宠部。

△ 陆海空军总司令部所设战史编辑委员会组织就绪,朱培德、葛敬恩分任正、副委员长,陈绍宽、杨杰、陈辉、毛思诚、俞飞鹏、邵力子等13人为常委,钱卓伦等22人为委员。定一年后完成北伐以来的战史。

△ 山东省府主席韩复榘暨省府各委员电国民政府称,鲁省迭经兵灾,孔庙残破,拟请中央拨助10万元。4月17日,国民政府会议核准通过。18日,国民党山东省党部、省府决议组织修复孔庙筹备会,推韩复榘为会长。并请戴季陶起草捐款书,电请全国要人、名流为赞助人。25日,戴季陶、蔡元培、邵力子、宋子文、丁惟汾、何应钦、刘纪文、张作相、李石曾、何成濬、于学忠、刘镇华、张钫、孔祥熙、王金钰、陈调元等38人联名通电各方募捐修复曲阜孔林。

△ 日本联合舰队大小军舰64艘由山本司令率领抵达青岛。6月3日,该舰队离青岛开往大连,沿途练习夜战。

是月 台共领导高雄铁路工人举行罢工。

4 月

4月1日 国民党中政会通过各项特种消费税税率。家蚕干茧、竹、桐油、纸、药材、生漆、麻、干果均抽5％;木材、茶叶、皮裘、鞭炮等抽

10%;锡箔抽 25%;野蚕干茧、棉花、豆、芝麻、花生均抽 4%。

　　△　何应钦奉蒋介石命率部队 20 余万人,对江西中央苏区红军第二次"围剿",采用"稳扎稳打,步步为营"的作战方针,兵分四路向中央革命根据地进逼。第二十六路军孙连仲之第二十五师及二十七师分左右两路从宜黄、乐安出动,向东韶、小布(今小浦)进攻。同日,第六十师师长蔡廷锴率区寿年、张炎、刘占雄部向宁都进攻。

　　△　第三飞机队在广州成立,陈济棠兼任队长。陈宣誓就职后,举行广州空军总检阅,50 余架飞机参加检阅。

　　△　中共鄂豫皖中央分局书记兼军事委员会主席张国焘、少共鄂豫皖中央分局书记陈昌浩,由上海启程赴鄂豫皖苏区。14 日,到达黄安七里坪,旋即布置红四军以一部兵力肃清苏区顾敬之团匪,打通商城至光山的联系,主力准备截断国民党军长江防线,配合中央红军第二次反"围剿"。

　　△　张学铭就任天津市市长。同日,天津卫戍司令部成立,王树常任司令。

　　△　驻汉口日海军打靶击伤农民倪照美。4 日,倪伤重死亡。汉口市政府向驻汉日领事提出抗议,又经外交视察员周泽春向日领事严重交涉,6 日,日方允惩凶、抚恤、道歉。

　　△　上海闸北福昌泰等 40 余家丝厂全体女工因上年丝业不振,工资只发八五折,现丝价已恢复,要求发放原工资,厂方不允,午后相率罢工。3 日,市社会局局长潘公展布告称,此次丝厂罢工,其中不无捣乱分子居间煽动,除严加究办外,限令即日复工,静候核办。各丝厂工人被迫即日复工。

　　△　克莱格抵达香港,就香港币制问题进行调查。

　　4 月 2 日　何应钦在南昌行营召集江西地方整理委员会开会,议定对红军"剿抚兼施",限令各县成立保卫团;通过《处理附乱人民办法》及《邻右连坐暂行办法》,并通令各县长切实执行。

　　△　教育部通令各省、市教育厅、局限制设立普通中学,增设农工

科职业学校,在普通中学中添设职业科或职业科目,县立初中应附设或改设乡村师范及职业科,各职业学校应增加经费充实设备。同日,教育部又令,为减少实业部选派专门人材赴各国工厂实习,今后改派留学生毕业后赴各该留学国著名工厂实习一、二、三年,如机械、化学、电气、冶炼、纺织等选择一种,回国致以实用,留学理工科学生尤应注重实际,各省、市教育厅、局将该省留学欧美学生人数及经费,拟定留欧美毕业生实习规程,一同呈报教育部统一安排。

△　蒙藏委员会讨论阻止英国远东探险家在新疆边域用飞机测量我国地形案,决议要求外交部查明事实后送行政院核办。

△　东北屯垦督办邹作华抵南京,向蒋介石面述东北垦务计划,略谓本人办理垦务已两年,垦地30余万亩,惟垦荒三年后方能获利,而兴安区煤、铁、金及石油等矿甚富,遂改变计划,从事开矿,对开荒则听其自然,现日产煤500吨,金矿正聘欧美矿师进一步测查。15日,邹乘大来公司"亚当号"轮船离沪赴欧美考察各国农业情况。

△　第二十一军军长刘湘为扩充势力范围,以四川善后督办名义,令该部向第二十八军邓锡侯部陈书农师进攻。6日,刘湘部将合川、武胜、铜梁、大足等县占领。四川省府主席、第二十四军军长刘文辉以保定同学关系,允陈书农驻防安岳。刘湘遂令所部停止前进,自此,二刘防地直接接触。

△　交通部据上海、宜昌等航业公会呈报,去年航业所受战事损失为663万余元。又据福建、广州、三江等地航业公会呈报,去年亦因战事共损失1078万余元。

4月3日　国民政府以前曾明令限于本年1月1日裁撤厘金,另办特种消费税,现恐此项新税沿袭积弊,成为变相厘金,是日下令宣告免于举办。同日又令:各省政府尚有对裁厘命令阳奉阴违,或巧立名目擅自征收各项类似厘金之捐税情事,应责成监察院派员实地查明,呈候惩处。

△　何应钦再令在赣各路军务于本月内攻下被红军占领各县,会

师广昌,在国民会议前,将朱德、毛泽东各部肃清。

　　△　内政部、教育部规定4月4日为儿童节。

　　△　山东省府决议呈请国民政府饬铁道部及建设委员会从速修建道(河南道口)济(济南)铁路。

　　△　吉林省设立修建吉林至同江铁路筹备处。该路完全省办,准备5月间动工,工期预定五年,需费2500万元,先筹500万元。

　　4月4日　贺龙率红三军攻占巴东,渡长江进攻秭归、兴山、远安、荆门、当阳,图解洪湖苏区之围。

　　4月5日　国民政府令总税务司通告上海、汉口、九江、天津、芜湖、山海关、闽、浙、粤、潮、汕头各海关税务司,转令各该地50里内常关于文到之日即停征税,办理结束。所有赔款担保部分俟出口新税则公布后,一律转于出口税收。

　　△　山东高等法院院长吴贞缵、省整委张苇村、民政厅长李树椿等组成临时军法会审委员会,将前中共山东省委书记邓恩铭、中共青岛市委常委、宣传部长郭隆真等22人判处死刑,是日邓等在济南被杀害。

　　△　红军独立第三师师长、茶陵赤卫队总指挥刘鸿陵被俘后解往长沙,是日何键下令将刘杀害。

　　△　亚洲文化协会第一次代表大会在南京召开,高丽、印度、暹罗、安南、缅甸均有代表参加。中国代表黄绍美任主席团主席,并致开会词,称:该会最近的任务是"宣扬亚洲文化,发展亚洲文化"。

　　△　陆海空军总司令部电复武汉行营主任何成濬,同意"剿共"军事由行营主持,准第三军团总部逐渐结束。12日,第三军团总部正式宣告结束。

　　△　晋军将领孙楚、周玳、杨耀芳、冯鹏翥、傅作义离太原赴沈阳,向张学良报告各部编遣经过。

　　△　欧亚航空公司两架飞机抵北平,该公司营运组主任李景枞对记者谈,满洲里站因气候严寒,山地多,中俄战事留下的战壕亦未平,飞行危险殊多,俟公司筹备周全后航期方能确定。将来俄国邮件运满站

后,改装俄机运往莫斯科,再改装俄、德合办飞机运往柏林。

　　△　绰号"太保阿书"的太湖匪首徐正明,率众2000余人,横行江、浙两省长达四年之久,是日在上海被江苏水上公安队密探捕获。16日,徐正明及其弟徐福元经江苏绥靖督办署判处死刑,押往松江附近之张堰镇斩首。

　　4月6日　中苏会议苏方代表加拉罕在莫斯科对莫德惠谈,中苏正式会议宜先议复交问题,再议通商、东路两项。

　　△　武汉行营主任何成濬对记者发表取缔新闻纸意见,称武汉居全国中心,目前武汉小报之刊行,通讯社之成立,犹如雨后春笋,论说纷纭,影响社会治安,行营决心采取断然措施,取缔一般小报。

　　△　浙江舟山群岛沈家门渔栈公所、渔业公会具呈国民政府称,日本200余艘渔轮侵入我国领海大肆捕捞,以上海为其销售市场,横行于江、浙海面,在嵊山、海礁、佘山、鲫鱼山、洋安、将军帽等处撕毁我国渔具,儿戏我国人命,以致渔场破产,渔民生计无着,请政府采取有效措施保护,并明令禁止日轮捕鱼。

　　△　日本"丰浦丸"轮在长江不遵守航规,将我国由汉口开往上海的"江裕"轮在安庆下游50里处江龙礁附近撞坏,日轮肇祸后,开足马力驶向上游逃去。

　　△　上海市煤业同业公会致电国民党中央及国民政府,要求国民会议讨论并收回1910年2月19日英国商人墨林及比墨公司用欺诈手段攫取的我国开平矿务局全部产业。

　　△　中国边疆学会在南京成立,并决定在上海、北平两地设立分会。该会由巴黎大学教授盛中及杨质夫、李卓、蒋唯心筹备,后有蒙古、西藏、新疆、甘肃、青海各省区驻京要人参加。该会宗旨在于研究边务,促进开发边疆。

　　4月7日　国民党中常会通告海内外党部,略谓按本党总章第二十七条规定,应于本年4月召开第四次全国代表大会,近因召开国民会议,本党亦要选代表出席,两会不能同时兼顾,特依据总章同条第二项规定,通告展期,俟国民会议完成后再筹办。

△ 行政院决议铁路增加运费办法:道清、胶济两路客货票均增加20%,南浔路客货票增加15%,湘鄂路客货票增加10%,平汉、津浦、平绥、陇海四路客票不加价,货票均增加15%,北宁、正太、广九、广韶四路客货票均不加价。自5月1日起实行。

△ 第二十八师公秉藩部及第四十七师上官云相部一旅攻占富田,原驻富田之红军退往东固。同日,第四十三师郭华宗部攻占丁江。第五十四师郝梦龄部攻占藤田。

△ 闽保安队总指挥罗介人率陈荣光、陈德隆两支队进攻永定县城,在龙安寨与红军张鼎丞部激战一昼夜。8日,永定县城被保安队占领。

△ 上海海味业长和行职员忻海珊路经法租界永安街普安里口,突被法捕房西捕开枪击伤,行凶西捕肇事后企图逃走,被过路群众将其领章号码摘下送交法捕房,忻被送往同济医院抢救。28日,上海各界各业190余团体之代表580多人举行大会,愤怒谴责法捕罪行,并致电国民政府,要求自动宣布取消不平等条约,即日收回全国各租界,并电外交部要求向法方交涉。5月29日,该案解决,法租界当局赔偿忻受伤损失费1000元及全部药费,并向中国政府作口头道歉,将凶手革职惩办。

△ 陈诚奉蒋介石令任第十八军军长,节制第十一、十四两师及炮兵、攻城两旅,是日在武昌成立司令部。

△ 湖南省府通令各县,省银行为活动市面,于4月1日起特发行辅助币券50万元。

△ 考察我国西北之中法学术考察团中国方面团长褚民谊到达北平,法方团长卜安已先期到平。该团使用的法方汽车未经检查,擅自行动,不听褚指挥,北平学术界对此极为不满,要求褚对法方交涉妥后方可出发。

4月8日 中英庚款董事会在南京正式成立。董事长朱家骅报告称:英退庚款分两部分:一、积存部分,自民国十一年底至本年 3 月止,共存 344.2731 万镑;二、未到期部分,自本年 4 月至民国三十四年(1935)12 月止,应存 770.9638 万镑,该款原作教育费用,因建设铁道,极关重要,乃决定以三分之二借充建筑铁道,三分之一借作水利电气之用,但借用机关须给年息五厘。董事会决议,所有英庚款全数存入中央银行。

　　△　辽宁外交协会通过赎回中东路案决议:一、电莫德惠在中苏会议上力争赎回中东路;二、通电全国并电各国声明赎路理由;三、对苏联政府及民众发表宣言,请苏联根据 1919 年及 1920 年宣言交还中东路。

　　△　豫、皖、鄂三省边区"绥靖"督办公署奉命移设潢川,是日督办李鸣钟率该署全体人员离汉赴潢川。李临行时谈,抵潢川布置就绪,即下令总攻,限 5 月 5 日前肃清三省边区红军。

　　△　宜昌警备司令部为防红军贺龙部从巴东东下,在宜昌上游三游洞派兵检查到宜各商轮。美商轮"宜宾号"行至该地,与检查士兵发生武装冲突,"宜宾"轮伤三人,检查士兵伤 25 人。后经驻宜美军炮舰舰长比比少波与宜昌警备司令郭彝之交涉,是日双方议定各自处理善后。

　　△　山东省府主席兼第三路军总指挥韩复榘自济南赴泗水督师围剿蒙山抱犊崮孙美松等股匪。16 日,韩复榘由枣庄赴峄县,令各部对孙美松股匪于 18 日发动总攻。次日,韩亲赴滕县指挥。

　　4 月 9 日　何应钦电令江西各县县长:限令到之日起,有红军活动之瑞金、宁都等 32 县,在三个月内招集流亡,办理善后,组织保卫团,包括清查户口,办理连坐,训练团丁;其余各县限两个月内将保卫团组织完毕,不得托故因循。江西地方整理委员会将以最严密之审核调查,厉行奖惩。如期完成者,确保其任期三年;逾期无成绩者,立即撤惩;渎职者,加罪不赦。

　　△　何应钦飞赴吉安视察,与王金钰商议进攻红军办法后当日返回南昌。何对记者谈,中央军采取"步步为营,沿途清剿"办法,已有显

著进展,富田已收复,广昌指日可下。

△ 褚民谊率中法学术考察团中国方面团员自北平前往沙河视察,发现考察团所用汽车均只悬法国国旗,无中国国旗。褚返平后即向法方交涉,并表示如无结果,则取消原订合作成议。11 日,褚再向法方交涉,要求考察团行动路线,应遵照华方所定地点前进,运输汽车应加中国国旗,并拒绝汽车上装置手提机枪。

4 月 10 日 国民党中执会通电各级党部称,国民会议将"确立本党与全国人民共同遵守之约法","此种约法为中国整个民族生存所寄,关系至为重要","望各级党部及全体同志尽量发抒意见"。

△ 行政院令实业、财政、铁道三部会商孔祥熙所提拟开发西北金、煤、铜、石油之具体办法。

△ 陆海空军总司令部将陈耀汉第四十师改为第五十八师,刘茂恩第六十师改为第六十四师,张钫第六十八师改为第七十六师,冯钦哉第七十一师改为第四十二师,刘夷旅改为独立第三十二旅,唐云山旅改为独立第三十三旅,罗启疆旅改为独立第三十四旅。

△ 国民党中央监委张继电国民政府,报告秦皇岛黑暗达于极点,日本兵横行无忌,包运"白面",官府无法制止,商民强烈要求政府帮助解除痛苦,务望外交部向日方早日交涉,撤走该地日兵。

△ 财政部令中央银行就财政发展需要,先在各省会所在地建立分行,然后再推及各县成立支行或兑换所;并令各国税机关,凡有款项应随时存入中央银行,否则以违抗命令论。

4 月 11 日 蒋介石在浙江省党部对党政官员训话,略谓浙江近来财政极为困难,浙省当务之急是清丈土地,调查户口,如能限期丈清土地,必能增加税收二三倍,经济有办法,则一切迎刃而解。13 日,蒋向浙省党部各执委垂询该省党务情况。随后在党部纪念周演说,要党、政共同努力,发扬民族主义,废除不平等条约。16 日,蒋到浙江大学训话,要求学生应立志自强、守纪律、有秩序、培养德性品行。并向学生推荐戴季陶著《孙文主义之哲学基础》一书。

△ 立法院审查通过《宪兵条例草案》，该案规定宪兵直属军政部，主任军事警察，兼任行政与司法警察；首都设中央宪兵司令部，置一中将司令，统辖全国宪兵。

△ 中苏正式会议在莫斯科开第三次会议，莫德惠依中央制定方针提出先讨论中东路赎路问题。俄方代表加拉罕亦提出大纲，定 21 日继续开会讨论。

△ 班禅到达沈阳。

△ 据上海《民国日报》载：自中国新关税实施以来，日、英、美等各国陆续将其国内之工厂移设于中国，自本年 2 月以来，日本在华新设工厂达 500 余所，沿长江一带即有 375 所，资本达日金 7000 万元。美、英各国亦相继进行大规模转移，各种金属、橡胶、纺织工业，均相继派员来华在租界内觅地建厂，英国在香港新设厂 24 所，在上海新建 18 所，长江沿线为数颇多。

4 月 12 日 国民党中央党部在南京举行"清党"四周年纪念，戴季陶演讲，声称"清共要努力建设"，"深信在三民主义领导下，共产党不能在中国立足"。同日，上海、天津、北平、青岛、武汉、济南、徐州、太原等地党部分别举行"清党"纪念活动。

△ 商震、杨爱源、徐永昌联名通电各军、师、旅部，公布发饷办法：自本月起，除伙食费外，每月另给各官兵发现洋，"中将 100 元，少将 70 元，上校 50 元，中校 30 元，少校 20 元，上尉 10 元，中尉 7 元，少尉 5 元，准尉 4 元，上士 3 元，中士 2 元，下士 1.7 元，上等兵 1.5 元，一等兵 1.2 元，二等兵 1 元，夫役 8 角"。

△ 武汉行营遵蒋介石命令，通令各部队对随从红军的群众一律称"匪奴"。

△ 梁漱溟对记者谈：准备在山东设立村治学院，现正着手创设及筹备招生，鲁省府拨邹平县为试验区，并允月给经费一两万元。

△ 《现代文学评论》创刊号在上海出版，由现代书局发行。

4 月 13 日 刘纪文在中央党部报告视察山东党务情况，谓该省现有党员 5400 人,全省 108 县已有 14 县成立党部,69 县正在整理,其余各县均在筹备中。

　　△　管理英庚款董事会开会,决定即日成立购料委员会,准铁道部先直接向购料委员会购办第一批材料,规定款项在 50 万镑之内。

　　△　军政部航空第五队中校分队长伍兴鉴及驾驶员荆树庄在南昌驾机出发赣东前线侦察红军活动,起飞后当即坠落,机毁人亡。

　　4 月 14 日　行政院国务会议决议:一、增加江、浙丝业公债额 200 万元;二、实业部拟呈工厂检查人员养成所规则草案及最低工资法草案,送立法院审议。

　　△　国民党中央执委会令各级党部严行查禁自称“中华民国国民会议国民自决会”刊行之《国民自决》刊物,指称该刊内容“纯以破坏国民政府召集国民会议为目标”。

　　△　毛炳文师占领广昌。红军退往白水镇、头陂一带。

　　△　湖南省政府通过民国二十年度收支预算,总计收入为 1412.3714 万元,支出为 1712.3714 万元,收支相抵差 300 万元,决定发行 300 万元公债弥补。

　　△　据《申报》载:实业部调查各省、市工人总数,根据已报数字,全国共有工人 114.4396 万人。

　　4 月 15 日　国民党中央政治会议通过各省征收营业税大纲及财政部所订补充办法原则,并决定在营业税法未颁行以前,已办营业税之各省,暂照财政部已核准者办理。

　　△　山西各界裁厘宣传委员会召开紧急会议,誓死反对晋军再征 500 万粮秣巨款。同日,省党部及裁厘会电请省府和中央严厉制止此项非法特捐。16 日,裁厘会紧急会议决议,通电各县政府不应奉非法之晋察绥总司令部征收粮秣之命,再向人民肆意勒索,并函省政府立即制止,又函教育厅令各学校派学生到社会上向群众讲演。

　　△　财政部咨各省、市政府,解释征收营业税办法五原则:一、凡厂或公司已纳统税或其他捐税者;二、凡未营盐业已由中央征收盐税者;

三、凡未营烟酒业已由中央征收烟酒牌照税者;四、凡交易所由中央征收交易税者,以上四者,各省均不得再抽营业税。但各营业商店仍须交营业税。五、凡营业证应贴用印花税票,资本在 500 元以下者,每证一角,资本在 500 元以上者,每证五角。

　　△　日本渔轮潜侵江、浙海岸案,外交部向日代使重光葵照会请饬令日渔轮退走,日政府反派员来华交涉,要求维持,我国政府除严拒外,即令海关自 5 月 1 日起,令在华一切外国渔轮概行退出我国海岸。

4 月 16 日　考试院公布第一届高等考试种类及报名、考试日期。种类分为:一、普通行政人员考试;二、外交官领事官考试;三、教育行政人员考试;四、财务行政人员考试;五、警察行政人员考试。6 月 15 日至 7 月 5 日为报名日期,7 月 15 日开始举行考试。

　　△　驻德国公使蒋作宾在苏联考察历时一月后,是日离莫斯科回国。5 月 1 日,蒋抵上海,对记者谈考察苏联观感,谓苏之五年经济计划,确足惊人,其举国上下一致之奋斗精神,尤为可贵。全国人民节衣缩食,将所产货物以极廉价向外国销售,以购取各种机械改进国内生产,预料数年中成效定为可观。

　　△　王宠惠对《大公报》记者谈"约法"重点,谓"约法"与"国民直接有关者莫过于权利与义务、国民经济、国民教育三章。不求发展国民经济,人民无法生存。不振兴教育,人民知识难以提高。余全部精神,皆贯注于此"。

　　△　英国新任驻华海军舰队总司令凯莱中将抵沪。

　　△　财政部特派员荆有岩离天津赴沈阳,向张学良报告晋军编遣费事并商冀特税问题。荆临行前对记者谈:自华北裁厘后,冀政费正赖特税稍资弥补,若不停征,则违中央法令,若停征,则冀省今后政费无着。

4 月 17 日　何应钦代表陆海空军总司令蒋介石在南昌行营布告称:"政府此次剿赤,早具消灭决心,赤匪一日不灭,大军则一日不他调",希望地方人士努力协助。

△　中共苏区中央局在宁都青塘开第一次扩大会,增选彭德怀、林彪、周以栗、曾山、陈毅五人为中央局委员。同日,苏区中央革命军事委员会通令地方武装要运用"敌进我退,敌驻我扰,敌退我追,敌疲我战"的游击战术。并通令设立红军战史编辑委员会。

△　张学良离沈阳赴北平主持陆海空军副总司令行营,18 日,抵平,驻顺承王府。20 日,张对记者谈晋军饷问题,略谓本人在沈与晋各将领已议有成案,愿再与商震谈洽后,再正式决定。张又谈东北铁路运价悬案,中日双方正在商谈,近因日本内阁改组而停顿。21 日,商震奉张之召抵平报告晋省财政、军政现状。称晋省每年收入 1600 万元,军费支出 3120 万元,政费 800 万元,收入不敷二千三四百万,今后新税开征亦仅一二百万元,要求张帮助解决。

△　吴铁城视察东北党务完毕,是日从沈阳抵北平。

4 月 18 日　国民政府派张群为国民会议代表招待处主任,邵力子、陈布雷等 54 人为国民会议代表招待处招待员。24 日,特派叶楚伧办理国民会议秘书处筹备事宜;派程天放为国民会议秘书处主任秘书;派吴思豫为国民会议警卫处警卫长。

△　导淮委员会常委会会议决议,先拨款 1000 万元开办第一期重要工程。

△　开滦煤矿公司因积欠北宁路运费 150 余万元延不付还,双方争执不下,各界主张收回该矿矿权之呼声日高。近来井陉、门头沟等地之煤运往天津甚多,开滦煤矿已陷于困境。是日,该矿董事会临时会议决议,自 19 日起,将赵各庄、林西、马家沟等矿区一律停工四个月,意在使数万工人失业,引起纷扰,以迫北宁路屈服。

△　上海公共租界捕房西探长罗炳生率队在公共租界和法租界破获共产党地下机关及宣传品发行处,抄出宣传小册、传单共 50 万份。逮捕共产党员 22 人,其中女性三人,当即押送高等法院第二分院。

△　教育部令各省、市教育厅、局,每年春季举行民众业余体育运动会,项目为田径、国术、游泳、球类等。

△ 巴金长篇小说《激流》在上海《时报》开始连载。1933 年 1 月改名《家》,由开明书店出版。

4 月 19 日 蒋介石偕宋美龄自奉化返南京,王正廷向蒋报告法权问题交涉情况。

△ 何成濬分令李鸣钟、徐源泉、王金钰各自负责肃清所辖区域内之红军。同日,何成濬电令张英、李觉、彭位仁三师长,限一星期内将桃花山一带的红军段德昌部肃清。

4 月 20 日 财政部长宋子文谈中央银行概况,略谓该行于民国十七年政府集资 2000 万元,同年 11 月正式开幕,当时上海各行均拒收中央银行钞票,经向各行存入五万元方许。民国十七年资产总数 4700 万元,民国十八年达 8700 万元,民国十九年已有 1.24 亿元。至本年 3 月资产总额已超过二亿元。此纯由政府极力扩张,中行除普通业务外,凡政府所有银行事务概由中行办理。今后五年内,中行资产可增至 20 亿元。

△ 外交部电驻西班牙代办王麟阁,正式承认西班牙新政府。

△ 红军贺龙部进攻湖北荆门县后重返远安县,是日武汉行营再令徐源泉率部切实“围剿”,凡擒获贺龙者赏洋 10 万元。

△ 全国航空会议在南京开幕,军政部次长曹浩森主席,蒋介石出席并致训词。24 日,会议决议:一、扩充并创设完备之航空学校,筹备航空大学;二、选派航空员生赴外国留学,在国内各著名大学增设航空工科,普及中小学学生航空知识,设立航空研究所,试验国产航空材料;三、筹备设立大规模航空飞机制造厂,利用外国资本、人才制造飞机;四、发行航空公债 5000 万元,每月拨出陆军军费的十分之三扩充航空;五、请政府扩充航空经费,实行航空救国。25 日,会议闭幕,并发表宣言,提出从速扩充空军、配备航空设备、培养航空人才等发展航空计划十条。

△ 程天放在国民党中央党部纪念周报告视察河南省党务情况,略谓该省各县党部对中央所规定下级党部应做之社会事业及各种运动

做得极少,党部离开民众,没有民众做后盾。一般党员思想、行动仍以共产党与改组派的理论为指导,认为斗争就是革命,不斗争就是不革命,认为革命是有阶级性的,对本党的宗旨不甚明了。该省贫困原因有二,一是过去军阀盘踞横征暴敛;一是人民保守性太重,生产退化。

　　△　韩复榘令各军追剿抱犊崮匪,各军均由第二十二师师长谷良民统一指挥。时谷师唐尧迅旅在崮西,马鸿逵师马腾蛟旅在崮北及崮东北,陈耀汉师在崮东南,王均师李文彬旅在崮西南。郭马峰、尹士贵、尹士喜、马景岱、张黑脸、孙美松各股匪共 3000 余人。22 日,韩复榘电令剿匪各军,凡捕得土匪首领者赏洋 5000 元。23 日,韩复榘再电令各军,"获匪一律枪毙,通匪杀勿赦"。

　　△　上海市中华国货维持会召集工商代表大会讨论阻止外人来华开设工厂办法,决议:一、发表宣言;二、继续电请国民政府制止;三、扩大宣传;四、出货出品须注明"华商"字样。

　　△　绥远省府主席李培基向张学良报告绥省近况:该省每年收入 400 余万元,裁厘后仅剩 200 余万元,消费税未征收,又减收 60 万元,绥省地瘠民贫,每感兵多之苦,该省驻军有骑兵赵承绶、郭凤山、孙长胜三旅,步兵王靖国、傅作义两师,宪兵袁庆曾部三营。

　　△　铁道部派工程师凌鸿勋会同陕省派员查勘灵宝至潼关、西安一带路线,预定本年 6 月由灵宝开工,10 月初旬灵宝至潼关段可通车,两年路轨铺至西安,其经费由俄庚款发行公债。

　　△　华文与西班牙文《东方月刊》在秘鲁利马创刊,创办人陈汉荣。

4 月 21 日　广西善后督办黄绍竑之参谋长陈适向蒋介石报告桂省情况,并述黄准备编遣李宗仁、白崇禧等桂军之计划,请蒋拨经费数百万元。蒋允诺,促黄速先就督办职。

　　△　中国水利工程学会在南京成立,选李仪祉为会长,李书田为副会长,张自立为总干事,茅以升等为董事。

　　△　哈尔滨市因防范共产党,全市实行戒严。同日,南满铁路日军守备队第三大队借口防备共产党,开入长春。

△ 北平各界首领在外交大楼欢宴张学良。张继讲演,称张学良年轻有为,对国家贡献很多,帮助蒋介石完成统一,尤为可佩,可与唐朝李世民相比,但"不望张为李之做皇帝",而望张"为现代青年领导者",维护和平统一,巩固边防。

△ 中苏会议第四次会议讨论赎路问题,苏方主张先议建筑原价,后谈赎路方式,再将结果交东铁组织专委会讨论。莫德惠对该案驳复后,提出暂行管理东铁办法,双方讨论甚久,仍无结果。

4月22日 国民党中央规定庆祝国民会议办法:一、5月5日由各地高级党部召集各该地机关、团体开庆祝会;二、全国各地于5月5日一律悬旗志庆;三、各报于5月5日一律加刊国民会议文字;四、国民会议期间,各级党部要扩大庆祝宣传。

△ 宋子文宣布,中央银行奉中央之令于本年5月1日起发行关金兑换券,以谋进口商在沪或他埠缴纳关税之便利。

△ 国民党中央执委会令各级党部,为提倡国货,各机关及在政府服务人员所需物品,应以采用国货为原则,由主管长官提倡督促之,以引起人民注重国货之观念;如无国货可资采用者,方得酌用外货。

△ 教育部因香港54所私立中学编制、设备、师资多与国内现行法令不符,课程标准尤多不合,令广东教育厅通告香港私立学校向香港政府注册外,并应依照私立学校规程向该厅立案。

△ 上海筹募陕灾临时急赈会接西安华北慈联会电告赈济陕灾情况,略谓郿县(今眉县)散赈已结束,每家仅得一元。该县原有11.8万人,现仅存6.3万余人,不赈能生者,只有一万五六千人,余者不赈不能活命。目下仍久旱不雨,岐山、扶风、兴平三县最近外逃者三万余人,死亡者约五万,卖去妇女1.6万有余,凤翔灾民投井、跳岩、服毒自尽及饿死者共9.6714万人,逃亡贱卖者一万余人,20余万灾民渴求救济。

△ 武汉行营调军图围红军贺龙部于远安、当阳县境。范石生部驻宜都、荆门、南漳、保康一线,徐源泉部驻江陵及当阳一线,郭勋部驻宜都、宜昌一线,王陵基部驻兴山、巴东、秭归及竹山一线。红三军主力

向鄂西北转移。

4 月 23 日　外交部长王正廷在南京分别与挪威公使欧伯、荷兰公使欧登科签订中挪、中荷撤销领事裁判权协定草案。

△　交通部令：自 5 月 15 日起，天津、北平、南京、宜昌、安庆、杭州、宁波、芜湖、定海、青岛、南昌、重庆、万县、烟台、长沙 15 处电台开放国际电报。

△　蒋介石电令武汉行营，升任第四十八师旅长张振汉为第四十一师师长，张师由该旅原有部队扩编。

△　上海市政府为法租界霞飞路（今淮海中路）设有婚姻介绍所，致函法总领事柯格霖要求迅予查禁。

△　欧亚航空公司"欧亚三号"飞机运载英、法、德邮件飞抵上海。

4 月 24 日　国民政府公布《国民会议组织法》，凡 28 条。该法规定国民会议由各省、市之职业团体、中国国民党及蒙古、西藏、海外华侨所选出的代表组织之；国民党中央执监委员及国民政府委员均得出席会议；设代表资格审查、提案审查及特别审查三委员会；国民会议之决议案由国民政府分别办理。

△　张学良召集副司令行营全体职员训话，谓本人不在北平时，行营工作由参谋长戢翼翘负责。同日，张在私邸接见欧美记者，谓此来平专为组织行营，将来沈阳设办公处，北平设办事处，本人三分之二时间住沈阳，其余时间分住北平、南京。

△　韩复榘、王均、陈耀汉及马鸿逵部先后占领抱犊崮，各部奉韩复榘之令，凡山内匪区村庄全被焚烧，山林同被焚毁，被捕土匪，多被当场杀戮。所有山洞及险要路径亦全部破坏，以防土匪重来盘踞。5 月 4 日，各剿匪部队均撤回原防，该地善后交由民团总指挥王万清办理。

△　《申报》报道：湖北全省清乡局建立完毕。全省设一总局，318 区分局，何成濬为总局局长，吴醒亚为副局长。

△　中共中央政治局候补委员、中央特务委员会委员顾顺章在护送张国焘进入鄂豫皖苏区后，私滞汉口，是日因叛徒指认被国民党中组

部党务调查科逮捕。次日,顾叛变,供出所知驻汉各机关,并愿带领特务赴沪破坏中共中央领导机关。同日,潜伏在国民党中央组织部党务调查科的中共党员钱壮飞截获顾叛变的情报,迅即赴沪报告。中共中央在周恩来主持下,采取紧急应变措施,转移了顾顺章所知道的中央机关和中央领导人。

△　教育部聘褚民谊为中法国立工学院院长。

4月25日　国民政府公布《修正民国二十年江浙丝业公债条例》,定额800万元,年息八厘,4月15日发行,每半年抽签还本付息一次,共七年六个月全部付清。

△　监察院监委周利生、高一涵、王平政等弹劾安徽省府主席陈调元擅用兵力,强行勒征米盐捐税,打死航商,公开贩卖鸦片。是日,陈调元电蒋介石申辩其被弹劾各节并非事实。27日,监察院将该弹劾案公布。

△　广东连日大雨,东、西、北三江潦水同时暴涨,东江沿岸各乡均成泽国,潦水漫进石龙市,马路水深数尺。惠州(今惠阳)城厢内外一片汪洋,居民死亡甚众。

△　北平、天津各报近日刊载石友三部有异动行为。是日,石友三通电辟谣称:"我部均仍在防地照常训练,绝无丝毫动作,既归副座指挥,敬当服从到底。"

△　"左联"机关刊《前哨》在上海秘密创刊,由鲁迅、茅盾、夏衍等编辑。创刊号为"纪念战死者专号",发表鲁迅以L.S笔名撰写的《中国无产阶级革命文学和前驱的血》,纪念被杀害的"左联"五烈士。自第2期起改名《文学导报》。

4月26日　鲁涤平到达南京,向蒋介石报告赣省最近"剿共"情况,称"剿共"军齐集广昌、宁都,正联络由湘入萍乡、万载之各军联合对红军实行大包围。第十八师以三个团驻扎省城,会同韩德勤部警卫旅担任省区防务,余者派往万载、永丰等处协同各军进攻东固之红军。

△　参加对江西红军进行第二次"围剿"之航空第三队进驻吉安,

原驻南昌之航空第五队进驻樟树。此后每日派出飞机一架次或两架次在红军占领区域进行侦察或轰炸。

△　胡祖玉师进攻头陂,红军顽强抵抗后撤退。同日,毛炳文师以两旅之众猛攻白水镇,与红军激战,该镇终为毛师所占领。

△　西藏驻京办事处成立。该处总代表为棍却仲尼。

△　上海东南信托股份有限公司设立。由张澹如、李静涵、徐寄颐、林康侯等集资一百万元创建。

4 月 27 日　国民党中常会决议:改派陈果夫、刘纪文、林焕庭、黄为材、赵棣华、蒋介石、何应钦、王柏龄、熊斌、傅焕光、夏光宇为建筑阵亡将士公墓筹备委员会委员,刘纪文为主席;中央政治学校增设乡村教育系;通过《党员犯罪加重处刑暂行办法》,凡犯“内乱罪”、“外患罪”、“侵占罪”、“贿赂罪”、“诈欺取财罪”之其中之一者,加重本刑三分之一。

△　曾养甫在中央党部报告视察湘、鄂两省党务情况,谓两省党务有很大进展,但还存有两点错误:“一、在党言党,不顾民众;二、只知责备他人,不知检查自己。”

△　四川省政府成立,刘文辉、田颂尧、张铮、邓锡侯等宣誓就职。省府主席刘文辉演讲今后施政纲领:一、肃清盗匪;二、整饬吏治;三、统一财政;四、促进自治。

△　武汉行营通电湘、鄂、川各军称,红军贺龙部现偷渡长江占领兴山、秭归、远安等地,令各军分追合围,并悬赏 10 万元生擒贺龙。

4 月 28 日　财政部长宋子文电国联秘书处,谓奉蒋介石令,决定设立全国经济委员会,统筹规划全国一切经济建设事宜,拟请国联各专门组为顾问,派干员来华协助委员会工作。

△　行政院决议:通过内政部转呈河南省府主席刘峙汇呈上年蒋、阎、冯大战中飞机掷弹伤民众共 1891 人,请给抚恤费,平均每人以 30 元计,共需 5.67 万余元案。令财政部照数筹拨。

△　吉鸿昌等部攻占鄂豫皖苏维埃政府所在地湖北黄安七里坪。5 月 6 日,蒋介石电令武汉行营拨款三万元犒赏攻占七里坪之吉鸿昌、

张印相、葛云龙三师,并电令湖北省府速派员前往办理善后。

　　△　张学良在北平接见晋、绥各军将领,对晋、绥善后提三办法:一、各军自动实行裁减,俾达收支适合;二、晋、绥驻军太多,拟请中央调开一部;三、晋、绥裁厘后,收入甚微,拟整税收,维持现状,核发各军军费。宋哲元、庞炳勋、孙殿英、刘桂堂、张诚德等部,5月份起均按新规定发饷,每月需140万元,由冀、察两省筹给;晋、绥军费月短百余万元,俟赴京与蒋介石磋商后解决。晋军每人每月比东北军少军饷一元。

　　△　福建省政府全体委员因该省旧税裁撤,新税难办,财政已无办法,联名电国民政府辞职。5月3日,国民政府复电慰留,劝其"同心共济,共度危难"。

　　△　教育部颁布《乡村小学充实儿童学额办法》及《繁盛都市推广小学教育办法》,通令各省、市教育厅、局遵行。

4月29日　张学良离北平赴天津,次日自津飞京出席国民代表会议。

　　△　中苏会议召开第五次会议,仍讨论东铁赎路问题。苏联代表加拉罕提出:一、中国赎路是否用外资;二、赎路用何种货币;三、赎路分期付款年限;四、筑路费估计方法。莫德惠表示此数问题待请示中央后再行答复。

　　△　原中共沪东行动委员会书记恽代英在南京中央军人监狱被杀害。

　　△　庞炳勋在北平对记者谈,与张学良两度商谈驻晋各军编遣结果,庞部及孙殿英部均按新编制各编一师,宋哲元部编两师,宋、孙两部因编遣困难,张允孙部多编两团,宋部多编四团,三四个月后再缩编。庞、宋、孙三部自5月起由东北发饷,士兵5.7元,军官照东北军六至七成发。

　　△　旅沪全皖公会以陈调元对监察院弹劾案饰词强辩,是日再电国民政府,陈述陈在皖拒不撤厘、加兵勒征、枪杀船户、征收烟税、发售烟照等,俱属事实,务请依监察院弹劾案立即将陈撤职惩办。

4 月 30 日　国民党中央监委邓泽如、林森、萧佛成、古应芬于广州联名通电弹劾蒋介石。电中胪列蒋介石违法叛党、窃夺军权、潜植羽翼、养兵自重、"剿共"不力、包庇宋子文侵食烟赌款项、操纵金融、鬻官卖缺、滥发公债、起用群丑、迫害功臣等累累罪行,请"爱护党国诸同志急起图之",对蒋介石给予严厉处分。

　　△　国民政府通电各省、市政府,国民会议凡属政府方面之报告、建议及提案,应全部由国民政府提出,各院、部、会及地方政府不得自由提案,以重政治责任及行政之系统;如有建议,应送政府核审,然后由本府提出。

　　△　商震与银行团代表在北平签订晋军编遣费 200 万元借款合同,月息 1.1 分,六个月还清。

　　△　印刷局职工代表呈文张学良力争邮票印刷权。

　　是月　国民政府决定,今后外国军舰来华,在吴淞口停泊。

5　月

5 月 1 日　国民党中央执行委员会召开临时全体会议,通过《中华民国训政时期约法草案》及《首都建设案》,张学良列席并在会上发言,表示对北方治安负完全责任。

　　△　古应芬电吴铁城,谓自蒋介石拘禁胡汉民事件发生后,"凡党人悉愤慨",若蒋立即能将胡恢复自由,"则众怒可平,南方即可安定",望吴转告蒋"能以民命为重,不事穷兵,当能纳弟最后之一言"。

　　△　汪精卫通电国民党海内外各党部,略谓蒋介石祸党祸国,"暴横日甚,言之痛心",现广东方面奋起讨蒋,"事变至此,宜即依据总章,召集临时全国代表大会,解决一切"。

　　△　蒋介石在国府纪念周报告,略谓古应芬等通电,似以监委资格弹劾本人,而手续不合,似别有作用。本人对此电决不计较,如有武人弄兵,相信中央可不用一兵,在最短期内平乱,不虞动摇时局。

　　△　　张国焘根据中共中央决定,宣布撤销鄂豫皖边特委,成立中共中央鄂豫皖分局和鄂豫皖军事委员会。分局中央委员除张国焘、陈昌浩、沈泽民、曾中生等八人外,又补充郭述申、周纯全、高敬亭三人。随后,重新调整了红四军的领导:军长邝继勋,政治委员曾中生;所辖各师为:第十师师长刘英、政委康荣生;第十一师师长周维炯、政委余笃三;第十二师师长许继慎、政委曹大骏;第十三师师长徐向前、政委陈奇。蔡申熙任军政干部学校校长。

　　△　　以陈独秀为首的"无产者社"、以梁干乔、区芳为首的"我们的话"、以刘仁静、王文元为首的"十月社"、以王平一为首的"战斗社"在托洛茨基指示下,是日至3日召开统一大会,通过《中国共产党左派反对派纲领》,联合组成"中国共产主义左派反对派"(又名"列宁主义者左翼反对派"或"中国布尔什维克列宁派"),以陈独秀为总书记。

　　△　　上海市公安局是日起检查外人入口护照,凡无护照者,一律不准登岸;日人入口因有中日互约关系,免于检查。

　　△　　实业部与古巴夏湾拿国际糖公司在南京签订借款建厂合同,借款500万元,分五年还清,利息六厘。

　　△　　中央银行奉国民政府令于是日起发行"海关金单位兑换券"(简称"关金券"),专供缴纳关税之用。

　　△　　江、浙各渔业团体电国民政府,务请政府限制外国渔轮进入我国港口,并严令沪海关水警,即日禁止日渔轮进口。

　　5月2日　国民党中央执委临时全体会议决议:一、通过向国民会议提出的《六年期内实业建设程序案》,其主要项目为:(一)完成粤汉路、陇海路运河至台儿庄支线、沧石路、新陇绥路、京湘路的建筑;(二)完成全部导淮工程,修治黄河;(三)将东方、南方两大港口及葫芦岛、海州两港之一部工程完成;(四)增加20万公里公路,五万里以上航空线,1000架商用飞机,增加国营河海航运业20万吨—30万吨;(五)努力开发东北、西北的矿业及移民屯垦;(六)兴办水利、电气、钢铁、酸碱、煤、糖、煤油、汽车等基本工业;(七)增加农业生产。二、通过《确定教育设施之趋向案》,其要点为:(一)根据孙中山恢复民族精神之遗训,注重培养学生刻苦勤劳、遵守纪律的作风;(二)中小学教育应体察当地社会情况,以培养学生有独立生活技能与增加生产之能力为中心,务使大多数不能升学之学生有自立之能力;(三)社会教育以增加生产为中心;(四)尽量增加职业学校及职业补习学校,内容应接近经济情况;(五)尽量增设各种有关产业及国计民生之专科学校;(六)大学教育应注重以自然科学和实用科学为原则。

　　△　蒋介石呈国民党中央执监委员会自请议处,略谓广州邓泽如、古应芬等四监委联名通电"指斥中正罪状","倘果确实,则在党纪国法皆无可恕";邓等通电,虽"于正式弹劾手续有所不合,但中正为尊重党纪计,不得不请求中央彻底查办",并表示"中正理当静候查办,服从党命,决不稍有恋栈"。中监会旋致书蒋介石,谓邓泽如等通电,"其语皆撷拾浮言,任意指斥",所言不合弹劾手续,请蒋"暂勿深究"。

　　△　吴铁城电复古应芬,略谓:"华北赤祸伏流,有一发不可收拾之势,绝非现在之江西所可同日而语","稍一不慎,同归于尽",中央及蒋介石已决定请胡汉民出席国民会议,望粤方释除误会,共维大局,以免同室操戈。

　　△　汪精卫致李宗仁、白崇禧等冬电,提出"此次倒蒋,宜由各方同志同时并举,只以打倒独裁实现民主为共同目的",希望"桂省在军事上宜与精诚合作。至于党务政治则宜依旧进行,将来再以会议方法,共同解决"。

　　△　河北省财政特派员荆有岩对记者谈,虽中央明令停征特种消费税,但河北情况特殊,如将此税停征,军政费用将无着落,经财部同意,冀省自本月 15 日起开征特种货品产销税。

　　△　陇南 14 县民众代表通电,控诉马廷贤盘踞该地,屠杀人民,苛征捐税,中央特派赴甘视察专员严尔艾受马廷贤 12 万大洋之贿赂,甘为马当走狗,其视察报告颠倒黑白,为马歌功颂德,陇南 14 县人民誓死反对。

5月3日　第八路军总指挥陈济棠偕师长余汉谋、香翰屏、李扬敬、杨鼎中、朱为珍,第四舰队司令陈策,独立旅长黄任寰、张瑞贵,虎门要塞司令陈庆云,航空司令黄光锐联名通电响应上月30日古应芬等弹劾蒋介石之通电,要求蒋引退。略谓:"今蒋氏恶罪贯盈,神人共愤,四海之内,愿与偕亡,吾辈沐总理之遗教,受国家之豢养,当此危急存亡之秋,宜有伸张正义之举。谨以至诚,昭告天下:如蒋中正不亟引退,仍欲负固以暴力维持其地位,则济棠生性恬澹,权利意气之争,向所不屑,耿耿此心,只为党国争存亡,为天下留正气,正谊所在,义无反顾。"

△　蔡元培、张继、吴敬恒、张静江、李石曾电邓泽如、林森、萧佛成、古应芬,略谓邓等30日通电"可归诸绝对误会,彼此可不再论",一切皆"释然于介(蒋介石)展(胡汉民)之间一切如常",请消除误会,免起纠纷。

△　国民政府公布六件重要文电:一、国民党中央监委邓泽如、林森、古应芬、萧佛成4月30日联名弹劾蒋介石之通电;二、蔡元培、张继、吴敬恒、张静江、李石曾五监委致邓泽如等电;三、蒋介石向中央执监委员会的呈文;四、中央监委复蒋介石之公文;五、古应芬5月1日致吴铁城电;六、吴铁城5月2日复古应芬电。

△　国民会议宁夏代表任冠军在京谈宁夏情况,谓该省省府委员有不识字者,全省每年收入340万元,其中鸦片罚款占180万,支出300万,尚有余裕。该省学生仅5000人。

△　台湾召开全台实业大会。

5月4日　国民党中常会决议敦劝胡汉民出席国民会议。

△　国民政府公布《管辖在华外国人实施条例》,定自民国二十一年(1932)1月1日起施行。

△　外交部就法权谈判停顿事发表宣言,略谓国民政府对领事裁判权的撤废,曾发表命令,在此国民会议即将召开之际,更觉应负废除不平等条约,尤其应负废除领事裁判权之责任,惟与中国有法权关系之各国未能完全接受中国方面要求,法权谈判不幸宣告停顿,国民政府特

命令公布《管辖在华外国人实施条例》,其目的在力谋免除中外人民间之争执,增进中外人民间之友好关系。

  △ 吴铁城奉蒋介石之命由南京赴上海与孙科商议解决粤方通电劾蒋事,请孙从中斡旋,以求由党内解决,不致牵入军事、政治范围。

  △ 班禅抵南京出席国民会议。蒋介石所派代表贺耀组、邵力子,蒙藏委员会委员长马福祥及各机关长官之代表均到浦口车站迎接。13日,班禅在京招待报界谈,谓西藏为中国领土,最近九年来,政府未能从速解决藏务,兹值国民会议开会,政府不遗边鄙,力求统一,望舆论界一致赞助。

  △ 张学良在南京宴请辽、吉、黑、热、哈等省、市出席国民会议代表,并发表演说,谓现在教育消费与农村经济相距甚远,"民众竭全家之生产供一子弟读书,犹嫌不足",毕业之后,不愿回乡村,而走远方,"此则不啻为求学而家破人亡",希北方各代表对平民教育问题,切实注意救济办法。

  △ 胡汉民电劝古应芬、陈济棠等顾全大局,勿以渠一人引起纠纷,重苦人民。

  △ 国民党中央委员张道藩在中央党部报告视察浙江省党务情况,略谓该省下属县党部 59 个,直属区党部 16 个,区党部 222 个,区分部 957 个,党员 1.1421 万人。党员最多之杭县 801 人,最少之余姚仅 18 人。

  △ 开滦煤矿工人要求改良待遇,每工加薪二角,局方置之不理,是日复借口与北宁路局运费纠纷,煤多不能运出,布告通知每星期停工两天。11 日,开滦矿工四万余人宣布怠工。同日,国民党中央党部特派员王涤文抵唐山,向工会委员训话,劝工人勿走极端,静待中央解决。14日,劳资各方代表成立调查委员会,工人停止怠工。28 日,劳资双方达成协议,每工每日加薪八分,外工年赏每人 15 元,津贴、抚恤、储蓄、慰劳金等俟新工厂法实行后,由资方制定章程,由实业厅核行;资方承认改善工人子弟学校及矿内医院,取消第二包工制,改由工人直接承包。

　　△　本年长江潮汛较大,是日镇江市对岸之五圩与四圩间江堤被江潮冲溃,江边至虹桥镇一片汪洋,淹没农田万余亩,房屋两千余间,人多攀缘树上,牲畜损失无数。

5月5日　国民会议在南京开幕。出席大会代表447人,国民党中央委员及国民政府委员共44人。各国公使、参赞、领事12人,并有各方人士及新闻记者千余人参加开幕式。蒋介石致开幕词,详述召集国民会议之意义,历举北伐以来作战之经过,希望保障和平统一,共谋建设事业。同日,南京、上海、武汉、青岛、北平、太原、福州、沈阳等地放假一日,并举行庆祝大会。

　　△　孙科在上海电蒋介石,谓邓泽如等四监委联名通电,"诚不无过当,然动机完全为展公(胡汉民)抱不平而起",若立即"恢复展公之完全自由,则此后各事自易解决"。

　　△　中共中央在共产国际敦促下,在上海召开各苏维埃区域代表会,到会代表49人,20日会议结束。会议通过《全国形势及苏维埃任务》的宣言及《土地暂行法》、《劳动保护法》、《扩大红军及武装农民计划》等法案。

　　△　海军部自民国十七年以来自行建造"咸宁"、"永绥"、"民权"、"逸仙"等四舰后,由江南造船厂建造的第五艘军舰"民生号"是日下水。该舰排水量为505吨,马力2400匹,时速18海里,价值150万元。

　　△　广州市附近37英里处之中流砥柱鱼珠炮台火药库爆炸,死亡10人,重伤八人,鱼珠兵工厂厂房被毁,军火损失50余万元。

5月6日　出席国民会议的全体代表由蒋介石带领冒大雨前往中山陵谒陵,并在陵前宣誓,誓毕,一一在誓词上签名盖章。

　　△　国民会议预备会议选定张继、戴季陶、吴铁城、周作民、林植夫、陈立夫、刘纯一(女)及国民党中央推派的于右任、国民政府推派的张学良共九人组成大会主席团。

　　△　云南省府主席龙云通电驳斥古应芬、陈济棠各次通电,并呼吁全国一致拥护中央,"扫除蟊贼,巩固统一"。

　△　外交部长王正廷与日本驻华代理公使重光葵会商法权问题，重光称日本政府拟不采用具体方案，今后随谈随制定条文。

　△　自陈济棠3日发表反蒋通电后，粤军调动繁忙。香翰屏第六十二师、李扬敬第六十三师分别在东江、北江布防；驻桂第八路军全部回粤，桂省全交桂各将领办理；陈光汉警卫团调回省城。是日，独立第六旅黄任寰部调集梧州准备东下，余汉谋第五十九师分批由梧州东下，杨鼎中新编第十六师由郁林移防肇庆，朱为珍新编第一师亦调往西江布防，决定驻梧州第八路军总部行营职员分批回粤，大批军火运往韶关，发往各部队。

　△　军政部因航空署长张惠长在粤参与反蒋活动，副署长黄秉衡赴欧美考察未归，特委任毛邦初代理副署长，并暂行代理署务。

　△　日轮"湘江号"在湘江下游将我国商船"泰顺"轮撞沉，淹毙旅客多人，货物全部沉没。

　5月7日　国民政府公布《海关出口税则》，自本年6月1日起施行。该税则共列商品270种，分六类。最高类征税75％，最低类征税5％。茶叶、丝绸、茧、蜜饯、花边、绣花、图书杂志、报纸、草帽、石膏、漆器、伞、包装用品等免税。

　△　国民会议召开第二次预备会议，于右任为临时主席。主席团指定代表资格审查委员会委员47人，由吴敬恒召集。特许班禅及蒙、藏代表30余人，北宁、平汉、津浦三铁路工会代表五人，海员工会代表二人，军队党部代表候选人15人及妇女团体代表10人为会议列席代表。

　△　四川善后督办刘湘及省主席刘文辉通电指责广东军政当局弹劾蒋介石为"藉端倡乱，希图破坏统一"，表示"拥护中央，矢志不渝"。

　5月8日　国民会议举行第一次大会，于右任主席，讨论《中华民国训政时期约法草案》，蒋介石讲演"约法"意义，戴季陶报告"约法"起草经过。于右任提议将"约法"提交约法审查委员会审查后再交大会讨论。次议《实业建设程序案》，蒋介石对该案作说明，强调"倘若我国对此计划不能完成,五六年后,必将亡国",“望各代表扶助政府实现此项提案”。会议决定将该案先交财政、经济两委员会联席审查。于右任宣布,各代表之提案,须有 50 人联署方可提出。大会还议决给海外各级党部、各华侨团体及全体华侨拍发“慰劳海外侨胞电”。嘉勉华侨历年赞助革命功绩。

△　孙科在沪电陈济棠、古应芬,内称“自胡案发生,弟以尸位中央,挽救无策”。粤提出劾蒋之举,“深虑争端一起,战祸重生”,“调停之责,再不忍辞”,望粤方“力持静默”,非万不得已,不“穷兵黩武”,免使“时局急趋横决,至难收拾”。

△　吴敬恒、李石曾、张静江、孔祥熙等持蒋介石亲笔信由南京赴上海,请孙科、王宠惠返京出席国民会议,并从中帮助调停粤方反蒋事端。13 日,李石曾、张静江返京向蒋介石汇报在沪会商情况。同日,王宠惠以拟赴欧任海牙国际法庭永久法官为由,向蒋介石请辞立法院院长职。

△　绥远各界电国民会议,陈述该省与外蒙接壤相处,虑唇亡齿寒,请通过移民殖边,实行屯垦,以固国防。

5 月 9 日　国民会议开第二次大会,张学良主席,讨论《教育设施之趋向案》,蔡元培对该案作详细说明。王卓然提议增加一项“一切教育以使用国语为原则”,该案交教育审查委员会审查。代表项定荣等 70 余人临时动议,提出督促政府限期取消不平等条约案,全体一致通过。主席团指定邵力子、陈布雷、刘芦隐、项定荣等 11 人起草废约宣言。

△　国民政府向国民会议提出《政治总报告》,蒋介石对该报告作说明,并强调指出:一般人认为国民政府五院中立法院是最高立法机关,不知立法院所通过的重要法律案必须由中政会议决定原则,“中央执行委员会政治会议才是最高的立法和政治指导机关,而国民政府只是在党的指导下一个最高的行政执行机关”。全国“一切权力,全操于中国国民党”。

△　中共中央政治局决议称:目前全党的紧急任务如下:一、"政治局本身对于苏区的领导任务,必须更实际地进行";二、"反国民会议、反黄色工会、反军阀战争、反帝国主义国民党进攻红军苏维埃区域",为目前主要任务;三、全国中心市党部,积极做艰苦地发动群众的工作;四、深入到敌军中做工作及设立农民部领导全国农民运动;五、加强党内的思想整顿。

△　行政院公布领海界线,领海范围定为三海里,海关缉私界线定为十二海里,在领海界内,任何外国渔船不许侵入。

△　豫鄂皖边区"绥靖"督办李鸣钟通电称,第三十、三十一、三十三等师在进攻黄安七里坪泼皮河等地的战斗中,死亡营长、营附各一人,连、排长四人,士兵 172 人,民团 40 人,伤营长三人,营附五人,连、排长 21 人,兵士 416 人,民团 59 人。

△　福建省政府因收编民军为省防军、省警、保安队,需要巨款,特发行 50 万元库券,强行摊分给福州、厦门两市各商帮。福州摊 32 万元,厦门摊 18 万元。省公安局长郭咏荣是日派警传集福州各商帮代表在总商会谈话,限本月 10 日先交 12 万元,其余 20 万元于 15 日交清。各帮代表议论通宵,仅能凑集五万元。郭咏荣下令将 24 名代表全部逮送公安局关押。10 日,商会开紧急会议决议,致电国民党中央、国民政府及国民会议福建代表团,陈控军警勒迫借款,滥押商家,请求援救。

5 月 10 日　南京中央体育场举行奠基礼,国民党党政要员及各界代表 300 多人出席,蒋介石奠基。该体育场于 8 月底全部完工。

△　新亚细亚学会在南京成立,通过会章 58 条,选出林兢等 10 余人为该会理事。

5 月 11 日　国民会议举行第三次大会,张继主席。一、原则通过催促国民政府早日公布新盐法并限期成立盐政改革委员会案;二、《确定发展农业五年计划案》并入《实业建设程序案》,交财政、经济两组审查委员会审查;三、《设立国民经济委员会案》决议交经济委员会审查。

　　△　蒋介石在中央党部纪念周报告粤事,略谓陈济棠勾结张(发奎)、桂军及改组派,图叛中央,作陈炯明第二,中央自有处分办法。

　　△　何应钦、何成濬、何键、鲁涤平联名电陈济棠,对陈领衔 3 日所发之通电发出警告,劝其"取消前言,停止一切行动","勿为破坏和平统一之罪人","背弃中央,则政治之生命且绝","拥护中央,则革命光荣永存,吉凶祸福,在兄自择"。

　　△　粤桂第四集团军总司令李宗仁率总指挥白崇禧、军长张发奎、李品仙、黄旭初、杨腾辉,师长梁朝玑、薛岳、吴奇伟、廖磊、韦云淞、唐生明、黄鹤龄、覃连芳、韩彩凤通电声斥蒋介石"包藏祸心,自盘据南京中央以来,窃党祸国",表示决心讨蒋,"会师长江,底定金陵","救党救国"。

　　△　福建省政府临时代主席方声涛查悉福州绸布帮法律顾问陈光律师为商帮起草控诉军警强行向商家借款,拘押商家代表的通电,是日将陈拘押保安处。次日,福州律师公会决议:一、向地方法院控诉方之违法行为;二、向中央监察院控告方渎职,请求将方惩办;三、在此案未解决之前,全体律师罢职。14 日,在商界和律师公会激烈反对下,省政府令保安处将被捕的商帮代表及陈光释放。

　　△　在新三十一师独立团第三营充任营长职务之中共地下党员张洁吾,因人告密,昨夜该师副师长周希武突将张营解除武装,并将张及匿居张家的华容苏维埃副主席范少英、中共石首县委秘书余业勤等三人同时逮捕,是日,范等三人在长沙被杀害。第四路军代理总指挥刘膺古令湖南士兵"实行五人联结,如一人是赤匪,五人同罪",并实行官长联坐,以资严防。

　　5 月 12 日　国民会议开第四次大会,戴季陶主席。一、通过《中华民国训政时期约法》,交国民政府公布,定"双十节"施行;二、讨论《剿灭赤匪报告》,蒋介石对该报告作说明,声称在"三个月内,一定可以将其完全消灭",决议将该报告交何应钦、何成濬、何键、陈布雷、刘芦隐等及各组审查委员会召集人共同审查。

△ 国民会议宁夏代表潘秀仁等 60 余人向大会提交《早日收回外蒙库伦以维民族而固疆圉案》。

△ 前广东省府主席陈铭枢由香港抵上海,与中央代表商洽粤事。16 日,陈乘轮东渡日本。

△ 整理海河委员会委员长王树常同天津各银行代表签订《海河整理公债合同》,总额 290 万元,共分三期于本年 9 月 1 日前发行完。

5 月 13 日 国民会议开第五次大会,通过《接受中国国民党总理遗教案》《废除不平等条约宣言案》《政治总报告决议案》《确定教育设施之趋向案》。

△ 教育部为保证地方教育经费独立,拟定《地方教育保障办法》14 款呈行政院,是日国民政府指令行政院通令各省、市政府遵行。

△ 外蒙国民会议代表车臣汗亲王那彦图、内蒙哲盟图什业图亲王业喜海顺,由北平抵南京,出席国民会议。

△ 中国佛教会主席太虚等电促达赖来京与班禅消释猜忌,携手合作。16 日,中国佛教会具呈国民政府,请遴派汉、蒙佛教领袖入藏,劝说达赖与班禅和解,欢迎班禅回藏,以固边陲,而杜英人觊觎。

△ 詹以昌、陈昆仑、简吉组织台湾"赤色救援委员会"。

5 月 14 日 国民会议开第六次大会,于右任主席。通过如下决议案:一、《实业建设程序案》;二、《剿灭赤匪报告案》;三、《鼓励华侨在国内投资兴办实业及保障华侨救济失业案》;四、《工人失业救济案》;五、《切实救济丝、茶叶案》;六、《设立编译馆案》。以上各案均交国民政府办理施行。大会临时动议通过两案:一、辽宁代表阎宝航等 150 人提议《由大会申告全国,拥护和平统一,努力建设案》;二、福建代表毛一丰等 300 余人提议《严重警告陈济棠促其悔悟,以保和平统一案》。

△ 何成濬、李鸣钟、徐源泉等武汉行营所辖 25 名将领联名通电拥蒋,指责粤方劾蒋通电是"信口雌黄",并严厉声讨陈济棠。

△ 广州保安团反对陈济棠,据守长州炮台与陈济棠部开战,陈调"坚如"、"海虎"等八舰,黄任寰之炮兵两营及陆战队、宪兵各两营围攻。

同日,蔡廷锴之第六十师设在广州的枪弹库被陈封闭。17日,广州保安团长翁腾辉(即翁照垣)逃往香港,陈将该团仍保留,军官全部撤换。

△　红军孔荷宠部在宜丰与国民党军刘夷独立旅激战后,是日孔部突驰往奉新、高安县境。南昌行营急令谭道源、胡祖玉两师各调一部及刘夷旅急往奉新、高安围堵。

△　中苏会议举行第六次会议,仍议中东路赎路问题,双方对赎路方式意见不一,具体问题未解决。

5月15日　国民会议开第七次大会,张学良主席,通过以下决议案:一、《由中央指拨专款并奖励兴办蒙古教育及各项文化教育事业案》;二、《通告国内外特许外蒙自治,以期早日完成统一案》;三、《保障蒙古盟旗及蒙民生计案》;四、《急速向各国交涉取消待遇华侨苛刻条例案》;五、《设立国民经济委员会修正案》;六、《请以国家全力救济甘、青、宁三省案》及《开发西北办理工赈以谋建设而救灾黎案》;七、本年6月1日公布《中华民国训政时期约法》;八、昭告全国拥护和平统一电;九、严重警告陈济棠促其悔悟电。

△　蒋介石密电粤军师长香翰屏,谓陈济棠称兵反对中央,请香继陈任第八路军总指挥之职。香复电斥蒋"为国人共弃久矣",来电"用心虽工,而计亦拙矣"。

△　中央禁烟委员会决议:一、将天津海关在东关"新丰"轮查获的烟土1.15万余两全数充公,并罚船主银400两;二、安徽阜阳县长王云龙令该县遍种烟苗,咨皖省政府处理。

△　国民代表大会选举总事务所通电各省市,每省市选举费用总额最高六万元,在此限度内,如数核准。同日,国民代表大会选举总事务所正式撤销,未了事项移交国民政府文官处办理。

△　商震、徐永昌、杨爱源、傅作义等驻晋各将领联名通电忠告陈济棠,劝其拥护中央,勿自绝于党国。同日,湖南、湖北两省政府分别发出忠告陈济棠,拥护国家统一的通电。

△　国民政府派马超俊为欧美各国劳工考察专员。

△ 郝梦龄师协同郭华宗师进攻赣省潭头,该地红军顽强反击后,退往东固地区。

△ 武汉行营令徐源泉、范石生、赵冠英二师,王光宗、郭勋两旅围攻远安红军贺龙部,并限于本月 20 日前肃清。

△ 交通部令:自是日起,天津、北平、南京等 15 处电台开放国际电报。

△ 长岳关税收督办杨纫侵吞鄂省堤款 20 余万元,携款潜逃。鄂省府派视察员张泽雄前往调查,是日将调查结果呈报省府。

△ 上海市政府据国民党中央执行委员会训练部指令,令饬社会局,禁止轿夫、人力车夫组织工会。

5 月 16 日 国民会议开第八次大会,戴季陶主席,通过如下决议案:一、通过《大会宣言》,其要点为:接受孙中山遗教,废除不平等条约,拥护和平统一,"消灭共产党",实业救国;二、通过《告粤将士电》及《告粤民众书》。通过临时动议六案:一、在国会会场前建造孙中山铜像;二、建造国民会议纪念碑,上刊《约法》全文及全体代表姓名;三、严厉禁绝鸦片;四、用大会名义嘉慰蒋介石;五、赠蒋介石及张学良纪念章;六、以党歌作国歌。

△ 于学忠、王树常、刘翼飞、李培基、石友三、宁哲元、孙魁元、庞炳勋联名通电驳斥陈济棠之反蒋通电。谓此次粤事之起,无非借口于胡汉民个人问题,胡仅一党员,其进退应以公意为从违,非任何个人所得左右。

△ 财政部令全国各海关代理征收一切统税,原统税机关驻海关办事处一律裁撤。

△ 第五路军第二十八师公秉藩部及第四十七师上官云相一部向东固红军发动进攻,该部进入东固西端时,彭德怀红三军团四面发起围攻,经两天激战,将其歼灭。与此同时,红军一部向公师在富田留守部队进攻,亦将其全歼。粮食器械、无线电台全被红军缴获。

△ 上海律师公会电呈蒋介石、司法部、外交部,陈述上海法租界

会审公廨"制度诡奇,审判黑暗,破坏我国法权,刍狗我民众",请政府克日交涉,收回改组。

5月17日　国民会议举行闭幕典礼,周作民主席,于右任宣读《大会宣言》及《慰勉国府主席蒋介石词》;戴季陶致闭幕词;蒋介石发表演说,提出"巩固统一与尊崇法治"、"确认民生为建国之首要"、"培养民族之毅力"、"推进教育设施"、"安定地方秩序"、"完成地方自治"六项今后救国方略。

△　张学良、张作相、万福麟、汤玉麟、张景惠、臧式毅等东北将领通电拥护和平统一,希望粤方以党国为重,勿再引起内战。

△　张静江等10名中央委员访胡汉民,劝胡留京,取消原辞职要求。胡答以仍需休息。

△　红军彭德怀部将公秉藩师大部歼灭后,集中主力猛攻潭头郭华宗师。郭师向水南败退,红军直追,郭部在水南街无险可守,背水作战,大部被红军歼灭。与此同时,郝梦龄师应援郭师,遭红军阻击,正当郝师集中主力与正面红军决战时,其后方又被红军攻破。郝师惨败,郝率残部败退藤田。

△　陈铭枢之代表孙希文由沪抵京向蒋介石报告粤省形势。18日,孙携蒋亲笔信离京赴赣,慰劳蒋光鼐、蔡廷锴、戴戟等部。

△　商震携带借款200万元离北平返太原。商震谈,此款一半分配各军,补发欠薪勉强可供两个月。同日,张学良电商震,谓中央对晋军决即拨款百万元,整理晋省金融公债,已与宋子文议妥,希速派专员携方案入京商洽。

△　石友三以外传该部有异动行为,是日电张学良辟谣称,"蒙副座特知,自当拥护到底"。

△　中法学术考察团自张家口向喀什噶尔进发。

△　白崇禧为与粤陈济棠联合反对蒋介石,偕同李品仙、叶琪、冯祝万等到达广州。白称,张发奎18日可到,李宗仁稍迟数日亦将到达。

5月18日　湘、鄂、赣、闽、皖五省国民会议代表123人联名电邓泽如、古应芬、萧佛成、林森、陈济棠等粤方要员,劝其"同舟共济,贯彻始终",切莫再同室操戈。

△ 行政院据湖北省府呈请,是日训令内政部饬各省、市严密查禁《群众日报》及《群众画报》。

△ 高树勋第二十七师奉令急援沙溪被红军包围的郝梦龄师,高部正从南团向沙溪进发,郝部已被歼。是日,红军集中主力将高师就地包围,经两昼夜激战,高部弹尽粮绝,几被全歼。20 日,高率残部逃亡招携。同日,孙连仲第二十五师亦被红军包围于南团附近,势孤无援,伤亡甚重,孙率残部退回东陂。

△ 外交部长王正廷与英使蓝普森继续谈判法权问题,蓝普森重申前次会晤意见外,要求对沪、汉、京、粤四地之法权仍须保留,并主张组织特别委员会调查研究具体保留办法。会谈无结果。

△ 据《大公报》载,自东北军入关后,河北省新委县长 84 人,多数为辽、吉、黑籍人,该省人保有县长地位者不足 30 人。

△ 中国银行公布 1930 年度营业情况,该行活期存款余额为 4.1638881556 亿元,定期存款余额为 6968.89023 万元,获纯利 208.594477 万元。

△ 英国人斯坦因曾屡次窃走新疆、甘肃等地古文物,新省府应国内学术团体要求,勒令其出境。是日,斯坦因由哈密取道蒲犁(今塔什库尔干塔吉克自治县)离新回国。

5 月 19 日 国民党中央执委会发表《告全国同胞书》,略谓对内消灭红军,对外废除不平等条约是今后两大主要任务。自今以后,"当积极完成训政建设,凡有破坏和平统一者,皆为国家之公敌"。

△ 驻豫、鄂、陕、甘将领刘峙、刘镇华等 29 人联名电中央党部声讨陈济棠。

△ 国联理事会通过国联专家各组与中国政府全国经济委员会进行合作事宜案。

△ 陈济棠派人入赣晤蒋光鼐、蔡廷锴,拟拉拢第十九路军合作反

蒋或保持中立,被蒋、蔡拒绝。是日,蒋光鼐电该军驻粤办事处,限本月25日前全部退出广州。

5月20日　国民党中央监察委员吴敬恒、张继见蒋介石,商调停粤事。

△　胶济路沿线之淄川、博山、章丘、潍县等地煤矿商,因胶济路增加运费,是日起全体罢业,沿线燃料大起恐慌,煤价飞涨。

△　禁烟委员会决议:一、咨军政部,核办闽省南安、惠安等县驻军不肯铲除烟苗案;二、咨黑龙江省府查办安达韩侨商人出售麻醉毒品案。

△　日本人久原由山东潍县盗买我国古物七箱运至青岛,被扣留。

△　湖北省政府主席何成濬、武汉市长刘文岛在南京与蒋介石议妥,为解决鄂省财政收支不敷,主张省与武汉市合并,省府局部改组。鄂各省委得息后,是日电南京中央总辞职。

△　横行徐州东面宿迁县境达10年之久的土匪何正心部,是日在新安镇附近之段庄被金汉鼎第十二师工兵营包围消灭,何之首级带往宿迁县城示众。

△　孙科夫妇乘日轮由上海秘密赴广州,陈友仁夫妇随行。

5月21日　何应钦乘"豫章"舰离京返赣,临行时对记者谈,本人到南昌后,当再以全力"剿共",深信最短期内必可肃清。

△　河北省特种产销税是日开征,北平各商界召开代表大会一致反对,并呈张学良、东北政委会及财政部,请免予举办该税。

△　第四十五师奉令从皖北调往豫北,是日该师师长卫立煌赴南京向蒋介石请示一切。

5月22日　张静江、李石曾、蔡元培与张继在上海商妥粤方反蒋和平解决办法,并决定由张继携议定方案赴粤接洽。23日,张继离沪赴粤。

△　王正廷对记者谈外交近况,谓取消领事裁判权决不与任何国家讨论交换条件;中苏会议已颇接近;上海法租界公廨即可收回,改组

为中国法院。

　　△　鲁涤平访许世英,请拨赈款 200 万元,修筑南昌至赣州汽车路,实行以工代赈。许允俟赈款拨到后,立即拨给赣省。

　　△　陈济棠通告驻粤各国领事,因军事上之必要,已在汕头港敷设水雷,请各国领事通知各该国籍船舶注意,以免发生危险。

　　△　第四路军总指挥部前因驻湘第十独立旅旅长兼湘西"剿匪"指挥戴恢垣叛变将其撤职,并令该旅副旅长兼独立团长洪本枬率该部编入新三十一师陶广部为第三旅。洪部改编后,仍盘踞安化一带,不服陶之命令,是日总指挥部下令将洪职及所部番号一律取消。

　　△　山西省政府会议通过省府主席商震所提筹办晋军军饷办法,按人平均向各县派粮秣捐共 400 万元,并令全省立即实行。自本月起,晋军按七成发饷。

　　△　天津《大公报》为创刊至今一万号发表《纪念辞》。宣称该报将始终坚持"不党"(不加入党派)、"不卖"(不以言论作交易,不为金钱所左右)、"不私"(报纸向全国开放,使之为公众之喉舌)、"不盲"(实事求是,不趋炎附势)的宗旨,"为求光明自由的新中国之成功"而努力作舆论宣传。按:该报于光绪二十八年五月十二日(1902 年 6 月 17 日)由英华(敛之)主办创刊,中间于民国十四年底停刊,民国十五年 9 月 1 日复刊。

　　5 月 23 日　吴敬恒电劝古应芬"本和平统一初衷,勿以细故而牵动国本,重启干戈,务望善为斡旋,挽救危机"。

　　△　刘文辉抵重庆晤刘湘,协商川局善后。

　　△　公秉藩由吉安抵南昌见何应钦,报告在东固被红军彭德怀部击败经过,称此次失利乃其参谋长张民权措置乖方,调度失当所致。何对公表示慰勉,允电呈蒋介石给以补充,并将张民权扣押。

　　△　"中国共产主义左派反对派"遭受破坏,除陈独秀、彭述之、罗汉外,其他中委悉被逮捕,整个托派中央陷于瘫痪。

　　5 月 24 日　孙科、陈友仁、许崇智抵香港,即赴汪精卫宅与唐绍仪、张发奎、白崇禧会晤，讨论两广形势。当日，汪、唐、孙、陈等乘车往广州，与陈济棠举行会议。

　　△　中苏会议开第七次会议，续议关于赎路问题，在会前苏方提出港口、航权及特派领事和驻兵要求，并表示对外蒙库伦、呼伦博克洽克既得权，坚决不放弃。议无结果。

　　5月25日　蒋介石在国民政府纪念周报告，追述民国十三年国民党改组后之反共历史，指责汪精卫纠合右派在广州反对政府，破坏统一，"罪大恶极"，望政府同人一致声讨。

　　△　唐绍仪、古应芬、林森、孙科、许崇智、陈济棠、李宗仁、陈友仁、陈策、李文范等在广州联名通电全国，要求蒋介石在48小时内下野。孙科并另电蒋介石，声明支持唐等通电。

　　△　陈济棠任命李扬敬为韶关行营主任，张瑞贵为潮梅警备司令，香翰屏为惠州河源警备司令，黄鹤龄为梧州行营主任，以从事讨伐蒋介石的军事戒备。

　　△　武汉行营奉蒋介石命，重新分配鄂西防务：塔市驿、石首、藕池一带归张英部接防，荆州、沙市、公安、郝穴一带归郭勋部接防，荆州以西至宜都防务归袁彬部，宜都以西归王陵基部，松滋、枝江防务归李宗鉴部，恩施一带防务归罗启疆部，以上各部统归刘湘第二十一军宜昌行营指挥。并加派军舰巡弋公安、石首、沙市一带长江江面。

　　△　蒋介石在南京陵园设宴招待班禅及蒙古代表，班禅就康、藏问题有所陈述。同日，格桑泽仁离京赴沪，取道滇境入康办理党务。

　　△　孙科在广东省党部演说，指责蒋介石独裁，"中央党部、国民政府之各种会议，均为老蒋一人所包办"，反蒋不须顾虑投鼠忌器，"蒋介石这个鼠子，不比普通的鼠子，真是个疫鼠，我们不论如何，都要将他铲除"。

　　△　东北日人在沈阳成立"全满日人自主同盟"，并议决该组织任务为：一、满洲日侨自成一自治单位；二、拥护满洲已得利权；三、关于满蒙之一切外交，应由同盟会指挥。

5 月 26 日　陈济棠、孙科等再次电促蒋介石立即下野,"放弃党国所付与之职责"。

△　上海公共租界中央捕房在康脑脱路益志里及浙江路同益旅馆等处捕获共产党员桂仰之、吕昌、许金珊等五人,声称查获共产党文件及宣传品。桂等三人被押往江苏高等法院第二分院,吕、许被押往警备司令部。

△　上海出口各业公会代电蒋介石、司法院及财政部称,上海江海关所定土货出口新税则比旧税则加税达三四倍之多,商民万难担负,要求政府撤销新税则,从轻征税,"以存出口商业一息之残喘"。

△　甘肃陇西警备司令鲁大昌派代表何世雄到北平见张学良,报告甘省近况:鲁部驻陇西,陈珪璋部驻陇东,马廷贤部驻陇南,马鸿宾部驻省会兰州防区。去年甘省人民饿死者,每县平均三四千人。马鸿宾已向中央辞甘省主席职。

△　华北第五届运动会在济南开幕。参加本届运动会者有冀、辽、豫、晋、绥、察、鲁、平、津、青岛、哈尔滨 11 个省、市、区,运动员 1000 余人。运动会历时五天,30 日闭幕。女子标枪创远东纪录,女子跳远、50米短跑及男子铁饼、撑杆跳高、1500 米中跑均创全国新纪录。

5 月 27 日　国民党第一、二、三届中央执监委员汪精卫、孙科、唐绍仪、邹鲁、许崇智、李文范、傅汝霖、伍朝枢、陈友仁、陈树人、刘纪文、经亨颐、陈济棠、柏文蔚、覃振、阎振、阎锡山、冯玉祥、邓泽如、萧佛成、古应芬、林森、邓青阳、陈璧君、谢持、张知本、李宗仁、李福林、林云陔等在广州成立"国民党中央执监委员非常会议"。汪精卫、邓泽如、孙科、李文范、邹鲁为常委。同日,发布《中国国民党中央执监委员非常会议成立宣言》,称其主要任务在于推倒蒋介石之独裁,完成国民革命。

△　广州"非常会议"第一次会议决议:在广州成立"国民政府",推唐绍仪、汪精卫、孙科、古应芬、邹鲁、邓泽如、萧佛成、林森、李宗仁、许崇智、陈济棠、唐生智、蒋尊簋、李烈钧、陈友仁、熊克武 16 人为"国民政府"委员(随后伍朝枢辞驻美国公使回国,被加推为委员),并决议公布

《国民政府组织大纲》。

　　△　武汉行营通令各部队,严防红军在汉购买枪械,将贩卖子弹接济红军之商人王清洁、胡开胜枪杀,并四处张贴布告,昭示周知。

　　△　《中国红十字会》月刊是年第一期在上海出版。该刊载,据全国各地灾区调查,全国灾民在5000万以上,苏、赣等省尚不在内。

　　△　拂晓,红军主力二万余人分数路向驻扎在广昌的胡祖玉、毛炳文两师发动猛烈进攻,毛师阵地迅为红军突破,毛率残部逃遁。胡祖玉亲自上阵督战,被红军击中两弹,胡师溃逃(胡本人于6月3日在南昌医院丧命),该师由副师长周浑元指挥。是晚,红军克广昌城。

　　△　北平赈务处接豫赈会函,内称豫省自民国九年以来,天灾战祸不已,民国十七年之后,灾患日甚,至今"全省无县无灾,无灾不剧,民不聊生,亟待赈济之难民遍野",吁请平赈会急赈。

　　5月28日　汪精卫、唐绍仪、陈济棠等在广州成立"国民政府",并发表《中华民国国民政府成立宣言》,宣称南京政府已成为蒋介石独裁的工具,广州"国民政府,自今日始,事事当反蒋中正之私,而向于总理之公";对于军人,"信赏必罚";对于财政,"收入支出,一切公开"。

　　△　蒋介石电复孙科,对孙25日附和唐绍仪等通电大加指责,并表示决不放弃现有职责,对唐等通电"惟有一笑置之",但念孙科系"总理之子",劝孙"勿为一时诱惑,误入歧途"。

　　△　李宗仁抵广州,寓退思园。

　　△　清华大学教授、学生掀起反对校长吴南轩风潮,指责吴"大权独揽,不图发展校事",要求吴立即离校,请教育部另简贤能主持校务。29日,全体学生召开大会,决议驱逐吴南轩,由学生会电教育部请改任周诒春为校长,新校长未到任前暂由教授会维持校务。

　　△　第15届国际劳工大会召开,中国代表朱懋澄等出席。

　　5月29日　27日红军猛攻广昌时,刘和鼎师奉朱绍良令从安远南面的中沙调回建宁防守。是日,彭德怀指挥红三军团为攻城主力,红十军罗炳辉部为预备队,乘刘师调回建宁立足未稳,遂发动猛攻,经一夜激战,至 30 日,刘师伤亡重大,刘率残部逃往延平。建宁、泰宁均为红军攻占。至此,蒋介石发动的对江西中央苏区的第二次大"围剿"被红军完全打破,15 天内,红军由西向东横扫 700 里,共歼敌三万余人。

　　△　国民政府任命铁道部政务次长连声海为铁道部代理部长。

　　△　广州"国民政府"第一次会议决议:推孙科、汪精卫、古应芬、唐绍仪、许崇智为常务委员,以陈融为秘书长,陈友仁为外交部长,邓召荫为财政部长。

　　△　吴敬恒发表对时局谈话,略谓:自国民会议后,中央应先干两件事:一、大规模"剿赤";二、督促地方政府肃清各地土匪。中央此次对粤决不轻易再下讨伐令,免再上当。粤之"非常会议"只是在北平扩大会议后又垒起的一大垃圾堆。列名于 25 日唐绍仪领衔通电的 22 人,共分六个派:一、超然派:唐绍仪、王宠惠、林森、李烈钧;二、国民党右派:古应芬、陈济棠、陈策、马超俊、李文范、刘纪文、林云陔、邓泽如、萧佛成、陈耀垣、邓青阳;三、西山会议派:孙科、许崇智、邹鲁;四、改组派:汪精卫、唐生智;五、陈济棠、古应芬之死对头李宗仁;六、第三党:陈友仁。

5 月 30 日　国民党中央常委临时会议决议:通过《中国国民党告全国民众书》,声明国民党今后的任务是完成训政建设,目前最主要的任务是消灭红军。

　　△　国民党中常会通过致广州中央监委邓泽如、古应芬,中央执委孙科、李文范、刘纪文及候补委员陈济棠、陈策、林云陔、邓青阳电文。略谓当前国家之大敌是湘、赣之共产党,中央"愿以宁息之中怀,定是非于他日",劝邓等中止反蒋。同日,国民党中央分别电暹罗(今泰国)萧佛成、檀香山林森、上海李烈钧,略谓广州邓泽如等滥发通电,请其详察。

　　△　国民政府公布《盐法》;《惩治盗匪暂行条例》自二十年 5 月 18 日起再予展限六个月。

　　△　国民政府明令改组湖北省政府:原任省府委员何成濬、方达

智、吴醒亚、张贯时、黄建中、熊秉坤、谢履、彭介石、陈光组均免本职；兼省府主席何成濬、民政厅长吴醒亚、财政厅长张贯时、建设厅长方达智、教育厅长黄建中均免兼职；任命何成濬、刘文岛、吴国桢、方达智、黄建中、朱怀冰、马登瀛、彭介石、陈光组为湖北省政府委员，何兼省府主席，刘、吴、方、黄分别兼民政、财政、建设、教育各厅厅长。

△ 清华大学校长吴南轩电兼理教育部长职务蒋介石，谓"本校学生受反对分子煽动后参加风潮，由学生会通过决议案，迫南轩及教务长、秘书长、院长即日离校"，"风潮扩大、事机迫切"，请速电示机宜。

△ 天津市24个商行代表赴市党部请愿，要求取消冀省产销税，速令税局发还扣留货物。天津商会表示坚决与北平商会联合，对产销税反对到底。同日，北平各行商家500余人开会，决议如下月2日以前产销税不能取消，则全市各商家于3日罢市。同日，河北省财政特派员公署发表声明，坚持产销税必须征收。

△ 山西省政府决议，由省府发行兑现新钞，将旧钞作四折兑现收回。

△ 北宁路与开滦矿局自2月以来因运费问题引起纠纷，经外交部长王正廷及其弟东北矿务督办王正黼从中调停，是日正式商定解决办法。车辆延期费与煤价差数，矿方认缴125万元，照旧合同恢复运煤至本年6月底止，期满后另订合同。

5月31日 广州"国民政府"委员汪精卫、孙科、陈济棠等联名发表就职通电，略谓：一、反对武力统一和中央集权，当以建设求统一，以均权求共治；二、不主张以武力解决时局，如有以武力相压迫者，亦所不畏；三、政府委员17人，现有16人，余者待补入。

△ 教育部公布《县长市长(行政院直辖市除外)办理教育行政暂行考试规程》，规定每年对县长、市长办理教育行政考核一次。如果省教育厅或者民政厅认为必要，可随时进行。以敦促县长、市长在任内必须重视，并切实推行教育。

△ 欧亚航空公司沪满段开航。所有由上海寄至英、法、德、奥、荷

等国航空邮件,均由欧亚第四号飞机运往北平,再由北平换欧亚一号或二号飞机,运至满洲里。再经俄国及德俄航空公司运达目的地,共需时六天。

△　安徽省政府主席陈调元横征暴敛,遭皖人强烈反对,又因该省财政枯竭,两次电蒋请求辞职,称皖省裁厘后,仅皖北能收 19 万元,支出 70 万,政治无办法。均为蒋所慰留。是日,陈应蒋电召入京面议解决办法。

是月　中国工农红军第二军团政治委员、湘鄂西联县政府主席周逸群到洞庭特区检查工作,在岳阳贾家凉亭附近遭国民党军伏击牺牲。

△　第一辆国产汽车——民生牌七五型载货汽车建成。这辆汽车除发动机曲轴等少数部件委托国外照民生厂图样代制外,其余部件均为民生厂自制。载重量二吨。

△　上海两江女子篮球队远征日本,是为中国第一支女子篮球队出国比赛。

6 月

6 月 1 日　国民政府公布《中华民国训政时期约法》,即日生效,并发表宣言,谓约法“为训政时期之根本大法”,全体国民应对约法“竭诚拥护”。

△　国民政府举行“约法”告成及孙中山之灵榇奉安紫金山两周年纪念庆祝大典,蒋介石、于右任、戴季陶均在大会上发表演说。同日,全国各地国民党党部奉中央之命,均开会庆祝。

△　财政部发行民国二十年统税短期库券 8000 万元,以充补国库之用,月息八厘,以卷烟税余款及棉、纱、麦粉等税为担保,自民国二十年 6 月至民国二十六年(1937)11 月底止还清本息。

△　陈友仁就任广州“国民政府”外交部长。旋即照会驻北平各国公使,宣称:“中国国民党业已将蒋介石从前在南京所行使之国府主席

一切职权,概予撤销,并令该政府立即解散。""国民党已于广州组织中华民国国民政府",请各国政府"撤回对于南京政府之承认,并停止与该政府商洽一切,此后凡与南京各机关订立任何合同或条约暨任何事件或行为,为各该机关所给予或造成,以及任何款项支付与各该机关者,均一律不生效力"。

△ 广东省财政厅奉广州"国民政府"令发行第二次军需券 1000 万元,专为备支军费之用,按商人资本大小摊派,年息一分,自发行之日起满一年后,分 10 个月平均偿还本息。

△ 全国各海关奉财政部令撤销 50 里内常关,并停征常关税(50里外者已于 2 月撤销)。同日,财政部新出口税则开始施行。

△ 全国律师协会在杭州召开第三届代表大会。5 日,代表大会末次大会决议:司法院长王宠惠总揽司法三年,成绩毫无,措置失当,电请监察院即日专案将王提出弹劾,并请国府明令将王免职。

△ 交通部国际无线电台宣布是日起中德两国正式通报。

△ 山西省政府公布《整理金融办法》,即日实行,并规定此后全省境内公私收支均以现洋为本位,晋旧钞每元当现洋四角。

△ 第二十八军军长邓锡侯电令所部将领将现有枪支人员速调查呈报,以便改编。其改编计划已定,共编三个师,马毓智、黄逸民、陈书农分任师长,每师直辖三旅。

△ 长江川江航运华商轮船招商、三北、中兴、蜀平、渝江、永庆及川江等八轮船公司为抵制外轮,是日正式成立商运联合会。但重庆商运联合会经外商拉拢,容纳外轮加入该公会,6 日后又改名为华洋商运联合会。川江航行之轮船 30 余艘,而华轮仅八艘,因运价猛涨,华轮陷入绝境。

△ 南非华文《侨声报》在约翰内斯堡创刊,每周三期。

△ 英人韬朋在上海京沪路开枪打死两名巡路宪兵,次日韬朋在昆山被捕,旋被苏州驻军团长黄珍吾擅自枪毙,黄经军法会审,处以 14年徒刑,11 月 4 日,外交部发表韬朋案经过。

6 月 2 日   国民政府公布《设治局组织条例》、《官吏服务规程》。

△   蒋介石电令原陆军第四十五师番号改为陆军第十师,师长仍由卫立煌充任。6 日,卫师奉令调往江西"围剿"红军,所遗蚌埠防务由骑三师张砺生部及财政部驻东海第三团、驻松江、九江第一、二两团接替。

△   广州"国民政府"常委会决议:一、通过《政务委员会组织条例》,以李文范等九人为政务委员,李文范、刘纪文、麦焕章为常务委员;决定组织军事委员会,并通过《军事委员会组织条例》,以李宗仁、白崇禧、唐生智、陈济棠等 19 人为军事委员;二、任命陈济棠为第一集团军总司令,李宗仁为第四集团军总司令,陈策为海军总司令,张惠长为空军总司令;三、任命林云陔、林翼中、金曾澄、胡敬贤、许崇清、程天固、范其务、邓彦华、李鹿澄为粤省政府委员,林云陔为省府主席兼长财政,金曾澄长教育,胡敬贤长建设;四、任命程天固为广州市长,许崇清为中山大学校长;四、决定粤、桂两军之编制:第一集团军总司令陈济棠,参谋长缪培南,辖第一军军长余汉谋,第二军军长香翰屏,第三军军长李扬敬;第四集团军总司令李宗仁,副司令白崇禧,辖第四军军长张发奎,第七军军长廖磊,第八军军长李品仙,第十五军军长黄旭初。

△   何应钦、刘峙、陈调元、鲁涤平、何键、杨虎城、杨树庄、韩复榘、何成濬联名通电,指责孙科参与广东反蒋政府,"不忠不孝,不敬不仁",促其"及早回头,放下屠刀,立地成佛"。

△   天津日军官二见中尉在海光寺附近,骑自行车将一华人老妇撞倒重伤,华警上前查询,亦被二见殴伤,二见骑车逃去。市公安局得讯正欲究办,日宪兵多人冲到二区警署取闹,叫嚷要把被殴伤的华警带去惩办。后经公安局与日驻津副领事后滕交涉,日宪兵方退去。次日,天津各民众团体通电全国及国民党中央,控诉日军侵我主权之暴行,请政府向日本严重交涉。23 日,经多方向日交涉,日方答允赔款、道歉,此案了结。

△   陇海线西行列车在豫西渑池西出轨,惨死 30 余人,伤 50 余

人。车辆、路轨毁坏严重。

　　△　吉林省教育厅长王世选,强令禁止各校使用白话文,改用文言,并取缔女校演剧,激起吉林全城学生反对。各校代表决议6月3日游行驱王。省府获讯,是夜,即派军警赴各校制止,令学生不得外出。

　　6月3日　长春稻田公司经理郝永德于4月16日在长春县万宝山租得民地500垧,租期10年,契约未经县府正式核准,根据契约规定,应作无效,郝即将所租之地转租韩人李升薰等人耕种,租期亦为10年。韩人租得该地后,立即招集大批劳力强行从我国农民开垦的熟地上挖长达20余里的水渠直接伊通河,并在伊通河筑坝引水,此工程毁我国农民良田100余垧,另2000余垧有受河水淹没之虞。该地农民群起反对,韩人不理。长春县政府派员前往交涉,韩人依仗日本军人势力亦置若罔闻。是日,长春市政筹备处处长周玉炳致函日本驻长春领事田代重德,抗议日方支持韩侨民挖沟行为,并将韩人在此事件中肇事最烈者申永均等10人引渡日本驻长春领事馆讯办,并请日领事田代重德制止韩人挖渠。日领置之不理。

　　△　禁烟委员会举行"六三"禁烟纪念会,委员长刘瑞恒讲话,谓至今烟毒不能禁绝之原因,一是连年战争,政令不能统一;再是不平等条约未废,外人不断运毒来华;三是烟民多借租界贩卖烟土。

　　△　教育部公布修正学校休假规程,本年8月1日开始实行。第一学期为8月1日至次年1月31日,第二学期为2月1日至7月31日。暑假专科以上学校以70天为限,小学以50天为限,寒假各类学校均为14天。年假三天,春假七天,孔子诞辰(8月27日)、国庆(10月10日)、孙中山诞辰(11月12日)、中华民国成立(1月1日)、孙中山逝世(3月12日)、革命烈士纪念日(4月27日,旧历三月二十九日)、革命政府纪念日(5月5日)、国民革命军誓师日(7月9日)均休假一天,并开纪念大会。

　　△　铁道部公布该部直辖国有铁道民国十九年度营业统计,津浦、道清、京沪、杭甬、平绥、正太、北宁、广九、湘鄂、胶济、南浔、广韶、呼海、

四洮 14 线之收入共 1.04889352 亿元。平汉、陇海、漳厦、吉长、洮昂、沈海、吉海、吉敦等路因战事影响未能完成统计。

△ 赵亮功等代表西康 13 县难民 3.728 万人发通电,详述达赖受英国指使两次派兵侵入西康之经过,请求各界声援西康,严惩达赖,并附民国二年达赖与英国订卖国密约及达赖在布达拉宫召集会议企图背叛祖国之决议案全文。

△ 国民党上海特别市党部、公安局、社会局联合布告称,劳资双方如发生纠纷,应先各推代表直接和平协商,如争议不决,应即请本社会局调解。凡不呈请社会局调解而擅自罢工停业者,一经查明,定加严惩。

△ 美国参议院议员兼银价委员会委员长毕德门来华调查中国银价问题,是日到达南京,分访宋子文、孔祥熙,对银价低落问题有所讨论,宋对借银问题表示冷淡。9 日,毕德门离沪赴北平调查银市。24日,毕返沪,对记者谈,主张近期召集世界银价会议解决银价低落问题。30 日,上海国际贸易协会等六团体设宴欢送毕德门回国。毕称,此次来华,旨在考察中美贸易不振之原因,以求改进补救。

△ 上海世界商业储蓄银行开业。

6 月 4 日 海军部奉令将"海筹"、"海容"、"逸仙"、"应瑞"、"永绩"、"永健"各舰,鱼雷舰"建康"、"豫章",练习舰"通济",运输舰"华安"等全部能在海上作战的战舰调往福建,以应付粤局,必要时令军舰占领汕头。

△ 驻浙江第四师奉蒋介石令调往湖南布防,是日该师师长徐庭瑶在京向蒋请示。

△ 第二十八师师长公秉藩奉蒋介石电召到京汇报该部在东固作战经过,蒋嘱将所部重加整理,即速补充,再参加"围剿"红军。

△ 刘文辉、刘湘对解决川事已趋一致,刘文辉发表解决川事先决办法两项:一、统一政治权力;二、扫清政治障碍。19 日,刘湘之代表刘航琛抵南京,向蒋介石报告川事,谓二刘在重庆会晤,结果良好。

△　第四路军王东原、彭位仁、李觉、陶广、陈渠珍五师长以军费支绌,欠饷八个月,亏款500余万,联名电呈中央,请速拨巨款,并请将湘省煤油特税指拨归湘省征收,藉以稍清积欠,而固军心。

△　河北各县、市商会88团体联合呈请张学良立即严令取消病商害民的货品产销税,以解河北3000万人民倒悬之苦。10日,北平市12个自治区公所主席联名具呈张学良,请下令取消产销税。

△　上海市党部电国民党中央,请严厉制裁现任官吏作投机事业,切实制止买空卖空,并检举中央造币厂厂长郭标抛卖公债3000万元,使市场价格一落千丈,要求立即严予制裁。

△　导淮委员会副委员长庄崧甫抵蚌埠察勘淮河,以蚌埠为起点,凤台为终点。庄谈淮河治理,宜上下游同时进行,蓄泄兼顾,淮之干道由国家治理,支河可仿古时力役之征,利用农闲,令附近农民分段疏浚。

△　中苏会议开第八次会议。苏方代表加拉罕对赎路补提理由多出讨论范围,莫德惠反对,双方争论甚烈。加拉罕又提出变更中东路管理规则,中国不必赎路,莫与争辩无结果。

△　长春市政筹备处致函日本领事田代重德,谓日警助万宝山韩人,破坏中国法律,请日警立即撤回,并令韩人停止挖渠活动。

6月5日　蒋介石宴立法院全体委员并演说,略谓中央对于粤事"一本和平精神,决不轻启兵戎,如万一不幸事变发生,中央亦可制裁。惟今日中国唯一之敌人为赤匪","中央现在决以全力扑灭"。

△　广州"国民政府"国务会议决定任许崇智、陈济棠、李宗仁、唐生智为军事委员会常委。

△　王正廷在京对各报读者谈外交情况:伦敦购料委员会已成立,英政府已拨庚款350余万镑,将在英国购车辆、机车及钢轨。法权问题,中国方面已告一段落,司法行政部正积极筹备10个专庭及监狱之建筑。外交部本年的主要任务是收回租界,现正积极进行准备。

△　《商业月刊》在上海创刊,施伯珩主编。

6月6日　蒋介石发表《告全国将士书》,宣称"赤祸"是中国"最大祸患","中正秉命党国,督率军旅","誓集全国之力,弭此民族巨患",纵然"有十倍百倍于今日之侮辱逼本人下野",只要"一息尚存,决不忍轻弃职责"。"完此素愿,决当解甲归田"。

△　国民政府令:特任何应钦兼空军司令,未到任以前,由朱培德代理;特任金树仁为新疆边防督办;特派戴季陶为高等考试主考官;陆军第五师师长胡祖玉在赣"剿赤","弹伤殒命",从优给予丧葬费五万元,以陆军上将阵亡从优抚恤,并准予公葬。

△　石友三因军费支绌,对南京政府不满。是日,邵力子奉蒋介石命到济南晤韩复榘、马鸿逵,托韩、马向石疏通。7 日,石友三外交秘书刘览进京谒蒋介石,谓石竭诚拥护中央,该部七万余人,中央月拨 40 万元,仅够伙食费,恳请中央增加饷项。16 日,邵回南京谈,此行接洽圆满,中央已允给石部增饷 10 万元。

△　淞沪警备司令熊式辉奉蒋介石电召入京商谈后返沪,对记者谈,中央对广东事件置之不理,将听其自生自灭。中央认为当今最大之隐患为"共匪",现已决定"以全国力量集中赣省,限一个月内将其肃清,最多不得超过两个月",蒋将亲往"督剿"。

△　吉鸿昌部攻占鄂豫皖苏区东方办事处所在地安徽六安西南之金家寨,红军退往麻埠、流破幢一带。

△　河北省商界强烈反对开征产销税,财政特派员荆有岩被迫允诺缓征。是日,该省各商界再呈国民政府、国民党中央、行政院,请明令将产销税取消。

△　京、沪教育界 300 余人在中央大学庆祝教师节,决议:呈请国民政府明令规定 6 月 6 日为教师节;组织全国教师联合会,推选邰爽秋、马客谈等 15 人为筹备委员。

△　司法院长王宠惠离沪赴荷兰,出席海牙国际法庭,审理国际联盟行政院提诉的德奥关税同盟案。

△　红军攻占黎川,旋向南丰、南城进展。7 日,红军彭德怀、黄公略部集中主力向南丰第六路军朱绍良部猛攻,朱率部死守。

6月7日　第五路军总指挥王金钰因该部在江西"剿共"受损,6日在北平电南京中央请辞军长职,并推荐第四十七师师长上官云相接替。是日,蒋介石电王慰留。

△　英公使蓝普森乘飞机离京返平,中英法权谈判重趋停顿。

△　中央银行将金条152箱(每箱125磅)交"亚细亚皇后"轮运往美国纽约储存,共值美金510万元,作中央银行在海外存金。

△　天津《大公报》刊载:东北陆军遵中央命令更换番号后之情形,步、骑兵共117个团,人数在35万之上。辽宁省驻步兵15个旅,骑兵一个师、四个旅,炮兵三个旅。吉林省驻步兵八个旅,骑兵一个旅、一个团,炮兵一个团,工兵、辎重兵各一营。黑龙江省驻步兵二个旅、一个团,骑兵一个旅,炮兵一个团,工兵、辎重兵各一个营。热河省驻一混成师(内编步兵三个旅、骑兵一个团),步兵二个旅、一个团,骑兵、炮兵各一团,工兵、辎重兵各一营(以上不包括已入关的于学忠、王树常的第一、二两军)。

△　天津海河工程局内华工因待遇与外国人待遇悬殊,要求加薪,局方以高压手段压制,是日全体华方职工宣告怠工。16日,天津市党部召集华北水利委员会、整理海河委员会、建设厅、公安局等方面的代表开会,决定进行调解。20日,怠工持续,海河日益淤塞,航运颇受影响,上海航业公会各会员相约一律不入津埠,招商、怡和等12轮船公司函工程局,要求赔偿不能抵埠之损失,并函海关停纳海关附税及船捐。29日,工潮解决。工程局允对华工按比例加薪。

6月8日　国民党中央临时常会讨论时局,决以"剿共"为前提,全力责成蒋介石在短时期内肃清赣南红军,并认为在蒋"剿共"之际,粤方不至乘机为难。会议决定本月13日召开五中全会。

△　立法院院长林森由美国旧金山电蒋介石,请将胡汉民迁庐山疗养,谓胡一经转移,"群疑尽释,纠纷自平"。蒋旋电复林森,谓所请当代转告,大江东南,山明水秀,处处可由胡自择。

△　张学良电蒋介石,对蒋6日之《告全国将士书》表示"钦服莫

名"，愿率师旅，"唯钧座之命是从"。同日，马鸿逵、罗霖、马腾蛟、马鸿宾等联名电蒋，表示"自当追随钧座，勉竭驽钝，纵赴汤蹈火，在所不辞"。

△　王正廷在沪对记者谈，中日宁、汉案完全解决。此次与重光葵讨论赔款数额及付款手续问题，大致宁案赔款 70 万元，宁、汉案合计在 100 万元以下，分 10 个月付清。

△　国民党中央委员方觉慧在中央党部纪念周报告视察贵州情况，谓该省现有党员 406 人，在省内者仅有 382 人。每月党务经费开支 6000 元。该省每年收入约 800 万元，支出 1500 余万元，相差 700 万元，不得不力行简政。过去贵州向由四川协饷 80 万元，现川省田赋已征到民国三十年(1941)，人民困苦不堪，民国八年以后，协助已停止。全省现有公路 1400 里，汽车 30 多辆。

△　鲁涤平在赣省府纪念周报告，谓红军采用"蜂蝶采花"之新战略，国民党军虽"步步为营"，但红军飘忽无定，"剿共"难如"雨天行路"。

△　上海市商会开临时会员大会讨论时局，决议除用商会名义发一通电外，再分别电国民党中央、蒋介石、胡汉民、陈济棠、孙科及各省商会，表示共同维护国家和平统一，拥护蒋介石赴赣督师"围剿"红军。

△　中国出席日内瓦国际禁烟大会代表施肇基在大会发言，谓取缔毒品原料与限制毒药之化学生产二者不能分开。代表伍连德发言指出："海洛因走私运入中国，为害之烈，不堪设想，取缔此物之出产，实急不容缓。"中国代表提案均被大会搁置。

△　何煮石、黄士英等在上海创办中国漫画研究会，该会为国内研究漫画之惟一团体，成员 20 余人。

△　长春市政筹备处与日领事议定解决万宝山案办法：中日双方警察均撤离万宝山，由韩人与地主、农民双方派员调查，并延请中日双方调解人协同调查，韩农立即停止引水工程。

6 月 9 日　陈铭枢奉蒋介石电召由日本回国，是日抵赣州，召集第十九路军将官训话，勉以维护和平统一，努力"剿共"。同日，陈在赣州通电重任军职,督率第十九路军努力"剿共"。并电陈济棠,劝其息兵,共同"剿共"。

△ 国民政府任命冯轶裴为国民政府警卫军军长兼第一师师长,俞济时为第二师师长。

△ 广州"国民政府"任命黄旭初、黄蓟、朱朝森、李任民、黄荣泰、黄钟岳、李任仁、杨腾辉、白志鹍、张任民、梁朝玑、曾其新为广西省府委员,黄旭初兼省府主席,黄蓟兼财政厅长,朱朝森兼民政厅长,李任民兼教育厅长,黄荣泰兼建设厅长。

△ 何应钦、何成濬、何键、鲁涤平、朱绍良、陈诚、李鸣钟、孙连仲、徐源泉、吉鸿昌、许克祥等驻湘、鄂、赣44将领联名电蒋介石,表示拥护中央,巩固统一,"以和平为职志,与赤匪不并存"。

△ 第二十八军军长邓锡侯电蒋介石,要求调该部出川"讨共"。

△ 北宁路局为该局第一号机车"洛克提号"开行于该路唐山至胥各庄段五十周年举行盛大纪念会。北宁路局自"洛克提号"首次运行,经50年惨淡经营,现有干线847公里,七条支线共长505公里。机车255辆,客车345辆,各种货车4365辆,守车及公务车145辆,在唐山、山海关、皇姑屯设有三个铁路工厂。1930年营业额3886.9324万元。全线有工役人员2.8061万人。

△ 上海海昌轮局"毓大"轮行至山东成山角西北,在航道上与英国留驻远东之潜水艇"柏斯登号"互撞,英艇当即沉没。"毓大"轮立即抛锚放舢板救护,英官兵拒绝中国船员营救,仅救出35人,二人已死,18人失踪。

△ "滇缅界务研究会"代表贺焜具呈国民政府,请在划清云南与缅甸边境线时,坚持以怒江下游起北纬二十度迄二十一度二十七分止妥为测量,以保国土。

△ 长春之日军在警察署长武波、旅团长中川等指挥下,借"满铁"占用地带举行街市巷战演习,不顾我国公安警士阻拦,强行越界架设枪炮。

6 月 10 日   唐绍仪电美国总统胡佛,请其援助广州"国民政府"。

△   国民党中政会决议设测量设计委员会,隶属于参谋本部,以参谋总长为委员长。

△   藏兵占领西康理化(今理塘),距康定县仅 200 里,康军不足 1000,藏兵约 3000。川军志在割取鸦片与东进,不肯援助康军。

△   广州"国民政府"财政部宣布自动收回粤海关,自即日起,粤海关税收悉解交广州"国民政府"。

△   淞沪警备司令部派员在中国电报局内组织电报检查审译处,中外来往电报均须经该处检查后方可送发。

△   蒋梦麟电教育部报告清华大学学潮原因,谓除党与非党派之争外,原校长罗家伦离该校后,教育部对该校学生会所呈请任命的四名校长人选均不采纳,亦是导致风潮之原因。

△   中国共产党早期理论家、宣传家蔡和森本年回国赴香港任南方局中央代表,因叛徒出卖被香港英当局逮捕,引渡到广州被陈济棠杀害。

6 月上旬   内政部据最近各省区查报统计,全国人口总数为 4.74487 亿人。

△   司法行政部筹设的中央反省院及苏、赣、浙、皖、鄂、豫、粤等省反省院均已成立。闽、鲁、冀、滇等省正在进行中。四川正在调查,其他各省应受反省人犯极少,暂不设反省院。

△   驻美国公使伍朝枢因参加广州"国民政府",向南京提出辞职。

△   土耳其因国内缩减预算,裁撤驻华使馆,土国在华一切事务均托荷兰公使代理。

6 月 11 日   国民党中央常会通过致各级党部训令,内称自粤变发生后,"汪精卫等到广州,对中央攻击目标集中蒋中正同志,此真丧心病狂",党国存亡皆系于蒋,本党今后应集中一切力量"剿共",全党均应为此目的共同努力。

△   广州"非常会议"招待新闻界,邹鲁发表谈话,谓广州组织"非

常会议"，成立"国民政府"，意在"根据总理的主张，养成民主制度，巩固民主势力"。现在大家均主张"分共"、"反蒋"，当能团结一致。

　　△《中波友好通商航海条约》由波兰驻华代办魏登涛与外长王正廷在南京换文，该条约自本年 7 月 9 日起生效。

　　△　蒋介石为入赣"督剿"红军，在总司令部下设党务委员会及政治委员会，专司设计指导各"剿匪区域"的党务及政治。党务委员会委员长由国民党中央执委程天放担任，政治委员会委员长由军政部次长曹浩森担任。同日，蒋委熊式辉为总司令部南昌行营参谋长。13 日陆海空军总司令行营公布《剿匪区域党务委员会组织条例》及《剿匪区域政治委员会组织条例》。

　　△　海军部长杨树庄及海军将领陈绍宽、陈季良、陈训泳等致电蒋介石，表示坚决拥蒋，"当勉率艨艟，悉供鞭策"。

　　△　监察院弹劾立法院立法委员史尚宽利用职权，向安徽高等法院私函请托干涉司法，公然袒护土豪劣绅叶芬，请国民政府移付惩戒。

　　6 月 12 日　广州"国民政府"举行北伐誓师大会，各党部、各民众团体以及陆海空军将领均参加，全场观众达 10 万人。陈济棠旋即将所部扩编至 150 团，桂军李宗仁部扩编至 72 团。

　　△　商震、徐永昌、傅作义、杨爱源等晋军将领联名电蒋介石，表示"当振师旅，追随钧座"。同日，于学忠、王树常、孙殿英及张作相、万福麟亦分别通电拥护蒋介石。

　　△　陆海空军总司令部委任杨虎城代理洛阳行营主任；20 日，杨电总部称，因不能离陕，请设行营于潼关。7 月 6 日，杨在西安宣誓就任潼关行营主任。

　　△　河北 128 商会通电要求取消产销税。

　　△　安徽合肥午前大火，至午后 5 时始灭，延烧周围约三里，烧毁房屋数千间，商号正附户千余家，损失数百万元，万余贫苦灾民无家可归，哭声震天，惨不忍睹。

　　△　何成濬由汉抵南京出席国民党三届五中全会，对记者谈，自粤

事变发生后,驻防鄂西军队调移湖南,鄂西红军乘机大肆活动,现刘湘已决定派川兵三万入鄂,驻鄂西、新堤、汉口等处,现驻汉部队将移作"剿共"之用。

△ 驻豫第二十路军张钫部缩编为两个甲种师,第二、第三两独立旅取消。

6 月 13 日 国民党三届五中全会开幕,出席者为蒋介石、戴季陶、陈果夫、叶楚伧、朱培德、吴铁城、于右任、宋子文、何成濬、王柏龄、邵元冲、朱家骅、杨树庄、周启刚、陈立夫、陈肇英、丁惟汾、曾养甫、方觉慧、王伯群、丁超五、王正廷、孔祥熙23 人,候补委员刘文岛等六人,中央监委吴敬恒、蔡元培,候补监委陈布雷等。推于右任、叶楚伧、丁惟汾为大会主席团,陈布雷为秘书长。讨论中常会提出的三案:一、报告处理广东事变经过,并请决定方针案;二、全国一致协力剿灭"赤匪"案;三、修正《国民政府组织法》案。决议三案均交审查委员会审查。

△ 张学良副司令行营参谋长戴翼翘在平对记者谈,华北安靖,此次收编各军,自 5 月起照特定饷章发饷。此后晋、绥各军每月军费 100 万,由副司令行营筹 85 万。宋哲元、孙殿英、庞炳勋、石友三各军每月经费百余万,均由副司令行营筹寄。

△ 太湖水利委员会决议:一、请划庚款疏浚吴淞口及常州、镇江间的运河;二、与地方政府有关团体接洽募工疏浚浏河;三、勘测长江故道;四、环湖马路工程计划交付审查;五、建设东方大港,应由本会参加意见。

△ 日本政府经天皇批准正式公布内田康哉为南满铁道株式会社总裁,江口定条为副总裁。

6 月 14 日 国民党三届五中全会第二次大会决议:一、中央常务委员会对广东事变处理适当,该案由中央监委会查明处理。二、修正通过《国民政府组织法》。三、发布《告全国人民书》,由国民政府制定《剿匪期内各级行政人员考核办法》。四、废止征求预备党员实施办法,另订免除预备党员程序办法。五、定于本年 10 月 10 日举行第四次全国代表大会。六、修正《中央政治会议组织条例》第三条,规定政治会议委员不得超过中央执监委员人数的三分之二,并设候补委员,但人数不得超过执监委员的二分之一。七、改推蒋介石、胡汉民、叶楚伧、于右任、丁惟汾、陈果夫、何应钦、戴季陶、杨树庄、宋子文、吴敬恒、张静江、李石曾、蔡元培、林森、王宠惠、张继、邵力子、朱家骅、邵元冲、陈立夫、孔祥熙、王正廷、王伯群、朱培德、吴铁城、陈铭枢、焦易堂、张群、何成濬、刘芦隐、马超俊为中央政治会议委员;依《中央政治会议条例》第三条第三项推张学良、张作相、王树翰、张景惠、刘尚清、方本仁为中央政治会议委员;推方觉慧、王柏龄、陈肇英、丁超五、周启刚、曾养甫、余井塘、桂崇基、程天放、陈布雷、恩克巴图为中央政治会议候补委员。八、恢复李济深党籍,俟第四次全国代表大会追认。九、中央组织、宣传、训练三部各设副部长二人。十、改推中央各部、处人选:秘书长丁惟汾,组织部长陈立夫,副部长余井塘、张道藩,宣传部长刘芦隐,副部长陈布雷、程天放,训练部长马超俊,副部长苗培成、丁超五,马未回国前由方觉慧代理。

　　△　张继由广州回京,是日在五中全会上报告粤行经过,称汪精卫、唐绍仪态度极和平,古应芬、陈济棠、孙科尚待觉悟。

　　△　红军贺龙部红三军与李柱中旅在湖北均县武当山激战数天后,向西南退走,武当山被李部占领。18日,红三军攻克房县县城,开创了以房县为中心的革命根据地,建立了苏维埃政府。

　　6月15日　国民党三届五中全会第三次大会决议:一、通过《为一致协力扑灭赤匪告全国同胞书》。二、通过政府人选:选任蒋介石为国民政府主席,蒋介石、蔡元培、张静江、胡汉民、丁惟汾、于右任、张继、戴季陶、林森、张学良、朱培德、杨树庄、何应钦、宋子文、陈果夫、叶楚伧、邵力子、陈铭枢、王宠惠、邵元冲、刘芦隐、韩复榘、刘峙、何成濬、刘湘、张作相、王树翰、吴铁城、张景惠、刘尚清、孔祥熙、王伯群、王正廷、马福祥、刘瑞恒、龙云、徐永昌、陈调元、何键、李济深为国民政府委员。三、由国民政府主席提请,蒋介石兼任行政院院长,宋子文任副院长;林森任立法院院长,邵元冲任副院长;王宠惠任司法院院长,张继任副院长;

戴季陶任考试院院长,刘芦隐代理副院长;于右任任监察院院长,陈果夫任副院长。四、由国民政府主席提请,任张学良为陆海空军副司令。同日,三届五中全会闭幕,吴敬恒致词,称这次会议最大成绩有四:一、确定 10 月 10 日召开国民党第四次全国代表大会;二、修改了国府组织法;三、通过了全力消灭"赤匪"决议案;四、对粤方之分裂仍抱和平宗旨。

　　△　国民党三届五中全会发表《为一致协力扑灭赤匪告全国同胞书》,声称为消灭红军,要求全国同胞"勿存侥幸之心理","勿存畏怯之心理","勿存推诿之心理","勿存观望之心理"。并要求各级党部务必"集中心力完成剿灭赤匪之工作","不懈不挠,有进无退"。

　　△　国民政府公布《中华民国国民政府组织法》,凡 10 章 52 条。

　　△　蒋介石在总司令部召集赴赣人员杨杏佛、何其巩、凌勉之、常鸿钧、程天放、曹浩森等谈话,谓此次总部以全力"剿赤",所取方法与策略为"剿"、"抚"兼施,注重培养民间"自卫"力量,感化"胁从"民众。

　　△　陈济棠在广州召开紧急会议,商讨对付第十九路军办法。香翰屏、李振球、叶肇、张惠长、陈策、张瑞贵等实力派主张设法与之联络,唐绍仪、孙科、汪精卫、邹鲁、邓泽如等文治派主张用断然手段处置。最后议定:令第十九路军在广州后方办事处一律解散,卫兵缴械改编为工程队,派往燕塘开掘战壕,职员遣散,该路军在各地所募之新兵一律扣留,该路军原官兵在韶关以南者,均扣留。

　　△　上海公共租界巡捕房政治股英籍探目哥尔特率领警士在四川路 235 号内第四公寓将第三国际派往中国的共产党人牛兰及其妻范特鲁森拘捕,设于该房内之秘密机关被破获,大量机密文件及宣传品被抄去。8 月 9 日,上海高等法院第二分院审讯牛兰夫妇。14 日,牛兰夫妇由上海警备司令部解押南京。

　　△　陈济棠缩短防线,调余汉谋、香翰屏两军驻防广州近郊。

　　△　梁漱溟与梁仲华等筹办的"山东乡村建设研究院"在邹平正式开学,梁漱溟任院长、研究部主任。

6月16日　蒋介石拟定"剿共"计划,限一个月肃清,随后立即开始办理清乡,限三个月内完全恢复各地秩序。是日,蒋召集赴赣"围剿"红军的各参议、处长、主任、秘书讨论出发事宜,并分配工作。晚,总部参谋、副官、机要、交通等处人员集合南京下关乘轮出发。

△　江西省地方整理委员会电国民党中央,谓该会成立已三月,届期已满,即日宣告撤销。

△　收回上海法租界会审公廨交涉在沪正式开始,华方代表为司法院参事吴昆吾等,法方代表为法使馆参赞莱加尔等。19日,收回协定议妥,在上海法租界设立地方法院及高等法院分院各一所,一切均按中国法律进行诉讼和判决。

△　军政部委任毛邦初为航空学校少将校长,负责筹备航校。

△　教育部公布《省市督学规程》,同时废止1929年2月公布之规程。

6月17日　国民党中央政治会议推定蒋介石为政治会议主席。

△　广州"国民政府"财政部电令上海银行公会、钱业公会、上海证券交易所,谓自5月28日之后,南京政府发行的债券概行无效,仰该会拒销宁府公债,"如敢故违,不特甘受损失,且系有意助逆,一经查出,定当以反革命论罪"。

△　陆海空军总司令部重编驻晋各军新番号,是日颁布令到北平副司令部,即立即实行。宋哲元部为第二十九军,辖冯治安第三十七师、张自忠第三十八师。商震部为第三十二军,辖杨效欧第六十六师、冯鹏翥第六十七师。徐永昌部为第三十三军,辖李服膺第六十八师、杨澄源第六十九师。杨爱源部为第三十四军,辖王靖国第七十师、杨耀芳第七十一师。傅作义部为第三十五军,傅自兼第七十三师师长,辖李生达第七十二师。另庞炳勋部为第三十九师,孙殿英部为第四十师。孙楚部为正太路护路军,辖一师七个团。荣鸿胪、张会诏部为太原警备军,辖三个团。赵承绶部为大同剿匪军,辖三个旅。周玳部为炮兵监,辖11个团。

△ 日本驻华代理公使重光葵分访宋子文、王正廷,当面抗议大连征收日本从抚顺运回日本的煤税,宋、王严词拒绝。

△ 湖南省府决议:自本月 21 日起,全省开办特种物品出产税;发行救灾公债 300 万元。

△ 加拿大颁布华人移民枢密院令 1378 号。

6 月 18 日 国民党中常会决议:推戴季陶、叶楚伧、邵元冲、程天放及秘书长、宣传、训练、组织三部部长共同起草第四次全国代表大会议题;派程天放、曾养甫、张道藩指导并就近处理江西等处"剿匪"区域地方党务。

△ 行政院通告,谓自粤省政府主席陈铭枢离省之后,"粤方所发行的一切公债库券或处分官产、公产及以税款预借者,一律应当无效,政府概不承认,该商民等亦不得买受垫借,致干查究而自受损失"。

△ 广州"非常会议"决议:本年双十节召开国民党第四次全国代表大会,制定约法草案。

6 月 19 日 国民政府特任李书华署理教育部部长;连声海署理铁道部部长;王树翰为国府文官长,王未到任前,由叶楚伧代理;派刘大钧为中国出席国际统计会议代表。

△ 华洋义赈会会员颜惠庆、李仪祉、陶孟和等 37 人在绥远开第五届年会。颜致词,盛称该会在该省萨拉齐、托克托开凿民生渠之功绩。该渠主干工程已于本月 18 日完工,干道长 150 里,支渠 14 道,共长 800 余里,可灌地二万顷。陕西代表李仪祉报告引泾工程经过及对治理黄河之意见。该会现在共办理三大工程:一、绥远民生渠;二、陕西泾洞渠;三、陕甘大道。今后该会之方针将注重平时防灾工程,如水利、造林等。22 日,萨、托民生渠开闸放水。

△ 红四军邝继勋部收复黄安县七里坪。是日吉鸿昌、萧之楚奉武汉行营命赴武汉商对策。

△ 上海大地产主、爱俪园及哈同洋行主英籍犹太人欧斯·爱·哈同在沪病死。按:哈同 1874 年来上海,历任法租界公董局及公共租

界工部局董事。其后,哈同在沪以 6000 元资产经营鸦片,获暴利数百万两白银,再经营房地产投机,南京路大量房产均为哈同收买,哈同遗产在一万万元以上。

6 月 20 日　国民政府公布《国民政府会议规程》;特任韩复榘为鲁豫清乡督办。

△　广州"非常会议"发表《致全国各党部各同志书》,谓全党目前主要任务是:一、在蒋管区成立秘密反蒋组织;二、"共(产党)藉蒋为掩护,蒋挟共以自重,故剿共必须倒蒋,倒蒋必须剿共";三、在军事上应与北方各省"亟谋合作,以竟前功";四、各省反蒋党部要精诚团结,同心同德奋斗。

△　中华苏维埃中央革命军事委员会主席毛泽东、副主席朱德、项英发布《第十四号通令》,决定将原定在 8 月 1 日召开的苏维埃第一次全国代表大会,改在本年 11 月 7 日举行。

△　张继在北平电南京国民政府行政院,略谓中法学术考察团法方团长卜安在绥西乌盟哈亚尔麻图地方殴辱中方团员,沿途不遵协定,中国古物保管委员会 19 日紧急会议决暂停止该汽车队前进,一切工作听候查办。请迅电甘肃、新疆省政府速令沿途地方官查明该汽车队到达地点,即令停止前进。同日,中法学术考察团中方团长褚民谊在北平电南京国民党中央,谓经与法方商榷,决委曲求全,"继续合作"。

△　上海江海关宣布为保护税收,领海界程奉行政院规定,以落潮标志为起点,自海岸线向外展 12 海里为海关实施一切海上缉私职权范围。

△　实业、外交、财政三部会商保护沿海渔权办法,决议:制定取缔日渔轮侵入我领海捕鱼办法,除由海关派员巡查外,再由外交部照会日使;实业部 7 月 1 日执行取缔日轮办法。

△　河北省各县产销税稽征所多勒收税款,扣留货物,商民极为怨恨,是日新安县产销税稽征所被商民捣毁,所长、职员被殴。

6 月 21 日　蒋介石离京赴南昌亲自组织对江西红军实行第三次

大"围剿"。其方针为:"厚集兵力,分路围剿",以主力分由南丰及永丰方面进攻,以一部守备吉安、泰和、万安、赣县等地,先击破红军主力,再逐一"清剿"。其组织为:一、"剿匪"前敌总指挥何应钦兼左翼集团军总司令,下辖第三军团总指挥朱绍良部周浑元(代理)之第五师、毛炳文之第八师、许克祥之第二十四师;第四军团总指挥蒋鼎文之第九师;第一路进击军总指挥赵观涛之第六师;第二路进击军总指挥陈诚之第十四师、罗卓英之第十一师。二、右翼集团军总司令陈铭枢,下辖第一军团总指挥蒋光鼐部韩德勤之第五十二师,蔡廷锴之第六十师,戴戟之第六十一师。三、第二军团总指挥孙连仲之第二十五师、高树勋之第二十七师;第三路进击军总指挥上官云相之第四十七师、李云杰之第二十三师、郝梦龄之第五十四师。四、预备军总指挥卫立煌之第十师、李延年之攻城旅。五、吉、泰、万、赣四县守备军为公秉藩之第二十八师、罗霖之第七十七师、第十二师马昆之第三十四旅。六、空军第一、三、四、五、七队。25 日,蒋介石明令发表该"围剿"计划及战斗序列编制。

△   第四路军总指挥何键电令所属各部队"拥护中央,巩固统一,清剿赤匪,绥靖地方",严防政客游说,如有潜入本部游说者,应一律遣送总指挥部发落;如有秘密接洽者,各该部长官可随时拿办。

△   鲁南土匪郭马蜂率匪徒 1500 余人窜入新泰县境,烧杀抢掠,县城三面被围,是日该县各机关派代表到济南向省府报告,请派兵急救。

6 月 22 日   蒋介石到达南昌,当即召集何应钦、陈铭枢、鲁涤平、熊式辉、孙连仲等高级将领开会,确定对江西红军发动第三次"围剿"计划。

△   广州"非常会议"颁发誓词,要求全体党员一律宣誓。誓词内容有"实行三民主义,在最短期间,肃清共祸,推倒独裁。不立派别,决不凭借武力毁法乱纪"等语。

△   中共中央总书记向忠发在上海法租界善钟路被淞沪警备司令部侦缉队逮捕。24 日向叛变,淞沪警备司令部奉蒋介石指令,将向就

地枪杀。

△ 外交部为收回租界，前派李锦纶、王家桢、徐谟分别组织公共、英美、法日三租界情况调查委员会，分赴长江、黄河、珠江三流域调查后，已制定收回租界交涉方案。是日，外交部分别照会各关系国派代表协商。

△ 国民政府所派出使西藏专使、缅甸《华文日报》主编谭云山完成使命后途经印度，是日返回上海。另一专使谢国梁因年老体弱，难逾关山险阻，死于途中。

△ 自美国总统胡佛提议德国赔款停付一年的消息在沪公布后，标金市场骤起变化，是日金业交易所标金狂跌 65.6 两之多，为自有交易所以来之巨变。

△ 航空署长张惠长因参加广州事变被免职，由副署长黄秉衡升充。

△ 中法学术考察团杨钟健等六名团员联名具呈国民政府，指责法方违约，殴辱中方团员，决心一致退出该团。

6 月 23 日 国民政府核定“忠孝仁爱信义和平”八字为训民要则，是日训令各直属机关并转饬各学校及地方团体将此八字制成蓝底白字之匾额悬挂显处。

△ 国民党中央秘书处函国府文官处称：首都自本年 3 月以来，从邮件中扣留“反动”刊物已达 140 余种，经中央决定，“交通部所请提前停止邮电检查一节，应暂缓议”。

△ 红军李明瑞部与国民党军李国钧、王育瑛两旅及团防队在酃县激战一天后，次日李明瑞部退出酃县县城，撤至宁冈境内。

6 月 24 日 国民党中央政治会议决议：一、指定国民政府委员蔡元培、杨树庄、张学良、朱培德、何应钦、王树翰、丁惟汾、刘尚清、孔祥熙、王伯群、王正廷 11 人为国民政府常会出席人；二、设置卫生委员会，隶属于行政院，设计全国卫生事宜。

△ 国民政府以班禅额尔德尼“志行精诚，翼赞和平统一”，加给

"护国宣化广慧大师"名号。

△ 国民党中央宣传部发表《为剿灭赤匪告同志书》,内称本党将以最大努力和决心,"誓在短期内根本铲除湘赣赤祸","望全国同志与政府军队共同努力"。

△ 湘省清乡司令部通令:"邻省匪商一律不得入湘境",省内外真正商人也不能与赣省"赤匪"贸易,对各交通要道、码头,清乡队及各县保安队均须严加防范。

△ 国民政府警卫军军长兼第一师师长冯轶裴于南京病故。26日,国民政府令,冯轶裴照陆军上将积劳病故从优议恤。

△ 福州市因闽江洪水暴涨,全市除东、北两隅外,尽成泽国,居民溺死甚多,房屋倒塌无数。

△ 台湾召开资源调查会议。

6月25日 东北兴安屯垦军第三团关玉衡部第三连连长宁文龙在该部防区将进行间谍活动的日本现役军官中村震太郎大尉及随从三人在四方台附近拘获,经搜查审讯,中村等人间谍罪证确凿。26日夜,关玉衡下令将中村等四人处死,为保密计,并焚尸灭迹。所有证物均送往北平呈报张学良。

△ 国民党中常会决议:一、任贺耀组、钮永建为中央政治会议委员;二、改推于右任、戴季陶、朱培德、丁惟汾、叶楚伧、方觉慧、陈立夫、周启刚、陈布雷九人为党务工作人员甄别审查委员;三、批准青岛市党部成立;四、改任王宠惠、胡汉民、王正廷、孔祥熙、宋子文、吴敬恒、李石曾、张群为外交组委员。

△ 国民党中央委员陈肇英奉蒋介石之命赴闽宣慰刘和鼎、卢兴邦两师,共商防止红军入闽事宜。是日,陈经上海对日日社记者谈,此次蒋介石赴赣"围剿"红军,文武并进,赴赣前曾规定中央委员除年迈者外,均须分头出发各处督令地方绅士联络团结,借地方力量作政府后盾。

△ 汪精卫发表致"改组同志会总通讯处筹备委员会"公开信,内

称现在政治上的两大敌人,一、共产党,二、蒋中正,攻击目标已日益显著,今后一切派别之观念,须完全打破,应团结一致,于最短期间,"肃清共祸,推倒独裁"。

△　国民党中央以广东省党部及广州市党部倾向广州"国民政府","不能恪遵中央意旨,指导地方党务",且时有"蔑法悖理"之宣言,是日令该省、市党部即日起一律停止活动。

△　外交部布告上海中外商民,谓租与日商海洋社之浦东扬子码头,因该社延不交租,本部按照合同取消其租借权,并将码头完全收回,日方存放该处货物限十日内完全提清。

△　国立北平图书馆新馆举行落成典礼,由馆长蔡元培主持,到中外来宾 2000 余人。新馆由京师图书馆与北海图书馆合并,占地 70 余亩,建筑费 70 万元,建筑师丹麦人莫律兰,采中国宫殿式,书库容 50 万册,阅览室同时容 200 人。现藏普通中文书籍 1400 余种,14.39 万余册,蒙文书籍 76 种,3713 册,以及外文书刊多种。

6 月 26 日　蒋介石为集中一切力量"围剿"红军,在南昌成立"陆海空军总司令行营党政委员会",蒋自兼委员长,鲁涤平、曹浩森、程天放为副委员长。杨杏佛等 16 人为党务设计委员,杨绵仲等 17 人为政务设计委员。

6 月 27 日　国民政府任命陈布雷为教育部政务次长,钱昌照为教育部常务次长,钱宗泽为铁道部政务次长。

△　行政院令中法学术考察团全体团员暂停绥西,勿再前进,候与法方交涉查办法方团长卜安。

△　海军部派司长唐德炘在中央广播电台宣传海军扩充计划,略称中国炮舰大半陈旧,总计仅几万吨位,不及英美百分之一,本部拟向外国订造 6000 吨巡洋舰二艘,1500 吨驱逐舰四艘,800 吨潜水艇二艘,300 吨浅水炮舰二艘,但经费十分困难,望大众出力赞助。

△　中国商船驾驶员总会呈海军、交通、财政三部,请迅明令规定中国各港口引水人应由中国国民充任,限期收回现由外国人霸占的各

港口引水职权。

6 月 28 日 蒋介石在南昌分别发表告民众、告将士、告官吏及告党部人员四书,告诫各级党部人员对"赤匪"猖獗应负责任,今后须受政委会指导;各级官吏如再擅离职守,将"明正典刑",各将士此次"剿共"如再事因循,勿再见面;各地民众应努力自卫。

△ 何应钦在南昌总司令行营与蒋介石密谈后,即带领贺国光、王纶及前敌总指挥部全体人员赴抚州督师。

△ 南昌卫戍司令涂维藩以接受鸦片烟税贿洋一万元被控,是晚,蒋介石将涂扣押,并令鲁涤平兼任南昌卫戍司令。

△ 旅平河南赈灾会电蒋介石及河南省府主席刘峙称:近日河南调赣军队在该省强抓前往关外谋生的难民为伕役,"逃者排枪击毙","所抓之伕,锁入闷车中二日,闷死多人",请下令禁止,"约法新颁,应首重人权"。

△ 张学良就东北军一部调入关内引起社会不安发布安民告示,略谓此次入关部队"步兵三旅、炮兵一旅,分驻平、津一带,以重防务"。部队调动乃武备之常,希望各地人民勿轻信谣言。

6 月 29 日 蒋介石发表《告赣省县长书》,申明"为纠正过去,儆诫将来,凡因公殉难者由国府重恤;畏敌弃城者杀无赦"。

△ 上海市教育局公布最近全市各类学校调查统计:国立学校 15 所,省立学校四所,市立学校 200 所,私立学校 124 所,共 343 校。其中初等学校 17,初级小学 124,完全小学 128,初级中学 13,高级中学 31,师范学校三,职业学校七,专科学校五,独立学院五,大学 10。

6 月 30 日 蒋介石在南昌行营再次发布《告剿赤军将士书》,要求全体官兵须以"决死之心尽军人天职,必忠必信,一心一德,效忠党国"。"倘有攻剿不力或违令、贻误戎机者,将以军中连坐法治罪"。同日,南昌行营参谋处通令各"剿共"军队实行连坐法,"如师长未退,旅、团长先退者,杀无赦;旅长未退,团、营长先退者,杀无赦;余以类推"。

△ 北平古物保管委员会临时会议决议取消中法学术考察团;巴

黎殖民地博览会称中法考察团为黄种巡察团,与法国人巡视非洲殖民地之黑种巡察团等同相视,决议电驻法公使就近调查,并向法政府提出抗议。

△　西藏达赖驻京办事处长棍却仲尼等具呈蒙藏委员会,内称达赖对于康、藏纠纷早已遵中央主旨停止军事行动,并迭请派员查办,仍有人妄造谣言,诬称达赖进兵不已,以耸国人听闻,引起外交恶感,虽办事处呈明真相,尚难得到谅解,惟有引咎辞职。

△　上海公共租界工部局顾问费唐应聘来沪已逾一年半,其起草的对公共租界考察报告已发表,工作完毕,是日离沪回南非。7月1日,上海70余工会发表联合宣言,反对工部局发表费唐报告书,痛斥费唐力赞租界制度,反对我国收回租界之谬论,要求政府立即驱逐费唐出境,并要求工部局收回费唐报告书。

△　长春二区、三区受害农民在万宝山召开"反对日警唆使韩民筑堰后援大会",议决除继续催请政府当局进行外交干涉外,联合各受害村庄进行填沟平坝斗争。

△　教育部令:清华大学校长吴南轩辞职慰留,近因吴以暑病时侵,特派实业部地质调查所所长翁文灏代理清华校务。

△　教育部公布《华侨中、小学校董会组织规程》,凡14条。

是月　中共鄂豫皖苏区党员代表大会在河南光山县新集召开,选出鄂豫皖区省执行委员会,沈泽民为省委书记,徐立清、郭述申、王平章、郑位三、周纯全等20余人为委员。中央军事委员会鄂豫皖军分会同时改组,并改名为鄂豫皖区军事委员会,直隶中共鄂豫皖区中央分局,张国焘、沈泽民、蔡申熙、徐向前、曾钟圣、王平章、郑位三、徐立清、郭述申、邝继勋、周纯全、陈昌浩为委员。张为军委主席,蔡任参谋长,陈任政治部主任,徐向前任红四军军长,原军长邝继勋调任第七十三师师长。

△　明月歌舞团与联华影片公司订立集体合同,改称联华歌舞班,黎锦晖任主任,演员有王人美、聂耳、周璇、黎莉莉等。

△　上海大华饭店举办时装表演,参加及观摩者千余人,展示服装有男西服、女长旗袍、晨服、晚服、婚礼服等九大类。

△　"台湾文艺作家协会"成立。

7　月

7 月 1 日　蒋介石在南昌行营发出第三次"围剿"江西苏区红军的命令,蒋自任"围剿"军总司令,何应钦为前线总司令,聘用英、日、德军事顾问,调集 30 万国民党军采取"长驱直入"的战略,即日开始行动,何应钦之左翼集团军赵观涛部、陈诚部及卫立煌部向南城以北地区攻击前进,陈铭枢之右翼集团军上官云相部由永丰向沙溪前进,孙连仲部由招携向宁都、黄石之线推进。

△　吉林省长春县万宝山之韩人强占当地农民之熟地开渠引水种稻事件,地方当局几经交涉无效,日本军警袒护韩人,武装监护韩人在伊通河筑坝引水。是日,该地农民 300 多人前往平坝填沟。长春公安局第二分局局长田锡毅率七名警察赶往万宝山马家哨口,制止农民填沟。

△　鄂豫皖边区第二次苏维埃代表大会在河南光山县新集召开,到会代表 397 人。讨论了强化苏维埃各级组织、重分土地、解决粮食困难、推行财政经济政策等问题。通过了苏维埃政府的临时组织大纲及土地、粮食、劳动、军事、外交、肃反等决议案。

△　广东西江暴涨,江水横溢。三水县上塘附近之大墙围崩决数百丈,围内一片汪洋;北区梅圩围亦决堤百余丈,附近各村难民逃生者仅三分之一;大埔围决口数十丈,10 余乡尽成泽国。北江流域灾情亦重,英德、清远、源潭等地灾民达四万余人,溺毙或饿殍达四五千人,损失数百万元。9 日,粤省府拨赈款五万元。

△　上海航政局正式成立,凡苏、浙、皖三省区域内航行的船舶均归该局管理。

△　北平古物保管委员会电行政院及新疆省府主席金树仁,谓巴黎殖民地博览会将中法考察团照片与非洲黑种巡察团并列,"对我国体侮辱太甚",请严令制止中法考察团前进。2日,金树仁复电称,该考察团仍在玉门附近逗留,屡电要求入境,均被拒绝;法方宣传新疆欢迎法人入境,绝无此事。

△　日本军事参议官会议决议:由日本国内移调一师团常驻满洲,为永久的常驻师团,废止驻满日军每隔二年调换一次的制度。常驻师团在辽阳设步兵旅团司令部一处及步兵一个联队,长春、旅顺各驻步兵一个联队,沈阳驻骑兵一个联队,公主岭驻炮兵一个联队,海城驻工兵一大队,共增关东军二三千人。

△　据《申报》载:驻沪外国领事馆对中国设立禁烟查缉处一事,认为此举是"确增收入而不病良民之政策,尤有益于岁计"。"将来烟土价格高于黄金,则不禁自灭"。据外人估计,中国现有烟瘾者至少有500万人,山西、陕西、河北、察哈尔、绥远、热河等地服代用毒品者,超过五百万,每人年纳烟税20元,即有二万万元收入,足可负担中国全部军饷之一半。惟查缉机关分设太多,办公费将耗费一半。

△　中国共产主义青年团苏区中央局机关报《青年实话》在江西永丰创刊(后迁瑞金),8月,因反"围剿"停刊,同年12月1日复刊,陆定一等任编委,初为半月刊,后逐渐改为旬刊、周刊和五日刊。

△　上海地产经理处开业。

7月2日　国民党中常会决议:一、修正国民党入党手续;二、通过《党旗、国旗之制造及使用办法》,规定党旗为天青、纯白二色,国旗为深红、天青、纯白三色,以国产原料制做,各单位、各团体均得悬挂党旗、国旗,党旗居左,国旗居右,中间挂孙中山遗像。

△　蒋介石偕随员离南昌赴抚州视察。3日,蒋在抚州再申令各军实行连坐法。同日,何应钦在抚州就任前敌总司令及左翼集团军总司令。公秉藩师整顿补充就绪,向吉安开拔,参加右翼"剿赤"军。

△　晨,万宝山受害农民400余人前往马家哨口继续平沟。日驻

长春领事馆警署主任中田义治郎率武警 50 余名及便衣 13 人赶到,将与之对话的农民代表孙荣卿逮捕,农民将孙氏夺回,日警即向农民开枪,农民被迫用猎枪还击。中国警察出面制止农民射击,农民被迫解散。

7 月 3 日 国民政府常务会议决议:添设驻波兰、捷克两国使馆,以驻波公使兼驻捷公使;班禅年俸 12 万元,中央每月另津贴办事费三万元。

△ 全国经度测量会议在南京开幕,由杨杏佛主持。决议组织全国经纬度测量委员会。4 日,全国经度测量会议决议,以南京紫金山为基点地址。国内主、次要点由全国经纬度测量委员会决定。测量期暂定二至五年。指定天文研究所、全国陆地测量总局、青岛观象台、辽宁东北大学天文学系、广东中山大学天文台、华北水利委员会、北平研究院、浙江陆地测量局参加国际经度测量。

△ 日方先后派出 500 余名日警前往万宝山,大批日警到达马家哨口后,禁止中国农民进入该地区,并督促韩农加速施工水坝。

△ 日人在朝鲜煽动排华暴动。万宝山事件发生后,汉城、仁川各处日文报刊竞出号外大肆造谣,诬称东北当局下令驱逐韩侨,万宝山之韩农被华农屠杀。韩人受日方煽惑,是日晚起成群结队去华侨居住区游行示威,殴打华侨,捣毁华人商店。仅仁川一处华侨被打伤者即达百余人。

7 月 4 日 国民政府公布《剿匪期内各级行政人员奖惩条例》;任命顾祝同为国民政府警卫军军长兼该军第一师师长;派焦易堂、刘光华、胡仁源等 12 人为高等考试典试委员。

△ 中共中央苏区中央局为动员准备第三次反"围剿"紧急通知各级党部:一、立刻召开群众大会,加强宣传工作;二、迅速整顿各地地方武装;三、彻底肃清"AB 团"及一切反革命分子;四、立即实行苏区戒严;五、对赤卫军、交通队、侦探队、运输队等组织重新整顿,加强领导和督促;六、立即坚壁清野;七、做好清扫战场的准备和组织工作。

　　△　蒋介石电令闽、浙各将领,谓"剿赤"军已分别到达目的地,总攻已开始,凡与赣省毗连之地区派重兵堵截,严防"此剿彼窜"。同日,蒋介石令赣省各县本月15日前成立保卫团,"协助清乡,实行自卫"。

　　△　何应钦之左翼军在南丰、广昌间与红军激战。中路孙连仲与陈诚各部进攻宁都。红军孔荷宠、李明瑞部从湘边入赣,与彭德怀、黄公略部连成一气。同日,陈诚部攻陷黎川。

　　△　驻吉林日总领事石射就万宝山事件向吉省府表示绝对反对从万宝山无条件撤退日警,要求吉省府保障韩农在万宝山安全开垦耕种。

　　△　驻山西平定县高桂滋部第一团第二营第八连排长刘玉珊以共产党嫌疑被捕入狱,打入该部的共产党干部苏一雄(谷雄一)、赫光(万锡福)等遂组织该部士兵千余人发动起义,占领了县政府等机关,打开监狱,并宣布成立中国工农红军第二十四军,赫光任军长,苏一雄任政委,蒲子华任参谋长。高桂滋派大队人马前往"围剿",起义部队从平定县城向北撤走。24日,起义军攻占阜平县城,26日,成立了阜平县苏维埃政府。张学良部沈克师以伪称"投降"的伎俩,将部队开入红军驻地附近的王快、华法。8月10日,苏一雄率红二十四军干部数人前往王快沈部慰问,当即被沈部扣押。11日,赫光率军部重要干部八人到华法慰问,亦当即被沈军逮捕。除苏一雄被解押北平外,赫光等红军干部全部被沈克在当地杀害。起义至此失败。26日,苏一雄被张学良副司令北平行营军法处杀害。

　　7月5日　红三军团彭德怀部在硝石口向朱绍良部发动猛烈攻击,朱德、毛泽东指挥红三、四、八、十二、二十二等军同时向南丰、南城何应钦指挥之左翼军发动反攻,战斗异常激烈。因陈诚部已陷黎川,红军恐腹背受敌,遂南撤。

　　△　朝鲜排华风潮愈烈,汉城龙口华侨宅舍被焚毁,日警当即拘捕韩人101名。同日,朝鲜其他各地均有暴力排华事件发生,华侨避难于中国领事馆内者已达1500余人,伤者300余人。

　　△　山东坊子日人经营之磨局煤矿积水暴发,淹毙华工28人。

△ 中国红十字会时疫医院在上海大马路(今南京路)新址开业。

7月6日 张学良电东北政务委员会称:"此时如与日本开战,我方必败,败则日方将对我要求割地偿款,东北将万劫不复,亟宜避免冲突,以公理为周旋。"

△ 汉城中国领事馆电外交部,报告朝鲜排华仍在扩大,汉城、仁川领事馆避难者络绎不绝,平壤新旧街市华人商店全被捣毁,损失40万元以上。

△ 国民政府公布《修正教育部组织法》,规定该部机构设置、职责及人员配置。

△ 红军李明瑞部进攻赣州,另一部攻兴国,陈铭枢急电戴戟堵截。

△ 全国各界对于万宝山事件及朝鲜暴力排华事极为愤慨。是日,河北省党务整理委员会通电呼吁奋起救国。平绥路及平、津两市党部均请中央向日政府严重抗议。北平各报均指出此为日本对东三省武装侵略之先声,东三省前途危急。

△ 北宁路唐山南场制造的中国第一辆机车由唐山试驶北平成功。该机车与英、德出品无异,能拖动150根轴。

7月7日 外交部就朝鲜暴力排华事向日代使提严重抗议,要求立即制止韩人暴行,同时保留要求赔偿权利,并保证今后不再发生类似事件。

△ 驻华日代理公使重光葵就万宝山事件及朝鲜排华暴动事在沪向中外发表声明书,声称朝鲜排华起于"满洲韩人被华人压迫",并表示日本决以全力镇压韩人暴徒。至日本出兵吉省说,全无事实根据。

△ 国民政府特派施肇基、蒋作宾、王家桢为出席国际联盟第十二届大会代表。

△ 张作相到平见张学良,商万宝山案解决办法,张学良主张万宝山案就地解决。8日,张作相离平返吉。

△ 日本政府根据前朝鲜总督斋藤提案,拟定今后对朝鲜及满洲

问题之根本方针,即所谓满鲜融和政策,内容为:一、韩人归化任其自由选择,准入华籍;二、向东北当局交涉,务使中日韩人在东北能共同生活,日人投资,华人业农工商,韩人耕种水田;三、日人在东北有内地杂居权,要求韩人亦有同样权利,并有土地所有权。以上条件,中国若能承认则可,否则将用最后之手段。

　　△　何成濬电刘湘、何键,请合力"围剿"洪湖地区红军段德昌部。同时派"威胜"舰驶往助战。

　　7月8日　国民党中常会决议:一、通过召开第四次全国代表大会之重要议题,并通告全体党员:(一)修改总章案;(二)改善党的组织案;(三)充实训政时期各级党部实际训练工作及指导社会工作案;(四)改进党的宣传方略,并确定新闻政策案;(五)确定国计民生实施计划案;(六)确定教育设施计划案;(七)确定推进地方自治案;(八)确定国防与外交方针案;(九)促进边远省区之实业及文化建设方案;(十)历届中央执行委员会全体会议留交全国代表大会案。二、通过《第四次全国代表大会代表选举法》,代表总额为420人。

　　△　驻华日代理公使重光葵派参赞林出到京见王正廷,答复我国对朝鲜排华之抗议书,谓抗议书已转告日政府,所提惩凶、赔偿、保证三项要求,待本国政府训令后方能答复;内阁已决定严惩韩人暴徒,对死伤华侨及财产损失将与朝鲜总督府协议赔偿办法,现经军警制止,韩人暴动不致再行扩大。

　　△　外交部令驻朝鲜总领事张维城、驻新义州总领事宋带、驻元山副领事杨佐共同调查韩人排华真相。

　　△　长春市政筹备处致函驻长春日领事,要求日警立即撤退,严惩开枪之日警,日方必须对其派警在万宝山强占民房、夺取船只、修筑水坝负责。

　　△　救济水灾委员会委员长宋子文与美国农部签订《中美美麦借款合同》,中国政府向美国承购麦粉45万吨,供中国水灾区域慈善赈济之用。

△　陈铭枢电告陈济棠,红军一部退入闽境,现奉命绕道出粤闽边境追击,过粤时请勿误会。是日,陈济棠召集军事会议讨论对策,决议如陈铭枢部入粤,即令前线军队撤回惠州或韶关,必要时再退入广州近郊,以 20 个团固守东北郊防线,30 个团内外游击,并请桂军调两师驻贺县,必要时进驻小北江。

7 月 9 日　旅韩华侨代表到京向中央党部、国民政府、行政院、外交部、侨务委员会递呈,请求对韩人暴力排华事件迅向日使严重交涉,并急电朝鲜总督迅速制止韩人暴行,保护华侨生命财产安全。

△　台北印刷工人、基隆码头工人举行大罢工。

7 月 10 日　外交部电令驻日公使汪荣宝即赴朝鲜调查旅韩华侨情形,并加抚慰,事毕回京报告。

△　由朝鲜返回安东(今丹东)避难华侨至是日止已达 2881 人,各娱乐场所均成临时难民收容所。各界纷纷自动捐资救济。

△　韩族同盟会就全韩排华事发表声明书,指出此次流血惨案发生,全系日本帝国主义者虚构事实,煽动无知群众所为,并非韩族人民本愿,愿中朝两国人民今后更加紧密团结合作,打倒日本帝国主义,解放被压迫民族。

△　外交部长王正廷在京对记者谈,万宝山事件系地方性质,外交部已派驻吉特派员钟毓协同吉林省府负责解决。

△　第十三路军总指挥石友三改用广州“国民政府”所委任的第五集团军总司令名义,将所部六万余人重新改编为五个军:第一军军长孙光前,第二军军长米文和,第三军军长张学成,第四军军长沈克,第五军军长梁芳启;孙光前兼副总司令及前敌总指挥。

△　溥仪之弟溥杰由日回津,向溥仪转达其旧交鹿儿岛驻军少佐大队长吉冈的话:“现在张学良闹得很不像话,满洲不久或许要发生点什么事情……请令兄多多保重,他不是没有希望的。”

△　亚洲文化协会南京分会通电反对太平洋国际讨论会在中国举行第四届会议,谓该会系各帝国主义者侵夺太平洋及亚洲之大集团。

又谓万宝山事件及韩人屠杀华侨暴行,是帝国主义的阴谋,亚洲各民族应一致抗争,以图生存。

　　△　上海炼钢厂开炉,11日首次出钢。

　　7月11日　国民政府公布《褒扬条例》;任命陆海空军副司令行营主要官员:秘书长王树翰,副官处长汤国桢,经理处长苏全斌,医务处长刘荣绂,秘书处长叶弼亮,总务处长朱光沐,军法处长颜文海。

　　△　石友三部扣留平汉路火车,将存彰德(今安阳市)弹药运往顺德(今邢台市),并向顺德集中兵力。

　　△　上海劳动大学及附属中学因不断发生反对国民党政策之学潮,教育部下令暂行解散,大学部学生限即日离校,重行登记,中学部停办,学生听候甄别转学。学生被押出校。

　　△　日本新任"满铁"总裁内田康哉及副总裁江口定条到达大连。

　　△　山东德州美国教会设立之卫氏博济医院副院长德佛兰枪杀该院华工王国庆。15日,德州县各团体举行反对帝国主义暴行宣传大会,到会千余人,决议请省府向美国领事提出最低要求:一、惩凶;二、道歉;三、抚恤;四、停止基督教活动。20日,德佛兰被押解济南,美领事要求释放未准,山东省府将德氏送公安局管押。23日,山东省府受外交部电饬,将德佛兰移送美国领事馆。

　　7月12日　蒋介石电令何键、鲁涤平,红军向闽边、赣南发展,所有湘、赣毗连之平江、浏阳、万载、茶陵、莲花等处驻军应不分畛域,协同"兜剿"。

　　△　蒋介石密电张学良,对日军在东北之挑衅,须极力忍让,勿生事端,"此非对日作战之时"。13日,于右任电张学良称:"中央现在以平定内乱为第一,东北同志宜加体会。"

　　△　李明瑞等率红七军远征到达江西瑞金壬田,与中央苏区红军会师,归红三军团指挥。

　　△　特派考察西藏专员谭云山向国民政府条陈治藏政策,略谓对藏外交宜取强硬态度,对藏政府宜取柔和方针。并请速派驻藏代表,奖

励藏人,宣传三民主义,开设学校,兴办交通,尽妥解决康藏争端问题。

△ 汉城全韩民众团体联合大会电中央通讯社转中国国民,对华侨在韩横被蹂躏,深表歉疚,并声明此事并非出于韩人本愿,希中朝切实合作,以谋善后。

△ 世界红十字会蚌埠分会电国民政府、安徽省政府等,报告皖北沿淮各县水灾情况:阜阳县被淹五万余家,淹毙 2000 多人,寿县城垣被水包围,颍上、凤台等县濒淮两岸乡村尽被水淹,怀远县附近数十里一片汪洋,淮河下游各县因洪水决堤,灾情奇重。

△ 日军板西中将一行以游历为名,由青岛抵济南会晤韩复榘,窥察中国各地对日民情。

△ 威海卫管理专员徐祖善电外交部,报告“利通”轮、“共同丸”运到由朝鲜返国难侨 2800 人。

7 月 13 日 江西红军撤离广昌城及附近地区,何应钦之左翼军进占广昌,并继续南进。

△ 《上海租界略史》出版,岑德彰编著。

△ 上海各界代表 1000 余人联合召开反日援侨大会,决议组织上海市各界反日援侨委员会。大会发表宣言,指出此次全韩各地剧烈排华行动,完全为日本政府积极侵略满蒙之表现,为维护中华民族将来之生存起见,一致决议永远对日经济绝交,望全国同胞一致奋斗。并请国民政府拨出一部救国基金电汇旅韩华侨予以救济,切实保护在韩侨胞。17 日,上海市各界反日援侨委员会正式成立,选虞洽卿为主席。

△ 朝鲜各地警察当局调查此次参加排华暴行的韩人,总数达1800 人。

△ 汪精卫在广州总理纪念周作题为《政治的剿共与政治的讨蒋》的报告,声称“剿共与讨蒋,是我们的最大目的”,欲达此目的,归结起来为 16 个字:“军事剿共,政治剿共,军事讨蒋,政治讨蒋。”

7 月 14 日 行政院决议,电令新疆、甘肃两省政府禁止中法考察团继续考察,并保护其立即出境。

　　△　蒋介石为防石友三叛变,电令骑兵第三师张砺生部集结郑州附近,第三师陈继承部集结许昌,第十一路军刘茂恩部集结洛阳,完成作战准备。

　　△　第三十四师师长何振藩被该师第二旅旅长王俊杰在沔阳仙桃镇防地谋杀,王随即假借全师军官名义电武汉行营,请委其担任师长(王曾在宜昌戕杀新一师师长刘鹏,在德安谋杀新三师师长李云龙)。何成濬因王率兵在外,恐生变,虚为优容。8月13日,王奉何电召抵汉,何令军法处将王等一行11人拘捕,并另委张万信为第三十四师代理师长。

　　△　晋钞突跌,三元四五角换现洋一元,太原市商会会长王肇泰因兑换现金被军警痛殴。

　　△　四川旅沪同乡会电蒋介石,谓四川善后督办刘湘、省府主席刘文辉主持四川军政,川民困苦不堪,7000万人已减至4000余万,恳请俯念民瘼,将二刘所请发行四川善后公债与省公债各2000万元予以驳斥。25日,该会再电国民政府,请严令川军不得向外国购买军火,并饬军政部派员接收重庆等地兵工厂,令饬长江海关查禁军火入川。

　　△　张学良为稳定北方局势,电召与晋军各将领有旧之井陉矿务局长富双英到北平,派其赴晋“宣达中央意旨”,“联络感情”。18日,富与晋、绥各将领接洽圆满结束,晋军各将领表示决不受石友三之任何牵动。

　　7月15日　石友三电广州“国民政府”称,已遵令组成第五集团军。同日,石部开始由顺德北进。16日,石部米文和师从彰德北进,是夜炸断漳河铁桥。18日抵高邑,19日至元氏,20日抵石家庄,五日内长驱直入300余里。东北军为缩短防线,主动放弃石家庄,撤至滹沱河一带布防。石友三抵石家庄后,与孙殿英、刘桂堂、张学成、孙光前、米文和、沈克等27人联名通电广州“国民政府”及吴佩孚、阎锡山、冯玉祥等,声明公开反对蒋介石、张学良。

　　△　蒋介石下令,凡活捉朱德、毛泽东、彭德怀、黄公略来降者,各

赏银五万元,割取首级来降者,各赏银二万元。

　　△　外交部长王正廷在中央政治会议报告朝鲜排华事件交涉经过,谓朝鲜暴力排华与万宝山事件两案性质不同,应分别向日本政府交涉。

　　△　日本驻华代公使重光葵向外交部长王正廷面交日本政府复文,谓朝鲜排华事件,日本政府深为遗憾,惟朝鲜总督府对镇压暴行,救护华侨确尽全力,但认为此次事件是由华地方官压迫,造成万宝山案所致。并谓在韩华侨被害情况传闻失实,据鲜督府之公报华侨死者仅百名,伤者 120 名。日本政府决以国法严惩韩人暴徒。

　　△　中央侨务委员会以快邮代电致海外各地党部及华侨团体,略称日本侵略满蒙,处心已久,万宝山案显系日人暗助,韩人排华更系预谋,在此严重时刻,务望海外侨胞一致奋起,作政府后盾。

　　△　长春日驻军第三旅团司令部宣布,自是日起废除过去在铁道两旁进行军事演习需于 10 日前通知华方惯例,在所定范围内,日本军队一切军事演习自由实施,无论昼夜。

　　△　驻沈阳日总领事林久治郎向吉林省府主席张作相提出解决万宝山案要求四项:一、保留万宝山水田契约效力,准韩人来年耕种,所有沟、坝工事,华方不得损坏;二、赔偿万案中韩人损失;三、华方准许韩人在东北自由居住;四、保障万宝山韩人生命财产;华方承诺上述条件,日方军警方能从万宝山撤出。同日,万宝山马家哨口韩人挖渠放水,两岸民田被淹数百垧。日军警在该地搭帐棚 20 余座,附近三里内不许华人进入。

　　△　全国第一届高等考试在南京开场。参加者共 2100 人。其中或为大学毕业生,或为委任官三年以上,为取得资格,以图进身者均去投考。

　　△　上海反日援侨大会发出警告,谓自本月 14 日后仍私自再进日货者,一经查明,当严厉制裁。并通告市商会及各同业公会自即日起停止进办日货,厉行对日经济绝交。

　　△　河南省府主席刘峙及全体委员通电报告该省水灾奇重，"旬余以来，信阳、罗山、固始、西平、正阳、淅川、叶县、邓县、郾城、襄城、商水、临颍等县大水成灾，为数十年来仅见"，恳请各省市、各慈善团体助赈。

　　△　《申报》报道：广东水灾严重，北江源潭、清远两属崩决基围数千丈，塌屋逾千，农作物全被淹没。英德、源潭、琶江等处房屋冲毁过半，不下万余家，难民无家可归者达三万余人。粤韶路损失不下 100 万元，民间损失不可胜数。西江灾情不亚北江，佛山城内街道被水淹者 60 余处，广三列车停开。东江各县，河源城至观音阁一带，一片汪洋。韩江上游，淹死人畜很多。20 日，国民政府训令行政院转饬财政部拨款 10 万元救济广东三江地区水灾。

　　7 月 16 日　蒋介石电令刘峙为"剿赤军南路集团军总司令"，彭启彪为参谋长，下辖三个军团：刘镇华为第一军团总指挥，辖刘茂恩第六十四师、刘镇华第六十五师、李韫珩第五十三师；顾祝同为第二军团总指挥，辖胡宗南第一师、楼景樾第二师、陈继承第三师、徐庭瑶第四师、唐云山第三十三独立旅；第三军团总指挥王均，辖王均第七师、曾万钟第十二师、陈耀汉第五十八师及蒋锄欧铁道炮队，晏玉琮、张有谷两航空队。

　　△　国民党中常会通过各地党部出席国民党第四次全国代表大会代表名额，各省、市党部代表 242 人，特别党部代表 71 人，中央指派边疆代表 25 人。

　　△　阮肇昌第五十五师攻陷红军方志敏部根据地葛源，捣毁赣东北特委会干部学校、横峰苏维埃赤色团等红军机关。

　　△　外交部因日本政府答复我国抗议朝鲜排华事件之复文推诿责任，无圆满答复，是日向日提出第二次抗议书，重申要求赔偿、惩凶、保证今后不再发生类似事件。

　　△　朝鲜京城《东亚》、《朝鲜》两报驻长春特派记者金利三，因宣传鼓动排华，受到韩人责难，金亦引咎自责，登报谢罪，声明系受日领事愚弄，并到吉林省城道歉。是日，日领事竟唆使日籍巡捕朴昌厦将金枪

杀。华警将朴捕获后,旋即为日方索去。

△　邵力子再次离京赴济晤韩复榘,商议石友三部军事异动问题。同日,张学良亦派代表范浦江由平抵济,与韩商共维华北和平事宜。18日,邵与韩、范会商,韩、范表示自当服从中央命令,并愿向石友三作最后劝告。

△　北平卫戍司令、东北军第一军军长于学忠对记者谈,石友三部异动,为维护华北治安,不得不增兵防范,已调二旅入关,另六旅随时可以入关。平汉、津浦、北宁、平绥四路已联合成立军运处,中央军已备有七个师的兵力,第一、二、三师日内可到新乡,第四、第七师及警卫军两师正往华北运输中。

7 月 17 日　国民党中执会电令褚民谊,谓中法学术考察团因法方团长卜安违反合作条例,蔑我团体,辱我民族,即行禁止其继续在甘、新两省考察,并保护法方团员即行出境,令褚即回京。

△　蒋介石从抚州返南昌,电令刘和鼎、张贞率部在两周内肃清入闽红军。同日,南昌行营出动飞机六架散发 30 万张悬赏缉拿朱德、毛泽东、彭德怀、黄公略的传单。

△　驻晋将领孙殿英电张学良,诋斥石友三不顾信义,并表示对张唯命是听,决不作忘恩负义之事。

△　班禅由北平到天津,对记者谈,本人即赴呼伦贝尔代表中央宣慰,并拟赴青海、西藏进行宣慰工作。

7 月 18 日　立法院会议,由外交部长王正廷报告万案、韩案情形及交涉经过。决定交付审查,并指定王用宾等六人为该案审查员。同日,立法院秘密会议通过《民国二十年四川善后公债条例》,债额 2000万元,由财政部主管发行,8 月 1 日开始发行,至民国三十年(1941)7 月底还清本息。

△　刘湘电武汉行营称,已派王陵基师负责鄂境"剿赤",并电何键请令驻龙山、桑植军队夹击湘鄂边红军。

△　刘峙、刘镇华、李鸣钟、杨虎城、顾祝同等驻豫、陕将领 32 人联

名通电表示拥蒋,声称"凡不顾国家之急而作轨外行动者",誓当率部讨伐。

　　△　驻京日总领事上村访署理铁道部长连声海要求减低日货运价,称日货运价往往高于华货,殊失平等原则,要求减低日货运价。连答以奖励国产政策,各国均有,不能谓不平等,予以拒绝。

　　△　自上海反日援侨会提出对日实行经济绝交后,外埠各地到沪采办大宗日货者更多,日商乘机抬价,大量劣货亦推销一空。是日,该埠长江装船出运的货物十分之六为日货。同日,日本邮船会社决议,在中国抵制日货未充分实行之前,将日货尽量运华,开往他处之船只集中开往中国。

　　7月19日　国民党军八万人猛攻红军重要根据地宁都。陈诚第十四师首先攻入城内,红军向长汀、会昌方面退去。

　　△　外交部派驻吉林特派员钟毓与驻吉林、长春领事石射、田代在吉林省城会谈万宝山案。日方连退警和取消契约均不答应,更不考虑赔偿问题,经交涉,中方答允"保护韩人","维持现状"。

　　△　通汇信托股份有限公司在上海开业,杜月笙任董事长,朱如山任总经理。

　　△　《星期文艺》在上海创刊,汤增敫主编。

　　7月20日　驻日公使汪荣宝由汉城电外交部报告视察情况,谓平壤检事局查验、埋葬死难华侨95人,投江失踪者尚多,商店全毁,损失在200万元以上。

　　△　何键派彭位仁、王东原、陈光中各部分三路进攻湘赣毗连区域红军。

　　△　上海反日声中日货销路愈畅,转运愈忙。是日,三北、招商、太古、怡和、日清等公司轮船几全数满载日货。日商川崎汽社因货多船少,特电日本调派两千五百吨"龙平丸"来沪加入北洋班内专运日货。大东轮船公司南华班"瑞昭丸"亦提前到达上海,助运日货至汕头、厦门、广东各埠。

△ 吴佩孚受成都国学会会长宋育仁之请为会员讲《易经》，以"天德、王道、圣功"为提纲，归结为以"礼教救国"。

7 月 21 日 蒋介石任命张学良为"剿赤军北路集团军总司令"，于学忠为第一集团军总指挥，王树常为第二集团军总指挥。

△ 广州"国民政府"国务会议议决，加推邓泽如为国府常委，并特任伍朝枢为最高法院院长，陈融为国府秘书长。同日，颁布《国民政府剿共讨蒋令》，动员第一、四两集团军北伐讨蒋，以与北方石友三反蒋战争相策应。

△ 陈铭枢、孙连仲、何应钦三路军在兴国境内会合，"剿共"第三期工作告一段落。蒋介石令呈报有功将校名单分别奖赏。同日，陈铭枢令围攻兴国县城各部先入城者赏洋三万元。

△ 驻华日代公使重光葵分别与外长王正廷及外次王家桢、李锦纶会谈韩案善后、万宝山案、在满韩人问题以及取缔中国排日运动问题。

△ 于学忠离北平赴保定指挥对石友三作战。次日，于在保定召集旅长会议，布置对石作战方案。

△ 孙殿英通电声明，否认参与列名于石友三通电，谓本人向抱"忠义"，"酷爱和平，拥护党国"。

7 月 22 日 蒋介石任命韩复榘为"剿赤军总预备军团总司令"，马鸿逵、孙桐萱、曹福林分别任总预备军第一、二、三军团总指挥。

△ 韩复榘通电响应刘峙等 18 日拥蒋通电，并派代表唐襄赴赣向蒋介石报告该部拥护中央。

△ 蒋介石电令商震率部出兵娘子关，杨效欧部速由长治、潞城开赴娘子关，向长寿（今新乐）、石家庄进击石友三部。28 日，商震率部经娘子关，井陉向石家庄进发。

△ 张学良电勉东北军各将士讨伐石友三，为国除奸。次日，张学良通电奉中央之命，督率诸军，对石友三施行讨伐。

△ 何成濬、刘湘、何键等 41 将领联名通电，表示拥护蒋介石领

导,对反蒋动乱者,共同讨伐。

△　外交部照会驻华日代公使重光葵,请其转饬即将万宝山日警撤退,并谕令韩农一同退出。同时声明:万宝山非韩人垦居区域,韩农与郝永德佃种契约应根本取消,农民所受损害,应责成补偿,至契约内补偿问题,由特派员钟毓与驻当地日领事商洽处理。

△　南京各界召开反日护侨救国大会,发表宣言,吁请全国万众一心,共赴国难,誓同日本帝国主义作最后斗争;要求政府厉行革命外交,取消中日间一切不平等条约及日本在华一切特权。

△　国民党江苏省党部整理委员会以外交部长王正廷、驻日公使汪荣宝、驻韩总领事张维城对韩案"应付无方,庸懦误国",决议呈请中央迅予撤职。

△　广州"国民政府"外交部长陈友仁偕刘纪文、甘介侯到日本活动。陈在乘轮赴日本途中化名为"外三友三郎",其妻化名"道子"。

△　教育部颁发"整顿学风"通令称,学生在求学时期"宜悉心为学,不得干涉学校行政,或滥发电文,凌越失言"。

△　豫西悍匪张寡妇(张冰清)被第六十五师在平等县第七区捕获,送交洛阳督办公署审讯后是日枪决。张部匪徒约万余人,枪数千支,匪部已被第六十五师打散。

7月23日　蒋介石在南昌行营发表告全国同胞通电,略谓接读朝鲜华侨惨案,与石友三叛变,暨粤、桂诸逆犯湘、赣之报,总阅各方报告,始了然此"四者皆互为因果",在此"生死存亡,间不容发之秋,自应以卧薪尝胆之精神,作安内攘外之奋斗","必期于最短期内剿灭赤匪","赤匪有一未灭,则中正之责任一日未尽"。

△　蒋介石调集大军完成对东固红军之包围后,是日发出总攻击令。蒋光鼐、蔡廷锴两师由富田出发,孙连仲部两师由宜黄、乐安出发,围东固之东;郝梦龄、韩德勤两师由吉安、吉水、永丰攻潭头而围东固之北;罗霖师由城岗围东固之西;蒋鼎文率第九、第二十三师在东固之南为预备队。

　　△　蒋介石电告于学忠,中央军先头部队已过磁县北进,限期占顺德、逼石门,与东北军夹击石友三叛军。

　　△　何应钦、陈铭枢、鲁涤平、孙连仲、朱绍良等在赣"围剿"红军的国民党军将领 31 人联名通电,声讨石友三,并表示服从中央,对石严加讨伐。

　　△　张作相、商震、万福麟、徐永昌、王树常、宋哲元、于学忠等北方将领 76 人联名通电,表示拥护蒋介石,讨伐石友三。

　　△　财政部长宋子文偕同机要秘书唐腴庐等由京乘火车抵沪,在沪车站突遭狙击,唐伤重毙命,卫士两人受伤,宋本人脱险。凶手乘混乱逃走。

　　△　蒋介石之代表葛敬恩在北平与张学良商议讨伐石友三。葛对记者谈,此次讨石部队共计 20 余万,消灭石部绝无问题。

　　△　上海市各界为旅韩被难华侨举行追悼会,全市休业半天,并降半旗志哀。

　　7 月 24 日　国民政府以第十三路军总指挥石友三带兵叛乱,反复成性,特下令褫夺石本兼各职,着各省市军民长官一体拿办。石所部军队,弃石投新者,中央当一视同仁,甘心附石者,痛加剿办。

　　△　国民政府令:近月以来,雨量过多,江河暴涨,水灾时闻,着行政院立即派员分往各灾区调查,按灾情统筹救济。

　　△　陆海空军总、副司令蒋介石、张学良联名发表告第十三路军将士书,宣布此次出兵仅讨伐石友三一人,其余概不深究;如有能献石首级来降者,除超升二级外,另赏洋二万元;带军队来降者,超升一级;带枪一支来降者,酌给洋 20 元。

　　△　石友三派代表黄广源到太原分访驻晋将领宋哲元、庞炳勋等乞援,均无结果。

　　△　驻日公使汪荣宝赴朝鲜各地视察华侨被害状况后,是日抵沈阳。汪谈,在韩华侨遭受损失达 240 万元以上,目前无法恢复产业,故要求日方全部赔偿,但日方则认朝鲜事件是中国官民压迫在满

韩人所致。

　　△　苏、皖各地大雨成灾,江北运河水势大涨,镇江、扬州间汽车停开,京沪线龙潭至栖霞间铁路被淹没冲断,京杭公路冲坏极多,长途电话不通,苏省水灾为百年所未见。同日芜湖之凤林、麻浦两大圩相继溃决,淹没田地20万亩。津浦、平汉等线因大水,火车亦均停开。

　　7月25日　国民政府令:特派许世英等九人为赈务委员会委员,指定许世英、王震、刘镇华、王守珍、朱庆澜为常务委员,以许世英为委员长。

　　△　国民政府公布《民国二十年四川省善后公债条例》,总额为2000万元,年息八厘。8月1日发行。

　　△　东北军第二军军长、河北省政府主席王树常离天津赴沧州指挥津浦线军事。王部沿沧石路向石友三部进击。同日,东北航空司令张焕相飞抵保定,与于学忠商陆空联合对石作战办法。

　　△　陈铭枢所率"围剿"江西红军之右翼军攻占东固,红军设立的农工银行被焚毁。红军退往瑞金一带。

　　△　粤、桂党政军要员在广西梧州开联席会议。27日,会议结束,决议五项:一、李宗仁常驻桂省;二、粤拨飞机12架归第四集团军指挥;三、粤每月助桂款150万元及子弹若干;四、桂军调一师入粤,拱卫广州"国民政府";五、对滇、黔取远交近攻政策。

　　△　湖北、湖南两省驻军将领何成濬、何键等33人联名电张学良,一致拥护讨伐石友三。同日,安徽省府主席陈调元、第四十师师长孙殿英亦分别致电张学良表示支持。

　　7月26日　南昌行营为严密控制民众,厉行"围剿"红军,于6月在总司令部党政委员会内成立地方自卫处,研究保甲制度,该处草拟出保甲法规,由行营颁布在修水、武宁、铜鼓等43县率先实行"编组保甲,清查户口",规定以10户为一甲,10甲为一保。保、甲长由户长"公推",有下列情形之一者不能充任:一、未满20岁者;二、非本地土著者;三、有"反革命"行为者;四、剥夺公权者;五、曾为"匪"胁从者。

△　鄂豫皖革命军事委员会通令根据地内的武装进行整顿和扩编。所有不脱离生产的赤卫队、守备队,一律改称赤卫军,由村到县,编成班、排、连、营、团、师。凡年满18岁的男子,除地主、富农分子和残废者外,均动员加入赤卫军。17岁以下者,组成少年先锋队。至10月间,全区赤卫军组成15个师,县独立团20多个。

△　广州"国民政府"外交部长陈友仁在日本与日外务相币原喜重郎举行会谈,提出以对满蒙问题让步,换取日本供应武器的要求,接洽无结果。8月6日,陈自日返粤。

7月27日　蒋介石电令何成濬与何键"协剿"湘鄂边红军。同日,蒋又电令在赣前线"剿赤军"各将领,自本月28日起,限一日内将东固、兴国、雩都、瑞金等地红军根据地全部攻克,完全肃清红军。

△　蒋介石通告赣省被国民党军重新占领的各县逃亡在外之土豪、绅士,自即日起,速回原籍,维持地方。

△　蔡元培在国民政府纪念周报告称,目前国内最重要的工作仍是"剿赤"。再者是"实现地方自治、清查户口、立机关、定地价、修道路、垦荒地、办学校,此数举至今无一个地方能做到,实是政府失职之证明"。

△　驻吉林外交特派员钟毓与驻吉日领事石射在长春就万宝山案进行交涉。钟毓提出,以停工、撤警、废堰、解约为先决条件,再谈赔偿韩农损失问题。石射则要求华方先承认租种契约完全有效,再谈日方撤退军警问题,双方各执己见,会谈停顿。

△　中央军和东北军分南北两路对石友三军发动总攻击。南路军刘峙部攻入邯郸,北路军于学忠部在新乐一带向石部反击。是夜,东北军飞机20余架彻夜轰炸石部驻地。石改攻为守,以清风店为第一道防线,石家庄为第二道防线。

△　长江、汉水暴涨溢岸,湖北各地受灾者达40余县。是日,汉口水标高49.5英尺,为长江数十年来未有之新纪录。江、汉两水合流处江堤溃决,汉水侵入汉口市区。

7月28日　收回上海法租界会审公廨协定在外交部由欧美司长徐谟、法国参赞赖歌德分别签字,29日公布。8月1日,法租界会审公廨撤销,正式成立江苏高等法院第三分院及江苏上海第二特区地方法院。

△　内蒙各盟、旗长电国民政府、内政部及蒙藏委员会,提出保留盟旗制度、维持待遇条件及禁止开垦等项要求。

△　英籍少年韬朋在江苏昆山失踪,是日,驻华英使蓝普森由北戴河飞抵南京,向中国政府交涉。29日,蓝普森将照会交王正廷,要求中国政府当局查明韬朋下落,交还英当局。王答称此类事件均系因各国不放弃治外法权之故,韬朋原住沪租界,入中国内地不向地方政府呈验护照,地方官对其安全当然不能负责。但允以友谊关系函江苏省府代为查询。

△　上海公共租界工部局总裁费信惇发表取缔中国反日运动文章,并训令巡捕在公共租界内,无论何人,凡检查并扣留日货者立即逮捕。

△　汉口长江水位续涨,达52英尺半,水面高出租界道路四英尺多,为近60年来所未见。汉口江堤溃决,数万灾民无处可归。安徽芜湖、合肥良田被淹50余万亩,死亡人畜无数;贵池大圩决口,全埠被淹十分之七。

7月29日　国民政府公布《民国二十年盐税短期库券条例》,该库券定额800万元,充补助国库之用,月息八厘。本年8月1日发行,分78个月还清本息。

△　财政部长宋子文就广州"国民政府"扣留两广各海关所收新增部分关税,并拟以之作抵发行有奖库券一事发表通告,宣布广州政府所发行的一切库券均属无效。

△　粤桂讨蒋军张发奎、李品仙部分别由全州、桂林动员入湘。8月2日,李部先头部队到达永州(今零陵),张部开抵东安。

△　石友三部猛攻保定,于学忠部从保定退走。刘峙之南路军攻

占彰德后继续北进,王树常部由津浦线向石家庄方面西进,石友三部陷于包围中。

△　汤恩伯旅进攻赣东红军方志敏部。是日,汤旅偷袭红军根据地杨村,惨杀红军家属 60 余人。

△　富双英携张学良指示再赴太原,促晋军迅速出兵紫荆关,侧击石友三部。

△　长江、汉水续涨,汉口市除一高地外,全部浸水,灾民死伤极多。武汉三镇商店大部停业,粮食缺乏,物价倍涨。同日,重庆、九江等地均报水灾。

△　据《申报》载:中国济生会旬日之间迭接安徽、河南、江苏、湖北等省请求赈灾电,全国水、旱灾区已达 300 余县。灾情严重,该会救济无策。

7 月 30 日　国民党中常会决议:一、新疆省党部原特派员方棣棠等一律调回,改派金树仁、徐益珊、鲁效祖等七人为新疆省党部特派员;二、凡未尽依照中央规定之改组或组织法令进行改组或组织成立之人民团体,暂不予改组,凡未能依照中央规定期限改组或成立之人民团体,须于本年 10 月 1 日前一律改组或组织完毕,逾期即视为不合法团体。

△　外交部照会驻华日代使重光葵,内称陈友仁到日购买军火,聘日军事顾问,如日政府允许,将助长中国内乱,盼予注意。

△　蒋介石电中央称,赣南红军重要根据地东固、黄陂、小布口(今小浦)等处均已占领,在赣红军 10 天内定可完全消灭。

△　赈委会委员长许世英电蒋介石并呈行政院,谓此次被水灾区有湘、皖、鄂、豫、鲁、苏、赣、浙、闽、粤、川、冀、辽、吉、黑、热 16 省,灾民至少在 5000 万人以上。灾民不死于水,即死于饥,其惨状实为近百年来所未见,请饬财政部续发赈灾公债 1000 万元,其基金于新增卷烟税项下或于庚款项下拨充。

△　上海市各界联合召集"剿共讨逆反日援侨"大会,到会者 10 万

余人。王晓籁为大会主席,大会发表宣言,反对共产党红军,反对石友三及广州政府,反对日本唆使韩暴力排华。

7月31日　国民党中执会电慰蒋介石,称许蒋"围剿"红军"指挥得当",望"继续扫荡,早竟全功"。

△　国民党中央宣传部发表《慰勉"剿匪"将士书》,要求一心一德,彻底消灭红军,"安内攘外,在此一举"。

△　国民政府为宋子文遇刺案,重赏缉凶,除上海公安局悬赏5000元及京沪铁路管理局悬赏1000元外,行政院又加赏格二万元。

△　于学忠急调后方预备队反攻保定,王树常部从高阳向石友三后方迂回侧击,石部被迫从保定溃逃无极、深泽一带。同日,石部孙光前师放弃正定向邢台溃退,将正定、新乐、滹沱河等五座铁桥拆毁。南路中央军与石友三部在内丘一带激战。

△　外交部照会日使馆,以东三省日侨无理要求停止大虎山、通辽间中国铁路运输,东三省日侨"自主同盟会"提议封锁沈海铁路交叉点,并反对撤废领事裁判权,拒纳中国政府规定的四项统税,促日当局切实注意,采取适当处置,免生纠纷。

△　朝鲜革命党在长春散发《敬告中国同胞书》、《敬告真正大韩民族,不做日本走狗书》等反日宣传,揭穿日人制造万宝山案及朝鲜排华事件的内幕真相。日人对此极为恐慌。是日驻吉领事命日军警,在日界内挨户搜查朝鲜革命党人,并威胁韩侨如有知情不报,或容留革命党人者,一律以通党反日定罪。

是月　教育部公布《初级中学体育课程标准》、《高级中学普通科体育课程标准》。

△　北京师范大学校与国立北京女子师范大学合并,成立北平师范大学。

8 月

8 月 1 日   国民政府公布《银行兑换券发行税法》、《银行业收益税法》;准海军部福州海军学校校长夏孙鹏辞职,任命杜锡珪继任。

△   国民政府训令行政院,中法学术考察团团员自西入新疆者准其通过,停止沿途考察,并令新疆省府派员护送到北平,其由东而西者,仍依照原令即速由原路回北平,禁止其在甘、新两省考察,保护其出境。

△   财政部制定扶植新闻事业办法:一、不征收报馆或通讯社营业税;二、印报用纸,凡系外国进口,分别减免税率,如系国产,一律免税;三、由国库提出指定款项,补助全国新闻事业;四、国际通讯机关由政府倡办。

△   张学良电蒋介石报告讨伐石友三军事进展情况,略谓:自 7 月 31 日起,东北军向石部全线出击,在定州(今定县)、安国一带将其包围,石部退滹沱河北岸,第一、二两集团军分头跟踪追击,骑兵在安国、安平、饶阳接应。除电刘峙之南路军在南宫、冀州(今冀县)、衡水一带截击外,并令商震部向无极、藁城挺进。

△   商震率所部抵达石家庄。冯鹏翥部奉令出娘子关,是日,到达井陉,继续向获鹿、石家庄推进。杨效欧部由长治、潞城开娘子关接防。3 日,蒋介石以商部出师迅速,迭占要地,电商表示嘉慰。

△   徐向前、曾中生率红四军第十师、第十二师攻占湖北英山县城,生俘该城第五十七师岳盛宣部 1800 余人,缴枪千余支,重机枪 18 挺,迫击炮四门。3 日,红四军主力从英山向南出击,8 日,攻占浠水县城,旋即又攻占罗田县城。19 日,红军进攻蕲春漕家河,新编第八旅旅长王光荣以下 1000 余人被俘,缴枪 1200 余支,炮 14 门。旋又攻克广济县城,直逼蕲春、武穴、黄梅,与江南湘赣红军相呼应。

△   九江江北皖属宿松、鄂属黄梅、广济防水屏障皇堤之潘兴圩、杨家塘段溃决 40 余丈,江水高出圩内地面三丈多,洪水如瀑布泄溢,人

畜死亡无数,被淹田地达 5.4 万多亩,财产损失约达 50 万元。

8 月 2 日　北平张学良副司令行营公布讨伐石友三战报称:一、商震率该部两旅及高桂滋师已抵石家庄;二、傅作义电请出兵三旅参加讨石;三、北路军在定州缴获石部大炮 12 门、机枪 80 余挺,步枪甚多,子弹两列车;四、定州、安国间战斗中石部死伤 5000 多人,中央军死约 2000 人。

△　汉口丹水池溃决后,张公堤子堤继溃,是日汉口全市被淹,自铁路至江岸,一片汪洋,深处水平屋顶,一般深达三四尺,人民逃避不及,淹死无数。同日,武汉行营成立防水保险事务处,徐源泉为督办,夏斗寅为会办,负责武汉赈灾善后,维持交通及防匪事宜。

△　日本政府将关东军司令官菱刈隆大将调充军事参议官,以第十师团长本庄繁中将继任关东军司令官。3 日,本庄繁上书陆相南次郎,提出必须"乘此世界金融凋落、俄国五年计划未成、支那统一未达以前之机,确实占领我三十年经营之满蒙,并达大正八年出兵西北利亚各地之目的"。

△　内政部以土司制度有碍行政统一,特咨川、滇、甘各省筹议改革办法,或归并县治,或改置设治局,以符合现行制度。

8 月 3 日　蒋介石电北平副司令行营,令将石友三残部设法包围,悉数缴械遣散,以免后患。张学良除转电前方将士遵办外,并令派南苑机场飞机 10 架,连同前线航空队及中央所派飞机一齐出动向石部轰炸,令步、骑各部队迅速完成对石部大包围。

△　讨石(友三)南路军陈继承第三师占领获鹿,胡宗南之第一师在晋县以东俘石部 3000 人。顾祝同部抵宁晋。

△　驻日公使汪荣宝抵南京,向外交部长王正廷报告朝鲜华侨损失情形。

△　邵伯、高邮、洪泽三湖同时泛滥,淹没田圩万亩以上,为 70 余年来未有之大水灾。苏、皖两省边境民畜损失甚巨。26 日,三湖湖堤多处溃决,邵伯全镇被淹。

8 月 4 日 蒋介石在南昌电国民党中央,坚持"安内可以攘外",中央对当前国民排日运动"应取慎重态度,免为日方借口"。

△ 何应钦令陈铭枢右翼军加紧围攻红军重要根据地瑞金,并派机五架助战。

△ 赵观涛部攻占兴国,红军穿过国民党军包围空隙向莲塘转移。蒋介石令赏赵部大洋五万元。

△ 石友三及其弟石友信、参谋长唐邦植率部六七千人溃退鲁境武城县。同日,石致电韩复榘,请向张学良关说,只要保其下野出国安全,愿将所部交韩收编。

△ 邵力子与韩复榘会晤后离济返京,据谈石友三部问题,将由韩在最短期内解决;韩表示将遵中央之命收编石部,石本人若来鲁,必保其生命安全。

△ 张学良所派代表范浦江见韩复榘,表示希望各方共维北方大局。韩表示除与石友三部难以作战外,其他无不唯张命是听。

△ 驻华日代公使重光葵复照外交部,略谓"朝鲜案之直接动机在于万宝山案",朝鲜总督保护华侨"尽其最善",而中国政府对"排斥日货运动"不能作有效之取缔,中国政府对此应深切考虑。

△ 日本陆相南次郎召集师团长及各军司令官会议,极力抨击日政府当局对华政策软弱,力主增兵满蒙,以武力解决满蒙问题。日报登载这一内容后,日本全国军人会、青年同盟会及全国各国粹主义团体相与呼应。南次郎随即更换驻华各领馆武官,并令饬新任武官密切注意中国动向和形势。

△ 驻朝鲜日军第十九师团、第二十师团全部开抵图们江沿岸并进行军事演习。

△ 晋军矛盾尖锐。商震率部出关讨伐石友三后,是日,孙楚、李服膺、马骏、高步青等召集各界在太原开会,指责商主晋无何成绩,决议请中央委派徐永昌主持晋省军政。

8 月 5 日 于学忠之东北军第一军抵束鹿,会同南路军顾祝同部

将石友三部二万余人全部缴械,石部师长米文和、孙光前被俘。沈克部
9000余人在曲阳投降。手枪旅2000余人,骑兵旅200余人退山东德
州,待韩复榘收编。同日,刘峙电告蒋介石,石部被缴械者共三万余人。
至此,讨石军事基本结束,南路军开始分批返回原防。

　　△　新编第三十二师师长陈光中由浏阳赴醴陵,督部入赣"围剿"
红军。

　　△　外交部电吉林特派员钟毓,饬其与日领事交涉万宝山案时,须
向日方切实声明:万宝山一带,既非杂居区域,韩民不得适用垦民权利
之规定,韩民必须退离该地。

　　△　阎锡山由大连返抵大同,旋赴五台河边村省亲。阎表示回晋
只为侍奉父病,决不干预外事。

　　△　上海绸业银行成立,由绸业界暨金融界要人共同发起组织,股
本60万元,推王延松、潘公展等11人为董事。

　　△　青海省府主席马麒病逝,省府主席职暂由民政厅厅长魏玉堂
代理。

　　△　前浙江都督蒋尊簋在上海病故。

　　8月6日　蒋介石电令赣南各县县长,饬其将本县及邻县红军活
动情况,及时电告行营,即情况无变化时,亦须每日报告一次,经费准作
正式开支核销,提供情报准确及时者,从优议奖。

　　△　筹募各省水灾急赈会在上海成立,推许世英、王一亭、王晓籁
为主席团成员。该会决议:一、电请政府拨2000万元现款施赈;二、组
织500个劝募组分头劝募,每组筹募1000元。

　　△　日本内阁会议决定升任驻华代理公使重光葵为驻华公使。
按:日政府于1929年曾派小幡酉吉为驻华公使,我国政府以小幡曾参
与日政府与袁世凯签订"二十一条"不平等条约活动,予以拒绝,两国政
府为此事争执甚久,至此方告解决。

　　8月7日　国民政府电慰张学良,赞其督师讨伐石友三之功,并对
所有前方将士传令嘉奖。同日,国民政府又电讨伐石友三的南路军总

指挥刘峙,责其"彻底肃清余逆,底定中原"。

△　商震以晋省情形复杂,向张学良电辞晋省主席及军长职,并保荐徐永昌继任省府主席。张以商督师讨石有功,仍希商能回晋继续任职。

△　蒋伯诚奉蒋介石命,连日与韩复榘及张学良之代表范浦江在济协商改编石友三残部办法。是日,蒋伯诚对记者谈,中央已汇来收编石部经费 20 万元,石部到鲁境者一万余人。

△　至是日止,汉口灾民增至 22 万人,急待赈济者 15 万人,入收容所者仅三分之一,灾民无食者由公私团体每日发给馒头两次。

8 月 8 日　国民政府公布《河南省民国二十年善后公债条例》,总额 300 万元,年息八厘,分 10 次还清本息,每半年一次,8 月 10 日发行。

△　红军集中主力第三、四、八、三十五军及独立第四师,乘上官云相第四十七师、郝梦龄第五十四师自沙溪经四昼夜行军至莲塘立足未稳,分防距离过远,首尾不能兼顾之际,向其发动猛攻,第四十七师副师长魏我威、参谋长刘某及第一六〇旅旅长张鸾诏、第一六一旅旅长王育德、第一六二旅旅长谭子钧等均被红军击毙,残部逃回沙溪。红军主力乘胜东进小布、黄陂等地,直向毛炳文师紧逼。

△　张学良副司令行营公布,原石友三沈克部改编就绪,委沈为新编陆军独立第一师师长,归副司令行营节制。

△　石友三在山东德州通电声明解甲归田,将所部交孙光前、米文和统率,归韩复榘指挥。

△　商震、顾祝同、刘峙由石家庄抵北平见张学良。刘峙谈,现讨石军事结束,南路集团军仍回豫原防,豫省有地方保卫团 70 万人,豫土匪渐肃清。

△　湘黔边区"剿匪"司令王家烈电南京称,桂军因石部叛变,急谋响应,准备即日进攻湘南,因衡阳、宝庆(今邵阳)防卫甚固,又改为进攻湘西。同日,桂军李品仙、覃连芳所部已抵全州、黄沙河等处,湘西吃紧。

8月9日　汉口长江水标达 50 英尺五英寸之新纪录,灾民惨状日益加甚。何成濬电行政院请拨庚款浚江。

△　驻吉林外交特派员钟敏对《大公报》记者谈,万宝山日警已于 8 日撤尽,本人与日领石射会谈六次,仅达成撤警协议。其余赔偿等问题均未谈及,华农损失正派人调查,韩农损失当责令郝永德破产赔偿。

△　何成濬因武汉下游水灾,曾电何键开放米禁,是日何复电拒绝,谓湘省滨湖产米各县亦遭水灾,秋收绝望,补救无从,本省谷米自给犹不足,碍难开放米禁。

△　石友三残部王心德、张国乾两旅及特务旅由参谋长唐邦植、师长梁芳启统带,开到指定地点临邑等地候韩复榘派员收编。

△　河南省赈务会主席张钫电行政院、内政部、财政部、赈委会,报告豫省受严重水灾者已达 40 余县,请求急赈。20 日,张钫电蒋介石、张学良及救灾会,报告该省水灾祸及 53 县。9 月 1 日,张再电告蒋介石、张学良,灾区已达 67 县,难民 1500 万人以上,请急赈。

△　吴佩孚偕眷属、随员及卫队百余人离四川灌县,取道汶川、茂汶、松潘出黄胜关进入甘肃,结束了自 1927 年败逃四川后的逃亡生活,图谋利用甘、宁、新、青四省之旧部东山再起。

8月10日　国民政府明令改组甘肃省政府,省府委员刘郁芬、杨慕时(兼建设厅长)、李象臣(兼财政厅长)、叶蓉(兼民政厅长)、郑道儒(兼教育厅长)、赵元桢、韩俊杰、马麒、张允荣、赵席聘、李朝杰均免本职及厅长兼职;任命马鸿宾、杨思、谭克敏、张维、水梓、喇世俊、贾缵绪、马文车、李朝杰为甘肃省府委员,马鸿宾兼省府主席,杨、谭、张、水分别兼任民政、财政、建设、教育各厅厅长。

△　国民政府任命高鲁为监察院监察委员,免去其教育部部长原职。

△　红军主力重创上官云相部后,是日对龙冈、黄陂、中村、石马等地的第八师毛炳文部发动猛攻。11 日,彭德怀部由蜈蚣墩袭击毛师侧背,李明瑞部绕至钧峰及杨依等处袭击毛师右侧,毛师四面被围,四个

团被歼,团长陈肇璜、杨茂财被俘,萧中立等 12 个营长被击毙,被俘官兵 4000 余人,枪 3000 余支,子弹 40 多万发。毛残部退回宁都。

△ 日政府答复朝鲜排华案我国第二次抗议的复文送达外交部,日政府认为该案起因于满洲境内韩农受华人压迫,又谓仅平壤死华侨 190 多人,其他地方无死伤,总督府措置无何失当,不承认国际法上之国家责任,对鲜案无赔偿损失义务,仅允对被难华侨自动抚恤。

△ 鄂省发生严重水灾后,各方对水灾责任问题极为注意,各报亦有评论,指责灾前未能预防,临急不能应变,贻误苍生,不严加处罚不能平民愤。是日,何成濬在省府纪念周上报告,谓此次水灾为 60 年来仅有,据本人实地调查,责任决不能归咎任何个人,任何妄图趁此机会排挤别人下台,决不能得逞。

△ 河北省民政厅长王玉科对《大公报》记者谈,该省天灾人祸交集,受重水灾者 18 县,损失土地 1.62 万顷,价值 4860 万元,被灾人口 26.24 万余人;旱、雹、蝗、蛸及讨石战争被灾者不下 90 余县,民房毁坏无数,溃军所至,十室九空,兵灾损失远过水灾。

△ 刘镇华晤刘峙,请拨石友三部被俘士兵 3000 人归其收编,刘峙电令汴行营照办。

△ 戴季陶在中央党部暨国府联合总理纪念周报告举办首届高等考试经过,本届共录取 99 人,考生来自全国 16 省,2184 人。其中女生 20 人,无一被录取。陕西、甘肃、宁夏、内蒙、热河、绥远、黑龙江、云南等省因参加考生较少,无一被录取。今后大学毕业考试,由政府组织,以补救国家考试不足,边远各省及蒙古考试制度,要有同等建设。

8 月 11 日 国民政府令:任命马麟代理青海省政府主席;准山西省政府主席商震辞职,任命徐永昌代理山西省政府主席;嘉奖讨伐石友三战役的全体官兵,其伤亡者,从优议恤;兵灾区域着该省政府妥筹救济。

△ 行政院国务会议决议,批准青海省政府所拟取消土司办法。所有土司原征地亩改归县府征收,每年酌给土司赡养费若干,并体察情

形,予以相当名义。

　　△　石友三部被俘师长孙光前,是日自束鹿解往开封审办,临上车时企图乘机逃跑,被押解士兵开枪击毙。

　　△　东北军暂编第六旅刘桂堂部在大名叛变。刘在大名通电诡称,本人因病住院,部队已交团长刘怀志全权办理,善后事宜本人概不负责。13日,中央军第四师徐庭瑶部奉令围攻大名城。21日,刘率本部从大名城突围,向山东边境逃窜。韩复榘部骑兵旅李宣德部会同徐庭瑶部追剿。

　　△　新疆富蕴卡拉先格尔山(北纬46°44′,东经89°54′)于5时18分43秒发生八级地震。波及东至蒙古,西达苏联的赛米巴拉金斯克,东南抵兰州,断裂带长达170公里,宽数十米至数百米。

　　△　据《申报》报道:长江下游一带,发生61年来特大水灾,沿岸城市陆上交通几乎断绝,湘、鄂、皖、赣、苏五省受灾人口约达2300余万,倒塌房屋一万余户,耕地被灾者达全国总面积的12%,整个损失超过20亿元。

　　8月12日　立法院呈国民党中政会称,本年国家财政预计不敷总数达2.8万万元,舍募集公债库券外,几别无办法,中政会对此重大问题应有整个妥善计划。

　　△　王树常在天津对记者谈:讨石战争虽已结束,但第二军暂不能复员,现驻扎河间、任丘、高阳、沧县一带从事清乡。此次讨石战争河北省被兵灾波及者达90余县,划入战区者40余县,全省所受损失达2000万元。

　　△　国民党中政会决议:推戴季陶、丁惟汾、方觉慧、朱家骅、刘尚清、邵元冲、王树翰、钮永建、焦易堂、程天放、刘芦隐、叶楚伧12人为法制组委员,指定戴季陶、钮永建为召集人。

　　△　中国出席第十五届国际劳工大会代表朱懋澄返抵哈尔滨,对记者谈,大会5月28日开幕,6月18日闭幕,通过非工业童工之最低年龄案,煤矿工人工作时间案,重议满期公约案及修改会章案等,中国

以 27 票当选为副理事。

　　△　上海各界反日援侨委员会派员检查日货以来,屡有查获,是日,又在浦东码头查获大批正欲运往牛庄的日货匹头棉纱,当即全数扣留。日商人引来日水兵武力截夺,将检查员四人劫持而去,并加以殴辱。14 日,上海市长张群向驻沪日总领事村井仓松提出严重抗议,指责其蔑视中国主权,违背国际公法,要求依法惩凶、赔偿,保证今后不再发生类似事件。

　　8 月 13 日　国民政府令:免驻德国特命全权公使兼驻奥地利特命全权公使蒋作宾本兼各职,任命蒋为驻日本特命全权公使;任命王广圻为驻波兰特命全权公使。

　　△　内政、财政两部及赈委会联席会议,讨论筹款急赈水灾,议定将盐税库券 200 万元向沪各银行抵押 100 余万元急赈苏、浙、皖、鄂、豫、赣、湘七个重灾省,另请行政院发行赈灾公债 1000 万元。

　　△　宋庆龄因母病故由柏林回国,是日抵达上海。宋旅欧二载,游历法、德、瑞士等国。本年南京政府、广州政府屡电宋,请回国参与政事,但均不答复。

　　△　韩复榘邀马鸿逵等商鲁省防务,议定:马之第十五路军防地为泰安、兖州至济宁,鲁西由马酌情处理;韩之第三路军曹福林第二十九师任兖州以南、临城(今薛城)、枣庄、临沂一带防务,接替王均、陈耀汉之防地;谷良民第二十二师驻防曲阜、邹县;新收石友三残部 6000 余人,因程希贤坚不就任改编之师长,将其一部拨给乔立志之第七十四师,另一部拨给展书堂之第五十八旅,将展部扩编为师。

　　△　澳门弹药库爆炸,俨如地震,炸死外人五名、华人 19 名,炸伤外人、华人数十名,损失在 100 万元以上。

　　△　上海日商开会讨论运输日货办法,决定用武力反对反日会检查日货,装运日货请日海军保护。日领事及海军当局对此表示默许。

　　△　美国洛杉矶市总商会组织的远东商业考察团到达上海。该团将在中国各地视察商务情形,成员 20 人均为洛杉矶商界要人,团长为

商会会长麦德逊。

8月14日 国民政府为统筹救灾,特设救济水灾委员会,派宋子文、许世英、刘尚清、孔祥熙、朱庆澜为委员,以宋子文为委员长。16日,水灾救济委员会在上海成立,并决议聘中外知名人士为该会额外委员帮助募集赈款。

△ 赈务委员会开第一次委员会,许世英主持,决议请国府令饬各主管部、会从速实施治水方案,并通知各省府调查水灾情形。各省赈款分配为:皖、湘、鄂各17万元,苏、赣、豫各13万元,浙八万元,汉口防疫费二万元,川急赈一万元。21日,赈委会呈请国民政府将一切不急之建设事业暂缓兴办,提前实施治水方案。

△ 考试院长戴季陶兼本届高等考试主考官,因对考生刘锡章的考分计算错误,向国民政府提出自劾,呈请国府撤职查办。21日,国民政府常会决议,罚扣戴俸饷三个月。

△ 张学良在北平对韩复榘的代表宋式颜谈,石友三部各师长,除孙光前身死,沈克改任新编第一师师长,米文和被委任为副司令行营参议外,其余各师、旅、团长多在逃,但概不深究,允其悔过自新。

△ 国民党山西省党部电中央,请咨国府令晋省府及驻军将阎锡山拿办,以肃法纪。

△ 哈尔滨官商航业联合总局因营业与当地商帮冲突,为松花江、黑龙江、乌苏里江沿岸14县商帮所反对,是日结束。该局自4月23日成立半年来,共获利200万元。

8月15日 国民政府任命吴凯声为驻瑞士特命全权公使,并令吴继蒋作宾为出席国联第十二届大会代表。

△ 蒋介石训令在赣"剿赤军"各部,"务须以成仁之志,与赤匪决死生,于最短期内完全肃清"。并拟手令数道,劝红军撤退区域民众立即返家,三日内返家者一律以良民加以保护。此手令由政训处印就10万份,派飞机散发。

△ 行政院通令各部、会及各省、市政府,重申中央银行为惟一国

家银行,各机关汇存各款均应交存中央银行,不得交其他银行。

△ 南昌行营划分江西"剿共"区域及非共区域,修水、武宁、铜鼓、宜丰、宜春、分宜、萍乡、万载、吉安、莲花、吉水、遂川、永丰、泰和、万安、安福、永新、宁冈、金溪、宜黄、乐安、南城、南丰、黎川、广昌、资溪、上饶、玉山、广丰、铅山、弋阳、贵溪、横峰、余江、德兴、南康、赣县、雩都、信丰、兴国、宁都、瑞金、石城 43 县及东固改设之"平赤县"为"剿共"区域,其余 38 县为非共区域。

△ 驻墨西哥公使熊崇志就墨大规模排华事向墨总统抗议,墨总统表示对华侨允予保护。

△ 外交部接驻北平罗马教皇代表安多尼电称,教皇对中国各灾区深表同情,特捐助 25 万里拉(意币),由扬子江流域各罗马教会分别经办救济事宜。

△ 长江水势续涨,凌晨汉口日租界防堤亦溃决,浊水横溢,一片汪洋。汉口发电站被淹,全市断电。同日,武昌大堤亦溃决,该地无自来水,水井被大水淹没,市民苦无饮水。

8 月 16 日 汉口长江水位续涨,水标已突破 53 英尺,数万灾民惟一避难处所铁道线,已没水底,现已无栖身之地。武昌灾民已达 20 万人,汉阳灾民五万余,汉阳兵工厂深水处达两丈。

△ 据贵州省驻京办事处向赈灾会报告,该省 30 余县遭水灾,恳请救济。

8 月 17 日 中国国民党临时行动委员会总干事邓演达,因叛徒陈敬斋告密,连同起义干部训练班学员十余人于下午 3 时许,在沪愚园路愚园坊 20 号被淞沪警备司令部侦查队会同公共租界探捕逮捕。当日晚,黄埔革命同学会成员余洒度等 20 余人也被逮捕。21 日,邓演达由上海押送南京总司令部军法司暂押候审。蒋介石对邓案批示:"煽动军人,扰乱邦家。"

△ 国民政府特令嘉奖张学良、于学忠、王树常、商震、韩复榘、刘峙、顾祝同诸将领,赞其讨平石友三叛逆之功。

　　△　李培基电行政院及张学良，请辞绥远省政府主席职。19 日，国民政府准免李绥远省府主席职，遗缺由傅作义代理。

　　△　日本驻奉天总领事林久治郎赴省府会晤省主席臧式毅，交涉中村事件，臧表示立即调查。同日，在沈阳之日本陆军当局发表"中村被害之第一次报告"。

　　△　鲁迅在上海发起举办中国现代木刻第一次技法讲习班，邀请日本内山嘉吉讲授木刻艺术。鲁迅任翻译。

　　△　上海各轮船局接汉口急电，武汉江水已达 55 英尺六英寸，汉口各轮船公司码头货栈下层全被淹没。同日，住有千余名灾民之汉口甲子旅馆倒塌，其他民房，亦不断倒塌，死伤甚多。

　　△　鄂省民政厅长刘文岛在省府会议报告称，这次武汉发生重大水灾，是萧耀南在鄂主政时只求个人打算，在樊口为彼个人筑堤造田所酿成。

　　△　哈尔滨双合盛皮革工厂被火焚毁，损失 500 万元。该厂为全国惟一一国产皮革大工厂。

　　8 月 18 日　日本政府公布中村事件的调查报告。该报告对于中村在我国兴安屯垦区进行间谍活动的事实曲意隐讳，略称：中村一行五人 6 月 27 日左右到达洮索路终点葛根庙附近之民安镇，正在该处餐馆用餐之际，突有兴安屯垦军第三团所属官兵数人入餐馆检查，命中村一行停止旅行，中村示护照，亦无效，均被捕。枪六挺及随身衣物都被掠去，未经提示任何理由，竟将中村一行绑赴兵营后之山林中枪毙，7 月 1 日复堆积木材焚毁尸体。

　　△　国民政府电调处西康大金寺与白利土司争产案之蒙藏总务处长唐柯三，饬其对康藏交涉地点问题，无论在昌都、在甘孜均暂不议，以藏方先从西康撤兵为前提。

　　△　陈诚、罗卓英两师与红军在宁都、兴国之寒下、寄下一带激战，红军利用山地有利地势作有力反击。陈诚乃于是日令部纵火烧山，红军及民众烧死甚众。

　　△　江西省旅京同乡会以安徽省府主席陈调元将调任江西省府主席,特电蒋介石表示反对调陈入赣主政,并电请赣各级党部、团体一致反对。

　　△　内政、外交、财政、实业四部会商,以各地水灾奇重,秋收无着,决议缓禁外米输入。

　　△江苏省政府决议由财政厅再拨 10 万元急赈本省水灾,并令全省公务人员捐俸助赈。

　　△　国民政府美籍顾问贝克等抵武汉视察灾情,并调查救济灾民及粮食供给办法。贝克巡视后谈,武汉灾情之重,超过原来想象,救灾实无具体办法。

　　△　鄂城樊口江堤溃决数百丈,淹没阳新、大冶、鄂城等七县。

　　△　驻沈日守备队在皇姑屯一带进行街市战斗演习,交通断绝,华警惧惹日军,不敢干涉。

　　△　青岛日商志摩正彰与华人孟吉瑞因细故发生争执,警察前往排解,志摩召来日侨"国粹会"打手数百人,持刀棍参加殴打,华人重伤 10 人,轻伤 30 余人。19 日,青岛日侨开会,请日政府派军舰保侨,妄图重占青岛。市政府向日领事抗议。25 日,市政府与日领事商定彼此道歉,此后双方切实防范,对于当日肇事人,双方各自查实严惩。

　　8 月 19 日　国民党中政会决议:责成财政部及主计处调查各省目前经济状况,并将各省分为"自给省区"、"不足省区"、"有余省区"三类,订定标准呈核。

　　△　前北京政府国务总理靳云鹏在北平私寓拜太虚法师为师,行参拜礼。

　　△　上官云相返南昌行营报告丧师经过,谓所部第四十七师、第五十四师自本月 6 日起在良村、莲塘被红军六七倍兵力包围,血战四昼夜,弹尽援绝,损失极大。

　　8 月 20 日　国民政府训令行政院称,国民党第四次全国代表大会定本年 10 月 10 日召开,大会经费预算为 44.584 万元。令转饬财政部如数拨发。

△　国民党中执会决议:侨务委员会改隶于国民政府,推吴铁城、周启刚为该会正、副委员长;中央党部另组海外党务设计委员会,指定陈耀垣、萧吉珊为该会正、副主任。

△　国民党中央宣传部发布《为救济水灾告全国同胞书》,略谓此次灾区之广,几亘全国,面积占全国三分之二以上,被难人数,至少在5000万以上,"今日中华民族,实已濒九死之绝境",望全国同胞"拥赞政府,力图挽救,精诚团结,共赴国难"。

△　教育部高教司司长孙本文在中央广播电台报告"近三年来全国大学及专科学校概况",称全国根据大、专学校组织法办理之公、私立大学共58所,专科学校27所。

△　陕西灾情通讯社报告汉中大水,称汉水河堤横决,沿江石泉、镇巴、紫阳、岚皋、镇坪、平利、白河等10余县尽成泽国,待赈者数十万人。

△　日本陆军大臣南次郎在日内阁会议上提出要求中国政府保证今后不再发生(中村)类似事件,否则日本将使用武力。前关东军司令官白川义则等人则在军事参议官会议上公开提出"应利用中村事件这个机会诉诸武力,一举解决各项悬案,确保我之各项利益"。

△　日本驻朝鲜第十九、二十两师团全部调往我国边境图们江沿岸。

△　张学良副司令行营通令所属各军队,声称"近两月来在北平市破获共党中华全国铁路总工会、共党华北军委会、河北省委会、北平市委会等各重要共党机关五十余处,捕获共党男女要犯百余人",并称根据所获证物,共产党在华北的工作"多以我东北军作对象",特通令华北各军一体严防。

△　蒋介石在南京接见日本民政党议员菊池良一,作长时间会谈。蒋希望日中及亚洲各民族为黄种大联合而奋斗。菊池请蒋酌用日本教官10余人及中止排日行动。蒋均采纳。

8 月 22 日 外交部就朝鲜暴力排华案照会驻华日公使重光葵,提出第三次严重抗议,声明日本政府应对该案负全责,要求日政府正式道歉,处分负责官吏,严缉暴徒,赔偿损失,保证将来不发生类似事件。

△ 蒋介石离京赴赣继续"督剿"红军,23 日抵南昌。

△ 广州"国民政府"在德购买大批军火,由德商利克茂轮船公司"波那号"轮运抵沪,是日被南京国民政府搜获,全部没收。

△ 日皇对长江水灾赠款 10 万日元,是日由外务省汇往上海驻华公使重光葵,嘱转交宋子文。27 日,重光赴外交部,代表日政府慰问中国水灾,并告日皇捐款 10 万日元赈灾事。

8 月 23 日 宋庆龄函《申报》、《大公报》声明:"此次因母丧回国,暂拟留沪休养,外传和平运动,绝未参预。"

8 月 24 日 蒋介石在南昌再次悬赏捉拿红军领袖朱德、毛泽东、彭德怀、黄公略,除原赏五万元外再加五万元,并宣称,红军中凡能指认以上四人而活捉者,亦"免罪重赏"。

△ 邵元冲在国府总理纪念周上报告全国水灾情况,略谓近两周来各地水灾更加严重,长江流域被灾区域,南北约 1000 余里,东西约 1500 余里,面积达 150 万平方里,灾民达六七千万,望政府及民众动员整个国家力量共谋救济。

△ 蒋介石复电韩复榘,准将石友三残部改编为一个丙种师,番号为陆军第八十一师,以原第二十师第五十八旅旅长展书堂升任师长。

8 月 25 日 甘肃发生政变。该省驻军原冯玉祥旧部、现新十八师师长雷中田会同国民党中央派赴视察甘肃之特派员马文车将省府主席马鸿宾扣留。30 日,蒋介石据报,即电令马文车查办,称此事"如果属实,实属反抗中央,目无法纪,限文到即将马主席恢复自由,行使职权,中央命令决不更改"。

△ 导淮委员会讨论整理淮河流域土地条例,规定在淮河流域水道系统以内,所有滩荡湖田及旧时河漕机关或其营弁、船户、屯户等所经营的土地凡未经依法正式确定私有权者,均收归公有,由导淮会整理。

　　△　河北省党务整理委员会电国民党中执会，请严缉阎锡山，并将阎自民国成立以来十九年中所剥夺山西民脂民膏数千万元全部没收，用以赈济江、淮水灾。

　　△　上海联华影业公司及全国 37 家影院联合发表赈济水灾义演电影启事，由联华供应影片，全国影院于 9 月 1、2 两日日夜放映，以售票所得半数交中央赈务会赈灾。

　　△　徐永昌、杨爱源、葛敬恩由太原抵达北平。徐对记者谈，阎锡山自本月 5 日返晋后，本人曾与阎会晤两次，阎表示根本不愿再问政治，愿在晋乡间作一老百姓。

　　△　上海飓风，外海、内河航运全部停顿，水面交通断绝历 48 小时。是日，政记公司"广利号"轮船由安东开往青岛途中，亦因飓风在青岛港外触礁沉没，死乘客 15 人。

　　△　南京市郊江宁县沙洲圩溃决数十丈，农田被淹七万余亩，被灾难民三万余人。

　　△　天津各界对日外交后援会决议严厉抵制日货，定 9 月 2 日开始检查，由各校童子军担任，并派检查队封锁海口，制止日货上岸。

　　8 月 26 日　国民党中政会议决公职人员捐薪赈灾办法，规定月薪百元以下者捐 5%，200 元以上者捐 10%，400 元以上者捐 15%，600 元以上者捐 20%，以三个月为限，于本年 9 月至 11 月内扣缴。

　　△　何应钦、陈铭枢奉蒋介石电召由前线返南昌，何应钦向蒋报告赣东南之广昌、宁都、石城、乐安、雩都及赣闽边与红军作战情况，陈铭枢报告赣西南之吉安、永丰、泰和、兴国等处与红军作战经过。随后，蒋与何、陈商定下一步作战计划。

　　△　北方将领在北平开重要会议，徐永昌、韩复榘、傅作义、戴翼翘等均出席，讨论阎锡山出洋问题，韩主促阎立即出洋，徐主暂缓。

　　△　青岛日侨凶杀华人案发生后，日人不断挑衅，是日日侨所办《青岛新报》发表社论，公然提出应向国联提议"将青岛之租借还原"的狂妄主张。

△ 外交部正式发表驻日公使汪荣宝关于朝鲜排华惨案调查报告。该报告主要记述了朝鲜平壤、镇南浦、京城、釜山、仁川、新义州、元山等排华最严重之地的大略情形以及万宝山事件的真相。

△ 驻华日公使重光葵将日政府答复万宝山案牒文送交外交部,该文诡称万宝山事件系由中国当局引起,竟引用废弃的"二十一条"为依据,申辩日领派警至万宝山为合法。

8 月 27 日 国民党中常会议决救济水灾办法:全国一切非切要建筑一律停止,将经费移借救灾专用;中央党部之建筑费,一律缴送中央,全部作用购买赈灾公债;严惩忽略堤防建设之官吏;奢侈品加税,移救灾民;禁止屠杀耕牛。

△ 张学良在北平协和医院召韩复榘、徐永昌、傅作义及东北军各将领讨论阎锡山、冯玉祥出洋问题,议定阎、冯若出洋,旅费可由中央及东北负担,中央可给予相当名义,并保障其沿途安全。31 日,张学良与韩复榘等对阎锡山出晋问题商定三项措施:一、劝阎自动离晋;二、如不听从劝告,以北方全体将领名义去电劝告;三、如劝告不听,则用必要手段敦促。

△ 救济水灾委员会委员朱庆澜飞抵武汉视察水灾。朱谈称,鄂灾奇重,须大规模救济。同日,天津市各界成立水灾救济委员会,推张学铭为委员长,市府决议先垫二万元,并向银行界借 10 万元即日汇汉办赈。

△ 汉口美国德士古火油公司发生火灾,损失储油 10 万桶,价值400 万元左右。

△ 中国工程学会与中华工程师学会正式合并成立中国工程师学会,推韦以黻、颜德庆、凌鸿勋三人为会长候选人。

△ 国民政府主计处制定民国二十年度中央各类总概算,计党务类 624 万元,国务类 1098.5347 万元,军费 4.06617220 亿元,内务类710.4386 万元,外交类 953.0670 万元,财政类 7885.7665 万元,教育文化类 1848.5505 万元,司法类 209.7273 万元,实业类 750.4634 万

元,交通类 352.9519 万元,建设类 241.9579 万元,债务类 3.43404644 亿元,补助类 8031.1319 万元。

△　驻大连柳树屯之日本铁道守备队秘密调至沈阳。

8 月 28 日　蒋介石乘"永绥"舰到武汉视察水灾,翌日在舰上召集何成濬等商议赈灾办法,并令湘、赣两省弛米禁,令武汉中央银行拨 30 万元活动金融。

△　驻墨西哥公使熊崇志电外交部报告墨政府限华侨 9 月 2 日前全体出境,经交涉无效,美国政府已准华侨过境暂避。

△　庞炳勋部改为第四十军,是日庞在河间防地就军长职。

△　刘桂堂率残部窜入鲁西,是日抵鄄城县境。第二十二师谷良民部第八十六旅、八十七旅、骑兵旅及各县民团联合围剿。

8 月 29 日　署理铁道部长连声海因前部长孙科经手各项公款多无着落,公谊私交,处境两难,特向中央辞职。是日,行政院指令慰留。

△　江苏省政府全体委员因无力救灾电国民政府自请惩处,略谓此次运河决堤,淹及七八县,省府"防御无方,救济力薄,使数十百万人民,死无所空,生无所归,溺职之罪,无所矜道,请严予惩处,以敬泄沓,而谢人民"。同日,省府临时会议决议:通电全国助赈苏灾;通令告诫各县长及所有公务人员,不得借故请假,擅离职守,如违严惩不贷。

△　山西炮兵总监周玳谈晋省剿匪近况,谓晋南晋北,十县九匪,广灵、浑源一带,高桂滋之叛兵已聚 1000 多人;天镇一带石友三旧部悍匪王大美部数百人。以上两股均由赵承绶、张会诏两司令负责会剿;兴县、临县、岚县一带,陕匪吉老六等股,正由杨耀芳师追剿;蒲县、隰县一带有匪 2000 余人,由杨澄源师联合杨耀芳师会剿。

8 月 30 日　第二十二路军总指挥兼第三十师师长吉鸿昌自河南光山通电声明,因"剿赤"无功,不堪治军,所任本兼各职于是日移交李鸣钟接任,本人将解甲归田。

△　据《申报》讯,武汉警备司令部公布武汉水灾情况调查,全市被淹者 16.3 万余户,78.2 万余人。另据同日《申报》报道,湖南省受水灾

区域达 54 县,灾民 1400 万,其中死亡 20 余万,受灾耕地 800 万亩,流失房屋 700 万栋,长沙市大部浸水,中央所拨赈款 17 万元无济于事。

　　△　陈铭枢闻粤桂联军出师湘、赣,电陈济棠劝阻,请停止出兵,勿为共产党张目。

8 月 31 日　国民政府任命吴铁城、林森、周启刚、曾养甫、陈耀垣、肖吉珊等 37 人为侨务委员会委员,以吴铁城为委员长。

　　△　芜湖水势续涨。淹毙尸体因无棺掩埋,为防止漂流,整批系于树上,西梁山已积尸 600 多具。

　　△　蒋介石在湖北省政府各机关扩大纪念周作报告,谓"水灾并非奇事,政府办理救济亦甚努力",今后党政军各界应共同努力战胜自然,人定可以胜天。同日,蒋发表《告水灾被难同胞书》,要求"被难同胞遵守秩序,镇定心神",政府必尽全力救济、保护灾民。

　　△　湖北省水灾救济委员会顾问方本仁谈该省灾情,谓灾区占全省面积五分之三,灾民占全省人口三分之二,已达 2000 万,仅汉口一地死男子 3000,女子 5000。目下该省非赈莫生,坐以待毙者数十万人。

　　△　外交部派驻吉林特派员钟毓与驻吉日领事石射继续谈判万宝山案,石射坚持不允韩人从万宝山一带迁走,声称根据民国四年 5 月 7日签订的中日"二十一条",韩人有杂居东省内地权。

　　△　现代诗人、小说家蒋光慈病逝。

是月　杨贤江在日本长崎病逝。

9 月

9 月 1 日　蒋介石在汉口发出"弭乱救灾"之通电。略谓"中正奉命视察灾区,自苏而皖,自赣而鄂,上下千里,氾滥洋溢,横决浸淫,庐舍荡然",全国灾民当在 5000 万之上,人民诚陷于水深火热之中,"凡我忠实之革命同志应共同救国,协力保民"。"中正惟有一本素志,全力剿赤,不计其他"。次日,蒋离汉返南京。

　　△　马福祥电告国民政府及行政院,甘省政变,中央视察员马文车实为主谋。

　　△　何成濬电令鄂西各将领严密堵截贺龙部红军,限期将贺部肃清,又令徐源泉部"围剿"退往鄂东广济的红军。

　　△　第六师赵观涛部及第十师卫立煌部分别由广昌、头陂向黄陂、小布红军进攻。是晚,红军退入黄陂西部上淮、下淮山区。

　　△　粤桂军下入湘动员令,第四集团军任前锋,第四军第十二师吴奇伟部欧震、沈又成两团由副师长韩汉英指挥进驻祁阳。同日,陈济棠之第一集团军先头部队新编第五独立旅陈铁坚部进抵湘边,第三军李扬敬部亦向湘边进发。

　　△　福建省府主席杨树庄电中央报告灾情,谓该省自8月10日飓风之后,暴雨不断,洪水成灾,人畜死亡,财产损失不可胜计,灾情最重者有连城、宁德、永安、闽侯、霞浦、古田、连江等10余县,请中央派员视察,并拨巨款赈济。

　　△　广州至香港长途电话正式通话。

　　△　葡萄牙、芬兰、智利等国向我国慰问水灾。美国红十字会捐款10万美元专赈武汉水灾。

　　△　中央航空学校在杭州成立。

　　9月2日　蒋介石电令杨虎城负责处理甘肃政变。6日,杨电令雷中田、马文车速恢复马鸿宾自由,俾得行使职权,并制止对陇南马廷襄部用兵。

　　△　国民政府任命吉鸿昌为军事参议院参议。

　　△　中法学术考察团中国方面团长褚民谊由哈尔滨返北平,据褚谈,该团已在新疆解散。

　　△　中央特派前往安徽勘查水灾专员庄严等报告,芜湖地区共有难民24.4万余人,死亡4000余人未掩埋,该处现仍一片汪洋,普遍水深丈余,无法改种其他杂粮,请中央予以急赈。

△ 驻长春日军第三旅团第四联队与独立守备队,事前不通知地方当局,演习攻防长春战,划城西北散步关、五里堡、新立屯及城西南黄瓜沟、田家油坊、城后堡等地为战场。农民田禾多被践毁。

9月3日 国民党中常会决议:第三党首要分子邓演达应从严惩办,其他重要分子应一律通缉逮捕,次要分子准予一定期间内自首。会议通过《三民主义教育实施原则》。

△ 国民党中政会决议,为赈济水灾购买美麦45万吨,半数为面粉。自本年9月起,每月至少运回五万吨。

△ 张学良通电吁请宁粤两方"深体时艰,共策和平,泯夙见以蠲畛域,开诚心以援饥溺",为国家树不世之功。

△ 第二路进击军罗卓英师及陈诚师到达君埠,蒋光鼐部韩德勤、蔡廷锴、戴戟三师亦到达君埠以南之南坑、北坑一带,取密集包围态势向上淮、下淮一带红军接近,最近处仅五里多。红军乘隙借丛山掩护,顺利摆脱"围剿",到达兴国西均村一带集结休整。

△ 救济水灾委员会灾区工作组主任朱庆澜发表灾区工作大纲,内容为:工作方针以救命为前提,以培养人民元气,恢复生产能力为目标,分救急(9月15日以前)、过渡(9月16日至1932年2月15日)、恢复三个时期;收容所每所1250户,约6250人,下分十间,每间下属五邻,每所设管理员一人,间、邻长由村民选举,实施村自治。

△ 日本政友会总裁犬养毅在政友会关东大会上演说对华问题,略称:满蒙问题之本质乃欲使彼地国民经济生活同在共存共荣的轨道。日本人口过剩,自当以农工商人向四邻融和,此为日本民族最小限度生存要求。但现政府蔑视此本质,实为对华外交之恨事。

△ 山西省政府以晋钞狂跌,五元难兑现洋一元,物价暴涨,决议惩办奸商,当晚将太原之晋裕、晋益、聚源、通复、盛太、源盛川等银号经理扣押。7日,物价续涨,晋钞六元始兑现洋一元,省府制止无效。9日,省府以各银行经理确有捣乱金融证据,因系初犯,仅各罚款2.3万元予以释放。

9月4日　国民政府为已故行政院院长谭延闿在南京举行国葬，蒋介石主祭，国民党中央及国民政府各要员均送灵。谭墓位于紫金山东麓，国葬费共用 19 万元。

　△　由于广州"国民政府"派粤桂军进抵湘赣边境，是日，何应钦遵国民党中央决定，遂令在赣"围剿"红军的左右两翼集团军就地监视红军，并令第一军团蒋光鼐协同第五十二师韩德勤部，于五日内撤至兴国附近；第二路进击军陈诚部及第十师卫立煌部于五日集结吉安、吉水待命。

　△　据《申报》报道，江苏全省受重水灾者共 18 县，灾民达 240 万人。

9月5日　刘文岛、顾祝同、周佛海奉蒋介石令由鄂抵长沙，与何键洽商防御粤军入侵湘境计划。

　△　张学良电蒋介石，响应蒋 1 日通电，表示对"和平统一，矢忠护持"。

　△　宋庆龄到南京谒孙中山陵，并与蒋介石夫妇在陵园晤谈。

　△　东北边防军参谋长荣臻由沈抵平，向张学良请示应付"中村事件"方针。张训令省长臧式毅及荣臻立即就地进行第二次调查。

　△　教育部核准四川私立华西大学立案。

　△　托陈取消派理论机关报《火花》创刊。

　△　张学良电嘱北方各省、市迅筹赈款、赈粮、赈衣。同日，张电告宋子文，东北五省区共捐赈粮三万石，小米，高粱各半。

　△　武汉被淹一月，近来江水略退。何成濬在省府纪念周上报告，武汉灾民 70 万，无衣食者 17 万，外地来汉者 10 万余人，每月需饮食费80 万元。

9月6日　国民政府电令甘肃驻军师长雷中田、兰州公安局长高振邦等将甘省政变主谋马文车拿办，恢复省主席马鸿宾自由，主持省政，胁从人等一概免究；并分电宁夏、陕西、青海省政府及陇东第一路警备司令陈珪璋、陇西第二路警备司令鲁大昌知照。

△　内政部长刘尚清在平电蒋介石称病辞职。

△　何应钦、陈铭枢等 37 名在赣"剿赤"将领联名通电拥护蒋介石 1 日通电,表示服从中央。

△　张学良电令驻沈阳北大营旅长王以哲称:"中日关系现甚严重,我军与日军相处须格外谨慎。无论受如何挑衅,俱应忍耐,不准冲突,以免事端。"同日,张学良电臧式毅、荣臻称:"对于日人,无论其如何寻事,我方务须万方容忍,不可与之反抗,致酿事端。"

9 月 7 日　蒋介石在国府纪念周上报告,声称赣省"剿赤"已获大胜,如粤省不出兵进犯湘境,不久即可完全解决,"本人留京数日,即再赴赣督师"。

△　国民党中委陈肇英在中央党部报告赴闽视察经过,谓闽省党员多不明党务,精神涣散;每遇红军,党部及地方相率逃避。闽省民众受"赤化"宣传影响者甚众。

△　中央空军自德国新购飞机 15 架装备部队后,连同原有飞机已编成八个队,每队飞机九架,是日,四个队飞往湖南充实防务,其中两队飞株洲,两队飞长沙。

△　红三军黄公略部在兴国老营盘截击蒋鼎文师,李明瑞之红七军在兴国牵制韩德勤师。朱德之红一军团、彭德怀之红三军团及毛泽东之中央直属军团等主力红军袭击高兴圩蒋光鼐师,激战两昼夜,双方死伤均为 3000 多人,红十一师师长曾士峨在是役中阵亡。9 日,红军退回龙冈。

△　国际联盟第十二届大会在日内瓦正式开幕,西班牙外长乐勒任大会主席。中国代表施肇基出席会议。8 日,国联大会通过英国代表薛西尔关于由国联卫生部协助中国救济水灾的提议。

△　日本军用飞机六架奉令在国内各主要地带散发传单,诡称日本在满洲之特殊权力与利益现处于危急之中,向国人大造侵华舆论。

9 月 8 日　国民政府发行赈灾公债 8000 万元,分两期发行,本月内先发 3000 万元,12 月内续发 5000 万元。年息八厘,按票面九八折发行,本息分 10 年偿清,11 日,公布该项公债发行条例。

△　张学良为赈济中南各省水灾,在北平副司令行营设立各省水灾筹赈会,并于河北、山西、辽宁、吉林、黑龙江、热河、察哈尔、绥远各省政府及哈尔滨、威海卫、北平、天津、青岛各市政府设立分会,张自兼会长,各省、市长官兼任分会长。

△　日本阁议讨论中村事件,决议视中国当局第二次调查结果如何再定对付方法,如中国"不迅速以诚意从事彻查,则日本军事当局与外交当局应会同决定对付行动"。

△　雷中田电国民政府,声述甘省政变系马鸿宾收编土匪扩充武力所激成。为安秩序以平民愤,故将马暂拘,一旦匪队解散,立即恢复其自由;马文车系中央代表,故托其暂代省府主席职,以表对中央信任并避免门户之见。

△　第四路军总指挥何键电陈济棠、李宗仁,略谓湘省"匪患未靖,天灾继至,疮痍满目","贵部纷向湘边进犯,并收集土匪以为先驱,暴力所及,群情骇怒,夫乘人之灾,是谓不仁,师出无名,兵家所忌","尚望熟审利害,毋启衅端"。

9 月 9 日　新任驻日公使蒋作宾离沪赴任,以日本对满蒙问题有急进态势,故绕道北平与张学良面商。12 日,蒋抵北平,对记者谈:中村事件在南方不似北方宣传之严重,本人前来时,中央对此亦无任何训令,待本人到日本后,当可迅速解决,事态不致扩大。

△　外交部驻吉特派员钟毓谈称:中村失踪案较万宝山案更为严重,日方有意寻衅,步步紧逼。本年 5 月,日驻哈领事馆曾送一商人名中村的护照,请本人签证,失踪者或即此人。惟民国十八年后兴安区非东三省内地,且地方不靖,曾照会日方禁外人游历,原案具在,今中村以军人冒充商人前往,失踪与否本人自不负责。

△　救济水灾委员会在沪召开第一次全体大会,宋子文报告该会成立以来的情况及今后的工作计划。拟定今后六个月赈灾用费,计购麦(施赈与工赈)3750 万元,运费 1200 万元,救灾工作费 1000 万元,灾

民寒衣费 350 万元,卫生工作费 100 万元,已拨急赈费 100 万元,准备金 500 万元,共 7000 万元。

△ 鄂省救灾急赈会电宋子文,鄂省灾民 1000 万余人,仅得中央赈款 17 万元,连同中外捐款亦只 100 万元,赈款太少,无济于事,请速拨巨款赈济。

9 月 10 日 日本驻奉天总领事林久治郎会见辽宁省府主席臧式毅,面交日本政府对中村事件照会,要求东北当局:一、正式道歉;二、严惩责任者;三、对生命、财产损害予以赔偿;四、保证将来不发生类似事件。臧表示待第二次调查队返沈后方能答复。

△ 国民党中常会决议:一、圈定黄宇人、马钦冰、张静江等七人为江苏省党部执行委员;二、国庆典礼照常举行,其他一切娱乐、宴会一律停止。

△ 国民党中央委员李石曾、张继、吴铁城电广州“国民政府”,谓我国天灾人祸,内忧外患,国势危难。劝粤方捐弃成见,息兵言和。

△ 日军参谋本部派驻奉天特务机关长土肥原回东京,向参谋总长金谷报告中村事件,称人证物证俱在,华方对日本实力低估,故对中村事件敷衍,要解决此问题,须将满蒙问题根本解决。

△ 山西省五台县西会村发现刺客二人,图刺阎锡山未遂,被捕送太原。

9 月 11 日 蒋介石召见刘郁芬询问甘省政变事,并指示刘电令雷中田(系刘旧部)将马文车扣管。

△ 国民政府警卫军军长顾祝同奉令调湖南衡阳主持防堵粤桂军事。是日,顾电南京总部,谓粤桂军虽有窥湘行动,但均属乌合之众。

△ 韩复榘召集师长孙桐萱、曹福林、谷良民、乔立志、展书堂开剿匪会议,令各将所辖防区匪患肃清,务使本省三年内无匪迹。

△ 四川善后督办刘湘会同省府主席刘文辉商定将川军缩编为 15 个师,其中刘湘、刘文辉两部编 10 个师,杨森、邓锡侯、田颂尧、刘存厚、李其相各部共编五个师;是日派代表嵇祖佑、吴晋航将缩编办法送

达南京。

△ 张学良嘱荣臻、臧式毅对中村事件力持镇静,尽快交涉解决。同日,汤尔和向张报告在日与币原外相等商谈和平解决中村事件经过。

△ 中国代表施肇基在国联大会上发表演说,提请大会注意"如甲国谋以武力侵略乙国,国联应如何设法制止"问题。

9月12日 国民政府令:商震、戢翼翘给予一等宝鼎勋章;公布《第一届高等考试及格人员任用规程》及《第一届高等考试及格人员分发规程》。

△ 宋庆龄患肠胃病,是日离沪赴南洋槟榔屿疗养。

△ 马鸿逵之第十五路军奉令调郑州。是日马从济南返泰安准备开拔。马部所遗泰安、济宁一带防务,韩复榘派第二十二师谷良民部接替,临沂一带由展书堂之第八十一师接替。

△ 粤邮局奉广州"国民政府"之命,是日起将沪报一律扣留。

△ 全国第一次路市展览会在上海开幕。会上陈列各种汽车百余辆,中国制造者仅一辆,系辽宁民生工厂生产,为辽宁迫击炮厂厂长李宜春所制造。

△ 石友三部被俘之第三军第三师师长文兴邦、旅长郭豫德、第八师旅长刘申福、团长刘九如在开封被讨石军南路军总司令部枪决。

9月13日 东北宪兵司令陈兴亚受张学良命,率随员20余人前往兴安屯垦区调查中村事件。同日,据《申报》报道,张学良谈中村事件如调查确实,对肇事军队及带领长官定将严惩。

△ 粤桂军进攻湘南,是日抵达衡阳城下,与顾祝同部激战。次日,攻湘总指挥龚浩督率陈铁坚、颜伯刚、覃连芳三部攻克衡阳城。

△ 日本关东军司令本庄繁偕参谋板垣、武田、田原等一行50余人由旅顺抵长春,检阅第二师团及独立守备队,并训话,要求日军服从命令,尽保卫日本在满洲利益之天职。15日,本庄赴四平街、公主岭等处检阅日军。

△ 国民政府救济水灾委员会财务组公布,收到各界捐款银元

253.422455 万元五角五分,小洋 2935 角,铜元 3318 枚,银两 7.33167
万两七钱。

9 月 14 日　蒋介石在中央总理纪念周谈称:"太平洋国际协会"应
国民政府之邀,本年将在杭州举行会议。该会由各国国民自动推选代
表所组成,非政府机关,其目的在于以国民资格集合研究国际间各种矛
盾问题,这对我国外交影响很大,对国府及本党关系尤深,望反对者勿
受宣传所惑,盲从妄动。

　　△　蒋介石再令在赣"剿赤军"限一个月内将赣南红军全部肃清。

　　△　日本驻华公使重光葵向国民政府主席蒋介石呈递国书。

　　△　张学良的日本军事顾问柴山少佐奉日政府令回东京向参谋本
部报告中村事件。

　　△　国联理事会非常任理事改选,中国当选为非常任理事。

　　△　山西临县第四区兔坂镇一带发生鼠疫,死亡已近百人,疫势凶
猛。是日省府派医生前往勘验。

　　△　"满铁"日守备队中级军官 16 人抵哈尔滨进行军事考察。同
日,日驻哈领事大桥赴伯力,就中村事件向苏联远东当局作解释,求其
谅解与同情。

9 月 15 日　国民党中政会令外交部分令驻外各使馆,对俄籍或无
国籍人民来华者,除确有国家证明者准予签证外,如仅有地方许可证
者,均不得签证。

　　△　广州"国民政府"委员联名复张学良 3 日通电,略谓"和平之破
坏者,厥为共产党与蒋介石,蒋利用共党,致招今日之天灾人祸,蒋下
野,和平自可实现"。

　　△　毛泽东指挥红三军团、红四军及红三军在方石岭歼灭"剿赤"
军韩德勤师六个团及蒋鼎文师直机关及炮兵、步兵各一营。韩师损失
大半,毙旅、团长三人,营长六人。

　　△　外交部就万宝山案第二次照会日本驻京领事馆,对日方来照
逐一驳复,并重申第一次照会中所提韩农离开万宝山、租佃契约作废等

各项要求。

△　日本驻华武官产代少将访军政部次长陈仪,对日援粤武器一事力加否认,并代日陆军本部声明,日未供粤一枪一弹。

△　刘建绪、陶广分电何键称,粤桂军已从郴州撤退,中央军分途追击,衡南各属次第收复。

△　贵州省府主席毛光翔电告南京国民政府,正式就任第十八路军总指挥,并报告贵州军政情况,该省共三个师四个独立旅,裁厘后新税未实行。

△　蒋介石从美国所购私人用武装飞艇一艘由沪飞南京。该艇为西柯尔斯基式,水陆两用,价值美金7.5万元,艇中陈设均极华丽,并装有防弹玻璃及防卫武器。

△　国联卫生部长拉西曼抵南京,即向卫生署长刘瑞恒询问灾区情况,随后与刘同见蒋介石,对灾区整个防疫计划有所商谈,并拟赴汉口长江一带作实地考察。18日,水灾救济委员会聘拉西曼为卫生高等顾问。

9月16日　王正廷在京对各报记者谈中村事件,略谓外交部因未接东北地方详细报告,故尚未至发言时期,外交部对此事甚为注意,将来如调查确实,自当公平处理。同日,张学良对新闻界发表谈话,谓中村案件将由辽宁省长臧式毅及东北当局自行处置,不由外交部办理。

△　荣臻在日方威迫下,派宪兵司令陈兴亚率队赴兴安屯垦区将中村事件主要肇事人屯垦军第三团团长关玉衡拿办。是日,外传关由洮索押抵沈阳并投入监狱,实则关悄然入沈住于宪兵副司令李香甫家。20日,关玉衡趁乱离沈阳逃往北平,所有关于中村事件案卷全被日军掠去。24日,张学良委关为参议。

△　国联通过《救济中国水灾案》。

△　中英庚款董事会第五次会议决议拨1.4万英镑作导淮用款。

9月17日　广州"国民政府"电复李石曾、吴铁城、张继,谓粤桂军仍驻两省边境,并未北进,粤方决不轻启战端,犯湘边境者非粤桂正规军队,乃唐生智之旧部。

　　△　驻南满之日关东军宣称满铁沿线"马贼"横行,令各军自是日起,至"马贼"消灭为止,见行踪可疑者即行调查。应处罚者,即行严重处罚。

　　△　晚,沈阳日本在乡军人全体集合,臂缠黑纱,叫喊要为日本在东北之权益而战。

　　△　中国航空公司南京至北平航线复航。"徐州号"、"沧州号"两机对开,每机乘客以五人为限。

　　△　前"筹安会六君子"之一,中共党员杨度在上海病逝。

　　9 月 18 日　日本关东军进攻沈阳,九一八事变爆发。晚 10 时 20 分,日南满铁路守备队柳条湖分遣队按照关东军司令部预定计划炸毁南满铁路沈阳北郊柳条湖一段铁轨,制造了所谓"柳条湖事件",反诬中国军队破坏铁路,袭击日守备队。11 时许,日守备队会同第二师团之第十六、二十九、三十联队大举进攻沈阳。驻沈阳北大营王以哲旅奉东北边防军司令部"力持镇静,不准抵抗"之严令,仓皇退走,营地被日军攻占。

　　△　蒋介石乘"永绥"舰离京赴赣再次督师"围剿"红军,周佛海等同行。

　　△　救济水灾委员会灾区工作组主任朱庆澜电导淮委员会,对导淮提出五项建议:请立即开始导淮工作;导淮入海仍用黄河故道,并将涟水县河湾取直,经七套镇出套子口入海;实行兵工,并多招灾民,以工代赈;导淮入海,对于下游亦宜预筹兼顾方法;两岸如有溢地,可划出村落,以酬开河官兵。

　　△　《新天津报》因误用电通社所发何应钦在赣被刺消息,虽经两次更正,仍被市政当局查禁,该报 13 日被迫停刊。16 日,天津《大公报》、《益世报》等 40 余家报社、通讯社联名电中央党部,请求恕其往咎,准《新天津报》复刊。是日,天津市政府称奉中央命令仍将该报查禁。该报曾为反对河北省府征收产销税作过激烈宣传。

　　△　晋钞跌落不可收拾,负贩小商破产自杀者不断发生。山西党政当局拟具办法三项:一、加征赋税,发行短期公债;二、以煤产出口量相抵,向银行界借款;三、清理全省官产。同日,徐永昌在平筹现款60万元运晋济急。

　　9月19日　零点20分,关东军司令本庄繁令辽阳师团攻沈阳近郊,独立守备队攻辽宁,骑兵旅攻长春,独立旅攻凤凰城和鞍山,炮兵团从旅顺向沈阳进发。同时急电青岛日军司令及朝鲜日军司令派援军入东北。凌晨3时,日军第二师团攻入沈阳,6时30分,日关东军宪兵司令二宫率大队日军入城,将政府各机关、银行占领,城内警察全部缴械,沈阳城完全被日军占领。王以哲旅沿沈海路北撤开原,途中又遭日军截击,死伤甚众。

　　△　凌晨4时,驻长春日军向长春市发动总攻,袭击宽城子担任护路的我国军营,该营士兵奋起抵抗,营长傅冠军阵亡。吉林边防军参谋长熙洽电话命令"毋须抵抗",该营一部被日军缴械,一部坚不缴械,边战边撤,长春城南之南岭军营炮兵一团、步兵一团、辎重兵一营,均奉熙洽"不抵抗"命令,含愤撤退,辎重被日军掠去,营房被烧毁,我国军队被日军打死打伤199人,晚10时半,长春完全被日军占领。同日,日军将南满、安奉两铁路沿线的重要城市营口、田庄台、盖平、复县、大石桥、海城、辽阳、鞍山、铁岭、开原、昌图、四平街、公主岭、安东、凤凰城、本溪湖、抚顺、沟帮子攻占。

　　△　日本驻朝鲜司令官林铣十郎未接敕令擅自派出飞行大队和混成第三十九旅团侵入东北援助关东军。飞行大队于当日下午4时到达沈阳。21日,第三十九旅团进入安东,夜10时到达沈阳附近,接替第二师团的防务。

　　△　日军驻奉天特务机关长土肥原由日本返安东,声称沈阳事件"乃属当然,此时须将日本之满蒙既得权利彻底解决,倘有第三国出面仲裁,应断然拒绝"。

　　△　国民党中执会通电各省、市及海外各党部,谓日军突出重兵侵

占沈阳、营口、长春、安东等地,呼吁全党团结一致,除"赤匪"必须根本铲除外,必须一心一德充实政府实力,努力救国。

△　国民党中常会临时会议决议,急电蒋介石回京主持一切。

△　李石曾、张继、吴铁城急电广州"非常会议"汪精卫等,劝其停止反蒋,谓今日形势,"民族之利害,实超出一切利害之上,今日惟有剿赤、救灾、御外三事为国人所同情",望粤方"俯纳调停,共倡和平",停止反蒋活动。

△　外交部就日军侵占沈阳事件照会日本驻华公使重光葵,提出紧急严重抗议,要求立即电告日本政府迅令关东军停止一切军事行动,将日军撤回原防。同日,外交部电令出席国联大会代表施肇基,向国联报告日军入侵东北真相,请国联主持公道。

△　张学良电国民政府并通电全国,报告日军占领沈阳情形,略称已严令沈阳近郊各部"力持镇静,不得抵抗"。同日,张学良在北平协和医院对《大公报》记者谈,"吾早已令我部士兵,对日兵挑衅不得抵抗,故北大营我军早令收缴军械,存于库房,昨晚日军以三百人攻入我军营地,开枪射击,我军本无武装,自无抵抗"。

△　施肇基向国联大会报告日军侵占沈阳,日代表芳泽打断施发言,宣读"满洲事件"声明,称"沈阳事件"是"地方事件",要求国联不必过分重视。芳泽发言完后施肇基声明:"中国保留解决关于此事件之权利。"是晚,中国代表团就"沈阳事件"发表宣言,指出日军对此事件应负完全责任。

△　吴铁城、李石曾、张继、戢翼翘、于学忠等同赴北平协和医院见张学良,会商应付日军方针,决定无论日方如何压迫,始终持不抵抗主义,并对日侨予以安全保障。

△　驻京日领事馆通知外交部,称日本政府对关东军占领沈阳,认为是不幸事件,已极力阻止其行动,不令扩大。

△　全国人民对日军侵沈阳义愤填膺。北平各大学立组抗日救国会。全国各报均揭露日军入侵罪行。上海市党部、市商会、反日会、各

同业公会分别发出通告、通电、宣言，要求停止内战，一致抗日救国。同日，北平市党部分电中央党部、广州古应芬等要员、全国同胞，请息内争，共抗外敌，以救危亡。

　　△　北平、天津中外记者19人自动组成"新闻记者沈阳事变视察团"，赴辽宁实地调查，英文《京津泰晤士报》记者潘纳禄为团长。

　　△　国民政府令，《工厂检查法》自本年10月1日起施行；特派施肇基为国联理事会代表。

　　△　导淮会第四十二次会议决议，导淮由黄河故道入海，指拨七万元为导淮工程开办经费。

　　△　德国《柏林指导报》就九一八事件发表评论指出："不宜把此项事件视为局部问题，此事将使世界忧虑，并将使国联遇一严重工作。"同日，《德意志时报》指出：国联对此事件将"照例"使一般之期待失望，而屈服于既成事实之下。

　　9月20日　国民党中常会续开临时会议，讨论日军侵占沈阳事件，决议三项：一、电粤方对外交表示态度；二、定本月23日全国下半旗并停止娱乐一天，表示沈阳被陷哀悼；三、推定戴季陶、邵元冲、陈布雷、王正廷、陈立夫起草告全国国民书及告各国国民书。同日，发出《中国国民党中央执行委员会为日军侵华对各级党部训令》。

　　△　外交部就日军侵略东北事向日政府提出第二次抗议，要求日军立即退出占领区，恢复原状，并保留进一步提出正当要求之权。

　　△　熙洽急电张作相，报告日军攻击长春二道沟及南岭炮兵团，驻军伤亡数十人。并称在未奉有副座（张学良）、钧座何种命令之时，决避免冲突。

　　△　日本驻关东长官塚本与内务局长三浦、警务局长中谷、外事课长河相等讨论满洲问题，一致主张继续军事占领，以待满蒙诸悬案全部解决；并向中国提出扩大南满日司法权行使范围，确保日本既得权利，扩大日警察行政权、处罚权，满铁并行线由中日合办，由日本铺设吉会铁路，厉行关税协定等要求。

△ 日军在沈阳组织军政、市政两公所,日关东军司令本庄繁任命对华主战最力的日本驻奉天特务机关长土肥原为市长,并改沈阳为奉天市。21日,土肥原召集市政府各机关主要成员开会,举行"奉天城市政成立会仪式",原沈阳市长李德新被迫于当日办完移交,中国官吏被赶出机关,由日军实行"军政"统治。将我国设于沈阳的银行全部封闭,并强令各银行呈报存款数目。同时,搜罗汉奸组织"地方维持会"。

△ 日军第二师团司令部自沈阳移至长春。

△ 全国人民反抗日军侵占沈阳的浪潮迅速发展,中央军校学生开紧急会,决议组织救国先锋队,静待驰驱。南京新闻界组织对日外交后援会,通电全国报界一致行动宣传救国。上海各界纷纷集会,通电表示为救国救亡,愿流尽最后一滴血,并决定组织抗日义勇团。北平各大学学生纷纷集会、通电、组织团体,促政府停息内战,一致抗日。

△ 宋哲元、庞炳勋、吕秀文、刘汝明、张自忠、冯治安、沈克、马法五等将领及所部全体官兵通电全国,要求统一全国意志,集合全国实力一致抗日,"宁为战死鬼,不做亡国奴"。同日,商震、高桂滋分别电张学良、蒋介石,愿率部抗日。

△ 朱庆澜代表全国5000万灾黎电蒋介石、张学良、汪精卫等党政要员及全国各团体,呼吁"举国团结,一体奋斗,同舟风雨,共济艰危"。

△ 粤方因日军侵占东北,停止入湘军事行动,令粤桂军撤回原防。同日,何应钦中止赴湘,率总部人员返赣。

△ 江西红军主力一部向兴国老营盘蒋鼎文师发动猛攻,另一部向高兴圩毛炳文师进攻,赵观涛师、周浑元师向兴国驰援,激战竟日,双方伤亡甚多。蒋鼎文师退墩田,赵、周两师退守东固。至此,第三次"围剿"结束。

△ 韩复榘发布鲁南剿匪令:展书堂师追剿窜入日照县境之刘桂堂匪部;乔立志师围剿抱犊崮之张黑脸匪部,谷良民师协助乔师行动;谢书贤之鲁南民团剿办临沂、蒙阴一带郭马蜂匪部。

△ 中国左翼作家联盟机关刊《北斗》月刊在上海创刊,主编丁玲。

为"左联"第一个以发表创作为主的刊物,亦为第二次文艺大众化讨论的主要阵地之一。

9月21日　蒋介石自赣回京,在陵园官邸召集在京中央委员讨论时局及应付日本侵略办法。议定:一、外交方面:加设特种外交委员会,为对日决策研议机关。二、军事方面:抽调部队,北上助防;并将攻粤部队及"剿共"计划,悉予停缓。三、政治方面:推出蔡元培、张继、陈铭枢专程赴粤,磋商统一团结御侮办法。四、民众方面:由国民政府及中央党部分别发布告全国军民书及党员书,要求国人镇静忍耐,努力团结,准备自卫,并信赖国联公理处断。同日,蒋介石在南京市国民党党员大会上演讲,要求国民"暂取逆来顺受态度,以待国际公理之判断。"

△　广州"国民政府"通电全国,宣称"今日之计,舍蒋下野,对内对外一切救亡大计,皆将无从进行。伏望全国同胞,一致赞助,促蒋下野,以挽危亡";并主张蒋下野后,另组统一的"国民政府",一致抗日。同日,广州"国民政府"分电蒋介石、张学良,促蒋即日下野。

△　考试院长戴季陶将该院及立法院日本顾问副岛及随员一并辞退,并备车护送出京。

△　王正廷在外交部报告对日外交方针,谓日军侵占沈阳及东北各地事除向日本政府递交两次照会强烈抗议外,已将详情电达国联本国代表,国联当能主持公道处理此事;深信《凯洛格非战公约》确能保障和平,排除武力。

△　施肇基致函国联秘书长德鲁蒙,报告日军侵占沈阳及东北各地情形,请国联根据《盟约》第十一条规定立采步骤,阻止事态扩大。

△　日军第二师团长多门二郎率日军2700人不费一弹占领吉林省城。吉林省府代主席、吉林边防公署参谋长熙洽于20日开始令城内驻军全部撤出城区,是日向多门无条件投降,并将省府主席办公室让与多门作司令部。

△　平、津中外各报记者赴沈调查团19人,于20日抵达沈阳皇姑屯站,因日军严厉检查,外籍记者行动被日人监视,中国记者更无行动

自由,且生命无保障,全部折回。是日,《申报》记者返津报告调查情况,略谓沈阳各银行、储金会均被日军封闭,张作霖大帅府古董、财宝损失甚巨,兵工厂库存弹药及机件悉被运往大连。

△　日本内阁会议开会,军事当局欲对满洲下正式动员令,因外相币原反对,提案未能通过。阁议对于驻朝鲜军队未奉敕令即自行开赴满洲之行动予以追认。

△　全国民众群起声讨日本侵占东北,北平、南京、上海、福州、香港、镇江、扬州、武汉、太原、徐州等城市各界纷纷集会,要求政府抗日救国。

△　陈诚率全体官兵电蒋介石、张学良请缨抗日,表示“愿率所部与倭寇决一死战”,“宁可死于亡国之前,不愿偷生于国亡之日”。

△　阎锡山电徐永昌,劝晋将领共赴国难,并托徐转告张学良,本人愿与张取一致行动。

△　韩复榘电张学良称:“弱国无外交,惟有暂行忍耐,力持镇静态度,是非曲直,将来得由公论,且既经呈报国府,应候中央依法办理。”

△　中东铁路召开理事会,苏方以日军入侵东铁,华军无保护能力,提出抗议,并表示苏将出兵护路。华方允转达军界尽力护路。

9 月 22 日　南京市全体国民党员举行抗日救国大会,蒋介石在会上发表题为《国存与存,国亡与亡》演说,谓日本侵华暴行必将受到国际公法制裁,全国民众必能一致奋起共救危亡;“我国民此刻必须上下一致,先以公理对强权,以和平对野蛮,忍痛含愤,暂取逆来顺受态度,以待国际公理之判决”,并要求民众“严守秩序,服从政府,尊重纪律,勿作轨外之妄动”。大会决议:一、通电全国各军政领袖,立息内争,共御外侮;二、呈请中央即日宣布对日绝交,准备作战;三、通电全国民众总动员;四、急电中央并张学良转东北全体官兵誓为抗日保国而战;五、通电全国对日永远经济绝交。会后大会主席团全体赴胡汉民住处,敦促胡即日视事,共谋国是。

△　行政院讨论治理水灾办法。蒋介石提出,应饬受灾各省政府

详查辖境旧时各大湖面积、界限,本年被大水冲破各堤若在近 60 年内新筑,又确在旧时湖身以内者,一律不准再修,以期废田还湖,免除今后田赋,严禁与水争田;导淮工程应江海并疏,先从入海着手。决议将此案交内政、实业、交通三部审议。

△　中共中央通过《关于日本帝国主义强占满洲事变的决议》,向全党提出“党在这次事变中的中心任务是:加紧的组织领导发展群众的反帝国主义运动”,“特别在满洲更应该加紧的组织群众的反帝运动,发动群众斗争,来反抗日本帝国主义的侵略,加紧在北满军队中的工作,组织它的兵变与游击战争,直接给日本帝国主义以严重的打击”。

△　国民党中央为日军入侵东北发表《告全国同胞书》,号召全国同胞“确实团结”,“坚定沉着”,“加倍刻苦”,“救国御侮”。

△　蒋介石邀于右任、戴季陶、丁惟汾等协商对日方略。午后,戴往访胡汉民,商榷对日方针并劝胡重新任职。

△　徐永昌、杨爱源、傅作义等 16 名晋军将领通电吁请停止内争,抗日救国。

△　国际联盟讨论施肇基所提要求干涉日兵强占满洲事件案。施详述日本侵略中国东北经过,要求国联“仗义执言、出而干涉”,使日军立即停止军事行动,恢复事变前状况,并赔偿一切损失。日本代表芳泽极力为日军侵华辩护,反对国联干预,力主两国直接交涉,就地解决。双方辩论激烈,最后理事会通过英国代表薛西尔的提议,授权大会主席西班牙外长勒乐向中日两国政府发出紧急通知,劝告双方避免事态扩大,并立即由两国协商撤兵。会议并决定派遣委员会前往满洲调查。

△　关东军参谋长三宅光治同土肥原贤二、板垣征四郎两大佐及石原莞尔中佐等密谋制订《蒙满问题解决方策案》呈日陆军大臣,其方针为建立一个受日本支持的“以东北四省与蒙古为领域,以宣统皇帝为首领”的中国政权。

△　颜惠庆、章宗祥、曹汝霖应张学良电召到平,研究对日外交问题。

△ 全国抗日声浪沸腾。国民党鄂、滇、冀、晋、平等省、市党部及菲律宾总支、墨西哥、利物浦等海外支部纷电国民党中央,请立即进行全国动员,与日决战。中央军校成立反日运动委员会,电请国民政府令张学良严守国土,不得取无抵抗主义。东三省旅京同乡及东三省籍军政两校学生 1000 余人赴中央党部请愿,要求抗日。上海 800 余团体代表 5000 余人集会,决议将上海反日援侨委员会更名为抗日救国委员会,组织抗日义勇军,要求国民政府对陆海空军下总动员令,驱逐日军出境,收复失地。广州召开反日大会,组织抗日救国会,大街小巷皆贴"打倒日本帝国主义"标语。

△ 蒋介石电告张学良,若日方胁迫以签字承认"二十一条"为退兵条件,望设法严拒。此案在京已归为国际交涉。

△ 东北边防军长官公署参谋长荣臻、宪兵司令陈兴亚等抵北平。荣、陈见张学良报告东北情况。据与荣同行者谈,兵工厂现存步枪八万支、机枪 4000 挺,飞机场新旧飞机 200 架全部被日军缴获,损失达一万万元。

△ 苏联外交委员会正式通知驻苏日本大使及中国代办,声明苏联政府对于满洲方面之冲突不能坐视。23 日,日使通知苏联,声明日军军事行动以南满、东蒙为限。

△ 陆海空军副司令行营委孙殿英为第四十一军军长。

△ 刘桂堂匪部 1000 余人攻入鲁南日照县城。民团及警备队竭力抵抗,城破后多被屠杀,商民被杀者数百,城内多处被烧毁。

△ 日本所赠我国水灾赈济品运沪,水灾救济委员会委员决定对日赈品拒绝接受。

9 月 23 日 国民政府就九一八事变发表《告全国国民书》,略谓日军入侵东北,关系我国存亡,"政府现时既以此次案件诉之于国联行政院,以待公理之解决,故已严格命令全国军队对日军避免冲突,对于国民亦一致告诫,务必维持严肃镇静之态度",全国同胞应团结一致,信任政府。

△　国联理事会召开秘密会议讨论满洲问题。中国首席代表施肇基力主由英、法、意、德等列强派遣外交委员团前往满洲实地调查,日本代表芳泽极力反对第三国干涉。

△　外交部接国联理事会紧急通知,内称为解决满洲问题,务请中日政府避免一切足以使事变扩大或足以妨碍和平解决之行为,由中日代表会商切实办法使两国立即撤兵,希两国政府能答应此提议。同日,王正廷电复国联,对国联提议表示满意,重申中国一切听命于国联,已严令中国军队不得与日军发生冲突,告诫全国人民持严肃镇静态度。

△　外交部向日政府提第三次严重抗议,要求立即撤退日军,将占领各地完全交还。

△　张学良通电宣布,沈阳东北边防军长官公署及辽宁省政府均被日军占领,不能再行使职权,现将该两机构暂移设锦州办公,由张作相代理边防司令长官,米春霖代理省府主席。28 日,米春霖偕同在平省府委员离平赴锦州组织临时省署。

△　张学良电东省特区长官公署和护路军司令部,如日军向哈尔滨推进,"向我军施行压迫动作,该部应即避免冲突,暂向安全地带退避,以期保全"。

△　国民党河北、北平、天津、平绥路、北宁路五党部联衔电请国民党中央强硬对日,电请粤方息兵共救危亡,并致电全国军人积极备战。

△　第十七路军总指挥杨虎城电蒋介石、张学良,略谓日本"无端称兵,侵我辽沈,此而可忍,则亡国灭种,即在眉睫",除请政府对日严重抗议外,全国上下应团结一致,共同御外。表示"虎城分属军人,职司卫国,枕戈待命"。

△　南京党、政、军、学、农、工、商、妇各界 10 万余人举行反日救国大会,通电呼吁团结一致,平息内争,抗日救国。并决定组织救国义勇队,为政府后盾;请中央将卖国媚日的外交部长王正廷撤职严办;请中央恢复民众运动,以振民心;请蒋介石集中全国兵力对日宣战。

△　南京卫戍司令部队宪兵教练所日本教官加藤、工兵团教官时

目、警卫第二师教官本达等 15 人解雇,是日离京回国。

　　△　四川省府主席刘文辉、四川省善后督办刘湘联名通电呼吁"破除畛域,泯释猜嫌,戮力同心,共御强寇",并表示愿督率川军"荷戈前驱,共赴国难"。

　　△　张继、李石曾、万福麟、鲍文樾由北平飞抵南京见蒋介石,商议对日入侵问题。蒋说:你们回去告诉汉卿(即张学良),现在他一切要听我们决定,万不可自作主张,千万要忍辱负重,顾及大局。同日,蔡元培、张继与陈铭枢离京去沪转轮往广州,与粤方会商联合对日问题。

　　△　驻重庆日领事清野长太郎增调日舰一艘开重庆,欲以武力镇压该市人民反日运动,并致函威胁刘湘,若反日过激,与军舰发生冲突,概不负责。刘湘除电请国民党中央交涉外,劝人民力持镇静。

　　△　日内阁会议,外交、陆军两相就对满蒙策略问题争论激烈。外相币原认为陆军如欲吞并东三省,无异吞一炸弹,将陷德国覆辙。会议决定,对东北三省以外交保障占领。

　　△　吉鸿昌被蒋介石所迫离沪赴欧美各国考察。吉临行表示,因九一八事变发生,不忍去国远游,但"各友人以一切齐备,仍促前往,余遂不能不含泪登舟"。

　　△　香港各界集会悼念东北受难同胞,与会者袖缠黑纱,团体下半旗志哀。

9 月 24 日　国民党中常会决议:国民党第四次全国代表大会延期至 11 月 12 日召开。

　　△　国民党中央公布《义勇军教育纲领》,规定全国高中以上学校一律组织青年义勇军,初中以下组织童子义勇军,实施军事训练,以"忠孝仁爱信义和平"为道德纲领。

　　△　立法、监察两院委员举行第二次联席会议,通过提请政府设立大规模国际通讯机关,宣传日军侵华事实;集中外交人才派充各重要国公使;通令全国各地驻军实行正当防卫;南京与广州商彻底解决纠纷等 14 项决议案。

△ 广州非常会议发表宣言,宣称:"打倒日本帝国主义之侵略,推倒蒋中正之个人独裁,为今日共同努力之目的","蒋中正之个人独裁一日未推倒,则对外一切皆未由进行,而日本帝国主义者之凭陵于中国,将有加无已。"只有打倒蒋介石,才能进行抗日救国。

△ 张学良之代表万福麟、鲍文樾离京回平,向张报告见蒋介石经过,并转交蒋之亲笔信,略谓"外交形势,尚有公理,东省地位,必系整个,切勿单独交涉,而妄签丧土辱国之约。且日人狡横,速了非易,不如委诸国联仲裁,尚或有根本收回之望"。随后,万对记者谈,东北当局对日军入侵事件,一切听从中央办理。

△ 粤桂军自九一八事变后,相继从湘边开回本省。是日,余汉谋、李扬敬部从韶关回广州。

△ 国民党上海市党部决议:请中央调集大军驱逐日军出境,并请中央通令全体党员一律受军事训练,为民先锋;市执委会组织上海义勇救国军,通令全市党员一律加入;市各区党部定期刊物一律改出抗日救国报。

△ 上海各大学抗日救国会代表赴南京向国民政府请愿。同日,太原 10 万人召开抗日救国大会。徐州、蚌埠、平汉路党部及工会,均成立抗日救国会、宣传队。

△ 袁金铠在日军卵翼下成立"奉天地方自治维持会",袁任委员长,于冲汉、丁鉴修、阚朝玺、李友兰、孙祖昌、张成箕、金梁、佟兆元为委员(李友兰、佟兆元先后声明退出)。25 日,该会向日关东军司令本庄繁呈"请愿书",请求日军不要撤走,以维持秩序。27 日,该会遵日军旨意改称"辽宁省地方维持委员会",并声称暂代省政府职能。

△ 日本政府发表《关于满洲事变的第一次声明》,诡称日本不愿在满洲动用武力,只愿日本臣民能在满洲从事和平事业,使其投资有安全保障和获有开发地方的机会。诬指中国打消日本增进友谊之企图,日军此次行动,全系华军炸毁南满铁路沈阳附近一段路轨所造成。日本在满洲仅 1.4 万人,而华军则有 22 万,恐一旦铁路截断,日人生命难

保,故不得不占据满洲各要地。但"帝国政府在满洲没有任何领土要求",主张该事件就地解决。

　　△　日本政府函复国联,诡称日本仅为保护日侨及南满铁路而采取军事行动,始终防止扩大,专心于中日两国交涉,以求和平解决;并称沈阳、吉林留有驻军若干,以为戒备,并非军事占领。同日,日政府训令芳泽答复国联理事会:一、"满洲事件"系自卫,性质系局部冲突,国联及第三国不容置喙;二、满洲之中日关系有特殊性,国联派遣调查委员,恐反碍两国关系,日政府不能应命。

　　△　日飞机连续轰炸北宁路列车,竟违背国际公约使用达姆弹,打死打伤旅客多人。

　　△　美国驻日公使向日本政府转达美国国务卿史汀生 22 日代表美国政府就"满洲事件"召见时的意见,史汀生称"自沈阳事起后,军事行动之扩大,其重大责任似须由日本负之"。但公使在转达时声明,"美国不欲干涉日本之事务,此文不得视为抗议"。

　　△　美国国务卿史汀生向中日两国政府发出同文照会,要求两国政府保持克制,避免新的敌对行动,采用非暴力手段解决事端。

　　△　美国华侨拒日救国后援总会在旧金山成立。

　　9 月 25 日　国民政府任命颜惠庆为驻美国特命全权公使,原任伍朝枢辞职照准。

　　△　国联理事会讨论中日复文,主席勒乐宣称:"对日牒所称'日政府极欲保障中日间交涉之和平解决,大部分日军已撤回南满铁路区域内,现驻沈、吉等以资戒备之少数士兵待形势许可时即须撤回'一节,甚为满意。"施肇基请国联派中立委员会赴满洲监视日本撤兵,并声明"中国完全听命于国联,毫无保留条件"。芳泽反对国联干涉及派调查委员会,主张中日直接交涉。虽施肇基激烈反对,但国联屈服于日本压力。英代表薛西尔表示赞成芳泽由中日两国解决满洲争执之主张。

　　△　何应钦、陈铭枢、朱绍良、孙连仲等 30 余在赣"围剿"红军的将领联名通电,吁请全国袍泽一致奋起,息争御侮,同赴国家危难。

△　原东北军第二十五旅张作舟部开抵榆树县宣布抗日。

△　赣南各地红军为团结抗日,力避与国民党军作战。是日,徐源泉部进占湖北蕲水一带,该地红军亦未加抵抗,主动撤走。

△　日舰两艘运载陆战队开往海州(今连云港),强行登陆,驻军梁冠英部交涉无效。

△　日军驻长春守备队第六大队所属一部及羽山支队共 500 余人由上田中佐率领占领洮南,控制洮昂铁路。

9 月 26 日　国民政府任命蒋介石、宋子文、刘尚清、连声海、王伯群、孔祥熙、李书华、张静江、张学良、李石曾、张嘉璈、李铭、周作民、晏阳初、虞洽卿、吴鼎昌、荣宗敬为全国经济委员会委员。朱家骅为秘书长。

△　驻陕、豫、湘、鄂、赣、皖等省将领百余人由何应钦领衔联名电汪精卫、陈济棠等粤方要员,主张团结一致,"泯除党争","肃清匪患","拯救灾黎","抵御外侮","毋以填海之心,致贻下井之诮"。

△　上海各大学学生代表赴京请愿团刘旋天等 51 人向国民政府请愿:一、集中兵力,驱逐日兵出境;二、惩办不力外交官员;三、令张学良迅速出兵;四、发给各大学学生枪械,武装全国学生;五、实行革命外交,不签订丧权辱国条约。

△　上海 800 余团体 20 万群众举行抗日救国大会,王晓籁主席,决议:电中央限令日军退出占领地,否则对日宣战;电蒋介石统一军权抗日;电促粤方泯灭私见,一致对外;电全国永久对日经济绝交;严惩奸商;枪毙王正廷,严惩臧式毅,令张学良出兵抗日,戴罪立功;实行征兵制,确定义勇军为永久组织。同日,南昌、宁波亦举行 10 万人抗日救国大会。

△　吉林省政府在日军控制下改组。多门中将、坪井大佐在吉省府召开地方士绅会议,宣布解散吉林省府,另组长官公署,以熙洽为长官,坪井为警备司令。公署下设民政、军务两厅,职员中日各半。长官公署须受日方监督,任免官吏须得日方同意。省城防务以留守日军担

任。28 日,伪长官公署发表声明,同南京政府和张学良政权脱离关系,宣告"独立"。

　　△　沈阳《四库全书》被日军劫走。

　　△　国民政府授飞行来华之美国飞行家林德伯上校中华民国航空奖章。

　　△　国民政府任梅贻琦为国立清华大学校长。

　　△　由加拿大维多利亚中华会馆组织的加拿大维多利亚抗日救国会成立。

9 月 27 日　上海各大学抗日救国会以首批代表赴京请愿未得满意结果,决定 28 日第二次赴京请愿,不再选代表,各校学生自由参加,并决定在未得圆满结果之前,各校一律罢课。同日,中央大学学生成立反日救国义勇军,志愿加入者,先组反日救国十人团,以 10 人名义,一同加入并于成立时宣誓:"誓以热血,誓以赤心,誓以至诚,牺牲身家,牺牲性命,牺牲一切,以扑灭侵略我国之敌人。"同日,北平、济南、武汉、广州各种抗日救国团体纷纷成立。

　　△　从东北逃亡到北平的东北外交协会主席阎宝航、辽宁工会联合会会长卢广绩、辽宁省农会会长高崇民等 500 余人,聚集西单旧刑部街奉天会馆,组成"东北民众抗日救国会",以"抵抗日本侵略,共谋收复失地,保护主权"为宗旨,选举执行委员 31 人,其中阎宝航、高崇民、卢广绩、车向忱、杜重远等九人为常委。

　　△　台湾遗民会向南京蒋介石、北平张学良、广州汪精卫上书泣血陈词,谓:"台湾四百万同胞受日寇奴役 40 年,深知为日寇奴隶之苦。今辽、吉 1000 万同胞又将成为日寇之奴隶,望祖国衮衮诸公,蠲除己见,一致协力抗日。昔台湾虽割让,尚抗倭经年,今全国民气可用,民力可恃,切莫漫言'镇静无抵抗',台民愿奋起作后援,否则今日一省,明日一省,四万万同胞将尽成奴隶。"

　　△　张景惠在哈尔滨成立"东省特别区治安维持委员会",自任会长,布告称该会"统管东省一切政务及治安"。该会为避免与日军冲突,

将哈尔滨城内驻军全部调出,另招募 2000 名特区警备队维持市内治安。

9 月 28 日　南京中央大学学生 1000 余人由该校抗日救国会主席何浩若教授带领,上午 9 时冒雨整队赴中央党部请愿。该校校长朱家骅适在中央党部,在学生强烈要求下,亦随学生队伍一起到外交部请愿。王正廷初匿不见,学生大愤,冲入王正廷办公室当面责问,王语言支吾,遂被殴,头部受轻伤。军警赶往弹压,将王护送医院治疗。同日,朱家骅向教育部请求辞职。

△　上海复旦大学学生 800 余人,由沪到达南京,会同中央大学、金陵大学学生及上海各大学请愿代表共 5000 多人,冒雨赴国民政府请愿,要求惩办丧失领土之东北负责长官,惩办丧权误国的外交部长,对日军不得再抱不抵抗主义,令全国军队誓死驱逐日军出境。蒋介石在学生要求下,迫不得已亲自出见,告诫学生要"持其志无暴其气",如浮躁气太甚,不过加增国耻,要求学生回校安心上课。

△　北平各界举行抗日救国大会,到 240 余团体 20 万人。会后大游行,高呼"打倒不抵抗主义"、"打倒王正廷"等口号,并推举代表往见张学良。张答称:外交问题必听命于中央指挥,绝不与日本直接交涉;不抵抗主义实是误会,事前为防日人挑衅,故令部队不抵抗,绝未料到后果如此。"现各军已至相当地点,诸事均听命中央"。并表示"我张学良如有卖国行为,请你们将我打死无怨"。

△　国民党中央执行委员会发表《告全国学生书》,谓对日宣战与否,政府自有处置权衡,告诫学生不得相率罢课,"隳吾淬厉之气,示弱于敌",应效法普法战争时法国学生"在德军枪林弹雨之下弦歌弗辍"的精神,刻苦读书,"磨厉以须,来为政府之后盾,速为前仆后继之准备"。

△　蒋介石在中央军校纪念周讲演,要学生对日暴行"力持镇静",听政府命令。

△　军政部通令所有部队,对日军入侵东北,应"坚忍沉毅,力持镇静","务避轨外行动,免为反动所乘,致滋口实",并应饬所属严密注意

保护日侨。并切谕人民听候政府正当解决。

　　△　何应钦在南昌为日军入侵东北发表《告全国将士书》,谓军人应"以忍辱负重之苦衷,练刚毅沉着之勇气,以破釜沉舟之决心,尽保国卫民之天职"。

　　△　张作相、商震、万福麟、汤玉麟、徐永昌、王树常、傅作义、宋哲元等 50 余名北方将领联名通电,以日军入侵,国势危急,存亡之间,间不容发,呼吁全国各方团结一致,同舟共济,群策群力,共同奋斗。彼等军人愿为抗日救国捐躯糜踵。

　　△　晨,蔡元培、张继、陈铭枢等到达香港。汪精卫、李宗仁、孙科亦相继抵港。是晚,宁、粤双方代表在港会商和平条件。29 日,决定解决办法:一、蒋介石通电下野,广州"国民政府"同时通电取消;二、立即变更京、沪戍警备组织,"俾粤方诸同志可以安心来京,在总理灵前,宣誓开会,决议统一政府办法"。

　　△　暨南大学校长郑洪年及全校师生以东北大学、冯庸大学两校学生备受日军蹂躏,不能就学,特电邀南下前往该校就学。

　　△　日本外务省就"满洲事变"善后问题发表声明,宣称将由日本政府根据既定方针办理,绝不容国联或其他国家置喙。

　　△　国联理事会讨论中日"满洲争端问题",主席勒乐希望两国"和平解决争端"。施肇基再三请求国联援助,只要理事会规定日兵完全撤出新占领区之日期,中国即放弃国联派调查团入满要求。因芳泽坚决反对,理事会未作出日军撤退的具体规定。

　　△　日关东军扶植阚朝玺、赵欣伯等在沈阳分别成立"辽宁四民(按:即指商、工、农、学)临时维持会"和"东北绅民时局解决方策讨论会"。并发表"独立宣言",为日军制造"满洲国"造舆论,声称"本会不特对张学良设于锦州之政府誓死否认",对南京国民党中央政府"亦绝对反对",只依靠日本"援助"。

　　△　贺龙红三军第七、八师东下,与自洪湖地区北上之段德昌第九师是日会师于荆门刘猴集。

9月29日 蒋介石在南京陆军军官学校接见上海第二次晋京请愿的各大学学生请愿团3000余人,蒋表示"本席亦抱定与国民共同生死之决心,以不负人民之信托"。又说,学生请愿不仅损失学业,也分散政府精力,影响政府政治与外交之筹划。如愿读书,应即日返校,车已备好;如愿从军,立即去孝陵卫编入义勇军训练。当晚,大批学生返沪,余者亦于次日返回。

△ 中央大学抗日救国会为校长朱家骅辞职事具呈教育部,声明殴伤王正廷,本校全体教职员学生完全负责,请详查事实,退还朱家骅辞呈。

△ 国民党中央以外患日亟,江西"剿共"军事告一段落,特令南昌行营即行取消,所有文件交前敌总司令部接收,工作人员即日由赣返京。

△ 广州"非常会议"为日军侵占东北再次通电声明"以打倒日本帝国主义及推倒蒋中正个人独裁为今日共同努力的目标"。同日,广州"国民政府"外交部长陈友仁向日本币原首相提出严重警告。

△ 驻日公使蒋作宾派员赴日外务省转达非正式文书,称东北地方有企图组织独立政府之事,此种破坏中国领土之举动,在日军未撤退前,中国政府无法制止,日本政府对此应负完全责任。

△ 杭州省立高中学生抗日救国会700余人到省教育厅请愿,要求发给枪械,并请转呈国民党中央对日宣战,随后到日领事馆前游行示威,沿途加入游行队伍群众甚多。同日,杭州各报刊登交通部长王伯群及女眷中秋节来杭在其别墅赏月消息。游行队伍群情激愤,将王之别墅玻璃及屋内日本瓷器、什物打毁,惟未伤人。

9月30日 国民政府任命陈铭枢为京沪卫戍总司令官,兼代淞沪警备司令。

△ 国民政府颁布维持全国秩序令,略谓"近今国难方殷,时机日迫,政府当负其全责"。巩固国基,必须保持政府威信,"嗣后国内如有违反革命纪律,或扰乱秩序者,政府当本其职守以制止之"。

△　国民政府颁《保护日侨令》,略谓日军入侵沈阳,政府已向日政府抗议,着"各师旅饬属严密注意保护日侨,并切实劝谕人民,务守秩序,听政府为正当之解决"。

△　宁、粤双方和谈代表蔡元培、张继、陈铭枢、汪精卫、孙科、伍朝枢、李文范等由香港乘车抵广州继续议和,洽议顺利。

△　上海各工会代表张克昌等 21 人向国民党中央请愿抗日救国,丁惟汾接见,表示国民不应再对丧师失地的东北当局进行责难,应给予同情,否则今后东省事更无人负责。

△　上海《申报》发表《抗日救国运动中军人之责任》的时评,谓东北半壁山河,尽失于日军铁蹄之下,而负有保卫国家之责的军队竟不发一弹而退,今日事,退让不能救亡,呼吁公理亦不能救亡,惟自起努力,乃能自救。人民出其血汗、国家罄其财力供养的 200 万军人,今日应站在抗日救国的最前线。

△　沈阳被日军占领后,东北海军司令部主要官员陆续逃至青岛。是日,该司令部开始在青岛办公,所属各舰仍分驻长山岛、秦皇岛、营口、威海卫、烟台、龙口、青岛等处。

△　第四路军总指挥、湖南省府主席何键电国民党中央暨蒋介石、张学良,请即日下令全国动员,一致武装,分队训练,轮流出战,并表示"四路军师旅警团十万,克日可效前驱"。

△　日本在天津的华北驻屯军司令部通译官吉田忠太郎将溥仪带往司令部海光寺兵营,与罗振玉及关东军板垣参谋之代表上角利一相见。罗振玉向溥仪呈交熙洽亲笔信一封,请溥仪速回"祖宗发祥地,复辟大清",在"友邦支持下,先据满洲,再图关内",并称现吉林全部控制在日军手中,只待溥仪一到,即宣布复辟。

△　国联理事会通过解决中日满洲问题决议九条,理事会休会至 10 月 14 日再开。侵占满洲各地之日军应在国联下次理事会议召开之前撤回原地。施肇基再次声明,中国仍保留根据国联会章要求理事会断定日军对侵占满洲事变应负完全责任,中国有要求日本赔偿权利。

并要求国联"遣中立国人所组合之委员会前往满洲就地设法监视撤兵"。日代表芳泽反对施之声明。主席勒乐宣布不得对决议再作解释。遂休会。

△　国际文化合作委员会派遣教育考察团抵上海开始考察。

是月　红军第三军军长黄公略率部在江西吉安、东固转移途中,遭到空军飞机轰炸扫射,中弹牺牲。

△　古巴中华总会馆主席林元亨发起成立旅古(巴)华侨抗日后援总会。

10　月

10月1日　蒋介石电复粤方,声称宁、粤两方代表在港会议所定各条件,尚须斟酌修改;对恢复胡汉民、李济深之自由,随时可办;对本人去留问题,俟开和平会议时讨论;并力促粤方迅即赴南京开统一会议。

△　国民党中央宣传部招待新闻记者,陈布雷报告,希望新闻界对日军侵略东北事件作宣传时,要为人民之诤友,不要附和;可鞭挞政府而不可指摘非难;对于一般悲观颓丧心理,要予以补救。

△　顾维钧由北平飞抵南京,向蒋介石报告东北交涉情况。4日,顾返平对记者谈,在京与蒋面晤三次,综合所谈,对日外交方针为"一、促日迅速撤兵;二、恢复9月18日前状态;三、交涉责任与赔款"。

△　"东北国民外交协会"主席阎宝航在上海青年协会讲演日军侵占东北情形,略谓:日军进攻沈阳后不到24小时,即将东北各要隘全部占据,若预先有所布防决不会至此。东北军士兵愤激万分,均愿决一死战,但长官严令不准抵抗。今日之事,唯全国人民一致对日武装奋斗,经济绝交,方能拯救危亡。

△　冯玉祥通电主张武力抗日,反对依靠国联,略谓:"今外患紧急,间不容发,若候国联主张,试问中国数十年来深受帝国主义压迫之

惨,国际公理究竟奚在?唯有团结民众,督促全国军队,抵抗日本帝国主义之侵略,以雪无上之奇耻,本人誓与全国同胞共赴国难,粉身碎骨,义无返顾。"

　　△　上海 80 余妇女团体 2000 余人联合组织妇女救国大同盟会,并致电国民政府,要求立即全国动员对日进行军事抵抗,妇女界誓作政府后盾。

　　△　妇女运动元老林宗素发表《告女同胞书》,号召妇女共赴国难。

　　△　伪吉林省长官公署由日军一手炮制成立,熙洽任长官,军政厅长郭恩霖、民政厅长王惕、财政厅长孙其昌、教育厅长荣孟枚、实业厅长张燕卿、秘书长李铭书。吉林日军警备司令坪井代表日方授印。

　　△　洮南镇守使张海鹏在日军唆使下在洮南宣布独立,就任伪边境保安司令,派兵向黑龙江省城齐齐哈尔开进,图攻占黑省。

　　△　驻沪北站之铁道炮队第五队传令兵侯占元等三人在宝山路张贴反日标语,被虹江路口警亭警察郭文汉制止,发生冲突,双方扭打至第五区公安局。一路群众纷纷拥向该公安局,要求惩办肇事警察。警察开枪驱逐群众,当场打死两人,打伤五人。事后,市长张群令将该区公安局长游伯麓撤职查办。

　　△　新疆省府与苏联在迪化签订《临时通商协定》,凡七条。

　　△　孙传芳抵天津,声明绝未担任日军所委任的东北治安维持会委员等职。

10 月 2 日　蒋介石电在粤商洽和议之蔡元培、张继、陈铭枢,重申与粤方议和三原则:一、粤方若能负全责,中央尽可退让,请前来南京,改组政府,本人可通电下野;二、粤方若不能负全责,则应归中央负责主持,粤政府自当取消,粤方人员应来南京共赴国难;三、如要各方合作,表示欢迎,但必须来京面商。

　　△　国民党冀、平、津、绥、热五省、市整委会及北宁、平绥两路党部联名致电中央,反对在广州进行的宁、粤有条件的和议,表示拥护中央及蒋介石,除此之外,皆是破坏统一,为国人之公敌。

　　△ 辽宁省政府在锦州设立,米春霖代理省主席。

　　△ 上海全市 150 余工会代表开会讨论抗日救国问题,决议:由大会名义发表告世界各国工人书;电请国民党中央、国民政府及粤方团结抗日;通电全国工人一致对日经济绝交,组织义勇军,并请中央发给枪械;请抗日救国会通令本市自本月 11 日起查有日货不交出者一律以奸商论罪;请政府将枪杀抗日群众的游伯龑处以极刑。

　　△ 日军运送大批械弹助蒙古王公独立,将沈阳兵工厂军械、弹药装满五列车运往伊古苏,转运内蒙。次日又将两列车弹药运抵洮南附近,发给驻大河之蒙兵千名,该蒙兵由曾留学日本的 30 名蒙古青年统带。

　　△ 沈阳日军 300 名开往通辽,将东北军第三旅张多峰部一营缴械。

　　△ 沈阳日军发表公报,谓 9 月 18 日夜日军进攻北大营之役,历时七小时,华兵死 300 人,日军死二人,伤 32 人,并谓此役日军仅以 700 人对华兵一万人。

　　△ 上海中国实业银行发生挤兑风潮,当晚平息。

　　10 月 3 日 国民政府令:阎锡山免于通缉;外交部长王正廷呈请辞职,准免本职,特任施肇基为外交部长,施未到任前,由外交部政务次长李锦纶代理部务。

　　△ 国民政府明令改组山西省政府,省府委员商震、张济新、常炳彝、冯司直、仇曾诒、张维清、郭宝清、李尚仁、胡颐龄均免本职;兼省府主席商震已于 8 月 6 日准免兼职外,兼民政厅长商震、财政厅长张济新、教育厅长冯司直、建设厅长仇曾诒、实业厅长常炳彝均免兼职。任命徐永昌、孟文元、仇曾诒、苗培成、田见龙、常炳彝、胡颐龄、李尚仁、马骏为山西省政府委员;徐永昌兼省府主席,孟、仇、苗、田、常分别兼民政、财政、教育、建设、实业各厅厅长。

　　△ 国民政府电请美国驻华使馆于 10 月 14 日以前派代表调查满洲局势及日军撤兵情形。同日,美国驻哈尔滨领事翰森奉美国政府电

令调查日军从吉林、长春撤退情形。

△　张学良电复上海抗日救国会称："学良守土无方,罪行山积,现正与中央筹计妥善应付办法。许身为国,宁计其他,一息尚存,誓与周旋,大敌当前,愿与共勉。"

△　东北绿林豪客代表盖三省、震东洋、小北侠、齐李靖、镇华北、张国威、草上飞、赛叔宝等联名通电表示愿率 10 万绿林为讨日前驱,请政府立即下令,"早剪倭寇,共雪国耻"。

△　全国各地民众抗日运动不断高涨。是日,南京各校学生停课一日,组织讲演队深入各街巷进行抗日大宣传;天津市民 91 个团体的代表开会,决议与学生、工友联合起来,广泛进行抗日宣传;武汉大学学生赴武汉行营请愿,要求中央对日宣战,并要求行营发给学生义勇军枪械;南昌数千学生举行抗日救国示威游行;清华大学停课,进行三周军事训练。

△　何香凝自巴黎寄信给《申报》,发表对日主张。呼吁全国爱国士兵与民众团结起来,制止一切内争,共同救国。并表示马上回国,作救护死伤之工作。

△　曹福林电山东省府报告鲁南匪情:郭马蜂股四五百人,尹士贵股 500 人,尹士喜股 300 人,张黑脸股 600 人,杨光胜、李鹏军及大老石三股共六七百人,刘桂堂部约千人,安丘、临朐等地王子明等股 300 人,现各军正在进剿中,"俟天寒草枯,决纵火烧山,使匪无处容身"。

10 月 4 日　陆海空军总司令部任范石生为平汉路南段警备司令,徐源泉为鄂豫陕边区"清乡"督办,陈诚兼第五十二师师长,原师长韩德勤改任副师长,张英为第五十九师师长。

△　李烈钧、徐谦、程潜、张知本、陈嘉祐等九人联名分电京、粤、平各首要,呼吁停息内争,共纾国难。

△　上海妇女界 300 余团体一万余人举行抗日救国大会,决议电请国民政府实现和平统一,宣布对日具体方针;通电全国妇女一致对日实行经济绝交,组织女界义勇军及看护队。

　　△　安东地区日军守备队司令岛本与东边道镇守使于芷山之代表傅布庆订立"保护日侨合同",规定于芷山对其所管区域内日人及韩人生命财产负保护全责,于部如不履行,日军即可采取任意行动。15日,于芷山成立伪东边道政府,宣布"独立",将所部4000余人改编为保安队,自任保安司令,充当汉奸。

　　10月5日　广州"非常会议"讨论宁、粤和议,同意先开和平统一会议,但须先将胡汉民释出并参与政事,粤方先派数代表偕蔡元培、张继赴沪,接洽统一会议地址及时间等问题。同日,陈铭枢及粤方代表李文范离省抵港转赴南京。

　　△　国民政府电饬施肇基请国联通知日本,由日本政府命令在东北日军长官与我国接收专员接洽交收办法,望在14日前完全解决,张学良已委派张作相、王树常为接收东北失地专员。

　　△　驻日公使蒋作宾向日本天皇递交国书。

　　△　日本政府决议:对我国华中及华南的抗日救国运动日益高涨,向国民政府提出严重警告,即训令驻华公使重光葵照办,促中国政府反省。

　　△　南京各工会团体成立工界抗日救国会,并通过以下决议:一、通电全国工人,一致坚持抗日方针,并发表告世界工人书,宣布日军侵略满洲真相;二、通知全体会员不买日货,不作日佣,不供给日本原料;三、从日商洋行退出的失业华工请市党部、市政府救济;四、请政府出兵收复东北失地。

　　△　香港各界抗日会和商会联合举行示威大游行。

　　△　日本东京帝国大学《新闻》第四百号刊载横田喜三郎教授所著《满洲事变与国际联盟》一文,认为日军侵占东北完全出于自卫范围之外,要求日本政府撤兵,通过外交手段和平解决。

　　△　伪辽宁省地方维持委员会会长袁金铠及该会各委员联名发表宣言,声称该委员会专为维持地方治安,并无组织政府、发表独立宣言之举。

10 月 6 日 广州"非常会议"就时局问题发表通电,提出统一的国民政府成立后必须致力者数端:一、应领导人民雪耻自卫,收回东北领土;二、扶植民权,培养民力,完成地方自治;三、结束武力挟持政治的历史,使武力受政治支配;四、政府与人民共同设立全国财政整理委员会。

△ 粤方派汪精卫到香港晤陈铭枢,再商和平办法,商定先释放胡汉民、李济深,然后在沪开和平预备会议,俟陈抵京商妥,粤方始派代表赴沪。7 日,陈铭枢离港赴沪。

△ 施肇基向国联秘书长德鲁蒙要求,请国联在"满洲事件"调查范围内加入日军修筑吉会路一项;并向国联声明,日军仍然占据沈阳、吉林、长春、辽源、新民屯、牛庄、安东、抚顺、敦化、凤凰城、昌图等处。至是日止,施肇基向国联理事会正式送交日军侵占东北的文件已达 41件之多。

△ 西班牙驻沪总领事富尔奉该国外交部长、本届国联主席勒乐训令,是日离沪前往东北调查"满洲事件"发生原因、经过、现状及日军撤兵情形。富尔临行时谈,其调查报告仅送给勒乐,并不向国联报告。

△ 鲍文樾奉张学良命赴山西邀阎锡山赴北平共商对日办法,阎表示愿以国民资格共御外侮。是日,鲍离并返平,谈称此行接洽圆满。

△ 何成濬自汉飞抵南京,向蒋介石请示武汉水灾善后及复兴武汉办法,并请补助鄂省政费。

△ 张学良派东北政委会委员刘哲到南京向蒋介石报告东北情形,罗文幹同行。

△ 日本关东军司令本庄繁在沈阳布告称:"排日侮日一切反动行为,无论何人,尽认为抵抗运动,不但饬属严拿主办,断然膺惩,以断乱根","仰尔一般人士,须慎其行动,勿轻举贻悔。"同日,日军第二师团长多门亦在吉林发出同样布告。

△ 日本借口我国上海民众抗日救国气氛激昂,令佐世保军港大批军舰开沪。是日,日海军第二十四舰队驱逐舰"桧号"、"柳号"、"樫号"、"桃号"四舰由田中操海军中佐指挥开入黄浦江。据新声社调查:

日本原在华之海军泊长江一带者为第一遣外舰队,计15艘,分泊华北青岛、天津等处者为第二遣外舰队,计五艘,分泊华南广东、福州、厦门等地者为第三遣外舰队,计六艘。至是日止,日在华军舰共31艘。

△　国联教育考察团施培克等一行八人在南京由教育部引导参观各教育机关后,是日赴北平、天津各地考察。

△　谢六逸、赵景深等发起成立上海文艺界救国会。

10月7日　国民党中政会加推罗文幹、刘哲为特种外交委员会委员。同日,特种外交委员会讨论对日外交问题,并电驻日公使蒋作宾对日本派大批舰队来华事提出抗议。

△　南京中央大学学生赴国民政府请愿,要求政府宣布对日政策,发给中大步枪2000支,并就日本政府要求中国48小时内答复长江流域停止一切反日运动一事质问政府将如何应付。因蒋介石不在,由教育部长李书华代见。学生拒绝,转赴中央军校见蒋,蒋作答复后,学生方返校。

△　淞沪警备司令熊式辉就日军舰到沪事对记者发表谈话,谓"上海与沈阳情形不同,日本亦不致以对待沈阳者对待上海",并断言"上海决无意外之事发生"。

△　自日本第二十四舰队到沪,各国均增加驻沪舰力,至是日止,各国在沪驻舰共22艘,其中日舰七艘,美舰五艘,法舰三艘,意舰一艘,英舰六艘。

△　东北军第七旅王以哲全部到达锦州。10日,王在锦州对《申报》记者谈,该旅"退出北大营时,士兵均抱枪痛哭,愿拼死一战,惟格于上峰命令,不敢违抗,遂各带武器,冒弹雨逃出,士兵死伤共三百余人"。

△　东北民众自卫军在辽南凤城小汤沟宣告成立,邓铁梅任司令。

10月8日　国民政府令:根据国际联合会决议,令知东北边防军司令长官张学良迅速派负责人员接收日兵撤退后之各地,切实恢复治安,安抚流离,保护外侨生命财产安全。嗣据该司令长官呈电,已派定张作相、王树常两员负责办理。兹据各种报告,东北各地方颇有利用时机,依恃外力,组织非法机关者,其叛国害民,应着该司令长官严密防止,并负完全责任督同张、王及各地官员迅速妥为办理。

　　△　国民政府训令各机关,谓现在国家多故,凡属官吏,自应共体时艰,在此期间,所有在京公务人员,一律不准请假,如有擅离职守者,即以弃职潜逃论,严加惩处。

　　△　国民党中常会决议:圈定韩克温、赵连登、李汾、胡伯岳、梁贤达、苏寿余、刘冠儒为山西省执行委员;准安徽省党务委员程天放辞职,派刘涟漪继任;通过《中央审查党义教师资格委员会组织条例》。

　　△　张学良电国民政府报告日军仍占领营口、沈阳、长春、吉林、铁岭等地,辽、吉两省各机关均在日军手中迄未交出,无从恢复原状。同日,张又电告外交部,谓据辽源县长徐维新电告,日人煽动蒙古青年首领甘珠尔扎布(按:即民国初年被张作霖消灭的蒙匪巴布扎布之子)等乘机独立,成立独立军,由日军供给大批武器。

　　△　日军飞机 12 架由营口飞往锦州轰炸,投弹 80 枚,攻击主要目标为辽宁省府临时所在地锦州大学及锦州车站,炸死 19 人,其中有交通大学俄国教授一人,伤 32 人,炸毁机车一辆,辎重车二辆,房屋损坏极多。同日,日飞机五架轰炸新民公主屯,并在哈尔滨投弹 10 余枚,伤亡数人。

　　△　日陆相南次郎、参谋总长金谷、教育总监武藤在东京集议对"满洲事件"今后方策,决议向日政府提出如下意见:一、"满洲事变"由中国不法行为所引起,故一切责任应由中国负之;二、满蒙悬案,特别如铁道及商权问题等,当乘此时期解决之。满洲新政权之实现,应以地方问题交涉之:(一)新政权树立,日侨之生命财产得有安全保障后方能撤兵;(二)"满洲事件"为日中两国地方问题,国联倘欲干涉,当促其反省。

　　△　日军强令四平街市改制,日军委商会会长翟书田充伪市长,市政公所设日本顾问三人,咨议若干人,一切市政要项均由咨议会审决定。

　　△　日临时阁议通过日本政府致中国政府抗议书,抗议国民政府

反日运动；并决议在抗议书发表之日，同时派遣军舰"常盘"、"天龙"两艘载陆战队向上海急行示威。

△　日本驻沪总领事村井向上海市政府递交请求书，请求放还被扣日货，取缔民众反日运动。市政府当即口头驳复，次日又正式致函该领事驳复。

△　空军参谋长李靖滨驾机由南昌飞吉安，途经樟树遇雾坠机身死。

△　红三军经钟祥、京山，回师洪湖，驻潜江县境，夏曦接任该军政委。

△　第四十八师徐源泉部旅长徐德佐率部进攻岳口红军贺龙、段德昌部时被击毙。

10月9日　国联主席勒乐会同秘书长德鲁蒙分别致电中、日政府，谓东三省与中国其他各处发生意外事件，足令两方感情日趋恶化，解决更加困难，请双方在国联理事会重开以前注意遵守前次理事会所商定彼此约束勿令事态更严重之成约，履行各自在理事会上的诺言。

△　驻华日公使重光葵由上海赴南京，向外交部交付日政府对我要求撤兵照会复文，仅谓准备协商有关必要基本大纲，竟又向我国提出关于抗日之觉书式的抗议。

△　国民政府秘书朱文中及参事林竞会见来京请愿的上海各大学学生代表，表示蒋介石已令训练总监部于下星期内发给上海各大学义勇军步枪5000支，由派驻服务之各军事教官携往分发。学生代表遂乘夜车返沪。

△　上海市民联合会推代表钱龙章等四人前往公共租界工部局向总裁费信惇要求禁止日军在租界内示威，并保障市民之爱国运动。费表示日军在租界武装示威，工部局限于章程，无权限制；日军在沪仅700人，故沪市治安可保无虞。费并表示对华人之合法爱国运动不加干涉，望华人恪守范围。

△　辽宁省府代理主席米春霖因日机轰炸锦州，是日离锦赴平，各

省委及重要职员均随行,临时省署已空无一人。

　　△　施肇基以日军飞机轰炸锦州,满洲局势严重,急不容缓,申请国联理事会提前开会。

　　△　驻长春日军第二师团长多门发出布告称,凡"谋排日"者,"或庇护此种行动者,或知此情不向日军报告者,均认为对日军之敌对行为,照军律严重处分"。

　　△　日军铁甲车一列载兵数百名开抵通辽,将南站、北站之间铁路拆毁,并埋设地雷,又将四洮车站与北宁路大(虎山)通(辽)支线接轨处炸毁,以破坏四洮路与北宁路的联运。同时,日飞机散发传单,内称中国军不能维持治安,致使土匪骚扰,故日军不得不来保护。

　　10 月 10 日　蒋介石为"双十节"撰书国庆誓词,谓:"救国之道在和平统一,御侮之要在守法奋斗。统一为和平之基,守法为奋斗之本。望我同胞共同努力一致于和平统一,守法自强二语,以达救国御侮之目的。永为中华民国双十节之誓词,共矢勿渝。"同日,蒋在南京国庆纪念大会上阅兵并发表演说,望国民及将士不忘"和平统一,守法自强"八字。

　　△　施肇基照会国联理事会,谓日本已组织一起蒙古军队,发枪3000 支,子弹 100 万发,迫击炮、山炮各四门,飞机两架,此军械全系从沈阳兵工厂所掠夺。日军正准备指挥蒙军进攻郑家屯。同日,日本代表芳泽照会国联理事会,称中国排日运动极为猛烈,显见中国决心企图与日本断绝经济关系,日本曾照会中国,所有在华日军一切行动皆系合法自卫行动,中国应负完全责任。

　　△　驻美中国代办容揆正式照会美国政府,请美国指派外交人员至辽、吉省政府,在中国接收日兵撤退各地时充任顾问。

　　△　日本外务大臣币原因英使林特美要求日政府解释日机轰炸锦州事件,是日发表宣言,诡称日机轰击锦州,系因中国军队正集中该处,日军在"自卫"上与"维持秩序"上有迅速行动之必要;如中国兵士不向日机开火,则日机不致轰击该地临时省政府及兵营;日机掷弹自卫,并

不违犯国际公法。

　　△　日本"常盘"、"天龙"两舰抵沪,停泊于杨树浦江中。"常盘号"载来海军陆战队 400 名,其中 240 人由汇山码头登陆驻入北四川路底之日兵营。"天龙号"载来陆战队 240 名,登岸后驻戈登路日兵营。日方声称此举系为保侨。

　　△　广州永安路公安分局局长杜煊泰所开设的新世界洋货店专卖日货,是日因拒绝焚毁日货,群众愤而将店内日货焚烧。杜指挥警察三次开枪,打死群众 15 人,伤 80 余人。广州市公安局长陈庆云率警备队到场指挥,将行凶警察缴械。

　　△　北平邮务工会组织抗日救国会,通电请全国一致备战,成立邮工义勇军,组织邮工宣传队,组织全国邮工抗日救国会及北平工人抗日联合会。

　　△　辽西著名绿林首领老梯子(高鹏振)在新民县成立东北国民救国军,自任总司令。

　　△　美洲华侨航空救国会在波特兰成立。

　　10 月 11 日　国民政府照会英、美等国驻华公使,请派员调查日军轰炸锦州事件。同日,张学良电施肇基,声明锦州驻军并无扫射日本飞机之事。

　　△　调查康藏问题专员唐柯三以数月来调处无方,电蒙藏委员会引咎辞职。

　　△　广州各界就永安路公安分局局长杜煊泰指挥警察残杀爱国群众事件到粤府请愿,汪精卫、邓泽如、萧佛成等接见,谓公安局长陈庆云已引咎辞职,对杜将组织特别法庭审讯,死难者将予抚恤,并表示促保民众运动。

　　△　驻华日公使重光葵向外交部代理部长李锦纶面交日本政府 9日发出的对华抗议书,声称"满洲事变"为中国多年排日思想所引起,日军为应付中国军队挑战而自卫,中国政府对此事件当负其责。并宣称中国排日运动与中日间现存条约之规定及精神相背驰,中国政府若不

予以取缔,则与中国代表在国联关于"防止事态扩大"的言辞相违背,中国政府对排日团体之行动应负全责。

△ 旅沪日侨举行居留民大会,讨论对付中国民众抗日救国运动之办法。散会后,日侨中之暴烈分子数百人三五成群,出发赴虬江路、北四川路一带,强撕各商店门窗所贴之爱国标语,稍有抵抗者即加殴辱,并将俭德公司所设孙中山遗像打碎,撕毁中国国旗。12 日,上海市政府派秘书长俞鸿钧向驻沪日领事白井当面抗议,要求日方对此非法举动严加限制。白井表示尽力制止,惟要求市政府对抗日运动亦加限制。

△ 日关东军司令本庄繁向伪辽宁地方维持委员会委员长袁金铠发出指令,沈阳东三省官银号及边业银行开业后,必须置于日军支配之下,以确保日军之利益,日本军认为必要时,无论何时,可停止东三省官银号营业之全部或一部。

△ 抚顺伪自治委员会在日军扶植下成立,夏宣、刘汉卿为正、副委员长,聘日人山口文雄等为顾问,改挂黄色旗,宣布废除旧县政府。

△ 美国国务院发表致国联照会,略谓国联对于纠正中日行动应勿爽宿诺,亟宜猛进勿懈,美国未忘《非战公约》与《九国公约》争执者应负之义务,愿为国联后盾。同日,美国务卿史汀生电日外相币原,指责日军轰炸锦州,"与日政府在国联理事会对 9 月 30 日议决所作之诺言,殊不相符"。

10 月 12 日 蒋介石在国民政府纪念周报告对日问题称:日军虽在东北不断扩大侵略,我国仍要镇静持重,拥护公理以抗御强权。"我们更应相信国际有公约,人类有公道,我们要以和平的心理去遵守,以牺牲的精神去拥护"。不到日本侮辱太甚不得已时,决不与日开战。

△ 国民政府任命张维翰、王柏龄、胡庶华、南桂馨、黄序鹓、董修甲、赵诏传、王伯秋、程中行、狄膺、诺那呼图克图、何遂、凌陞、广禄为立法院立法委员。

△ 国民政府颁《蒙古盟旗组织法》;公布《民国二十年江苏省运河

工程短期公债条例》，该公债总额 500 万元，于本年 11 月 1 日发行，年息八厘，票面按九八折发行，分五年偿还本息。

　　△　张学良在北平对路透社记者谈，日本要本人下野，系日妄图发展满洲独立运动，建立满洲国，为其将来完全兼并满洲作准备。指出日本之举，是干涉他国内政之无理行动。

　　△　施肇基正式向国联提出日机轰炸锦州的报告，要求理事会派遣国际委员会赴辽宁、吉林调查日军侵华情形。

　　△　陈铭枢抵南京，谒蒋介石报告赴粤接洽和谈经过。陈对记者谈，值此国难当前，各方一致对外，京、粤商谈和平统一已完全一致，蒋介石、胡汉民二人已消除意见。同日，陈到胡汉民住处转告蒋想与胡见面，并对胡说："蒋介石因粤方坚持须先恢复先生自由到上海，然后再谈和议，所以已有意送先生到上海了，我看先生要快些走，一迟怕又要变卦。"胡允诺。13 日，蒋、胡在中山陵会见，蒋同意胡于次日离京赴上海。

　　△　广州"国民党中央执监委员非常会议"决定对日方针：一、政府与民众合作；二、切实指导、保护各种爱国运动；三、组织人民义勇军；四、设立救国银行。

　　△　日本外务省对我国政府要求日军立即撤回南满铁路线内之照会内容拒绝接受。外务大臣币原并照会驻日公使蒋作宾称，日政府关于日军驻扎满洲事项已将其可声言者通知南京及日内瓦双方。

　　△　广州中山大学全体学生罢课并就杜煊泰惨杀民众事件发表宣言，表示"誓以鲜血争民意，以头颅保卫国土，内除殃民大憝，外抗日本帝国主义"。是日，陈济棠调大批军队入城保护各机关，令香翰屏为广州公安局长兼戒严司令。

　　△　据上海《民国日报》载，日关东军司令部发表在我国东北掠夺军械"战利品"，价值共在 8000 万元以上。主要为：沈阳兵工厂大炮 32 门，速射炮 41 门，迫击炮 61 门，机关炮 26 门，步枪 8.9 万支，炮弹 370 箱，子弹 800 箱。在吉林、长春、营口等地获大小炮共 75 门，步枪共

8.57 万支。兵粮、汽车、军衣、皮带、鞋类等价值 1000 万元以上。

△ 据《申报》报道：长绥路护路司令丁超奉张作相令，就任东铁护路总司令。东铁护路军划定新防区，哈长线苏德臣旅、哈绥线邢占清旅及赵芷香旅，哈满线苏炳文旅、张殿九旅及程志远旅。

△ 陕军苏雨生部进攻宁夏，是日陷宁夏省城，马福寿部被缴械。

△ 据《申报》报道，晋西临县、兴县、保德各县鼠疫猖獗，岚县、苛岚亦波及，兴县已死于鼠疫者达 2000 余人，学校均解散，省防疫处电令疫区各县断绝交通。

10 月 13 日 外交部驳复日本政府本月 9 日对我抗日的抗议照会，略称中国政府自事变发生以来，不作任何敌对行为；对于日军继续进逼，不作任何形式之抵抗。惟日本政府不履行撤兵之诺言，日军继续扩大侵略，如发生不幸结果，日本政府应负完全责任。

△ 国联理事会讨论日本强占东北问题，法国外长白里安代理主席。施肇基控诉日本在 9 月 30 日理事会休会后，不但不退兵，而且暴行愈演愈烈。日代表芳泽为日军入侵东北辩护，竟谓东三省为日本所开发，已成为日本生存所系，由于中国反日民心激昂，故不能从该地撤军。白里安表示，中日双方均负维持远东和平责任，应各自约束，勿生增重局势之事件，理事会当尽最大力量帮助解决。

△ 广州"国民政府"外交部长陈友仁电国联对日本通牒所称中国反日运动为国民党指导下之国策手段力加驳斥，谓日谍不但措词错误，且将远东历史颠倒，中国的反日运动，是中国人民对异族侵凌的一种心理感情之表示及道德力量自然的发动，任何政府均无权制止。

△ 伪吉林长官熙洽遵吉林警备司令天野少将之通牒，布告全省民众严禁排日行动。

△ 内蒙达尔罕王抵达北平，向张学良报告日军强迫其召集内蒙48 旗宣布独立及从沈阳逃出之经过。张以达尔罕深明大义，慰勉有加。

△ 驻汉日领事赴武汉行营见何成濬，要求保护在汉日侨生命财

产,取缔华民反日运动,何表示负责保侨,民众无越轨行动,反日宣传与经济绝交系人民爱国运动,政府不能干涉。

△ 全国商会联合会前奉行政院训令举行俄币卢布登记,是日该会向实业部呈报各方报告总数为 550729561.5 元。

△ 广州全体警察发表宣言,谓 10 月 10 日惨案系警察当然之防卫,对杜煊泰不得有所处分,倘以三数"反动者鼓动民众捣乱"为合理,则全体辞职。同日,广东省政府训令全体警察照常上班,不得擅离职守。

10 月 14 日 胡汉民离南京赴上海,结束了自 2 月 28 日以来被蒋介石幽禁的生活。陈铭枢、吴铁城、张静江偕行。胡抵沪后,旋筹备宁、粤和谈会议。

△ 国联理事会召开秘密会议,中日两国理事未参加。会议讨论请美国代表参加理事会解决中日满洲问题,一致同意邀请美国代表以观察员身份列席。会后白里安晤中日代表征求意见,中国代表施肇基表示同意,日代表芳泽声明需向本国政府请示。争端所在,中国坚持先撤兵后谈判,日方则要求先谈判后撤兵。

△ 白里安令法国驻北平武官邦德维特代表国联主席赴锦州、沈阳调查,并将调查情形随时电告日内瓦,邦德维特是晚离平赴锦。

△ 沈海路自日军入侵东北后停止通车,后改为中日合办,并组成沈海路保安维持会,以土肥原为监事长,丁鉴修为理事。是日,土肥原与丁联名发出通告,称该路自本月 15 日起恢复通车。

△ 受日人指挥之大股蒙匪二三千人沿四洮路进击通辽,与驻通辽之东北军骑兵第三旅第四十团激战,蒙匪被击退,双方死亡均众。同日,日机轰炸通辽。

△ 日外务省就我国政府抗议日机轰炸锦州事件复照外交部,谬称:日机轰炸锦州,系因据报中国方面在锦州集合军队,计划扰乱满铁沿线治安,故日机飞往侦察,受中国军队射击。日机投弹轰炸,乃自卫之当然行动。

△ 日军封锁大连港,断绝交通,暗中运输连队。北宁路列车四列被日军扣留运兵。

△ 张学良召集在北平各要员讨论时局问题,决定除对日侨切实保护外,并拟令各地驻军勿轻举妄动,所有对日外交完全听命中央办理。

△ 东北军第七旅王以哲部自 9 月 18 日撤出沈阳北大营后,绕行千里,是日抵达北平。张学良令该部驻平绥线的南口、怀来休整。

△ 财政部次长张寿镛对华东社记者谈,财政部绝无停付外债之举动,自民国五年至今已偿付外债 10 余万万元,至民国二十九年,即可逐渐还清。

△ 教育部通令各公、私立大学,因日军入侵东三省,凡辽、吉、黑三省学生,均豁免或减免学费一学期。

△ 中国航空公司南京至北平航线正式通航。每日京、平对开,每机乘客三人。

10 月 15 日　国民党中常会决议:圈定王祺、何键、张炯、谭常恺、朱浩怀、谢祖尧、黄家声为湖南省执行委员;圈定潘秀仁、赵允义、陈国英、曲步霄、乔秉华为绥远省执行委员。

△ 胡汉民在沪电促粤方唐绍仪、汪精卫等到沪与宁方举行和平会议,谓现在外患急迫,正为团结紧要时机,宁粤团结,"今后安内攘外之力,亦可确定"。

△ 广州"非常会议"决议,派汪精卫、孙科、邓泽如、古应芬、李文范五委员偕同宁方代表蔡元培、张继赴沪议和,并推定汪精卫、孙科、许崇智、邓泽如、萧佛成、邹鲁、谢持、覃振、林森、李文范、熊克武、顾孟馀 12 人出席统一会议,陈济棠、李宗仁留粤主持政务。

△ 日军侵占东北后,留日学生纷纷退学,欲回国参加抗日。是日,训练总监部特令留日军事学生管理处主任章鸿勋转饬各专科及士官学校之官费留学生不得擅自退学,如至万不得已时,可与驻日公使蒋作宾取一致态度。

△　广州惨杀民众之祸首杜煊泰在押脱逃,粤当局悬赏二万元缉拿。汪精卫为此引咎辞职,广州"非常会议"慰留。

△　外交部就日军近日增兵新民、辽源,封锁大连海口,炮击北宁路客车等种种军事行动电请国联对日方提出紧急制止,并声明国内民气异常激昂,但政府服从国联主张,一再训谕民众,听候国联解决。

△　前四洮路督办马龙潭凭借日军势力在四平街成立"中满联合独立自治会",包括昌图、梨树、辽源、怀德、开原五县。马发表宣言,声称该会"重新设置一切政治机关","依世界人类爱善最高之宗旨,建设中日亲善之乐土"。

△　洮南镇守使张海鹏部开抵嫩江桥,在日机两架掩护下发动进攻,遭到东北边防军驻江公署卫队团徐宝珍部阻击,张部支队长徐景隆触地雷毙命,张部溃退泰来。马占山之黑龙江省防军将嫩江桥炸坏三处,以阻日伪军过江。

△　日关东军司令本庄繁在沈阳召集各旅团长及重要军官开会,决议联名电请陆相南次郎要求日政府退出国联,对华宣战。

△　日机五架轰炸通辽车站,行车房被炸毁,死14人。

10月16日　国联理事会举行全体大会,讨论邀请美国代表参加理事会共商解决中、日"满洲事件"问题案,日本代表芳泽极力反对美国代表出席理事会,并提出修正案,主张组织法律委员会进行研究。理事会主席白里安以日提案付表决,仅一票赞成,13票反对,被否决。原邀请案以13票赞成,一票反对获得通过。白里安即向美国发出邀请书。同日,美国接受邀请,派吉尔白列席。日本政府发言人就此事发表谈话,谓国联如不审慎考虑日本意见,日本将退出国联。

△　日陆军武官永津中佐奉陆军部令正式通知张学良,东北边防军日顾问柴山少佐、今田大尉及吉林省军事顾问大迫、沈阳高等兵学教官矢崎、须田两少佐,决定自本月15日起解除聘约。

△　胡汉民在上海就对日外交发表谈话,谓对日应确定一原则,即"绝对不屈服于任何暴力之下"与"绝对不丧失国家之权利"。同日,胡

又对沪各大学学生代表谈,当此国难之际,学生应"为民前锋",应多注意"力"的准备,毋作"气"的发泄。

△ 黑龙江省政府代理主席马占山由黑河抵齐齐哈尔就职,并电各军协剿张海鹏军。

△ 上海金业交易所即日起以美元为基准。

10 月 17 日 国民政府任命刘文岛为驻德国特命全权公使,王广圻兼驻捷克斯拉夫(今译捷克斯洛伐克)国特命全权公使,张志良为东三省盐运使。

△ 国民政府令:现查山西、陕西两省地方发生鼠疫,人民死亡甚多,着行政院转饬内政部遴派卫生署医官带同护士及各项药品前往该疫区协同省政府妥速办理。

△ 国联理事会讨论中日满洲问题,鉴于中、日意见分歧严重,欲拟一折衷办法,即一面由日本分期撤兵,一面在撤兵期内由中日两国开始谈判。并决议,由白里安电所有《非战公约》签字国,请各该国政府电其驻中、日公使分别劝告中、日政府遵守公约。

△ 上海各业 70 余工会联名发表促和平救国宣言,谓日寇入侵,亡国之祸,危在眼前,"倘竟互相犹豫,只图私利,不顾大局,或敢有垄断跋扈者……均为我全体国民之公敌",全国上下应一致图救国大业。

△ 据《申报》报道:吉林省府暂设哈尔滨大帅行辕,代理主席李振声、参谋长王之佑、财政厅长徐晋贤、民政厅长詹允、农矿厅长王宽善、建设厅长徐箴、教育厅长李树滋、警务处长高齐栋、外交特派员钟毓。

△ 日本上议院领袖开会,通过促政府对满洲问题坚守原定政策,勿顾忌国联之决议。同日,陆相南次郎与参谋长金谷会商后,向报界宣布,无论国联或其他第三者取何途径,日本对满洲政策决不改变。

△ 教育部转发国民党中央执行委员会制定《学生义勇军教育纲领》,凡九条,并通令各公、私立中等以上学校遵行。

△ 16 日晚胡匪 200 余在日人指挥下进攻新民县城外六里之南台子村,是日该村被攻陷,全村壮丁 19 人被杀,妇女被污,并纵火焚村,

全村 300 余家尽成焦土。

10 月 18 日 国民政府令教育部通令南京各学校整饬学风;又令各机关禁止公务员参加民众抗日运动。

△ 李烈钧、徐谦、程潜、张知本、陈嘉祐等拟定向宁粤和平统一会议提案大纲九条,其中有"切实保障人民实行集会、结社、言论、出版、居住、信仰之完全自由权","人民得自由组织团体或政党","缩短训政时期","唤起民众捍御外侮","恢复苏俄国交"等项。

△ 韩复榘布告各界,谓自东北事件发生后,迭奉中央党部、国民政府命令,对外务须力持镇静,听候中央解决。此后凡贴标语,召集会议,必须省党部及省政府审查允准方可行动。

△ 北平工界抗日救国会成立,参加者有邮务、火柴、粪夫、缝纫、地毯、报贩、电车、自来水等工会,决议从速组织义勇军,实行对日不合作,积极募集爱国捐款。

△ 据《申报》载:美国红十字会职员兼著作家、讲演家艾迪将其于10 月 9 日在天津美总领事前所作的关于日军入侵满洲之宣誓证词书寄给实业部长孔祥熙,证书按法律方式立言,在任何法庭可提出作证,证上除艾迪本人签名外,还有监视人美驻津总领事乔治亚吉森的签名及美总领署印。

△ 世界著名发明家美国人爱迪生病逝。19 日,国民党中执会致唁电哀悼。

10 月 19 日 国民党中常会决议:"凡本党同志自第二届第四次全体会议以后因政治关系而开除党籍者,一律恢复党籍,俟第四次全国代表大会开会时提请追认。"

△ 蒋介石接见东北民众代表向宸等,代表提出请政府否认辽、吉非法组织政府及其与日所订密约,并严令通缉袁金铠、熙洽等汉奸;统筹全国自卫方针;恢复与苏联邦交;速令黑省军队阻击张海鹏北犯;积极扶助学生义勇军等要求,蒋对所请各点,分别答复表示接受。

△ 张发奎率第四军全体将士通电全国,主张对日本宣战,表示愿

为抗日先遣,万死不惜。

　　△　国联理事会对中日满洲问题之讨论,因日提基本要点五项及日政府正式照会重提美国参加之法律问题,发生剧变,宣布延会,授权白里安与中、日代表直接商榷解决办法。同日,日代表芳泽发表声明书,声称日军暂不能从东北撤退,并提出日军撤退的两项条件:一、中国军队不对日本有敌视行为;二、中国政府及地方长官须尊重日本在中国的条约权利。

　　△　施肇基在日内瓦对美联社记者发表谈话,谓任何解决中日争执的办法,只要全世界认为公允有理,中国皆愿接受。中国完全信赖国联,绝对受理事会决议约束。

　　△　外交部接莫斯科电,苏联副外交人民委员加拉罕声明,苏联所奉行的主义与国际帝国主义的侵略行为水火不相容,决不与帝国主义者协谋以图他国,甚望中国自行从速制止日本在满蒙之阴谋。

10 月 20 日　蒋介石在南京招待出席太平洋国际学会的英、美、日、加拿大、澳大利亚、新西兰、荷兰等国代表,希望代表在会议期内研究如何联合世界公众之舆论,以谋世界和平。

　　△　张学良电施肇基,谓东北军为尊重国联决议案及友邦劝告,无不处处对日军退让,已将日方最为重视的王以哲部调至与日军不能接触的平绥线南口一带,请向国联声明。

　　△　外交部昨今两日先后收到英、法、德、挪、南斯拉夫五国致中、日两国请注意《非战公约》义务之照会,并表示各该国现正积极协同国联为促使中、日满洲问题和平解决而努力。

　　△　日代表芳泽向国联代主席白里安及秘书长德鲁蒙递交关于日本政府对满洲撤兵的五项条件,其要点为:一、中日相互担保各不侵略,并保障彼此领土完整;二、中国境内各种排日形式,包括抵制日货在内,须永远取消;三、保障中国境内日人生命与财产之安全;四、中国须偿付用以筑造满洲各铁路之日款,并承认满洲筑造铁路之现有条约;五、承认现有条约权利,包括日人在满洲租地之问题在内。

　　△　南京全市学生开抗日救国大会，一万余人参加，通过关于促进和平统一、反对与日直接交涉、严惩叛国分子、恢复民众运动、实行强硬外交政策等项提案多件。会后举行示威游行。

　　△　西北反帝同盟军组成，谢子长、刘志丹分任总、副指挥。

　　△　沈阳市地方维持会长赵欣伯继土肥原任伪沈阳市长，土肥原任市政公署顾问。赵并兼沈阳高等法院院长、保安队监督及东三省民报社长。沈阳维持会扩大权限，管理辽宁全省民政，各县均取消县政府，改组成维持会分会。

　　△　阚朝玺在沈阳通电自白，声明其于9月28日所组"四民临时维持会"是在日军入侵，达官富绅相率逃避，一般民众既不能避，又不及呼吁，生计复遭断绝的情况下所为，近因各机关成立，该维持会已于10月10日取消，本人亦脱离地方维持会。

　　△　外交部次长李锦纶就"韬朋案"照会英国驻华公使蓝普森，谓据军政部次长陈仪调查，韬朋被昆山驻军团长黄珍吾执讯，因态度不逊，被黄杀死，消灭尸首，黄已被判徒刑14年。

　　△　上海法租界发表户口调查统计：中外居民共45.6012万人。其中华人占44.0866万人，外侨1.5146万人。外侨中俄人最多，为5671人，英人2629人，美国人1572人，法人1326人，其他各国侨民为数百、数十不等。

　　10月21日　蔡元培、张继偕同粤方出席和平统一会议代表汪精卫、孙科、李文范、伍朝枢、陈友仁到达上海。唐生智、张发奎、甘介侯、郭泰祺以及随员91人同行。同日，广州"非常会议"电沪邹鲁，请担任粤方出席和平统一会议代表。

　　△　何应钦奉蒋介石电召由南昌返回南京。南昌行营事务由参谋长贺国光代理。

　　△　国民党中政会决议增派朱兆莘为特别外交委员会委员。

　　△　马占山在齐齐哈尔正式就任黑龙江代理省主席。马表示："倘有侵犯我疆土，及扰乱治安者，决以全力铲除之。"

　　△　冯玉祥电汪精卫等粤方出席宁粤和议代表,陈述对时局主张,其要旨为:一、设立国防局,集中专家,共筹国防计划;二、应迅速起用真正有功于革命之人员;三、恢复党的民主制,整饬党纪;四、首都应迁于适当地点;五、恢复民众运动;六、厉行减缩政策,裁并机关;七、实行财政公开,应用预算决算制;八、严订惩处官吏渎职贪污条例;九、制定生产计划;十、严订累进之所得税及遗产税;十一、规定公务人员最高薪及工农最低薪;十二、制定社会保险法;十三、修正教育计划,培养国家所需人才,使人民有平等受教育的机会。

　　△　粤省府取消对平、津、沪等地各报入口禁令。

　　△　第四次太平洋国际学会在沪正式开会,共到中、澳、英、日、菲、美、荷、加拿大、新西兰九国代表 131 人。徐新六致欢迎词;胡适发表讲演,略谓这次会议的东道国,正遭到史无前例的国难,中日虽没公开开战,但已在战争状态之中。希望会议能为太平洋地区的和平做出努力。

　　△　安徽省府主席陈调元电湖北省府主席何成濬称:“国难临前,赤氛未息,攘外安内,全在负责有人,无论如何更张,一国元首,不宜更易”,请何劝阻蒋介石引退。23 日,何复电表示:“当存亡危急之秋,欲一致对外”,应如期召开国民党第四次全国代表大会讨论国是。

　　△　沪蓉航线汉渝段正式开航。

　　△　施肇基致白里安备忘录,重申:一、解决满洲纠纷之谈判,必须以立即撤退日军为基础;二、日军撤退时及撤退后,必须有一中立委员团视察;三、必须承认中国因日军侵犯满洲所受损失有要求赔偿之权;四、必须成立一中日之间调和与公断的永久机关。

　　10 月 22 日　蒋介石由南京飞抵上海,同汪(精卫)、胡(汉民)在上海孙科住宅会谈,宁方出席者为蒋介石、于右任、蔡元培、李石曾、张继、张静江、陈铭枢、邵元冲,粤方为汪精卫、孙科、伍朝枢、李文范、陈友仁、邹鲁、胡汉民。会谈商定:一、外交方面决先求得一致,以利共赴国难;二、党、政、军诸方面问题,俟南京推定代表来沪与粤方代表先开预备会共议详细草案,然后再赴南京开正式会议决定。同日,蒋介石返回南京。

　　△　粤方代表汪精卫、孙科等联名致函蒋介石提出宁粤议和办法七项：一、为共赴国难，先谋外交一致行动；二、关于党国诸疑难问题，请宁方派代表到沪共商解决办法；三、党国根本问题在于集权于党，完成民主政治乃根本原则；四、召集一、二、三届中央委员会议产生健全的第四次全国代表大会；五、国民政府主席，拟仿德、法总统制，以年高德劭者任之，现役军人不宜当选；六、拟废除陆海空军总司令一职；七、到统一会议决定以前，彼此应尽之责，双方应照常担负。

　　△　国民政府通令南京、上海、镇江各地方当局，禁止拘日货商游街，略谓民众买卖日货，悉应本其自由意志，政府无法干涉，但拘人游街，不特妨碍社会秩序，且亦超越法律范围，应予制止。

　　△　行政院下令严禁用粮食酿酒，以维灾民食用。

　　△　汪精卫在沪接见沪各大学抗日会代表表示："对日宣战问题，不但须有最后之决心，且须有最后之准备"；"对俄并非不可恢复国交"，"对共仍须排除"。

　　△　国联理事会开全体会议，白里安提出解决满洲问题决议草案，内容要点为：一、限日军在下月16日理事会召开之前撤至铁路区域以内；二、重申中国保侨诺言，并望中国采取可令他国代表察视满洲诺言之实行方法；三、撤兵实现后，中日直接开议双方之间各悬案；四、设调解委员会。中日代表各向本国政府请训该案。23日，理事会开会，中国代表施肇基声明：中国为屈从理事会之意愿，接受草案。日本代表提出修正案，对撤兵限期及美国参与调解均不接受，仍坚持先直接谈判后撤兵。24日，理事会就白里安所提草案进行表决，13票赞成，日本一票反对，因未能一致通过，无决议效力，白氏遂宣布休会，11月16日再开，并声明该草案有道德价值，永久为理事会舆论记录。

　　△　太平洋国际学会讨论中国经济发展问题，吴鼎昌演说中国经济计划，应注意三点：一、应注重地方发展；二、应发展交通，首先全力建设铁路，急需国际合作协助；三、其他工、商、农业应由本国投资。24日，会议继续讨论中国经济发展问题，着重讨论交通、水利问题。关于

中国人口问题,会议认为"节制生育,改良家庭制度及治安种种,为目前解决中国人口问题之切要"。

10 月 23 日 粤方出席和平统一会议代表汪精卫、孙科等在沪招待新闻界,汪称今后将不再检查报纸,"使人人有自由发表意志的机会";又称,事实证明,用武力不能求统一,今后应"以建设求统一,以均权求共治"。

△ 蔡元培、张继由上海到南京见蒋介石,报告粤行经过,并商洽党内各领袖精诚团结,一致对外办法。蔡遵蒋命当晚返沪,向粤方代表转达蒋意。

△ 特种外交委员会讨论国联关于解决中日满洲问题决议案,金谓只要国联认为是公正之解决办法,中国一本初旨,绝对尊重公意之判断。

△ 日本政府训令芳泽向国联理事会声明,如中国允认中日各条约之约束,并取消抗日运动,则日本亦允开始将满洲军队撤退至南满铁路区域,并尽力于三星期之内完成此举。

△ 鲁迅发表《"民族主义文学"的任务和命运》一文。

△ 中国新闻学研究会在上海成立。

△ 日军召集沈海路局长丁鉴修、四洮路局长阚铎、洮昂路局长万咸章、吉长、吉敦路局长金璧东及伪沈阳市市长赵欣伯开会,决议重新成立东北交通委员会(该会自九一八事变后停止工作),管理东北诸省交通行政,推定丁鉴修为会长,金璧东为副会长。27 日,该委员会成立,并发宣言,宣称该会管理四洮、洮昂、吉海、吉敦、沈海等铁路。

10 月 24 日 蒋介石函复粤方代表汪精卫等 22 日函,内称:来函所提诸问题,已派定李石曾、张静江、张继、蔡元培、陈铭枢五人就近接洽,并请胡汉民就近商酌,望早日到京,共赴国难。

△ 国民政府令:原黄河水利委员会委员长冯玉祥、副委员长马福祥、王瑚及全体委员均免本职;特任朱庆澜为黄河水利委员会委员长,马福祥、李仪祉为副委员长。

　　△　日本政府训令芳泽向国联理事会解释,关于中日条约问题,日本将 1915 年条约(按:即袁世凯与日本签订的"二十一条")列入"现有之条约约束","此约束中国必须承认",并请国联理事会纪录日本本月 20 日向国联提出的关于解决中日满洲问题的五项要求。

　　△　前安徽省府主席方振武及第一届国民党中央委员居正应汪精卫、胡汉民电邀参加宁粤和平会议,是日抵沪。

　　△　彭位仁之第十六师由浏阳东黄茅向张家坊"清剿",苏维埃县委宋发根等三人被逮捕枪杀,张家坊红军设立之学校、医院及机关均被捣毁。同日,该师刘济人旅"清剿"浏东云溪岭一带,杀害革命群众多人,并将该处苏维埃乡政府烧毁。

　　△　据《申报》载:蔡廷锴在赣州召集第六十师及第六十一师官兵训话,勖勉将士要"与国俱存,与国俱亡,死要死在国亡之前"。

　　△　日关东军司令部代表林义秀向黑龙江省府要求,七日内务将江桥修复,否则由日军掩护"满铁"修理。

　　△　美国著名律师达洛、教育家、哲学家杜威、文学家杜兰苏、自由思想者纽约著名之《民族周刊》之编辑者加纳脱、美国自由主义联合会之秘书长鲍尔温等著名人士,闻中国政府将牛兰夫妇秘密判处死刑消息,大为震动。是日,联名电南京政府对该项判决提出抗议,并另电宋庆龄设法营救。

　　△　教育部核准四川成都大学、成都师范大学、四川大学三校合并,定名为国立四川大学。

　　10 月 25 日　南京政府派蔡元培、张继、陈铭枢、张静江、李石曾五人为出席宁粤和平会议正式代表,与粤商讨和平统一问题。

　　△　汪精卫在上海发表谈话,谓宁、粤统一后,两方约定同时发表蒋先生下野通电与广州国府取消通电,其最大意义,是把几年以来的纠纷,做一个结束,而从此以后,展开一个新局面,"把政治从军事势力的支配下解放出来"。

　　△　宋庆龄致函《申报》,声明《时事新报》登载宋庆龄参加宁粤和

平会议消息,完全不确,谓本人若对时局有意见发表,当正式送给各报刊登。

△　前清恭亲王溥伟由日军从大连带到沈阳,帮助日军筹建伪政权。

10 月 26 日　国民政府就国联通过解决中日满洲问题决议案发表宣言,略谓"国民政府深信国联理事会决议案能早日实行,并盼国际联盟继续努力,务使目的能完全达到,我国国民自当刻意忍耐,恪守法律,以助正义公道之成功"。

△　宁、粤双方参加和平统一会议代表在沪开谈话会,讨论外交问题。双方认为国联对中日满洲问题能主持公道,应促国联贯彻其主张与精神;中俄复交问题,不必与中日问题并论。

△　蒋介石在国民政府纪念周上报告,谓国联关于中日满洲问题的决议案,"以一般国民立场而论,当然未能达到吾人所要求之目的,但国联经过种种苦心,不能不说已尽到责任,亦不能不说国联已表现其精神与力量"。故我国应谅解国联,为保护世界和平而表示对决议案接受。全体国民应以"忍人之所不能忍"之精神等待国联伸张公理。

△　施肇基致函白里安,表示中国政府随时可与日本政府商订中日仲裁公约,但该种公约内容应与《中美仲裁公约》相同。

△　东北冯庸大学校长冯庸,因不愿参与日军策划之东北"独立"运动,被日军送东京。冯托言赴英留学,设法辗转回国,是日抵沪转赴南京。27 日,冯向蒋介石报告九一八事变后冯庸大学被难经过,并请政府设法救济。

△　上海各大学教授王造时、沈钧儒等 200 余人联名致书宁粤和平统一会议全体代表,陈述对时局意见:一、对日交涉须坚持无条件撤兵并保留要求赔偿、道歉之权利;二、集中全国贤能,组织国防政府;三、尊重人民固有权利,党治以来人民权利剥夺殆尽的局面必须终止。

△　上海特区市民联合会发表对时局宣言,主张对内应改进党务,

澄清吏治,集中人才,努力建设,实行主权在于民之政纲;对外应从速决定对日方针,以恢复中华民族之地位。

△ 日本政府就中日满洲问题发表声明书,声称国联 24 日通过的决议案不能成立,日政府统观中日大局,凡关于日本国民的生存之利益,绝不改变决心,日军若退回铁路附属地内,则势必使事态恶化。日本政府为确保在满日人之利益,认为中日直接交涉所"必要的基本大纲"是:"(一)否认相互的侵略政策和行动;(二)尊重中国领土主权;(三)彻底取缔足以妨害通商自由,或煽动国际之间仇恨对方的有组织的行动;(四)对于在满洲各地之日本人民之和平业务,须加有效之保护;(五)尊重日本在满洲方面条约上之权利。"

△ 溥伟带领废清复辟派 40 余人在沈阳祭告昭陵,日军沿途布岗保护,并驱乡民数千人前往"观礼"。日福田井上大将及贵、众两院议员均送花圈。溥伟等在陵前三拜九叩后三呼"中日亲善万岁",并宣读誓词,狂妄声称:"仰仗祖宗威灵及日本正义,推翻盘据廿年之仇敌,臣今后当竭其心力,恢复祖宗之基业。"

△ 沈阳日军司令部借口"剿匪",派兵占领四洮路各重要车站。日本官方声称此举系受南满路局之请。

10 月 27 日 宁粤和谈会议代表在沪伍朝枢宅举行第一次预备会议。会议名称原定为"和平统一会议",因宁方反对,遂改为"统一会议",宁方仍不同意,最后议定称"京粤代表会议"。会议讨论粤方提案。

△ 土肥原贤二由沈阳赴天津,秘密进行劫持溥仪活动。其计划是:一、扰乱北平、天津治安,破坏张学良在华北的政权,如成功即扶植溥仪在北平建立朝廷,将东三省让给日本;二、如扰乱不成功,则将溥仪劫持到沈阳作伪满洲国傀儡。

△ 何键在湖南省府讲演"抗日救国国人应注意事项",强调要严防共产党,要严守秩序,要努力职业,要加紧军事训练。

△ 昨今两日太平洋国际学会讨论太平洋外交机关设置问题,中日代表对满洲问题争论激烈。大会认为,国联已有限日撤兵决议,若日

本不执行,将来再设任何保持世界和平之外交机关,对日本皆属无效。

10 月 28 日 京粤代表会议第二次预备会议决议:关于外交事件,其方针及原则即在代表会议中讨论;进行交涉则由南京政府负责。双方一致决定,在日本未撤兵前,决不与日交涉。

△ 驻黑龙江省齐齐哈尔日领事清水就黑省代理主席马占山拒绝日人修复嫩江铁桥,坚持中国自行修复一事提出抗议,声称洮昂路系"满铁"借款铁道,且与日本交通运输、经济上有重大关系,日本方面决定派人修复。又称,黑省军队对日人必须加以保护,"如有妨碍,日本方面将以适当措置"。

△ 阎锡山电京粤代表会议,希望双方"抱定牺牲主义,努力完成统一的党、统一的国,协力御外,以救危亡"。

△ 中共江西临时省委制定颁布《反帝大同盟章程》,凡八条,以"反帝国主义及其走狗(中国豪绅地主阶级、国民党以至'AB团'、社会民主党、托陈取消派),拥护苏维埃政权,联合苏联及全世界被压迫民族、被剥削阶级争取民族解放"为宗旨。

△ 溥伟、汪喜、桂香等复辟派在沈阳商埠地八纬路一号正式组成"东北四省纯正民意政府建设研究会"。

△ 山东日侨在青岛召开全山东居留民代表大会,通过"努力造成重大事件"、"解决山东悬案与满洲问题同样断然处置"等五项决议,并发表宣言,声称"本会会今当中日国交危急之际,对于非武力之敌对行为,如排日排货、经济绝交等事,凡危及日侨生命财产之安全,必设法剿灭,以图彻底解决中日条约"。

△ 国民党中央监察委员、广州"国民政府"委员古应芬在广州病故。

10 月 29 日 京粤代表会议第三次预备会议决议,对所谓外交一致作明确解释:"所谓外交一致,系有限度的,如外兵侵入而言,不抵抗,丧失国土而无人负责,此种政策及情况,会议不能表示一致。"

△ 张学良奉蒋介石电召从北平飞抵南京,面商东北外交问题。

30 日,张偕顾维钧谒蒋,商谈东北外交及接收办法,对准备接收辽、吉问题已拟定具体办法。31 日,张返平。

△　国民党江苏省党部电中央及蒋介石、汪精卫、胡汉民,提出确定对日方案;在沪同志应速入京,实现团结等对时局之八点建议。

10 月 30 日　粤方代表汪精卫、孙科等就各地来电要求团结对外问题联名通电全国,略谓:数年以来,党不团结在于民主集权制尚未恢复,国不统一在于未能实行训政,完成民主政治,京粤代表会议重大职责在于根本解决党国诸疑难问题。现状与民国十六年 12 月在上海召开的第四次中央全会预备会议相同,故此会议亦在上海举行。

△　京粤代表会议第四次预备会议决议:一、由双方代表各电双方中央党部,请展缓召开国民党第四次全国代表大会,俟双方商定就绪再定日期;二、通过中央政制改革原则;五院独立负责,行使职权;使政治系统与组织简单化,以增加政治效能;使政治实际的民主化,中央政治机关应加民选分子,以使政府与人民共担建立宪政之目的。

△　南京方面正式公布京、粤商洽和议以来全部往来电文。同日,南京方面电蔡元培,谓粤方所提关于党政改革方案违反总章,不能接受讨论。

△　太平洋国际学会讨论"银价"问题,大多数代表认为世界之金不够世界之用,各国币制势将发生变动,以后银价或不致再大跌,银之风潮已告一段落,中国代表吴鼎昌发言称"现在国家中,完全以银充货币者,只有中国,故中国经济事业发展,银之用途增加,然为中国计,不愿为银之尾闾"。11 月 2 日,太平洋国际学会闭会。

△　训练总监部、教育部公布《学生义勇军训练办法》。

10 月 31 日　京粤代表会议开第五次预备会议,京方加派吴铁城为代表,通过中央政制改革案,其内容要点为:国府主席为国家元首,不负实际责任,不兼他职,任期二年,可连任一次;废除中央政治会议,设国民政府委员会,国民党中央执监委员为当然委员,行政院负实际责任,其他四院连带负责;司法院为最高司法裁判机关,不另设最高法院;

行政院各部长人选不必限于国民党员。

　　△　国民政府特种外交委员会电令施肇基,向国联秘书长提出照会,驳斥日本政府 26 日的声明书,并向国联表示"日本如依期撤兵,一切困难均可解决"。

　　△　日外务省复蒋作宾 26 日照会,声称不承认国联理事会 24 日决议为有效,惟希望中国政府赞助日本方针,开始商议确立平常关系之基础大纲协定问题,及军队撤回南满路附属地。

　　△　孙连仲在京向蒋介石报告该路军驻防宁都一带情形及"清剿"红军状况。同日,蔡廷锴以该部即将由赣调京,特赴上海向京沪卫戍司令陈铭枢请示入京后的防务事宜。

　　△　上海各大学抗日救国联合会通电督促宁粤和平统一会议迅速正式召开,要求派代表列席会议,并以公开信致张学良,请其解答不抵抗之意义及此后收复失地计划。同日,上海 160 个同业公会为促进国内和平,联名致电蒋介石、胡汉民及京粤代表会议各代表"捐弃成见,努力国是","国难当头,攘外为先"。

　　△　日本共产党反对日军出兵东北,自日军占领辽、吉两省后,该党亦秘密到东北活动,总机关设大连,以松井隆等七人为领导人,各地分机关亦纷纷建立,并在抚顺秘密出版《满洲赤旗》,散发颇广。日本警署自本月 26 日在抚顺查到《满洲赤旗》后,28 日在大连实行大逮捕,其他各地相继进行。是日,在满洲医科大学捕获日本共产党学生 20 余人。

　　△　溥伟在沈阳北陵举行市民大会,就任伪四民维持会长,声言"满人治满,决与日人合作到底"。驻沈阳日司令部应溥伟之请,通令全市悬日旗志庆。

　　是月　中共中央电苏区中央局:革命军事委员会设立主席团,决定朱德为主席,王稼祥、彭德怀为副主席。

　　△　红军第二十五军在安徽六安县麻埠成立,邝继勋任军长、王平章任政治委员,辖第七十三、七十四、七十五师。

　　△　中国致公党在香港举行第二次代表大会,并在港设立中央党部。

　　△　上海文总创办《九一八》周刊,成仿吾主编。第二期改名《公道》,潘梓年主编。第三期起改名《中国与世界》。

11　月

　　11月1日　国民政府派顾维钧、张作相、张群、吴铁城、罗文幹、汤尔和、刘哲为接收东北各地事宜委员会委员,以顾维钧为委员长。

　　△　京粤代表会议就召开国民党第四次全国代表大会商定三种方案,由两方代表各自向中央请示择定:一、京、粤两方代表合并开会;二、京、粤两方分别开会,但以合作精神行之,中央执监委员名单先经双方确定,再由双方大会通过;三、展缓至明年开会,另选代表。

　　△　蒋介石在南京就京粤会议议案对《大公报》记者谈:中国只能有一个政府,粤方诸人苟能负责,请其径来京主政,现在中央工作者尽可让开;一、二、三届中央委员混合召开第四次全国代表大会断不可行。否则“将来各届俱可混合,是为国家永留不安之祸根”。“挽救国家危亡,首在稳定政治中枢”,“个人进退,不成问题”。

　　△　国民政府电施肇基转致国联复牒,略谓中国一直拥护国联决议案,请国联主持公道,促日军从东北各占领地撤退,和平解决中日纠纷。

　　△　陈济棠、邓泽如、萧佛成、马超俊等由粤电在沪之粤方代表,务求贯彻在粤商定之主张。

　　△　第十九路军第六十一师分批离赣移防京、沪地区,临行发布《告赣民众书》,略谓“际此国难声中,自当敌忾同仇,以御外侮,本师誓效前驱,踏平三岛,饮马东京,以雪国耻”。同日,蔡廷锴由赣飞沪。

　　△　全国各地学生抗日救国代表60余人在南京开谈话会,决议组织全国学生抗日救国联合会,首先组织筹备会,以各省市为单位,每单

位推选一人为筹备委员。

　　△　中共中央苏区第一次代表大会在瑞金召开(又称赣南会议),通过《政治决议案》,表示完全接受中央 9 月指示信的批评,承认红军还"没有完全脱离游击主义的传统",强调"党的两条路线"的斗争,反对党内目前的主要危险——右倾。决定设立中央革命军事委员会,取消红一方面军总司令和总政委的名义。

　　△　湖南旅京同乡会召集紧急会议,反对何键以赈灾、筑路名义附加本年田赋一倍,盐税每包加一元五角,营业税照新税则加五成之决定,并推代表彭新民等向中央请求制止。

　　△　上海各大学学生抗日救国联合会通电全国,呼吁全国同胞督促京、粤双方代表即日正式开会。并宣称"若再迁延,破坏和平统一会议者","咸为国家之罪人,民族之公敌"。

　　△　日军铁甲车四列开抵通辽北站,炮轰通辽城,死五人,伤数十人。我国驻军为防日军前进,已将南北两站外之铁轨拆去一段。

　　△　日本侵占我国长江航权之大本营日清公司,因我国民众抵制日货以来,沿江各埠一致停装日货,是日又有一批轮船被迫停班。该公司为保留长江航行权,强留"洛阳"、"凤阳"、"大贞"、"大福"四轮自上海至汉口开空船往返。

　　11 月 2 日　蒋介石在国民政府纪念周发表演说,指责粤方违反总理遗训,无诚意与京方合作,故意为难京方,实是间接援助日本。又称,本人现在决不辞职,"我早已决心,即使全国国民、全体同志都不惜违背约法和党章,但我中正个人决不能毁坏约法,违背党章"。

　　△　京粤会议粤方汪精卫等六代表在沪共同对各报记者发表谈话,略谓:蒋介石若实践前言,辞去国民政府主席职,粤方拟提议请蒋担任国防委员会主席,此职对蒋更合适。中央政制改革案若能通过实行,则国民政府主席不负实际责任,自以年高德劭者任之为宜。

　　△　外交部将政府所派接收东北委员名单致电施肇基转告国联秘书长;并称中国政府正在履行国联关于满洲问题之决议案,请国联对日

本撤兵态度及日军在占领区之行动严加注意。

△ 国民政府公布《预算章程》及《办理预算收支分类标准》。

△ 张海鹏率新募之伪军向黑龙江省进攻,日军300名、铁甲车一列掩护张部前进。

△ 本庄繁派代表林义秀少佐至齐齐哈尔向黑龙江省府代主席马占山送交通牒,要求黑省军队从嫩江桥防地退回10公里,让日方修复江桥。马占山为尊重国联决议,令黑省军队退驻江桥北岸18华里处大兴站。

△ 土肥原在天津静园与清废帝溥仪秘密会晤,土肥原促溥仪前往东北建立"新国家",溥仪表示:"如系回沈阳复辟,当前往,如非复辟,即不去。"土肥原含糊允诺。

△ 教育部转发训练总监部拟订之《高中以上学校加紧军事训练方案》,通令国立专科以上学校及各省、市教育厅局遵行。

11月3日 外交部训令驻日公使蒋作宾驳复日本10月31日拒绝商订撤兵细目照会,告以中国政府已派定接收委员会,仍请日政府速派代表共商日军撤退及中国接收之细目。

△ 行政院通过教育部关于从民国二十一年度(1932)起全国学校设置奖学金办法之提案,规定全国专科以上学校每年设奖学金额500名,每名国币400元,由国库支付,各省、市中学及中等职业学校每年设奖学金额2000名,每名国币200元,由省库支付。

△ 陈铭枢由京抵沪,向粤方各代表解释蒋介石2日在国府纪念周之演说,称蒋之演词系一时之意气,不足介意,经京方代表劝说,蒋态度已缓和,劝粤方消除误会。

△ 蒋介石电意大利首相墨索里尼,对其主张和平解决中日满洲问题表示谢意。4日,墨索里尼致蒋复书,表示法西斯党政府渴望中日两国纠纷得到和平解决,决不亚于其他各国。

△ 施肇基向国联秘书长德鲁蒙就中日满洲问题再次提出声明书,谓"中国政府在军事占领压迫下,绝对不允开始谈判,同时中国政府

确信国际联盟各会员及美国必不能坐视《国际盟约》、《非战公约》及《九国公约》被摧毁无遗"。

△ 国联理事会主席白里安致函日代表芳泽称"中国政府对日本政府所提出之各项基本原则,业已给理事会以充分之保证","鄙人深信日本政府渴愿履行其在 9 月 30 日决议下庄严订立之义务"。同日,国联秘书长德鲁蒙将中、日两方各自关于解决满洲问题之声明书分送各会员国。

△ 粤方代表在沪向记者谈话,就蒋介石 2 日演说各点分别加以辩驳。同日,胡汉民在沪对各报记者发表负责谈话称,国难当前,如以个人之私见,增加党内之分裂,致陷国家于沦亡,我人固无面目见人民,亦且无面目见先总理于地下。

△ 全国学生抗日救国联合会代表大会在南京开幕,各省、市代表出席会议者 60 余人。大会收到关于抗日救国及和平统一运动提案 100 余件。4 日,大会决议:向国民党中央请愿,促迅速实现和平统一,如沪和平统一会议破裂,全国学生将一致罢课,并声讨破坏和平统一之罪。

△ 废田还湖及导淮入海会议在南京开第一次大会,通过废田还湖原则:一、阻碍寻常洪水下流之沙田、滩地及侵占寻常洪水所需停留之湖田,一律应废;二、沙田湖滩地除照第一项所规定应废者外,仍予保留。

11 月 4 日 江桥抗战开始。日军 700 余名、铁甲车一列运载"满铁"职工百余人开进洮昂路,强行修理嫩江桥,强令驻该桥附近的马占山部省防第一骑兵旅吴松林部退出铁路线外 10 公里。吴部拒绝,日军即日发动猛烈攻击,吴部奋勇抵抗。随后日军出动七架飞机轰炸,吴部虽伤亡极重,但仍将日军击退。

△ 京粤代表会议开第六次预备会议,双方对召开国民党四全大会的办法意见不一致。粤方代表提议待粤中央"非常会议"回电后再续开会议。

　　△　内政部通令各省市：豫省平等县裁撤，原有区域分别划归伊阳（今汝阳县）、嵩县、自由等县管辖。

　　△　施肇基致函国联，报告日军将东三省盐税全部强行提取，资助傀儡政府，并说明该税为中国政府抵押外债之专款，日人此举，对外国利权影响甚大。

　　△　上月10日广州警察枪杀爱国群众案主犯杜煊泰秘密乘轮逃往汉口，是日在汉轮埠被武汉警备司令部缉获。16日，汪精卫电蔡元培、陈铭枢、张继，请速设法将杜递解粤方，按律惩治。

　　11月5日　张继等由沪往京向蒋介石报告京粤代表会议会谈情形，京方各中委仍主京、粤合开国民党第四次全国代表大会。

　　△　施肇基致牒国联秘书长德鲁蒙，略称日军数百名已越过嫩江桥向黑龙江省军发动攻击，毙我军百余名，请立即通知理事会主席白里安制止日军挑战。

　　△　晋省政府报告，限六个月内禁绝金丹料面等各种毒品，逾期再犯者均处死刑。

　　△　上海银行公会发表宣言，略谓自国民政府成立五年来，兵祸不能息，匪患不能止，天灾不能防，党国自身亦复不能保持完整，卒为外患所乘，要求京、粤双方立即互相谦让，以期统一于必成。

　　△　全国学生抗日救国联合会代表大会决议，请国民政府对日本厉行革命外交，并拟具五项办法：一、按国联规定期限，限日军无条件撤兵，并保留要求日方赔偿、道歉条件；二、坚决否认日本所谓五个"基本原则"；三、日军暴行如不停止，与日绝交；四、请政府公开对日外交政策及对日交涉经过；五、请政府自动取消中日不平等条约。

　　△　冯庸大学学生千余人由冯庸、王化一等率领从北平南下请愿，要求国民党中央实现和平统一，共赴国难。

　　△　国联理事会主席白里安再函日本代表芳泽，请日本注意国联9月30日及10月24日关于解决中日满洲问题之决议案，并建议中日立即派代表商定东省撤兵办法。次日又分电中日两国，力劝依照国联

决议,勿使事态扩大。

△ 沈阳日军司令部发出公报,谓 4 日午后日军与黑军马占山部在嫩江桥激战,死日兵 15 人,日军决定占据嫩江桥北岸车站,以确保日方修桥。

△ 马占山电张学良,称日机 10 架在昂昂溪投弹轰炸,我军伤亡200 余人。同日,张学良、万福麟电马占山,令其坚守黑省,非至万不得已,绝不宜放弃。

△ "沈阳地方维持会"袁金铠、于冲汉、阚朝玺、赵欣伯等及日军代表举行高级会议,议定"沈阳地方维持会"执行辽宁全省行政权,与国民政府断绝关系。7 日,该维持会正式布告与"张学良旧政权暨国民政府均断绝关系"。

11 月 6 日 国民政府任命谷正伦为宪兵司令。7 日,谷向蒋介石请示关于组织宪兵司令部及其职权问题。各所属部队除现有之卫戍三团为宪兵外,总部宪兵处亦归其指挥,各省、市宪兵事务,亦将受其节制。

△ 京粤代表会议续开第六次预备会议,通过设立全国财政委员会案,规定该委员会由政府、银行界、工商界、经济学者、专家以相等人数共同组成,负责整理国家财政等事项,由行政院长兼委员会主席。

△ 南京国民党"剿匪"总司令部奉蒋介石令取消。南京卫戍司令部改番号为第八十三师,移防蚌埠。

△ 蒋介石电张学良接收东北委员会派员调查东北各地由于日军暴行所受损失,以便接收时商谈赔偿办法。

△ 张学良通电报告日军自 10 月 31 日至本月 5 日连续在东北各地向我军发动军事进攻,我军死亡颇重,并称对日军进攻,"除随时报中央转报国联要求设法制止外,并饬各部切实采取正当自卫办法"。

△ 凌晨,日铃木旅团数千人增援多门师团,在飞机、野炮配合下冲过江桥,向守军大兴站阵地全线猛攻。马占山部第三旅两个营前来增援,合力与日伪军拼搏。激战至午后 6 时,日伪军"气竭不支"败退,

马部亦撤至三间房第二道防线。

　　△　黑龙江省府代主席马占山通电全国报告日军进攻黑省,谓"占山原以此事国联已有办法,力主避免冲突",但日军侵略不止,"大难当前,国将不国,惟有浑厉所部,誓死力抗,一切牺牲,在所不惜"。

　　△　上海70余工会及全国学生会代表向京粤代表会议请愿,要求早日实现和平,一致对外。

　　11月7日　中华工农兵苏维埃第一次全国代表大会在江西瑞金召开,到会者有中央苏区、闽西苏区、湘赣苏区、湘鄂赣苏区、湘鄂西苏区、赣东北苏区、琼崖苏区的代表,红军代表,从白区来的全总海员总工会、反帝大同盟、"左联"等代表及韩国(朝鲜)的来宾共计610人。大会推选项英、朱德等为主席团。上午,毛泽东、朱德在阅兵典礼上检阅红军。下午举行开幕式,项英致开幕词。会议期间,毛泽东作政治报告,项英作劳动法报告,张鼎丞作土地法报告,朱德作红军问题报告。通过了《中华苏维埃共和国宪法大纲》、《中华苏维埃共和国土地法》、《中华苏维埃共和国劳动法》、《中华苏维埃共和国经济政策》等法令,选举毛泽东、项英、张国焘、朱德等63人组成中央执行委员会。20日,大会闭幕,毛泽东致闭幕词。

　　△　鄂豫皖边区第二次苏维埃代表大会在河南省光山县新集召开,到工农兵代表397人。高敬亭当选为苏维埃政府主席,王平章为人民委员会委员长,人民委员会下设外交、军事、交通、财政、经济、内务、土地、粮食、文化教育、劳工、革命法庭、政府保卫局、工农监察委员会等机构。

　　△　中国工农红军第四方面军在湖北黄安(今红安)七里坪正式成立,下辖红四军和红二十五军,徐向前任总指挥,陈昌浩任政治委员。各师干部为:第十师师长倪志亮,政委甘元景;第十一师师长王树声,政委甘济时;第十二师师长陈赓,政委刘杞。红四方面军共三万人。

　　△　国民政府任命刘文岛为驻奥地利特命全权公使。

　　△　国民政府训令行政院筹办农民借贷所,对被灾农民实施借贷,

借以恢复农村经济,而为将来创设农民银行之基础。

△ 京、粤代表开谈话会,粤方代表提出恢复第三党领袖邓演达的自由问题,谓邓非共产党,不宜继续拘禁。京方代表表示对此案无权擅决,允转呈南京当局。

△ 京粤代表会议第七次预备会议决议:双方以合作精神,各于所在地克期召开国民党第四次全国代表大会。其办法为:开会时双方发表通电,表示党之统一;双方四全大会一切提案,均交第四届中央执行委员会在南京开第一次会议时处理;双方协商中央执监委员候选人名单;由四届一中全会修改《国民政府组织法》,并改组政府,南京政府改组后,广州政府当然取消。上列决议分别由吴铁城、张继、蔡元培回南京报告,由孙科、李文范、陈友仁回广州报告。同日,预备会议通电全国各界将历次预备会议之决议案一并公布。京粤代表预备会议结束。

△ 国民政府复白里安 6 日电,重申“中国政府对于日本以武力侵占中国东省各地之举动,始终信任国际联合会,希望达到以和平方法解决本问题”,并表示深信国联理事会会员国必能以盟约所许最有效方法,遏止日本之侵略行为。

△ 晨 5 时许,日军骑兵在密集炮火掩护下进攻三间房阵地,遭守军孙鸿裕团伏击,马部骑一旅旅长吴松林派骑兵乘势向大兴站发起反攻,苑崇谷旅抄日军后路。马占山亲临三间房指挥,激战至午,日伪军溃退,马占山部复进守江桥。同日,黑龙江省军在三间房击落日机一架,俘获驾驶员三人。马占山通电全国,表示“一息尚存,不敢使寸土之地失于异族”。

△ 白里安会见芳泽,讨论辽、吉事件最近发展情况,指出日军入据洮昂路之嫩江桥,距条约所许日驻兵之满铁附属地已在 500 公里之外,实违背日代表在国联会上之诺言。芳泽称,日军深入,系因中国排日,抵制日货愈加激烈之故,洮昂路为系借日款所修,日本负有维持该路交通之义务。

△ 全满日人大会在沈阳举行,决议请政府当局增兵满洲,并解决

中日各悬案。

　　△　黑省各界代表300人在省党部开抗日救国会,决心请中央进行全国总动员,与日本决一死战,并请中央派飞机来黑省助战。

　　11月8日　蒋介石在南京召见虞洽卿、王晓籁、史量才、汪伯奇、黄炎培等上海各界领袖,征求对日外交意见,讨论东北问题。

　　△　土肥原在天津策动失意军人李际春、张璧等组织游民千余于是晚发动武装暴乱。暴乱队伍自日租界蓬莱街出发,在海光寺日军枪械库领得武器,越墙子河向天津第二区发动进攻。天津市当局宣布特别戒严,令宪兵、保安队、手枪队、自行车队、铁甲车队全体出动。公安局拘获暴乱者61人。

　　△　本庄繁派驻齐齐哈尔武官林义秀以书面通告送交马占山,逼马立时下野,将黑省政权交与张海鹏接收,并限马当夜12时前答复。马电平请示张学良,张复电饬死守勿退。马占山当即答复日方表示拒绝。

　　△　全国学生抗日救国联合会代表大会决议:各省、市设立抗日救国言论机关;电慰马占山部全体将士努力作战,保守国土,并请国民政府派兵援助。

　　△　江宁水灾义赈协会常委魏家骅等呈文行政院、内政部及江苏省政府,谓该县本年江堤溃决,损失农田63万亩,灾民20余万,实因沿江垦芦为田所致,请政府下令蓄芦护堤,禁止开垦。11日,内政部特咨苏、皖、赣、鄂、湘省府,请通饬所属,今后凡圩外非近堤基之地,应蓄芦苇,禁止放垦。已垦者,应查核情形,酌量恢复。

　　△　吴佩孚率随从100余人到达兰州,旋极力调停雷中田与马鸿宾冲突事,劝雷将马释出。并派随从青年党成员刘泗英与青、宁、新三省军阀代表在兰筹议拥吴办法。15日,邓锡侯、田颂尧、杨森、金树仁、马麟、雷中田等川、甘、宁、青、新五省17名将领联名通电,请国民政府重新起用吴佩孚主持对日军事,并拟拥吴为“五省联军总司令”。

　　11月9日　国民党中央执委临时全会决议:一、推定蒋介石、戴季陶、于右任、林森、蔡元培为京方四全大会主席团成员,主席团另二人由代表中推选;二、推定丁惟汾、陈立夫、周启刚为四全大会代表资格审查委员,另从中央监委中再推二人参加;三、推定叶楚伧为四全大会秘书长。

△　国民党中央监委全体会议决议:委员古应芬病故,由褚民谊递补;自二届四中全会后因政治关系开除党籍的俞作柏等 348 人一律恢复党籍。

△　施肇基通知国联理事会,谓日军指使其所组织的傀儡机关强提长春中央、交通两银行积存盐税 216 万元,移至东三省官银号。中国行政权遭受破坏,请各国注意。

△　清晨,驻天津日领事向王树常第二军军部口头抗议,谓日军一排长被中国兵打死,限令华军迅速撤离日租界 300 米之外,否则采取严厉手段。王为避免冲突,令保安队按日方限令撤退。6 时半,日军在闸口用炮向市区轰击,午后又炮击河北一带,华人死伤 200 余人。同日,天津市长张学铭照会日驻津总领事桑岛,指出暴乱发生,为租界当局放任所致,日租界当局应对此负相当之责任。

△　张学良在北平召集紧急会议,决定急调万福麟部驻廊房之于兆麟第十三旅及姚东藩部第十五旅开驻天津维持治安。同日,各国驻平使馆参赞亦与张商定,令各国在华驻军制止日军越轨行动,帮助维持平、津交通。同日,张学良通电全国,报告日军组织华人游民在天津发动暴乱之经过。

△　国民政府公布《接收东北各地事宜委员会组织规程》。

△　上海市抗日救国义勇军委员会、上海律师公会以及上海 160 余同业公会分别电慰马占山,对其率部挥戈抗日,表示愿作后盾。同日,上海市抗日救国会分别电蒋介石、张学良,请政府明令慰勉马占山,并赶派大军驰援。

△　营口盐务稽核分所所长皮尔生电盐务稽核总所会办葛佛伦,谓日关东军当局以武力强取东北盐税两次,10 月 30 日向营口分所提

去辽宁省盐税 67.2 万元,11 月 6 日向长春分所提去吉、黑两省盐税 72 万元;日军当局并声称此后决定每日提取 4.5 万元。

　　△　伪辽宁地方维持会财政整理委员会决议,废除木植、票照等六种税捐;出产税、豆税、油粮税、茧丝税等减半,田赋等八种直接税,拨归县、市自治会自收。借此推行所谓"善政主义",为筹建伪满洲国张目。

　　11 月 10 日　外交部就日军进攻嫩江桥事致牒日政府严重抗议,要求日政府立即制止日军进攻,日军在黑省所造成之损害,应负完全赔偿责任。

　　△　施肇基向国联递交关于日人在天津制造暴乱报告书。

　　△　鲁省府常务会议决议以政费协济军费办法:一、从省政府及各机关临时费、教育预备费、建设厅工程局建设费项下月筹 15 万元;二、各机关职员月薪 60 元者扣二元,60 至 200 元者每加 20 元扣二元,200 元至 560 元者每加 20 元扣三元,从 11 月起扣至军饷有着时停扣酌还。

　　△　中央银行将金条 24 箱由日本"皇后"轮装运美国,价值 150 万美元。

　　△　马占山与黑省军参谋长谢珂联名通电报告黑军抗御日军经过,略谓日军以修复嫩江桥为由,要求黑军撤离江桥 18 华里的大兴车站,并要求马将黑省政权交与张海鹏。日军无理要求被拒后,遂出动飞机、大炮向黑军猛烈进攻,黑军被迫自卫还击,因无防空武器,伤亡官兵五六百人。

　　△　上海邮务工会等 77 工会电慰马占山,望"鼓励将士,继续奋斗,全沪工友,誓为后盾"。

　　△　溥仪在日人挟持下深夜乘"淡路丸"离开天津,13 日到达营口。18 日,关东军受陆军省指示将溥仪严密监视于旅顺大和旅馆。

　　△　日军指使于冲汉在沈阳成立"自治指导部",入部学员须有日军大佐二人介绍,由日人直接指导训练,训练结束后,分发到各县充"自治委员",以控制各县行政。此为日人策划组织伪满洲国的第一步。

　　△　日方公布洮昂路战事日军伤亡人数:4 日至 7 日共死 167 名;

伤 600 多人,张海鹏部死 700 人以上。

　　△　8 日至是日,天津军警共捕暴乱者 300 余人,枭首及枪毙者 40 余人,击毙 60 余人。同日,王树常悬赏缉拿暴乱首领李际春,全市商民仍关门闭户,行人交通断绝。

　　△　日驱逐舰"刈萱号"载陆战队 300 名开抵塘沽。同日,驻津日军司令香椎发表声明,宣称天津动乱"苟有蹂躏我国国家之名誉"或"迫害我居留民生命财产","我军当行使自卫权而采妥当之处置"。

11 月 11 日　南京国民党中央执委会临时全体会议通过《财政委员会组织大纲》及委员人选;选任施肇基、钮永建为国民政府委员;发布实现团结之通电。同日,临时全会闭幕。

　　△　马占山通电声明未接受苏俄援助,日方宣称黑龙江省军与苏俄军队密结等情绝非事实。

　　△　东北民众救国请愿团 600 余人由冯庸率领赴国民党中央党部请愿,提出要求八项:一、宣示京粤和议经过;二、解释"四全大会"分开意义;三、立即完成统一;四、克日收复东北失地;五、暴日如再侵扰各地,立即以武力制止;六、准备对日宣战;七、悬赏拿办媚日汉奸袁金铠、熙洽、张海鹏等;八、失地负责官吏,应如何惩处?张继、吴铁城代表中央接见,表示中央对东北问题已抱定极大决心,誓必收回失地。

　　△　10 日深夜 11 时至是日凌晨 5 时,天津便衣队继续发动武装暴乱,与警察发生激战,日军在海光寺、闸口两处开炮,并有铁甲车一辆助战,天明后暴徒全部退入日租界。同日,北平市宣布戒严。

　　△　驻津日领事桑岛访市长张学铭,声称对便衣队暴乱事件,日本不负任何责任,并要求派人合组检查团,如搜检日租界无便衣队,中国应负诬蔑之责。张答:"每晚便衣队均由日界冲出,事实俱在,毋庸检查。"是晚,驻天津日军司令香椎访张学铭,自称代表各国领事意见,要求中国军警再退离日租界外 500 米,被张拒绝。

　　△　旅鲁日侨以山东居留民会名义电国联日代表芳泽,请向国联提出:1922 年中日解决山东悬案条约,中国迄今未履行,条约中订明日

人参与青岛市政权,亦未实现,中日共同利益不能实现,实为遗憾。

　　△　日本政府声明,在11月16日国联理事会重议满洲问题时,日本决不作丝毫让步,上届会议时所提五项基本原则作为根据的立场亦不稍改变;并称日本将"筹划一种外人管理中国方法","努力使国联确解欲使中国有一忠实政府,不可不有一种外人干涉。如国联赞同日本此种见解,而中国真正有信任国联之诚意,则中国应即依允此项计划"。

　　11月12日　国民党第四次全国代表大会在南京开幕。临时主席于右任致开幕词,蒋介石作题为《党内团结是我们的唯一出路》的演说,声称四全大会使命,"主旨在于使党内团结一致","领导国民完成国民革命"。

　　△　白里安分别致电中、日政府,要求两国严禁东三省再发生战争,力言国联派遣中立国视察员往嫩江桥实地调查之必要,并请两国政府对视察员予以便利。同日,外交部电复白里安,表示欢迎国联调查团,并予以一切必要之便利。

　　△　吉林省政府在宾县成立,诚允代理省府主席,李振声代理吉林边防副司令,丁超代理护路军总司令。

　　△　日关东军司令本庄繁以最后通牒电致马占山,要求马下野,黑省军队由齐齐哈尔撤退,日本军之一部为保证洮昂路安全起见,应向昂昂溪站开进,并限11月12日夜12时以前答复。马即电张学良请示,张电令马"严词拒绝,死守到底"。同日,施肇基将本庄繁所提要求向国联秘书处提出紧急照会。

　　△　日本政府电白里安,谓日政府已训令驻嫩江桥日军,若中国军队无战斗行为,不得扩大军事行动,但中国方面在齐齐哈尔、昂昂溪以南地区集结的军队超过日军10倍,请国联注意。

　　△　日公使重光葵照会外交部,对天津暴乱提出抗议,称中国军警违犯1902年中日天津协定,在离外国驻屯军地点20华里以内开枪,如日侨受损害,中国政府应负完全责任。

　　11月13日　国民政府任命蒋介石、林森、于右任、宋子文、何应钦、徐永昌、李石曾、邵元冲、张学良、韩复榘、胡适、马寅初等 23 人为财政委员会委员,蒋介石任委员长;任命温应星为宪兵副司令。

△ 汪精卫、伍朝枢、邹鲁联名电京蔡元培等六代表,谓黑省主席马占山率部英勇抗日,报载日本增兵图黑,"请转达主管者迅速增援,勿使爱国良士陷于绝境"。

△ 张继、陈铭枢奉南京国民党中央之命到沪访汪精卫,请粤方于第四次全国代表大会发表统一通电时,照京方所发通电大意发表,并向汪表白蒋介石对和平统一意极诚恳。汪允将京方之意转告粤方,并请张、陈二人返京速促中央研究政治大赦案,以使全党从速团结。

△ 马占山驳复本庄繁 12 日通牒,略谓本人下野须有中国政府命令,否则决不交出政权;关于撤兵,在中国领土内,日方无权干预;昂昂溪站为中俄合办铁路之车站,本人奉命保卫疆土,在未有政府命令放弃之前,决不退让。同日,马占山对哈报记者谈:黑省已有相当准备,"即剩一兵一弹,亦当与战壕共始终"。

△ 上海商会主席王晓籁对新声社记者发表谈话,略谓黑省军队为国苦斗,奋勇抗日,吾人决不能隔岸观火,应竭力筹款急济,勿使黑省成为当年台南第二。按:1895 年刘永福坚守台南抗日,因饷断援绝而败。

△ 天津各校学生代表 300 余人组成之南下请愿团到南京向国民党四全大会请愿,提出组织统一政府,共同御外,设立国防会议,积极对日备战,恢复民众运动,划分党、政、军之权限,明白规定人民在法律上之义务与权利并予以保障等项要求。

△ 武汉警备司令部布告,谓外交情势严重,为维地方治安,特严约三条:一、假爱国之名,行倾陷之实者,杀无赦;二、在外资下劳力解雇者,报请主管机关交涉,有直接交涉引起外交事件者,处死刑;三、开会、结社须请行营核准,否则当场解散或拘究。

△ 日代办矢野真在北平访张学良,要求中国尊重《辛丑条约》,不在天津周围 20 里内驻扎重兵。张答:中国一向尊重国际条约,天津附

近无驻重兵之事；惟近日有利用租界而发动暴乱者，保安警察有所
扩充。

11月14日　国民党第四次全国代表大会举行第一次大会，出席
代表341人，中执监委24人，蒋介石任大会主席。大会决议电慰黑龙
江省代主席马占山及黑军将领；通过刘家述等43名代表关于"严令各
省文武官吏若遇外侮入侵，应作正当防卫，严守疆土，与城存亡，不得放
弃职守"的提案，并决议将此案交国民政府切实办理。

　△　国民党四全大会发表《对外宣言》，吁请各国对日本占领满洲
事件严重注意，并表示对日本的侵略，"本大会自当领导全国民族奋斗
到底"。

　△　外交部就日人在天津组织暴乱事向日使重光葵提出抗议复
照，要求日政府迅令天津日本租界当局制止一切暴徒，如不幸再有上述
情事发生，日本政府仍应完全负其责任。

　△　孙科、李文范、陈友仁抵广州，广州"非常会议"开会决定本月
18日粤方召开国民党第四次全国代表大会。15日，继续开会，表示对
京粤代表会议在沪预备会议之决议案全部接纳。

　△　国民政府令：《惩治盗匪暂行条例》施行期间，着自本年11月
18日起，再予展期六个月。

　△　国民党上海特别市党部电京方国民党四全大会，略谓暴日侵
华，变本加厉，"为求国家之独立，民族之生存，更应下最大之决心，作最
后之准备，不宜徒恃他人，因循自误"。

　△　上海各团体纷纷响应市商会主席王晓籁关于筹款汇济黑省抗
日军之倡议，是日汇款者：市商会、市抗日救国会各一万元，纱布交易所
二万元，证券交易所5000元，面粉交易所1500元，邮务职工会1000
元，煤业公会2000元，协盛昌沪行李见三200元，威海路民智小学全体
师生300元。

　△　日军12日起由矢野、长谷、铃木三旅团长及满铁守备队司令
森连指挥7000多日军进攻三间房等阵地，马占山亲临指挥，奋力抗击，

令调第二骑兵旅两个团开驻昂昂溪。苑崇谷、吴松林、张殿九三旅长各自督战,至是日午时日军退却。

　　△　日陆军省指示关东军司令本庄繁向马占山提出交涉条件:一、马占山军撤退到齐齐哈尔(含)以北;二、马军不得将兵力调到中东路以南;三、马军不得妨碍洮昂路运行,否则日军立即实行有效手段。以上条件,10 日内必须实行。15 日,本庄将此条件送交马占山。

　　△　日本民政党、政友会及其他 15 团体举行公民大会,与会五万人,讨论满洲问题,决议促请政府增派大军入满洲,并促请国联重行考虑前持态度,解决满洲问题应由中日直接谈判,反对外方之干涉与压力。

　　△　本庄繁之代表林义秀再访马占山,对 12 日之通牒作说明,谓该通牒中所载日军将进占洮昂路昂昂溪车站应为齐齐哈尔,并限马 14 日上午 12 时前答复。

　　△　苏联外交人民委员李维诺夫就日政府在国际上宣传苏联资助华军等向日本驻苏大使提出口头抗议,谓苏联当局对中国东省军队并无任何形式的协助,故日本政府对日军进行之恶意宣传,应即加以取缔。

　　△　美国纽约报纸除《世界电闻》外,几全持袒日论调。是日共和党及现政府之《纽约时事论坛报》社评,不仅指责国联调解为错误,且竟然声称日人之军事行动,乃对于中国废除不平等条约政策所不能免的反响。《纽约晚报》则称,"日本为一强国,我人愿与之亲善"。

　　△　天津法租界工部局通知各华文报,自是日起,所有新闻稿一律送检,开外人干涉我国人民言论自由之先例。

　　11 月 15 日　全国财政委员会在南京成立。主席蒋介石。何应钦报告军费状况,宋子文报告财政状况。决议:一、军费每月不得超过 1800 万元;二、党政费每月不得超过 400 万元;三、除每月不敷一千三四百万元应由公债抵补外,不再发公债;四、政府全力巩固各公债信用;五、竭力提倡国内实业。同日,该委员会发表紧缩预算宣言。

△　全国经济委员会在南京成立,蒋介石报告经济建设、农工商振兴及交通建设等情况和计划。国联经济部长拉西曼报告国际经济情况,并对中国表示亲善。会议决议,关于振兴工商业、整理金融及其他与国民经济有关者,一律组织专门委员会详细研究。

△　国民党四全大会代表程天放、鲁涤平等邀湘、鄂、豫、闽、皖、汉等地代表会商"剿共"问题,刘峙表示,红军不肃清,对日感困难,故应集中力量消灭红军。同日,杨一峰、商震、刘镇华、马福祥等51人提请国府迅调大军"围剿"鄂、豫、皖三省交界处的红军。

△　新编第四师师长井岳秀到达南京出席四全大会。井谈称,该师驻防陕北榆林,本月初旬陕北红军第二十四军军长蒲子华率部千余由河北阜平至陕北之府谷、神木一带,被该师"围剿",蒲被俘即处决。

△　中国国民党护党同志会、东南五省抗日救国会、江苏民众救灾联合会、苏浙皖三省和平促进会联名电蒋介石、张学良、陈济棠等,谓"今日吾国胜败安危之局,即定于公等,一念能战,则条条生路,不能战,则条条死路"。请诸公团结一致,派兵援助马占山抗日。

△　马占山部在离昂昂溪25里处之汤池、蘑菇溪一带与日军激战。骑兵团长沙力布受伤。

△　云南省出席京方国民党四全大会代表张邦翰等在南京报告云南三年来施政状况,略谓该省军队改编后,共九旅、四个独立团,约三万余人。自裁厘后,收支公开,政府收入以三分之二作军政费,三分之一拨金融委员会整理金融,现已有两年的积蓄。全省六条公路干线已完成。省立大学本年成立,中师及乡村师范正欲扩充,期于四年内,全省学龄儿童能就学。矿产开发正聘英国地质学家调查。

△　本庄繁派林义秀再晤马占山,威胁称:日方所提要求马既未照办,日军将截断中东路西线,以断黑军归路,然后直取齐齐哈尔。马占山答以"守土有责,自当严重守卫"。

11月16日　国民政府令:所有国内森林、矿产、荒地、渔、铁道及各项企业无论公有私有,凡未经中央主管部门核准而与外国订立租售或类似租售之契约者一概无效。

　　△　国民党四全大会第二次会议通过各类提案审查委员会人选名单;中执委所提各案交专门委员会审查。大会收到湘省在监人李云清等 1.56 万人电恳四全大会各代表提议赦免全国监犯等请愿书多件。

　　△　胡汉民在沪对《申报》记者发表谈话,谓对于日本的侵略,如果政府当局仍不觉悟,"继续以无办法、无责任、无抵抗之三无主义为应付日本之唯一方针,则必至国亡种灭而后已",国人对此当严加注意。

　　△　湖南旅京同乡会周鳌山等向国民党四全大会请愿,陈述何键治湘种种罪行,要求立即停止其出席大会,并交国民政府查办。大会秘书长叶楚伧接见并允予转达主席团核办。

　　△　马占山电复上海各公团,略谓:"国难方殷,军人责重,仍当督饬将士,努力自卫。即有一兵一卒,亦必再接再厉,务乞唤醒民众,一致御侮,后援有人,前锋必锐。"

　　△　上海各界纷汇巨款支援黑省马占山抗日,国民党上海特别市党部汇 2000 元,中兴银行转汇菲律宾华侨救国委员会捐款一万元,上海华商证券交易所汇一万元,华商纱布交易所汇一万元,面粉交易所昨日汇 1500 元,是日汇一万元,印染公司汇 5000 元,杂粮业同人汇 2000元,中国红十字会汇救济药品费 2000 元,爱国女校汇 300 元,各团体并分致慰问电。同日,上海各工会代表急电国民政府,请立即进行全国动员,整军抗日,驱除倭贼,收复失地,全沪 80 万工友誓作后盾。

　　△　吉林民众代表向南京国民党四全大会呈书,哀诉东北沦亡,人民在日军蹂躏之下的悲苦,要求严惩东北失职官员,另派贤能,以实力收复失地,并速援马占山。

　　△　国联理事会在巴黎开幕,主席白里安致词后,宣读中日满洲争执事件文件,并谓国联理事会仍当设法和平解决中日争执,旋即散会。

　　△　日本政府答复我国要求日军从满洲占领地撤退之照会,声称中国要求日本履行未得国联一致通过之决议,以求自利,日本不能接受。非俟中国承认中日条约之尊严及停止排日运动,日本不考虑

撤兵问题。

11月17日 国民政府令免黑龙江省政府委员兼省主席万福麟本兼各职;任命马占山为黑龙江省政府委员兼省府主席。

△ 特种外交委员会讨论日本挟持溥仪潜赴东北企图复辟问题,决定将此事向全世界各国及国联声明。同日,外交部电饬施肇基就此事向国联声明,日破坏我国行政主权之完整,应对严重后果负责。

△ 国民党四全大会第三次会议通过中央执委会关于"国计民生"及"国民教育实施方针"两提案。

△ 广州"非常会议"推定孙科、萧佛成、邓泽如、李宗仁、经亨颐为粤国民党四全大会主席团成员;并发表通电,略谓国难方殷,全党已知必须重新团结,月来已得解决纠纷之途径,将以四全大会为共同一致之决议,结束以前分崩离析之残局,共谋今后国难之解救。

△ 张学良电马占山:除原驻黑龙江军队统归其指挥外,所有原驻哈尔滨之吉省军队及洮索路各军、东北屯垦军及前由邹作华所统率的炮兵均归马指挥。

△ 黑龙江省府委员赵仲仁与前东北第二十二旅旅长石青山在哈尔滨与驻黑日领事清水策划反对马占山,成立伪组织。25日,赵仲仁等亲日派在齐齐哈尔成立地方维持会。28日,赵仲仁自哈尔滨以电话通知在海伦的马占山,宣称马如交出黑省府印信,仍可任黑省警备司令。马之参谋长谢珂接话,当即予以严词驳斥。

△ 中央大学全体学生向南京国民党四全大会请愿,要求迅速出兵东北,收复失地;训令施肇基援用国联会章第十六条强制日本撤兵;通缉背叛民国之溥仪。

△ 第四军军长张发奎电粤方国民党四全大会及"非常会议"请缨前往黑龙江协助马占山抗击日军,表示"誓与为国效命之军人同亡,不与以'无抵抗'三字而腼颜偷生之军人同存"。

△ 上海妇女救国大同盟电张学良夫人于凤至,请促张学良克日出兵应援马占山。

△　国联理事会开秘密会议讨论东三省事件,中日代表均未参加。会议讨论两项试行建议案:一、商讨所谓"东方洛迦诺条约";二、组织两委员会处理中日争端,一委员会监视日本撤兵,一委员会在欧洲开会商定中日条约地位。

11 月 18 日　粤方国民党四全大会在广州开幕,主席孙科致开幕词,略谓在此内忧外患交迫中,望全体党员精诚团结,领导民众,从事救国运动。陈济棠代表"非常会议"演说,希望全党一心一德、奋斗牺牲,对内推倒独裁,对外抗御强邻侵略。

△　国民党四全大会决议:一、以最严厉之方法一年之内禁绝鸦片;二、筹款救济归国华侨。

△　陈铭枢抵沪与汪精卫、邹鲁、伍朝枢等磋商四全大会有关内政、外交要案。同日,汪精卫致电粤方,谓京方四全大会将于本月 22 日闭会,盼粤方在 22 日前提出第四届中委名单。

△　铁道部制定建筑国道计划,第一期先筑京桂线及京滇康线、京藏线、闽新线、绥新线之一部分,约长 1.6 万里,计划六年内完成。所需费用,计划以全国汽油税、汽车牌照税及汽车夫执照费之收入除应抵拨公债基金外,其余专供筑路用。按:全国公路民国十五年仅 2000 里,到民国十九年已有 5.1 万多里。

△　国联理事会续开秘密会议,讨论调和英、美、法三国对于中日条约及其与东三省事件关系之意见。美国坚持"门户开放"政策。美代表道威斯并向中日代表声明,美国不能放弃其反对在华特殊利益之传统政策。

△　南京各校抗日救国会组织全体学生一万余人向国民党四全大会请愿,要求实现统一政府,武力收复东北失地,以实力援助马占山,实行民主政治,扶植抗日救国运动。蔡元培代表大会接见,对各点要求表示接受,将提大会议决,转国府采纳实行。

△　广东一未满 20 岁、不愿发表姓名的女青年将其先人所授遗产兑换现金 2.5 万元交上海生活周刊社,请汇交马占山。并致马慰问电

云："今将先人所授遗产,勉筹 2.5 万元电汇麾下,幸各将士饱战饭,加戎衣,永保疆土。某倘有寸丝粒粟之余,当继续为国家军事后盾。"

△　日军调动 1.7 万余人,坦克 12 辆、炮 30 门、飞机 12 架,沿洮昂路向黑龙江省城猛攻。黑军战壕均被日炮火击毁,仍与日军作殊死抵抗。苑崇谷之步兵旅,程志远之骑兵旅伤亡过半。下午 6 时,马占山下令洮昂路各防线军队撤退,以乌黑马(离昂昂溪 18 华里)为第一道防线,新立屯为第二道防线,昂昂溪为第三道防线。

11 月 19 日　国民党四全大会开第五次会议,蒋介石代表主席团报告,谓国难当头,外侮紧迫,全党应一致奋斗,共谋御侮,对粤方所提出的中执监委员人选,应尽量接受;并表示"个人决心北上,竭尽职责,效命党国"。

△　张继代表国民党中央由京赴沪,敦促汪精卫、胡汉民即日入京主持党、政。

△　日军多门第二师团攻陷黑龙江省城齐齐哈尔,马占山率部掩护各机关职员及商民千余人沿齐克路退却。日军越过中东路,开始向大兴安岭及巴尔虎各旗进犯。

△　施肇基向国联理事会提出诘问,要求答复:一、国联会章是否有效?国联应否不援用会章第十五、十六两条切实遏止日人举动?二、《非战公约》是否有效?三、《九国公约》是否有效?四、日本是否可滥用天津日租界作为妨碍华人安全之根据?五、日人夺取盐税,是否不为直接破坏中国财政制度之行为?

△　芳泽致函白里安,声称:"满洲日人生命财产纵似获有保障,日本亦将维持满洲之军事占领",非俟对华直接议定新条约,追认现有各条约,并承认日本所提出之"五项基本要求"后,日本方可撤兵;又称日本政府不能承认国联理事会若干会员关于中日谈判与日本撤兵同时进行之提议。

△　《申报》发表题为《吾人能坐视马占山孤军抗暴乎》之时评,略谓马占山以孤军守土抗暴,誓拼生死,而万福麟之子万国宾在日军增援

不已之际,席卷黑省库存款 1100 万逃至哈尔滨,致使省库如洗,三军绝粮。我民众敢抗声质问,"谁应负此责任"? 吾人向政府建议三点:一、以武力收回失地;二、充分予黑军以实力援助;三、勒令万国宾缴回卷走之省款。

△ 何键等 20 余名将领向南京国民党四全大会提案,请准备武力收回东北被陷各地。

△ 汪精卫、邹鲁、伍朝枢在沪电广州"国民政府",谓马占山以一旅之孤军抗御暴日,势难久持,必须速予有力之援助。

△ 上海生活周刊社陆续收到各界团体捐款共 6.4 万余元,支援马占山部将士抗日。同日,上海东南医学院救护队 30 人离沪北上黑省前线救护马部伤兵,各界代表及群众 4000 余人到车站送行。

△ 京平航空公司"济南号"飞机在津浦线济南站南 30 里之黑家庄触山坠毁,两机师及诗人徐志摩均遇难。

11 月 20 日 国民党四全大会第六次会议决议:一、蒋介石立即北上抗日;二、确认马占山对日军进攻之正当防卫,为保障国家领土和世界和平之正义行动;三、国府对于日军侵占东三省行为发动以来,一切对内对外所取之政策及一切处置,本大会认为确能尽忠于国家与民族,今后关于捍卫国权保护疆土,本大会应予国民政府以采取一切必要的正当防卫手段之全权。

△ 国民政府以日本入侵,公债发行困难,令行政院转饬财政部自 1932 年 1 月起,在关税项下附征 10% 作救灾费用,原发行的 8000 万元赈灾公债除已发行 3000 万元外,其余 5000 万元已无发行必要,着即停发。

△ 粤方国民党四全大会第一次预备会议决议:一、本日开正式会议;二、电促汪精卫、胡汉民即日回粤主持会议;三、嘉勉马占山尽职守土;四、统一政府未成立前,否认南京政府续发公债;五、督促南京政府责成张学良克日恢复东三省领土。

△ 粤方推派马超俊、覃振迎接胡汉民、汪精卫、邹鲁、伍朝枢等赴

粤出席"四全大会",是日马、覃抵沪。同日,汪精卫电粤,称在沪接洽,不能擅离,故不能返粤出席大会。

△　汪精卫、伍朝枢、邹鲁等电蔡元培等京方出席京粤会议之代表,指责南京政府舍坚持日本撤兵主张,而谈中日条约为"最大失策",应令施肇基"只讨论撤兵,不能谈及别事"。

△　行政院就日军攻陷黑省府齐齐哈尔电请国联紧急处置,并致牒日政府提出严重抗议。

△　马占山率黑龙江省军政两署人员及党部退往呼海路终点站海伦,并在海伦成立省政府。马部军队分驻海伦、拜泉、克山一带。

△　日关东军利用汉奸袁金铠、于冲汉等组织的"地方维治会"之名义,宣布自是日起,将辽宁省改为奉天省。

11 月 21 日　国民党四全大会第七次会议决议:一、通过《国家建设初步方案》;二、通过中央执行委员会提请追认恢复党籍案;三、通过第四届中执监委员人数,中央执行委员 72 人,候补委员 48 人;中央监察委员 24 人,候补委员 16 人。

△　胡汉民电复粤方国民党四全大会,谓"宿病未愈,难遽离沪",并表示"汉民虽未到会,然精神意志,无时不与诸同志一致"。

△　外交部照会日本政府,抗议日军侵占齐齐哈尔,并望日政府急速改变武力侵略中国的既定方针,与中国政府所派东北接收委员商定撤军办法及接收细目。

△　张学良委万福麟为陆海空军副司令行营总参议。

△　国联理事会讨论派调查团赴满洲问题。日本代表芳泽声称,日本认为调查团不仅视察满洲,还须视察全中国,尤须调查抵制日货运动,调查员对以往中日军事不得批评,对中日交涉一概不得干涉。白里安将讨论意见归纳为八点:不得因调查延滞撤兵;美国允派员参加调查;调查项目由各会员自由提出;按盟约第十一条调查;望日本在数月内撤兵;停止战争,但不限期;望中国勿反对;望日本勿乘机扩大事变范围。

　　△　特种外交委员会电饬施肇基,向国联提出用解决保加利亚与希腊争执办法解决中日问题,勒令日本限期撤兵。按:1925 年保加利亚与希腊武装冲突,国联立即勒令希腊军队 60 小时内撤退,由国际军官团监视撤兵。

　　△　张发奎在沪对新声社记者表示援助黑省决心已定,并指责政府不求自立,专靠国联,养兵数百万,竟不发一兵一卒援黑,坐视孤军陷于绝境。"现在国内民心均未死,民气异常愤慨,将来至忍无可忍时,必有民众自起对抗暴日之时"。

　　△　上海全市中学生一万余人在公共体育场举行督促政府收回东北领土大会,通过以下提案:请政府立即援助马占山;警告失地长官张学良、万福麟、王树常,令其带罪立功;请政府即日公布对日方针。

　　△　国民党江苏省党部电促蒋介石迅速北上抗日,收复东北失地。同时,省党部又电令各县党部立即"电促蒋主席迅速北上杀敌,并举行欢送蒋主席北上救国大会,预祝胜利"。

11 月 22 日　国民党四全大会第八次会议通过:原候补执委丁超五、王正廷、王伯群、陈耀垣、张贞、孔祥熙为正式执委,增选周佛海、顾祝同、夏斗寅、贺耀组为中央执行委员,增选杨杰、萧吉珊、朱绍良、龙云、谢作民、马福祥、钱大钧、段锡朋、郑占南、黄慕松、张厉生、罗家伦、戴愧生、李敬斋为候补委员;增选张学良、杨虎、蒋作宾、洪陆东为中央监察委员,黄吉宸、方青涛为候补委员。大会决议:一、在中央领导下,设立国难会议,延揽各方英才,共筹救国方略;二、恢复李济深的党籍;三、第三次全国代表大会修改之总章,继续有效。

　　△　张学良电令马占山就地整理队伍,继续筹防。同日,张学良在北平用英文发表对外宣言,宣布"若日本不首先撤兵,不能讨论其他问题"。

　　△　国联理事会讨论派遣调查团问题,施肇基声明,无论派遣调查团与否,日军撤退应立即开始,理事会当务之急在于监督日本撤兵,中国拒绝日本不撤兵而派调查员之任何提议。

11 月 23 日　国民政府特任顾维钧代理外交部长。

△　国民党四全大会闭幕,蒋介石致闭幕词。于右任宣读《大会宣言》,号召"全国同胞,全体同志竭其忠诚","作积极救国之准备",对外则捍御强侮,对内则刷新政治,努力建设,并要求一切精神、物质力量,听命于中央之指挥。

△　国民党粤方四全大会开第二次会议,邓泽如、萧佛成等实力派以"非常会议"名义提出否决京粤代表会议关于国民党第一、二、三届中央委员为第四届中委的决议案,孙科等反对无效,该案被通过。孙科、陈友仁、李文范认为大会对彼等不信任,遂退出大会,于 24 日赴香港。经亨颐、张知本以及北方代表赵丕廉、郭春涛等数十人亦同时退出大会。大会遂分裂。

△　杭州 13 校学生 1600 余人到南京向国民党四全大会请愿,要求政府对日宣战。蒋介石接见,要求青年安心求学,以学术救国。

△　陕西省政府公布该省民众因鼠疫死亡情况:横山死 2000 余人,安定(今子长县)死 3000 余人,米脂死亡 300 余人,葭县死 100 余人,陕北、晋西鼠疫仍猖獗。

△　据《申报》讯:北平市政府近调查全市人口,总数约 140 余万,其中 56 万市民系文盲。

11 月 24 日　蒋介石召集出席京方国民党四全大会各将领 50 余人讨论国防、省防及军需诸问题,各将领对暴日侵略,表示愿效命疆场,御侮救国。

△　国民政府紧急训令施肇基必须坚持国联议决之下列要点为解决中日满洲问题之基础:一、国联必须立刻议决最有效的方法,制止日军之侵略行为;二、日本必须自国联决议之日起两星期内撤兵;三、日本撤兵必须在中立国监视之下。

△　南京各校抗日救国会通电否认张学良被选为国民党第四届监委,并请四届一中全会将张严办,请中央敦促蒋介石即日北上抗日。同日,镇江市各界万余人召开欢送蒋介石北上救国大会,并电蒋即北上驱

逐日军,收复国土。

　　△　沪各校中学生 5000 余人赴北站准备入京请愿,要求政府出兵抗日,南京当局得报,电路局劝阻无效。京沪线客车下午均停开。

　　△　驻沈阳日军大举向西进攻,在巨流河、新民县间与我国军队发生战斗。同日,日关东军司令本庄令驻齐齐哈尔之第三十九旅团调长春,临时野战重炮大队调奉天。

　　11 月 25 日　外交部就日军集中沈阳西南谋攻锦州,并于 22 日协助土匪攻击新民事向驻华日使重光葵提交抗议照会,声明:"锦州、新民一带,如有事件发生,日本政府应负重大之责任。"

　　△　施肇基奉政府训令向国联提出"划锦州为中立区"的建议,主张由英、法、意等中立国军队据守该地,日军在"中立区"成立后 15 日内撤出占领区。

　　△　胡汉民为调解粤方国民党四全大会分裂局面,是日离沪赴香港,伍朝枢等偕行。

　　△　孙科等一行由香港赴澳门转中山县。广州当局因香港中西各报载有孙科等退出四全大会到港消息,一律予以扣留。同日,曾仲鸣因反对粤四全大会推翻上海和会决议案,率代表 200 余人离粤抵港。

　　△　国联理事会秘密讨论日军攻击锦州报告及考虑中日复文,12 国理事(中日代表未参加会议)通过决议案之修正文,撤兵与调查,分别处理。但多数理事声明,如中日两国有一方不同意,保留另拟之权,将此案让诸美国,希望美国政府召集《九国公约》签字国讨论处置办法。美使道威斯大体赞同理事会计划。

　　△　上海、苏州、无锡、镇江等地中等以上学校学生请愿团一万余人相继到达南京。

　　△　国民党河北、北平、天津、平绥路四党部联名电请中央令蒋介石即日北上,出关御侮;并电令张学良,在蒋未到前,"出驻锦州,以正当防御勿使领土再有尺寸损失"。同日,上海各团体亦纷纷电促蒋实践北上之诺言,督同张学良收复东北失地。

△ 中华苏维埃共和国中央革命军事委员会成立,由 15 人组成,朱德任主席,王稼祥、彭德怀为副主席。同时,取消红军第一方面军总司令、总政委名义。中革军委统一领导和指挥红军。

11 月 26 日 蒋介石在南京中央军校接见上海中等学校学生请愿团 4000 余人,表示决心北上,抱定"鞠躬尽瘁,死而后已"之决心捍卫国家。学生认为满意,决定次日回沪。

△ 国民党在京的四届中央执行委员召开临时会议,暂推蒋介石、戴季陶、于右任、丁惟汾、陈果夫、朱培德、叶楚伧为常务委员。

△ 粤方国民党四全大会第三次会议通过确定兵工政策实施办法、巩固国防、速行征兵制、肃清共产党、组织华侨义勇军等决议。

△ 国联理事会通过派委员团赴满洲调查决议草案,规定撤兵与调查分别处理。中日代表均未出席会议。同日,国联秘书长德鲁蒙发表施肇基关于在锦州境内设立一中立区,由英、法、意等中立国军队在国联理事会主持下进行据守之提议。白里安再次电中日政府令在满各自军队停战。

△ 《中央日报》发表社论,对各界欢送蒋介石北上及学生请愿大加指责,宣称:"蒋主席身负国政之重责,又统率全国之军队",何时出发,"惟其自身可决定,任何他人均不能督促。"

△ 上海各大学合组之督促政府对日出兵请愿团 2000 余人赴国民政府请愿,适蒋介石不在,于右任接见,学生不满意,坚决要求蒋亲自答复。下午 4 时,南京各校抗日救国会学生亦前往加入请愿队伍,请愿学生在国民政府门前鹄立于雨雪之中,彻夜未散。

△ 首都各校抗日救国会在公共体育场举行欢送蒋介石北上讨日大会,到会学生万余人。蒋派贺耀组代表出席,大会向蒋赠旗一面,上书"为国杀贼"四个大字,右书"蒋总司令北上讨日纪念",贺代蒋接受,并声言:"唯希望于诸同学者,须知攘外必先安内",勿被"反动派利用北上之说,作种种恶意宣传"。

△ 万福麟、鲍文樾奉张学良命到达南京向蒋报告东北与平、津情

况,并请蒋立即到平指示应付办法。

　　△　菲律宾华侨 3000 人在马尼拉召开国民救国大会,主张对日宣战,并拟向旅菲华侨筹募 500 万比索以助国内抗战。

　　△　土肥原制造第二次天津事件。晚,暴乱之便衣队与我国军警开火,日借口流弹飞入日租界紧急出动,在中原公司六楼及海光寺、闸口等处同时向华界发 60 余炮。

　　△　据《申报》载:川康边防军旅长羊仁安因刘文辉委陈书农、陈鸿文为川康边防军师长,认为待遇不公,突宣告独立,自称川康总指挥,移兵内犯,势甚浩大。

　　11 月 27 日　中华苏维埃共和国中央政府执行委员会在瑞金召开第一次会议,选举毛泽东为中央执行委员会主席,项英、张国焘为副主席。并于中央执行委员会之下,组织中央人民委员会为中央行政领导机构,选举毛泽东为主席,项英、张国焘为副主席,王稼祥为外交人民委员,朱德为军事人民委员,项英为劳动人民委员,邓子恢为财政人民委员,张鼎丞为土地人民委员,瞿秋白为教育人民委员,周以栗为内务人民委员,张国焘为司法人民委员,何叔衡为检察人民委员。又于人民委员会下设立国家政治保卫局,以邓发为局长。

　　△　中华苏维埃共和国临时中央政府发表对外宣言,宣布本政府"主张取消一切帝国主义国家过去同中国地主资产阶级政府订立的不平等条约,一切中国的统治者为了镇压中国民众运动为屠杀而借用的外债"。本政府的"最后目的,不但在打倒帝国主义在中国的统治,而且在打倒帝国主义在全世界的统治"。号召"全世界的劳苦民众起来用革命的国内战争,消灭一切反革命的战争,取得全世界永远和平"。

　　△　红军彭德怀部攻克会昌城。

　　△　粤方国民党四全大会退席代表 220 余人在香港通电,声明退出会议真相,并电汪精卫表示拥汪,"同尽救国之责"。同日,胡汉民等由沪抵港,与孙科、陈友仁、李文范等会商调解粤分裂局势之办法。

　　△　上海各大学请愿学生在国民政府门前守候一昼夜,蒋介石方

出接见,除口头表示接受请愿,声明"如果三年以后失地不能收复,当杀蒋某人头以谢天下"外,并书写保证:"本主席效忠党国,早具决心,对于诸生请愿自可接受","望诸生转告同学,安心求学,拥护政府,各尽天职。"请愿团认为满意,乃于次日返沪。

△　中央大学教授发表《告学生书》,劝学生在此国难严重时期,不宜互相责难,应对内团结,对外不屈,决莫空言宣战,奔走请愿,罢课废学,应致力于救国之知识准备。

△　东北军旅长10余人在北平向张学良请缨抗日,张答:"一切已派万福麟面向蒋总司令请示,即有答复,军人以服从为天职,行动当以中央命令为根据,学良与各旅长在同一立场之上,中央苟有命令,自当身先士卒。"同日,张学良电令各军,严加整饬,淬砺部属,准备为国效命。

△　日军乘铁甲车一列、兵车两列由新民向饶阳河攻击,经饶阳驻军抵抗,日军暂退白旗堡。

△　日关东军司令本庄令混成第四旅团沿北宁路进入大凌河掩护主力进入辽西,令第二师团主力及第三十九旅团主力紧急开往奉天,迅速集结,出击锦州,进入山海关。

△　驻天津日军继续向华界开百余炮,毁坏建筑多处。日租界当局令界内居民,在12小时内退出,否则不负保护责任,日界内居民遂纷纷逃出租界。驻津日军司令香椎向河北省、天津市当局抗议,要求中国保安队及警察在36小时内解除武装,中国军队沿铁路线间20里内不得驻扎,河北省内不得有军事行动,取消反日运动,并限两小时内答复。河北省府主席王树常电张学良请示,张复电称,对于日方抗议,与各国驻津领事磋商办法,相机办理。

△　外交部公布:锦州安全问题,中国政府已完全接受国联设立中立区域之决议,并将相应之训令电告锦州驻军将领照办。

△　日本参谋部以北宁路战事开始,召集紧急会议,决定不问国联理事会如何行动,日军不再延迟进攻锦州的行动。同日,日外务省电告

白里安,声称日军自 9 月 18 日以来,所有一切行动皆属"自卫",并诬我国军队集结锦州,扰乱日军,致发生目下锦州危急情形。

　　△　法国驻日大使马戴尔通知日外相币原,谓张学良已向驻平法使声明,准备将锦州驻军撤入关内,并准备设立中立区,警务与民政由中国负责。日政府答复:日本欢迎张学良撤兵,但中立区警务与民政须由中日双方协商,无须外人干涉。

11 月 28 日　国民政府令:外交部长施肇基代表政府出席国联会议,责任重大,一时不能回京,特任顾维钧署理外交部部长,即日就职任事。

　　△　第十九路军总指挥蒋光鼐、第十九军军长蔡廷锴电呈国民政府及军政部,请将"总指挥"、"军长"等虚号取消,"一以防军队私有,养成军阀之萌,一以杜叠床架屋,骈拇枝指之弊",所部各师,直属政府主管机关指挥,以利国防。

　　△　驻平日代办矢野奉外务省训令访张学良,商洽沈阳与山海关间设立中立区域办法。矢野声明:该区域内之日军现正向沈阳撤退。张学良表示,愿将辽宁省府与该省驻军由锦州撤至山海关,但须俟南京政府核准方可办理。

　　△　天津日军继续炮击华界,晨 1 时,暴乱便衣队二三百名从日租界冲出袭击津市警察防地。警方奉令不准抵抗,死伤 30 余人。

　　△　外交部急电白里安,请国联制止日军攻击锦州。

　　△　日军沿北宁路南进,占领大虎山,我军在盘山县与日军激战。

　　△　本庄奉陆军省电令,中止向北宁路进犯,令进入辽河以西日军立即退往辽河以东。第四混成旅团及独立守备第二大队从巨流河、沟帮子退回奉天。

　　△　中华苏维埃共和国中央执行委员会决议颁布《中华苏维埃共和国婚姻条例》,12 月 1 日起施行。

　　△　何香凝由法国返抵上海,翌日语新声社记者谓,本人将以国民资格办对日作战之伤兵救护等事宜,对国内政治,十九不拟参加。同

日,于右任到沪请何入京,何以身体不适拒绝。

11 月 29 日　蒋介石致电汪精卫,请促粤方早息纠纷,从速入京,俾中央全会得以定期举行;"中正以一人之身,急图北上,立待全会开成,俾奉命遄征,得有遵循"。

△　蒋介石下令将第三党领袖邓演达秘密杀害于南京麒麟门外沙子岗。

△　天津日军复向华界开炮,并指使便衣队向保安队进攻,保安队奉令不准还击,只在暴徒冲近时掷手榴弹自卫。下午,保安队接受各国驻津领事调解,在总队部集合后退至海河以北,各队员皆悲愤满腔,含泪而行。

△　沿北宁路南进之日军撤回沈阳,新民、巨流河等处日军亦开始撤退,政府派保安队分别接防。日第二师团长多门已率一部撤离齐齐哈尔,司令部移至长春。

△　芳泽致函白里安,声明日军除自卫外不对华军作敌对行动,日政府愿避免锦州地方发生武装冲突,并称:"倘锦州之中国军队撤至山海关以西,则除华北之日侨生命财产与华北所驻日军之安全发生严重危险之时外,日军不开入撤兵区域。"

△　日陆军省声称,东北日军已在过去 16 小时中退回满铁附属地。陆相南次郎正式声明撤兵理由,谓中国方面有将锦州附近军队撤至山海关以西之意,故日军终止前进。但扬言倘中国军队将来有威胁满铁等情形时,日军仍将采取适当军事行动。

11 月 30 日　国民政府令:特派何应钦为驻赣绥靖主任,刘峙为驻豫绥靖主任,何成濬为驻鄂绥靖主任。

△　陆海空军总司令部正式取消。所有文职人员交国府文官处任用,武职人员分发国府参军处及军事参议院任用。

△　蒋介石在京分别接见沪工界代表请愿团、北平民国大学请愿团,对请愿抗日诸要求,表示接受。

△　马占山电粤方国民党四全大会,劝以国难为重,从速实行京、

粤团结,"消弭党争,唤起民众,一致对外,为民族争生存,为国家争地位"。

△ 日军师团长多门致马占山通牒称:马如能劝说克山等地之中国军队使之降服,可通知新井顾问;马如确定回省日期,亦可先通知新井,林义秀少佐可担保无意外发生,并准许马带卫队 80 名入城。

△ 上海民众高冠吾等 30 余人联名通电反对在锦州设立中立地带。略谓日军不宣而战,侵我辽、吉,如果依照国联划锦州附近为中立地带,不啻直认辽、吉为我因战败而已失之土地,实系侮辱我国全体国民,万难忍受。

是月 湘鄂西第三次工农兵代表大会在湖北省监利县周老咀召开,40 多个县的代表 1000 多人到会,正式成立湘鄂西苏维埃政府,崔琪当选为湘鄂西省苏维埃政府主席。

12 月

12 月 1 日 粤方国民党四全大会第六次会议通过接受胡汉民、伍朝枢所提调停粤会分裂办法三项:一、第一、二、三届中央委员 120 人由主席团提出,大会通过之;二、除此 120 人外,大会另选出 24 人,与南京方面选出的 24 人于四届一中全会以三分之二的委员通过承认之;三、以前因政治关系被开除党籍者,除共产党外,一概恢复党籍。

△ 中华苏维埃共和国中央执行委员会发出第一号布告,内称,中华工农兵苏维埃第一次全国代表大会于 1931 年 11 月 7 日在江西苏区召开,会议通过了政纲,宪法,土地法,劳动法,红军问题,经济政策等重要法令。宣告中华苏维埃共和国成立。选出毛泽东、项英、张国焘、周恩来等 63 人为中央执行委员,组织中央执行委员会,为全国代表大会之后的最高政权机关。

△ 财政部拟定取缔现银出口办法,令各海关及上海银行公会照办。该办法规定由银行公会组织登记现银调查团,各银行、各商家即日

起将现银出入用途、存储数按日汇报银行公会;海关严厉检查,外运之银如无护照证书,一律扣留归公,并在海关加派缉私队。

△　国联理事会12国委员会通过解决满洲问题决议案草案:一、确定9月30日理事会通过之决议案继续有效;二、当事国双方采取必要之手段,禁止易致酿成丧失生命之任何行为;三、中日双方随时将东三省最近情况报告国联;四、理事会各理事国应将彼等接到各该国在东三省代表之报告,供给理事会;五、派五人调查委员会到东三省调查,中日各派襄助员一人;六、在理事会明年1月25日开会之前,请白里安注意中日纠纷之发展。

△　中央大学校长朱家骅发出布告,告诫学生毋再奔走呼号,旷废学业。

△　北京大学、朝阳大学等北平20余所学校学生代表千余人南下请愿,北大校长蒋梦麟奉教育部令前往劝阻,除一部分学生被劝回外,其余仍坚持南下。3日,北平各大学学生南下请愿团1600余人到达南京。同日,教育部遵行政院令,通饬各省、市教育厅、局,劝谕学生请愿团以后乘车应照章办理,不得有强迫登车情事。

△　武汉大学发起组织武汉学界救国请愿团,并决定即日起停课,于本月3日赴京请愿。

△　徐州市七所中等学校学生抗日救国会南下请愿团2000余人往谒中山陵,学生韩如纯在孙中山石像前断指血书,并称"在生一日,誓与日对抗到底"。

△　中华国民拒毒会常委会决议:一、全国拒毒代表大会延期至明年3月1日举行;二、福建军人在闽南北勒民广种鸦片,破坏烟禁,安徽省府主席陈调元、禁烟查缉处处长郝子华包庇种、运、贩、吸鸦片,证据确实,再请中央党部及监察院查办。

△　日本增兵天津,日军300余人随带军火1500余箱、钢炮五门、机枪三挺到津,即在日租界武装游行示威。

△　陈炯明发表《敬告国人书》,以"前有日寇侵凌不已,后有共产

党伺机而动,中有国民党人盘踞于国、省、县区"称为"三害并至"。

12月2日 蒋介石在京接见北平及徐州各校学生请愿团,蒋对请愿各点表示接受,并谓本人"誓赴国难之决心已屡对各请愿团表明","俟中央全会开过之后,即当北上"。

△ 广州市省立工专、女师、女中、一中、二中五校学生向广州"国民政府"请愿,并绝食露宿,要求粤方与南京实现和平统一,出兵收复东北失地。

△ 国联理事会讨论在锦州设立中立区问题,施肇基参与讨论。理事会议认为日军已履行北宁路撤兵之诺言,拟使中日间有一协定,俾中国军队可退入关内,双方不得派兵越境。日代表表示,中国仅将军队撤入关内,尚不充分,必须将张学良设于锦州之辽宁省府亦撤退,使袁金铠管理锦州。讨论陷入僵局。

△ 施肇基在国联理事会提出国际委员会接收天津行政之建议,并表示"中国政府准备以最可恃而最好的华兵500至1000人,交国际委员会遣用,此项军队可由国联所派任何外人军官指挥之,以成维持法纪与秩序之充分力量"。国联对此建议不欲详细讨论。

△ 美国武官马格莱、英国武官达安纳、法国武官蒙斯由朱光沐带领,自锦州出发分赴饶阳河、通辽视察被日军破坏情况。同日,英、美、法、意、波等国驻日武官由关东军司令本庄繁派武官永井带领到黑龙江省视察。

12月3日 粤方国民党四全大会第九次会议决议:加推胡汉民、伍朝枢为主席团成员。下午第十次会议通过孙科、伍朝枢、李文范等人提案:一、为修明政治、防止独裁起见,于若干省府上设政务委员会,在国府指导下监督各省行政;二、在中执委会指导下设执行部于重要地点,监督各省、市党部;三、为国防及"剿共"起见,于必要地点在军委会指导下设军事分会。并通过中央在粤发行公债由国库偿还案。

△ 粤方国民党四全大会退席代表170余人在沪得悉粤全会通过胡汉民等调解办法,重新选举消息,是日开会讨论,由汪精卫提议,选出

唐生智、张发奎、王懋功、谷正纲、邓飞黄、刘文辉、唐有壬、范予遂、黄少谷、萧忠贞10人为国民党第四届新中央委员。陈孚木、郭春涛等14人为候补委员。

△　国民政府令：准驻赣绥靖主任何应钦辞职，特派朱绍良继任。

△　日本驻华公使重光葵偕参赞林出访顾维钧，重光表示日政府已令满洲铁路沿线日军撤退，希望中国方面亦表示诚意。顾答，中国政府绝对遵守国联理事会决议案中所提办法，别无其他意见。

△　旅欧华侨救国总会电《大公报》转全国同胞，略谓国联助日亡我，施肇基又放弃日兵限期撤退案，政府已与日直接交涉，接受亡国条件，划锦州中立区，开共管恶例，此种卖国外交决不能接受。

△　上海抗日救国会通电坚决反对政府与日本直接交涉及国联关于在锦州设立中立区的提案。同日，上海各大学教授抗日救国会就顾维钧欲与日本直接交涉，划锦州为中立区事致电警告顾勿为曹（汝霖）、章（宗祥）、陆（宗舆）第二。

12月4日　粤方国民党四全大会第十一次会议决议：为实现民治，防止武人跋扈，全国大小军官直接或间接均应隶属行政院，平时不设陆海空军总司令或类似之军职；选出白崇禧、李扬敬、余汉谋、林翼中、张惠长五人为中央执行委员，香翰屏、唐绍仪、张发奎三人为中央监察委员。同日，林云陔辞粤省府主席，以伍朝枢继任。

△　蒋介石在京接见北平各大学学生南下请愿团1200余人，表示接受请愿各项，并对学生训话，略谓政府决心本着外交上最合理之方针，断不承认有丝毫丧权辱国之条件，国民亦必须信任政府，俾增合作精神与对外力量；学生应本"学术救国"宗旨，潜心学业，勿虚耗光阴。

△　外交部在全国各界人士及各地学生坚决反对下，被迫以紧急训令致电施肇基，告以日本向国联所提在锦州设立中立区案不能接受，日军如进攻锦州，我国将不能不采取自卫办法。

△　施肇基因出席国联交涉困难电外交部辞职，次日蒋介石复电慰留。谓"一切交涉，秉承既定方针，自有政府负责"，国难当前，惟望任

劳任怨。

△ 顾维钧在南京招待各报记者,声明外国通讯社对锦州报道失实,中国一面准备自卫,一面用外交方法阻止日军进攻锦州。

△ 英、美、法、德等国武官、参赞由锦州赴山海关视察。

△ 日本陆军省公布,自 9 月 18 日起,满洲日军死伤总数为 684 人,其中死军官 12 人,兵 198 人,伤军官 28 人,兵 446 人。

12 月 5 日 北大南下示威团 300 余人在南京由中央大学出发游行示威,沿途高呼"反对政府出卖东三省"、"打倒卖国政府"、"被压迫民众团结起来"等口号。队伍行至成贤街时,遭到警宪镇压,当场被抓走 185 人因于孝陵卫,一人被打死,33 人重伤,一部分学生跑回中央大学,宪警亦随之追往中大,又与中大学生冲突。中大学生千余人即整队至卫戍司令部要求释放被捕学生,交涉代表反遭扣留。大队学生遂冲进卫戍司令部大门,在部内伫立至晚 10 时余,终以无人负责,乃整队返校。

△ 国民政府明令禁止结队到京请愿,无论何项团体,如有意见欲陈述于政府者,均应书面呈请当地行政机关或学校校长转呈。

△ 蒋介石电张学良严令阻止北平学生南下请愿,"如不能劝阻,宁可停车,不予通行,以免效尤"。

△ 粤方国民党四全大会闭幕。同日,四届中央执行委员召开首次临时会议,推胡汉民、汪精卫、孙科、伍朝枢、经亨颐、白崇禧、居正、石青阳、陈济棠九人为中执会临时常委,唐绍仪、萧佛成、邓泽如、香翰屏、李宗仁为中监会临时常委。并决定在粤设立中央党部执监两会临时常务委员会,接收原"非常会议"档案。"非常会议"宣告结束。7 日,粤方国民党中央党部正式成立。

△ 粤方国民党四全大会所选中执监委员由胡汉民领衔电促蒋介石下野,若蒋不下野,解除兵权,粤方中委决不到京参加四届一中全会。

△ 署外交部长顾维钧以外交棘手,向蒋介石请求辞职,蒋表示殷切挽留。

　　△　教育部召集南京各大中学校校长开联席会议,由部长李书华报告中央外交方针,略谓:日本不撤兵,决不直接交涉;锦州中立区誓不承认,辽省府决不迁移;天津共管说,并未接到正式报告。同日,教育部将该项内容通电全国中等以上学校知照,令学生静候中央处置,勿得有"越轨"行动。

　　△　南京各校学生代表180余人抵沪欢迎汪精卫到南京主持党国大计,口号有"欢迎护党救国的汪先生"、"欢迎领导全国青年的汪先生"、"欢迎主张实现民主政治的汪先生"、"欢迎主张即日接收东北失地的汪先生"、"欢迎反对不抵抗主义的汪先生"等。6日,汪接见代表团谈:当前外交方针是"一边抵抗,一面交涉",本人待粤方四届中委到沪后一同入京,共赴国难。

　　△　济南高中学生南下请愿团在火车站候车入京,路局以奉铁道部严令不发车,学生在风雨中露宿月台,坚持彻夜。6日,山东省教育厅长何思源、济南市长闻承烈、警备司令雷太平到车站宣读蒋介石电令,谓"平、津、济、徐、浦各地学生多团体无票乘车,行为放恣,阻碍交通,此后非奉国民政府命令不得擅准开车"。学生仍坚守车站不退。8日,省府被迫同意备车送学生南下。

12月6日　北大南下示威团学生在中央大学开会决议发告民众书,宣布5日事件经过;请校长蒋梦麟即日来京;联络南京各校学生继续斗争。同日,北大学生召开紧急会议,讨论援助南下请愿被捕同学。各校集聚东站准备南下请愿之学生已达4000余人。北京市长周大文召集各大学校长会商制止学生南下办法,各校长均表示学生爱国运动,势难劝阻。

　　△　上海中等以上各校抗日联合会为北大请愿学生被捕事件举行紧急会议,决议:一、援助北大同学;二、质问政府为何逮捕北大同学,并限24小时内答复,否则全市总罢课,向南京出发;三、反对锦州中立区及天津共管计划;四、明日全市学校总示威,准备向南京出发。

　　△　上海青年自动赴东北援马(占山)抗日团280余人拟乘车离沪

北上,各界民众万余人到车站含泪相送,因路局奉令不让该团免费乘车,欢送者当场筹集资金购买车票,登车后路局又奉命阻止发车。该团遂于翌日沿京沪路步行北上。

△ 蒋梦麟因北大学生南下示威,劝阻无效,是日电教育部自请免职查办。

△ 上海各大学教授抗日救国会决议电南京国民政府立即释放被捕北平学生,撤回禁止请愿命令,停止检查新闻。

△ 日关东军司令本庄繁派参谋板垣自沈阳赴哈尔滨与张景惠商洽黑省政务,板垣令张通知马占山与日方直接会谈。次日,马占山在呼海路绥化站与板垣会晤,板垣要求马与日"彻底合作"。马答称黑军此次行动纯为自卫,日军不加压迫,我自不进攻。

△ 驻华各地日侨 42 个团体代表暨上海日侨 1000 余人在上海举行"全支日本人居留民大会",以对付我国抗日运动,并将决议分别电告关东军司令部及驻津日军司令部:一、帝国政府要以实力安固满洲已得权利及保障日人生命财产;二、中国必须履行与帝国政府之条约;三、中国必须改善外交态度,废除排外教育,取消打倒日本帝国主义的口号;四、帝国政府应用积极手段消灭全中国抗日救国运动;五、帝国政府应整个解决中国问题,并拒绝第三者干涉。

△ 鲁省当局决定收编鲁南刘桂堂、郭马蜂等股匪。13 日,刘桂堂、郭马蜂派代表到省府接洽投诚。该两匪部共 3000 余人。

△ 万国竞走锦标赛在上海举行。中、英、法、俄、爱尔兰五国 64 名选手参赛,中国队获团体、个人两项锦标。

12 月 7 日 北大南下示威团被捕学生 185 人,被武装押送登车返平。

△ 汪精卫就南京当局镇压北大学生示威团事在沪对各报记者发表谈话,略谓对学生运动不宜从事禁压,必须采善导之法;此时最好请民众团体选出真正之代表组成一民众团体代表会议之机关,以助政府实行民主政治,使政府与人民真正合作,一致对外。

△　上海学生1.5万人举行总示威运动。

△　张学良发表告北平各校同学书,表示本人保证"不屈服,不卖国,不贪生,不怕死",劝同学勿空喊口号与请愿游行,应"痛下苦功,实心做事",号召学生要做两事:研究中日关系,以求解决办法;愿当兵入伍者,先报名听候训练。

△　上海29所大专院校学生抗日救国会决议电南京政府立即释放北大同学,并提出反对与日直接交涉、反对设立中立区、反对共管天津、反对调查团来华、反对顾维钧长外交等项主张。

△　北平学生南下请愿团在北平东站坚持三昼夜,东北军第一军军长于学忠方准给乘车执照,是日19所学校学生2000余人离平南下。列车进入天津,河北省府主席王树常恐学生逗留天津激起事故,向津浦路驻津办事处交涉将该车开往沧州候令。

△　南京各校学生代表张树德等40余人赴国民政府请愿,援助北大被捕同学,蒋介石亲自接见,谓北大被捕学生185人,已于今晨护送回平。同日,蒋接见武汉大学学生请愿团,对请愿各点表示接受。

△　广州市中等以上学校学生万余人举行游行示威,要求政府领导全国人民奋起抗日。

△　戴季陶以各地学生为抗日救国纷纷进京请愿,发表《告全国教育家及学生家长书》,声称:"树苗自由,不能成长,青年自由,不能成人。全国的教育家醒来,全国学生的父母兄弟姊妹醒来,救国先救国家命根的青年,救国先救教导青年的学校。"

△　李宗仁、白崇禧电国民政府,表示愿率第四集团军全体官兵赴黑援助马占山。

△　日本代表芳泽向白里安提出设锦州中立区划界主张,一方以长城为界,一方以锦西七公里一小河为界,锦州则在日军管辖区域以内。白里安将日提案交安理会讨论,英国代表薛西尔首先表示不能接受,其余各国代表亦赞同英代表意见。国联理事会遂决定放弃中立区计划。

△ 台湾再公布《禁止兑换金币令》。

12 月 8 日 国民政府发表《告全国学生书》,声明政府绝未有在锦州设立中立区、中日直接交涉与天津共管之主张;指责最近请愿学生之"越轨"行动,系受"卖国者所驱策";并声称:政府惟有本其政权,尽其责任,保障法纪,安定秩序,如有行动越轨、乘机"反动"者绝不姑息养奸,定将严惩。

△ 国民政府文官处代蒋介石复电上海大、中学学生联合会,声明政府对日始终未变既定方针,决心自卫,誓不丧寸尺领土;北大学生示威团"行动暴烈","公然有煽动扰乱打倒政府之表示",政府为"爱护青年",将一部分"移地隔离",送回北平,望同学毋为"反动者所乘"。

△ 行政院通过废田还湖办法,规定凡阻碍寻常洪水之沙田滩地及侵占寻常洪水所需停蓄量之湖田,一律废掉。

△ 南京各校学生举行大游行示威,武汉大学、北平大学到京请愿学生亦全体参加,沿途高呼"打倒日本帝国主义"、"反对国际联盟宰割中国"等口号,并散发传单。国民党当局出动大批军警、消防队携带高压水龙头防卫国民政府、中央党部、外交部等处,准备随时镇压。

△ 马占山通电各省、市党部、政府、各学校、团体、各报馆,请转告各地赴黑援马青年应努力学习本领,将来为国干城,此时勿赴黑"作煮鹤焚琴之举"。23 日,马又对前来投军的学生训话,略谓青年为御侮而牺牲虽觉值得,但在国家终属自斩元气,且东北招兵并不乏人,投军青年除坚决愿留者可以收留外,所有已到及续到者一律给资遣回。

12 月 9 日 国民党中政会决议:一、召开国难会议,推定叶楚伧等为筹备委员;二、设立特种教育委员会,推定蔡元培、戴季陶、吴敬恒、何应钦、李石曾、朱培德、邵力子等 25 人为委员,蔡为委员长。

△ 国民党中政会议定国难会议组织纲要:其职责在决定国难期内关于外交、财政、军事及一切临时设施方针,所通过之各案,由中政会转交国民政府执行,其委员名额定 49 人至 99 人。

△ 特种外交委员会正、副委员长戴季陶、宋子文在京招待虞洽

卿、王晓籁等 40 人,解释外交方针:日本不撤兵决不交涉;日军如再犯,决准备抵抗;日军在东北剿匪权问题,正在国联力争否认。

　　△　国民政府再次训令施肇基,对国联理事会关于满洲问题之决议案中日军剿匪权一节坚持要求删除。

　　△　国联理事会举行公开会议,白里安宣读 1 日通过的解决满洲问题决议草案,逐条加以解释。并归纳全案两个行动方针:一、终止目前危及和平之举动;二、便利争点中现有原因之最后解决。下次理事会定于明年 1 月 25 日召开。

　　△　北大南下示威团代表许秀岑、中央大学代表江学乾在沪向各界报告南京当局镇压北大请愿学生真相。是日,许、江列席上海各大学抗日救国联合会代表大会后突遭市党部武装便衣绑架,许被架走,江由学生夺回。下午,各校学生 5000 多人赴市政府请愿,要求惩办市公安局长及市党部人员,释放被绑架学生,市长张群允学生之请,于是晚下令查办公安局长陈希曾,通缉市党部常委陶百川。同日下午 5 时,学生 300 余人整队到市党部请愿,因无人接见,引起公愤,将市党部办公室捣毁。

　　△　张发奎抵广州见李宗仁、白崇禧,商议援助黑省抗日事宜,李允尽量供应军械。

　　△　杨虎城部孙蔚如师是日夜进入兰州,雷中田率残部千余人经渭源向武山、陇西方向溃逃。吴佩孚逃往兰州乡下,高振邦部表示服从孙蔚如。

12 月 10 日　国联理事会关于解决满洲问题决议案正式通过,施肇基表示接受,但提出八项保留意见。日代表芳泽亦表示接受,但仍声明决议案第二节不能阻止日军在满洲各地的"剿匪行动"。理事会至此休会。

　　△　孙科、李文范、伍朝枢、陈友仁等粤方国民党中央委员到达上海。伍朝枢对《申报》记者谈,粤方以蒋介石下野为原则,否则粤方各中委决不晋京。

△ 汪精卫向全国各级党部、各民众团体发出通电,提出由人民团体代表参加组织国民救国会议,京、粤双方选派代表参加,共谋应付国难,并先在沪组织预备会议。

△ 张学良在北平招待平、津记者,谓东北事变在中国历史上可算一重大不幸事件,望各位以真正舆论指导民众,不要说不负责任的话。本人今后当竭力维护国家,即个人生命亦所不惜。

△ 南京各大学及公、私立中学 25 校学生一万余人举行联合大请愿、大游行,并向国民政府提出三项要求:一、切实担保锦州不设中立区,天津不共管,并撤办外长顾维钧;二、切实保护民众运动,严办殴伤北大同学之负责长官;三、履行以前对各地学生请愿之一切诺言。于右任接见,对各点要求均表示允诺。

△ 上海市政府被迫释放北大学生许秀岑。上海各校抗日救国会组织临时民众预审法庭,审问绑许暴徒之一王福生。王供认,绑架及殴打许秀岑者均系国民党员,受公安局指使。同日,上海各大学教授抗日救国会就此事发表宣言,指斥上海市党部及公安局此绑票行为卑鄙恶毒达于极点,要求依法严惩与该案有关的主从人犯。同日,上海学联代表赴市政府向市长张群请愿,要求严惩市党部常委陶百川及公安局长陈希曾,并请张呈中央将市党部全体委员撤职查办。张允于三日内拘获陶、陈二人,并当即将学生要求电呈中央。张群以学潮澎湃,抚绥无方电南京国民政府行政院引咎自劾,等候查办。

△ 杭州市学生全体罢课示威游行,捣毁省党部及省教育厅长张道藩私宅,殴伤省党部委员胡健中、许绍棣等。张道藩为此电教育部辞职。

△ 新编第十师奉令改番号为第八十五师,师长谢彬。

△ 美国总统胡佛在国会报告美对中日满洲问题之政策,谓美国为《九国公约》与《非战公约》签字国,负有维持中国领土完整之切实责任,对于满洲问题之一切谈判,美国仍保有完全自由之判断与行动。

12 月 11 日 胡汉民在香港发表谈话,表示支持汪精卫关于组织民众团体与政府共商外交主张，认此种机关宜永久存留。胡并补充三点：一、该机关之代表必须真能代表民意，应以学、工、农、商为主；二、该机关应设沪，不应设宁；三、代表一旦不能代表民意时，应由其团体立即召回。

△　北平八校赴京请愿团1500余人赴国民政府请愿，蒋介石对请愿各点逐一答复，允尽量接受，并表示日不撤兵，决不交涉。

△　国民政府文官处通电，略谓国家多难，内忧外患并至，国民政府愿与国内明达之士共摅荩筹，以济艰危，依国民党四全大会决议，在本月召集国难会议。

△　国民政府令京沪卫戍司令陈铭枢彻查上海学潮及上海当局对学潮处置案。后陈呈报查处情形，略谓学生大多数以爱国为动机，但难保有少数危险分子，但学潮发生的原因，应归咎于市公安局及市党部处置乖方。

△　太原23所学校学生2000余人至山西省府请愿，要求拨车赴京请愿。省府正开会，大门紧闭，不理学生。学生破门而入，直冲会议室，各省委员弃鞋遗帽逃散，学生将会议室内陈设捣毁，随后沿街示威游行，又将省教育厅及山西民国日报社捣毁。

△　特种教育委员会第一次会议决议，关于各地学生请愿事宜由该委员会负责办理，其他教育方面之重要设施，由该会决定原则，交教育部处理。

△　中华苏维埃共和国临时中央政府发表《为国民党政府出卖中华民族利益告全国民众书》，提出"国民党政府已经承认在锦州设立中立区，提议组织在天津的国际共管，承认一切以前的卖国密约"，这是"将满洲几万里的土地，数千万的民众断送给日本帝国主义践踏"，号召"民众自己武装起来，驱逐日本帝国主义，否认一切国民党与帝国主义谈判的密约"。

△　中华苏维埃共和国临时中央政府机关报《红色中华》在江西瑞金创刊。周以栗主编，瞿秋白、王观澜、李一氓等参与领导和编辑，为中

共在根据地创办的第一张刊期较长的中央级铅印报纸。

　　△　中华苏维埃共和国中央革命军事委员会机关报《红星报》在瑞金创刊,陆定一主编,邓小平负责编辑。

　　△　张景惠偕秘书长梁雨襄等由哈尔滨过江至松浦镇与马占山会晤,马率参谋长谢珂、卫队团长徐宝珍及卫队 300 人赴会。马允张入黑省府主政,但不得有日人干政,并且马部军费仍由省府照拨。

12 月 12 日　张学良在北平发表宣言,略谓日军事当局诡称东北军对日军发生威胁,纯属造谣,欺蒙世界,并声明若锦州附近有任何严重事态发展,其责任将由日本完全负责。

　　△　南京卫戍司令部布告声称,进京请愿团体中有共产党乘机活动,要求各团体“自加检束”,免被“利用”。

　　△　蒋介石在国民政府接见济南学生请愿团 2000 余人,声称“救国御侮,须内部团结,须全国青年一致拥护政府,始可收最后胜利”。同日,南京各校学生代表 26 人赴国民政府请愿,要求惩办外长顾维钧、宪兵司令谷正伦及南京警察厅长吴思豫。

　　△　山西省府、教育厅停止办公,《民国日报》停刊,各校学生亦均停课,官方加派军警维持治安。太原各校学生与警备司令荣鸿胪谈判,荣允私人资助学生派代表入京请愿。

　　△　国民政府公布《户籍法》。

　　△　红二十二军陈毅部及红二十军刘铁超部攻克南康之唐江墟。

12 月 13 日　上海民众反日救国联合会召开全市市民大会,决议:反对锦州设立中立区;反对共管天津;反对中立国调查团赴满调查;民众自动武装起来对日宣战;否认国联对满洲问题决议案。

　　△　上海暨南大学校长郑洪年发表谈话,认为学生爱国运动“系总理恢复民族固有精神之遗训”,无可非议。

　　△　中华林学会在南京举行年会,决议:请实业部迅予成立林垦署;请政府颁布森林法及狩猎法;请政府明文规定各省林业经费至少应占省支预算的百分之五;建议导淮委员会于淮河流域建造大规模之水

源涵养林。

　　△　日本政友会总裁犬养毅组织新内阁,主要成员为:外务大臣芳泽谦吉、内务大臣中桥德五郎、大藏大臣高桥是清、陆军大臣荒木贞夫、海军大臣大角岑生、司法大臣铃木喜三郎。前陆军大臣南次郎及前海军大臣安保清种任军事参议官。14日,荒木声称,今后对华仍将继续执行前任南次郎政策。

　　△　中华苏维埃共和国中央执行委员会非常会议通过《处理反革命案件和建立司法机关的暂行程序》,同日,以第六号训令颁布。

12月14日　第二十六路军参谋长赵博生、第七十三旅旅长董振堂、第七十四旅旅长季振同率该部1.7万余人在宁都起义,参加工农红军,被编为中国工农红军第五军团。季振同为军团总指挥,董振堂为副总指挥,萧劲光为军团政治委员。该军团下辖第十三、十四、十五军。第十三军军长董振堂兼,政委何长工;第十四军军长赵博生,政委黄火青;第十五军军长黄仲岳,政委左权。该军团旋即开入中央苏区根据地。

　　△　陈铭枢由南京抵沪与孙科晤谈蒋介石下野及粤中委进京等问题,陈当晚返京复命。孙科电胡汉民及粤各中委从速来沪。

　　△　特种教育委员会委员长蔡元培在国民政府总理纪念周报告该会任务,谓国难时期学生之爱国运动决不能荒废学业,荒废学业其害"几与丧失领土相等";为集思广益解决国难时期教育上之种种特殊问题,故设立本委员会,待将来国难会成立后,本会即可取消。

　　△　济南市学生请愿团在南京举行示威游行,行抵外交部,拟向顾维钧质问,因顾未到部,遂在部长办公楼上及部内各室墙壁上大书"反对秘密外交"等标语。

　　△　上海各校学生二万余人决定进京示威请愿,要求政府立即动员全国进行抗日,蔡元培电沪各大学校长劝阻无效。是日,示威团首批代表500人乘车离沪赴京。

　　△　日本政府向国联致文抗议中国政府参加抗日宣传,略谓:中国

政府教育部曾令大中小学讲授日本侵华史;政府令国民党组织领导抗日会;政府令抗日会筹款五万元援助马占山,此款由扣留之日货拍卖拨充。

12 月 15 日 蒋介石通电下野。略谓因粤方"胡汉民等同志微(5)日通电,且有中正必须下野,解除兵柄,始赴京出席等语。是必欲中正解职于先,和平统一方得实现","权衡轻重,不容稍缓须臾,再四思维,惟有恳请中央准予辞去国民政府主席等本兼各职……"。

△ 国民党中央执行委员会第四次临时常务会议决议:准蒋介石辞国民政府主席兼行政院院长职务,推选林森代理国民政府主席,陈铭枢代理行政院院长。

△ 张学良电蒋介石,请辞陆海空军副司令职。同日,国民政府令准张学良辞职,改任北平绥靖公署主任。

△ 国民政府明令改组江苏省政府:原江苏省政府委员叶楚伧、胡朴安、许葆英、沈百先、陈和铣、何玉书、李明扬、罗良鉴、王柏龄均免本职,兼省府主席叶楚伧、民政厅长胡朴安、财政厅长许葆英、建设厅长沈百先、教育厅长陈和铣、实业厅长何玉书均免兼职;任命顾祝同、赵启騄、舒石父、董修甲、程天放、何玉书、王柏龄、罗良鉴、李明扬为江苏省政府委员,顾兼省府主席,赵、舒、董、程、何分别兼民政、财政、建设、教育、实业各厅厅长。

△ 国民政府明令改组浙江省政府:原浙江省政府委员张难先、周骏彦、石瑛、张道藩、王澄莹、蒋伯诚、方策、张乃燕、叶琢堂均免本职,兼省府主席及民政厅长张难先、财政厅长周骏彦、建设厅长石瑛、教育厅长张道藩、代理财政厅长王澄莹均免兼职;任命鲁涤平、吕苾筹、周骏彦、陈布雷、曾养甫、蒋伯诚、蒋锡侯、王澄莹、杨绵仲为浙江省政府委员,鲁兼省府主席,吕、周、陈、曾分别兼民政、财政、教育、建设各厅厅长。

△ 国民政府明令改组江西省政府:原江西省政府委员鲁涤平、王尹西、杨绵仲、蒋笈、龚学遂、路孝忱、熊育锡、黄伯忠均免本职,兼省府

主席鲁涤平、财政厅长杨绵仲、教育厅长蒋笈、建设厅长龚学遂均免兼职；任命熊式辉、吴健陶、陈剑修、龚学遂、熊育锡、袁良、李德钊为江西省政府委员，熊兼省府主席及民政厅长，吴、陈、龚分别兼财政、教育、建设各厅厅长。

　　△　国民政府令：免马鸿宾甘肃省政府主席兼职，任命邵力子为省府委员兼主席；甘肃省府委员马文车免职听候查办，任命贺耀组为省府委员；特派贺耀组为甘宁青宣慰使；任命孙蔚如兼甘肃宣慰使。

　　△　国民政府令：马鸿宾前已被任命为甘凉肃边防司令，所有该三路军队归其节制。

　　△　北平各校南下抗日救国示威团500余人赴外交部示威，将各办公室捣毁，随赴中央党部，蔡元培、陈铭枢延见，被学生殴伤架出门外。警厅保安队鸣枪镇压，将蔡、陈二人夺回，并逮捕学生五人。于右任恐事态扩大，欲将被逮学生释放，党部及军警强烈反对，于跪地相求，方将被捕学生释出。

　　△　中国留学比利时学生500余人在比京日本使馆前游行示威，抗议日本侵略中国，被警察拘捕数人，为首者判监禁一月，余者各罚款25法郎。

　　△　上海各大学学生赴京示威团第二批原定二万人，因蒋介石已通电下野，大多数认为已无赴京必要，是日赴京者仅1300余人。

　　△　伪奉天省政府成立，臧式毅任伪省长。袁金铠组织之伪辽宁省地方维持会解散。16日，臧通电就职，声称不承认在锦州设立之张学良政府，驻扎锦州之东北军应服从奉天政府命令，若持反对态度，决加讨伐。

　　△　洮昂、四洮两路接轨，是日四平街至龙江客车通车。

12月16日　粤国民党中央执监委员会议决议：一、粤中委定18日北上；二、粤中央党部及"国民政府"俟南京统一政府组成后裁撤；三、留邓泽如、萧佛成、李宗仁、白崇禧、余汉谋、香翰屏在粤处理党政。21日，陈济棠因闻邓演达被南京当局杀害，中止赴京。

　　△　国民政府开谈话会,蒋介石发言,声称"本人前因负责任而进,今因负责任而退,自后仍当以党员资格为党国努力"。

　　△　各地学生赴京示威团电汪精卫转粤方各委员,质问新国府当局能否与日宣战,能否收回失地,能否退出国联,能否惩办张学良,若不能,抗日民众将与对待原执政者同等对待之。

　　△　邵力子向国民政府呈辞甘肃省政府主席职。

　　△　全浙公会电国民政府,反对鲁涤平以现役军人任该省府主席,并电原省府主席张难先勿向鲁移交。

　　12 月 17 日　南京、上海、北平、江苏、安徽等各地抗日救国赴京示威团学生共万余人在南京举行总示威,包围国民党中央党部。党部紧闭大门,学生愤而将悬于大门口党徽砸毁。下午,示威团学生千余因《中央日报》不真实报道学生抗日活动,将报社捣毁。国民党政府出动大批军警镇压,在珍珠桥附近打死打伤学生 30 余人,逮捕约百人。上海东亚体专女生救护队 30 余人手执红十字旗前往救护,被军警开枪阻止。

　　△　国民党中常会第六次会议决议:一、撤销江西省党政委员会,改组江西省党部,派熊式辉、王冠英、陈剑儵等七人为江西省党务整理委员;二、派陈铭枢、邵力子、吴铁城指导上海党务。

　　△　国民党第四届中央监察委员会召集在京各监委开会,推定林森、蔡元培、张静江、张继、邵力子为临时常委。

　　△　粤国民党中央委员孙科、伍朝枢、陈友仁等 14 人由沪抵达南京,孙谈此次入京任务在筹备召集四届一中全会,以实现在沪和会之各种决议。

　　△　张发奎因粤府及第四集团军总司令李宗仁不批准其率部北上援黑,呈请辞去军职,略谓日军"横侵我国,辽吉沦亡,黑垣继陷,中国养兵数百万,无敢言战,坐以待亡,宁非自杀",并声明虽一再请缨援黑,而出发无期,"再四思维,惟有辞去本兼各职,俾得以国民资格赴难东北"。

　　△　日本阁议决定派一混成旅团赴满洲,两大队赴天津;满洲军费

增加176万元,天津军费增加40万元。同日,日陆军省发表声明,声称"关东军全部兵力(包括朝鲜旅团)不足以维持满洲之治安,保持帝国臣民生命财产之安固",决定再由第五师团抽调一混成旅团赴满洲。

△　日关东军司令本庄令独立守备队司令森连指挥所部及混成第三十九旅团、骑兵第二联队进攻昌图、法库;命令第二师团长多门进攻辽中、牛庄、田庄台等地,为进攻辽西作准备。

△　广州学生两万余人前往广州"国民政府"请愿,要求出兵抗日,收复东北失地,请粤中委立即北上与宁方组织统一政府,并要求明令准许学生自由参加救国运动。

△　中国政府照会国联理事,报告日军最近不断制造严重事件,请国联密切关注。

12月18日　国民政府通电严令各地军政当局制止学生团体出境赴各地游行示威,"如有危险事件发生,即予紧急处置,不得于事后藉口无法劝阻,敷衍塞责"。

△　国民政府发表《告诫各地学生书》,指斥北平学生在京围攻中央党部,捣毁《中央日报》馆,"扰乱"治安,显系"暴动行为",此后对借口爱国之暴动行为"应由各地长官严厉处置";全国学生应"迅即觉悟,服从法纪,遵守秩序"。

△　胡汉民在港电促阎锡山、冯玉祥赴京出席国民党四届一中全会。略谓本人与汪精卫因病不能出席会议,而此次会议使命重大,"至盼刻日命驾晋京,共商大计"。

△　国民党上海特别市党部发布紧要启事,宣称本月9日发生之学潮系由共产党所指示发动,否认党部串通市公安局绑架、殴打北大学生许秀岑,并诬指许是"冒充学生犯",显系"实行暴动,反抗政府"。

△　太原各校学生千余人整队赴省、市党部请愿,工人千余人亦参加学生队伍。省党部委员韩克温等指挥党徒及党部纠察队向请愿学生开枪,死学生五人,重伤50余人。太原警备司令荣鸿胪从中调解,将韩等拘送警备司令部,解除省党部纠察队武装。19日,太原全市罢市,学

生游行示威,要求组织民众法庭审判该案主犯。

　　△　京沪卫戍司令部派第六十师两团、宪兵一团及南京警察厅保安队千名,将成贤街、大石桥、石婆婆巷及中央大学包围,将各地来京示威学生强行押登车船,遣送回原地。

　　△　吴佩孚抵宁夏,马福寿迎吴入省城。

12 月 19 日　宋庆龄在《申报》发表宣言,指出"中国国民党早已丧失其革命集团之地位,至今日已成为不可掩蔽之事实,亡其党者,非其党外之敌人,而为其党内之领袖"。蒋介石个人独裁,"借反共之名,行反动之实,阴狠险毒,贪污欺骗,无所不用其极"。宁、粤对峙,虽各自美名标榜,实则两者"同为革命之罪人"。宣言表示"深信中国之真正革命者,必不因反动势力之恐怖残杀而消极畏缩",他们将奋起斗争,朝着革命所树立的目标前进。

　　△　国民党中央委员何香凝在《申报》发表对时局意见,指出要改变腐败的政治局面,必须给人民以真正的民主权利;建议由国民党与各党各派并无党无派者及各省市县士农工商、妇女、兵士、民众自行组织一"人民监政委员会",对政府及官吏严加监督。何并对国民政府杀害邓演达严加谴责,要求政府立即释放政治犯。

　　△　江苏耆老马相伯等就国民政府发行公债事以通函致全国金融界暨全国国民,指责国民党以党治国,五载于兹,就全国金融而论,除田赋、关税、盐税、统税以及一切尽量搜刮之苛捐杂税不计外,即公债一项本息已达 11 亿余元,而于"全国建设毫无措施,数千万灾黎亦未沾溉","惟用以构成内战,荼毒生灵,拥护独裁,诛锄异己,钳制舆论,剥夺自由",金融界及全国民众对政府今后滥发公债必须严加监督,"以绝政府罪恶之源"。

　　△　驻日公使蒋作宾奉政府急召启程返国。

　　△　王树翰到南京代表张学良向中央陈述北方情况及政治意见,并请辞国民政府文官长职。

　　△　南京各校学生抗日救国会决议:一、暂忍痛于 21 日复课;二、

发表复课宣言;三、援助此次被难同学;四、要求卫戍司令部释放爱国学生。

　　△　全国16省旅沪人士500余人在上海成立中华民国国难救济会,推褚辅成等为主席团成员,并发表救国宣言。22日,该会致电国民政府称,暴日大举进犯锦州,再不抵抗,何以立国,请即动员,力图自卫。

12月20日　外交部长顾维钧为日军侵占我国东三省对世界宣言,谓"满洲问题非仅中国之问题,乃一国际问题",《非战公约》《国际盟约》均受到最严重之考验。

　　△　宋子文向国民政府呈请辞行政院副院长暨财政部长本兼各职。

　　△　冯玉祥从汾阳派代表高兴亚等携带果品及款100元前往太原慰问被省党部打伤的请愿学生,并致电慰问,劝学生以后以"和平奋斗救中国之精神"进行斗争。

　　△　太原各校学生开会追悼被山西省党部惨杀之请愿学生,全市停工、罢市,下半旗志哀。山西全省学生抗日救国会电南京国民党四届一中全会,请缉拿逃往南京之祸首国民党山西监察委员、省教育厅长苗培成。

　　△　福建长乐县北区各乡农民因反对海军陆战队第一旅旅长金振中派部下乡勒种烟苗,征收烟苗税,是日集合农民500余人举行暴动,攻入县城,将驻县陆战队两连全部缴械,打开监狱,放出人犯,并于县政府内设立联乡保卫团总指挥部,发布告号召"农工商联合起来,打倒贪官污吏"。

　　△　旅沪浙人成立国难救济会,推章太炎等35人为理事,并发表宣言,表示要发扬越王勾践"卧薪尝胆"精神,与全国人民共赴国难。

　　△　上海永安纱厂男女工人6000余人因要求厂方发给四个月奖励金遭厂方拒绝,举行怠工。是日,厂方将各车间封闭,宣布停工,并由市公安局派出警察大队守卫,不准工人进厂门。工人愤而攻开大门,警察开枪镇压,打死打伤多人。

△　日关东军司令部宣布自 21 日起,日军将大举在南满各地"剿匪"。长春、沈阳、营口、北宁路、四洮路一带日军待命西进锦州。

△　日本前陆相南次郎由东京启程赴满洲,南对记者谈,日军在东北之军事行动,除锦州区域外已大致完成,目前问题在于如何整顿满蒙。24 日,南次郎抵沈阳。

12 月 21 日　国民政府任命戴戟为淞沪警备司令,原任熊式辉免职。

△　胡汉民在香港电林森、陈铭枢,请恢复人民言论自由,谓"今日唯一之急务,在人民言论自由之恢复。过去因政治上之猜忌,而使人民丧失自由久矣。我人日言民权,而所作所为,几尽相反,防民之口,甚于防川,故凡一切电邮报馆之检查,应立予废止"。

△　日军以"剿匪"为名,以夺取锦州为目的,是日拂晓在南满路沿线、四洮路、大虎山与通辽间及开原铁岭等地同时开始总攻击。

△　张学良在北平令于学忠之第一军司令部:"我军驻关外部队,近当日本来攻锦州,理应防御,但如目前政府方针未定,自不能以锦州之军固守,应使撤进关内,届时以迁安、永平、滦河、昌黎为其驻地。"

12 月 22 日　国民党四届一中全会在南京开幕。出席 89 人,于右任主席,林森、伍朝枢发表演说。下午预备会议决议:一、推举孙科、丁惟汾、顾孟馀、居正、伍朝枢、何应钦、于右任七人为主席团成员;二、组织提案审查委员会,下分党务、政治、外交、军事、财政、教育六组;三、全会会期定为五天。

△　蒋介石出席四届一中全会开幕式后,下午偕宋美龄乘飞机赴沪转返原籍浙江奉化。临行前致函于右任等,表示决还乡归田,从此拒绝任何函电来往。

△　张学良电蒋介石,谓"公今旋里,毋任痛心! 日寇近迫锦州,河北局面如何善处,乞公赐予最后指针"。

△　顾维钧向国民政府再辞外长职,乘机飞沪。外交部务由常务次长金问泗代理。

△　沈钧儒电蔡元培转四届一中全会,指责南京政府当局镇压爱国学生运动,略谓:"东北不战而丧地数千里,未闻戮一误国之人员,学生何辜,罹此重戾?"务请提议大会力加纠正,并确定以后教育方针。

△　上海各大学代表团31人到达南京,招待首都报界谈进京目的:一、要求南京当局释放被捕同学,查办惨案主使者及凶手,抚恤遇难学生;二、要求惩办上海"一二九事件"凶手陶百川、陈希曾;三、向四届一中全会及政府请愿对日宣战,收复东北失地,反对秘密外交,永绝一切内战,保障民众运动及人民自由等。

△　红四方面军徐向前部猛攻湖北黄安县城,以"列宁号"飞机飞黄安城上空,投掷迫击炮弹及大量宣传品,给县城守军第六十九师赵冠英部极大威胁。入夜,总攻开始,红军从东、北、西三面强攻,23日凌晨1时,赵冠英率残部弃城从南门逃跑,红军乘胜追击,赵师大部被歼,赵本人被活捉。红军缴获枪7000余支,迫击炮10余门,电台一部,生俘近万人。

△　欧亚航空公司西北航线试航成功,一号飞机安抵迪化。

△　日军步、骑、炮兵3000人向黑山猛烈进攻。同日,日军由天津运军火1200余箱抵山海关。

12月23日　国民党四届一中全会第二次预备会议决议:一、推定伍朝枢代理特种外交委员会委员长;二、推定顾孟馀、邹鲁、李文范为特种外交委员会委员;三、增加王祺、何世桢、唐生智、范予遂、陈孚木、曾扩情、王懋功、陈庆云、谷正纲、唐有壬、杨爱源、王陆一为中央候补执委,增加邓飞黄、孙镜亚、黄少谷、萧忠贞、纪亮、李次温为中央候补监委。

△　阎锡山与冯玉祥在太原附近之兰村会晤。同日,冯在太原发表一简单宣言,内称"现在独裁政治已打倒,吾人从此必须更加努力,务使今后之中国,永绝独裁政治之根株"。

△　教育部长李书华向国民政府呈请辞职。

△　日军四五百名携大炮10余门,占领营口西北之田庄台镇,田

庄台车站的驻军与日军激战。日军死二人,伤八人。

　　△　上海各公债库券持票人因传闻国民政府将展期拨付公债库券本息,是日成立"中华民国内国公债库券持票人会",并电国民党四届一中全会,请按期偿还公债本息,"以安群情而定国信"。

12 月 24 日　国民党四届一中全会举行第一次正式会议,出席委员共 100 人,孙科主席。讨论孙科、伍朝枢、邹鲁、李文范四人所提《中央政治制度改革案》。该案内容要点为:一、国府主席为国家元首,不负实际行政责任,不兼其他公职,以年满 50 岁、众望素孚者任之,任期二年,可连任一次;二、国府委员会为国家最高权力机关,设常委三人;三、行政院负实际责任;四、立法、司法、考试、监察四院不与行政院负连带责任;五、行政院各部长按才录用,不必限于国民党员。

　　△　阎锡山、居正、王法勤、程潜等 16 人向国民党四届一中全会提案,请选拔 10 万劲旅死守锦州。

　　△　武汉大学全体学生在武昌阅马场召开追悼南京被难同胞会,因武汉警备司令部及武汉绥靖公署令军警机关严禁学生游行示威,各校均未到会。原定是日举行的抗日救国总示威亦未能进行。武汉学潮告一段落。

　　△　沪学生代表团向国民党四届一中全会请愿,要求释放被捕学生,严办惨案主使人。陈铭枢、陈公博接见,谓沪、京、济各校被捕学生多数已释放,北平学生已移交法院,因有"危险"分子,不能即释放。政府对惨案,非预定的,更无主使人。如必要主使人,本人自任之。军警处理失当,政府自应予以处分。

　　△　上海各大学教授抗日救国会致电国民党四届一中全会称:"日军进逼锦州,情形异常严重,公等群聚首都,对此作何态度? 务恳提前决定,明白宣告国人,幸勿重蹈故辙,仍以空言搪塞。"

　　△　国民政府警卫军两师改番号,警卫军第一师顾祝同部改为第八十七师,调第二师师长楼景樾充任师长,警卫军第二师改为第八十八师,仍由俞济时任师长。

△　国民党候补中央执行委员赵丕廉奉四届一中全会之命飞赴太原迎接阎锡山、冯玉祥入京参加四届一中全会。

△　东北财政整理委员会在北平成立,张学良兼任委员长,王克敏为副委员长,执委张振鹭,常委戢翼翘、周大文、荆有岩等。

△　日关东军司令本庄繁下达进攻辽西命令:一、第二师团28日从辽河一线出发,向沟帮子进攻;二、混成第三十九旅团策应第二师团;三、混成第八旅团集结奉天,准备向大虎山、沟帮子间地区进攻;四、飞行队以主力协助第二师团作战。

△　美、英、法三国驻日公使分访日首相兼外长犬养毅,致送各该国对日照会,略称日军在东三省之军事行动,万一与中国军队发生冲突,日本将受世界舆论诘责,请日政府对锦州局势予以严重考虑。犬养毅口头答称,为消除中日军事冲突,中国政府应将所有军队自锦州撤入关内,日军在锦州区域之军事行动纯为"剿匪",并无向中国军队进攻之意。

12月25日　国民党四届一中全会第二次会议决议:通过中央政治制度改革案;通过李烈钧等所提切实保障人民实行集会、结社、言论、出版、居住、信仰之自由权案;通过焦易堂等所提改善财政制度案;通过令张学良应付锦州局势案。会议讨论锦州问题时,吴敬恒发言,称东北事件"南京绝未卖国,卖国者另有其人,锦州之危,其咎不在张学良,咎在某某"。孙科疑为讽诉粤方,会后即离京赴沪,李文范等同行。伍朝枢等本团结初衷,仍主持会务。

△　国民政府电令张学良:谓本日中执委会决议"对于日本攻锦州应尽力之所能及,积极抵抗","仰即积极筹划自卫,以固疆圉,并将办理情形按日呈报,毋稍懈忽"。

△　林森在京电请胡汉民入京主持一切,略谓一中全会虽召开,因蒋介石离京,汪精卫留沪,在京委员总乏导师,"非仗我公德望,无以镇定人心","我公为党国柱石,万统共仰",情势迫切,务望立即命驾来京。

△　粤国民党中委李济深、李宗仁、黄绍竑等一行因闻孙科退出四

届一中全会赴沪,均留沪中止进京。

△　张学良电南京国民政府,谓日军以两个师团六个混成旅团之兵力,长驱攻锦州,务请一周内调拨大批枪弹运往前线,并乞调遣大部援军增援。26 日,国府复电称,"已由府密令财政、军政、参谋各部迅即筹发"。

△　戴季陶坚辞考试院长,是日偕其妻钮有恒乘汽车返湖州原籍。

△　东北政务委员会公布委员名单:张学良、韩复榘、万福麟、王揖唐、李石曾、徐永昌、熊希龄、庞炳勋、张继、方本仁、沈鸿烈、王树常、胡适、蒋伯诚、刘哲、汤玉麟、蒋梦麟、鲁荡平、宋哲元、傅作义、吴鼎昌、于学忠、商震、刘镇华、周作民、汤尔和、赵戴文、门致中、张伯苓、张作相、罗文幹。

△　冯玉祥电南京四届一中全会提出三项提案:一、组织全国国民救国会议;二、组织国防委员会,武力收复失地;三、为对日备战,抚恤、奖励历年在革命诸战役及抗日战役有功官兵。

12 月 26 日　国民党四届一中全会第三次会议决议:一、通过《修正中华民国国民政府组织法》,其中第十条规定,国府所属五院正、副院长"由中国国民党中央执行委员会选任之";第十五条规定,"各院各自对国民党中央执行委员会负责";二、通过国民政府主席选举标准;三、中央组织、宣传两部改为委员会,取消训练部,另设民众运动指导委员会;四、原则通过何香凝等关于实行征兵制之提案。同日,全会讨论锦州问题,决议由张学良全力抵抗。

△　国民政府令:任命杨杰为陆军大学校长。

△　代理行政院院长陈铭枢急电国联理事会主席白里安,请从速制止日军进攻锦州。

△　陈铭枢、邹鲁赴沪与汪精卫、孙科洽商,督促留沪粤方中委速赴京参加一中全会。27 日,孙科等赴京,惟汪精卫、张发奎仍留沪。

△　马占山以锦州形势紧急,为牵制日军行动,是日令苑崇谷、程志远、吴松林各旅向齐克路推进,并电张学良请下令反攻。

△　张学良急电南京政府,"对锦州必设法固守,但日军倾全国之力,我仅一隅之师","实力相较,众寡悬殊",锦战一开,华北全局牵动,"究应如何处理,敬请统筹全局"。

△　邓铁梅率东北民众自卫军于是日午夜攻打凤城,经四个多小时的战斗,消灭日伪军50余人,缴步枪300多支,机枪三挺,小炮二门及大量弹药。自卫军首战告捷。

△　由佐世保出发之日军第一批官兵550名到达天津。次日,又有两批共1000余人由大沽口到达天津。日军前后在津增兵共达1700余人。

12月27日　南京各界万余人召开拥护和平统一督促国民党中委共纾国难大会,李烈钧、经亨颐、商震等出席大会并讲话。大会通过通电拥护和平统一,永远制止内战;电请汪精卫、胡汉民、蒋介石即日到京共主中枢;请中央电张学良力守锦州;切实保障人民各项自由;请中央严禁军人干政等多项提案。

△　日步、炮兵各一连进攻营沟线大洼车站,为驻军铁甲车击退。

△　日本政府对锦州事件发表声明,诡称日军全面出动进攻辽西,乃为维护南满治安,"鉴于满洲当前之特殊情况,日军必须继续进行'剿匪'行动"。

△　日内阁批准从朝鲜再调一混成旅团前往满洲。陆军省声称该部调入满洲后,除保护铁路外,并肃清辽河以西之"匪"。

△　日军驻沪海军陆战队司令盐泽少将通知驻沪各兵舰,定于1932年1月4日举行海军联合大会操。

12月28日　国民党四届一中全会第四次会议决议:一、推举胡汉民、汪精卫、蒋介石、于右任、叶楚伧、顾孟馀、居正、孙科、陈果夫九人为中央执行委员会常委,叶楚伧为秘书长;二、选任林森为国民政府主席,蒋介石、汪精卫、胡汉民、唐绍仪、张静江、蔡元培、萧佛成、邓泽如、谢持、许崇智、王法勤、李烈钧、邹鲁、邵元冲、陈果夫、叶楚伧、宋子文、王伯群、方振武、熊克武、阎锡山、冯玉祥、赵戴文、王树翰、薛笃弼、刘尚清、柏文蔚、程潜、经亨颐、孔祥熙、恩克巴图、杨庶堪、马福祥 33 人为国民政府委员。孙科为行政院院长、陈铭枢为副院长，张继为立法院院长、覃振为副院长，伍朝枢为司法院院长、居正为副院长，戴季陶为考试院院长、刘芦隐为副院长，于右任为监察院院长、丁惟汾为副院长；三、通过中央政治会议组织原则，推选蒋介石、汪精卫、胡汉民三人为中央政治会议常委，轮流充当会议主席；四、通过关于召集国难会议、关于应用外国技术资本发展国民经济等多案。

△　国民党四届一中全会通过大会宣言，称暴日入侵，际此国家存亡之顷，本党将"一方面应切实认识最近世界情势，为一切急迫之有效行动，一方面将立即召集国难会议与国民救国会议，以定救国之根本方针"；并宣称"心腹之患，胜于外敌"，决定"继续努力肃清赤匪，以安定社会秩序"。29 日，该宣言正式发表。

△　国民政府明令改组绥远省政府：原绥远省府委员兼主席李培基已于 8 月 19 日免本兼各职在案，委员陈宾寅、冯曦、蕴栋旺楚克、沙克都尔札布、仇曾诒、张钦均免本职，陈、仇、张分别免民政、财政、教育各厅厅长兼职；任命傅作义、鲍竹荪、郑道儒、冯曦、潘秀仁、沙克都尔札布、蕴栋旺楚克为绥远省政府委员，傅兼省府主席，鲍、郑、冯、潘分别兼任民政、财政、建设、教育各厅厅长。

△　国民政府以上海市公安局长陈希曾对学生运动处理乖方，下令撤职。

△　张学良急电国民政府主席林森，谓日军进逼，锦州危急万分，"款弹两缺，敌如大举前进，即举东北士兵尽数牺牲，亦难防守"，请火速拨发款弹，以济眉急。同日，国府复电："已分交参谋、军政两部核办。"

△　前北京政府工商总长刘揆一发表《救济国难之主张》一文，要求停止"剿匪"实行"容共"政策。

△　湖南旅京、沪、汉等地同乡会代表向四届一中全会请愿，痛陈何键祸湘事实，请予撤惩。中委曾仲鸣接见，表示接受。同日，安徽各县自治区长代表汤济舟等 15 人向四届一中全会陈诉陈调元荼毒人民，

摧残自治,请从速将陈撤惩,大会允即以书面答复。

△　日军由田庄台向辽河以西开始大规模军事行动,是晨,多门师团长下总攻击令,分三路直逼锦州。

12月29日　国民党四届一中全会闭幕。孙科致闭幕词,宣称此会"为党开一新纪元"。冯玉祥出席大会并演说,表示此次来京,目的在于共赴国难,并希望蒋介石复出任职。

△　李烈钧离京返沪,行前对记者谈话说:此次全会结果,本人未能认为十分满意。本人主张开放,与国民共同负责,案虽通过,但未实现。观此次各部部长人选,仍系分配于党内人物,可以概见。大会宣言空洞无物,对国民无有恳切语调,仅示敷衍而止。依目下情势,蒋随时可以入京。

△　国民党第四届中执委首次常务会议决议:推吴铁城为中央组织委员会主任委员,邵元冲为中央宣传委员会主任委员,张知本为中央民众运动指导委员会主任委员,周启刚为中央海外党务委员会主任委员,增选王正廷、刘守中、杨树庄为国府委员,推曾仲鸣为中央政治会议秘书长。

△　国民党中政会议定对日外交方针:一、信赖国际公理,防止事态扩大;二、正当防卫,如遇侵犯,则抵拒之;三、将东三省版图确实置于国民政府管理之下,任何时候不得变更。

△　伍朝枢向国民党中常会请辞司法院院长及代理特种外交委员会委员长职。

△　国民政府令:本年5月4日公布之《管辖在华外国人实施条例》原定民国二十一年(1932)1月1日施行,因本年天灾变故,尚未筹备就绪,暂缓执行。

△　东北边防公署参谋长荣臻以"兵力过疲,损失过重","枪弹缺乏,后援不及"为由,令锦州及附近驻军撤入山海关内。东北军络绎向关内撤退,辽宁省府机关重要人员亦多数逃入关内。只留黄显声、熊正平率公安骑兵三个总队维持锦州一带治安。

△ 日军攻陷盘山,续向沟帮子进攻,我国正规军均不作抵抗,抵抗日军者多为民团及义勇军,伤亡达 1300 余人。

12 月 30 日 国民政府令:内政部长刘尚清、外交部长施肇基、署外交部长顾维钧、军政部长何应钦、海军部长杨树庄、财政部长宋子文、署教育部长李书华、交通部长王伯群、署铁道部长连声海、实业部长孔祥熙、代理司法行政部长朱履龢呈请辞职,均准免本职。特任李文范为内政部长、陈友仁为外交部长、何应钦为军政部长、陈绍宽为海军部长、黄汉梁为署理财政部长、朱家骅为教育部长、陈铭枢兼交通部长、叶恭绰为铁道部长、陈公博为实业部长、罗文幹为司法行政部长。

△ 国民政府公布《修正中华民国国民政府组织法》。

△ 国民政府令:蒙藏委员会委员长马福祥、禁烟委员会委员长刘瑞恒呈请辞职,准免本职。特任石青阳为蒙藏委员会委员长,刘瑞恒为禁烟委员会委员长。

△ 国民政府令:参谋总长朱培德、训练总监何应钦、军事参议院院长张景惠呈请辞职,均准免本职。特任朱培德为参谋总长、李济深为训练总监、唐生智为军事参议院院长。

△ 冯玉祥携武力收复东北计划由京赴沪会晤汪精卫。

△ 陈铭枢主持召开特种外交委员会讨论锦州问题。各委员均主张一面以锦州现有军队尽力抵抗,一面将日军行动电告国联,请设法制止。

△ 国民政府再电令张学良坚守锦州,谓"日军攻锦紧急,无论如何,必积极抵抗","否则外启友邦之轻视,内招人民之责备,外交因此愈陷绝境",望"激励将士,为国牺牲"。

12 月 31 日 日军大举向沟帮子、大虎山等地进攻,驻该地东北军第十九旅孙德荃部、第十二旅张廷枢部及民团义勇军与日军战斗后,向山海关内撤退,各该地遂为日军占领。日军距锦州仅 40 里。

△ 新任外部长陈友仁对记者谈,锦州驻军退入关内一事,过渡政府不负责任,应由张学良负责,因过渡政府迭令张学良坚守锦州。新

政府成立后,亦必赓续此旨。

△ 东北军下级军官在锦州前线发表联合宣言,谓日军攻锦,血战五日,东北军死伤枕藉,"自一中全会开会之后,三次转电中央,请发弹药接济,无一应者,是中央抗日能力,仅于一纸电文,数张标语"。东北将士,决心为东北而死,"望南方同胞,弗徒以空言作抵抗"。

△ 国民政府致电国联,报告日军进攻锦州,情势越趋严重,请速采有效措施,制止日军进攻。同日,致电日本政府提出抗议,声明日军攻锦所造成的严重后果,日政府须负完全责任。

△ 广州"国民政府"临时会议决议:一、统一政府元月一日成立,广州"国民政府"各机关、财委会、政委会、侨委会及财政、外交两部同时结束;二、设立中执委会西南执行部;三、广州"国民政府"结束后,成立国府西南政务委员会;四、军事方面成立国府西南军事委员会;五、财政方面设立国府西南财政委员会。

△ 胡汉民、孙科、冯玉祥、李济深、李烈钧、居正、程潜、唐生智、黄绍竑、张发奎、刘芦隐等24人联名在《申报》刊登《为发起筹备邓演达同志追悼会启事》,称"中国国民党第二届中央执行委员邓演达同志努力于国民革命,艰苦卓绝,任劳任怨,始终为实现三民主义而奋斗",不幸被南京政府杀害,为慰忠魂,特先组筹备会,拟择吉日追悼。

是年 据《中国经济年鉴》载:本年钢产量1.5万吨,锰3.185万吨,钨矿砂6550吨,金12.85万两,煤2724.4673万吨,焦炭61.3863万吨,石油25.9632万桶,铜413吨,铅矿5996吨,锌矿1.4618万吨,锑矿1.1755万吨。

△ 九一八事变后,中国民商抵制日货风潮剧烈,日本对华输入减少。据《申报》统计,本年9月比上年9月减少34.7%,10月减少59.7%,11月减少68%,12月减少63.8%。

△ 东亚毛呢纺织公司在天津成立,资本23万元,宋棐卿联合山东韩复榘创办。宋任董事长兼总经理。

1932 年(民国二十一年)

1 月

1 月 1 日　国民政府主席林森暨新任各院、部长等宣誓就职。参加宣誓者为行政院长孙科,副院长兼交通部长陈铭枢,监察院长于右任,立法院副院长覃振,内政部长李文范,外交部长陈友仁,军政部长何应钦,海军部长陈绍宽,铁道部长叶恭绰,财政部长黄汉梁,实业部长陈公博,参谋本部参谋总长朱培德,蒙藏委员会委员长石青阳,禁烟委员会委员长刘瑞恒,司法行政部长罗文幹等。林森致词,提出“要振刷精神,负起建国救国的责任”。

　△　胡汉民、汪精卫、孙科等联名通电声明广州国民政府即行取消,略称:“上海和平会议告成,第四次全国代表大会亦已完成其使命,蒋中正同志复能勉从国人之期望,翻然下野,统一政府本日成立于南京,本会(按:指中央执监委员非常会议)及本政府谨践前言,同日取消。自兹以往,以党权统一于中央,以治权还诸统一政府,并遵四全大会决议,设立中央执行委员会西南执行部、西南政务委员会、西南军事分会,负均权共治之责,以努力于剿灭共匪,巩固国防。”同日,中执委会西南执行部等三机关成立,推胡汉民、陈济棠、李宗仁、白崇禧、刘纪文、陈策、李扬敬七人为执行部常委;陈济棠、李宗仁、白崇禧、张发奎等 27 人

为西南军分会委员,陈为委员长;唐绍仪、邓泽如、萧佛成等27人为西南政委会常委。

△　外交部长陈友仁发表对东省问题宣言,略谓:"本政府最急之任务即在于消灭战祸,并保主权,誓本此旨努力奋斗。前日政府已命令张学良固守锦州,积极抵抗,今后仍坚持此旨,决不稍变。即不幸而挫败,非所计也。"

△　中国驻国联代表胡世泽会见国联理事会主席白里安,请国联采取手段,制止日军扩大侵华行动。次日,白里安电各国政府,询问对日军攻占锦州之态度。

△　日机轰炸锦州,投弹20余枚,军民伤亡七人。辽宁省政府出锦州移至滦州,驻锦州东北军全部撤至关内,沟帮子失陷。

△　张发奎第四军在广西南宁举行北上援助黑龙江马占山将军抗日誓师大会。3日,第四军第十二师分批由南宁出发,取道邕柳公路北上。

△　张景惠在关东军高级参谋板垣征四郎指使下在哈尔滨发表所谓《独立宣言》,宣布黑龙江省和东省特别区"独立"。7日,伪黑龙江省政府成立。张景惠在齐齐哈尔就伪省长职。

△　香港《破产条例》、《竞博税条例》公布施行。

1月2日　下午2时,日军嘉村旅团侵占锦州。

△　国民党中政会紧急会议,决定由国民政府主席林森、行政院长孙科敦请蒋介石重返南京,共商大计。

△　国民政府为日本侵占锦州,照会美国政府请采取行动,防止事态扩大。

△　国民党中政会临时会议决议:特种外交委员会、特种教育委员会均应即结束;侨务委员会隶属于行政院;加推陈公博、刘芦隐、马超俊为国难会议筹备委员。

△　国民政府特派杨虎城为西安绥靖公署主任。

△　福州各校学生在西湖公园开游艺会宣传抗日,驻福州日本领

事及日本军舰"北上号"正、副舰长进行干涉,撕毁会场标语,与学生发生冲突,正、副舰长面部受微伤,经军警护送回日领署。学生数百人先后到市公安局及市政府请愿,要求扣留日领事及日舰正、副舰长。5日,驻福州日领事提出惩凶、道歉、取缔反日会等项无理要求。福建省府已允照办。

△ 上月 31 日晚 6 时,哈尔滨俄侨数人在中央大街和盛利杂货店购物,店主以有行窃情事报警,俄人金多维赤被拘审后开释。是日外间讹传金多维赤在医院身死,晚 6 时,俄人聚集中央大街达万人,有些暴徒演说煽动,设置路障阻交通,捣毁商店牌匾,寻殴华人,至次日凌晨始渐散。3 日午时,肇事者再聚集上千人,要求交出店主送日领事馆究办。经特警管理处调警两队晓谕不听,开枪示警驱散。暴徒四人被击伤,由同伙抬至南岗日领馆请愿。

1 月 3 日 日军西进,占领辽宁连山,黄显声率警备队退兴城。4日日军占葫芦岛。5 日陷绥中。6 日下午到万家屯,距山海关仅九公里。

△ 何成濬、李鸣钟、徐源泉、夏斗寅等 21 将领电行政院,请对日速定大计,下令动员抗日。

△ 国民政府令:免国民政府文官长王树翰、代理文官长叶楚伧本职,特任魏怀为国民政府文官长;准免国民政府参军长贺耀组本职,遗职由吕超继任。

△ 东北军前线下级军官署名发表第二次联合宣言,声明:"东北为中国之东北,非东北人之东北。故言抵抗,必须全国以整个力量赴之。"

△ 东北民众反日救国会电国民党中央和国民政府,声称:"我东北民众固犹为国家之民众也,未知政府负责诸公,尚有无有效办法解救此种危急。"

△ 全国医师联合会电国民政府,请迅速以实力援助东北抗日将领马占山。

△　福州日侨水户参雄夫妇,晚9时在日俱乐部宿舍暴毙,日居留民谓系华人所为。4日,日舰圆岛陆战队100余人在福州登陆,并由马江运来水兵80余人,声言保侨。5日,福建省府议决限晚8时起36小时内缉到凶手。

1月4日　中国政府照会国联理事会,要求召开理事会特别大会,制止日军侵华。

△　中国驻国联代表胡世泽由巴黎赴日内瓦,就日军侵略我东北事要求国联采取紧急处置。

△　汪精卫在沪发表谈话,望蒋介石、胡汉民从速入京,"以建设求统一,以均权求共治"。

△　冯玉祥派熊斌赴奉化谒蒋介石,劝蒋入京。

△　山东省政府主席韩复榘召开省府会议,议决第三路军军饷中央如不能发下,则暂借用本省中央税款。

△　日本关东军司令官本庄繁召集参谋长三宅,参谋板垣、石原、片仓衷以及顾问驹井、松木侠等,讨论"满蒙独立"的构想,拟在"二月中旬,至迟到二月下旬乃至三月上旬"成立伪"满蒙国家"政府,"首脑预定由溥仪充任",并确定"国防军"要由日本军充当。讨论结果作为关东军司令官的"指示",由板垣于1月6日带到东京向日本政府汇报。

1月5日　北平绥靖主任张学良通电报告锦州失守经过,略谓:"日方兵力增厚,武器精良,在在皆远胜于我,自其发动以后,竟以飞机、坦克车及大口径炮分路猛攻。我军奋勇应敌,激战十昼夜之久,前仆后继,死伤蔽野。卒以兵力过疲,损失过重,无术继续坚持,致于江日失守锦县。"

△　行政院长孙科招待新闻界,告以新政府内政、外交、财政等大政方针。

△　行政院副院长陈铭枢以"政府虽告成立,而我重要领袖,犹天各一方,未能荟萃,致使党政最高指导机关,提挈无人",电促蒋介石、汪精卫、胡汉民入京,团结御侮。

　　△　张学良在北平召集财政整委会议,讨论冀、晋、察、绥四省财政问题。会议认为:四省每月收入约数为 500 万元,中央协款百万元,但照六一折发,尚积欠两三月,实际每月收入仅 400 万元,而军、财支出每月 700 万元,不敷达 300 万元。各军若感不敷,可自动裁缩。

　　△　美国国务卿史汀生与英、法驻美大使讨论满洲问题,表示三国对于满洲事变,彼此携手办理。

　　1 月 6 日　中国驻国联代表胡世泽访国联代理秘书长爱文诺,请制止日军继续向山海关进袭。

　　△　国联"满洲调查团"委员名单已确定,有英国李顿、法国克劳德、美国麦考益、德国希尼、意大利马柯迪,李顿为团长。21 日,该团正式成立。

　　△　上海各大学学生抗日救国联合会发表告全国同胞书、致国民政府电,提出三点要求,限政府三日内实行,即:一、退出国联;二、出兵收复失地,并令北方将士不接受张学良不抵抗命令,自动抗日;三、枪毙丧权辱国的长官张学良。同时致电张学良称:"执事以东北最高军事长官,未能尽军人守土卫境之天职","不惟不以拼命抗寇为务,反至朝歌暮舞,优游享乐,置水深火热之东北同胞于不顾,是谓败类,吾国民所当共弃。"

　　△　国民政府令免京沪卫戍司令长官陈铭枢、南京市市长魏道明、上海市市长张群本职;特任蒋光鼐为京沪卫戍司令长官,任命马超俊为南京市市长,吴铁城为上海市市长。

　　△　国民政府令:刘峙已特派为驻豫绥靖主任,所有从前任命兼充之讨逆军第二路总指挥、讨逆军第二军团总指挥、"剿赤"军南路集团军总司令官各名义,均即予撤销。

　　△　张学良邀孙殿英、李服膺、商震、徐永昌等及在北平各将领协商华北军政问题。

　　△　南京中央大学学生赴外交部请愿,要求政府出兵东北收复失地。

△　湖南学生抗日救国会在长沙举行抗日救国大会,到 50 余校约二万人。大会通过全国一致团结抗日、请发给各校学生枪支、全国总动员出发东北等决议案。

1 月 7 日　国民党中常会第二次会议决议,西南执行部、西南政委会、西南军分会应停止设立,在常会未决定办法前,应请粤各委尊重一中全会交常会办理之决议案。

△　汪精卫电南京中央党部、国民党中央政治会议请辞两常务委员职。

△　日军嘉村旅团自锦州向义县、北票推进,图侵热河。

△　国民政府主席林森电促蒋介石、汪精卫、胡汉民等入京就国府委员职。

△　国民党中政会召开临时会议,加推李文范、罗家伦为国难会议筹备委员。

△　中华民国国难救济会电国民政府、行政院及外交部,反对国民党对日丧权辱国的秘密外交,并宣称"如万一堕其术中,国民誓难承认"。

△　上海各大学教授抗日救国会通电全国,要求国民政府速派大军收复东北失地;明白宣布对日方针;绝对禁止军人干政。

△　中共苏区中央局通过《关于苏区肃反工作决议案》。

△　上海市民联合会、上海各路商界总联合会联电国民政府及行政院,声明:"所有外部与暴日丧失国权交涉之结果,全沪商民,概不承认。"

△　上海市商会电国民政府,要求"迅决大计,整饬军旅,以武力收回失地,实施革命外交"。

△　招商局船员代表向招商局总管理处专员郭外峰要求与海关、铁路等局员同等待遇,发年终双薪被拒,遂成立请愿团,是日起已到沪之"新江天"等 12 商轮停开,在轮各职工午后起停辍工作。招商局航员双薪请愿团发布请愿宣言。

△　南京中央大学留校学生数百人,联名发表宣言拒绝桂崇基长校,并函请学生自治会召集留校同学大会,讨论拒桂进行办法。

△　北平广济寺大火,焚毁佛殿禅堂 100 余间。

1 月 8 日　陈济棠、李宗仁等发表"剿共"抗日通电,声称:"我一、四集团暨海陆空全体将士,认定今日之剿共抗日,为死中求生之急切要图。"

△　外交部声明,否认 1905 年中日密约,谓"我国自始即否认其事,嗣后亦屡经驳斥,早成死案,有案可稽"。

△　日军侵占锦州后,伪东北交通委员会在沈阳设立奉山铁路局,强占北宁路关外段,并改称奉山路,本日委阚铎兼该局局长。阚铎 9 日就职。

△　驻天津日军 2000 余人全副武装,举行大操,绕行各马路示威。

△　国民政府任命徐寄顾为中央银行副总裁并代理总裁职务。

△　国民政府令:所有对于电报及新闻施行检查之事一律取消。

△　国民政府令免中央大学校长朱家骅本职,任命桂崇基为中央大学校长。

△　上海总工会电国民政府,要求出兵收复失地,宣布对日方针。按:上海总工会系由上海市南、北两总工会合并而成。

△　南京金陵大学学生 500 余人赴行政院请愿,要求政府即日宣布对日外交方针,以实力援助东北将领,无结果。9 日全体罢课,决定促汪、蒋、胡入京。

△　杭州中等以上学校学生抗日救国联合会请愿团代表 47 人向国民政府、行政院及外交部请愿,要求即日出兵收复失地,实行革命外交,宣布对日方针,惩办张学良,保护民众救国运动。

△　北平国立七院校教职员因积欠薪金五个月,派代表赴京索薪。北平中学教职员亦派代表赴北平市府索薪。

△　美国政府援《九国公约》照会中日两国政府,声称:"凡中日两国政府或其代表所订立之任何条约或协定,足以损及美国或其人民在

华条约上之权利,或损及中国主权独立或领土及行政之完整,或违反国际上关于中国的政策,即通常所谓'门户开放'政策者,美国政府均无意承认。"

1月9日 新政府成立一旬,行政院长孙科表示独力难支,是晨自南京到上海,吁请汪、蒋、胡入京主持一切。孙对记者称:"现在国家环境,备极困难,余屡次宣言,必须蒋、胡、汪三先生共同到京主持中枢,始有办法。""三先生在党国均有深长之历史,无论如何,决不能长此恝然置国家之危急于脑后也。"

△ 外交部照会日使重光葵,中国政府对日本在东北组织的伪政权机关和设立之伪交通委员会概不承认。

△ 张发奎第四军到达柳州,27日到桂林,2月1日全部集中全州。

△ 国民政府令免教育部政务次长陈布雷本职,任命段锡朋为教育部政务次长;在教育部部长朱家骅未到任以前,由段锡朋暂行代理部务。

△ 军政部规定,高中以上学校施行军事训练,练习实弹射击,每年举行二至三次。

△ 福建省政府因日领反对《新潮》、《东方》两报记载、评论日皇被刺事,逮捕《新潮》报社长、记者,令《东方》报停刊,并决定施行新闻检查,重新登记各报。

△ 上海市政府密电行政院,请下令制止该市成立中国军人救国会组织。

△ 南京中央大学留校学生组织拒桂护校运动委员会,并致信警告桂崇基。10日,桂崇基赴中央大学视事,被学生殴打,头部受伤,从后门逃走。

△ 上海市28所中等学校代表53人向国民政府、行政院请愿,要求从速收复失地,保护主权。

△ 中共临时中央发布《关于争取革命在一省与数省首先胜利的

决议》,要求红军"占取一二个重要的中心城市,以开始革命在一省数省的首先胜利"。

△　欧亚航空公司一号飞机,由北平到迪化试航成功,是日返抵北平。

1 月 10 日　日关东军第八师团古贺骑兵联队和松尾辎重部队在锦西、锦州间遭我辽西义勇军郑桂林部伏击,被全部歼灭,古贺被击毙。

△　军政部、参谋本部及训练总监部合组军事整理会议,由军政部长召集,商讨全国各部队整理事宜。

△　北平绥靖公署主任张学良在平招待新闻记者,表示拥护统一,安定北方。

△　福建各团体代表团 9 日在上海青年会招待沪各团体及各报新闻记者,报告日人在福州挑衅情形及省府媚外辱国等经过。是日赴南京请愿,要求国民党中央就福州事件向日使提出严重抗议,限令日舰即日离开福建,保证此后日水兵不随意登陆,并否认福建省政府承认日本所提之五项无理要求,要求国民党中央对媚外辱国的福建省府严加惩办。

△　上海各大学抗日救国联合会在南市公共体育场召开赴京请愿被难同学杨同恒追悼会,与会者数千人。会后在南京路抬杨棺示威游行,至百老汇路,被公共租界探捕驱散。

△　日本"八云"舰由旅顺开赴青岛。

△　锦西一带义勇军六、七、八等大队以东北民众自卫义勇军名义,与东北军前线下级军官联合发表绝命宣言,表示誓死抗日,"无所悔恨"。

△　驻天津日兵三名,夜闯入居民李振亭宅,欲轮奸李妻,李夫妇抗拒,被日兵用刺刀将李削断三指。

△　中共中央军委下达攻打赣州令,以红三军团和红四军担任攻城和打援任务。

1 月 11 日　日军依田旅团侵占锦西县城。

△　何应钦、张继到沪转奉化促蒋介石入京。孙科等俟何、张晤蒋探其意志后再定须去奉与否。

△　司法院副院长居正到院视事，并通电称："在司法院院长伍朝枢未到任以前，由副院长依法代理。"

△　南京中央大学学生赴国民党中央党部请愿，反对桂崇基长校。该校教授会议议决，请行政院令江苏省教育经费委员会依照成案，如期拨发中大教费，并请罢免周佛海江苏教育厅长职。12日，行政院议决，南京中大经费132万元维持前案，永由江苏教育经费管理处支给。

△　国民政府任命楼景樾为第八十七师师长；俞济时为第八十八师师长；钱大钧为第八十九师师长。

△　国民政府令派黄君度、黄艺博为宣慰南洋华侨专员。

△　丁锦、朱清华等百余人，以"国难日亟，国府陷于停顿"，在上海发起组织全民救国大同盟，主张废除党治，实行宪政，全民总动员，收复失地。

△　招商局全体船员罢工风潮解决，经杜月笙、虞洽卿等调停决定：双薪照发，以12月份薪工单为标准；局员、船员一律平等待遇；船员不得无故被开除。同日，双薪请愿团通告"候命开航不误"；招商局专员郭外峰电国民政府辞职。

△　沪西日商日华纺织厂、喜和纺织厂、东洋绢丝厂华工因日人压迫全体罢工。上海市公安局长温应星、社会局长麦朝枢派人前往调解。罢工延续到28日。

1月12日　孙科、于右任、冯玉祥、陈铭枢、邹鲁、李文范、陈友仁、马超俊、李济深、李宗仁、吴铁城等在沪讨论应付国难紧急办法，议决于国民党中央政治会议下设立特务委员会，以应付目前国家严重问题。

△　日军于锦朝线失利，改由大通线分三路进袭热河。大通线有激战。

△　东北义勇军第四路耿继周部千余人克复大虎山。日军宝师团死伤惨重。14日，日军猛烈反攻，复陷大虎山。

　　△　黑龙江省府主席马占山电国民政府,称"江省情形,已如釜底游鱼","恳速觅策,设法交涉,以解危亡"。

　　△　冯玉祥函汪精卫,并分电蒋介石、胡汉民,促即入京,共赴国难。

　　△　行政院长孙科在沪发表时局谈话,略谓:"几年来债台高筑,罗掘已穷","最近政府每月财政实收不过六百万。而支出方面,只军费一项,仍需一千八百万,政费、教费尚需四百万,不敷数目达一千六百万。财政达到如此极度之困难,即维持国家组织最少限度之必需经费,亦势不能支持。"

　　△　日暴徒数人借口青岛《民国日报》刊载韩国志士谋刺日皇事,到《民国日报》馆纵火、鸣枪寻衅。下午 2 时,全青岛市日侨集会,决定向市府提出解散市党部、查封《民国日报》、惩办该社社长和总编辑等三项无理要求。会后结队出发,将市党部包围。晚 9 时半,在日国粹会员数百人参预下,将市党部焚烧,第四分驻所办公室捣毁。午夜,日巡洋舰"出云号"、"八云号"水兵 600 人登陆。日领馆向市政府提出市政府书面正式表示遗憾;《民国日报》社长登启事道歉;《民国日报》停发十日并撤换该事项之编辑人等。13 日,青岛市府向日方道歉,令《民国日报》停刊十天,并将该报总编辑撤职。

　　△　南京政府于年初成立后,广东、北平、天津、山东、福建、湖北等省、市均截留国税,国家每月税收由 3000 万元降到 600 万元,财政极度困难,财政部次长林康侯为此延不就职。沪市银、钱业两公会及库券基金保管委员会是日分电中央暨广东、北平、天津、山东、湖北等省、市当局,呼吁"勿截国税,税收报解中央"。

　　△　上海永昌煤号私进大宗日煤,上日被上海煤业公会查获。上海煤业公会召开执委会联席会议,讨论制裁永昌煤号事,决议:一、登报宣布永昌煤号主人吴吉昌私买日煤破坏抗日运动之罪状,并函请银、钱业两公会与奸商永昌绝交;二、同业全体与永昌断绝关系;三、推陆祺生、潘以三、毛春圃三人督促抗日会积极处理本案。

△　上海国难协济会及青年会会员抗日救国会两团体,联电山海关第九旅旅长何柱国,请"死守天险,以保关内"。何复电称:"誓率健儿,为吾华留此堑垒。"

△　上海各大学教授抗日救国会电何柱国,表示"本会决将唤醒全国同胞,为将军后盾"。

△　邵力子辞甘肃省主席,行政院决议慰留。

△　豫鄂皖边区绥靖督办兼鄂东区"剿匪"总指挥李鸣钟因"剿共"屡遭失败,前向国民政府提出辞职,本日国民政府复电慰留。16日,再电何应钦等请辞。

1月13日　孙科、冯玉祥等自沪至南京,开始组织国民党中政会特务委员会,在中政会党务委员未到京前,负责处理"中央各紧急政务"。

△　张学良电促蒋介石、汪精卫、胡汉民入京,略谓:"人望不可以屡辜,时会不可以再逸","宜及此政本未摇,余势犹在之际,集全党领袖于一堂,奋其智勇,以定安攘之策,则桑榆之效,或尚可收,沧胥之祸,其犹得免。若更分崩离析,或貌合神乖,信用一失,断难再复。"

△　熊希龄、马相伯、章太炎、张一麐、沈钧儒等代表中华民国国难救济会通电国民政府主席林森、行政院长孙科及蒋介石、汪精卫、何应钦、胡汉民等,略谓:"事至今日,诸公倘犹认救国全责可由一党负之,则请诸公捐除一切,负起国防责任,联合全民总动员收复失地,以延国命。如尚有难言之隐,亦应即日归政全民,召集国民会议,产生救国政府,俾全民共同奋斗。"

△　蒋介石由奉化抵杭州,14日在杭对记者发表谈话,声称"汪、胡如能推诚入京,余虽身在诉讼之中,为党为国,也无不乐从其后","惟熟审政治之环境,以及最近之事实,实鲜余个人负责之余地,故不得不仍以在野之身,尽个人职责"。

△　行政院通令各部、会,国家财政困难,"一切应采用紧缩政策"。财政部长黄汉梁、次长林康侯因财政困难,无法解决,分别向国民政府

提出辞职。

  △ 湘省主席何键电中央索军政欠款,请速汇 10—12 月补助费 60 万元,并拨还省库垫用军费 500 余万元。

  △ 北平大学七院长徐诵明、虞振镛、程子云、王之相、杨仲子、夏元瑮、白鹏飞,因教育经费困难总辞职。校长沈尹默亦电教育部辞职。

  △ 国民政府以财政困难,每月挪用公债偿付本息基金 1400 万元。上海江海关二五附税国库券基金保管委员会、银钱业两公会、沪市商会,均电国民政府表示反对。同日,北平、天津银行公会分电沪银业公会,请一致主张维持债权基金。

  △ 华北人民抗日救亡会成立,发表抗日宣言,略谓:日本长驱西进,国势日蹙,应唤醒全国上下,共同致力于消弭内战,共御外侮之运动。

  △ 上海各民众团体抗日救国联合会成立,出席有沪杭路抗日会、上海革命青年会、上海海员工会等 50 余团体代表,大会通过电慰东北抗日将士及义勇军等案。

  △ 红四方面军总部率红十师、十一师、十二师自黄安北上豫南,与自皖西西进之红七十三师会合,19 日发起商(城)潢(川)战役,经过十余日战斗,至 2 月 2 日商潢战役胜利结束,击溃敌第二、第十二、第七十六师、独立第三十三旅共 19 个团,商城守敌第五十八师弃城逃麻城。红军占商城及商潢公路沿线。

  △ 《中国论坛》英文周刊在上海创刊。

  1 月 14 日 国民党中央第三次常务会议通过国民党中央政治会议特务委员会《组织大纲》,并推于右任、张静江、张继、居正、孙科、陈铭枢、朱培德、何应钦、冯玉祥、李济深、李宗仁、陈友仁、顾孟馀为该会委员。《组织大纲》规定在国民党中央政治会议常务委员会未实行负责以前,特务委员会迅速处理紧急事务,并根据国民党中央政治会议所决定方针和事项,交由政府各主要机关依法定程序迅速执行。

  △ 外交部照会日驻华公使,就日驻汕头军舰连日向中国军队驻

所挑衅;汉口日海军在汉口越界构筑防御工事;青岛日侨聚众滋事,焚毁青岛市党部等情事提出严重抗议。

　　△　外交部发表复美国公使照会,称中国政府本主权独立及领土、行政完整之原则,绝无与日本订立任何条约之意。望美国政府继续增进国际公约之效力,以保各国际公约之尊严。

　　△　张学良在北平召集华北各将领商震、宋哲元等会议,讨论华北治安、财政及各军缩编减费等问题。

　　△　伍朝枢电林森请辞司法院长职。

　　△　旅京华侨抗日救国会召开救国大会,通过请政府克日调遣大军收复东北失地、对日绝交宣战、宣布对日外交方针等项要求。

　　△　上海农、工、商、学各界举行联席会议,通过一系列抗日主张,决定17日开市民大会,并实行罢课、罢市、罢工、罢税、罢岗、罢操。

　　△　上海各大学学生抗日救国联合会通电全国,号召"各民众自动组织,共赴国难,收复失地,驱逐倭寇,还我山河"。

　　△　东北民众义勇军总司令赵飞鹏到京报告抗日情形。

　　△　江苏淮阴全县车夫2000余人,因反对增加车捐,举行罢工。

　　1月15日　国民党中政会特务委员会在中央党部召开第一次会议,讨论对日外交问题。要求国联援用会章第十六款,对日施行经济制裁,由外交部电颜惠庆秉承办理;对日取不妥协态度,以保障领土主权为原则。

　　△　行政院副院长陈铭枢飞杭晤蒋介石,携孙科敦促蒋出山函,词意恳切,蒋为动容。

　　△　于右任赴香港促胡汉民入京。

　　△　行政院第四次会议决议组织国难会议筹备处,由李文范、陈公博、段锡朋、叶恭绰、罗文幹、马超俊、吴铁城负责办理,李文范任主任。

　　△　日军村井旅团占阜新,向新邱推进,为骑三旅及义勇军击退。

　　△　驻美公使颜惠庆启程赴日内瓦,代施肇基出席国联理事会议。

　　△　国民政府令:京沪卫戍司令长官蒋光鼐未到任以前,着京沪卫

戍司令长官公署参谋长邓世增暂行代理。

△ 上海市长吴铁城奉国民政府令,与沪金融界代表会商财政问题。吴称,现中央军费每月减到 1600 万元,政费减到 200 万元,合计 1800 万元,每月仅收入 700 万元,不足 1100 万元,请金融界设法协助,以两个月为期。协商未获结果。

△ 湖北天门县长刘赓飏率天门、应城、汉川三县地主武装及军队一团,进犯芦家口红军,全军覆没,刘被活捉。

△ 江苏高邮筑堤工人因反对政府克扣救灾筑堤款项,剥削工人,举行罢工。

△ 东北民众反日救国会电国民党中央暨国民政府,陈述东北民众义勇军抗日情形,请予协助弹械。

1 月 16 日 陈铭枢自杭返沪,携蒋介石致汪精卫亲笔函晤汪,转达蒋促汪赴杭意。下午,汪去杭晤蒋,商谈入京事。17 日,蒋、汪联电促胡汉民北来,一同入京,共支危局;并电孙科称:"俟展兄(胡汉民字展堂)驾至,即联袂入京"。"关于一切大计,亦俟商得展兄同意始决定"。

△ 张学良召开华北财政会议,决议军费按六四成发,政费冀、察、热、平、津按八成发,晋、绥由该二省自行减缩,结果仍不敷 50 余万元,拟由国税项下暂行支拨。

△ 中华民国退职军人抗日救国义勇军司令仇鸾蘷等电国民政府,主张敦请冯玉祥统率全国义勇军,领导抗日。

△ 上海青年自愿决死抗日救国团 50 余人至军政部请领枪械子弹,与值日卫兵发生冲突,领队叶斌及律师吴迈被击伤,全体团员被扣。经新闻媒体刊载,各民众团体支援,19 日被释放。

△ 财政部电全国各税收机关,称"军政各费,急于星火",着即将税收款项一律扫数解交国库,毋得贻误。

△ 广州学生赴京请愿代表团到京向国民政府请愿,要求明令各省军队克日开赴东北,收复失地。

△ 南京国民外交后援会电慰东北义勇军,望再接再厉,为国家留

生气,为民族争殊光。

　　△　上海国难协济会等 70 余团体召集各界代表大会,讨论民众自卫救国等要案。

　　△　英使蓝普森因日方将北宁路榆沈段划归南满路公司附带经营,有妨害英国在该路之债权,并破坏中英间之借款合同,向日方提严重抗议。

　　△　连日来晋钞价格暴落。本日晋钞一元仅换现洋四分,持票购现金者甚多。山西省府通令各县 15 日起赋税等款,一律改收现洋。金融异常混乱,商民恐慌万状。

　　1 月 17 日　胡汉民复电汪精卫,称血压未退,非长期休养不可,并称:"只须中央行责任内阁之职权,贯彻吾党数月来共同确定之政策,而吾辈在野之身,竭诚为政府之助,则对内对外,自能发展,开一新局势,以副国人之期望。"

　　△　张继、张静江赴杭迎蒋介石、汪精卫来京。

　　△　清逊帝溥仪由汤岗子赴沈阳积极准备复辟。

　　△　黑省主席马占山电孙科、陈友仁等,略谓:"国难日亟,复辟将成,危亡即在旦夕,恳速觅交涉途径,以救垂危。"

　　△　行政院电江海关二五附税库券基金保管委员会、全国商联会、上海市银行业、钱业公会等团体,声明"现政府决定维持公债库券信用"。18 日,中政会特务委员会也电上海各团体,声明维持公债信用。

　　△　孙洪伊等发起之宪政促进会成立,选孙洪伊等 17 人为理事,声称该会目的在"实现全民政治,反对一党专政"。

　　△　上海 30 余民众团体在南市公共体育场召开市民大会,通过反对国民政府出卖东三省、反对政府压迫民众运动、反对政府停付公债本息等议案 14 项。会上有人散发共产党传单和高呼反对国民党口号。会后游行至上海市府及市党部,被警察驱散。

　　△　留日学生抗日救国会在中央大学召开全体会员大会,决议要求国民政府对日绝交,并以实力援助东北义勇军。

△ 南京中央大学教授为日军攻陷锦州发表告国民党及国人书，略谓："四万万人之中华民国，断不能因国民党领袖不团结或疾病而被断送。同人等诚不信蒋、汪、胡三公不来，国事遂毫无办法"，国民党"应整个交还中国人民所付托之政权，俾中国人民自谋生路"。

△ 中国著作者协会在上海成立，主要成员有陈望道、冯雪峰、楼适夷、丁玲等。

△ 晨 1 时 50 分，天津工业印刷局大火，延烧中华书局、丽生大药房等八家商店，焚房屋 63 间，损失约在 50 万元以上。

1 月 18 日 孙科、何应钦等应蒋介石之召飞杭州，蒋介石、汪精卫、孙科、张静江、张继等在西湖烟霞洞密商外交、财政、军事要政，并决定共同入京。

△ 日僧天崎等五人在上海引翔港一带，手敲钟鼓铙钹，行至马玉山路三友实业社棉纺织厂附近，向围观之群众投石，三友社工人向前劝阻，发生冲突。日女间谍川岛芳子事先收买之流氓趁机袭击日僧，蓄意制造事端。日僧二人乘间逃脱，三人被群众殴伤。19 日，驻沪日领村井苍松向上海市政府口头提出严重抗议，除要求缉凶外，保留其他要求条件。21 日又提书面抗议，要求四项：一、道歉；二、惩凶；三、对被害者给予医药费及抚慰金；四、取缔"排日、侮日"行动，尤应将上海抗日救国委员会以及各种抗日团体即时解散。同日，驻沪日海军第一遣外舰队司令官盐泽幸一对上海市府提出警告书，要求圆满答复总领事所提四项要求，否则"为拥护帝国之权益计，已具有认为适当手腕之决心"。

△ 胡汉民电蒋介石、汪精卫，声明暂不北上入京，称："望各矢忠诚，俾哲生兄等得行使责任内阁之职权，贯彻其政策。"

△ 各师、旅驻京代表 40 余人向军政部索饷。陈仪延见，称财政部长尚未就职，沪方洽款尚未成交，俟日后财政部负责有人，发饷有款，再行支配。

△ 国民政府令：定于 2 月 1 日在南京举行国难会议，"广集忧时之士，经世之才，各本救国之诚，共谋自卫之道，一心一德，济此艰危。

所有会议一切事宜,着由行政院妥为办理"。

△　国民政府特派颜惠庆为国联行政院代表,原驻国联行政院代表施肇基因病辞职照准。

△　国民政府令:京沪卫戍司令长官公署已组织成立,前设之首都卫戍司令部应即撤销;首都卫戍司令谷正伦、海军第二舰队司令陈绍宽免职。

△　张学良委荣臻为北平绥靖公署参谋长。荣 20 日就职。

△　南京中央大学学生举行全体大会,确定校长人选标准:一、纯粹学者;二、办理高等教育有成绩者;三、绝无政治色彩者,并推举竺可桢、翁文灏、任鸿隽三人,呈请国民政府择一任命。

△　天津市商会电广东、山东、湖北、北平等省、市政府,请熟权利害,俯顺舆情,勿截留关、盐等税。

1 月 19 日　汪精卫、蒋介石再电促胡汉民入京,称:"此值国难严重时期,吾辈三人,与其天各一方,遇事不能即时商榷,诚不如同聚首都,随时献替,较于党国有裨。"

△　孙科电促胡汉民北上入京,略称:"此次中央政制改革之后,行政院实对政治会议负责,但政治会议常委三人均未在京主持,对内对外党国大计无从决定。"

△　阎锡山电蒋介石、汪精卫、胡汉民,盼早日入京。

△　行政院会议决议裁员减政,各院、部、会经费自本月份起,六个月内暂按原额发五成。各省、市照中央办法,一律减缩。

△　行政院决议:派顾维钧参加国联满洲调查团。

△　各军驻南京代表开会,议决请军政部维持军费每月 1800 万元,并第二次向军政部请愿索饷。

△　国民政府令:任命邹鲁为国立中山大学校长。

△　章太炎、张一麐、沈钧儒等联名通电,"请国民援救辽西"。

△　安徽旅京同乡会及铁路协会等各团体,因皖人阚铎受伪命为奉山路局长,咸深愤激,决议开除其会籍。

△ 南京各界抗日会通电要求国民政府"对日绝交,自决图存"。

△ 日机向宾县大量投弹,轰炸吉林临时省政府。

1 月 20 日 晨 2 时 20 分,在沪日浪人 32 人烧毁中国三友实业社毛巾厂,并冲入附近华德路警亭,砍断电话线,杀死正在报警之华捕田阔生一人,刺伤二人。下午,上海日侨 2000 人在公共租界蓬莱路日侨俱乐部举行居留民大会,会后赴驻沪日领事馆及日本海军陆战队请愿,要求日政府增派海陆军压制排日,并持木棒游行,在北四川路一带捣毁电车、公共汽车及中国商店。至 6 时许,到狄思威路始散。

△ 上海市政府就日浪人烧毁三友实业社事,派秘书长俞鸿钧口头向日领村井仓松提出严重抗议,日领表示遗憾,并声明负责缉凶严办。

△ 国民政府为日机在吉林临时政府所在地宾县轰炸,照会国联请加制止。

△ 粤国民党中委唐绍仪、伍朝枢等 21 人通电拥护中央,否认扣留国税。

△ 何应钦电各军军事长官,说明中央因财政困难,决自本月起军费减为 1600 万元,以前积欠亦决设法发放。

△ 外交部就日军占领北宁路关外段阻止交通事,向日使提出严重抗议。

△ 国民政府特派吴铁城为国难会议秘书处主任,郑洪年为副主任;任命蔡增基为建设委员会秘书长;任命俞飞鹏为交通部常务次长。

△ 上海市国难救济会成立,通过该会公约、会章和宣言,推举沈田莘为主席,王晓籁、史量才等 25 人为理事,并通过以经济实力援助东北义勇军案。

△ 班禅率随员多人抵锡盟,张学良派张九卿前往欢迎,并以金表等贵重礼物数十种,分赠班禅及锡盟各王公,以示宣慰。

△ 骑兵第一师第一旅士兵和下级军官在河南息县暴动,投入红军,旅长王春长当场被起义士兵打死。

△　福建长乐县农民因生活困苦举行暴动,捆捉县长陈希彭,打开监狱释放无辜农民,并布告列数其对农民剥削的罪恶。

△　《中国日报》在南京创刊。康泽创办,社长顾希平,总编辑邬绳武,总经理唐忍安。

1 月 21 日　蒋介石离杭赴京,临行对记者谈称:"余此行完全以私人资格入京赞助政府当局,绝不担任何种职务。"晚宿汤山。汪精卫晚10 时亦自沪到京。

△　上海市政府对 20 日日侨居留民在北四川路沿途滋扰、捣毁店铺事,向日领村井仓松提出抗议书,要求惩办肇事者,并严切制止,以后不得再有类此情事发生。

△　行政院各部厉行减政,缩费、裁员是日起实行。十部及附属机关公务员约一万余人,需裁三分之一。留职人员薪俸按等减成发给,雇员八成,委任六成,简任对折,办公费津贴停止。

△　国民政府颁令禁止国家机关工作人员贪污,略称:"嗣后各院、部、会及各地方长官,务须砥砺廉隅,以身作则,所属如有贪污之行,务立予举发,勿得稍涉徇庇。"

△　孙科电上海江海关二五附税国库券基金保管委员会、全国商会联合会等六公团,希每月勉任 1000 万元,"以安大局"。翌日,孙科发表谈话称,政府已向上海银行界每月借 800 万元,以两月为限。

△　黄汉梁、林康侯打消辞意,到财政部视事。

△　国民政府任命吴景鸿为立法院秘书长;任命沈鸿烈为青岛市长。

△　南京中央大学教授 20 余人向行政院、教育部、财政部请愿,要求拨发欠薪。

△　全国苏区少先队代表大会在瑞金开幕。少共中央局陆定一、苏维埃中央政府主席毛泽东、中革军委主席朱德及中共代表任弼时到会并发表演说。大会通过目前少先队的政治任务和章程等决议。选举王盛荣、陈丕显等 13 人为少先队中央总队部执行委员。25 日闭幕。

△　国民党海军"豫章"鱼雷艇在南通芦泾港触礁沉没。

△　国联成立关于九一八事变调查团,由英、美、法、德、意五国派员组成,由英国前代理印度总督李顿任团长。

1 月 22 日　上海市政府对日浪人烧毁三友实业社案,向驻沪日总领事署提出书面抗议,并要求:一、日本总领事向沪市长表示歉意;二、迅速逮捕及严惩纵火杀人之罪犯;三、充分赔偿被害者;四、切实保证嗣后不得有同样事件发生。

△　上海日本陆战队因 21 日《民国日报》刊载日人焚毁三友实业社之题为《日浪人藉陆战队掩护昨日在沪肆意横行》之文章,是日向该报社提出四项无理要求:一、主笔来队提出公文陈谢;二、揭载半张大地位之谢罪文;三、保证嗣后不再发生此种事情;四、罢免直接责任记者职位,并限 23 日上午 5 时前答复。

△　蒋介石、汪精卫、孙科、张继、李宗仁、冯玉祥等在南京励志社开谈话会,共商对日外交及财政等问题。

△　国民政府举行会议,通过蒙藏委员会增加常委六人;决议照行政院所拟聘任国难会议会员。

△　段祺瑞被聘为国难会议会员后,是日在沪发表谈话,略谓:"余以为处置国家大事不在夸大虚矫,而在能实践所言。国事至此,吾人惟有效越王勾践刻苦忍辱,以求最后之胜利。但屈辱非妥协之比,以后须在'求己'二字上用五六年苦功夫,国事终有可为,决无用其悲观也。"

△　日军骑兵各一中队分别侵占长岭、农安两县。

△　驻汕头日领因《汕报》称日兵为兽,日人为倭,向市政府要求道歉及令该报停版。

△　中共湘鄂西中央分局为了贯彻《中央关于争取革命在一省与数省首先胜利的决议》,在夏曦领导下召开湘鄂西省第四次党代表大会,大会通过了一系列"左"倾错误决议,选出以夏曦为首的新湘鄂西省委。29 日大会结束。

1 月 23 日　下午,蒋介石、汪精卫、孙科在京开紧急会议,讨论对日方案,至 7 时始散。晚,孙科及何应钦、朱培德等复在励志社商谈应付目前外交问题。对日应否绝交问题,政府要员连日交换意见,均趋慎重,汪、蒋咸主"先行安内,方可攘外"。蒋对陈友仁等之对日绝交主张,认为"只凭一时之快意,不顾国家永久利害",力持不可。

　　△　国民政府敦聘丁文江、王克敏、王世杰、王造时、王云五、王揖唐、王昆仑、王晓籁、朱庆澜、吴佩孚、吴鼎昌、李书城、何公敢、沈尹默、周作民、周诒春、胡适、段祺瑞、徐谦、马寅初、孙传芳、陈垣、陈寅恪、陈嘉庚、郭泰祺、张伯苓、章士钊、章太炎、陶希圣、陶行知、黄炎培、黄金荣、黄郛、汤尔和、曾琦、翁文灏、傅斯年、罗隆基、顾维钧等 188 人为国难会议会员。后又聘左舜生、周震鳞、赵恒惕等 38 人为会员。

　　△　第十九路军在上海龙华警备司令部召开营长以上军官紧急军事会议,决定对日抗战,蒋光鼐、蔡廷锴、戴戟等人参加,并发表重要讲话。蔡称:"日本人这几天处处都在向我们寻衅……大有占据上海的企图,觉得实在忍不下去,所以下了决心,就是决心去死。"戴称:"我辈只有尽军人守土御侮的天职,与倭奴一决死战。"蒋称:"从物质方面说,我们远不如敌。但我们有万众一心的精诚,就可以打开一条必胜之路。"下午 7 时,向全军各部发出密令称:"我军以守卫国土克尽军人天职之目的,应严密戒备,如日本军队确实向我驻地部队攻击时,应以全力扑灭之。""七十八师第一五六旅担任京沪铁道以北至吴淞、宝山之线,扼要占领阵地。第一五五旅担任京沪铁道线(包括铁道)以南至虹桥、漕河泾之线(南市、龙华之团即在原地),扼要占领阵地。吴淞要塞司令率原有部队固守该要塞,并与附近要塞之友军确取联络。丹阳六十师黄茂权团限明日(24 日)开至南翔附近待命,沈光汉师、毛维寿师为总预备队,在原地候命。"

　　△　日海军第十五驱逐舰队"葛"、"藤"、"薄"、"荻"四艘及巡洋舰"大井号"到沪,第一特别陆战队 457 人同时到达。上海形势危急,晚吴铁城召集沪各界领袖数十人,商治安及对付日浪人暴动办法。

　　△　南京中央大学护校运动委员会派代表蒋绵荪等五人,赴教育

部索薪。次日,全校教授停教索欠薪。

1 月 24 日 外长陈友仁以对日绝交之外交方针未蒙中央采纳,口头向孙科辞职赴沪。次日,陈在沪发表辞职谈话,称:"过去蒋介石对东三省事件,原一贯主张其消极不抵抗政策,以致锦州失陷。""蒋氏此种消极政策,如更进一步,难保不接受日人之要求。""蒋氏至今实力犹存,而其反对余之外交主张,又若是其坚决,此余所以不能不即日辞职以谢国人。"

△ 蒋介石、汪精卫等在南京励志社开中政会特委会,讨论对日外交问题,主张仍采妥协政策。会议认为陈友仁外交政策,基于隔阂国情,徒为孤注之一掷,决不可行,故毅然不采用。对陈之辞职,经讨论决定不予挽留。

△ 蔡廷锴等到苏州召集第十九路军驻苏将领举行紧急军事会议,传达解释 23 日所发密令,与会各将领一致表示反对不抵抗和拥护团结抗日。

△ 沪续到日航空母舰"能登吕号"并飞机六架。巡洋舰"大井号"中之日海军陆战队 400 余人在汇山码头登陆,分驻公大纱厂及杨树浦日兵营房。26 日,日又续由佐世保军港调派驱逐舰"皋月"、"文月"、"水无月"、"长月"、"三日月"、"菊月"、"望月"、"卯月"、"陆月"、"如月"、"弥生月"、"夕月"及统率该舰等之巡洋舰"夕张号"等 13 舰到沪。"夕张"舰上之陆战队 468 人在沪登陆。

△ 南京各界抗日会因日军在沪横行,复调大批军舰相威胁,特呈国民政府要求对日严重抗议,并调大军往沪防卫。

△ 国难会议会员吴佩孚由五原抵包头,表示"非团结不足以救国"。

△ 皖省主席陈调元电请行政院取缔蚌埠中华抗日救国义勇军第四支队筹备队。28 日,行政院长孙科、军政部长何应钦复电"应予禁止"。

△ 全国邮务职工总会在沪成立。

　　△　上海兵工厂运输火药船三只,在黄浦江爆炸,死难 30 余人。

1 月 25 日　行政院长孙科在沪分电林森及蒋介石、汪精卫辞职。国民党中央临时常会决议慰留。居正、张继、张静江等晚乘车赴沪挽留孙科。

　　△　国民党中央临时常会通过《中央执行委员会组织大纲》。

　　△　国民政府令:兼陆军第十三师师长夏斗寅辞职照准,任命该师副师长兼第三十七旅旅长万耀煌为陆军第十三师师长。

　　△　中央大学维护学校经济运动委员会召开全体会议,决定推代表赴教育、财政两部催索积欠之 80 万元校费。

　　△　北平中小学教职员、校长,分别向市政府、教育局索薪。

　　△　国联行政院开会讨论中日事件,中国代表颜惠庆发言揭露日本对中国的侵略,略称:九一八满洲事件后,日本不独不实行撤兵之诺言,且逐渐增兵,"自六星期前行政院开会以来,侵略继续悍然进行,中国政府在南满所剩最后政权卒被摧毁,锦州及其以南土地如山海关等现皆步沈阳等后尘。日本现尚侵犯热河省而危及中国北部、中部与南部之要区,其最近威胁,为福州与上海之占据"。同日,国联行政院会员国(中日两国代表未出席)举行秘密会议,决议对中日两国代表作温和之劝告,请中日两政府消弭上海重大事变。

1 月 26 日　日领村井仓松向上海市政府提出最后通牒,对 21 日所提要求,限 48 小时答复。27 日,村井又口头通知上海市长吴铁城:所提要求限于次日下午 6 时以前,当得一满意之答复;并要求下令将凡有抗日字样之团体一律解散,否则日人将采取必要之手段,以实现其要求。

　　△　上海闸北一带、宝山路车站、天通庵路、江湾路及其他各要隘,均有军警戒备,构筑工事,预防日军入侵。

　　△　行政院第六次会议决议,国难会议展期至 2 月 11 日开幕。

　　△　财政部长黄汉梁、内务部次长兼首都警察厅长陈群、外交部政务次长傅秉常、外交部常务次长甘介侯同日辞职。

　　△　上海《民国日报》在工部局出面"劝令"下于本日被迫停刊。同日,北平公安局通知各报馆:"嗣后对日本皇室暨日军各项事务,须审慎登载,万勿贻人口实。"英文《北京导报》因"侮辱日本",在日方一再要挟下于次日停刊。

　　△　依兰镇守使兼第二十四旅旅长李杜所部陈东山团协同冯占海团占据滨江县公电局、滨江镇守使署,与吉长镇守使兼第二十八旅旅长丁超等部反抗熙洽,27 日,在哈东大败熙洽伪军。

　　△　中德签订炼钢厂草约,中国向德借美金 1600 万至 2000 万元。

　　1 月 27 日　上海市政府令取消本市各界抗日救国会,并密令社会局、公安局派员会同各区所前往查封。吴铁城对记者发表谈话,宣称:"本市各界抗日救国会成立以来,组织既未遵法定程序,举动又时逾常轨。扣货拘人,屡滋物议,宣判处罚,俨如法庭。……为保全地方,安定社会起见,政府职责所在,不能不令饬取消。"

　　△　夜,何应钦、朱培德三次急电第十九路军,着该军"忍辱求全,避免冲突,万勿妄动,以免妨害国防大计"。

　　△　日本海军省发表声明,谬称:"中国各地之排日运动,根底于多年酿成之排外思想,非一朝一夕之故。""至于上海事件,国民政府对于日本合理的妥当的要求,毫无诚意,不肯承认。……万一国民政府不肯反省,不停止不法行为,日本于自卫不得不采适当之行动,以保护日侨及拥护既得权,以期万无遗憾。"

　　△　上海中学学生抗日救国会到市政府请愿,反对市政府接受日领要求,以保障抗日团体永远公开存在,反对公共租界工部局封闭中国言论机关。

　　△　军政部训令各军事机关,并通告各绥靖公署及各省、市政府,嗣后除正式学校之学生外,各地民众团体一律不得擅自组织义勇军,亦不得招兵募饷及委任军、师、旅长等。

　　△　居正、张继、张静江等自沪回南京,向汪、蒋报告在沪因孙科拒见,致无结果等情形。同日,中政会决议一致慰留孙科,在孙离职期内,

院务暂由副院长陈铭枢代理。

　　△　国民党中政会决议撤销特务委员会；设立外交委员会，蒋作宾为主席兼常务委员。

　　△　刘峙电何应钦，请转陈中央准予辞去豫省主席职，专任绥靖事务。

　　△　南京中央大学护校委员会推教授代表 12 人、学生代表二人，赴江苏教费管理处催索欠费。

　　△　中共中央为武装保卫中国革命，发表《告全国民众书》。

　　△　红三军段德昌第九师，在湖北应城附近歼灭敌军第四师徐庭瑶部一个旅，活捉旅长、团长、参谋长各一名，缴获大量武器弹药。

　　△　义勇军克复锦西，并一度克复北镇。

　　△　李杜、冯占海等部击退向哈尔滨上号、南岗、三棵树进攻之于琛澂、马锡麟部伪军。

1 月 28 日　"一二八"淞沪抗战开始。夜 10 时许，驻沪日军挑起战端。日舰 13 艘驶进三夹水，向吴淞炮台轰击。11 时 10 分，驻沪日海军陆战队千余人占领淞沪路天通庵车站，旋由淞沪铁路及虹江路向第十九路军翁照垣旅防地进攻，遭到守军英勇还击，未及撤防之宪兵第六团也并肩作战。天通庵路、横浜路、宝兴路、虹江路等处均发生剧烈巷战。江湾方面日陆战队亦发动数次冲锋，均被守军第七十八师第六团击退。第十九路军将领蒋光鼐、蔡廷锴、戴戟星夜自龙华步行至真如车站，设立临时指挥部指挥作战。

　　△　上海市政府复日领最后通牒，完全接受日领 21 日所提四项要求。下午 4 时，日领事对上海领事团表示所接吴铁城复文完全满意，并称所要求各项大都已见实行，暂时不再取何行动。

　　△　下午 3 时，蒋介石电令第十九路军移防，第七十八师移驻南翔，真如、闸北防务改派宪兵第六团接防。因宪兵第六团当晚只有一营到真如，兵力不足，且时间已晚，未交接。

　　△　上海公共租界、法租界宣布戒严。在沪各国将领组织防守委

员会,以英国陆军总司令佛平曼任各国联军总司令,并令华捕即日迁入租界;闸北宝山路河南路口及沪西梵王渡、曹家渡一带通租界路口,均有英国陆军警戒;法租界在徐家汇路一带增设电网,戒备森严。

△ 夜 11 时后,驻沪日总领事村井仑松致函上海市府及公安局,附送日第一遣外舰队司令盐泽公告各一件,谬称:"帝国海军鉴于多数邦人住居闸北一带,为维持治安计,将驻日军于该处,以负保安之责,本司令希望中国方面将闸北所有中国军队及敌对设施立刻撤退。"

△ 蒋介石主持国民党临时中政会,决议:外交部部长陈友仁辞职照准,特任罗文幹为外交部部长;接开中常会临时会议,决议选任汪精卫为行政院院长;任孙科为立法院院长,孙未到任以前,由副院长覃振代理。

△ 汪精卫、蒋介石、冯玉祥联名电邀张学良、阎锡山入京。

△ 留粤中委唐绍仪等 21 人电孙科、陈友仁,对其辞职表示支持。

△ 行政院加聘国难会议会员马叙伦等 19 人。

△ 铁道部长叶恭绰电呈行政院辞职。

△ 财政部电各省勿扣留国税,如各省财政困难,可与财政部协商办法。

△ 上海各界抗日救国联合会召开临时紧急会议,推派代表余华龙等六人向市政府请愿,反对取消抗日会。

△ 开滦煤矿马家沟矿工人要求分花红举行罢工。驻开平军队前往弹压。

△ 津浦路工会电浦口总局要求驱逐机务处长杨毅及改善工人待遇,限当晚答复。29 日,因总局未答复,津浦路沿线天津、沧州、德州、泰安、兖州、临州、济南、徐州、蚌埠等站工人数千人罢工,其中数百人分两批赴南京请愿,行至徐州,被当地驻军制止。30 日,请愿工人返回济南,因沪变发生,国难当头,全路工人复工。

△ 上海日华纱厂浦东厂布机车间女工 350 人,因反对厂方增加工时,减少工资,于去年 12 月 24 日至本日举行罢工。因一二八事变发

生,罢工无形停顿。

　　△　上海永安纱厂二厂工人 6000 余人,因要求发给四个月红利,于去年 12 月 19 日至本日罢工,共计 41 天,因一二八事变,该厂被毁,罢工无形停顿。

　　1 月 29 日　晨,第十九路军反攻,翁照垣第一五六旅丁荣光第五团与宪兵第六团机关枪队,公安局第六中队配合,夺回天通庵火车站。下午,日海军陆战队袭占京沪路上海北站,经我军增援反攻,复将北站夺回。江湾路、天通庵路、宝兴路、横浜路、虬江路、宝山路等处进犯日军均被守军击退。

　　△　日机轰炸闸北、南市,宝山路商务印书馆及东方图书馆均被炸焚毁,损失约值 1000 万元。

　　△　外交部发表宣言,略谓:"为执行中国主权上应有之权利,不得不采取自卫手段,并对于日本武装军队之攻击,当继续严予抵抗。"

　　△　日军利用公共租界北四川路向第十九路军攻击。第十九路军为此向公共租界工部局声明:"我军准备进攻北四川路日军防线,为自卫起见,不得不尔。"

　　△　第十九路军将领蒋光鼐、蔡廷锴,淞沪警备司令戴戟发出抗日通电,表示:"光鼐等分属军人,唯知正当防卫,捍患守土,是其天职,尺地寸草,不能放弃,为救国保种而抵抗,虽牺牲至一人一弹,绝不退缩。"

　　△　日本政府发表关于"上海事件"的声明,诡称事变是由于中国的排日运动所引起,中国官民对此"采取鼓励的态度","因此,排日运动越来越广泛,越来越激烈";日本在上海的行动,"完全以保护侨民的生命财产及其他我方权益为目的",要求中国军队从日本侨民居住地区附近撤走。

　　△　驻沪日副领事白井康一面直接向上海市长吴铁城提出停战,一面托英、美、法各国领事出任调停。第十九路军接受要求,于晚 8 时许即令前线停止战斗,严密戒备,同时即将原驻镇江以东之第六十师调到南翔、真如一带,并将第六十一师调运来沪,第七十八师全部投入前

线,加强防御。

△ 国民党留沪中委孙科等 11 人联名致电汪精卫、蒋介石,请抽调劲旅来沪应援,并请设法接济第十九路军饷糈。同日,孙科、李宗仁、陈友仁等 18 人通电全国军民,要求一致猛醒,准备抵抗,同赴国难。

△ 陈济棠在广州召开军官会议,决心抗日到底,议决巩固国防办法及电第十九路军请坚持抗日。

△ 中国代表颜惠庆奉国民政府训令照会国联秘书长,要求援用《国联盟约》第十条与第十五条,制止日军对中国的侵略。国联电驻沪英、美、法、意、德、西、挪七国领事立时就地调查,其报告书将为国联作最后决定之根据。

△ 上海市商会及金融界集议,因暴日侵沪,决议罢市三天。同日上海总工会下令举行抗日总同盟罢工。翌日,中华苏维埃临时中央政府通电号召全国工农兵援助上海罢工。并电上海罢工工人予以支持。

△ 上海市民联合会、上海各界商业联合会、上海各路商界总联合会及中华民国国民救国会四团体,联电国民政府及汪精卫、蒋介石、冯玉祥等,表示:“全市人民已具决心罢市御侮外,已起为后盾,务祈当机立断,决定强硬抵抗政策,通令全国一致准备,以尽救国保种之责。”

△ 中东路护路军总司令丁超通电声明:“日军突于本月 28 日占领中东路宽城子车站……侵犯中东铁路,本总司令负护路专职,不得不急为制止。”

△ 国民党中政会决定抵抗日本侵略,先迁政府于洛阳,免受敌舰威胁,并决议:一、行政院副院长陈铭枢准予辞职,由宋子文继任;二、设立军事委员会,指定蒋介石、冯玉祥、何应钦、朱培德、李宗仁为常委;三、财长黄汉梁辞职照准,由宋子文继任;四、中政会秘书长曾仲鸣辞职照准,由叶楚伧继任。

△ 何成濬令留汉各将领即日各赴防地督师“清剿”红军,徐庭瑶赴应城,萧之楚赴孝感,湖北“绥靖”公署并派飞机五架到红军地区侦察。蒋介石电令何成濬、徐庭瑶,徐部第四师应集中武昌,严防日海军

行动,切勿分散。

△　武汉中小学教职员代表赴财厅,彻夜坐索欠薪。

△　北平小学校长索薪团向市政府及教育局催索教费。

1 月 30 日　国民政府发表迁都洛阳宣言,声称:"政府为完全自由行使职权,不受暴力胁迫起见,决定迁都洛阳办公。"军政、外交两部仍留南京,其他院、部人员是晚启程赴洛。

△　蒋介石通电全国将士"抱玉碎之决心,与暴日相周旋",并称:"今身虽在野,犹愿与诸将士誓同生死,尽我天职。"

△　日海军省增调驱逐舰四艘抵黄浦江,海军特别陆战队 7000 人全数调沪,其中"龙田"舰载来之 3000 人下午在黄浦码头登陆。

△　晚 11 时,第八十七师第二六一旅旅长宋希濂率所部军官 30余人至南京鼓楼斗鸡闸一号何应钦寓所,向何请求开往上海参战,被何拒绝。后经宋等质问,僵持至深夜,何始同意视情况发展,如有必要,再派该旅开往上海参战。次晨,第二六一旅官兵致电第十九路军,表示深切同情和慰问,并表示全旅官兵抗战决心,誓以全力支援。

△　外交部长罗文干发表对日宣言,表示:"日本军队如复攻击中国领土,则必从事正当防卫。"

△　外交部为日侵沪事照会《九国公约》签字国驻华公使,请"速采有效之手段,严正制止日本在中国领土内之一切军事行动"。

△　上海市政府就日军利用公共租界向中国进攻事,向租界工部局提出抗议。

△　上海市政府为日海军滥用飞机轰炸闸北事致书日本驻沪总领事村井仓松,向其提出强烈抗议,指出日本的侵略行为"不独违背国际公法,抑且惨无人道"。

△　留粤中委陈济棠、伍朝枢、萧佛成、邓泽如等电国民政府,力言不抵抗之失策,望当机立断,舍弃从前软弱外交政策,迅谋对付,并充分接济第十九路军。

△　驻日英大使林德赛照会日外相芳泽,促其注意因日本在沪之

行为而危及英人生命财产,并抗议日人以公共租界为进攻之根据地,请日政府努力在可能的最早时期内恢复寻常状态。

△　宋庆龄、何香凝到上海真如慰问第十九路军。

△　南京中央大学学生数百人赴行政院请愿,要求调兵援助第十九路军。南京工界抗日救国会及工界国民救国促进会联席会议决电慰第十九路军奋勇杀贼。南京各界抗日会议决征募物品慰劳第十九路军,通电全国主张对日绝交,并要求政府准许民众组织义勇军。

△　北平学生抗日联合会议决:一、电慰第十九路军;二、电吴铁城反对解散抗日会;三、电国民政府请调劲旅增援上海。

△　上海总工会电请国民政府要求克日对日宣战,以拯救此垂亡待毙之民族及水深火热之国民。

△　中共苏区中央局通电号召全国工、农、兵、学接受中国共产党领导,一致起来革命,自动组织义勇军,夺取敌人的武器,武装自己,"以革命的战争来消灭世界大战和压迫民众的反革命战争"。

△　中华民族自救会电慰第十九路军,略称:"你们用热血在中国史上写成光荣的一页,用热血为中国军队洗去'不抵抗'三字的奇耻。"

△　北平冯庸大学员生电蒋介石、汪精卫、冯玉祥等,恳求拨给枪弹,俾便"南趋江沪,尽力所能,求心所安,誓以碧血洗国耻,微躯赴国殇"。

△　国民政府特任宋子文为财政部长;特派颜惠庆为中国出席国际军缩大会首席全权代表,黄慕松为全权代表,胡世泽、夏晋麟、姚锡九、吕德元、王鹗、郑楷为专员;严禁各军截提国税款项。

△　北平政务委员会成立,张学良、李石曾、于学忠、徐永昌、周作民五人为常委。

△　东北义勇军在新民县与日军 40 余人激战,将其全部歼灭,并缴获装甲车一辆,手枪 40 余支,子弹千余发。

△　开滦、唐山、林西、开平等五矿响应马家沟矿工人举行全体罢工,总局答应工人要求,发给花红,罢工取得胜利。

1月31日　驻沪英、美领事邀请中、日两方在英领事馆调停上海战事，上海市长吴铁城、第十九路军第七十八师师长区寿年，日方司令官盐泽、总领事村井及英、美防军司令佛平曼等均出席。英、美领事提出停战办法：日军让出越界筑路线及附近地带，由英、美军队暂行代为维持秩序，以待解决；并主张我国军队亦稍向后退，以免冲突。日领托词护侨，不肯遵行，谓须请示本国政府。乃约定以三日为期，在此期内，双方暂各不相攻。

　　△　晨，日航空母舰"加贺"、"凤翔"运载第一航空队飞机约30架抵沪。下午，第三舰队"那珂"、"由良"、"阿武隈"三巡洋舰载特别陆战队4000人及大炮、炸弹、硫磺弹等抵沪，随即分批登陆，运往前线。

　　△　上午11时，日机一队飞真如投弹数十枚，被守军击落两架。晚11时20分，日军又在北四川路靶子路口、七浦路等处向我军防地发动进攻，被我军击退。

　　△　国联决定组织沪案调查团，由国联会员国西班牙、挪威、英、美、法、意、德七国驻沪领事组成。

　　△　何应钦致电吴铁城、蒋光鼐等，略称："一、我国目前一切均无准备，战事延长扩大，均非所利，各国领事既出面调停，请兄等酌量情形，斟酌接受。二、望蒋总指挥等通令所部严守纪律与秩序，非有上官命令，不得任意射击。三、对各国侨民与军队，务求亲善，不得稍有冲突，以保全已得之同情。四、对假托爱国名义之捣乱团体，应严加制止，其他民众爱国之行为，亦须周密注意。"

　　△　孙科及在沪中委等19人联电军政部长何应钦，认为上海战事非局部问题，事机危迫，已不容延误，"务乞迅下决心，速令近畿劲旅及军用飞机火速应援，以御强寇"。

　　△　上海市总工会为日军侵沪发表宣言，称"亡国灭种，迫于眉睫，当斯生死关头，幸赖我十九路军诸将士深明大义，奋勇抵御"。"本会愿以万分热忱，率领全沪八十万工友誓死拥护，共作后盾"。朱学范率各工会组成之义勇军开赴前线，协同第十九路军作战。

△　上海总工会为日本侵华,电请海外各埠华侨"速作经济上之援助,踊跃输财,以拯救此垂亡待毙之祖国"。

△　上海沪西 17 家日本纱厂四万工人参加总同盟罢工,组织罢工委员会和义勇军,支援第十九路军抗战。

△　上海市商会就租界为日军进攻中国军队提供便利事,向驻沪领袖领事美总领事克宁瀚提出书面抗议,要求公共租界维持中立地位,将驻在租界内之日军解除武装。

△　蔡元培、刘光华、邹鲁、蒋梦麟、王世杰、梅贻琦六人为日炸毁商务印书馆、东方图书馆、暨南大学等文化机关事,致电国联文化合作委员会,要求制止日军暴行。

△　上海市民联合会通告继续罢市,称:"本会为贯彻御侮意义计,议决通告各商店仍继续罢市,非至日兵全数被逐,决不开市。"

△　粤银公会汇 10 万元慰劳上海第十九路军将士。

△　燕京大学学生抗日委员会召集紧急会议,议决为上海事件发表宣言,电慰第十九路军将士,并电请国府明令恢复上海抗日运动。

△　中央大学全体教授发表告全国军人书,请负责守土,积极抗日,并电第十九路军,对其奋勇抵抗,表示钦崇。

△　国民政府令:行政院秘书长郑洪年呈请辞职照准,任命曾仲鸣为行政院秘书长;准免桂崇基中央大学校长职,任命任鸿隽为中央大学校长。

△　国民政府任命彭振山为陆军第三十师师长,原任李鸣钟免职。

△　国民政府改组甘肃省政府,杨思、谭克敏、张维、水梓、喇世俊、贾缵绪、李朝杰、马鸿宾均免甘肃省府委员职;除委员兼主席邵力子、委员贺耀组业经明令简任外,任命孙蔚如、马鸿宾、邓宝珊、林竞、谭克敏、刘汝璠、水梓为甘肃省府委员,林、谭、刘、水分别兼民政、财政、建设、教育各厅厅长。

△　张学良在北平顺承王府召集东北各将领开会,讨论华北治安问题。2 月 1 日始散。

△　东北军第十五师师长李杜等发表宣言,宣告成立吉林自卫军,李杜任总司令,并表示对"凡有侵略疆场扰乱治安者,愿共击之"。

△　中东路护路军总司令丁超通电全国,揭露日军破坏中东铁路的罪行,表示决心为护路而战,为救国而战。同日,所部3000人在哈尔滨西南双城堡车站与日军进行肉搏战,阵亡400人,激战数小时后退却。

△　天津宝成纱厂工人罢工,要求春节放假三天,并按十日工资发给。

△　中华苏维埃共和国临时中央政府颁布《关于工商业投资暂行条例》。

△　中国新音乐研究会在上海成立,主要成员有聂耳、冼星海等。

是月　淞沪抗战爆发,著名军事家蒋百里向蒋介石建言:中日必有一战,要警觉日寇模仿八百年前蒙古铁骑灭南宋的路线,即由山西打过潼关,翻越秦岭,占领汉中,再攻四川与湖北,彼计若成,亡国无疑。必须采取抗战军力"深藏腹地",建立以陕西、四川、贵州三省为核心,甘肃、云南、新疆为根据地,拖住日寇,打持久战,等候英、美参战,共同对敌的策略,方能最后胜利。

2　月

2月1日　夜11时后,下关江面日舰炮击南京城内狮子山炮台等处,炮台未回击。外交部为此于2日照会日使提出严重抗议,申明:日舰"在下关无故发炮放枪,实属故意扩大事态。因此挑衅行为所发生之一切责任,应由日本方面完全负责"。

△　日轮"照国丸"载陆战队一队秘密抵沪。日使重光葵也由日回沪,令日侨准备即日回国。

△　美国陆军第三十一联队与驻马尼拉海军陆战队约1000人赴沪。英国由香港调派运输舰一艘,载步兵一营、炮兵一中队共600余人

赴沪,3 日晨抵沪。

△ 何应钦复孙科及在沪各中委世(31 日)电,称:"日方有增兵三师之说,如果属实,其侵略范围当不限于上海一隅,军事委员会自有全盘计划,决不屈服。政府迁洛,系抱长期御侮决心,如土耳其迁安哥(卡)拉,并非示弱。"

△ 国民政府主席林森、行政院长汪精卫及军委会各委员电勉全国将士,"以大无畏之精神,作长期之奋斗,以绌暴力而伸张正义,保国家之人格,为民族争生存"。

△ 蒋介石在徐州召开军事会议,讨论长期性、全面性的抗日作战计划。经连续两天讨论,决定了划分为四个防卫区的"全国防御计划"。

△ 外交部长罗文斡电国联秘书长德鲁蒙,略称:"各国报纸多称中国拟向日本宣战,该项消息全无根据。中国对上海事件,并非向日本宣战,不过采取正当防卫。此项行动,为中国主权上应有之权利。"

△ 国民党在沪中委孙科等,组织留沪中委办事处。

△ 国难会议会员吴佩孚抵北平,张学良等至西直门车站欢迎。吴告记者称:"日人侵我国土,国亡无日,凡国人均应坦白相见,共赴国难。"

△ 中共中央发表《中国共产党关于上海事件的斗争纲领》,号召民众罢工、罢课、罢操、罢岗,反对日本帝国主义及一切帝国主义,反对国民党及资产阶级出卖上海,争取民族的独立解放,武装拥护苏联和中国共产党等。同日,中华苏维埃临时中央政府亦通电全国,反对帝国主义瓜分中国。

△ 上海市民联合会救国义勇军委员会发紧急动员令,限令各分会义勇军于 2 日上午 9 时集中出发闸北前线,协助第十九路军抗日。同日,上海各大学义勇军司令部亦命令各报名义勇军齐集小西门少年宣讲团候令出发。

△ 中国抗日救国军铁血团由南京赴沪杀敌。

　　△　上海实业界、银行界虞洽卿、王晓籁、秦润卿、张啸林、杜月笙、史量才、陈光甫、张嘉璈、钱新之等发起成立上海地方维持会,史量才任会长,从事维持商业秩序,调剂金融等项事宜。

　　△　北平学生抗日救国联合会决议:一、电国民政府质问国难会议何以不容纳民众团体代表参加;二、募捐慰劳第十九路军将士,详细办法交下次会议讨论;三、电上海工部局质问何以容许日军凭借公共租界攻击我军;四、发表告世界民众书,宣布日人暴行;五、通电激励全国将士效法第十九路军奋起御侮;六、发表告全国民众书,一致总动员抗日。

　　△　马占山、苏炳文等15人通电全国,对日本侵略我东北事表示:"占山等谨率部曲,效死杀敌,念兹在兹,义无反顾。惟望我海内外同胞,共凛匹夫有责之义,群起力抗,毋任各个击破,而保我子孙,还我山河。"

　　△　吉林治安委员会成立,公推东铁护路军总司令丁超为委员长,所有军事、行政、外交、财政均归辖理。

　　△　中国左翼戏剧家联盟北平分盟(简称"北平剧联")成立。由北平文化总联盟领导。

　　2月2日　下午1时后,沪日军战斗机数架飞闸北、真如、南市、浦东上空盘旋侦察,并在闸北、真如投弹多枚。3时许,日军在天通庵车站一带开炮轰击闸北,遭到第七十八师炮兵还击,双方炮战至夜12时始息。

　　△　沪各大学义勇军500余名和救护队300余名奉第十九路军翁照垣旅长之命集中闸北,是日下午第一批出发,次日上午悉数开赴前线。同日,沪市民联合会义勇军300余名,在闸北太阳庙平江公所集合,听候第十九路军收编,加入前线工作。

　　△　下午2时50分,驻沪日总领事村井仓松电话通知上海市政府,谓日本政府对于1月31日在英总领事官舍会议所建议之避免两军冲突办法,不能同意。

△ 上海市政府就日军违约进攻事向驻沪日总领事村井仓松提出抗议书,谓 1 月 31 日英总领事官舍会议约定避免两军冲突办法,因日方须请示政府,经约定以三日为期,暂行停战,"乃自该日会议后,贵国军队屡向我国军队袭击","且在本府未接到贵总领事署通知前一小时,贵国军队已向我方驻在闸北之军队复行攻击,且用飞机任意炸轰该处……所有一切责任,当全由贵国政府负之"。

△ 上海市政府为日军违约进攻事致美、英各国总领事通告书,称:"日军已向我方驻在闸北之军队复行攻击,且用飞机任意轰炸该处",为此,"除向日本总领事提出抗议外,相应声明并函达贵总领事,请烦查照,主持公道"。

△ 美国就上海事件提交中日政府之照会到达南京,内提出四条停战建议:一、中日两方须即停止敌对行动;二、双方军队退至原防;三、双方区域由中立国军队填驻;四、双方根据《国联盟约》及《凯洛格公约》开始交涉。

△ 第十九路军将领蒋光鼐、蔡廷锴、戴戟等通电全国,表示"十九路军将以纯洁之心,纯洁之血,贡于党国,贡于全民","切望散处各方之中央委员政治领袖,发挥其拯救危亡抱负,致力应付存亡一发之危局"。

△ 上海各医药学院抗日战地医事联合会成立,决派 180 人赴前线从事救护医治工作。全部医药费用由何香凝主持之国难战士慰劳救护会供给。

△ 中国国民救济会通电全国军界称:"本会愤倭焰之方张,痛国亡之无日,爰本救国之义,敢请我全国海陆空军界同胞,抱敌忾同仇之志,卫国救民之愿,一致奋起,自动开沪援应。"

△ 阎锡山电慰第十九路军抗日将士。

△ 北平女界抗日会、平等抗日会、工界同盟、弱小民族同盟、青年抗日会等五团体,联电慰劳第十九路军。

△ 沪"日清"、"大阪"等日轮华员、华工为反抗暴日侵沪,全体举行罢工。

2月3日　日海陆空军向上海闸北发动总攻击,上午8时许,由横滨路、宝兴路、福生路、北河南路等处向我第十九路军防线猛攻。我军厚集兵力于北站及青云路,沉着应战,阵线并未移动。同时,敌机约20架飞闸北向我军阵地投弹轰炸,商店民房多被焚烧。10时许,日军舰炮轰吴淞炮台,被第十九路军击沉一艘,击伤三艘,并击落敌机一架。

△　英、美、法、意、德五国公使照会中日两国政府,建议两国在沪停战撤兵,设立中立区,由中立国军警驻防。

△　上海市政府就日军残酷杀害华人,致函日总领事村井仓松提出严正抗议,要求释放被捕中国居民,严惩凶犯,以后对此项情事负责取缔等。

△　上海市府就公共租界工部局容许日军以租界为攻击中国军队之根据地事,向工部局提出抗议。

△　陈铭枢代表第十九路军发表谈话表示:"不论遇到如何侵犯我国土之强敌,决不畏惧,虽全数牺牲,亦决不离开京沪线上。"

△　茅盾、鲁迅、叶圣陶、郁达夫、丁玲、陈望道、冯雪峰、周扬、田汉、夏衍等43人联合发表《上海文化界告世界书》,愤怒斥责日军侵略,反对国民党的不抵抗主义。

△　上海地方维持会募集救国捐支援第十九路军抗日。自是日至5月31日,共募得大洋27万余元。

△　国民政府主席林森自洛阳通电全国各省、市政府称:"现值国难方殷,财政奇窘……自即日起,所有在国府及所属各机关服务人员,一律停止薪俸,每月仅酌发生活费若干,以维持个人生活。"

△　上海市商会决定银、钱、米业是日开市,并组织粮食平价维持会。

△　北平各民众团体发起追悼邓演达。

2月4日　上海日海陆空军继续总攻,炮轰宝山路一带,并由新民路、虹江路、宝通路、天通庵路、青云路全线攻击,均被第十九路军击退。日舰十余艘于上午11时起再攻吴淞,亦被击退。敌海军遣外第一舰队

1932 年 2 月

司令盐泽幸一因此被免职调回日本,海军中将野村吉三郎继任。

　　△　沪商务印书馆及东方图书馆被日机轰炸,付之一炬。是日该馆董事会决议停业。

　　△　外交部分别复照英、美、法、德、意五国,接受关于停止中日冲突,在上海划中立区的照会。日本拒绝调停,并反对第三国干涉满洲事件。

　　△　上海市商会致电国民政府、行政院、外交部,反对于公共租界之外另设中立区,谓"为避免战祸计,只须租界当局能以实力保持,万不可于原有中立区域之外,再设置所谓中立区域"。

　　△　上海绸缎业、棉布业等 160 个同业公会急电国民政府、行政院、外交部和军政部,对五国所提在上海划中立区的主张表示誓死反对,指出此主张为"巧立名目,断送国土"。

　　△　国民政府军事委员会根据徐州军事会议决定,通电划分全国为四个防卫区,第一防卫区为黄河以北,以张学良为司令长官;第二防卫区为黄河以南、长江以北,以蒋介石为司令长官;第三防卫区为长江以南及浙、闽两省,以何应钦为司令长官;第四防卫区为两广,以陈济棠为司令长官。

　　△　何应钦致电吴铁城转孙科、顾孟馀及在沪中委,请在沪共同筹措巨款,以报国难。

　　△　日军在飞机、坦克掩护下分三路大举进攻哈尔滨市区,李杜亲临前线指挥,马占山速派苑崇谷旅前往增援,行至何家沟附近,遭日军袭击,伤亡惨重。

　　△　南京中央研究院、中央大学、金陵大学、中国科学社、江宁律师公会等联名通电世界各国民众,宣布日军暴行,吁请予以制裁。

　　△　上海肠业等 150 个同业公会急电国民政府、军政部,要求速派军援沪。上海地方维持会会长史量才等亦电国民政府,为第十九路军请援,略称:"上海三百万市民现几濒于绝境,无上海即无全国,置十九路军而不援,岂特弃我三百万市民,试问全国失此经济中心,今后将何

以自立。"

　　△　国民政府特任李济深为军事委员会办公厅主任。6日,军事委员会在洛阳正式成立。

　　△　徐永昌电行政院请辞晋省府主席及委员职。

　　△　彭德怀红三军团发起赣州战役,围攻赣州国民党军。

　　△　上海银钱业今起实施同业汇划制。

　　△　国民党天津市党部答应宝成纱厂工人春节放假三天,并发三日工资。8日,该厂工人又罢工,仍要求发给十日工资,并每日增加工资五分。经调解,厂方答应发给八日工资,自本月16日起每日加给工资三分。

　　2月5日　日军在沪总攻第三日。日陆战队及久留米混成旅团向闸北第十九路军第六十师第一二〇旅阵地发动进攻,新民路、虬江路、宝山路、横浜桥、天通庵路、青云路、八字桥等处均有激战,敌我双方死伤均甚大,至下午4时,敌被全部击溃,战斗稍息。日机在闸北、真如、吴淞掷弹轰炸,被击落一架,伤三架。晨9时,中央飞机第六、第七两队自京飞沪助战,但未携带炸弹杀敌。

　　△　日军久留米第十二师团之混成第二十四旅团4000人抵沪。6日,旅团长下元熊弥又率4000人到沪,在张华浜登陆。7日全部抵沪,总数约万人。主力在徐家宅附近,为攻占吴淞炮台进行侦察。

　　△　上海市商会会长王晓籁到真如将随行之200多名童子军交第十九路军指挥。

　　△　行政院副院长宋子文在沪发表谈话,声称:据陈铭枢称第十九路军现在加入前线作战者仅有数营,无需援助;各军事长官未得军政部长命令自由行动者,虽激于爱国热忱,亦须受抗命之处分。

　　△　蒋介石致电蒋光鼐、蔡廷锴指示上海作战计划称:"刻闻倭寇陆军登陆作战,未知果有几何? 如其有二师以上之陆军,则我方应重定计划,须与之正式决战。"

　　△　军政部长何应钦通告各报访员,称"中国为古文明国,从未向

他国宣战,即在被攻时犹然。此次日本侵略中国,苟非外交方法绝望,决不用武力抵抗。近外间盛传中国将对日宣战,此属有意造谣"。

△ 军政部长何应钦电请粤、沪各中央委员"体念将士之牺牲,党国之存亡,民族之浩劫,即日命驾,共集行都,主持大计"。

△ 在沪国民党中央委员孙科、孔祥熙等 35 人联名通电全国,对日本发动入侵上海表示愤慨,赞扬第十九路军及各军忠勇不屈,誓死抵抗。号召全国各界,群策群力,抗战图存。

△ 国联调查沪案委员团(按:由意代办及法、英、德、挪威、西班牙各总领事组成)之第一次报告书电达日内瓦。

△ 日军对哈尔滨发起总攻,下午,若松联队攻入市区,李杜、丁超各部在哈与日军巷战。6 日,多门师团攻陷哈尔滨,李杜等退宾县、依兰。

△ 北平学生抗日救国联合会决议电慰吉林自卫军丁超、李杜;通电慰问东北义勇军;函促张学良即日出关,收复失地。

△ 李石曾、蔡元培、王景岐等名流在上海发起成立国际和平促进会,分电各国名流"速起响应,制裁日本"。

△ 国难会议会员王世杰、周鲠生等以政府迁洛阳,国难会议召集不便,电国民政府请取消召集国难会议。

△ 伍朝枢电行政院请辞粤省政府主席职,专就琼崖特区长官。9 日,伍再电洛请辞主席职。

△ 河南省党政军各机关合组豫南特区抚绥委员会,专负"剿匪"之责,以张钫为委员长。

2 月 6 日 上午 10 时许,日军向闸北横浜桥、青云路、中山路一带进攻,以天通庵路至中山路阵地战斗最烈,至 12 时许被我军击退,敌转而向我左翼移动,猛攻八字桥,经守军第六十师第一一九旅第二团回击,于午后 6 时开始撤退。吴淞方面战争沉寂。

△ 日本第三遣外舰队司令野村吉三郎乘"出云"舰抵沪,代替盐泽指挥上海侵华军事,在沪之海军陆战队指挥官鲛岛奉命调回,由植松

少将继任。

△　军政部长何应钦电上海市长吴铁城,主张接受英、美调停,对日停战,略称:"各地军队已呈绝粮之象,事态若再延展,实有全国崩溃之虞。""能以外交方式,根据英、美调停,早日得以解决,实为计之上者。"

△　外交部致函英、美等国公使,称:"日舰之已在吴淞上游沿江一带者亦复不少,此后若再任其陆续增加,难保不攻击我沿江之其他要塞,以至有战祸益加蔓延之虞",请阻止日本兵舰再向长江增加,以免战事扩大。

△　外交部就上海陆战队残杀市民事,照会日使提出严重抗议,并通牒英、美两使勿再任日军凭借租界为作战之根据地。

△　上海市府就大队日军昨由租界汇山码头登岸,向公共租界工部局提出抗议。工部局答称:"日本军队在租界内之一切行动,自应由日政府独负责任,而与工部局无关。"

△　行政院长汪精卫及冯玉祥、李济深、朱培德等电慰第十九路军将士,勉以固守原防,"贵军陷于孤立无援之境,尚祈继续努力,以获得最后之胜利"。

△　汪精卫、冯玉祥、何应钦于安徽滁州会商对日外交、军事等事。

△　驻天津日兵百余名,全副武装,马驮机关枪七架,弹药车七辆,上午8时擅入华界游行示威。

△　故宫博物院协助会成立,选举熊希龄、司徒雷登为会长。

△　国联行政院开紧急会议,讨论上海事件。

2月7日　日军改变战略,移其主力攻吴淞、江湾。混成第二十四旅团主力由张华浜进攻吴淞,黄浦江日舰开炮协助,猛攻两次,均被第一五六旅翁照垣部击退。另一部协同特别陆战队于午前9时起进攻八字桥,激战六七小时,亦被击退。闸北炮击终日不息。

△　第五军张治中第八十七师第二六一旅宋希濂部集中昆山,顾祝同部第八十八师俞济时部移驻南翔,准备援沪。

△　行政院长汪精卫由滁州南下,在浦口发表谈话,声称:"余去年

在沪,即主对日一面抵抗,一面交涉,此主张至今未变。"

　　△　汪精卫电复上海地方维持会会长史量才 4 日电称:"政府对日方针,在外交上确保中国主权,尊重国际信义;在军事上严戒挑衅行动,力谋正当防卫。十九路军为正当防卫而战,将士奋勇,克尽厥职,政府爱护不暇,岂有听其孤军失援之理。"

　　△　冯玉祥、李济深、朱培德电促在沪粤中委孙科、胡汉民等赴洛"力戡大难,使一般同志有所矜式"。

　　△　湘省各界在长沙召开抗日示威大会,到百余团体 10 万人,通过武力收复失地、慰劳沪军、请海外侨胞助饷等七案。

　　△　上海市商会发布公告,劝告各界援款抚恤前敌阵亡将士家属,以慰英魂而励士气。

　　△　第十九路军将领蒋光鼐等通电对海内外同胞给予的精神或物质援助表示感谢。

　　△　国难会议会员陶希圣电洛阳林森、汪精卫,主张停开国难会议,谓"国难会议非由民选,不足以集中群力,应迅速召集以普选所产生之国民代表大会,解决国是"。

　　△　财政部长宋子文通电苏、鄂、湘、浙、皖、赣、鲁、闽、豫等省当局暨各"绥靖"主任、各总指挥、军、师长等,要求"停止借用国税,悉数解部,平均分配"。

　　△　闽、赣两省工人代表大会在中央苏区全总执行局召开。中共苏区中央局代表周恩来、临时中央政府代表项英、中央军委代表叶剑英等先后在大会上致词,周恩来作政治报告。大会选出袁国珍等 15 人为江西职工联合会执行委员,林松善等 13 人为福建职工联合会执行委员。13 日大会闭幕。

　　△　上海北苏州路招商内河轮船局私进大批日煤,被煤业公会查获。

　　△　日机轰炸吉林宾县(今属黑龙江省)。

　　2 月 8 日　日军久留米旅团自拂晓起倾全力总攻吴淞,截止下午 3 时,冲锋达十余次,均被第十九路军第一五六旅击败。闸北日海军陆战队向克明路、宝兴路猛攻,遭我伏兵袭击,向横浜桥方面败退。八字桥方面敌进攻未遂,向北四川路方面败退。

△ 国民党中央执行委员会及国民政府致电慰勉守沪将士,称:"旬日以来,陆军、空军及要塞方面,迭告胜利,敌受重创,寸土尺地,并无失陷,吾将士为国家作正当防卫,为世界维持和平,允为全国、全球所矜式。"

△ 军政部长何应钦致电上海市长吴铁城等,要求从速设法停止战争,称:"此次淞沪事件,弟曾迭电商酌适可而止,盖期早得收束,为国家多留一分元气也。""目前沪事交涉,如诸同志坚持强硬并依赖国际或列强之帮助,势必纡缓迁延,牺牲我十九路军净尽而后已,不但丧师,抑且失地,吴淞、真如、南翔各地亦必相继断送。"

△ 上海市政府致电洛阳国民党中央执委会及行政院,称今晨英领事偕英海军司令访晤日使重光葵提出停战办法,被拒绝。重光葵要求中国军队撤退 15 至 20 英里,方可停战。

△ 上海市府通告各国驻沪总领事,请严饬公共租界工部局采取有效办法,制止日军利用租界为攻击中国军队之根据地,并郑重声明:"中国军队为自卫起见,对于利用租界为根据地之日本军队施以进攻时,各国侨民之生命财产受有损失情事,中国政府概不负责。"

△ 上海市政府接美总领事克宁瀚函,请转知中国军事当局,停止军用飞机在租界上空飞行。市政府复函称:"租界内领空主权,本我国所固有,故不能受任何干涉。"

△ 国民政府令免李文范内政部长职,特任冯玉祥为内政部长;免叶恭绰铁道部长职,特任汪兆铭暂兼铁道部长;任命陈继承为洛阳卫戍司令。

△ 日外务省提议,在上海、武汉、天津、广州、青岛各通商口岸,划不驻兵区,向各国探询意见。外长罗文幹发表谈话驳斥日政府此种谬论为"剥夺中国全部生存之自卫权,及独立国一切法律上应享之权利与保障"。

　　△　上海文化界戈公振、陈望道、丁玲、郑伯奇、王亚南、叶圣陶、胡愈之、郁达夫等组织中国著作家抗日会。9 日举行第一次执行委员会，推举戈公振任主席,陈望道为秘书长。

　　△　上海各大学教授抗日救国会电盼北方各大学各团体切实督促当地各将领自动抗日,北以援马(占山),南与第十九路军遥相呼应,既可表示举国一致之决心,亦可制止政府犹存两可之态度。

　　△　上海租界纳税华人会致函工部局,要求制止日军非刑吊打华人。

　　△　第十九路军驻沪办事处招待报界,对民众各团体纷加慰劳,并予以种种物质之援助,向各界表示谢忱。

　　△　吉林自卫军总司令李杜通电全国,报告因作战失利,由哈尔滨退守宾县经过,并谓已在宾县与护路军通力合作,组织联合军司令部,整饬部属,再图规复。

　　△　马占山往哈尔滨秘密会见日军师团长多门,提出黑龙江省不设日本顾问的自治问题。多门请示本庄繁,得到"只要不打仗,诸事都好办"的承诺。

　　2 月 9 日　日混成第二十四旅团炮击吴淞镇及炮台,民房被毁不少。日军偷渡蕴藻浜,被击退。闸北、江湾无大战,日特别陆战队数百人向八字桥进攻,被第一一九旅击溃。

　　△　第八十八师师长俞济时及第八十七师旅长宋希濂等通电援沪,称:"爱本中央团结御侮之旨,请命杀敌,现已全部开沪……誓与我十九路军亲爱将士,喋血沙场,共同生死","宁为战死之鬼,羞作亡国之民。"

　　△　军政部长何应钦致电上海市长吴铁城,促与日商洽停战,称:"日陆军源源而来,战事若再持久,我方必失败无疑。请兄力排众议,照迭电乘我军在优越地位时设法转圜停战,万勿犹豫,致逸良机。"

　　△　国联行政院开会讨论沪案,中国代表颜惠庆报告日军暴行,要求国联促日撤兵。议长彭古表示:中日冲突"全部事件,似为可悲的误

会之结果"。

△　美国政府对日方所提在沪、汉、津、穗、青各通商口岸作为不驻兵区的建议,认为违反华府公约原则,不能接受。

△　上海市商会通告,吁请国内外商会暨本市各界筹款御侮,以期团结军心,振作士气。

△　上海银钱业开市,其他各业大部仍未开市。

2月10日　沪前线战事沉寂。下午1时,日舰以重炮轰吴淞炮台,第十九路军还炮相击,至4时始息。日机两度在闸北投弹。入晚宝山路口有激战,战一个半小时日军被击退。

△　粤空军将领张惠长、黄光锐等通电援沪,第二中队长丁纪徐率飞机一队共七架自广州出发。

△　军政部长何应钦派陆军步兵学校校长王俊同驻沪日使馆武官田代皖一郎少将在沪密淡中日停战。王电何称:"田代对于双方撤退,及我派警察维持中间地区治安问题,无甚反对意,但恐实行困难。盖以济南、天津两处成案为例,疑我无法防止便衣队与反动分子暗中活跃惹事之故。"又称:"田代自称自始至终努力于调和。"

△　日军在汇山码头屠杀华工百余人,斩首级运往日本,以示侵沪"胜利"。对此,沪市商会派代表请公共租界工部局制止。

△　上海各团体救国联合会代表市商会等81个团体及300万民众,向公共租界工部局提出抗议:一、公共租界所驻军队应限于中立国,所有日军应扫数驱除;二、日军不得利用租界登陆,亦不能退避租界。

△　第十九路军通电全国,响应财长宋子文2月7日关于"停止借用国税,悉数解部,平均分配"的通电。

△　第十九路军将领蒋光鼐、蔡廷锴、戴戟通电海内外同胞,请援助抗日。

△　中共河南省委书记肖云鹄上年在开封被捕,是日在洛阳就义。

△　陈独秀主持"托派"常委会议,起草通过《政治决议案》。

△　香港东华医院筹款赈济一二八淞沪战役中的难民。

　　上旬　新加坡华侨成立"救济上海伤兵难民筹赈委员会",中华总商会负责人李俊承任主席。

　　2月11日　上午8时起,日军以重炮、飞机向闸北、八字桥、江湾阵地轰击。11时开始向八字桥进攻,使用世界禁用之达姆弹,至午后5时许始被第十九路军击溃。吴淞蕴藻浜附近敌向我铁桥边阵地攻击,旋被击退。日机在沪各处掷弹,永安第三纱厂、吴淞各大学均受损,持志大学全毁。

　　△　王俊密电何应钦,称:"本日与蒋、蔡、戴商谈,双方停止射击,以为和平交涉之准备,因日方陆海军闹意见,陆军不能讲海军之话,故无圆满之结果;但本日战况已比以前缓和。"

　　△　京沪卫戍司令陈铭枢致电第十九路军将领蒋光鼐等,不同意何应钦等"避免再战"之议,表示"必须贯彻全军牺牲之初心,以完成民族命运所寄托之使命",勖勉"再接再厉,完成此空前启后之绝大使命"。

　　△　吴铁城复牒日领,中国方面力求防止战祸扩大,希日方勿重起纠纷。

　　△　吴佩孚在北平招待新闻记者,称"家不和,外人欺",主张"攘外必先和内"。

　　△　上海市商会发表宣言,反对日外务省所提沪、汉、津、穗、青为不驻兵区的主张,指出此主张为"日本军阀之发狂"。

　　△　北平香山慈幼院院长熊希龄电第十九路军将领,表示愿抚恤殉国将士遗族:"凡殉难将士之父母兄弟姐妹妻子,无力赡养者,均为设法照料,其无父母之子女,则尽收入各慈幼院及其它孤儿院,为之教养。"

　　△　立法院在京职员电请孙科入京主持院务。

　　△　汪精卫电促朱家骅到教育部主持工作。

　　△　北平军事整理委员会成立,理事长为张学良。张在成立会致词称:"北平军事整理委员会之组织,即根据前国民政府军事委员会拟在北平设立分会而成立,因华北驻军甚多,颇不一致……故设立一军事

整理委员会,以便整理划一,俾易于联络感情。"

2月12日　闸北上午停战四小时,下午 4 时起,日军开炮轰击,入晚尤密。9 时后天通庵路、虬江路等处有激战,至 11 时许敌全部溃退。吴淞方面,日军七八百人于 6 时进攻蕴藻浜,并分兵至曹家桥偷袭,均被守军击退。下午,日军千余人由曹家桥南岸偷渡蕴藻浜,被第六十一师第六团击退。

△　陈铭枢电第十九路军将领蒋光鼐等,略称:"达天(王俊别字)求和当然无效,如日军早退入租界,闸北由第三国军队居间,我军方可与磋商,否则全功尽废";"民族一线生机,只有不计死亡,持久抵抗",望坚持到底。

△　汪精卫以外交紧迫,沪案未决,电蒋介石、冯玉祥、李济深、朱培德等在徐州举行会议,会商大计。

△　何应钦将与日方商洽停战办法电告蒋介石,称:"商诸真如(陈铭枢)、钧任(罗文幹)诸兄,共同决定办法如下:双方自动撤退,即:日军撤至租界内,我军撤至相当地点。两军撤退之中间设一和平区,由双方公同请中立国酌派小部队暂时驻扎。所有和平区域内之行政、警察,仍由中国照常办理。"同日,何应钦将以上办法电达蒋光鼐等,请遵照与日方切实商洽。

△　宋子文致电徐州蒋介石报告在沪与英使商谈调停沪案办法,称英使"愿调停如下:一、中国军队退出上海特别市全区,由警察维持,至国联调查委员会三星期内到沪后再定;二、日军退至未战前原防,并退出吴淞所占各地"。

△　英、美、法三使到沪斡旋中日和平,是日英使蓝普森、法使韦礼敦晤日使重光葵,交换私人意见,对于和平问题尚无具体意见。

△　何应钦致电吴敬恒解释"适可而止",称:"所谓适可而止者,盖本自卫限度,勿使事态扩大,而期得到各国同情,予暴日以悟境,稍戢凶锋,另图解决和平。"

△　何应钦致电蒋光鼐等,"请即严令南市守军不得有挑战行为。

如日兵舰或军队未向我攻击时,不许发挥射击,避免南市糜烂"。

△ 中国驻国联代表颜惠庆通知国联秘书长德鲁蒙,要求根据《国联盟约》第十五条赋予之权利,召集国联行政院特别会议,讨论中日事件。

△ 上海领事调查团第二次报告书电送国联,略称:"虹口入于恐怖之中"、"攻势完全出于日军之手";"何方破坏休战协定,委员团不能决之。"

△ 国民政府令:特任宋子文为中央银行总裁。

△ 驻沪英、美领事与中、日当局商定,是日晨 8 时起,停战四小时,救出战区难民 3000 多人。

△ 沪纳税华人会函公共租界工部局,提出三项要求,并表示非达目的,决不开市:一、日军完全退出上海;二、工部局收回租界警权,追查失踪居民;三、制止日人暴行。

△ 宋庆龄在上海亲往前线慰问第十九路军。

△ 中法学术考察团抵北平。

2 月 13 日 上午日军三次在蕴藻浜偷渡,一、二两次均被防军第一二二旅张炎部击退。第三次在纪家桥偷渡过河,至北岸曹家桥登陆,猛烈袭击我军防地,被第一二二旅三面包围,血战至晚 9 时 40 分,始将渡河之敌全部解决。是役日军遗弃战场之死伤官兵在千人以上。我军死伤官兵五六百人。闸北日军向新民路、虬江路、天通庵路、青云路等处发动总攻,至 10 时许不支溃退。日飞机在闸北投弹,被击落一架。

△ 日派援军第九师团兵额约两万名来沪,第一梯团是日抵沪,第二梯团次日抵沪,师团长植田谦吉中将同时到达。植田发表声明,声称:"我带着保护侨居上海地区的帝国臣民的任务于本日到达","如有妨害本师团执行任务者,必将采取果断措施,决不踌躇。"

△ 何应钦、罗文幹、陈铭枢致电蒋光鼐等转告蒋介石对沪事停战意见,称:"介公今到浦镇召弟等指示,沪事以十九路军保持十余日来之

胜利,能趁此收手,避免再与决战为主,其办法如下:一、如日本确无侵占闸北之企图,双方立即停战;二、停战条件,须双方各自撤退至相当地点,中国军队退出地方,由中国警察维持。"

△　何应钦致电吴铁城,略称日总领事村井希望于第九师团未参加战斗以前,"将双方休战之事议妥",请释去疑虑,迅结停战之约。同日,何又另电吴译转王俊,告以与原田谈话内容:一、先双方停止射击若干时间,为办理停战之余地;二、停止射击后,再谈判双方如何撤退,及撤退区之维持治安方法。请即与田代洽商进行。

△　上海市政府为日机炸毁持志大学事,向驻沪日总领事提出书面抗议。

△　胡汉民在香港发表谈话,在军事上主张:一、援助第十九路军将日军逐出上海;二、撤销解散各地义军命令,切实组织民众成为抗日中坚;三、速调劲旅,收复东省失地;四、严整沿海战备,真实谋长期抵抗。对外交主张仍推行孙(科)、陈(友仁)政策,造成国际新形势,期以正义与公道解决中日问题。

△　驻沪国民党中委孙科等25人电请国民政府当局迅速定计,并陈述四项:一、决定彻底抵抗政策;二、萃海陆空军力量固守上海,予第十九路军以充分援助;三、即令北方各军乘机向外反攻,收复失地;四、外交方面,非日兵全部撤退,不即交涉,上海问题当与东三省问题同时解决。

△　津浦铁路工人开会,组织抗日义勇军,签名参加者达千余人。冀南、豫北人民三万余人,枪三万余支,组织救国军,请求抗日。

△　华北妇女抗日救护队在北平成立,并电告淞沪及东北抗日军,该队将"赶赴前方,效劳疆场,以尽国民之天职"。

△　冯庸大学义勇军三中队由校长冯庸率领于是日自北平到达上海真如,援助第十九路军抗日。

△　南京各界开代表大会,通过应付国难提案19条。

△　南昌各界冒雨在体育场召开市民救国大会,到二万余人。会

后游行示威。

2月14日　上午日军对八字桥方面重炮猛射,飞机六七架在空中侦炸。下午7时以后,闸北至江湾之线日军又向第十九路军阵地射击,至9时始停。8时自宝山路至江湾全线有激战,至9时30分敌不遑退却。

△　日军侵沪司令官易人,野村吉三郎免职,由第九师团司令官植田谦吉中将继任。植田发表谈话,声称:日军亦希望沪事迅速和平解决,故现暂停止攻击行动。拟向第十九路军发表要求撤退之哀的美敦书,并拟给相当撤退之时间,不答应时,当即以实力决行该军任务。

△　蒋光鼐等致电何应钦称:"日方连日增兵,和平必无诚意;如能和平,当屈从之。但敌欲维持其强国之威风,非终求一胜不可,我军只好准备与之一决。"

△　何应钦致电吴铁城称:"回顾国力,除财政问题外,抗日、剿赤两难兼顾";"两者只能出于一途,万难并进也。现在进行似应本一面抵抗、一面交涉之原则。"

△　何应钦致电汪精卫,略称:张发奎部先头已抵零陵,即将来汉,日海军"倘因是发炮阻渡,双方必起战事,则武汉要区,更不免形成沪局第二矣。钦等熟商结果,似以该部暂驻萍乡,协同剿赤为宜"。

△　何应钦电令第八十七师长楼景樾另有任用,遗缺委张治中接充;张并兼第五军军长,指挥第八十七、第八十八两师。

△　外交部第三次照会英、美两使馆,严重抗议优容日军在租界码头登岸,声明"如因上海日军继续攻击中国管辖区域,中国军队实行正当防卫,致租界内发生生命财产之损失时,中国政府不负任何责任"。

△　驻沪日军司令部警告中国抗日军,声称"华军必须由上海附近撤退,南市与闸北均在其列。华军如不撤退,则集于上海之日军将用极端方法以对付"。

△　陈济棠调遣粤军入赣,协助"剿共"。是日,崇义县城已到粤军一团。19日,陈济棠电告国民党江西省党部及熊式辉,业已派两师入

赣"剿共"。

　　△　朱德、王稼祥联名发表《中国工农红军为日军进攻上海告十九路军士兵书》,赞扬第十九路军士兵奋起抗日的英勇行动;呼吁第十九路军士兵和工农群众密切联合起来,反对国民党,反对帝国主义。

　　△　南京各界抗日会发出数电:一、要求国民政府迅令军政部拒绝日方要求,增兵援沪;二、请全国各军长官积极准备出兵;三、请第十九路军如日军再借租界攻击我军时,即入租界驱逐日军。

　　△　旅美华侨七团体募款慰劳第十九路军抗日,共募得500万元。

　　△　徐州学生抗日救国会派代表30余人,赴徐州北站向汪精卫请愿:一、请政府对日绝交;二、援助第十九路军;三、请政府维护爱国运动。汪答:"绝交问题,关系重大,各国将守中立,不啻自蹈危亡";"至援助十九路军,国府已进行,不便宣布";"爱国运动,政府当然维护,但须循轨道,守秩序。"

　　2月15日　日第九师团进攻布置未就绪,闸北、吴淞前线仅有小冲突。日机三两成群不时飞绕我军阵地侦察投弹。八字桥、青云路、天通庵路一带遭敌炮击。

　　△　何应钦致电吴铁城,望"本私人资格,继续与田代等商定和平方案,并采取其真意,以供外交当局之研讨"。

　　△　午前10时,王俊与日军参谋长田代在沪日领馆会谈。王俊声明:"双方以撤退为原则;当我方开始撤退中或撤退后,保证日方无出击或进占;撤退区域由我方宪警维持治安,亦可依日方意见,请万国商团担任。"田代称:"目下停战及近距离之撤退等姑息动作,不足以解决中日间永久之和平问题。""十九路军先退相当距离后,经调查其确实无伪,日方始能有适切之承置。"

　　△　行政院长汪精卫在徐州各界扩大纪念周上报告"一面抵抗,一面交涉"的对日方针,声称:"军事上要抵抗,外交上要交涉,不失领土,不丧主权,在最低限度之下,我们不让步;在最低限度之上,我们不唱高调,这便是我们共赴国难的方法。"

△　北平中国国联同志会电英、美、法三使,对日提在沪、汉、津、穗、青划不驻兵区事,表示"毅然拒绝"。

△　沪公共租界工部局声明,工部局对于各国军队,并无任何权威或管辖权,对日行动不负任何责任。

△　南京中央大学义勇军 50 余人赴沪抗日。

△　第十九路军全体将士电谢各界在精神和物质上的援助,表示"敝军将士誓以最后一滴之血,洒之黄浦江头,以副我爱国同胞之期望"。

△　财政部长宋子文由沪汇 200 万元到南昌,充反共军费。

△　沪日浪人扰公共租界,向南京路商号开枪。

△　天津新华纱厂工人举行大罢工,要求:一、每人每日加薪五分;二、每年终发花红 40 天;三、春节假期内发双薪;四、打倒指派的工会理事王玉贵、张文良等。

2 月 16 日　第五军军长兼第八十七师师长张治中率部赴沪参加抗日,晚 11 时抵南翔,担任江湾北端至吴淞西端第十九路军左翼防务。

△　日军第九师团忙于换防,部署总攻。仅以炮声示威,沪战全线沉寂。江湾有小接触。

△　国民政府、行政院及军委会通电全国将士,准备长期抵抗,称:"现在国家存亡,间不容发,舍屈服于强邻暴力之下,丧失主权,自辱辱国,则惟有出于积极抵抗之一途";望全体武装同志,"以大无畏之精神,作长期间之奋斗"。

△　国联理事会 12 个会员国决定向日本严重照会,勿在上海及中国其他各地扩大事变,以武力所得之土地不能享有。

△　上海市总工会发表宣言,反对在上海设中立区,主张应集合全国力量拥护第十九路军抗战救国。

△　中华民国国难救济会电国联,请主持公道,迅予采取有效方法,制止日人进攻上海,残杀市民等故意破坏各国公约、惨无人道之非法行为。

　　△　苏区中央印刷局工会为声援上海罢工工人,召集该局工人全体大会。工人当场捐款39元余,支援上海罢工工人。

　　△　财政部以盐税作抵,向汉口银行界借款百万元,充鄂反共军费。

　　△　日关东军司令官本庄繁、高级参谋板垣征四郎召张景惠、马占山、熙洽、臧式毅在沈阳召开所谓"四巨头"会议,确定伪满建国问题,板垣操纵通过日方炮制的《新国家建设大纲》和"东北行政委员会",决定新国体为满蒙独立共和国,溥仪为终身元首。17日继续开会,成立伪东北行政委员会,张景惠为委员长,马占山、臧式毅、熙洽、汤玉麟任委员;马占山任伪黑龙江省省长,臧式毅任伪奉天省省长,熙洽任伪吉林省省长,汤玉麟任伪热河省省长。起草通过《独立宣言》。马占山"以人格担保",未在《宣言》上签字。

　　△　天津市政府社会局派员调停华新纱厂工潮,厂方承认:一、每日每人加薪三分;二、撤换工会理事王玉贵、张文良等,对年终花红及春节假期工资,均可斟酌照办。工人本日复工。

　　2月17日　晨4时许,日军向八字桥、江湾我军阵地炮击,拂晓即停。午后敌小股向我万国体育场东端排哨攻击,战半小时即退。吴淞前线无战事,黄浦江敌舰不时向我炮击。

　　△　蒋光鼐等致电何应钦称:"对和议事,请政府派负责人员参加谈判,商定后自当遵从。""但敌极狡诈……一面谈判,仍望不忘作全般之备战。"

　　△　上海各团体救国联合会代表300万市民发表宣言:一、非日军先行退出中国领土,绝对无调和之余地;二、反对设中立区域;三、拥护第十九路军武力抗日到底;四、全国总动员,实行正当自卫,拒绝日方任何要求。

　　△　朱庆澜、许世英等联合组织华侨救国经济委员会,朱为主席,吴山为总干事。该会以尽鼓动收转华侨捐款之义务为宗旨。

　　△　广州市民召开救国大会,通过长期抗日提案19条,并通电世

界公布暴日罪行。

　　△　前清两广总督、护法军政府七总裁之一岑春煊电慰第十九路军,并捐助一万元,以为抚恤死伤官兵之用。

　　△　财政部通令各省国税机关,所有库存随时扫数解提,俾资周转。

　　△　中共鄂豫皖省委根据张国焘的意见,作出《关于目前形势与任务的决议》,提出"准备与帝国主义直接作战和准备夺取武汉"的口号。

　　△　达赖派藏兵千余人向青海进军,占玉树,青海省政府代理主席马麟电北平告警。

　　△　汉阳高公桥大火,烧死百余人,延烧 1300 余家。

　　2 月 18 日　日军司令植田谦吉向第十九路军军长蔡廷锴提出最后通牒,要求立刻停止军事行动,于 20 日上午 7 时撤退第一线,20 日下午 5 时前,浦东、浦西(含狮子林炮台)各撤退至距离租界边界线 20 公里以外,如不能实行,日军将不得已采取自由行动。日总领事村井仓松并有同样内容之通牒送达上海市政府。

　　△　国联中国代表颜惠庆将日本所提最后通牒报告国联,请求国联召开大会解决中日事件。

　　△　国民党中常会决议,3 月 1 日在洛阳召开四届二中全会;准汪精卫辞国府委员职,以黄绍竑递补。

　　△　两广将领陈济棠、李宗仁、张惠长等通电全国,表示"今后惟有赋同仇之诗,懔阋墙之戒,努力于抗日剿共"。

　　△　上海市商会等 81 个民众团体组织之各团体救国联合会召集全体理事大会,议决要案两件:一、派代表北上,促张学良带兵出关,收复失地;二、募集上海房租一月,作为救国捐。

　　△　全国商会联合会通电全国,主张:一、日兵不全部退出吴淞,不与谈判调和;二、上海非局部问题,不能单独解决;三、反对设中立区。

　　△　教育部以复旦大学义勇军"奋勇杀敌,牺牲盈百",特致电嘉勉。

　　△　财政部长宋子文以国家财政困难,于18、19两日在沪邀银行界等商讨"内债是否缓付问题"。

　　△　伪最高政务委员会闭幕。是日板垣嗾使伪东北行政委员会委员长张景惠、委员臧式毅等以"东北行政委员会"名义发表宣言,声称:"为救人民痛苦",决定"东北四省独立,组织行政委员会,执行一切政务"。

　　2月19日　外交部对日18日通牒发表宣言,声明"此种要求,实危及中国主权及国格,中国地方当局无论其具有何种避免流血之诚意,亦绝对不能接受。……中国在沪驻军为保卫中国土地计,迫不得已,亦惟有从事自卫,奋斗到底而已"。

　　△　外交部照会日使重光葵提严重抗议,指出日通牒"实属无理已极……所有因此发生之一切结果,应贵国政府负其全责"。

　　△　沪市长吴铁城驳复日领村井19日通牒,指出:"来函所述上海方面严重之形势,均系贵国军队违反公约、公法,任意进攻吾国领土、惨杀吾国人民所造成。""此次贵总领事所请转达本国军队要求实行之各项条款,本市长未便转达。……惟应声明者,贵国军队现仍实行挑衅……在此情形之下,所谓抗日运动,自难消灭。"

　　△　第十九路军军长蔡廷锴答复日军司令植田谦吉通牒,指出:"本军为中华民国国民政府所统辖之军队,所有一切行动,悉遵国民政府之命令。来函所开各节……本军长未便答复。"

　　△　第四集团军总司令李宗仁自桂电李济深,谓入赣部队已经派定,即日出发,但中央对桂按月拨款接济若干,方能持久,请中央勿撤驻赣之兵。

　　△　国联行政院根据中国代表颜惠庆之请求,召开大会,讨论中日事件,决定3月3日召开国联行政院全体大会。

　　△　上海各团体救国联合会发表宣言,认为日通牒"无视我领土主权及行政完整",上海人民誓与日本军阀周旋。

　　△　江西瑞金中央苏区举行反帝反国民党、参加革命战争的武装

总示威大会,参加者1.2万余人,当场报名参加红军者400余人。会后游行。

△ 太原学联会定今日召集各界举行市民抗日大会,因警备部阻挠破坏,未能举行。

△ 中华民国国难救济会发表维持公债宣言,声明:"对于公债减付本息之议,绝对不可行","只能展期一部分,专供抵抗外侮之用。"

△ 国联水利专家德人西卫金等一行四人,由京抵津。下午赴华北水利委员会参观。

2月20日 日第九师团长植田谦吉于晨7时20分下总攻击令。7时半以海陆空军开始全力向我吴淞、江湾、闸北全线发动进攻。其攻击目标趋重江湾方面。8时后,日军4000余人借大炮飞机掩护,以坦克车20余辆为前导,猛攻江湾万国体育会一带阵地,激战至晚9时,三次进攻均被击退。吴淞方面自晨至午激战不止,日舰亦向吴淞炮台轰击。闸北方面战事以八字桥一带为最剧烈,日军以坦克车十余辆猛冲,被我守军阻击,不逞而退。

△ 第十九路军将领蒋光鼐、蔡廷锴等通电全国,谓对日之最后通牒,"本军惟以铁血答复之。军人报国,粉身碎骨,是分内事……使一卒一弹犹存,则暴日决不能得逞。惟愿全国朝野上下,人人怀必死之志,引偷生苟免为无上耻辱,团结一致,前仆后继"。

△ 汪精卫通电全国,宣称对日军侵沪"全国应以最大之决心,为长期之奋斗"。

△ 国民党中央委员驻沪办事处电促张学良收复东北失地,称:"敌军侵沪,迭遭挫败,正在增兵长江,不能专力东北,机不可失,幸勿坐误。"

△ 上海各团体救国联合会推熊希龄、张光亚、王造时、左舜生四人北上,请张学良即日出兵,收复失地。

△ 国民政府特派阎锡山为太原"绥靖"公署主任;特设太原"绥靖"公署,指挥、节制山西、绥远两省军队,保卫地方,其组织权限,照北

平及豫、鄂、赣各"绥靖"公署成例办理。

　　△　国民政府任命王兆荣为四川大学校长。

　　△　教育部长朱家骅电慰被日军炮火所毁之上海商务印书馆、东方图书馆等文化机关。

　　△　国民党天津市党务整理委员会电请中央迅调广东军队入赣"剿共"，即以原驻赣军队援京、沪。

　　2月21日　日军自晨至暮，继续向吴淞、江湾、闸北总攻，仍趋重于江湾。自晨7时起，日军以坦克、大炮进攻江湾第六十一师阵地，激战竟日，数次冲锋均被击退。敌我伤亡均重。吴淞方面敌偷渡蕴藻浜未逞。吴淞镇因日舰炮击及飞机投弹，民房被毁甚多。闸北八字桥、天通庵路、新民路等处均有战事。

　　△　日机数架17日飞苏州侦察，18日以机枪射击苏州飞机场。是日又飞苏州侦察。外交部为此向日方提出抗议。

　　△　外交部发表宣言，否认东北独立及一切伪行政组织。宣言声明："凡东三省或其一部分之分离或独立，与夫东三省内之一切行政组织，未经国民政府授权或同意者，一律否认之。"

　　△　孙科等电汪精卫表示拥护国民党中央对日自卫，长期奋斗，称："沪战前途极可乐观。"

　　△　黄绍竑电白崇禧转全桂将领，促桂军援沪，称："沪战关系国家民族存亡，弟不敢存临难苟免之念，拟赴洛阳，冀尽所能，以存人格。弟念我省同志，素以公忠为国自命，若犹袖手不前，则数年来之奋斗，固无以自解于国人，亦无以告慰于先烈。"

　　△　陈济棠等粤方各要员在广州白云山开会，决定以后对国民党中央"改诋毁态度为善意之贡献"；凡有碍统一及团结对外之言论记载，令报纸检查员抽去；并决定派兵援沪及入赣"剿共"办法。

　　△　吉林国民救国军在敦化成立，由原东北军第二十七旅营长王德林联络大刀会等组成，王自任总司令。

　　△　北平民众救国会成立，熊希龄等百余人到会。25日通电全

国,申明抗日主张。

　　△　天津裕元纱厂工人宣布罢工,要求每日每人加薪五分。经社会局派员调解,公司允加二分。22 日工人复工。

　　2 月 22 日　日军攻江湾不逞,移其主力攻庙行。晨 3 时许,日军两万猛攻庙行镇第八十八师阵地,5 时许,该师大、小麦家宅之间阵地被突破。第五军军长张治中率军校教导队至冯家宅督师,并令第八十七师孙元良第二五九旅加入庙行正面与第八十八师同时出击;宋希濂第二六一旅以主力由蕴藻浜渡河出击。张炎第六十一师两团亦由江湾西北向敌侧击。激战至晚 9 时,突入庙行南端之敌被击退,并将金穆宅之敌两连包围。是役第八十八师钱伦体旅长、陈普民副旅长负伤,官兵伤亡 1000 余名,第八十七师伤亡 600 余,第一二二旅第五团伤亡过半。敌伤亡 2000 以上。

　　△　日机六架飞往苏州,中国航空队教练员、美机师夏特驾商用航机遭日机攻击殉难。中国飞机迎战,日机师小谷被击伤,次日殒命。23日晨,日机九架向苏州机场投弹 12 枚,未伤人。

　　△　国民党中央委员驻沪办事处致电行政院长汪精卫等,指责蒋介石对日妥协,称:"寇既深矣,国人咸主抗战,以救危亡,介公独谓若与日战,五日却可亡国。""十九路军兼旬血战,已打破日人足以亡中国之痴梦,外交局势为之陡转,此诚我起死回生之机,政府允宜及时振奋,用挽颓局;何必犹作妥协之迷梦,竟派王俊与日本武官作私密之交涉。""宋人议论未定,而兵已渡河,今则兵已渡河,而议论未定,宁不大可哀耶!"

　　△　上海租界纳税华人会致三函与工部局,一请负中立区责任,制止日军在租界内横行;一请免除战区内巡捕捐;一请驱逐横暴之日军。

　　△　上海各团体救国联合会招待中外新闻记者,胡庶华主席,报告本会成立宗旨及经过,略谓:"本会应国难而产生,其宗旨为停止内争,一致抗日,坚持到底。"

　　△　吴佩孚电慰淞沪抗日军队,并称:"日人增兵未已,我军虽不畏

强暴,仍盼多加兵力,出以慎重。"

　　△　南京中央大学留校学生派代表常纶等赴教育部请愿开学。

　　△　内政部、教育部、海军部及参谋本部驻京办事处,各推代表联合向财政部索欠费。

　　△　溥仪昨由大连抵沈阳。是日张景惠以"东北行政委员会委员长"名义见溥仪,表示该会拥戴溥仪为"满洲国"第一执政意,溥仪表示接受。

　　△　东北民众义勇军军事委员会通电全国,否认东北伪国组织,决心抵抗。

2月23日　金穆宅之敌尚在被包围中。日军数千人在飞机、大炮配合下向庙行镇南端之塘东宅及小场庙猛攻,被第八十七师孙元良旅及第六十一师张炎旅击退。第八十八师连日苦战,伤亡重大,是日撤回庙行西南地区整理,所遗庙行至江湾一线防务由第六十一师及王赓旅古鼎华团接替;庙行至胡家宅之线防务由第八十七师孙旅接替。闸北第六十师阵地不断遭敌炮击。

　　△　日本内阁接受植田请援,决定派遣第十一师团、第十四师团组"上海派遣军",由白川义则任司令官。

　　△　驻沪日领通知日侨除与战斗有关者外,全部撤离上海回国。

　　△　上午,日大队飞机轰炸沪西虹桥机场,投弹18枚,日飞机三架被毁。

　　△　南京各界救护队30余人出发赴沪。同日,中国红十字会张家口分会救护队队长王志谦带救护员27名赴沪。

　　△　外交部为东北建立伪国,曾迭次声明不予承认,是日复向日使提出严重抗议,声明"所有自日军非法侵占东北各地后,在该处建立所谓独立或自主政府之举动,及令中国人民参加此种傀儡之组织,日本政府应负完全责任"。

　　△　国民党河北省党部、北平市党部、天津市党部及平绥路特别党部联电中央,请迅发大军讨伐东北伪国。

△ 章太炎目睹日本帝国主义的侵略,民族危机日益严重,愤而大书:"吴其为沼乎!"篆轴一副,并由沪北上见张学良。

△ 军政部迁往洛阳。

△ 国民政府任命曾仲鸣为铁道部常务次长,褚民谊为行政院秘书长。

△ 石青阳电行政院辞蒙藏委员会委员长职。

△ 红军十二军罗炳辉部进占福建武平县城。

2 月 24 日 沪战况沉寂。闸北方面日炮兵不时向青云路、宝山路、天通庵路一带第六十师阵地射击。八字桥至江湾附近敌机投弹炸伤人民。敌攻小场庙,发生剧战,被第六十一师击退。

△ 蒋介石、汪精卫、陈铭枢、罗文干等在南京开会,讨论沪局问题。

△ 蔡廷锴在沪招待外报记者,表示:"余系军人,责任捍卫疆土,抵抗到底,成败利钝,在所弗计。"

△ 上海市政府就日军利用租界为掩护向中国军民攻击事,向各国总领事暨领事提出抗议和严重声明,表示"所有关于租界当局不能制止日军利用租界区域为攻击中国之根据地所发生之一切结果,本政府概不负任何责任。再:为安全计,本市长请贵总领事、领事通饬住居于战区附近或日军驻在地附近之贵国侨民设法迁避,及转知贵国海军当局勿将军舰及其他船舶,停泊于日军根据地附近"。

△ 行政院通令各机关,规定"本院各部、会暨所属机关职员,若有无故离职者,应即查明,一律停职"。

△ 国民政府以上海战事影响债市,特公布维持公债令。规定减轻利息,展期还本,每月由海关关税划出 860 万元,作为支配各项债券基金,其利息长年六厘,还本期限按照财政部拟定日程表办理。

△ 国民政府派颜惠庆及驻丹麦公使罗忠诒、驻西班牙公使王麟阁为出席 3 月 3 日召开的国联特别大会代表。

△ 马占山在日本关东军导演下在齐齐哈尔就任伪黑龙江省

省长。

2月25日　日军六七千人,以空军配合,猛攻庙行镇以南至小场庙之线第六十一师第一二二旅阵地。午后2时30分,小场庙阵地被优势之敌突破。晚11时许,敌攻八字桥第六十师阵地,战约半小时即退。闸北、天通庵一带,不时有敌射击。吴淞无战事。

△　外交部照会英、美、法、意四使,要求制止日军在上海租界登陆,并利用该租界为军事行动之根据地。

△　上海律师公会电国联中国代表颜惠庆转各国代表及各国律师、各国国会,请注意远东之危机,勿作壁上观。

△　国民政府派李世中为议订中爪《友好通商航海条约》全权代表。

△　伪东北行政委员会通电,宣布建伪国,定名"满洲国",称元首为"执政",年号"大同","国旗"为新五色旗,伪都长春(改名"新京")。

2月26日　江湾镇被日军炮火猛烈射击,房屋被烧殆尽,且因敌突入小场庙,张励第一二一旅第三团乃于上午自动放弃江湾镇,改守竹园墩、夏家荡、杨家楼下之线。闸北八字桥有炮战,阵线无变动。吴淞镇遭日舰炮击,民房被毁甚多。

△　下午2时许,日舰炮轰浙江平湖乍浦口岸,陆战队图登岸未逞。

△　晨9时,日机一架到苏州车站侦察。下午4时,又有日机五架在昆山投弹,继向苏州机场投弹,死伤各一人。日机15架分两批飞到杭州,在车站投弹数枚,炸毁民房数所。

△　中共中央作出关于一二八事变的决议,主张由武装的工农成立革命军事委员会,领导抗日民族革命战争;组织民众的义勇军和游击队,参加前线作战。

△　李济深、陈公博奉命抵平请张学良赴洛出席国民党四届二中全会。

△　胡适、蒋梦麟、丁文江、翁文灏等致电美国哈佛大学校长罗威

尔,对其向美国总统胡佛建议给日本在华之暴行以经济制裁之举,表示感谢。

△ 英、美、法、意四国驻日大使分别通知日外相芳泽,要求如日军增援赴沪,不得在租界登陆,"否则华军炮轰码头,势将危及租界"。

△ 汪精卫、何应钦电第十九路军将领蒋光鼐、蔡廷锴、戴戟及第五军军长张治中等,要求"查明所有阵亡将士姓名、等级,造册具报,当照章从优议恤,以彰忠烈"。

△ 宋子文在沪与银行界商妥,减轻公债利息,延期还本,将每月内债所还本息1800万元减为每月拨还880万元,余900万元发行救国公债。

△ 国民党天津市党部发出通电,声讨张景惠在东北组织伪国。

△ 鄂"绥靖"公署指定"剿匪"五区指挥官:何成濬任总指挥兼鄂南区指挥官,夏斗寅为鄂东区指挥官,袁彬为鄂西区指挥官,徐源泉为鄂中区指挥官,范石生为鄂北区指挥官。总预备队为第四十四师朱怀冰,相机协"剿"。

2月27日 沪战全线沉寂,敌机不时飞昆山、苏州一带侦察。前线我军伤亡日多,援军上官云相第四十七师只调两营到黄渡作工事。第十九路军因后援无望,是日有退守罗店、刘家行、大场、真如、龙华一线之议,但由于官兵愤激,誓与阵地共存亡,最后决定仍在原线固守,以待中央来援。

△ 日混成第二十四旅团补充兵员407人到达上海。次日又有第九师团补充兵员518人到上海。

△ 上海南市救火会汽车司机胡阿毛,被日兵强迫开车运送军火,由日兵押解。驶至黄浦江边时,胡激于爱国热忱,开足马力,将车开入江中,壮烈牺牲。

△ 驻沪国民党中委再电张学良促迅下决心,即率全军,直趋东省,"执事补过图功,全在此举"。

△ 孙科、陈友仁电林森并转国民党中央,说明未出席二中全会原

因,称:"适值淞沪抗日战事紧张之际,科等正从事于国际宣传,留沪接洽,较为便利而有益,故全会开会,恕未克出席。"

△　第八十八师独立旅旅长王赓在公共租界黄浦路被日海军士兵捕去。29日晚,上海市政府向美总领事克宁翰及各国领事提出严重抗议。3月1日王被释放。

△　卫国阵亡将士遗族抚育会在沪召开筹备成立大会,推定朱庆澜等15人为临时执委。当场认捐基金万余元。

△　上海市绸缎印花业同业公会发表宣言,主张房租减半,以纾商困,并将应付租金作为军饷,援助抗日军。

△　国难会议添聘张元济等30人为会员。

△　天津济安自来水厂工人,因要求改善待遇,全体罢工。28日,工人又将电线割断,水源断绝。

2月28日　中国外交代表顾维钧等应英海军司令凯来之请,与日海军司令野村及犬养首相私人代表松冈在英舰"康特号"上会晤,商定停战办法,要点为:双方同时撤兵;撤退区域由中国继续行使警察行政权;中国军队退真如,日本军队退公共租界及越界筑路地段,完竣后,中国军队退南翔,日军退回舰上。此议因日方拖延无结果。

△　英、美、法公使各奉本国政府命令调停上海战事,要求中日双方于3月3日国联召集大会讨论中日问题前停止战争。英使蓝普森到京,偕法使韦礼敦晤罗文幹、陈铭枢,商讨双方停战办法,希望中日双方撤兵。罗文幹答中国可接受,但须中日同时撤退;如日方欲保持最后通牒之条件,则绝对不能接受。

△　蔡廷锴以沪商罢市御侮一月,影响贫民生计,是日特函上海市商会劝告开市。

△　日援军第十四师团1.4万人到上海。

△　日机又袭击杭州。

△　冯玉祥函汪精卫辞内政部长职,略称:"际此国难紧急之时,诚恐以一身之微,负繁巨之位,设有贻误,个人之负咎犹其小事,其如国

家何。"

　　△　上海各团体救国联合会召开上海抗日血战周月纪念大会,追悼抗日阵亡将士,并请第十九路军、第五军代表报告作战情形。大会分别电国民政府和国联。致国民政府电要求当轴诸公速与民众一致下决心,出实力,以增援沪战,并速令张学良提兵出关,收复失地。

　　△　上海各团体救国联合会等 11 个团体,为庆祝第十九路军抗日胜利周月纪念发出启事,定 28 日至 3 月 5 日举行庆祝第十九路军抗日胜利纪念周,并于 3 月 5 日召集全上海市民庆祝大会。

　　△　天津中等以上学校学生抗日救国会决议:一、派代表组织请愿团赴平,请张学良出兵东北讨伐伪国;二、联络其他团体筹备组织各界救国联合会;三、电国民党中央下令出兵东北讨伐伪国。

　　△　汪精卫电告陈济棠、李宗仁,已令财政部月拨粤、桂入赣"剿共"部队补助费 50 万元。

　　2 月 29 日　日军全线发动总攻,庙行、江湾方面由植田指挥,闸北方面由日海军陆战队司令植松指挥。八字桥、天通庵站、西宝兴路、虬江路各口,日军 3000 余频频冲锋,均被沈光汉第六十师击退。

　　△　日军侵沪司令官三易其人,由陆军大将白川义则替代植田谦吉。是日白川偕厚东笃太郎之第十一师团先遣兵团抵沪。

　　△　第十九路军发表《告全国民众书》,称我国对日"应谋长期之拒抗,以待国际之变化,及敌国自身之崩溃。毋以目前军事之胜利,期侥幸之成功,毋惧战祸之延长,生苟安之妄念……日本一日不罢兵,外交一日不胜利,则我国一日不停止武力拒抗"。

　　△　日驻沪总领事村井函市府声称:"3 月 2 日以后,不得不企图将苏州、嘉兴、上海间供给贵国军队使用之铁道线路及军用列车破坏。"沪市府函复日领,表示"倘贵国军队仍复攻击,我军自不得不采取相当自卫办法,因此发生之一切责任,应由贵国负之",并将此事函知各国领事,指出日方此举"乃欲轰炸一般人民,破坏上海交通"。

　　△　上海市地方维持会电北方同胞,请勿售敌货以肥身家。

　△　北平协和医校救护队由队长万福思率领,赴沪参加救护工作。

　△　国联满洲事变调查团抵东京。

　△　沪公安局调查,全上海 2 月份人口,较"一二八"战前减少81 万。

　△　何成濬电财政部,以鄂省中央协款积欠五个月,请先拨 50 万元济急。

　△　"全满建国促进运动联合大会"在沈阳召开,选出 11 名代表赴旅顺迎接溥仪就任伪职。

　是月　海外华侨汇款慰劳第十九路军抗日。菲律宾华侨救国会、国难后援会等汇款 44.318 万元。11 日,檀香山国难救济会汇沪 10 万元。13 日,孙科收到各地及海外华侨捐款 10 万元。20 日,旧金山华侨募美金 100 万元。其他如缅甸、加拿大、越南、美洲等各地华侨均多次汇款到沪,总数达 17.25 万元。

3 　月

　3月1日　国民党四届二中全会在洛阳开幕。主席汪精卫致开会词,称会议将讨论并决定:一、中国将来之永远都城;二、如何集全国之力坚决抵抗日本之侵略;三、外交政策无兵力以为后盾,如国联不能援助中国,当取何政策;四、筹定具体财政善后计划。

　△　日军在沪全线总攻,闸北方面,以飞机、坦克掩护步兵向八字桥、天通庵一带第六十师阵地猛攻,进退凡五次,激战至深夜。敌第十一师团主力沿长江西上,绕道中国守军背后的七丫口登陆,占领浮桥镇,然后向东攻占浏河。午后 6 时,庙行镇附近之第八十七师及第八十八师阵地被突破。吴淞方面,日舰不时炮击,尤以宝山及狮子林方面为烈。敌援军第十一师团由白川统率企图与第十九路军决战。蒋光鼐以援军只到上官云相第四十七师一团,寡不敌众,乃避免决战,命令全军乘夜撤退至黄渡、方泰镇、嘉定、太仓之第二道防线待援。

△　外交部照会英使蓝普森,请注意日军破坏京沪、沪杭两铁路交通。

△　上海各路商界总联合会暨南京路商界联合会电请国联维护《凯洛格公约》及《九国公约》,以保世界和平,俾恢复远东商务。

△　"三民主义力行社"成立。蒋介石亲自召集黄埔少壮军人在南京建立最高秘密政治组织,滕杰、贺衷寒、桂永清、潘佑强、康泽任常务干事,滕杰任书记。设四处:总务处长李一民,组织处长肖赞育,宣传处长康泽,特务处长桂永请(后易戴笠)。建二级外围组织"革命军人同志会"、"革命青年同志会";三级外围组织"中华民族复兴社"。为严守"力行社"核心组织的秘密,一般以"复兴社"名义相称。

△　张景惠等以"东北行政委员会"名义公布伪满洲国《建国宣言》,声称"即日与中华民国断绝关系,创设满蒙新国"。同时公布伪《中央政府组织法》和伪《维持公安律》。

△　行政院决议:裁撤鲁豫清乡督办公署;公布技术合作委员会章程。

△　湖北省主席何成濬电告何应钦称:因红军"聚钟祥、京山、应城、天门各县,势力猖獗,后方调度重要,兼以武汉谣风甚炽,人心浮动,须防维镇慑",故不能参加国民党四届二中全会。

△　正太路因中法合同期满,铁道部本日起开始接收,定一个月接收完竣。

△　天津中等以上学校学生抗日救国会发表告民众书,请民众督促政府军事当局立即出兵收复东北失地。

△　上海市教育界救国联合会发表宣言,揭露日军侵沪暴行,勉国人勤劳、节俭、忍耐、协助。

△　南京中央大学留京学生开同学大会,推代表 30 人赴教育部请愿维持校费。

△　青岛各业公会分头募捐 10 万元,分批汇沪慰劳第十九路军,并赈济难民。11 日,青岛市各机关及市商会又集现款 12.78 万元汇沪。

△　台北至马尼拉间无线电开通。

3月2日　第十九路军通电说明撤至第二道防线之原因,略谓:"日人猝增援兵,而我以运输艰难,后援不继,自21日起,我军日有重大伤亡,以致倾全力于正面战线。而日人以一师之众,自浏河方面登陆,我无兵抽调,侧面后方均受危险,不得已于3月1日夜将全军撤退至第二道防线,从事抵御。本军决本弹尽卒尽之旨,不与暴日共戴一天。"

△　日军二万余人并军舰多艘环攻吴淞炮台,与第十九路军谭启秀、翁照垣部激战,至傍晚始停止。上午大场亦有激战。第八十七师孙元良旅一部在朱家桥头被敌包围,激战数小时,突围退集葛隆镇,伤亡甚大。

△　外交部发表宣言,指出在中日双方未商定停战办法期间,"日本海陆空军复向中国军队全线总攻,且日本总领事并经通告中国市长,日军决议炸毁京沪、沪杭两路。此项和平之努力,在中国方面至为恳切,倘使仍归失败,则其责任当由日本再度负之"。

△　军事委员会以国难当前,通电全国绥靖区暂缓结束。

△　中国自强协会电国民政府,谓:"淞沪失守,咎在中央,误国殃民,悲愤何极,恳迅调大军,收复失地。"

△　沪代表熊希龄、王造时、左舜生等在北平谒见张学良,请出兵收复东北失地。张表示须有中央命令始能出兵。

△　东北义勇军占领锦西。

△　国联行政院主席彭古在日内瓦分别接见中国代表颜惠庆和日本代表佐藤,要求日本在3月3日以前停战。中国代表对此表示接受。

△　华侨捐款慰劳第十九路军。是日及4日菲律宾各地华侨救国会捐款2.6万余元;12日,吕宋华侨联合会捐款1367元;26日,旅法华侨抗日募捐团捐款3000元。

△　南弘任第15任台湾总督。

3月3日　日军第十一师团占真如,前锋抵南翔,向嘉定、太仓间我第八十七师第二五九旅阵地攻击,被击退。旋以主力分途攻娄塘镇、朱家桥头。第三五九旅受数倍之敌包围,阵地被截成数段。一部冲出退集葛隆镇,其余伤亡殆尽。俞济时第八十八师被优势之敌压迫,撤出嘉定城。上官云相第四十七师陆续到达昆山附近。

△ 翁照垣旅应地方团体坚请"保全武力,留作最后奋斗",自吴淞沿蕴藻浜向嘉定西退。上午 7 时至 8 时间,吴淞炮台被日军占领。

△ 日军司令官白川以国联限本日下午 4 时停战,遂下令于今日下午 2 时停战,并正式通知英海军提督克莱转致外交次长郭泰祺。白川并与海军司令野村联名发表宣言,声称:"驻上海日本陆海各军为遵守职务起见,曾以和平方法保护日本侨民,但被迫而出于敌对举动。现在中国军队已照日本原有之要求退出本区,日侨获得和平,公共租界治安亦已恢复,如中国军队不再有军事行动,我军即停止进攻。"

△ 第十九路军、第五军暨各师、旅、团长发出通电,表示退至第二道防线后之决心,略谓:"我十九路军、第五军亦惟有收拾余烬,背城借一,事之不济,则拼命于沙场,以谢我炎黄祖宗在天之灵,不愿为亡国之民。"

△ 日舰抵汉口,下午陆战队 200 余人登陆演习。

△ 孔祥熙电四届二中全会,对沪战请迅定自卫整个计划。5 日,二中全会电复孔祥熙,表示"至于抗日准备,政府已具长期抵抗之决心"。

△ 国民党留沪中委孙科、陈友仁等电蒋介石、汪精卫称:"观十九路军通电有后援不继之语,孰令致之,当局不能不负责任","为今之计,当局即宜下大决心,迅速增兵,收复淞沪。"

△ 上海各团体救国联合会电国民党四届二中全会称:"沪战因政府屯兵不援,坐待孤军陷敌包围,迫命退却,前此所谓决心抵抗,全系欺骗伎俩","盼勿自绝国人,速出兵收复失地。"

△ 旅沪黄埔同学段远谋等 252 人电蒋介石、汪精卫、何应钦,指责其不派兵援沪,"即请缨杀敌之军队,政府亦不予征调,言行之矛盾若是,其何以自解于民众"。

　　△　东南五省民众抗日救国会通电全国，指责国民党"当道诸公，后援不发，且严止各省请缨"，因而第十九路军不得不"退至第二道防线"；望全国同胞"一致奋起，同执干戈，以卫地方"。

　　△　上海各团体救国联合会紧急通告全市各公团，指责国民党政府"一兵一卒不肯派援"，致使第十九路军"不得不忍痛退却"；表示"对所有中立区、和平区、自由军等破坏我领土主权之方案，誓死反对"。

　　△　上海市商会、上海各路商界总联合会、上海特区市民联合会、上海市纸业同业公会电国民政府、何应钦等，要求"速派军队增援，收回淞沪，以救危亡"。

　　△　天津各界电国联中国代表颜惠庆，表示誓与暴日周旋到底。

　　△　中国著作者协会致书全世界著作者，公告暴日侵沪，破坏中国文化事业。

　　3月4日　下午国联开会，颜惠庆要求制止日军行动，以和平方策解决纠纷。大会通过请中日实行停战的决议案，提出停战办法三条：一、中日两国政府令军事当局颁布之停战令，立即为有效之实行；二、各关系国及中日政府应将实行第一条规定之条件通知国联大会；三、中日双方代表应即进行会商停战，并洽商日军撤退办法。

　　△　日军虽于3日午后2时对国联宣布停战，但仍在南翔赶筑工事，在真如建飞机场，向各线运送军队和重炮，准备进攻。第十九路军因援军未至，决令各部相继撤至昆山附近之线待援。

　　△　日机一月来八次飞苏州骚扰，外交部为此向日使提出严重抗议，并照会英、美各国公使，请制止日机扰苏。

　　△　国民党四届二中全会举行正式会议，通过军事、外交等施政报告，并发出慰劳淞沪将士电及慰劳战区同胞电。

　　△　外交部长罗文干招待新闻记者，表示对日交涉"一切损害国权领土或有辱国体之任何条件，严予拒绝"。

　　△　《生活》周刊社在沪梵王渡青年会中学创办伤兵医院，是日开始收容伤兵。

△ 清华、燕京两大学教授陈寅恪等七人电国民政府质问对日方针,称:"敌兵压境,岂可作城下之盟,置东省失地、淞沪牺牲于不顾。政府对日当有一贯主张,不主妥协,即主抵抗,不用岳飞,即用秦桧。若用秦桧,则请斩蔡廷锴以谢国人。万勿阳战阴和,以欺国人。"

△ 章太炎在北平对《大公报》记者发表谈话,指出"政府意志散漫,迄无一定计划。对日本之侵略,只有战之一路"。

△ 阎锡山在太原召集徐永昌及各留并将领举行军政会议,讨论晋、绥出兵及军饷暨兵工厂复工等问题。

△ 湘省立各校校长因经费无着总辞职。教育厅长曹典球亦辞职。

△ 天津华新纱厂工人因要求发放花红举行罢工。保安队前往镇压。资方答应发放花红后,工人 16 日复工。

3 月 5 日 日军进犯第二道防线之嘉定、太仓、黄渡,各处有小冲突,日便衣队百余人今午进至葛隆镇。南翔日炮兵不断向我射击。

△ 国民党四届二中全会通过:一、以西安为陪都,定名西京;以洛阳为行都;二、颁行大赦案;三、国民政府军事委员会组织大纲修正案;四、讨伐东北叛逆案。

△ 黄埔同学抗日救国会电责二中全会,谓"京、沪咫尺,当局竟不遣一卒增援,误国殃民,莫此为甚,公等所谓决心抵抗,殆皆自欺欺人"。

△ 宋庆龄、何香凝创办之国民伤兵医院落成。宋庆龄亲临淞沪抗战前线,慰问第十九路军官兵,有感前线给养不足,医护条件缺乏,便与何香凝等一起筹建伤兵医院。交通大学校长黎照寰借出部分校舍,华侨胡文虎及上海先施、永安、新新三大公司资助,在杨杏佛具体筹划下,拥有 300 张床位的伤员医院在交通大学内落成。

△ 上海邮务职工会等电国民党二中全会,要求派兵增援淞沪,并令饬北方将领出兵收复东北失地。

△ 江苏国难救济会电蒋介石、何应钦,要求迅派大军克日规复淞沪。

△　太原警界因公安局长王锡符编遣巡缉队及任用私人,是日赴省公安局请愿,要求发饷及撤换局长。

3月6日　国民党中政会议决,任命蒋介石为军事委员会委员长,阎锡山、冯玉祥、李宗仁、张学良、陈铭枢、李烈钧、陈济棠为委员。8日,国民政府明令发表。18日蒋就任。

△　第十九路军总指挥蒋光鼐电令前线各将士停战,谓:"现在国联大会业经决议,请中日两方实行停战,自应依照办理。倘日军不向我军攻击,我军亦不向彼攻击。如日军违背国联决议施行攻击,我军仍须抵抗。"

△　日军攻嘉定娄塘镇,日机飞青浦侦察。日援军陆军第十四师团一万余人自是日至10日在吴淞登陆,开前线与植田第九师团调防。

△　国民党四届二中全会闭幕。大会决定对东北方针,否认日本武力构成之东北伪政权,由国府迅筹办法,以实力恢复领土主权之完整。《大会宣言》称:"方今之急,首曰御侮,全国军队应抱同一长期抵抗之决心。战区固应战略需要而时有变更,然中国抵抗之决心则将历久而无间,任何屈服难堪之条件,决无承认签订之理。"

△　国民党四届二中全会通电全国各将领,称"中央对于长期抵抗,夙具决心,一切艰险,均所不避",勉全国将士"人人抱存则共存、亡则共亡之志,以与暴力相周旋"。

△　国民党四届二中全会电慰第十九路军暨第五军将士,宣称:"我方以交通不备,运输不便,当第十九路军苦战之际,第五军驻在苏、浙,犹及赶紧赴援外,其余各处部队尚在长途跋涉之中,因是之故,众寡悬殊,我忠勇之将士遂不能不为战略上之退却,此诚中央同人之所歉然于怀,而深愿循省弱点,亟图补救者也。"

△　上海总工会电国联中国代表颜惠庆称:"为维护真正和平计,应以保持整个领土主权为原则,故先决条件,必须由日本将在华驻军一律撤退,否则我人民决不惜任何牺牲,为政府后盾,奋斗到底。"

△　上海中华自救协会分函留沪中委,请齐集行都,讨论一致对

外,"庶几坐言不如起行,有裨国家大计,否则近于各树一帜"。

　　△　潮州旅沪同乡会电国民党二中全会,中国妇女救国大同盟、上海女权运动同盟会电何应钦,均请援第十九路军。

　　△　溥仪被日人由旅顺挟赴汤岗子,张景惠、赵欣伯等于7日往迎。8日溥仪、张景惠、臧式毅等到长春。

　　△　河南省主席刘峙因国民党二中全会决议现役军人不得兼任政务官,电汪精卫辞主席职。

　　△　粤决派余汉谋军、张枚新师、范德星、陈章两旅,共20团,桂派廖磊军六团,入赣"剿共"。

　　△　鄂省清乡会议开二次大会,通过清乡促进会章程,清剿经费定为1000万元。

　　△　日步兵第十五旅团天野部侵占黑龙江省宁安城。22日从宁安出发,次日集结乌吉密河。28日到达同宾,协同方正西南之伪吉林军李文炳部作战。

3月7日　沪日军攻朱家桥,激战竟日,至翌晨被第十九路军击退。晚,攻黄渡之敌被我击退,逃南翔。白龙口有敌3000余人登岸。

　　△　上海市政府致函驻沪日总领事及各国领事,声明"本国军队业已撤离吴淞、江湾、闸北等区,所有关于各该区之公安、卫生、公用等业务,亟应继续维持,本府职责所在,决令主管机关分别办理"。

　　△　赣州战役结束。红三军团和红四军(以后又增调红五军团和红三军)2月4日起发动赣州战役,攻城打援,围攻赣州33天。赣州城池坚固,红军缺乏重武器,屡攻不下,反遭重大伤亡。6日,第十八军陈诚部驰援,是日,红军撤围。

　　△　国民党中常会决议:一、推陈立夫为中央组织委员会主任委员,谷正纲为副主任委员;二、推陈公博为民众运动指导委员会主任委员,王陆一为副主任委员;三、推罗家伦为宣传委员会副主任委员。

　　△　国联大会下午续开,颜惠庆报告中国已接受国联4日关于中日停战之三条办法。

△ 上海市商会电国民政府及军事委员会,要求派大员督师抗日,并电蒋介石要求亲出捍卫国难。

△ 中国自强协会李国谟等电慰第十九路军,并勉以"继续奋斗,以竟初衷"。

△ 汉口《正义报》发表题为《中央政府幸勿误国殃民》的社论,被湖北绥靖公署勒令停版,并候"查办"。

△ 湖北国难救济会电张学良,要求出兵收复东北失地。

△ 行政院决议,准西安绥靖公署在甘肃设置行署,委任邓宝珊为主任。

△ 浙省主席鲁涤平电军政部辞第九路军总指挥职,并请以谭道源继任。军政部复电照准。

△ 湘鄂西红三军在湖北天门县文家墩地区经两日激战,歼敌第四十八师2000人,俘旅长韩昌俊,至此红三军扩大到1.5万人,根据地扩大到襄北的京山、应城以南地区。

△ 鄂省立各校教职员因经费无着发表宣言,实行停课停工。

△ 晨,西康(今四川康定)地震,房屋倒塌,死伤数百人。

3月8日 日军进攻黄渡、太仓东陆渡桥及朱家桥、浏河附近诸村镇,被我军击退。

△ 日前任海相安保大将偕同川少将等抵沪,视察日军及调查"沪案善后办法"。

△ 日上海派遣军司令官白川发表声明,谬称:"中国军今后侵入左列地点,即六渡口、浮桥镇、岳王市、外冈镇、安亭镇、白鹤港镇以东苏州河为界……由此引起事端而使事态再度恶化,其责任尽在中国军队。"

△ 日机飞杭州、苏州侦察。

△ 财政部长宋子文发表声明:东北关盐税关系债款担保,伪国非法提拨,概不承认。

△ 国民政府特派褚民谊为国难会议秘书处主任,彭学沛为副主任。

△　财政部长宋子文公布 2 月份海关收支数：收入规银 12516037.17 两，支出规银 13833778.05 两，不敷规银 1317740.88 两。

3 月 9 日　伪满洲国成立。溥仪在长春举行就职典礼，参加者日本关东军司令官本庄繁、参谋长三宅光治、"满铁"总裁内田康哉、高级参谋板垣征四郎等，以及清室遗老、蒙古王公等人。由张景惠呈国玺，臧式毅捧呈执政印绶，郑孝胥代读《满洲国执政宣言》。

△　英使蓝普森斡旋中日停战。驻华日使重光葵以意见书交英使转外交次长郭泰祺，称"日本军政当局准备依据 3 月 4 日国联决议案条文，与中国当局开始谈判"。10 日，郭泰祺将声明书交英使转日使及国联会议，称中国政府接受 3 月 4 日国联会议决议案，准备依据该决议案条文及中国首席代表颜惠庆所声明之下列谅解与日本当局进行谈判：一、此项谈判仅限于有关实行停战及日军完全撤退之事件；二、撤退不得附带任何条件。

△　王俊致电何应钦，略称中日交涉，各种方法已进行无遗，"至昨晚英军司令官发表方法，完全失败。盖重光葵态度转强硬，要我方退出闸北之故"。"我方处不攻不退之际，徒延时日，锐气一销，补救益难。目下全国积极作战既不可能，宜速乘此小战小利之机，图收亡羊补牢之效。万一吴淞、闸北俱失，始穷促而求人，则损失巨矣"。

△　第十九路军总指挥蒋光鼐自前方电该军驻沪办事处并转沪市长吴铁城及外交部驻沪办事处，略谓日兵数千 8 日在浏河登陆，有向西进模样；9 日晨又有敌兵 2000 余进犯陆渡桥，有侵太仓企图。日军在沪"一面进兵，一面对外宣布停战，以欺骗国联"，望将其阴谋迅行布露。

△　日舰集中舟山群岛，太仓有小接触，日机在苏州掷弹。

△　上官云相第四十七师归第五军军长张治中指挥。

△　天津市工联救国会电国民政府，请迅调兵收复淞沪及东北失地。

△　吉林东北区军、政、商、农、学、警各法团，自伊兰通电称："我东

北民众一息尚存,对于满洲伪国乱命,誓死反对拒绝,应即声罪致讨,以伸国纪,尤盼早日出师,复我山河。"

△ 国民政府特任顾孟馀为铁道部长。

△ 何成濬以主鄂省政两载,红军力量强大,电林森、汪精卫辞鄂省主席职,专任绥靖主任。电中并称:"洪水为患,疮痍满目,财绌民困,负咎良深。"

3月10日 日军约500人猛攻太仓,炮毁城东南角。

△ 日军一面宣传停战,一面仍积极调兵来沪,自是日起至12日止,日援军到沪共七八千名。

△ 军政部通令查禁人民组织抗日义勇军。

△ 第八十八师独立旅旅长王赓因被日军拘捕时有泄露军情嫌疑,是日被上海市公安局解往南京审讯。

△ 颜惠庆电外交部报告国联大会决议案内容,要点为:一、再度声明尊重《国联盟约》及《非战公约》;二、声明不得侵犯他国之领土、行政之完整;三、声明国联维持条约之效力;四、大会委员会应努力调停,以便促成停战及日军之撤退;五、委员会负应付中日纠纷事件之全责。

△ 据《申报》讯:苏联正式宣布否认伪满洲国;又讯:"日本利用白俄,图扰苏联沿海各州,意在要挟苏联承认日方在东省非法权利,但苏联决不示弱。"

△ 国民党中常会通过巩固国防案及长期抗日案。

△ 国民政府宣布国难会议改期于4月1日在洛阳举行。

△ 溥仪颁布伪满洲国组织大纲,并按关东军内定的伪政府各官属名单任命郑孝胥为伪国务总理兼文教部总长、臧式毅为民政部总长兼奉天省长、马占山为军政部总长兼黑龙江省长、熙洽为财政部总长兼吉林省长、谢介石为交通部总长、冯涵清为司法部总长、张燕卿为实业部总长、丁鉴修为交通部总长、赵欣伯为立法院长、于冲汉为监察院长、张景惠为参议府议长兼北满特区长官。

△ 吴佩孚通电申讨东北伪国,对溥仪大张挞伐。

△ 张发奎第四军由全州出发前往江西"剿匪",13 日抵永州,15 日抵祁阳,休息两天后,向醴陵前进。21 日抵衡州。

△ 国民党中委刘芦隐在广州召开紧急会议,反对任命蒋介石为军事委员会委员长。陈济棠等亦表示反对。

△ 白崇禧、黄绍竑离邕到粤,商两广联合抗日"剿匪"。

△ 台湾民主党成立。

3 月 11 日 国联通过和平解决远东争端之决议案,请中日两国政府立即实行停战;主张中日于中立国扶助之下开始谈判,切实终止战争;并布置日军撤退。大会并通过授权由 19 会员国组成之特别委员会监视撤兵及过去各决议案之实行。日本代表弃权,中国代表因训令未到,未参加表决。

△ 国民政府公布《国民政府军事委员会暂行组织大纲》,凡五条。

△ 行政院通过《国难会议组织大纲》及《议事规则》。《组织大纲》规定:国民政府为集中全国意志,共定救国大计起见,召集国难会议;国难会议委员由国民政府就全国各界富有学识、经验、资望之人士中聘任。

△ 张学良为遵二中全会决议,电国民政府恳辞北平政务委员会委员。

△ 吴铁城电国民政府辞沪市长职。12 日,汪精卫复电挽留。

△ 胡汉民发表谈话,主张除共产党和保皇党外,承认各党同时并存。

△ 内政部设立"剿共计划专门委员会",研究"肃清"共产党方法问题。

△ 湖北旅沪同乡会电国民政府:"十九路军失援撤退,日军追蹱进逼",要求"迅调劲旅驰援,立赴前线杀敌"。

3 月 12 日 国民政府发表宣言,否认东北伪组织,声明"在日本军队非法占领东三省期间,所有该处政治组织,中国政府始终认为叛乱机关,同时并认为日本政府之变相的附属机关,对于其一切非法行为,绝对不能承认,并应由日本政府负其全责"。

　　△　日本内阁会议决定《处理满蒙问题方针纲要》,谬称满蒙"可以脱离中国本部政权而独立";满蒙治安"由帝国担任";"将满蒙地区作为帝国对俄对华的国防第一线",为达到这一目的,"应增加帝国陆军驻满洲的兵力"和"进行必要的海军设施"。

　　△　颜惠庆通知国联大会,表示中国接受中日停战决议案。

　　△　蔡廷锴对记者谈,和战关键"不在我方,而在日方之是否觉悟,能否放弃其侵略政策"。又称:"万一和平破裂,日方向我进攻,我决继续抵抗,但存一兵一卒,亦必奋斗到底。"

　　△　朱德以中华苏维埃共和国中央革命军事委员会主席身份发布命令,重编红一、红三、红五军团。一军团,林彪为总指挥,聂荣臻为政委。三军团,彭德怀为总指挥,滕代远为政委。五军团,季振同为总指挥,萧劲光为政委。

　　△　北平各界 500 余人在中山公园举行孙中山逝世七周年纪念,有人上台演说,反对一党专政,会场秩序大乱,王化一等六人被捕。

　　△　日机又扰杭州及松江,机关枪扫射伤人。13 日,杭州市政府函驻沪日总领事馆及驻杭日领米内山庸夫提出抗议,此后如再发生同样入侵情事,"本府为保护全市民众及各国侨民起见,当为合理之御击"。

　　3 月 13 日　日军在南翔、嘉定间筑汽车路,在嘉定设司令部。朱家桥敌军数百,时出时没,焚杀甚惨。陆渡桥增兵千余。

　　△　蒋介石在南京接见路透社记者,表示对沪军事决不诿卸责任,"中国愿意和平解决争端,但若日本不停止侵略行为,则中国准备奋斗到底";并称"日方正在筹备军事行动,如日军实行攻击,华军决计力抗,其责任当在日方"。

　　△　沪社会局公布,自沪战以来,上海住户、商店、工厂、房屋四项损失在 14 亿元以上。

　　△　国民党中执会电复留沪中委江(3 日)电,谓收复东北,应由国

府迅筹办法,以实力恢复中华民国领土主权之完整。

△　中国电影家协会在上海成立。

△　北平各大学教授抗日救国会成立,通过简章,选出邱昌渭等11 人为理事。

△　东北义勇军晚 11 时占领大虎山。

3 月 14 日　中日停战第一次非正式会议在驻沪英领署举行,外交部次长郭泰祺、日使重光葵及英、美、法、意四国公使出席。日方提议设中立区,由中国警察在外人指挥之下警卫地方治安;并涉及 1 月 28 日吴铁城对日领复文所允四项要求。我方以越出国联大会决议案之精神,拒绝讨论。后经英使居间调停,双方代表允请示本国政府后再谈。

△　日上海派遣军司令官白川鉴于上海形势逐渐平静,是日下令第十一师团、混成第二十四旅团回国。19、21 日,混成第二十四旅团分两批离沪。第十一师团亦正集中待运中。

△　晚,国联调查团包括英、美、法、意、德五国委员及随员专家等一行,由李顿率领自日本乘轮到沪,顾维钧、吴铁城、郭泰祺等往迎。

△　英、美、法、意四国参赞代表四国驻华公使赴闸北、江湾、大场、浏河等日占领区域视察。

△　国民政府派蒋光鼐为中日上海停战会议军事代表。

△　国民党中央政治会议准朱培德辞参谋总长职,遗缺由蒋介石兼,3 月 18 日蒋就任。

△　天津市商民救国会成立。

3 月 15 日　国联调查团访宋子文、顾维钧、吴铁城,顾开茶会招待,吴设晚宴。李顿招待中外记者,表示调查团对上海之停战十分关心,如果列强同意,准备参加和议谈判。

△　日机飞苏州、昆山侦察并扫射。

△　据《大公报》讯:日方在前线实力分配:正式陆战队 5000 人,由近卫师团改编之陆战队 1.5 万人,第十二师团 1.5 万人,第九师团战时编制 2.5 万人,第十一师团、第十四师团战时编制四万人,飞机 200 架,

轻重炮 350 门。

　　△　吴佩孚通电全国国民，申述救国大计，主张"动员全国之兵，以谋抵御，从速化除一切党派意见，与全国人才共图建设"。

　　△　汪精卫、朱培德、陈铭枢、李济深、王柏龄等赴昆山前线劳军。

　　△　粤政务会议议决发行国防公债 3000 万元，作要塞设备用。

　　△　山东省政府主席兼第三路总指挥韩复榘电国民政府、行政院请辞本兼各职，推荐省府委员兼民政厅长李树春继任主席，师长孙桐萱、曹福林择一任总指挥。

　　△　广州公安局军械库被人掷弹炸毁。

　　△　3 月 11 日天津《大公报》之《军事周刊》第七期因载《枯树又萌芽》讽刺画，讽刺日本发动侵略战争，日领向天津市府抗议，是日市府将该刊查禁。

　　△　上海律师吴迈前曾赴上海公安局要求保释中学生联合会学生，与该局发生冲突，竟被扣押，是日被解送南京卫戍司令部。16 日，上海各界人民团体纷纷开会，通电要求释放吴迈。

　　△　伪满洲国决定将长春改为"新京"。

　　3 月 16 日　国民政府特任蒋中正兼参谋本部参谋总长，原任朱培德辞职照准；特任朱培德为军事委员会办公厅主任；任命吴奇伟为陆军第九十师师长。

　　△　李顿调查团委员分访英、美、法、意、德五国在沪公使、代办及海军司令，咨询上海事变之事实，并在旅寓华懋饭店接见各国领事搜集调查材料。

　　△　日舰载第十四师团工兵及军械到沪，次日又有师团直属部队到沪。

　　△　日机第五次飞杭州侦察。

　　△　北平大学教授抗日会电促各省军事长官积极抗日，万勿妥协。

　　△　重庆各界 122 个团体，向第二十一军军部请愿，请刘湘出兵救国。

　　△　广东第一集团军余汉谋等以全体将士名义通电讨共,声称"非抗日无以救亡,非剿共无以抗日"。

　　△　北平民众团体救国联合会成立。

　　3 月 17 日　吴铁城答拜国联调查团,称"日本允撤兵至租界内,停战会议在调查团离沪前可开成"。午,上海报界宴请国联调查团,《申报》馆经理史量才致词,声述日人压迫中国舆论情形,请调查团维护公理与和平。晚,应顾维钧邀宴,顾演说希望调查团对中国人民对中日关系的愤慨表示,作进一步研究。

　　△　据外交界消息:上海事件连日经各方斡旋,中日双方代表会晤结果似较前进步,但日方仍坚持我国不能驻兵上海。外部已训令我方代表,略谓"日方如有和平诚意,则谈判不妨开始,惟须坚持立即停战,及日军无条件全部撤退至 1 月 28 日以前原防"。

　　△　东北各法团自北平电沪国联调查团,声述暴日侵略蹂躏东北真相,表示爱护乡土决心,请主持公道,使东北问题早日得公平合理解决。

　　△　行政院会议决议:一、简派胡世泽、谢东发为第十六届国际劳工大会中国代表,并拟指定胡为第一代表(19 日国民政府明令发表);二、请任命程天放为国立浙江大学校长;三、中央大学每月经费 16 万元,自 2 月份起,一并暂由财政部拨发。

　　△　陈济棠发表告第一集团军将士书,声称:一、此次"剿匪"系下大决心,非达到成功,誓不回师;二、"剿匪"与抗日同样重要;三、"剿匪"是打倒赤俄的间接侵略。

　　△　上海糖业同业公会因糖类新税则较原有税率陡增一倍,电宋子文请暂缓执行。4 月 2 日,财政部批复不准。

　　△　伪满洲国在长春设中央银行,溥伟任总裁。

　　3 月 18 日　上午,国联调查团接见日外相之代表松冈洋右及海军第三舰队司令野村。晚,赴上海市商会邀宴,主席王晓籁演说,对日人突然用兵占据满洲事详为批驳。李顿答词声明:"在国联公断以前,必尽量容纳双方意见,务使中国不因信赖国联反而吃亏。"

△ 国联秘书长德鲁蒙分函中日代表,请双方向国联特别委员会报告对决议案实行程度及准备采取之步骤。

△ 北平市商会发表《告平津商胞书》,称"妻子且不保,何爱于金钱;尸骨且无托,何忧乎生计",要求商胞宁死勿购日货。

△ 锦西义勇军 800 余名占领连山。

△ 北平日军百余名荷枪实弹,并携大炮,经东长安街出地安门,游行示威。

△ 北平纪念"三一八"惨案市民大会,因军警阻挠未开成。

△ 福建省工农兵苏维埃第一次代表大会在汀州开幕,21 日闭幕。大会通过土地问题、劳动问题、财经问题、苏维埃建设问题等决议案。通电拥护中华苏维埃中央政府对日作战的决议。宣告成立福建省苏维埃政府,选举张鼎丞、张思垣、范乐春、郭滴人、李六如、罗明、谭震林、罗炳辉等 35 人为福建省苏维埃政府执行委员,张鼎丞为省苏维埃政府主席。

△ 鄂省立各校代表 400 余人,齐集省府请愿拨发教费。

△ 沈阳城内工业区大火,延烧 400 余家。

3 月 19 日　国民政府主席林森致电国联调查团,希望主持正义,将中日争端谋一公正解决。

△ 上午 10 时,中日停战第二次非正式会议在沪英总领署举行,出席者中国郭泰祺,日本重光葵,及英、美、法公使、意代办,讨论实行停战及日撤兵事,具体办法大体已经拟妥,郭泰祺、重光葵分别向各该国政府请示。

△ 蒋光鼐、蔡廷锴等通电说明义款用途,胥用于抗敌救国。

3 月 20 日　上海各团体救国联合会召集紧急理事会议,各团体代表 50 余人出席,讨论应付上海外交问题,议决:一、反对丧权辱国条件;二、通电全国一致主张,反对日兵未撤退以前开始任何谈判;三、通电国联及国联调查团,绝对不承认丧权辱国条约之签订。

　　△　中国青年救国会就中日和议发表宣言称："如日本果具和平之诚意,则我国应本四项原则谈判:一、日本须无条件撤兵;二、不承认设置中立区、和平区或扩充租界;三、淞沪战区内一切损失须由日本赔偿;四、东北案件必须与沪案同时解决。"

　　△　国民党中央统计处发布,沪变损失达 15.64 亿元以上,受直接损害人民逾 81 万,其中死亡 6080 人,伤 2000 人,失踪 1.04 万人。

　　△　日机第八次飞杭州。昆山、青阳港及沪租界、南市均有日机侦察。

　　△　东北义勇军拆去打通路绥中以东铁轨七八里,与日军开火。第四路支队占黑山县城。

　　△　济南市公安局是日晚开始大肆搜捕共产党人,至 22 日,先后从第一乡村师范、女子师范、正谊中学等处捕去 60 人。

　　△　中国左翼新闻记者联盟在上海成立,联盟斗争纲领强调"争取言论出版的绝对自由",反对"一切束缚压制新闻文化之发展的法令",使新闻事业"成为鼓动大众、组织大众之武器"。

　　△　台湾艺术研究会在日本东京成立。

　　3 月中旬　中共苏区中央局在赣县江口圩举行会议(江口会议),讨论中央红军撤围赣州后的行动方针。毛泽东提出向赣东北方向发展的主张,遭否决,会议确定"以赣江流域为中心,向北发展",迅速夺取中心城市的方针。中央红军分为两路,一、五军团组东路军,毛泽东率领在赣江东岸活动;三军团、红十六军等组西路军,彭德怀率领到赣江西岸活动。

　　3 月 21 日　下午 4 时至 6 时,中日代表及各使第三次非正式中日停战会议在英驻沪领署举行,议定停战三原则:一、中国军队暂留驻原防;二、日本军队撤退至 1 月 28 日前之原防;三、由参加各友邦代表在内之共同委员会证明第一及第二两项之实行。

　　△　国民党中央政治会议讨论外交问题。外交部长罗文干报告沪停战会议谈判经过,及目前应付方针,决仍照原定方针相机进行。

　　△　陈立夫等闻汪精卫等有请蒋介石推动张学良出师关外之议，急电蒋趁机率师北上，略称："综其利益，约有五端：(一)收复国土，湔雪国耻；(二)牵制日寇，实现钧座持久抵抗之计划；(三)融和内部，顺应人心；(四)率北方健儿，巩固军事重心；(五)树立北方革命。""外交问题，须切实与英、美联络，最好以东三省经济利益为交换，既可败日，又可防俄，军实接济亦可由此向英、美设法。"

　　△　孔祥熙据金融界人士言及日机轰城由于在城驻军所致，特电蒋介石，"此后驻军筑垒，拟请饬令前方务必远离城市，避免敌人目标"，以保东南精华。

　　△　国联调查团在沪视察真如、闸北、江湾、吴淞等战区。

　　△　日机第九次飞杭州侦察，常熟亦有日机侦察。

　　△　湖北民众驱何救省团到南京向国民党中央及国民政府请愿，列举何成濬荒淫暴虐、倒行逆施、任意搜括诸罪状，请迅予撤惩，以肃国纪。

　　△　西南政委会决议委任刘纪文为广州市长。28日刘到任。

　　△　陈济棠派余汉谋为江西"剿匪"总指挥，李扬敬为福建"剿匪"总指挥。

　　△　红四方面军在豫南发起苏家埠战役，是日至23日，将敌六个团分别包围于苏家埠、青山店、韩摆渡，主力待机打援。31日，击溃由六安、霍山出援之敌岳盛瑄第四十六师。4月下旬，敌皖西"剿匪"总指挥厉式鼎指挥第十二、第五十五、第五十七师等15个团两万余人，由合肥西援。红军以小部兵力继续围困苏家埠、韩摆渡之敌，主力东移，于5月1日至2日在苏家埠东之戚家桥、大岗头地区，将援军全部消灭。

　　3月22日　行政院会议决议：一、改组鄂省政府，以夏斗寅为鄂省政府主席；二、国难会议改于4月7日举行。

　　△　国民党中央统计处发布东北损失概计，其中官方财产178.5364亿余元。

　　△　张发奎亲赴南京谒行政院长汪精卫，请示第四军抵醴陵后进

止,决定该军仍向南昌涂家埠前进。

△ 杭州市教育会通电反对与日签订辱国条约,郑重宣言:"在此敌兵压境之秋,如不思积极抵抗,甘为城下之盟,签订辱国条约者,本会认为民族之叛徒,誓不承认。"

△ 何香凝通电全国同胞,略称:"此次日祸中国,为我国数千年来最惨痛之事,中日停战会议,我方如先签订丧权辱国之条件,我民众当一致反对,万难承认。"

△ 上海各界就上海停战会议发表宣言,反对签订丧权辱国条约。

△ 铁道部电令平绥、北宁各路局,拒绝军事机关提取路款。

△ 梅兰芳在北平义演得洋 3900 余元,汇沪作伤兵医药费。

△ 驻北平日军百余人,全副武装,在东单、王府井南口一带演习巷战。

3 月 23 日　颜惠庆就日本扣留东北关税事,通知国联提出抗议,谓日军在东三省强留关税及委派日顾问,并要求嗣后关税应交东省傀儡政府,中国绝对不能认为合法。国联虽有决议案,但日本吞并东三省之工作已将完成。

△ 中日停战正式会议因日司令白川不出席,改期举行。

△ 胡适、丁文江、翁文灏、傅斯年等电国联秘书长,揭露日本操纵伪满洲国之阴谋,略称:"凡参加此项组织者均为性质可疑之以前官僚与军阀,受恫吓与贿赂之胁迫,成为日人之傀儡","以日方之傀儡视作中国人民之代表,不仅为一种损害,且为侮辱。"

△ 徐州实验小学 13 岁学生吴书骥,捐款 50 元慰劳第十九路军。当日蔡廷锴等复电致谢。

△ 台湾总督府设糖业实验所。

3 月 24 日　上午 10 时,中日停战首次正式会议在沪英领署举行。中方首席代表外交次长郭泰祺,军事代表淞沪警备司令戴戟及第十九路军参谋长黄强。日方首席代表第九师团长植田谦吉,军事代表日军参谋长田代皖一郎、海军参谋长岛田繁太郎,驻华日使重光葵。英、美两公使、意代办均参加。讨论停战草约绪言及我国军队暂驻现防问题。日方提出取缔便衣队问题,要求载入停战条约,戴戟当予驳复,否认我军有便衣队,故无载入条约之理由。午后二次会议继续讨论便衣队问题,无结果。

△　日机12次飞杭州,苏州亦有日机侦察,国民政府外交部向日使提出严重抗议,要求保留赔偿损失权;同时,电颜惠庆转告国联。

△　国民党在粤中委萧佛成等电国民党中央,请坚持宁为玉碎,不为瓦全,贯彻长期抗日主张,"战则迅派劲旅以相从,和亦以不丧权辱国为原则"。

△　国民政府特任李济深兼军事委员会第一厅主任,何应钦兼第二厅主任,朱培德兼第三厅主任;任命夏斗寅为湖北省政府委员兼省政府主席,朱怀冰为湖北省政府委员兼民政厅长,沈肇年为湖北省政府委员兼财政厅长,王世杰为湖北省政府委员兼教育厅长,李书城为湖北省政府委员兼建设厅长,孔庚、孙绳、程汝怀、晏勋甫为湖北省政府委员;任命石瑛为南京市市长。

△　交通部任命李国杰为招商局总经理。

3月25日　中日停战会议在上海举行,讨论日军撤退程序问题,因日本代表态度强硬,主张日军退至真如狮子林线,我方代表坚决反对,会议几乎破裂。经英、美两使调停,决定由中国代表黄强和日本代表田代另组军事小组委员会,研究撤兵程序问题。

△　下午,中日军事小组委员会在英领署开会,就日军人数及撤退时暂驻地点等问题加以研究。日方代表极为蛮横,无结果而散。

△　日军攻太仓,江湾日军筑防线三道,并在沪新建营房。

△　沪日侨开居留民大会,议决主张开辟闸北为中立区,请求白川大将、植田中将不得撤兵。

△　日海军第一外遣队司令盐泽抵汉口。

△　川军刘湘部范绍增师出发援沪。

△　沪社会局训令市民联合会、各路商界联合会,劝告各业自25

日起一律开市。

△ 上海市教育局公布各学校因日寇侵沪所受损失:受害学校共228 所,财产损失达 1000 万元。

△ 冯玉祥因抗日主张得不到蒋介石支持,以养病为名,自徐州赴泰山隐居。是日,冯对记者称:已三次请辞内政部长职;对日必须抵抗,切盼全国团结御侮。

△ 汪精卫电请蔡元培留居南京,支持其政权。蔡婉函拒绝。

△ 吉林自卫军两度攻克宾县,中东路形势严重,日军积极备战。

△ 傅作义请辞绥远省政府主席。

△ 安徽省府常会决议:安徽大学校长何鲁辞职照准,聘程演生继任。

△ 平津院校教联会发表宣言,要求国民政府清偿积欠,实行教育费独立计划。

3 月 26 日 中日停战会议续开,停战协定草案已大部议妥,会议空气和缓。决定组织由参加会议各友邦代表在内之共同委员会,其职权规定为证明双方履行撤兵,不干涉撤退区域之行政。

△ 中日军事小组委员会开第二次会议,日方以军队众多为词,坚持驻兵吴淞、江湾、闸北。中国代表予以驳斥。

△ 日军在太仓、嘉定间进攻被击退。

△ 国联调查团团长李顿等由沪赴京。

△ 上海各团体救国联合会发表通电,主张克期组织民意机关,实行解除党禁。

△ 日本关东军司令本庄繁在沈阳招待英、美、法、德、奥及各国领事代表等,疏通调查团到东北视察事。

△ 行政院决议,任命王家烈为贵州省政府主席。

△ 刘文辉遵国民党四届二中全会决议案,辞四川省政府主席职。

△ 国民政府令准免邵裴子浙江大学校长职,任命程天放为浙江大学校长。

△　中央军校武汉分校归并南京本校,编为第八期第二总队。

△　陕西关中黑霜成灾,田禾枯槁。

3月27日　中日停战会议休会。沪西曹家渡一带苏州河日军向河南税警团哨兵开枪射击,经守军抵抗,相持半小时始息。

△　粤救国抗日联合会电林森、汪精卫、蒋介石,表示"拒绝一切丧权辱国条约,粤同胞誓为后盾"。

△　上海复业委员会决议,定4月1日忍痛开市。

△　沪失业工人激增至16万余人,何香凝除自捐洋1500元救济失业工人外,并函沪市银行公会等商业团体尽量捐助。

△　国民政府下令嘉奖赣州"剿匪"将士,第十二师第三十四旅旅长马昆晋级,并传令嘉奖该旅官兵;第十八军军长陈诚"调度有方",第十一师师长罗卓英、第十四师师长周至柔"指挥得力",均予嘉奖。

△　杨虎城通电声讨东北叛逆,表示"分属军人,一致誓保疆土"。

3月28日　中日停战会议讨论修改后之《停战协定新草案》,中方代表郭泰祺提出日军应在一定期限内完全撤退,恢复1月28日以前原状。日方反对。反复讨论无结果。

△　中日军事小组委员会续开会,日方仍坚持军队众多,须暂退至吴淞、江湾、闸北、真如四区。中国代表指出以上四区非原则第二项规定之撤兵地点,仍坚持照1月28日以前原防。

△　日机三架飞杭州市低空侦察。

△　汪精卫、罗文幹分别宴请国联调查团。汪致词略称:中国无排外之意,对于和各国订立的条约,无不尊重维持。中国人民排日是由于日本对中国侵略行为所促成。"中国人民对于现在时局所抱的希望及志愿,为领土与主权之完整",对东北傀儡政府的出现,"决不能容忍"。"至于在东北从事于经济的开发,则中国人民必乐与各友邦携手进行"。

△　国民政府令:内政部长冯玉祥未到任前,着政务次长彭学沛暂代部务。

△　东北民众自卫军约3000名攻克吉林农安县城。

△　陈独秀发表《农民在中国革命中的作用及其前途》一文。

△　伪满洲国宣布关税、盐税独立。通令大连、营口、安东、哈尔滨、松花江、满洲里、绥芬河、珲春等海关,自 4 月 1 日起归伪满洲国财政部管辖。

3 月 29 日　中日停战会议继续讨论《停战协定新草案》,正式通过正文第一条,实行停战。第二条中对我军暂留原防一句无争议,但对我方主张战区秩序恢复后,日军即应由暂驻线归原防,日方坚不同意。第三条撤兵事全未决,日对张华浜、蕴藻浜、张翔港及江湾淞沪路以东,不肯撤退。

△　国民政府主席林森晚宴国联调查团,即席致欢迎词,称“望经过此次调查之后,得一公正及一永久之解决,藉以整理中日关系,保全远东和平”。

△　行政院决议特派陈济棠为广州绥靖公署主任兼第八路军总指挥;李宗仁为南宁绥靖公署主任兼第九路军总指挥,白崇禧为第九路军副总指挥。4 月 2 日,国府明令发表。

△　第三十六军军长路孝忱在京晋见蒋介石,条陈“剿匪”意见,并报告赣东最近“剿匪”情形。

△　上海各团体救国联合会电勉东北义勇军将士团结奋斗到底,“本会各团体必尽力为助,不以道远而坐视”。

3 月 30 日　中日军事小组委员会讨论撤兵地点问题,日方提出以下各地为日军暂驻区域:一、吴淞方面,暂撤至吴淞镇、蕴藻浜以南及张华浜一带;二、江湾方面,暂撤至淞沪铁路迤东、万国体育场一带;三、闸北方面,暂撤至六三花园日本公墓一带;四、杨树浦东部,暂撤至引翔镇江边一带。我方以此项要求与撤兵原则第二项不符,表示不能接受。双方争执不决。

△　蒋介石、汪精卫、罗文幹等与国联调查团开谈话会,就中日争端及东北问题再次交换意见。晚,蒋介石宴请调查团。

△　上海各大学学生抗日救国联合会、中国青年救国会和中国学

生救国会三团体,推派代表郑杰等晋见外交次长郭泰祺,指责政府外交软弱,提出四点要求:一、坚决主张无条件撤退暴日在华海陆空军,在未撤退以前,反对任何谈判,出卖民族利益;二、坚决反对中日问题局部解决;三、对日惟以武力抵抗才是出路;四、外交方针绝对不得违反民意。

△　国民政府令准贵州省政府主席毛光翔辞职。

△　立法院举行第一七八次会议,通过《贪赃治罪法》。

△　东北同胞救国大会由吉林发出宣言,代表东北 3000 万民众誓死否认伪满洲国。

3 月 31 日　中日停战会议通过第二项原则,日军撤至 1 月 28 日前之原防;但撤兵日期,日方以须视秩序能否恢复为辞,不作肯定。

△　日机一架飞江阴侦察。沪前线日军数百人向我纪王庙附近之北渡场及陶泥巷两处进攻,被我军击退。

△　南京新闻界发表《敬告国联调查团书》,揭露日本自九一八至"一二八"之暴行,表示"中国无论如何,决不以尺土寸地让人","东三省一日不收回,在华日军一日不撤退,中国人民则一日不停止其抵抗暴日之行动,任何牺牲,在所不惜"。

△　蔡廷锴电劝粤方陈济棠等将领,为抵抗暴日,"国内诸公虽有杀父之仇,都可捐弃"。

△　国民党中央政治会议决议:任吴忠信为安徽省政府主席,陈调元专任安徽省"绥靖"主任。

△　国民政府令湖北陆、空军联合进攻洪湖贺龙红三军,以徐源泉任指挥。

是月　伪满国务院通令伪民政部转知各中小学校:"着暂用四书、《孝经》讲授,以崇礼教。"

△　天津大公报社是月代收天津各界捐款 10.4 万余元慰劳第十九路军及救济上海难胞。

4 月

4月1日 英使蓝普森邀中日代表及各使举行茶会,向中日双方调停沪战。外交次长郭泰祺表示日军最后撤兵期必须明白规定。日方仍坚持须视以后情形而定。

△ 国民政府急电沪停战会议中国代表郭泰祺,详示对日军撤退问题之方针,对撤退时间及暂驻区域均作规定。

△ 蔡廷锴在京对蒋介石谈,上海系中国领土,日军撤退,应以撤回本国为合理,若撤兵时间不确定,则停战会议之效力等于零。

△ 国民政府将意见书交国联调查团李顿,内容分:一、中日甲午前后之国交;二、中日历年之悬案;三、东北铁道之关系;四、辽案突发之真相;五、上海事变之经过;六、和议谈判之进行;七、我国政府之意见。

△ 三民主义力行社特务处(亦称复兴社特务处)在南京成立。戴笠任处长,设一室二科,唐纵任书记室书记,郑介民任侦察科科长,邱开基任执行科科长。后增设交通科,梁干乔任科长。编制145人。

△ 外交部抗议日政府嗾使伪满强接海关,截留盐税。

△ 第十军军长徐源泉率第四十一、四十四、四十八师,分别从湖北孝感、天门、沙洋出发,三路进攻天门瓦庙红军贺龙等部。

△ 军政部电赣"绥靖"公署,允月拨50万元充反共军费。

△ 北平大学校长沈尹默及各学院院长以经费困难,向教育部总辞职。

△ 卫国阵亡将士遗族抚育会正式成立,选举许世英、史量才、朱庆澜、王晓籁、虞洽卿等41人为执行委员。

4月2日 中日停战会议续开,日仍坚持不确定日军撤退期限。日方利用汉奸组织闸北地方维持会。

△ 日方代表陆军参谋长田代皖一郎在军事小组委员会上讨论撤兵地点时,节外生枝,询问我国军队在苏州河以南与南市、浦东等处之

防务情形,我方以此事与停战会议无关,严词拒绝。

△　上海各团体救国联合会派代表见外交次长郭泰祺,要求对日军撤退地点及时间勿迁就。

△　国民党中央政治会议举行临时会议,讨论外交问题,集中讨论如何应付僵持之中日停战会议。

△　国民党中执委复电粤中委萧佛成等3月24日电,说明此次上海停战谈判是根据国联决议确定停止敌对行为及撤退日军办法,不涉任何政治问题,表示中央对日方针,"具长期抵抗决心,以不丧权辱国为主旨"。

△　四川省抗日义勇军敢死队成都第一队队员百余人,由队长陈潜夫率领,是日到达淞沪前线,编入第十九路军翁照垣之第一五六旅。

△　国民政府改组侨务委员会,免去林森、吴铁城、周启刚等38人侨务委员会委员职,任命吴铁城、周启刚、林文庆、陈嘉庚、胡文虎等53人为侨务委员会委员,指定吴铁城、周启刚、曾养甫、萧吉珊、黄吉寰、戴愧生、陈孚木、曾仲鸣、林柏生为常务委员,吴铁城为委员长,周启刚为副委员长。

△　国民政府任命洪中为军政部兵工署署长,原兼署长陈仪免职。

△　西康省防军司令格桑泽仁在康叛逆行动,经蒙藏委员会向行政院请示处理。是日,行政院电令刘文辉勒令格桑泽仁自行取消西康省防军司令及建省委员会委员长等职,听候查办。

△　张发奎部由醴陵出发入赣"剿匪"。

△　日伪军总攻吉林农安。3日,李海青自卫军弃农安退扶余。

△　教育部发表1931年留学生人数,共为730名。留学国别以日本最多,占总数41%强;所习学科以法科最多,几占总数三分之一。

△　浙江建设厅丝绸救济会决议:一、请国民政府规定茧价;二、旧存丝茧设法推销及补偿损失;三、增加人造丝原料及织物进口税;四、劝民众勿买叶养蚕;五、电国民政府设法代为烘茧,并组织丝绸救济会。

△　上海《时事新报》馆资方为增加收入,强迫工人代印《大晚报》,

工人以未得报界工会命令,拒绝承担。资方诬陷工人"煽动罢工",将全体工人驱逐出馆,封锁大门,又擅自拘捕工人马德仁等八人,事件遂扩大。《申报》、《新闻报》、《时报》等全体工人均发表宣言,支持《时事新报》工人斗争。

4 月 3 日　上海各团体救国联合会召开紧急代表大会,通过促日撤兵宣言,称上海 300 万民众誓死反对有条件撤兵,任何外交当局如敢冒天下之大不韪,承认日本有条件撤兵,即一致认为出卖中华民国的主权与领土的国贼,以最严厉的方法对付之。大会并警告郭泰祺不得接受任何条件,否则"爱国民众决不能为贵代表恕也"。

△　日机 40 架飞沪示威。

△　天津电报局同人首倡救国飞机基金,将月捐 354 元送《大公报》保存,并通电全国各电报局同人速起进行。

△　南京中央大学校长任鸿隽以经费困难,再次向教育部辞职。

4 月 4 日　中日停战会议在沪续开,日方提议要中国代表说明苏州河以南及浦东等处驻兵情形。中方据理反驳。日方坚持撤兵时间不能先行决定,当由日方自定。谈判无结果。

△　汪精卫晨接见郭泰祺商外交事,并将政府最后意旨训示后返京。临行发表谈话,否认国难会议之召集有将和战责任诿诸国民之意。

△　郭泰祺电国民政府,因停战会议进行困难,坚辞外交次长及中日停战会议代表职。5 日,政府复电慰留,郭打消辞意。

△　汪精卫在沪发表谈话,声称:"国难会议会员为政府所聘任,并不是由人民选举,讨论国家大事是有限制的(按:以御侮、救灾、绥靖为范围),政府绝无以任何责任使所聘任的人负担的道理。"又称:"训政到宪政,须经过时间与条件",政府的决心是把训政时期缩短,使宪政早日实现。

△　国联调查团抵汉口,次日赴武昌视察,分别接见各界代表。

△　行政院训令各部、会,"嗣后一切义勇军及类似之组织,一律禁止"。

　　△　潮州旅沪同乡会电军政部反对屈辱条件,称中日停战会议不得有妨害中国领土完整、行政独立之条件。

　　△　上海公安局破获公共租界戈登路 701 号共产党机关,逮捕金味园、谢铭远、柳青及陈仙曦等四人,并搜去大批文件。5 日又捕女共产党员一人,均解送江苏高等法院第二分院。

　　△　天津高等商业学校雪耻救国基金储蓄会及天津电报局机器房同人,响应救国飞机捐款,捐 257 元交大公报社保存,作将来购机之用。

　　△　伪满洲国向日本财阀三菱、三井无息、无担保品借款 2000 万日元。

　　4 月 5 日　日代表植田发表声明,声称日军来华目的,在保护侨民及商务上权益,决无永占中国领土企图,撤退须视地方情形自主,不得限定撤退日期。同日,前线日军仍继续增援修筑工事。

　　△　沪市府通缉闸北维持会长胡立夫、副会长汪度、警务处长常玉清。

　　△　国难会议沪会员张耀曾、黄炎培等 66 人电国民政府,陈述不到洛赴会理由,称政府既定国难会议以御侮、救灾、绥靖为限制,"则实施宪政之案,又无提出会议余地,与其徒劳往返,无补艰危,不如谢绝征车"。

　　△　中共中央发表《为以民族的革命战争反对帝国主义进攻苏联与瓜分中国告民众书》。

　　△　伪满洲国外交部电外交部拒绝顾维钧随国联调查团入境。

　　△　国民政府任命吴忠信、罗良鉴、何其巩、叶元龙、程振钧、光昇、江彤侯、张鼎勋、吴叔仁为安徽省政府委员,吴忠信兼省府主席,罗、何、叶、程分别兼任民政、财政、教育、建设各厅厅长;任命贺耀组为参谋本部参谋次长;派胡世泽为出席国际禁烟顾问委员会第十五届常会代表。

　　△　夏斗寅电军政部,请辞第二十一路军总指挥、第十三军军长及武汉警备司令各军职。

△ 江海关二五附税库券基金保管委员会奉令改组为国债基金管理委员会。是日该会正式成立,选举总税务司梅乐和、王晓籁、李铭、虞洽卿、谢韬甫五人为常务委员。

△ 东三省邮务员工通电,反对伪满接收辽宁邮政管理局,宣布不受乱命,并停止东三省一切邮务。

△ 教育部长朱家骅赴平,将晤蒋梦麟、任鸿隽等,商平、津教费维持办法。7 日朱抵平,表示平、津教款自 3 月份起可发五成。

4 月 6 日 中日停战会议军事小组开会,议定日军暂驻地点四区:一、吴淞方面,为吴淞镇蕴藻浜、张华浜,东邻黄浦江;二、江湾方面,东北自殷行镇,西南临万国体育场;三、闸北方面,在横浜桥东,包括六三花园、日本公墓及天通庵车站;四、引翔港方面,东临黄浦江,南接公共租界杨树浦东部,但撤兵仍无日期。前线形势紧张,双方均备战。

△ 国民政府核定全国军费每月 1000 万元。

△ 戴季陶呈国民政府请辞考试院长职。11 日,国民政府复电不准。

△ 中华国民拒毒会发表宣言,反对闽省代主席方声涛实行鸦片公卖。

△ 湖北麻城地震,房屋倒十之七,人畜多死伤。波及汉口、鄂城、浠水等地。

△ 伪满洲国公布土地租借法,承认外人土地租借权,限定租期 30 年。

4 月 7 日 国难会议在洛阳开幕,到会会员 144 人,国民党中委 12 人,各机关团体代表 700 余人。汪精卫致开幕词,略称:"国难会议应讨论御侮、救灾、绥靖各事宜。"

△ 上海中日停战会议续开,讨论关于日军完全撤退日期问题。日方代表植田再次询问苏州河南及浦东一带我军驻防情形,并表示不同意规定日军撤兵日期。英使蓝普森提出折衷办法三条:一、上海秩序完全恢复可确保日侨安全时,日军希望于六个月内完全撤兵;二、增加

中方附带声明,非至日军完全撤退,中国认为本协定尚未履行;三、中方发表单独宣言,非至日军完全撤退至公共租界及虹口区域越界马路,中国认为国联决议案之精神及本协定尚未履行。北平《晨报》对此发表评论,指出此项折衷办法,"空洞无实,效用等于零"。

△　国联调查团由汉乘轮返南京转车赴北平。

△　汪精卫在洛阳发表谈话,声称"伪国扣关盐税,政府除发表声明外,并有最后处置办法,现在仅为日军撤退问题,若日撤退,则伪国自消灭"。

△　实业部开会讨论利用外国资本发展国民经济问题。

△　浙江建设厅曾养甫向沪金融界商借巨款,救济浙丝绸业。

△　安徽盱眙县饥民与停泊该地之米船数百艘发生械斗。

△　天津英商和记洋行女工2000余人因不堪忍受工头剥削全体罢工。8日,经调解每日增加大洋三分,遂复工。

△　沪《晨报》创刊,社长潘公展,主笔陶百川、何西亚。

4月8日　国难会议开第一次大会,由汪精卫代表国民政府作关于御侮、救灾、绥靖问题的报告。外交、军政、财政部代表分别作外交、军事、财政报告。

△　四川旅沪同乡会致函全沪各民众团体,为英公使所提折衷办法"公然偏袒日方","请我全沪同胞一致起来,监督政府当局及出席代表立即拒绝此项办法"。

△　陈济棠与朱绍良商定"剿匪"计划:张贞、毛炳文二师负责"围剿"长汀、广昌一带之红军罗炳辉部;李扬敬、黄质文、路孝忱、李韫珩等师负责"围剿"武平、岩前、弋阳、横峰之红军方志敏部;余汉谋、李振球、叶肇、陈诚、周至柔、罗卓英、公秉藩、张英等师负责"围剿"赣南彭德怀、朱德、李明瑞部;陶广、李觉、罗霖、刘夷等师、旅分区负责"围剿"修水一带之红军孔荷宠部。陈济棠派空军第三、四两队飞机20余架抵赣州助战。

△　平、津各院校因教费无着实行罢教。朱家骅与各方设法疏解。

同日,北平师大学生百余人到德国饭店面见朱家骅,请速派校长,并催拨经费。

△ 浙大校长程天放赴京,面请教育部发欠费。

△ 闽省政府撤销鸦片公卖。

△ 伪满洲国公布日货进口无税。

△ 豫南潢川、光化、固始、商县、息县去年水灾,灾民约 30 万,豫南特区抚绥委员会通电请筹款百万急赈。

4 月 9 日 上海中日停战会议续开,对英使蓝普森所提三项折衷办法之第一条,日撤兵为六个月,中方主张日军限四个月内撤完,双方争执甚烈,几濒破裂。讨论无结果。日方允会后向东京日政府请示。

△ 军事小组委员会继续会议,日方代表要求中方代表说明浦东及苏州河南有无我军驻扎问题。中方代表加以驳复,并称日方此项要求违反国联决议与停战协定,枝节横生,日方应负会议破裂之完全责任。

△ 国联调查团抵北平,张学良等到车站欢迎。

△ 汪精卫在洛宴请国难会议会员,发表演说,说明在洛开会之要义,称"足以振励打破国难之精神,对日作长期之抵抗"。

△ 立法院通过 1931 年度总预算案,收入共计 7.13 亿元,支出共计 8.93 亿元。

△ 马占山 7 日潜赴黑河。是日电北平张学良、国民政府、国内各报馆,表示继续抗日,称"占山一息尚存,誓本以身许国之初衷,决不负期许之至意",并称"所有军政各机关,即时成立,照常办公"。

△ 国难会议电慰吉林自卫军。

△ 格桑泽仁在西康巴安独立,刘文辉部进剿。

△ 鄂清乡促进会成立,方本仁等七人为常委。

△ 江西石城县召开第一次工农兵代表大会,通过参加革命战争等八项决议案。12 日闭幕。

4 月 10 日 国联调查团晨访张学良,晤荣臻,询九一八事变经过。

同日,调查团李顿对外报记者发表声明,略称"中国代表顾维钧为国联代表之一员,反对华代表无异反对国联,华代表有赴东北必要"。

△　伪满洲国电外交部,拒绝顾维钧出关,外交部拒收退回。

△　上海日军仍在前线积极备战,在吴淞建营房,杨林口日舰炮击太仓。日机29架先后在闸北、浦东等处侦察示威。

△　旅沪九省同乡会通电国民政府行政院、军事委员会、外交部,称"如日方不自动撤兵,我即当驱逐出境","苟政府当局一味避战求和,竟贸然签订丧权辱国条约,置土地人民于不顾,我旅沪各省民众为不愿为亡国之民,惟知誓死反对"。

△　上海各团体救国联合会致函英使蓝普森,对中日停战会议上所提折衷办法表示反对。

△　国难会议开二、三次大会,讨论御侮及政制,并电慰东北义勇军。

△　上海国难会议会员张耀曾等人组织政党"民宪协进会"。

△　广州《新闻报》刊登涉及日皇小品文字,刘纪文应日领要求勒令该报停版。

△　中国青年救国会等团体通电全国,反对在上海设立自由市。

△　粤军余汉谋部入赣"剿匪"。

△　江西宁都县工农兵苏维埃第一次代表大会召开,13日闭幕。

△　红军一、五军团占领福建龙岩城,张贞第四十九师第一四五旅杨逢年部逃适中、南靖方向。

4月11日　国联调查团在北平开始调查九一八事变之经过,晚张学良在怀仁堂宴请调查团,力述中国统一之必要。

△　沪中日停战会议延期。军事小组晨赴引翔港视察,下午开会,讨论浦东及苏州河南之我军驻防问题,我方代表黄强以此系中国主权问题,拒绝讨论。

△　国难会议电请国联调查团主持公道,"望根据事实,为正确之报告,使日本强暴情形,得以明白昭著于世界,受正义与公理之裁判"。

△ 国难会议决议,宪政未实施前提前设民意机关,定名为国民代表会。

△ 上海公共租界纳税华人会本年第一次代表大会召开,选出工部局华董虞洽卿等五人,华委六人及该会执行委员 27 人。

△ 河北省民生银行总行在天津成立。

4 月 12 日 国难会议闭幕,通过请政府克日将张学良撤职查办,所部军队着军委会妥为处理,以便收复东北失地等案,并发出四电:一、慰勉颜惠庆;二、嘉慰华侨捐款救国;三、嘉慰上海民众;四、勖勉全国将士。会议闭幕,发出宣言称:"中国在此严重局面之下,非集中全国才力,共作长期抵抗,无以图存。"要求政府接受御侮要求,联合世界上以平等待我及主持正义之友邦,共同排除日本暴力。

△ 国联调查团在北平与张学良、万福麟等原东北军政官吏举行第一次谈话会,对东北问题作详细之恳谈。

△ 沪中日军事小组会续开,日方仍提浦东、南市中国驻军问题,我国代表以其无稽,加以辩驳,争论达二小时无结果。

△ 鲁涤平、熊式辉、吴忠信、顾祝同在南京军校与蒋介石商浙、赣、皖、苏四省政务。

△ 上海国民党市党部举行"四一二"清党五周年纪念会,全市严加戒备。杜月笙、黄金荣、张啸林、杨虎、陈群等晚在杜宅大宴宾客。南京国民党中央办事处亦举行纪念会。

△ 上海公共租界纳税华人会根据昨日该会代表大会决议,发表宣言,声明租界安全责任应属中国,自由市之主张为侵略者之迷梦。

△ 马占山自苏境布拉戈维申斯克(海兰泡)通电全国,揭露日本制造和操纵伪满的真相,称伪满洲国之成立,对东北民众"迫勒威胁,无所不用其极,所谓民意,纯出日人制造而已"。同时致电国联调查团(发洛阳国民政府、北平张学良译转),以亲身经历事实揭露日本侵占东三省,炮制伪满真相,要求实地调查。

△ 中华苏维埃共和国临时中央政府公布《关于合作社暂行组织

条例》,定 5 月 1 日生效。

4 月 13 日　沪中日停战会议暂停,郭泰祺已通告各关系国。郭语记者,大会须俟国联解释日本撤兵时期再开。

△　国联调查团与原东北军政官吏举行第二次谈话会,并接见荣臻、王以哲询问沈变经过。

△　国民政府特派孔祥熙为考察各国实业特使。

△　上海各民众团体联合会成立,共有 34 个团体参加,推举各大学学生抗日救国会等 15 个团体为执行委员,主张暴日未撤退在华海陆空军以前,反对任何谈判;誓死反对中日问题进行局部解决;反对依赖国联。

△　上海市民联合会等百余团体发表宣言,主张中西纳税人互相合作,研究解决今后租界之联防。

△　上海各团体电国联,反对英使蓝普森所提折衷办法。

△　交通部订定招商局整理计划,取清年终双薪,革除分局包办制度,减裁职员。

△　日兵车一列在哈尔滨郊区出轨,死伤百余人。

4 月 14 日　沪中日停战会议军事小组会续开,日方仍提浦东、苏州河南我军不驻兵问题。无结果,小组会展延。

△　国联调查团上午 10 时在北京饭店接见在平满蒙王公代表。11 时接见日代表。李顿等至外交档案处阅 1905 年铁路条约。下午 4 时调查团至顺承王府与原东北军政官吏举行第三次谈话会,商谈吉、黑及中东路问题。

△　外长罗文幹以日方节外生枝,上海停战谈判无从进行,于晚 8 时往铁部晋见汪精卫,对沪事有极重要之接洽。

△　蒋光鼐晨抵京,向国民党中央报告沪中日停战会议经过情形,并请示一切。

△　国民党中常会决定蒋介石为中国童子军总会正会长,戴季陶、何应钦为副会长。

△　晋绥军事委员会在太原成立,阎锡山兼委员长,徐永昌、傅作义、张荫梧、楚溪春等 11 人为委员。

△　蒋介石在南京军校邀中大、金大及金陵女大三校长讨论教育经费问题,各校长请蒋转请政府特别救济,蒋允设法。

△　刘纪文辞广州市长职。

△　红军攻占湖北蕲春,县长王道中被俘,黄梅队长胡佐民被击毙。

4 月 15 日　外交部次长郭泰祺入京报告沪中日停战会议经过。

△　上午国联调查团在北平先后接见东北各法团民众代表、北平各文化机关及学术团体代表、北平各大学教授代表。12 时接见平、津新闻记者。

△　汪精卫到陵园访蒋介石,商谈目前外交问题。

△　国民政府主席林森在沪访孙科,敦促进京共赴国难。林称:孙科对外意见与中央一致。

△　中华苏维埃共和国临时中央政府主席毛泽东发布《对日战争宣言》。宣言号召全国人民用民族革命战争,驱逐日本帝国主义出中国;并首先推翻国民党反动统治。

△　上海各民众团体救国联合会通电全国,谴责国民政府承认划闸北、吴淞、引翔、江湾诸要区为敌军占据之地,自甘居于战败国之地位,表示"对此甘心屈辱之谬妄外交,誓死反对"。

△　国民政府令:《惩治绑匪条例》、《惩治土豪劣绅条例》、《暂行特种刑事诬告治罪法》、《贩运人口出国治罪条例》,均着废止。

△　国难会议会员蒋梦麟等返平。据北平某会员谈:"国难会无拘束政府力量,无法实行,此次集合如许所谓知识阶级于一堂,不能寻出一解决国难切实办法,可见解决国难,决非此百余人聚坐空谈所能解决。"

△　广东省政府财政厅布告,以频年军事支出浩繁,致财政支绌,不可名状,拟提前于 16 日发行国防公债 3000 万元。

△　广州脑膜炎流行。

△　《台湾新民报》改周刊为日刊。

4月16日　国联大会所组织之监视远东情形之十九国特别委员会开会，讨论日军从上海撤退问题，各小国代表赞助中国之主张，应将撤兵日期加以限定。

△　国联调查团接见吉林省主席张作相和前黑龙江省主席万福麟，详谈吉、黑情况。次接见东北大学教授代表宁恩承等，听取对九一八事变后日军在东北种种暴行的陈述。

△　上午行政院开会，讨论对日外交问题，郭泰祺出席报告上海停战会议经过。下午会议决议：一、山西省政府委员兼教育厅长苗培成辞职应予照准，请任命冀贡泉继任；二、陕西省府主席兼民政厅长杨虎城辞厅长兼职，应予照准，请以该省财政厅长李志刚调任，任命韩光琦为财政厅长。

△　上海各大学教授电国民政府主张对日抗战，称："不为乞和之秦桧，即为死战之岳飞，何去何从，望即早决。"

△　国民政府侨务委员会成立。

△　燕京大学教授张君劢与张东荪等联络一些研究系成员在北平秘密召开"国家社会党"筹建会议，建立"再生社"。

△　中华国民拒毒会函请行政院法办闽省鸦片公卖罪魁闽省代主席方声涛。

△　上海市商会推代表赴京请愿，要求暂缓实行新糖税。25日，财政部复电不准。

△　哈尔滨白俄暴徒4000余结队游行示威，冲入中东路办事处捣乱破坏。

4月17日　晨，蒋介石据颜惠庆电陈国联特委会形势，与汪精卫在南京汤山俱乐部召罗文幹、陈铭枢、何应钦等商议对策，包括我国最低限度之让步、伪国拒顾维钧出关对付办法等事项。

△　章太炎就伪满拒绝顾维钧往东北事致函顾谓："足下此行，为

日人所忌,其极不过一死耳。牺牲一身,而可以彰日人之暴行,启国联之义愤,为利于中国者正大,岂徒口舌折冲所可同比耶。"

△ 朱家骅离平返京,谈平、津教费 7 月份起,准可按月拨 35 万元;4 月份应拨经费,返京当催财政部速汇。

△ 上海《时事新报》工人斗争仍在坚持中,邮务工会、上海海员工会等大力支援该厂工人。

4 月 18 日 下午 5 时,外交次长郭泰祺自京赴沪,黄强同行。行前接见记者,称沪会不过停顿,本未决裂,迟早必开;并称:过去因日方枝节横生,致使会议陷于困难,今后续开,亦不抱乐观。

△ 日军第十师团 2000 人,随师团长广濑寿助中将抵哈尔滨,主力部队 1.4 万人 19 日全部到达,与第二师团交接防务。

△ 驻北平日军 130 余名晨 9 时在东长安街演习。

△ 马占山电沪各界表示抗日决心,略谓:"山一介武人,只知中国人爱中国,已于月之三日统率文武将官急来黑河,一面向国联调查团揭穿日人阴谋,一面作誓死之抵抗,救我民族。至于成败利钝,非所计也。"

△ 东北民众在北平举行东北沦亡七周月纪念会。东北大学学生200 余人在北平师大研究院公祭抗日阵亡将士。

△ 上海各界组织之东北义勇军后援会成立,选史量才等 27 人为理事。

△ 晨沈阳大火,皇姑屯之关东军粮库被焚,延烧达数小时。

△ 英高地团第二营士兵 900 人乘"坎特号"旗舰由上海撤至香港。

4 月 19 日 外交部次长郭泰祺由京到沪,沪中日停战会议将续开。我方已定停战会议重开日期须在国联特别委员会通过决议案之后。英使蓝普森电话通知日使重光葵,请与郭泰祺磋商中日停战会议再开事宜。

△ 国联十九国特别委员会通过上海中日问题之决议案,希望最

近期内日军完全撤退，上海混合委员会有权决定撤兵期限。

　　△　国联调查团离平过津赴秦皇岛转东北，顾维钧同行。

　　△　国民政府特任何应钦为赣粤闽边区"剿匪"总司令，陈济棠为副司令；武汉警备司令夏斗寅辞职照准，任命叶蓬为武汉警备司令。

　　△　国民政府特派章嘉活佛为蒙旗宣化使。

　　△　军政部令派陈调元办理皖省"剿匪"事宜。

　　△　沪各界复电慰问马占山，表示"上海已成立规复东北后援之组织，互为策应"。

　　△　财政部电各军事机关，对已征统税之各种货物不得再行重征，以免妨碍税收。

　　4月20日　外交次长郭泰祺赴驻沪英领署，与英使蓝普森交换中日停战会议续开意见。

　　△　汪精卫在京宴美使詹森，罗文幹作陪，就中日事件交换意见。詹森21日离京赴沪。

　　△　何成濬、刘镇华、张钫等赴信阳与刘峙筹商鄂、豫"剿匪"办法。何行前表示"攘外必先安内"。

　　△　中央红军东路军攻占福建漳州，歼国民党守军第四十九师大部，俘敌2000人。福建省府电国民政府及军委会告急，电促粤省派部协助，并加强厦门防务。

　　△　粤空军总司令张惠长抵京，谒汪精卫、蒋介石，请示扩充空军。

　　△　鄂教育界派代表谒鄂省府主席夏斗寅，要求教育经费独立。

　　4月21日　外交部训令颜惠庆完全接受国联十九国委员会关于要求日军完全撤退上海的决议案。

　　△　国联调查团抵沈阳。

　　△　行政院决议：驻英公使施肇基因病请辞应予照准，请任郭泰祺为驻英公使；在中央大学校长任鸿隽未到校以前，派刘光华代理中央大学校务；裁撤编审处，设立编译馆，任辛树帜为国立编译馆馆长。

　　△　辽宁民众自卫军在桓仁县成立，唐聚五任总司令。在誓师大

会上,唐用手指鲜血写下"杀敌讨逆,救国爱民"八字。

△ 豫省党政军联席会决议,借中原公司 15 万元,汴商八万元,郑商七万元,共计 30 万元,作"剿匪"军费。

△ 达赖率藏兵千余占青海南部,马麟调兵抵御。

△ 华北教师联合会发表宣言,主张平、津教款绝对独立,发清一切积欠。

4 月 22 日 美使詹森回沪,与英使蓝普森同邀郭泰祺交换续开上海停战会议意见。

△ 军事委员会开会讨论改进全国军队编制问题,拟定将全国军制实行划一,仍以师为单位,每师改为二旅四团,每连改为 135 人,全师暂定一万人。

△ 何成濬由信阳抵汉口。何谈:在信阳与刘峙商定两事:一、由刘镇华派一师接防襄樊、光化;二、会剿鄂东"匪共"。

△ 逮捕向忠发的凶手、上海警备部督察员王斌在沪法租界维尔蒙路被人开枪打死。

△ 伪满发表日人驹井德藏任伪国务院总务长官,坂谷喜一任财政部总务司长,大桥忠一任外交部总务司长,三谷清任奉天省警务厅长。

△ 红军攻克福建海澄、石码,23 日克同安,25 日克漳浦,27 日克云霄,至月底,长汀等九县全被占领。

△ 据《申报》讯:邮资加价办法业经邮政总局电令各省于 5 月 1 日实行,辽、吉、黑三省情形特殊,暂照旧例,俟东北失地收复后再行加价。22 日,立法院讨论邮资加价案,以此案既未经中政会讨论,又未经本院审议,行政院实无权独自决定实行日期,决定推陈长衡起草质问书,送行政院转饬交通部立即停止执行。

4 月 23 日 国联调查团赴驻沈阳日本总领事署会见代理领事森岛守人,征询九一八事变前后东北情况。

△ 蒋光鼐抵苏州视察防务。同日,汪精卫、罗文幹、陈铭枢由京

抵昆山转前线视察。

△　第十九路军参谋长黄强入京,向蒋介石报告上海中日停战会议经过。

△　沪日军一部撤退回国,太田少佐率海军陆战队第七大队离沪。重炮大队亦开吴淞,从张华浜登轮回国。

△　行政院讨论筹设省、市、县民意机关问题,决定先在京、沪、平、津、穗、汉等大城市筹设参议会。

△　立法院通过兵役法原则,规定年满 18 岁至 40 岁男子,均有服兵役义务。

△　杨虎城电呈国民政府,报告陕西 36 个县降黑霜,恳办赈以资救济。

4 月 24 日　英使蓝普森与郭泰祺由沪抵京商沪事解决折衷办法。晚外长罗文幹宴请英使,随即在外交官舍非正式会谈沪事。

△　孙科在沪对记者谈,已拟定目前抗日救国纲领草案,主张召开三中全会,促成宪政,彻底抗日。

△　上午,国联调查团在沈阳访日本关东军司令本庄繁,询问目下军事情况。

△　最高法院在南京《中央日报》发表《牛兰夫妇罪状调查报告》,声称“牛兰夫妇确与湘、赣中国共产党有联系,并与近在上海枪毙之共产党员向忠发有关系”,并称最高法院已训令江苏高等法院依此报告起诉,“如法院证明被告确犯图谋推翻现政府罪,则应处以死刑”。

△　黄绍竑抵京谒见蒋介石,报告对粤、赣联合防共事。

△　鄂省政府主席夏斗寅及省府委员欢宴党、政、军、商、学、新闻各界。夏报告施政方针,望各界援助,并望军界领袖切实“剿匪”;商界领袖繁荣市场,提倡国货,协助政府。

△　日关东军参谋石原莞尔针对马占山揭露日本在东北的阴谋,表明反满抗日态度,拟定对伪满的方针与“满洲平定方略”,拟于 5 月下旬乃至 6 月上旬开始对黑龙江讷河、海伦、黑河等地的“平定”行动。

　　△　李杜吉林自卫军占领黑龙江省尚志县石头河子；25 日又被日军第八旅团村井支队攻陷。

　　△　上海《时事新报》被迫离馆工人发表第二次宣言，要求：一、立即恢复 4 月 2 日以前之状态；二、反对填写志愿书；三、离馆期内工资照发；四、馆方向报界工会道歉。提出"反对破坏工运的《时事新报》资本家"等口号。

　　4 月 25 日　罗文幹、郭泰祺偕英使蓝普森晤蒋介石、汪精卫谈沪事。罗文幹告记者，政府对沪中日停战会议抱两原则：一、停战协定内绝对不能含有政治问题之条件；二、必须确定日军撤退地点与日期。

　　△　国联调查团第二次访本庄繁，询问九一八事变发生以来的经过。

　　△　孙科在沪寓所对报界发表谈话，详细解释由其所拟之抗日救国纲领，征求各记者意见，谓今日中国欲求出路，惟在全国一致抗日；苟非政治易辙，全国团结抗日势无可能；主张速行宪政，开放党禁，联合美、苏共同对日。

　　△　国民党中央政治会议决议：特任居正兼中央公务员惩戒委员会委员长；内政部长冯玉祥辞职不就，特任黄绍竑为内政部长（5 月 3 日国民政府明令公布）；特任陈树人为侨务委员会委员长。

　　△　赣粤闽"剿匪"总司令部发表贺国光为该部参谋长，下设参谋、副官、军法、交通、军医、军需六处，以杨珏等分别为主任。

　　△　湖北财政厅呈财政部，谓月收 109 万元，支出 216 万元，计差百万元，请将中央原有补助费 50 万元继续拨济。

　　△　东北义勇军占领安达站，哈尔滨日军一旅团东下谋攻伊兰，李杜率部扼险防堵。

　　△　马占山自黑河电溥仪，切劝勿为傀儡，指示"为今之计，欲绝处求生，惟有俟国联调查团到达长春于接见之时，将日人压迫我公及组织政府之非出己意情形，据实详述，并请求调查团保护我公出国"，即使因而牺牲，亦优于身处樊笼因循坐误。同日，并电郑孝胥，责其"以溥仪孤

注一掷"。

△　西安各校学生 2000 余人在民乐园举行欢迎戴季陶大会,因戴发表反共媚日演说,激怒学生,将戴乘坐之汽车烧毁。晚,公安局封闭学生抗日总会,逮捕总会职员两人。次日,在中共陕西省委领导下,学生举行驱戴游行示威,被省府派兵镇压,伤十余人,被捕 100 余人。

4 月 26 日　英使蓝普森及郭泰祺返沪。郭答记者称,英使之折衷办法为友邦善意,吾人当然乐于接受,但以不违背前协定之精神为原则。

△　国联调查团第三次访本庄繁,征询九一八事变当时之满洲方面状况。

△　蒋光鼐到京谒蒋介石等报告前方情况,并商洽关于日军撤退交涉之应付事宜。

△　国民党西南执行部、政委会联席会议决:一、唤起西南民众监督政府勿与日妥协;二、由一、四集团派劲旅于最短期内肃清赣、闽"匪"共,并电中央饬邻省友军"会剿";三、陈济棠、李宗仁表示,在抗日"剿匪"事件未告段落前,暂不就中央所委新职,由陈、李将此情形报告中央。

△　湖北省府会议议决劝销善后短期公债 300 万元,充"剿共"经费。

△　国民政府派刘绍先代理陆军第四十三师师长;任命林秉周为海军陆战队第二独立旅旅长。

△　湖北"绥靖"公署划京山、天门、潜江、应城、沔阳、汉川、钟祥、宜城等八县为"特别剿匪区",行政、公安均归徐源泉指挥。

△　日军三个混成旅开吉东总攻义军,义军已于 25 日克中东路西之兰西城。

△　冀、晋、察、绥诸省以财政奇绌,定 5 月 1 日实行鸦片公卖,以充军费。

4 月 27 日　中国代表张似旭与日本代表冈崎在沪英领署开会,整理中日上海停战有关协定文字。日使重光葵通知英使,日政府对折衷办法表示接受。

△　国联调查团第四次访本庄繁,询问九一八事变情况。攻击北大营之平田联队长及岛元大队长说明事变时沈阳城内之状况。

△　第五军军长张治中、第一师师长胡宗南,由苏州到京向蒋介石报告前方情况。

△　宋庆龄在上海谈:接欧洲电,请其代表中国出席 7 月 28 日在日内瓦召开之国际非战及反对日本对中国之侵略大会,已复电愿任该会中央执委,但是否能代表中国出席,须俟牛兰夫妇之生命安危而定。

△　行政院会议通过救济江、浙丝业办法:一、减免生丝出口税;二、增加人造丝入口税率;三、发行兑换券 1000 万元。

△　李宗仁电吴奇伟回师入闽"剿匪"。

4 月 28 日　沪中日停战会议在英总领事馆举行非正式会议,通过英使蓝普森所提之折衷办法。

△　国联特委会召开不公开会议,主席希孟报告修正上海停战决议案草案经过。国联秘书厅接日本代表团通知,内称日本已接受英使蓝普森折衷案,拒绝再参加十九国特委会讨论。

△　国联调查团起草第一次报告书,将于 5 月 1 日提交国联。

△　宋子文以伪满将东北盐余担保向日本银行借债,特呈请国民政府通知国联,在中日事件未解决前,伪国对外借款,中国政府不负偿还责任。

△　马占山通电声明:"黑龙江从未与日人订有条约。如有伪造占山名义,或任何人出面订立之契约,概不承认,均属无效。"

△　日军村井支队占黑省尚志东南之海林。

△　国民政府公布中华民国二十年度国家普通岁入岁出总预算,岁入岁出总额各为 8.93305073 亿元;公布《中华民国二十年度国家普通岁入岁出总预算施行条例》。

△　国民政府令准免侨务委员会委员兼常务委员林柏生本兼各

职;中华民国驻英国特命全权公使施肇基因病辞职照准。

　　△　行政院决议将国难会议决议案分送各部、会施行。

　　△　内蒙王公联席会议,决接受章嘉宣化内蒙佛教,但请中央另委熟悉内蒙政情人员领导政治。

　　△　蒋梦麟自平赴京向教、财两部接洽平、津教费。

4月29日　驻沪日军在虹口公园庆祝"天长节",举行阅兵式。韩国独立党员尹奉吉掷弹,上海派遣军司令官白川、公使重光、师团长植田、舰队司令官野村、总领事村井、日居留民会长河端均受伤。尹奉吉当场被捕。晚,外长罗文干按国际惯例电重光慰问。

　　△　驻京日领馆举行庆祝日皇"天长节",外交次长徐谟、亚洲司长沈觐鼎、警备司令谷正伦及各机关代表均前往祝贺。

　　△　国联特委会开秘密会,决定按照3月11日大会决议案草具报告。

　　△　国民党中央政治会议开谈话会,讨论召集国民代表会方案,各委员认为国民代表会名称须更改,10月10日召集嫌迫促。

　　△　鄂省府议决:呈请行政院抚恤李汉俊、詹大悲;拟发之短期公债改发"剿匪"及市政公债各150万元。

　　△　留京国民党中委举行谈话会,选任邵元冲为考试院副院长,送洛阳中央执行委员会核行。

　　△　粤空军总司令张惠长由宁电粤辞空军总司令职。陈济棠手令空军参谋长黄光锐代理粤空军总司令,任张惠长为第一集团军高等顾问。

　　△　粤赣闽三省"剿匪"总司令何应钦赴赣部署三省"剿共"事宜,5月1日抵南昌。

　　△　萧佛成、陈济棠、李宗仁联电闽省方声涛、刘和鼎、张贞、卢兴邦、陈国辉等,请派兵夹击共产党军。

　　△　山东济南公安局将上月逮捕之共产党人袁兰荣等46人解送"军法会审委员会"裁判。

4 月 30 日 国联大会通过十九国特委会所提中日停战决议案,共 14 条,主要内容有:停战撤兵谈判应依据国联 3 月 4 日、11 日之决议案进行;日本政府担任履行将其军队撤至公共租界及虹口越界筑路区域,一如 1 月 28 日事变以前;日军撤退应于最近之将来履行;设立共同委员会证明双方撤兵,并协助华警接收日军撤退区域。

△ 国联调查团第五次访本庄繁,询问沈阳市政、东北要人之个人财产及银行公司之处理问题。

△ 汪精卫在京接见《大公报》记者称:"沪事即将了结,只要日本撤兵,事即可了。"又称:"东北问题将公开向日交涉,仍实行一面抵抗一面交涉政策。"

△ 上日被炸伤之日居留民会长河端医治无效死亡。日总领事署派警由法租界当局协助,拘捕韩独立党人安昌浩及其他嫌疑人共 17 人。同日,汪精卫代表国民政府电慰日使重光葵等。

△ 是日为《申报》创刊六十周年,该报发表纪念刊词《六十年来之国难》,谓:"最近五六年来……军阀政治与官僚政治重新抬头,国成割据,党成分裂,争夺权利,内战迭兴,尤以前年内战相持年余,死兵 30 万。为充作军费而发行之公债,亦数万万元。凡此战乱,实皆为斫丧我国家元气之斧斤,亦实即致今日国难之恶因。"

△ 国民政府令:陆军第二十八师师长公秉藩另有任用,应免本职,任命王懋德代理该师师长;特派王麟阁、李范一为国际电政会议中华民国全权代表;任命公秉藩为军事参议院参议。

△ 行政院决议:任李建勋为国立北平师范大学校长;任蒋鼎文、周浑元分别为陆军第九、第五师师长。

△ 南京警备司令部在雨花台杀害共产党人陈三等 25 人,另有判徒刑者数十人。

是月 监察委员高友唐弹劾禁烟委员会委员长兼卫生署署长刘瑞恒,谓刘"蒙蔽政府,组织禁烟查缉处","名曰禁烟,实即利用职权,公开卖烟",请将其交付惩戒。

　　△　东铁护路军总司令丁超、吉林自卫军总司令李杜电致国联调查团,陈述东省日军之暴行,表示自卫军抗日决心。

　　△　中国左翼教育工作者联盟在上海成立。

5　月

　　5月1日　外交部训令郭泰祺签订沪停战协定。日外务省对停战交涉亦有训电到沪,表示"不问4月29日之事件,按原方针进行"。

　　△　国联调查团赴长春,顾维钧同行。

　　△　邮资加价是日起实行。《大公报》以《邮政加价问题》为题发表短评,指出:"人民普遍的增加负担,而没有经过中政会和立法院,为什么政府连自己的办事系统也不遵守?"

　　△　行政院训令"五一"节禁止游行。

　　△　北平学生200余人,持"五一劳动节纪念"旗帜出宣武门游行,高呼"打倒国民党"等口号。上海各业工人除交通、公用事业外,均一律放假一天。上海总工会召集全市各工会举行纪念"五一"代表大会。

　　△　张发奎第四军由醴陵出发赴赣"剿匪",11日抵樟树。

　　△　江西苏维埃工农兵第一次代表大会在兴国县城召开,到会代表240余人,项英、陈毅、曾山等23人为大会主席团。大会发表《拥护临时中央政府对日宣战宣言》,会后举行武装示威游行。

　　5月2日　军事小组委员会开会,英军事参赞桑布尔对苏州河南及浦东方面我军驻防问题提出折衷新方案,即于会议录中由我方声明浦东本无驻军,苏州河南龙华、莘庄一带我方虽有驻军,但与日方相约各不前进,双方不得有敌对行动。中日代表一致接受。

　　△　上海各团体救国联合会急电蒋介石、汪精卫及罗文干反对日本提出所谓南市、浦东永远不驻华军之要求。

　　△　国民党中央政治会议通过《惩治贪官污吏办法》,于最高法院设惩治贪官污吏专庭,以最高法院院长为庭长,监察院及行政院代表参

加组织之。

△ 立法院为邮资加价向行政院提出质询书。

△ 陈济棠在广州召开滇、黔、湘、桂、闽、赣等八省军事反共会议。

△ 上海市民联合会通电发起举行全国各团体救国会议,讨论救亡大计。

△ 红军第三军团彭德怀部占领湖南汝城。13 日又被敌王东原第十五师攻占。

5 月 3 日 上海中日停战会议中国代表郭泰祺在寓所接见上海各救国团体代表,应众要求宣读停战协定草案。学生激于爱国义愤,用铜元、茶杯掷伤郭之左额。汪精卫对此发表谈话,主张痛惩,并电令上海市长吴铁城迅即查明殴伤郭的凶徒,"递解归案,严加讯办"。

△ 行政院会议,外长罗文幹报告沪停战会议经过及日撤兵后接收被占区域计划。

△ 国联调查团抵长春,五委员访溥仪。

△ 于右任在上海各报发表《对孙哲生谈话之献疑》,反对孙科所谈"国民党中央不能领导全国,信用完全失掉,主张筹备实施宪政"之说,认为国民党还在"革命"时期中,不能放弃"训政",否则即是"革命之危机"。

△ 蔡元培电汪精卫称,牛兰案"政府应令法庭公开审判,并许自聘律师辩护"。汪精卫 4 日复电称:"牛兰案一切手续,均依照刑事诉讼法办理,与尊电相同。"

△ 沪日军闯入租界新闸路乌镇路桥附近,刺伤华人七名。是日上海市政府致函公共租界工部局提出抗议,要求严重交涉,并饬属保护居住租界内之华人,不再发生同样事件。

△ 国民政府任命郎官普为黑龙江省政府委员兼财政厅长,韩立如为黑龙江省政府委员兼民政厅长,周维泰为黑龙江省政府委员兼实业厅长,邹邦杰为黑龙江省政府委员兼教育厅长。

△ 全国邮务工会通令各地分会反对邮资加价。同日,全国商会

联合会分电国民政府行政院、立法院、监察院、交通部,反对邮资加价。

　　△　吉林自卫军冯占海部克复宾县。

　　△　中华民国拒毒会函汪精卫称,除江、浙、鲁三省外,其余各省均次第实行鸦片公卖,外传中央酝酿公卖复活,请宣布禁烟政策及制止各省实施公卖之办法。

　　△　自九一八以来,各地禁止现金出口,本日财政部通电各省市"一律取消禁令"。

　　△　广东省政府改组,林翼中任主席,林云陔任广州市长。

　　△　粤西南政务委员会决议,裁撤海军总部,改隶第一集团军管辖;陈策任第一集团军高等顾问。同日,陈济棠准备以武力接收粤海军。

　　5月4日　国联调查团第一次报告书全文在南京发表,遵国联决议述东北实际情况,关于东三省军事情形由日本军事当局供给;并称恢复和平安全办法尚待考量。

　　△　颜惠庆向国联报告日本阻挠顾维钧与国联调查团各委员合作,顾之寓所侦察密布,且有侵入室内情事,并阻挠顾与人谈话及发电。

　　△　江西清乡会在南昌开幕,何应钦训词宣称:"改良政治,发展交通,组织民众,为剿赤根本工作。"

　　△　北京大学纪念"五四",各教授发表悲壮演说,下午集合游行,被警阻止。同日,广州学生召开五四运动纪念会,通电反对签订上海丧权协定。

　　△　国民政府任命刘通为福建省政府委员兼民政厅长;任命邓家彦、傅汝霖为立法院立法委员;国立中央大学校长任鸿隽未到校以前,派该校法学院长刘光华代理校务。

　　△　中华民国拒毒会通电全国各拒毒团体,请响应高友唐弹劾刘瑞恒案。

　　△　马占山召开全体将领会议,决定联合黑、吉两省抗日义勇军进攻哈尔滨。

5 月 5 日　《中日上海停战及日方撤军协定》由中国代表郭泰祺与日本代表重光葵等在沪签订,共五条及附件三号,规定自是日起中日双方军队在上海周围停止一切敌对行动;日军撤至公共租界暨虹口方面之越界筑路,一如 1 月 28 日事变之前;组织共同委员会证明双方撤退,并协助撤退之日本军队与接管之中国警察间移交事宜。

△　国联调查团李顿等五委员在长春晤溥仪,并接见熙洽与驹井。

△　天津市工联会电国民党中央,要求以武力收回淞沪及东北失地,反对签订上海停战屈辱条件。

△　孙科在沪寓所接见记者,答复于右任 3 日之驳议,仍主开放党禁,速行宪政。

△　日驻华公使重光葵上午在病床签署停战协定后,下午施行手术,将被炸受伤之右足截断。

△　粤海军将领陈鼎、金彦文及“中山”等 20 余舰长通电指责陈济棠拥兵自固,对海军蓄意剪除,表示竭诚拥护原海军总司令陈策。为避陈济棠暴力压迫,将舰队移驻琼崖唐家湾。

△　晨 1 时余,津浦路第九次车行至连镇以南被匪劫,夺去押车警察手枪二支,旅客银钱搜去甚多。

5 月 6 日　外交部长罗文幹发表宣言,申述停战协定经过,并声称国联大会于 4 月 30 日通过决议案,声言依照大会 1 月 4 日及 11 日决议案之精神,日军之撤退应于最近之将来实现,非俟日本军队完全撤退,3 月 4 日之决议案不得视为完全遵行;中国政府深信国联大会关于上海时局之各项决议案及本月 5 日签订之协定,必能极早完全见诸实行。

△　粤西南政务委员会开紧急会议,议决反对上海停战协定。萧佛成电林森、汪精卫,略谓“今置东三省于不问,上海条件又暧昧不明,诚不知我国所求为何事,望将真相公布,以解国人之惑”。

△　陈友仁发表谈话,认为上海停战协定是“日人胜利”,表示日军不仅应退出上海,同时要退出东三省,不然只有拼命抵抗。

△　上海各民众团体联合会登报郑重声明否认对日协定,指出此项协定实质,包括我国领土内一切政治、军事行为,以及关于民众"抗日救国"一切言论自由,皆受协定干涉,其责应由郭泰祺暨命令者单独负之。

△　陆渡桥、黄渡、浏河日军撤退。日第十四师团主力5日及是日从吴淞港乘船离沪,9日及10日在大连登陆,11日到达哈尔滨。

△　国联调查团访伪满国务院总务长官、日人驹井德三,质询其就任伪满官职之理由。

△　行政院决议:一、邮资加价因各地一再吁请收回成命,改订邮资加价办法,就所加之费分别核减,书籍、印刷物暂免加费;二、派定温应星、俞鸿钧为中日停战会议共同委员会委员。

△　国民政府改组贵州省政府,除委员兼主席王家烈业经明令简任外,任命何辑五为省府委员兼民政厅长,郑先辛为省府委员兼财政厅长,双青为省府委员兼建设厅长,谭星阁为省府委员兼教育厅长。

△　张学良派刘翼飞为察哈尔"剿匪"司令,黄显声为副司令。

5月7日　上海停战共同委员会成立,由中日双方及英、美、法总领事、意大利代办组成,美总领事克宁翰为委员长。是日,第一次会由日方委员原田报告日军撤退情形,略称日军主力部队已向狮子林、杨行、大场、真如线以东撤退,并由6日起三日内,先将驻浏河、嘉定步兵各一营,驻南翔之团司令部及步兵一营完全撤退。

△　上海撤兵区域接管委员会成立,以殷汝耕、温应星、郭德华、朱锡百、韩德勤五人为委员,殷汝耕为主任。

△　上海各团体救国联合会召开代表大会,决议反对中日停战协定,并发表宣言,通告全国民众,主张在东北及上海日军未完全撤退前,不与日方举行任何会议。

△　李宗仁、白崇禧电西南政委会,称"南京政府签订卖国协定,应即鸣鼓而攻"。

△　上午9时半,国联调查团抵吉林,会见多门师团长,询问"满

案"发生时吉林状况、吉林独立前后之形势等。

△ 海军部长陈绍宽呈请辞职,汪精卫予以慰留。

△ 粤空军总司令张惠长、粤海军总司令陈策反对粤空、海军改组,在港商投中央,并派代表赴桂林联系李宗仁、白崇禧,以厚声援。同日,陈策致海军同学函,称陈济棠知海、空军主持正义,有碍其操纵把持,以政会名义改组海、空军,欲师军阀割据故智,请主持公道,力抗强权。

5月8日 浏河、嘉定、南翔前线日军陆续撤退,9日撤尽,南京警察厅长吴思豫派干警500名前往接收。

△ 国民党广州市党部通电反对上海停战协定,列举协定五大缺点:一、不提东北;二、淞沪被占领土不得驻兵与《辛丑条约》天津50里内不得驻兵相同;三、规定日军驻地模糊;四、无我军保护淞沪路明文;五、共同委员会无强制日人履约权。

△ 上海各团体救国联合会电国联,"坚决否认中日停战协定,因其足以破坏中国领土、行政之完整"。

△ 国联调查团访伪满交通总长丁鉴修,提出25项有关铁道之质询。旋赴伪立法院,听取伪院长赵欣伯说明参加"新国家"之动机及伪立法院组织之内容。

△ 平、津、济邮务工作会代表在天津开联席会议,决议:于6月12日在北平召开华北邮工联席会;反对邮资加价;平、津、济邮务工会共发宣言,反对上海丧权辱国停战协定。

△ 何应钦电汪精卫、蒋介石称:在赣"剿匪"交通不便,请中央迅拨巨款,兴筑公路及铁路。

△ 川军师长王陵基、范绍增与何成濬、徐源泉、夏斗寅等商定,由川军派十二个团在鄂西"剿共"。

△ 苏家埠战役结束。红四方面军3月21日发起苏家埠战役,是日苏家埠、韩摆渡之守军全部投降。该战役历时48天,歼敌三万余,俘皖西"剿匪"总指挥厉式鼎及旅长五名,团长11名及以下官兵两万余人。

△　红军第三军团彭德怀部占领湖南桂东。

△　上海光华大学文学院长王造时发表《对于训政与宪政的意见》一文,驳斥汪精卫、于右任等人不同意结束训政的言论。指出"像国民党近几年来的干法,对外丧权辱国,对内压迫人民……到了万不得已的时候,推翻国民党的政权,也未始不是拥护中华民国之一法"。

5月9日　国民党中央政治会议议决:任命居正为司法院院长、覃振为司法院副院长,准伍朝枢辞司法院院长职;任命邵元冲为立法院副院长、叶楚伧为立法院秘书长;任命钮永建为考试院副院长;任命张继、伍朝枢为国民政府委员。并议决:在上海暂设临时市参议会;核准邮资加价办法,国内信件加一分,明信片加半分,挂号信件加二分。

△　萧佛成、唐绍仪、邹鲁、邓泽如、陈济棠、李宗仁等发出佳电,反对签订上海停战协定,认为该协定与袁世凯签订"二十一条"同为秘密卖国。

△　是日为袁世凯签订"二十一条"国耻日,北平学生300余人上街游行,高呼"打倒国民党"、"打倒统治阶级"等口号,至市党部,将匾额卸下击碎,将党旗撕毁,并散发传单,下署"反帝大同盟"字样。南京、长沙、汉口、安庆、天津、镇江等地均举行"五九"国耻纪念会。

△　国民党中央党部留京办事处举行"五九"国耻纪念会,汪精卫作报告:一、训政时期中央民意机关用国民参政会的名义,不用国民代表会名义;二、《淞沪停战协定》完全为停战撤兵,无政治性质;东北问题并不因此而停止交涉,今后外交仍抱一面交涉、一面抵抗之态度。

△　沪市商会电行政院,称:"历来外交恶例,往往于正式约文而外,另附议事录、声明书等类,丧权辱国,贻害无穷",要求明白宣示此案除公布文件外,绝无其他秘密附录。10日,汪精卫复电,声称上海停战撤兵协定"无其他秘密文件或接受任何秘密条件"。

△　国联调查团由长春抵哈尔滨。

△　中华苏维埃临时中央政府发出《反对国民党出卖淞沪的协定》通电,否认此项屈辱协定,号召群众进行民族战争来保卫中国的主权独

立与领土完整。

　　△　国民党海外党务委员会正式成立,任胡仲维等六人为总干事。

　　5 月 10 日　罗店日军步兵一营、过山炮队一连于中午 12 时半撤退,狮子林、杨行、大场、真如线迤西已无日军。

　　△　李宗仁、白崇禧电汪精卫,称:"承示东北事件仍以交涉与抵抗并行,绝不因此而松懈……仁、禧当益奋勉,整饬所部,以为后盾。"

　　△　上海各团体救国联合会致函郭泰祺,质问其先后言行不符,竟签丧权辱国之协定。

　　△　交通部长陈铭枢赴沪晤孙科,陈述汪(精卫)、蒋(介石)两氏对孙所提抗日救国纲领之意见,孙称:本人所提之抗日救国纲领完全根据汪精卫来沪晤谈时之谈话意见。

　　△　鄂绥署主任何成濬发表救灾"剿匪"谈话,声称"救灾较剿匪尤为重要",但"救灾须与剿匪同时并进"。

　　△　王陵基由汉飞宁,向蒋介石汇报鄂西"剿匪"情形,并请示"方略"。范绍增电刘湘,催川军速东下"剿匪"。

　　△　国民政府令:准免吴铁城兼侨务委员会委员长职,任命陈树人为侨务委员会委员,并指定为委员长。

　　△　行政院决议:一、海军部长陈绍宽呈请辞职,决议慰留;二、派殷汝耕、温应星、郭德华、韩德勤、朱锡百为上海撤兵区域接管委员会委员。

　　△　西北科学考察团回到北平,带回采集品 42 箱,团长袁复礼报告在新疆、蒙古考察经过。按:该团系于 1928 年 5 月 10 日由北平出发。

　　5 月 11 日　日陆军中央部命令上海派遣军司令部及第九师团等部队回国。第十四师团最后一批撤离上海,从吴淞港登轮去大连。

　　△　上海市政府商请撤兵区域接管委员会转请停战共同委员会向日方交涉,即日将闸北、吴淞、江湾等处日军迅速撤退,以便早日接管。

　　△　陈济棠电汪精卫,表示"此后惟有遵命努力于剿共,完成革命,

以副先生之期望"。

△ 国民政府特派颜惠庆为参加法国故大总统杜美尔丧葬典礼专使;任命郭泰祺为驻英国特命全权公使。

△ 陈济棠委邓龙光为第一集团军海军舰队司令,是日邓接收海军总部。

△ 陕西省赈务会为陕省70县灾情惨重,致函华北各慈善团体,吁请赈济。

△ 何应钦电汪精卫、朱家骅,请督饬全国各校注重体育,提倡尚武,严禁女学生束胸、缠足、高履。

5月12日 上海停战共同委员会委员俞鸿钧、温应星与日方委员冈崎、原田、伊藤会商闸北日军撤退日期,日方允本月16日将闸北铁路区域内之日军撤退;并声明一个月内,日陆军全数撤离上海。

△ 粤西南政务委员会训令第一集团军称:"本会议决,反对中央所签丧权辱国停战协定,仰饬属一体严重反对,并筹拟进行抗日。"

△ 马占山自黑河向各报界发出文电,表示"誓死长期抗日","并请全国竭诚御侮"。

△ 军委会改革陆军编制,通令各师按新编制每师改编为二旅四团,前定之甲、乙、丙各种师制一律取消。

△ 粤军李汉魂到仁化,率陈汉光、陈章甫两旅会同湘军围攻汝城红军彭德怀部。13日,第十五师王东原部陷汝城,陈汉光、陈章甫两旅亦先后到达,粤、湘军联络会"剿"桂东。

△ 鄂豫皖红军发起潢(川)光(山)战役,至16日共歼国民党军近万人。至此,鄂豫皖苏区迅速扩大,"东起潢河,西迄平汉路,北达潢川、固始,南至黄梅、广济,总面积达四万余平方米,人口三百五十余万,拥有黄安、商城、英山、罗田、霍邱五座县城",跨越26个县的区域。主力红军4.5万余人,地方武装20余万人。

△ 上海工部局在沪西一带越界筑路,上海市政府向工部局提严重抗议。

△　上海明星影片公司摄制反映第十九路军与第五军抗日作战事迹影片《四达通》(意译星石)在沪公演。

5 月 13 日　日侨在沪日商俱乐部秘密集会阻挠日军撤退,决以全沪日侨名义致电首相、陆军大臣、海军大臣及政友、民政两党总裁,称"此次出兵侵沪,其结果对我仍毫无权利,则此次作战之损失,其代价将向谁取";"外务省限侵沪军队于一个月内退尽,旅沪全体日侨必反对之";"如不乘此战胜余威,向支那政府要求在上海设立自由市,则以后将永无机会可得,我旅沪侨胞亦将永无扩大居住区域之可能"。

△　日外务大臣芳泽邀英、美、法、意四国驻日各大使集议,促开圆桌会议及提议改上海为国际自由市,四周不得驻中国军队的荒谬主张。外交次长郭泰祺就此事在电话中对记者发表谈话予以驳斥,称圆桌会议不能开,自由市更谈不到。

△　上海特区市民联合会发表宣言,反对丧权辱国之上海停战协定,指出该协定之丧权"直为《辛丑条约》以后所无"。

△　淞沪抗日各军、第十九路军总部及淞沪警备司令部移驻苏州。

△　李宗仁、白崇禧函萧佛成,谓"两粤辅车相依,存亡与共,合则足以救国,离则两败俱伤,桂今后对时局方针,决在西南政委会领导下,以粤之主张为主张"。

△　国民党中央在南京开谈话会,讨论党务方案,决定在"剿共"未告段落前,三中全会不致召集;国民参政会对于中央政事有审议权,但须由国民党最后决定。

△　国民政府任命徐庭瑶为陆军第四师师长,李建勋为国立北平师范大学校长。

△　财政部正式发表本年前四个月海关收入,共计规银6184.7918 万两,较去岁同期收入规银 8244.399 万两,减少 2059.6072万两。

5 月 14 日　上海停战共同委员会日方委员原田函撤兵区域接管委员会称:大场日军定 17 日下午 1 时撤退,所有接管事宜,盼先向该地守备队长接洽。

△ 据《大公报》讯:日本驻沪陆军全部撤退后,即专以海军陆战队及宪兵驻沪,其数为陆战队2500名,宪兵100名。此数较事件发生前之800名约增二倍。

△ 北平、天津、济南邮务工联会为维护邮政制度及保障邮工待遇,发表《敬告全国同胞书》,反对邮资加价,不承认限制邮员额数之新令。

△ 行政院决议:一、组织淞沪战区善后筹备委员会,派宋子文、黄绍竑、陈公博、顾祝同、吴铁城、王晓籁、史量才、虞洽卿等为委员,指定宋子文为主席;二、刘瑞恒辞禁烟委员会委员长职,慰留。

△ 鄂清乡促进会开第二次全体大会,决以善后公债150万元、市政公债150万元,摊销绅富,为"剿共"经费。盐税附加决请每月拨20万元。

△ 河北省教育厅通令各院校切实防范共产党。

△ 国民政府公布《民事诉讼法施行法》、《实业部全国度量衡局组织条例》。

5月15日 榆关日军挑衅,驻榆日守备队、宪兵队,分别在车站南、北进行实弹演习。是晨并有伪满警察120余人由前所到榆,纷在大街游望。晚,驻榆日守备队又在南关实弹演习。蒋介石、汪精卫等就榆关日军挑衅事,在南京协商应付方略。

△ 马占山黑河誓师出征。发布《告绅商书》、《告农民书》,通电南京中央党部、国民政府,誓言长期抗日御侮。

△ 津浦、北宁、平汉、平绥、胶济、道清、正太、陇海八铁路工会,在天津津浦路工会举行正式联席大会,讨论工会组织及工人待遇等问题。

△ 北平师范大学学生会电请教育部发表易培基、张乃燕、经亨颐三人中择一长校,三人之外,任何人均不欢迎,并绝对拒李建勋长校。

△ 北平市妇女救国同盟会开执委会议,建议国民党中央妇女科在最短期召集全国妇女代表大会,并请速定妇女救国运动方针。

△ 陈策在琼崖宣布成立海军行营,通电反对陈济棠强迫改编海军。

△ 西康总商会、教育会等于 6 日电驻京代表马泽昭,请转恳中央迅颁明令讨伐达赖,并接济飞机、高射炮械弹、无线电等军用品运康。马接电后于本月呈蒋介石、汪精卫,陈述军事情形,恳予照准。

△ 天津商民救国会电国联行政院,请制裁日军对我东北三省的暴行,并电请国民政府速定大计,以武力收复失地。

△ 日本海、陆军人发动"五一五"事件,首相犬养毅被枪击身亡。翌日,国民政府、汪精卫、罗文幹分别电唁。

△ 李宗仁、白崇禧在邕召开"剿匪"会议,决派第四集团三分之一兵力两万余赴闽、赣"剿匪"。

△ 红军占领安徽霍丘。

△ 伪满洲中央银行开始营业。

5 月 16 日 中日上海停战协定中、日文副本经文字修改后,由我方代表郭泰祺与日方代表重光葵等签字。双方文字经修改者各两点,中文本为:"战斗行为"改为"敌对行为";"地点"改为"地方"。日文本为:"当分の间"改为"暂时";"附近"改为"邻接"。

△ 闸北苏州河北、京沪路南、浙江路西、广肇路东周围约七里之地区日军撤退,我方警察大队及北平保安队入驻接收。

△ 日本政府派驻巴西大使有吉抵南京,请求会见汪精卫。17日,汪在官舍会见有吉,汪除对日首相犬养毅被刺死表示悼惜外,并谓:"中日关系密切,邦交上不应有似亲善而非亲善之现象,应使两国间相互得到满足,不受若何损害,达到真正的共存共荣之亲善邦交。"

△ 国民党中央政治会议决议:一、关于行政院呈送市、县参议会组织法及议员选举法各草案修正如下:1. 市参议会议员应全体由市公民选举;2. 市参议会议员任期规定为一年,县参议会议员任期为二年;二、覃振请辞司法院副院长职,慰留;三、特派刘守中赴绥远、察哈尔调查实业事宜。

　△　蒋介石中央军校演讲《革命哲学的重要》(后定题为《自述研究革命哲学经过的阶段》),提出要御外侮,救中国,第一就要恢复我们固有的民族精神,尤其是"知难行易"的哲学,为其"攘外必先安内"的国策寻找理论根据。

　△　马占山部才鸿猷旅在松浦镇与日军交火,焚毁呼海路局大楼和日军军需库。

　△　国民党西南执行部及西南政委会召开联席会议,讨论榆关问题等。

　△　11日,河北省国民拒毒会主席曹鸿勷曾电张学良,请通令查禁鸦片公卖,并严惩主办人员。本日张学良复电谓"烟土变售,曾未前闻"。

　△　汉口银团召开紧急会议,商讨鄂绥署"剿匪"借款事,允增至50万元。

　5月17日　驻沪大场日军自晨7时起分批撤退,至下午1时半撤尽,由江苏保安队进驻接收。

　△　伪满洲国当局阻止国联调查团与马占山会晤。伪外交总长谢介石声言,"如与马占山会晤,不负保护责任"。

　△　行政院决议,派王伯群视察川、滇、黔军政。

　△　日军翻译官、朝鲜人金枢率伪警多人往临榆县东八里之乐善堡村,围困、搜查保安团所,抢夺枪支、弹药,捕去该所人员四人。

　△　沈阳县长谢桐森与伪满洲国官吏五名及其他人员十余名,谋推翻伪满政府,事泄被捕。

　△　陈济棠在西南政务委员会上提议讨伐陈策,委陈章甫为琼崖剿匪司令,拨六个团归其指挥,另派"广金"、"坚如"等舰水陆并进。

　△　蒋伯诚等奉蒋介石之命赴济南与鲁省主席韩复榘商妥,今后鲁省国税交还中央,鲁军费由财政部拨发。

　△　何应钦在南昌发表谈话,声称:"上年剿匪,调集大军十数万,围剿经年,收效甚微,原因虽多,而我军不注重精神教育实为主因。今

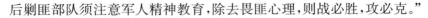

后剿匪部队须注意军人精神教育,除去畏匪心理,则战必胜,攻必克。"

△　萧之楚赴鄂省应城,代徐源泉指挥"剿匪"。

△　红军李明瑞部再次占领汝城。

△　豫南颍河决口,西华、商水等县被淹。

5 月 18 日　国民政府令:《民事诉讼法》定自本年 5 月 20 日起施行。

△　华侨联合会发表宣言,反对鸦片公卖,要求"制裁一切纵毒敛财之不肖官吏,扑灭一切教唆怂恿主张公卖之无耻民贼,以树民众自决之先声,而挽国族沦亡于一发"。

△　胡汉民调停粤海军风潮,主张设江防及海防两司令,由陈策任海防司令兼琼崖特区委员及陆战队司令。江防司令由陈荐人。陈济棠表示接受胡之调停,拟令南路军队中止开拔。

△　粤空军两队长刘植炎、周柏成通电反对粤空军改编,决然引退。

△　国民政府任命李默庵为陆军第十师师长,戴民权为陆军第四十五师师长,岳盛宣为陆军第四十六师师长,张贞为陆军第四十九师师长。

△　何键在衡阳召开上校以上军官会议,布置"剿匪"。

△　北平师大学生自治会代表袁永清等,在鼓楼饭店招待新闻界,报告拒绝李建勋,请改任该校同学所拟想之校长。

△　浙江安吉县雷雨、飓风、冰雹交加,房屋倒坍无数,屋顶盖瓦吹飞尽殆,拱宸门大石桥亦被折断。

△　西兰(西安—兰州)线正式开航。

5 月 19 日　江湾日军于上午 11 时许完全撤退,由我方自北平调沪之保安队第三中队接防。彭浦、庙行亦均由我方派警进驻。江湾日军撤退区域,仅余瓦砾。

△　中华民国国难救济会通电全国,否认上海停战协定,略称:"协定第二条规定我国军队在常态恢复未决定办法以前,暂驻现在地

位,等于设定暂时不驻军队之区域";"协定未经立法院议决,在我现行国法上未具备有效条件,不得认为已生效力,我国家殊无受其拘束之理由。"

△　考试院副院长钮永建对《申报》记者发表关于考试问题的谈话,称:"俟国难问题解决,当厉行考试制度,拔取真才。"

△　行政院会议,陈铭枢、陈公博相继报告在沪与孙科接洽情形;决议设立全国水利委员会。

△　国民政府令:一、豫陕晋边区绥靖督办公署撤销,派刘镇华为鄂豫陕边区"剿匪"督办,派徐源泉为湖北全省清乡督办;二、任命李松山为陆军第五十七师师长。

△　国有七铁路(缺正太路代表)工会联席会议通过反对伪满洲国、收复失地等案。会议否认按月征收铁路员工所得捐充实财政案。20日又决议组织全国铁路工会联合会。

△　鄂省政府再颁现金出口禁令。

5月20日　上海停战共同委员会日方委员冈崎正式通知中方委员俞鸿钧、温应星,决定于本月23日上午11时将杨行、狮子林炮台、炮台湾营房以及三官塘火药库方面之日军完全撤退。

△　沪撤兵区域接管委员会召集有关各方举行联席会议,会商接管闸北铁路以北区域办法。

△　上官云相自浔乘飞机到京,向蒋介石报告在赣"剿共"情况。

△　国联调查团长李顿请苏联政府签证护照,准团员由中东路取道西伯利亚铁路至海兰泡渡江至黑河访马占山。苏外交部门以严守不干涉政策拒绝。

△　沪邮务工会因所提归并汇业局、维持旧邮资、停止邮航津贴、改善邮务管理四项要求,为交通部批驳,本日开会决议采取直接行动。

△　北平邮务工会邮务职工会召开谈话会,决议为响应沪会所提救邮方案电呈交通部采纳施行。

△　财政部申令川、鄂、赣、湘四省现金出口,切实弛禁。

△ 韩复榘在曲阜第二师范学校捕获共产党及嫌疑学生 24 人。

△ 章太炎、景耀月等组织之中国学会在北平成立。

△ 《再生》月刊在北平创刊。张君劢、张东荪、罗隆基等创办。宣传"国家社会主义",中国国家社会党成立后为其机关刊。

△ 河南鹿邑、柘城两县春荒,粮食告竭,死亡枕藉,惨不忍睹,鹿邑县设人市五处,幼女不值 10 元,幼童仅易 1000 文,孩提婴儿抛弃遍地。

5 月 21 日 监察院长于右任弹劾行政院长汪精卫违法批准上海停战协定,不交立法院审查,呈中监会请予惩戒,内称:国府组织法规定,立法院有议决宣战媾和及其他重要国际事项职权,沪停战协定未闻送立法院议决,遽行签字,"设不严予惩处,则以后国家主权、疆土有此成案可援,皆将断送于协定二字之下"。

△ 真如日军撤退,由沪保卫团进驻。接管委员会预备会议决定本月 23 日上午 11 时接收真如。

△ 国联调查团由哈尔滨启程返长春。

△ 行政院决议:拨国币两万元汇法,遣送失业华工回国。又拨一万元汇驻荷兰领事馆接济失业华工;公布修正《沪撤兵区域接管委员会组织条例》。

△ 蒋介石令第十九路军开赴福建,参加"剿匪"战争。

△ 何应钦令湘、粤、赣三省军队"会剿"红军彭德怀部。

△ 上海市长吴铁城约邮务工会、职工会、邮务长、总局长等在市府谈话,谓储金汇业局归并及取消邮航津贴问题,涉及国家行政制度,不能随意变更,更不能以罢工要挟。

△ 国有七铁路工会联席会发表告全国铁路工友书,并电国民政府,要求以武力收复东北失地。

△ 陕、甘霪雨、黑霜成灾,灾民达数十万,杨虎城电国民政府请急赈。

△ 长江水位连日陡涨,是日达 35 尺。

5月22日 上海邮务工人大罢工。上海邮务工会、上海邮务职工会以该会等提出巩固邮基方案未被交通部接受,令沪市3500余邮工今起大罢工。《罢工宣言》略称:"本会等所拟巩固邮基方案,为救邮之唯一良箴,本会一再电催,交部乃迁延至今,竟未容纳,群情愤激,无由遏抑,认为非实行最后行动,不足以促当局之猛省。"23日,沪邮工罢工风潮扩大,沪设临时邮局,邮政总局局长钱春祺因邮务工潮被看管。

△ 吴铁城在沪市府接见邮务职工代表张克昌等四人,劝邮工即日复工,然后再商办法。

△ 上海各团体救国联合会电监察院长于右任,对其弹劾汪精卫违法签订上海停战协定案表示支持。

△ 上海《时事新报》工潮仍未解决,被开除工人推代表与该报经理熊少豪谈判,无结果。

△ 徐源泉返汉,就任鄂省清乡督办。

△ 胡适、丁文江、蒋廷黻等创办《独立评论》周刊,胡适为总编辑。是日创刊号在北平出版。

5月23日 上午,日军第九师团自真如撤退,下午2时半日海军第一、三两大队自闸北撤退。由北平到沪之保安队入驻接收。

△ 上海战区善后委员会成立,吴铁城为委员长。

△ 国民党中央政治会议讨论弹劾汪精卫案,认为"行政院依中政会决议案办理,手续并无不合,所请惩戒事应毋庸议"。蒋介石表示:"本案手续上办理既无错误,当然不成问题。"

△ 中监会开会讨论监察院提请弹劾汪精卫案,认为"理由不充分,本案不成立"。

△ 汪精卫电令吴铁城劝导沪邮务员工即日复工,必要时"执行严厉之处置"。

△ 交通部部长陈铭枢致电国民党中央政治会议,请求处理邮工罢工办法,必要时"执行严厉处置"。

△ 外交部照会法使韦礼德,抗议上海法租界捕房将拘捕之韩人

安昌浩引渡日本当局。

　　△　西南外交协会通电反对上海停战协定,并望政府下大决心抗日,否则不对外而对内,甘为国人公敌,恐为全国共弃。

　　△　上海各团体救国联合会、东北义勇军后援会联电各省军政当局,请资助东北义勇军。

　　△　马占山部才鸿猷旅在呼兰与日军血战,将日军压逼到松花江边,隔江猛烈射击哈尔滨道外日军指挥所。日关东军司令本庄繁飞哈尔滨督师。

　　5 月 24 日　国民党中常会否决于右任弹劾汪精卫案。于右任、汪精卫均呈中执会辞职,中执会决议慰留。

　　△　上海各民众团体联合会通电全国,对否决弹劾汪精卫案提出:一、应由各团体环请立法院切实声明关于上海中日停战协定全部无效;二、应由各团体环请监察院继续提出弹劾,责成汪精卫引咎自劾,否则应处以法律相当惩戒。

　　△　杨行、狮子林炮台日军于正午 12 时撤尽,由江苏保安队接收。

　　△　下午 3 时,国民党中常会讨论沪邮工潮事,决定交民运会依据《工会法》分别处理。

　　△　行政院决议:邮政总局局长钱春祺免职,听候查办,任命黄乃枢为邮政总局局长。

　　△　沪市府布告,劝邮工先行复工,听候中央解决。

　　△　交通部招待新闻界,次长俞飞鹏声称:"工会对此次沪邮罢工应负责任。中央早已取消工会组织……不知何来邮务总工会之名目";邮工"干涉国家行政制度,不能允许,所谓巩固邮基方案,根本不能提出,在此国难期中罢工,尤为绝大错误"。

　　△　平、津、济南、杭州、无锡、开封、洛阳等地邮工援助上海邮工罢工相继罢工。

　　△　国民政府特派蒋介石为豫、鄂、皖三省"剿匪"总司令,李济深为副司令;特派章嘉呼图克图为蒙旗宣化使。6 月 6 日,国民党中政会

决议追认。

　　△ 闽省政府代理主席方声涛由厦门赴同安,即在同设行营,指挥"剿匪"。闽党政军联席会议,决议推刘和鼎代理省防委员会主席。

　　△ 川军第二十一军第三师师长王陵基续调 12 个团到宜昌"剿匪"。鄂绥署电王陵基,鄂西"剿匪"事宜由王全权指挥。是日,王陵基在宜昌下总攻击令。

　　△ 河北省政府决议开采密云等四县金矿,筹组官商合办股份有限公司。

5 月 25 日 全国商会联合会、沪市商会、沪银行业同业公会、沪钱业同业公会发起组织"废止内战大同盟",发表通电,声称:"鉴于内忧外患之严重,特发起废止内战大同盟会,以期安内对外",并制定章程十条。沪银行界吴鼎昌、张嘉璈、陈光甫等 18 人电平、津、汉、宁、穗等各地名人征求加入。

　　△ 北平保安队接收吴淞,炮台、兵舍及火药库同时被接收,炮六尊被日军运走。宝山县城亦于上午 11 时半由宝山县长孙熙文偕江苏省警接收。

　　△ 宋子文由沪返京,向中央报告淞沪战区善后会讨论经过,并接洽筹划财政办法。

　　△ 行政院长汪精卫电各省、市政府,谓"沪邮务员工关于要求邮工待遇者,均经交部酌予容纳。关于归并储汇局及停止航空邮运经费,关系国家行政及交通建设事业,自应从长计议,非该部所能解决";"如已实行罢工,应限令二十四小时内复工,逾限一律开革"。

　　△ 上海邮务工会、上海邮务职工会罢工委员会通告,非得本会命令,一律不准复工。

　　△ 下午 5 时,吴铁城、杜月笙邀各界领袖及邮工代表集议解决邮潮。

　　△ 杨杏佛致书国民党中央政治会议,指责"政府屡言大赦政治犯,至今口惠而实不至",要求将牛兰释放。

△　萧佛成电促第十九路军军长蔡廷锴即动员所部入闽"剿匪"。

△　胡汉民在香港发表谈话,谓"自十七年来,均为军阀之治,而非党治,今欲救国,必先救党"。

△　蒋介石电蚌埠第四师师长徐庭瑶,蚌埠及皖北所有鸦片税收机关一律禁止。又电陈调元、吴忠信、徐庭瑶,皖北盐斤附加,自 26 日起一律取消。

△　南京各校抗日会举行慰劳抗日将士大会,第十九路军及第五军连长以上军官百余人,各校代表百人出席。

△　长沙学生抗日救国会定于 26 日总检查仇货,将已登记贴花之仇货一律封存。何键为此查封学生抗日救国会,宣布戒严令,各校禁止学生外出。29 日,长沙各校学生代表开紧急会议,要求省政府于 6 月 1 日前启封学生抗日救国会。

△　驻齐齐哈尔马占山部旅长程志远投敌,进攻呼海路沿线马军,是日,日军占领呼兰,马占山部北退。

5 月 26 日　沪撤退区域接管委员会召集会议,讨论恢复日军暂驻区域(包括引翔区、殷行区、江湾区、吴淞区、虹镇区暂时驻扎仍未撤退之部分)市行政权事宜,决定 28 日起次第实行。

△　郭泰祺昨晚到南京,是日分谒蒋介石、汪精卫、罗文幹,报告上海停战协定签字。

△　国联调查团由沈阳到达大连,往访"满铁"总公司,听取有关地方设施及铁路问题之说明;并与由北平来大连之英国公使蓝普森会见。

△　日本斋藤内阁成立。暗杀犬养毅案责任者陆相荒木贞夫留任原职。

△　日本上海派遣军司令白川义则于 4 月 29 被炸伤后,是日死亡。其职务暂由第九师团长植田代行。

△　邮政工潮和解成立。邮政罢工经中央特派专员陈公博、吴铁城召集各界领袖虞洽卿、王晓籁、杜月笙等及上海邮务工会、上海邮务职工会代表陆京工、朱学范共 17 人举行会议,签订调解方案如下:一、

由地方各界接受邮工所建议之原则,转向政府请愿;二、组织邮政经济制度研究委员会,研究巩固邮政基础方案实施办法,转请政府核夺施行;三、邮工代表允即午复工。罢工委员会发复工通告。下午1时沪邮工复工,其他各地邮工相继复工。

　　△　何应钦派刘建绪、余汉谋、陈诚分任赣、粤、闽三省"剿匪"指挥。

　　△　西康民众代表五人向行政院请愿,要求派重兵戡平藏乱。

　　△　教育部以部令公布《中小学生毕业会考暂行规定》,凡13条,并修正《中小学条例及毕业证书规程》。

　　5月27日　罗文幹、郭泰祺在外交部招待新闻界,说明《淞沪停战协定》真相,称协定之外,绝无秘密记录及附件。

　　△　蒋介石在南京汤山召集罗文幹、蒋作宾协商应付东北问题及解决中日整个外交办法。

　　△　胡汉民派其女胡木兰持胡亲笔函到广州谒留粤中委及陈济棠商时局,并请陈接济第十九路军军饷。陈允月助20万元。

　　△　国民党留沪中委李烈钧等,为粤省海空军改编事分电西南政委会和陈济棠,劝告息争。

　　△　行政院决议:简派张钫为河南清乡督办;加派刘瑞恒、彭学沛为淞沪战区善后筹备委员会委员。

　　△　上海各大学学生自动抗日救国会成立。

　　△　鄂水灾会电国民政府、行政院和财政部,陈述鄂省灾情,请拨美麦数万吨以救灾民而维大局。

　　△　中川健藏任第十六任台湾总督。

　　5月28日　萧佛成、邹鲁等16人电国民党中央,略谓"此次停战协定未送立法院审查,乃行政院及中政会既违法于先,而中政会在职常委又自行祖庇于后,况此丧权辱国之协定乃由违法而签订,则尤难曲恕,伏望中央不畏强御,执法以绳"。

　　△　蒋介石、汪精卫联名发表通电,称"救国必先剿共",对于共产

党"必须以有效的方法抵制它们,必须不顾一切代价去应付它们"。

△ 沪撤兵区域接管委员会派人会同公安局分赴吴淞、殷行及引翔三地日兵暂驻区域恢复行政权。

△ 立法院会议讨论释放政治犯案,决议:将此案交付法制委员会、军事委员会于审查大赦案时参考。

△ 淞沪抗日阵亡将士追悼大会在苏州举行,到会军民五万余人,主祭官居正。全国各地一律下半旗,停止娱乐一天,以志哀悼。

△ 广东各界在北较场追悼淞沪抗日阵亡将士大会,到会数万人。同日,第八十八师在武汉及汉阳驻地,分六处举行追悼淞沪抗日阵亡将士。

△ 天津市商会召集各同业公会开会,一致赞成废止内战运动,并电上海全国商联会等称:"废止内战,本为全国一致之心理,矧在困难期间,尤有安内对外之必要,此项组织,敝会极端赞成。"

△ 上海出版业工会等 35 个工会因闻第十九路军将调闽,特派代表赴苏州向该军军长蔡廷锴请愿挽留,并表示如无结果,再往南京当局请愿。

△ 国民政府令:陆军第八十七师师长楼景越免职,任命张治中为该师师长;任命王均为陆军第七师师长。

△ 上海广肇公所粤侨商业联合会电唐绍仪、邓泽如、萧佛成等,请斡旋粤局,"以定粤局而安人心"。

△ 沪公安局公布闸北五区境内沪战损失情形:原有人口 10.1 万余,现仅 800 余;房屋 7627 所,被焚达 6435 所。

△ 韩独立党员尹奉吉由沪解往日本,12 月 19 日在日本金泽就义。

△ 新疆增设巩留县,由伊宁县析置。

△ 香港第一届英帝国货品展览会开幕。

5 月 29 日 汪精卫召罗文幹、蒋作宾及外交委员会委员商外交问题,决定外长仍由罗继任;郭泰祺担任驻英公使,日内赴英履任;驻日公使仍由蒋作宾回任。

　　△　上海引翔港三友实业社总厂日军撤退。

　　△　上海童子军战地服务团全体复员。

　　△　唐柯三在京招待记者报告调解康、藏纠纷经过,称:"康、藏纠纷,发生于大金、白利两方财产之争执,不意甘孜知事措置失当,激成变乱,以致藏番猖獗,迭陷甘瞻。余秉中央意旨,与藏方议订条件,国人不满意,以割地赔款见责,实太冤枉。"

　　△　上午5时,日军第十四师团平松支队进攻肇东李海青义勇军,旋占领肇东。

　　5月30日　本日为"五卅"运动七周年,上海防范甚严,杨树浦工人乘车至体育场拟开会,被军警阻止,捕去一名。北平学生游行被军警制止。

　　△　沪撤兵区域接管委员会接收吴淞铁路机厂,机械损失千万元。

　　△　国联调查团离大连返沈阳。

　　△　北平市商会、银行公会、钱业公会等电上海全国商联会及市商会,响应废止内战大同盟,一致赞同加入发起之列。

　　△　中共中央为纪念"五卅"发表宣言,号召全国工、农、兵、学及劳苦群众,"以民族的革命战争打倒日本帝国主义"。

　　△　江西苏区50万赤卫军检阅大会致电全国工农群众和工农红军,表示在中央临时政府领导下,驱逐日本帝国主义出中国,求得中国民族完全独立与解放。

　　△　国民党中央政治会议决议改革教育初步方案,交教育组审查。此方案由陈果夫提议,其内容专重造就农、工、医各项专门人材,各大学十年内停招文、法、艺术等科学生。

　　△　皖省府常会决议,奉蒋介石27日电令,撤销皖南、北盐斤附加税及特税。

　　△　蒋介石电令徐庭瑶任蚌埠警备司令,驻蚌各军概归其指挥。是日徐在蚌召开警备会议,讨论整顿军纪,维持治安。

△ 吉林自卫军占阿城。日机数架轰炸海伦,全城起火。马占山在海伦召开紧急会议,决定改变集中攻打哈尔滨的作战计划,采取出其不意、攻其不备战术。翌日率部退至海北。

5 月 31 日 我宪兵两连到沪维持治安,日方认为违反停战协定,双方发生争执,沪停战共同委员会为此举行会议调解。日方代表冈崎认此举为敌对行动。中方代表俞鸿钧驳复,称宪兵到沪并无敌对行为,系我主权,日方不能干涉。最后经共同委员会主席克宁翰转圜,中方答应以后军队调动须通知该委员会。

△ 侵沪日陆军除宪兵外全撤,第九师团长植田返日。虹口越界筑路周围地区尚留海军陆战队未撤。

△ 吴铁城赴京向蒋介石、汪精卫等人报告日军撤退经过及请示善后。同日,吴对记者谈,沪战区善后,农业区如吴淞、江湾、大场、庙行等地由政府及地方协力救济为主,工商业区如闸北一带应以恢复和平秩序及进行防疫为主。

△ 南京、济南市商会分别致电上海全国商联会等,响应废止内战大同盟,京商会派濮仰山等三人参加,济银行公会已函沪商联会等加入。

△ 马占山部骑兵千余攻入安达县境,6 月 1 日占领安达县城。

△ 行政院决议,特派蒋光鼐为驻闽绥靖公署主任;决设邮政经济制度研究委员会,聘陈公博、吴铁城、林实等为该委员会委员。

△ 军政部发表:一、第三师师长陈继承升任第一军军长,遗缺以李玉堂接充;二、第九师师长蒋鼎文兼任军长职务,遗缺以李延年补充;三、第九十八师师长钱大钧升任第十三军军长,遗缺以汤恩伯补充。

5 月下旬 中华苏维埃共和国临时中央政府电全国邮务罢工工人,希望"本着无产阶级的坚决精神并防止黄色领袖出卖罢工,以与敌人作坚决的斗争直至最后的胜利"。

是月 清华大学自 3 月份起,庚款即停付,学生组织经费维护委员会,反对停付美庚款,几经交涉,才由财政部借垫 100 万元作为维持费。

6 月

6月1日 颜惠庆将日军进攻北满详情报告国联,请从速履行12月10日保证日军退入铁路沿线之国联行政院决议。

△ 河北省反帝国主义大同盟第一次全省代表大会在北平召开,该会宗旨为加紧反对帝国主义,进行与扩大民族革命战争,"打倒帝国主义走狗——国民党政府","建立民众自己的政权","争取中华民族的独立与解放"。

△ 马占山在海伦附近三门谢家接见由国联调查团团长李顿密派的美国记者海米斯和一名瑞士记者。马对其陈述日本制造伪满及江桥抗战情况,表示"唯一心愿就是把日寇打走,消灭伪组织——满洲国,收复我东北三省同胞安居乐业的国土"。

△ 5月份东北关税受伪满压迫,未解中央,外交部向日提出抗议。

△ 川、鄂军总攻鄂西红军,刘湘增兵一团、飞机一架,出川助战。

△ 上海《申报》、《新闻报》、《时事新报》等报馆工人,为援助《时事新报》被迫离馆之工人,一致举行大罢工。

△ 北平大学工学院学生为驱逐压迫反帝学生运动的校长沈尹默和院长程干云,于本日举行罢课。中国共产主义青年团河北省委发表《援助工学院罢课宣言》,对驱程斗争表示援助与支持。

△ 国民政府令撤销第十九路军卫戍司令部,派蒋光鼐为驻闽"绥靖"公署主任。

△ 韩复榘派第二十师师长孙桐萱为鲁北剿匪总指挥,民政厅长李树春为副总指挥。2日,韩在济南召集各军开剿匪会议。3日,孙、李赴鲁北指挥剿匪。

△ 中央公务员惩戒委员会成立,居正等11人在司法院就职,该会通告本日起实行惩戒职务。

△ 汉口 20 余商会向鄂总商会请愿,因水灾后营业无法维持,请减轻全市房租。

△ 江苏教育厅明令禁止小学校教职员罢教索薪,以"防止借口索薪,暗图掀动教潮"。

6 月 2 日 沪西同文书院等处日陆战队未遵照协定撤退,上海停战共同委员会委员俞鸿钧函日方委员冈崎抗议。

△ 蒋光鼐、蔡廷锴奉命分率两路入闽"剿匪"。蒋介石在南京励志社设宴欢送第六十一师少校以上官佐。

△ 陈诚、刘建绪部进犯红军湘赣边根据地鹅塘。

△ 国民政府派张钫为河南全省清乡督办。

△ 海关巡逻舰在吴淞口外佘山洋面遇武装走私船数艘,遭开枪拒检,华员四人、瑞典籍一员中弹身亡。

6 月 3 日 行政院决议:一、指定吴铁城为邮政经济制度研究委员会主席;二、任命驻瑞典兼挪威公使诸昌年兼驻芬兰公使;三、任命刘和鼎为陆军第五十六师师长,毛炳文为陆军第八师师长。

△ 国民政府任命周浑元为陆军第五师师长。

△ 战区视察团视察宝山、吴淞、江湾各处,孙科、顾祝同均前往。

△ 国联调查团赴柳条湖九一八事变现场考察。

△ 日本首相斋藤发表对伪满新政策。对伪满洲国决先承认独立;日本对满依然遵守门户开放、机会均等之原则;并谓如不获谅解,不惜退出国联。

△ 济南市商会议决,通电响应沪废止内战大同盟主张。

△ 何应钦派飞机多架轰炸湘鄂赣苏区龙港。

△ 驻蚌航空队飞机自光山轰炸红军后返回,在蚌落下炸弹一枚,炸死市民 22 人,伤 41 人。

△ 上海《申报》、《新闻报》和《时事新报》三报馆工潮工人先后复工。《时事新报》问题仍未解决。

△ 日平贺旅团占海伦,马占山部向通北方向撤退。

△　徐州房山下发现古墓,尸长丈余未腐,并掘出瓦瓶、瓦瓮、水盂三种,考古学家谓为汉代陶器。

6月4日　中日停战共同委员会讨论日军完全撤退问题,日方委员冈崎表示,沙泾港驻日军仅事巡逻护侨;吴淞纱厂、同文书院、丰田纱厂仅各驻少数宪兵,且战前亦有陆战队驻入。中方委员俞鸿钧驳斥,指出市政府自可负责护侨,毋须由日军越俎代谋;未闻同文书院等处以前有陆战队驻入。声明日军之驻各地不撤,有违协定,遂无结果而散。

△　财政部长宋子文电汪精卫、蒋介石辞财政部长职。5日,汪复电慰留。

△　国民政府令:派黄乃枢为邮政总局局长,派杨建平为邮政储金汇业总局局长。

△　军委会统一各师编制,军为军政部直辖单位,军长不兼师长,全国共48个军,96个师。

△　航空署增派航空第五队赴汉,第七队赴赣,"协剿"红军。

△　总税务司梅乐和训令东北各关税务司,谓关款关系内外债基金甚巨,各税务司应遵照关税行政完整原则,严拒其他方面提拨税款或扰乱税务独立行政与事权独立。

6月5日　国联调查团晚9时由东北回到北平,张学良、于学忠等前往车站迎接。李顿对记者发表书面谈话,声称:"调查团第二步工作,即望利用中国政府与日本政府有一种诚意,用此种诚意来谋一种解决方法。"

△　陈铭枢电国民政府、行政院和军委会,请辞交通部长及军委会委员职。

△　中共临时中央发出《致各苏区的军事训令》,通报国民党第四次"围剿"之兵力部署,指令各地红军反围剿任务。

△　何应钦电令何键断绝赣西苏区交通,禁止运米、盐、银钱,禁止邮电。

△　吉林自卫军冯占海部攻入阿城。

△　宋子文电何成濬,表示鄂省"剿匪"经费将"提前支给"。

△　经学家廖平在四川井研县病逝。

6 月 6 日　国民党中央政治会议讨论对苏复交问题,决定第一步缔结互不侵犯条约,第二步复交。

△　蒋介石、汪精卫及其他政府要员在南京会商,决计分别复电慰留宋子文、陈铭枢,劝"以国家大局为重,继续负责维持"。7 日晚,汪精卫、顾孟馀、邵元冲、叶楚伧、黄绍竑、褚民谊等,赴沪挽留宋子文、陈铭枢。

△　蒋介石在南京中央军校讲演《中国的立国精神》。

△　鄂省清乡会以 5 日宋子文否决提取盐税为"剿匪"军费,本日呈财政部声称决自即日起直接提用盐税,否则即援赣例,请中央直接发放,或援湘、豫例,增加盐税附加。

△　汉口商会决议赞成沪废止内战大同盟,11 日电沪全国商联会等响应,并主张各军、师长以至诚发表消灭内战意见,请中央彻底革新政治。

△　苏、沪、锡各团体代表到京请愿挽留第十九路军,褚民谊和陈仪分别代表行政院和军政部予以接见,均表示该军开闽"剿匪",系整个军事计划,似难变更。

△　中国征信所在上海创立,由上海各大银行共同创办,以收集调查各工商企业生产经营情况,为金融界放款提供信息。

△　南京中央大学全体教授因索教费无着,全体罢教。

6 月 7 日　下午 5 时,蒋介石离开南京赴汉口"督剿"红军。

△　红二十五军攻克正阳关,嗣又自动撤离,以霍丘为根据地。

△　张治中向军政部请辞第五军军长及第八十七师师长兼职。

△　上海地方协会成立,选举史量才为会长,杜月笙、王晓籁为副会长,并通过章程 10 条,第一条称:"本会由上海市民地方维持会发起,以协力图谋本市市民之福利,与各项地方事业之改进为宗旨。"

△　浙江戒严司令部通令中等以上学校学生不得擅自集会。

　　△　行政院会议决议停办劳动大学。该校师生极为愤慨,于 11 日召开全体师生大会,组织学生护校委员会护校。

　　△　日陆军省发表战报,公布从九一八到 1932 年 6 月 6 日在华日军死伤 4163 名。

　　△　伪满溥仪颁布国籍令:一、居住满洲华人非生长满洲者,被视作外国人,但可申请加入满洲国籍;二、各铁路或满洲机关雇员不入满洲籍者,将解雇;三、已入中国籍之在满洲俄人,在入满籍以前,亦以外国人看待。

　　△　陇海路技师汤仲明发明以油炉代替汽炉开动汽车。实业部电拨巨款资助。

　　△　美商上海电话公司工人约 3000 人,为反对开除工人,要求增加工资、改善待遇,举行罢工。10 日,电话工人开会,被租界捕房驱散,并捕去代表四人;工人改在华界开会,又被国民党党部及公安局等干涉。22 日,美商和市党部联合对工人进行镇压,工人忍痛复工。

　　△　鲁南股匪张黑脸 2000 余众经招抚后由鲁省府将其北调,是晚车抵两下店时下车逃往抱犊崮。

　　△　陕西省 70 余县报雪、霜、风、雹、旱各灾情,省赈务会通电乞赈。

　　6 月 8 日　英、美、法、意四国大使访日首相斋藤,密商上海问题,表示反对在东京举行上海圆桌会议之预备会议。

　　△　国联调查团离北平赴青岛视察。

　　△　外交部就日本嗾使伪满派中东铁路理事长、理事、督办等情事发表声明,表示中国政府绝对不能承认,所有一切责任,应由日本负之。

　　△　浙江大学教授因积欠薪金三个月,全体请假。当晚该校当局发给全体教授一个月薪金。因学生学业关系,9 日起全体教授一律授课。

　　△　北平大学校长沈尹默以工学院风潮扩大,联合各院长电教育部请辞。11 日,教育部复电沈慰留,并令沈对学生"严厉制止,以

肃校风"。

6 月 9 日 蒋介石自汉口到达庐山,准备召开鄂、豫、皖、赣、湘五省"剿匪"会议。同日,与何应钦等商赣、闽、粤"剿匪"计划。

△ 汪精卫返京。10 日,在行政院会议上报告赴沪挽留宋子文、陈铭枢经过,称宋允打消辞意,陈须请假略事休养。

△ 第十九路军分三批入闽,第一批毛维寿师计 1.2 万余人,于 7、8、9 三日抵泉州。

△ 邹鲁在香港谈中苏复交问题,宣称中苏复交于国情上便利,决非联苏,复交后,政府仍抱防共之旨。

△ 粤空军总司令张惠长由香港抵沪,与前往欢迎者谈,"本人素主张空军不参加任何内战"。

△ 上海市公安局布告严禁谣言,称"近有不肖之徒,造作种种谣言,意图煽惑,倘再有人造谣滋事,一经查明,定当依法严办"。

△ 青海省府派马步芳为玉树宣慰使。

△ 北平大学法、工、农、女四学院反对校长沈尹默,全体罢课。10 日,平大各院校联合会招待报界,称沈尹默三日内如不辞职,决心武力驱逐。

6 月 10 日 外交部电令在意大利之莫德惠赴莫斯科,与苏联交换复交意见。24 日,莫赴苏。

△ 行政院会议通过《中小学组织法》(草案);决定 8 月中旬召集全国体育会议。

△ 军事委员会通令申明职掌:"除关于绥靖、军令及重要情报事项由本会直接掌理外,其他军政、教育训练及国防事项,均由主管各部呈由本会作最高审核决定,交部执行。"

△ 沪公共租界工部局宣告,1 月 28 日起所宣布之戒严办法,自 6 月 13 日上午 6 时起终止。

△ "剿匪"总部在汉口开运输会议,鄂民政厅长及各县代表参加,决在各处组织军运车船代办所。

△ 青岛各业工会等 11 个团体开会,响应废止内战大同盟运动,通过拥护通电。

△ 北平师大学生因反对李建勋长校举行总罢课。11 日,师大学生集合准备赴南京索校长,警察百余将师大包围,学生与警察发生冲突,至夜,学生以砖瓦、石子乱击警察。

△ 中国左翼作家联盟机关刊物《文学月报》在上海创刊,由姚蓬子主编。

6 月 11 日 立法院通过《大赦条例》,规定凡三年以下有期徒刑、拘役或专科罚金者均赦免之;犯外患罪者不在赦免之列,"反革命犯"赦后得移反省院。24 日国民政府明令公布。

△ 宋子文在沪发表谈话,说明辞财长原因,谓"将来财难,必甚于今,军政支出将有增无减","在势惟有举债,然挖肉补疮,终将至肉无可挖"。"余心力已瘁,不能再肩财政重任"。

△ 北平市商会及银行同业公会等四团体电沪,拥护废止内战大同盟运动,并建议在各省、市成立分会。

△ 汉口商会电复沪全国商联会等团体,响应废止内战,并主张:一、各军、师长以至诚发表消灭内战意见;二、请中央彻底革新政治,以杜战源。

△ 开滦赵各庄、马家沟二矿工人 1.6 万余人,因反对资方取消花红,要求增加工资,相约罢工。后因资方答应工人部分要求,罢工坚持两日后复工。

6 月 12 日 蒋介石电召何成濬、徐源泉、夏斗寅等赴庐山,指示"剿匪"机宜。何、徐、夏等于 13 日抵九江。

△ 顾维钧到京。13 日,汪精卫在京召集各部长及顾维钧开谈话会,先由顾报告出关调查经过,然后讨论外交问题及国内财政问题。

△ 上海各界 2000 余人在市商会召开淞沪抗日阵亡将士及被难同胞追悼大会。王晓籁主祭,蔡廷锴等出席致祭。蔡致词称:"以后国难甚多,望大家一致团结应付。"

△ 江苏省主席顾祝同暨全体委员因财政困难,库空如洗,所定救济办法又未能顺利进行,向行政院辞职。

△ 日军第十四师团平贺支队自海伦出发,对马占山部发起总攻。在距海伦 20 里之大榆树激战三小时。

△ 红四方面军发起的潢(川)光(山)战役开始。战役历时五天,至 16 日胜利结束,共歼敌新二十师、第七十五师、第七十六师共八个团和民团一部,毙、伤、俘敌近万人,缴获枪支 7000 余支,商城以西、潢川和光山以南被敌侵占的广大地区悉行恢复,并扩大了部分新区。

△ 皖西地主武装两万余人,随第四师徐庭瑶部进犯霍邱。

△ 红军占领湖北广济,上官云相第四十七师开抵武穴。13 日晚红军自动退出广济城。

△ 北平大学校长沈尹默再电教育部请辞职。

6 月 13 日 上海停战共同委员会讨论日军完全撤退问题,日方委员冈崎称再候三五日作正式答复。

△ 国民政府聘张继为西京筹备委员会委员长,居正、覃振、刘守中、杨虎城、李协、褚民谊、陈璧君、王陆一、何遂、戴愧生、石青阳、黄吉宸、李次温、李敬斋、贺耀组、邓宝珊、恩克巴图、陈果夫、焦易堂为委员。

△ 蒋介石令豫、皖、赣、湘各省主席于 15 日齐集庐山会商“剿共”事宜。

△ 蒋介石电邀顾维钧赴庐山,并派自用飞机抵京迎顾。罗文幹在京宴请顾维钧。

△ 何香凝、柳亚子等为支援东北义勇军抗日,组建国难救护队,杨庶誉任队长,是日救护队由沪启程北上。

△ 阎锡山任满泰为蒙边司令。

6 月 14 日 日本众议院通过久原等 45 人提出之关于“满洲国即时承认”之决议案。

△ 行政院会议决议,慰留江苏省府主席顾祝同暨王柏龄等全体委员。

　　△　汪精卫、罗文幹、顾维钧等飞庐山晤蒋介石,商外交、财政及"剿共"事宜。15日下午,顾与罗返京,顾旋乘飞机到沪,对记者宣称:在庐山两度会议,"对东北失地,决以积极方法从速收回。对日外交,仍本一面抵抗、一面交涉之原则努力进行"。

　　△　前外交部长陈友仁离上海赴法国。

　　△　国民政府主席林森到沪慰留陈铭枢和宋子文,并访孙科。孙称病未见。

　　△　第四师师长徐庭瑶由蚌埠赴正阳关指挥"剿共",师部及直属部队随行。15日,第四师在正阳关集中,准备进攻六安、霍山、霍邱。

　　△　国立编译馆成立,直隶教育部,掌理学术文化书籍及教育用书的编译与审查。辛树帜任馆长。

　　△　劳动大学护校委员会召开执行委员会,通过驳复教育部文及对外宣言,并派代表陈悲农等赴京请愿。

　　△　下午2时10分,广州地震。"全市房屋均微微摆动,悬空之物动荡不止"。

　　6月15日　蒋介石在庐山召开鄂、豫、皖、赣、湘五省"清剿"会议,会商第四次"围剿"红军计划。何应钦、李济深、何成濬、何键、陈诚、钱大钧、曹浩森、孙连仲、刘镇华等将领及汪精卫、顾维钧、黄绍竑、李石曾、熊式辉、俞飞鹏等参加。16日会议闭幕,确定第四次"围剿"计划,决定先肃清鄂、豫、皖三省红军,蒋介石亲兼三省"剿匪"总司令,以军事与政治相互配合,齐头并进。并制定《剿匪区内各省农村土地处理条例》。

　　△　上海停战共同委员会我方委员俞鸿钧与日方委员冈崎于驻沪美领事署晤谈,冈崎允将淞沪路以东、沙泾港以西、虹口以北一带之日海军陆战队撤退,即日由我方接收,惟六三花园方面须稍缓时日。

　　△　日骑兵吉冈第一旅团在大连登陆,17日到达齐齐哈尔,协同第十四师团进攻马占山部。

　　△　马占山为扭转被动局面,由才鸿猷、邓文同时进攻海伦、海北。

才部从西南方向海伦进攻,进至城下,屡攻不下,被迫折回。邓部于晚间突入海北城内,敌撤至天兴泉酒厂内凭高墙铁门死守。至次日晨,日军从海伦增援,日机六架配合轰炸,邓撤出。是役毙日军大队长一员和百余名日军,邓部副团长张云亭阵亡,官兵伤亡70余名。

    △ 国民政府令:任命诸昌年兼驻芬兰国特命全权公使,毛炳文为陆军第八师师长,刘和鼎为陆军第五十六师师长。

    △ 中华国民拒毒会、全国律师协会分别发表谈话和通电,反对鸦片公卖。

    △ 教育部派次长段锡朋赴平调查北平学潮。

    △ 兰州中等以上各学校教职员为要求发三个月欠薪未达目的,全体宣言总辞职。

    △ 任鸿隽再电教育部辞中央大学校长职。

    △ 中央大学学生及教授代表在中大开会,议决:一、用学生全体大会名义电促任鸿隽校长到京视事;二、要求政府在中英庚款及卷烟税项下所拨之款为本校独立基本经费;三、由财政部、教育部、本校校长、教授、学生会代表,共同组织本校基金保管委员会;四、由本校学生推代表五人,联络教授会,共同组织中大经费独立运动委员会。

6 月 16 日   日军第十四师团平贺支队及平松支队合击克东马占山部,占克东。马部义勇军自动撤退,日军无大收获而收兵,平贺支队20 日回海伦,平松支队18 日回克山。

    △ 上海各民众团体联合会决议通电全国,一致援助东北义勇军。

    △ 上海市民联合会电国民政府,反对鸦片公卖。

    △ 国民政府准免甘肃省政府委员贺耀组本职;任命李思恕为陆军第八十师师长。

    △ 邓宝珊就驻兰州“绥靖”行营主任职。

    △ 南京、上海、济南、安庆等地,举行孙中山广州蒙难十周年纪念。

6 月 17 日   鄂、豫、皖、赣、湘五省民政建设会议在庐山开幕。五省将领、省主席及民政、建设厅长均出席,讨论决定五省"剿匪"全盘计划,对红军取大包围方式,以政治、建设配合军事,为根本的"清除",并着重讨论"各省剿共部队之分配联络办法"及"进剿方略"、饷糈筹措等。蒋介石在会上发表演说,并分别对各省军事长官表示:"剿匪须硬干、快干、实干","必须早日将匪类肃清,然后始能充实力量对外"。19 日会议闭幕。

　　△　行政院就日本议会承认伪满洲国事发表对外宣言,略谓:"此次日本政府竟抛弃最后之面具,明目张胆承认伪国,此种行为不独对于中国为最显豁之侵袭,抑且将《国联盟约》及《九国公约》完全撕毁","中国国民为自卫计……对于日本政府此种行为,决定不惜任何牺牲,坚决反对。"

　　△　外交部就日本议会承认伪满洲国事发表宣言,略称:"东省伪组织,完全为日本政府以武力所造成……中国政府断不能承认","中国政府除以最严厉之国法处置该伪组织外,对于日本在东省之前后非法行为,始终认为武力侵略之一贯。"

　　△　上海撤兵区域接管委员会接管公共租界以北、淞沪铁路及北河南路以东、沙泾港河以西区域。

　　△　汪精卫由京赴沪,敦劝宋子文、陈铭枢复职,并访孙科,沟通政见。

　　△　广东陈济棠部梁公福团在唐家湾与陈策部四舰发生激战。四舰败退澳门。唐绍仪以梁部在中山港作战,愤而辞去西南政委会委员及中山县长兼职。

　　△　韩复榘通电取消刘桂堂山东警备军名义,略谓:"刘桂堂自投诚以后,编为山东警备军……乃狼子野心,反复无常,又纠党叛变,并敢驱逐县长,勒缴团枪,逆迹昭彰,殊堪发指","所有前编山东警备军名义即行取消。"

　　△　伪满国务院通令东北各省对爱国青年、国民党员,一律以扰乱治安罪驱逐出境,如不出境,"即处死刑",并取缔各法团自由开会。

△ 伪满中央银行成立,荣厚为总裁,日人山成乔六为副总裁。

6 月 18 日 汪精卫、宋子文、罗文幹、顾维钧、王树翰、曾仲鸣、刘宗杰等自京同飞北平,往访国联调查团,并与张学良协议对日交涉方针。

△ 中共中央为反对帝国主义、国民党对红军的第四次"围剿"发表《告民众书》,号召"全中国的工农兵以及一切劳苦民众,团结一致,粉碎帝国主义、国民党的四次'围剿',争取中国革命的新胜利"。

△ 国民政府重颁禁烟令,略称:政府曾先后颁布各种禁烟法令,并三令五申表示禁绝,"诚恐偏远省分,日久玩生,奉行不力,或诿卸职责于地方特殊情形,未能革除净尽,致隳前功","嗣后各地方长官对于实行烟禁,务各遵照现行法规,切实实行,毋得阳奉阴违,视为具文"。

△ 上海劳动大学学生发表护校宣言,望全国同胞共起积极援助。

△ 上海市商会召开代表大会,发表三项宣言:一、本年工作应注重于废止内战及提倡国货;二、反对上海设置自由市;三、反对鸦片公卖。

△ 伪满秉承日人意志攫夺东北关税,是日伪财长熙洽发表声明,声称"先将大连以外满洲海关之全部税收,停止汇往南京政府","若总税务司及南京政府依旧采取反抗态度,则断然处置",准备掌握大连及其他海关税收之全部。

6 月 19 日 汪精卫、宋子文、罗文幹、顾维钧等在北平会见国联调查团交换意见。20 日继续会晤,调查团对东北义勇军及抑制日货问题颇注意。22 日,汪、罗离开北平返京。

△ 鄂省民政厅长朱怀冰自庐山电鄂,声称:"庐山会议结果,对肃清赤匪整个方案有缜密之讨论与决定,决以政治力量随剿匪军事向前进展,使匪区收复后不致再陷匪手。"

△ 第八十三师蒋伏生部和第十师李默庵部奉军委会令由浙调鄂"剿共"。23 日,第八十三师全部抵武汉。

△ 国民党中委马超俊抵沪,发表调解粤事经过,称经数次调解结

果,"陈策决顾全国运民命,不予抵抗,如粤方定欲攻琼,则愿退让,是非请国人评判"。

　　△　由黄郛、张嘉璈等发起之"新中国建设学会"在上海成立。

　　△　上海青年会会员抗日救国会电告全国同胞,反对鸦片公卖。

　　△　河南渑池县降雹两小时,被打死者 200 余人,有 400 村庄房屋、田禾、树木尽毁。

　　6 月 20 日　财长宋子文发表宣言,对伪满强夺东北关税事予以指斥,略称:日政府假借伪满洲国名义干涉东三省海关行政,哈尔滨、牛庄、安东三处海关解交总税务司之税款,分别于 3 月 28 日、4 月 16 日和 4 月 19 日被迫停止解出,并扩充其侵占行为于大连,构成直接违犯国际条约。

　　△　沪日陆战队声明,沪西丰田纱厂、同文书院、吴淞路华丰纱厂、平凉路公大纱厂四处日军必须长期驻防,决不撤退;第四暂驻区剩余日军亦暂不撤。

　　△　蒋作宾奉召赴庐山谒蒋介石。

　　△　陈济棠在国民党西南执行部纪念周报告粤海军历年走私漏税,为政治污点,又不能"剿匪",故奉令将其改组。

　　△　许世英电行政院请辞赈委会委员长职。

　　△　兰州中等以上各学校教职员罢教事,经甘肃省政府主席邵力子调解,并发给一个月欠薪,各教职员即日复课。

　　△　上海各大学学生抗日救国联合会决议反对教育部停办劳动大学。

　　△　中央大学教授、学生举行经费独立运动联席会议,决定:一、以下周为本校经费独立运动周;二、推定代表赴国府请愿;三、电慰任鸿隽并促从速南下长校。21 日,中央大学经费独立运动委员会教授和学生代表九人,赴行政院请愿,因汪精卫在平未返,无结果。

　　△　北平市小学教员会召开执委会,议决:一、21 日全体执委往访宋子文,面索协款;二、推葛济欧、吕流长二人为代表,持呈文于日内赴

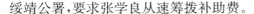

绥靖公署,要求张学良从速筹拨补助费。

△ 陕西举行泾惠渠落成放水典礼,中央派吴敬恒、褚民谊参加。

6月21日 上海停战共同委员会开会,俞鸿钧促日军速撤。日方委员冈崎答允最短期内撤退。

△ 上海市商会呈请行政院免征淞沪国税,庶战区得稍苏息。同日,上海市政府布告减免战区捐税。

△ 蒋介石任命曹浩森为鄂、豫、皖三省"剿匪"总部参谋长。

△ 豫、鲁、苏、皖边界商丘、睢县、宁陵、永城、曹县、夏邑、虞城、柘城、单县、亳县、鹿邑、考城等15县为"剿匪"清乡,在商丘召开15县联防会议,议决于7月1日正式成立15县联防委员会。

△ 江苏省商联会呈行政院,请严厉制止苏省财政厅兴办特种营业税。

6月22日 废止内战大同盟筹备会成立,并发表公告,声明全国商会联合会、上海市商会、上海银行同业公会、钱业同业公会等四团体,鉴于内忧外患之严重,拟组织废止内战大同盟会,决先行设立废止内战大同盟会筹备会于上海,即日起开始办公,并定于8月6日在上海举行发起人大会。

△ 蒋介石电令鄂、赣、皖、豫省府及"剿共"部队,在苏区与白区交界地带,"一律仿湘办法,举办团防与剿共义勇军",以扰乱苏区。

△ 财长宋子文就伪满政府强劫牛庄、安东税款,移往满洲银行事,再次发表宣言表示反对。

△ 上海银、钱两业同业公会电请行政院、财政部、外交部,抗争东北关税。

△ 孙科由沪赴香港调停粤二陈纠纷。

△ 上海各团体救国联合会所属89团体,举行留别第十九路军将士大会。

△ 南京各界在公共体育场举行淞沪抗日阵亡将士暨殉难同胞追悼大会,南京市市长石瑛主祭,到万余人。

△ 青岛大学学生于 16 日向校方提出取消学费、取缔不良教员、修改学则、制发校章四项要求，未得确切答复，是日一致罢课。24 日，校方布告开除学生九人，全体学生赴校长杨振声宅请愿，要求收回成命，杨允俟校务会再讨论处置办法。

6 月 23 日 外交部为日本嗾使伪满破坏中国海关行政完整，特向日本政府提出严重抗议，并分别致函《九国公约》签字国之驻华代表，请各政府对日政府准备正式承认"满洲国"事，加以严重之注意。

△ 中华苏维埃临时中央政府为反对国民党对红军发动第四次"围剿"发表宣言，称："现在国民党军阀……在帝国主义的指挥之下，正集其全力，实行进攻苏区与红军的冒险的行动"，"本政府号召全国的工农兵士及一切劳苦群众，一致的斗争起来，武装起来，扩大民族革命战争……反对帝国主义、国民党对苏区红军的四次大开战。"

△ 行政院令冀、鲁、豫省政府及平、津市政府，筹划有效办法，救济自九一八以来由东北逃至华北各处之灾民，协同慈善机关及路局将灾民遣送还乡，或设法为之谋生。

△ 财政部以伪中央银行发行纸币两亿元，呈请行政院速谋应付方法，并咨外交部向日抗议。

△ 上海废止内战大同盟筹备会电广东陈济棠和陈策，吁请悬崖勒马，另图和平解决；并电广州各团体婉劝力诤，联合阻止二陈互相残杀。

△ 中华国民拒毒会就国民政府重颁禁烟令一事发表宣言，表示"疑信参半"，谓"证以当局以往言行之不一致，殊令人难以置信"，"政府果有禁烟诚意，宜于煌煌功令之外，更作事实上之进行"。

6 月 24 日 外交部为伪满将于 7 月 1 日起实行贴用日本代印之邮票事，特向日使提出严重抗议，指出日本此种行为"破坏中国邮务行政完整，实属违法已极"，"所有一切责任，应由日政府完全负担"。

△ 国民政府公布《大赦条例》。

△ 中共临时中央在上海召开北方各省委代表联席会议，通过《革

命危机的增长与北方党的任务》《开展游击运动与创造北方苏区的决议》《关于北方各省职工运动中几个重要任务的决议》。

△ 全国商联会及上海银、钱两公会为东北关税被夺事发表对外宣言,略称:日本借自造傀儡伪满,"劫夺东北关税,匪特违反现有条约,且足酿成中国财政及政治之瓦解","为保障条约尊严,并顾全国际贸易与金融关系起见,应请各友邦速起设法制止日本施此下策"。

△ 行政院决议,北平师大校长李建勋辞职照准,任命李蒸为该校校长。

△ 中央大学教费独立运动委员会推代表 20 余人赴行政院请愿,要求拨定庚款为该校经费独立基金。汪精卫手谕答复:"英庚款与英有换文规定用途,当查明办理,如无款可拨,政府必须设法维持中大教费。"该代表认为满意返校。

△ 汉口商会全体执委赴鄂省府,要求停办营业牌照税,省府主席夏斗寅允停办。

6 月 25 日 国民党中央政治会议开会,汪精卫详细报告东北情形,对日人在东省练兵窥伺关内及在东省之各种侵略措置,陈述颇多。会议通过追认国民政府特派蒋光鼐为驻闽"绥靖"公署主任等多案。

△ 大连税务司日人福本因拒绝汇解关税至沪,经上海总税务司梅乐和于 24 日予以免职。是日,中国政府为日本嗾使伪满接收大连海关事向日本提出抗议。27 日,日政府向中国政府抗议福本褫职事。

△ 孙科到香港访胡汉民。陈济棠军两路渡海攻琼崖,并派飞机在伶仃洋炸陈策之"中山"等舰。

△ 国联十九国特委会决议,展缓讨论远东问题,待调查团报告书完成。

△ 教育部颁发《第一期实施义务教育办法大纲》,规定以 1932 年 8 月起至 1935 年 7 月为第一期,此期内全国各县、市设义务教育实验区,收容县、市区内失学儿童十分之一。同时颁发《短期义务教育实施办法》,收容 10 至 16 周岁失学儿童入短期小学班。

△ 上海市商会电行政院反对江苏实行特种营业税。29日,该会再电行政院力争。

△ 上海虹口区怡昌、云成、祥成三丝厂工人1000余人因反对延长工时,要求增加工资,一律宣布罢工。26日虹口通纬、裕经、兴纶三丝厂工人加入罢工。其他各丝厂资方自动宣布停工,27日虹口各丝厂全部停顿。30日,闸北区15家丝厂工人全部参加虹口区丝厂工人大罢工。闸北区丝厂亦完全停顿。

△ 连日大雨,长江水陡涨至36.9尺;湘水亦涨。

6月26日 伪满强占哈尔滨海关,北满各关均易帜。大连关日员因福本被免职而全体辞职,并声明自即日起,与中国政府脱离关系,投入"满洲国"海关。

△ 新任粤空军司令黄光锐续派飞机飞伶仃洋轰炸陈策各舰。各舰以高射炮还击,旋避入香港英界。

△ 第十九路军由参谋长黄强率领入漳州"剿共",第六十师向南靖、龙岩推进。

△ 河南省红军将平汉线花园附近铁轨拆断,火车出轨。陆家山车站被捣毁,平汉车不通。

△ 北平青年群众代表大会在平召开。大会致电中华苏维埃临时中央政府,表示"我们更要进一步的建立红军,创造河北的新苏区,来积极完成拥护你们的战斗任务";并另电东北义勇军称:"坚决号召河北省的劳苦青年自动武装起来,帮助你们与敌人作战。"

△ 中央研究院与陕西地质调查所订定勘查陕西油矿协定。中研院担任供给技术人才,地质所担任调查、测绘。

△ 钱塘江水大涨,杭州、海宁、萧山一带沿江滩地坍陷三万余亩,禾秧尽遭淹没。长沙因连日暴雨,全市殆受水浸。湘水续涨,长潭、长宝、潭衡各汽车路均被水淹停驶。

6月27日 汪精卫在京中央纪念周报告,声称将五省红军消灭,方可并力御侮;财政当取决于政治,必须政治修明,财政始能充实;鸦片公卖不可随便举行。

△ 中共苏区中央局作出《关于争取和完成江西及其临近省区革命首先胜利的决议》。

△ 伪满正式接收安东、营口、哈尔滨、珲春及大连各海关,福本接受伪命,重行到关。

△ 教育部电各大学、专门学校、各省、市教育厅、局指示暑期军事训练办法,凡受军事训练之学生,在暑期内应一律留校,连续训练三周。

△ 中央大学师生全体会议决议:校长仍请于任鸿隽、翁文灏、竺可桢三人中择一任命;驱逐刘运筹、杨公达、黄仁浩、方光圻四教授;请政府彻查中大水灾捐款舞弊事,限朱家骅将挪用水灾捐款三日内送还会计组;通过要求行政院撤换教育部长朱家骅。11 时整队赴行政院请愿。

△ 青岛大学全体学生开会议决:一、否认学校当局将开除之九名学生改为准其休学一年的处置;二、驱逐校长、教务长;三、请教育部另选贤能;四、请各教授组织维持会;五、全体赴京请愿,并通电全国大学,请一致援助。

△ 国民政府救济水灾委员会全体委员大会决定该会于 7 月 1 日起办理结束。

6 月 28 日 蒋介石由九江抵汉口,鄂豫皖三省"剿匪"总司令部在汉口成立。

△ 国联调查团离平赴日本。

△ 行政院会议决议:一、段锡朋暂代中央大学校长(30 日国民政府明令发表);二、裁撤京沪卫戍司令长官公署;三、颜惠庆、郭泰祺以大使待遇,并增加驻英、美两使馆经费;四、创设官商合办中国建设银行,并通过该行条例。

△ 上海淞沪、沪杭两铁路管理局举行追悼两路殉难职工大会,铁道部长顾孟馀主祭。

△ 赣江、抚河水涨,南昌、新建等县各圩决口数处,田禾淹没,收

成无望。江西省赈会电中央及省军政当局，请速颁巨款，以资急赈。

6月29日 段锡朋赴中央大学接事，被学生殴伤。中大全体学生集会，声明段不合校长人选标准，誓死抗拒，并推13人组织拒段护校委员会。同日，行政院因段被殴伤，召开临时会议决议：国立中央大学除在沪设立之商、医两院外，着即暂行解散，听候彻底整理，所有教职员应重行聘任，学生应重行甄别；教育部长朱家骅呈请辞职，决议慰留。

△ 蒋介石电令各部队将领，未奉召不得来汉口，在汉者即日返防。

△ 蒋介石令禁"剿匪"各军就地筹饷，鄂军饷由中央发给。

△ 蔡廷锴到广州，与陈济棠、李宗仁会商"剿匪"办法，并调停粤海军冲突。

△ 国民政府任命李韫珩为陆军第五十三师师长。

△ 苏州商会召各业开会议决：如省府实行开征特种税，苏州各业对于应纳省税一律停缴。

△ 青岛大学学生发表宣言，反对校长杨振声，并驱逐教务长赵畸、图书馆长梁实秋。杨振声抵京向教育部报告学潮经过，并引咎辞职，听候中央处分。

6月30日 蒋介石决定分三路进犯鄂、豫、皖三省革命根据地红军，并任命各路司令官，中路军司令官蒋介石自兼，刘峙副，下辖六个纵队：第一纵队指挥官张钫，第二纵队陈继承，第三纵队马鸿逵，第四纵队张印相，第五纵队上官云相，第六纵队卫立煌，进犯平汉线红军；右路军司令官李济深兼，王均副，下辖三个纵队，第一纵队指挥官徐庭瑶，第二纵队王均兼，第三纵队梁冠英，预备队阮肇昌，进犯津浦线红军；左路军司令官何成濬，徐源泉副，下辖四个纵队，第一纵队司令万耀煌，第二纵队萧之楚，第三纵队张振汉，第四纵队刘培绪，进犯鄂中红军。此外，长江上游总指挥王陵基，进犯鄂西红军。

△ 蒋介石在三省"剿匪"总部召集旅长以上军官面示"剿匪"机宜，声称"要救国救党，御侮对外，须先肃清赤匪"，并表示"匪如一日不

肃清,本人即一日不回京"。

△ 皖西敌军分三路进犯红军,一入六安,一入霍山,一侵霍邱,其空军连日来向霍邱一带轰炸。

△ 国民党中央常务会议决议,电请留粤各中委调解海军冲突,一致对外。

△ 南京警备司令部昨今两日逮捕中大学生会主席骆纪常及学生陈克诚等。

6 月下旬 红一方面军一、五军团自闽南回师赣南,经安远、定南、龙南、信丰、南康县境,向粤北之南雄水口地区推进。彭德怀红三军团移师崇义、新城。

是月 中央苏区创办列宁师范学校,徐特立任校长。

△ 民族音乐家、作曲家刘天华逝世。

△ 成通纺织公司在济南成立,纱锭一万枚,布机 200 台,苗杏村任董事长兼总经理,1933 年 5 月建成投产。

7 月

7 月 1 日 何应钦由浔抵京,向汪精卫报告赣省"剿匪"近况,并称:决定分区"清剿",政治、军事双方并进,标本兼施,稳扎稳打,逐步"肃清"。夜,汪精卫、何应钦、曾仲鸣、李济深、褚民谊等乘车赴沪,与宋子文商筹"剿匪"军费问题。

△ 行政院决议:任命李杜代理东北边防军驻吉林副司令长官,丁超代理吉林省政府主席;任命冯占海为哈绥警备司令,王德林为宁安警备司令;青岛大学应即解散,听候整理;交通部长陈铭枢呈请辞职,应毋庸议,给假三个月休养,陈请假期内,由黄绍竑兼代交通部长。

△ 南京中央大学代理校长段锡朋布告限学生三日内离校,听候重行甄别。学生会向各界发表紧急宣言,呼吁"全国人士一致主持正义","力争吾校之生存"。同日,该校教授代表向行政院索薪。

△　北平师大学生致电行政院,要求撤回解散中央大学令。

△　中华苏维埃临时中央政府发行"革命战争短期公债"60万元,半年期,年利一分,1933年1月1日起还本付息。

△　张学良在东北大学体育系毕业典礼上宣布刘长春和于希渭为运动员、宋君复为教练员代表中国参加第十届奥运会。

△　西北各省霍乱蔓延,潼关、包头死十五六人。

△　山东官商合办之民生银行在济南开幕,总经理王向荣。

△　日外务省训令驻长春日领照会伪满洲国当局:"满洲所有税关除大连关外,一律归满洲国管辖;大连税务司福本复职",督促"满洲国"接受此项计划,不能有任何更动,倘"满洲国"拒绝接受,将蒙不利。

7月2日　晨,蒋介石在汉口接见张难先、方本仁等,下午接见鄂省政府委员及武昌县长。蒋要求各县县长"应抱城存与存决心,遇有匪警,不得弃城离职"。

△　林彪红一军团在大余东北池江地区击溃由南康向大余集结之李振球第一师,敌退守大余。4日红一军团开始围攻大余,粤军李汉魂独立第三师、张枚新第四师等向南雄集中,企图夹击红一军团。

△　红三军贺龙部围攻京山,15日在第十三师万耀煌部压迫下撤围。

△　牛兰夫妇因国民政府不准聘用外籍律师进行辩护,又因不允其请求移回上海法院"管辖",本日起绝食,以示抗议。

△　废止内战大同盟会筹备会在沪举行第四次会议,讨论制止广东内战办法,决推代表赴粤请愿停战,并邀请粤各团体加入。

△　午后4时,教育部派易克嶷、周淦等接收中央大学,教员解聘,令学生三日内离校,听候甄别,如有违抗,将强迫执行。

△　中华国民拒毒会通电揭露国民政府对鸦片公卖"一向态度模棱,均采取明禁暗行之策略",号召"各界同胞,亟起自救,继续抗争"。

△　阎锡山在太原成立"造产救国社",阎任委员长。

△　安徽旅沪同乡会因安徽省政府实行特种营业税,联衔电请行

政院转饬立即撤销。

7 月 3 日　北平学生、士兵、市民及其他劳动者 1000 余人,在天桥举行集会,示威游行,反对国民政府对日妥协投降,镇压爱国学生运动,反对日本进攻华北。

△　国民党长沙市党部以中俄复交关系重大,令各区分部充分发表意见,何键以"我国既一意剿赤,自不能对俄复交"为由,电请中央"详加察核"。

△　旅沪日侨以公共租界工部局有通过华方收回越界筑路地段之可能,日侨居留民会等两团体召集紧急会议,决定除面促工部局日董冈本等表示反对外,并郑重发表反对宣言,声称工部局放弃越界筑路权,"我侨民顿失生命财产之保障"。

△　朱德、毛泽东率红一军团一部击溃梅岭关守敌一个团,占领梅岭关要隘。

7 月 4 日　国联调查团抵东京。团长李顿昨日在大阪发表声明,谓"余等之使命系搜集此次纷争之一切关系事实,报告国联,此种关系事实之中最重要者,为中日两国在纷争地域内所有之永久的权益";"余等之调查,确信为中日两国之死活的权益所寄与"。

△　军政部长何应钦、训练总监李济深前往吴淞、江湾、闸北各处视察战区,详询当时作战情形及我军防御工作。

△　日本海军中将左近司继野村任第三舰队司令,是日左近司自佐世保军港乘"出云号"旗舰到沪。

△　吉林抗日义勇军图取长春,以冯占海为总指挥,宫长海为副。冯军主力月初起与日军战于新立屯一带,次日占舒兰、五常。

△　浙江海宁 2000 余农妇因灾向米商索米,军警开枪镇压,伤妇孺五人。

7 月 5 日　广东陈济棠、陈策混战,陈济棠令雷州空军二次轰炸泊琼海之"飞鹰"舰,"飞鹰"舰用高射炮还击,互不中。雷州空军复飞琼山、海口掷弹轰炸,伤残颇重。

　　△　沪停战共同委员会委员俞鸿钧访该委员会主席克宁翰,报告D区日军延不撤退情形,要求转向日方交涉。

　　△　江苏高等法院首次公开审判牛兰案。牛兰夫妇不承认江苏高院有管辖本案之权,要求转送上海江苏高等法院第二分院审理。次日续审,牛兰夫妇以沉默相抗。

　　△　总税务司梅乐和在沪发表声明,称东北海关被伪满洲国夺取,关税收入不敷偿债,"6月份债务与赔款偿付总额为上海银1293.5万两,而总收入额则为1282.7万两"。

　　△　江西各业公会以江西省政府值此民穷财尽之际,竟借口"清匪"善后,征特种物品产销捐,加重人民痛苦,呈请行政院电饬该省政府收回成命,速即撤销。

　　△　行政院会议决议:任朱绍良为太湖"剿匪"总指挥,张寅为副指挥。16日,国民政府明令公布。

　　△　保定第二师范学校因学潮多日未解决,是日保定驻军及公安局奉令前往接收该校,与学生发生冲突,学生被枪杀六人,伤八人,被捕38人。

　　△　山东省政府政务会议决议,请行政院改国立青岛大学为国立山东大学,旧有文、理学院设青岛,济南添设农工学院。

　　7月6日　朱德红一方面军分三路向南雄进攻。余汉谋派张达师开翁源堵击,派张枚新师固守大余,并急电中央派兵增防赣州。

　　△　教育部派易克嶷接收中大工学院,为院长顾毓琇拒绝,并表示"如强迫执行,仪器工具等如有失落,应由接收者负责"。

　　△　行政院议决设中央大学整理委员会,聘蔡元培为委员长,李四光为副,顾孟馀、周鲠生、俞大维、竺可桢、钱天鹤、张道藩、罗家伦、谭伯羽等为委员。

　　△　上海教育界救国联合会通电全国,反对鸦片公卖。

　　7月7日　国联调查团团长李顿向日本内田外相转达国民政府所拟解决东北问题方案:一、承认满洲自治,中国保有宗主权;二、承认日本在满权益;三、日本从满洲撤军,改变军政状态,公布纯粹的文治制度。内田拒绝接受。

△　财政部长宋子文在沪召集银行界会议,讨论废两改元问题,原则确定采用银元制度,以统一币制,旧铸银元照旧使用;一俟法定重量标准规定后即开始鼓铸新币。

△　粤陈济棠攻琼军 5 日晨在榆林港偷渡,被"海瑞"舰察觉击退。是日晨,粤机投弹炸沉琼舰"飞鹰号"。

△　季振同红五军团击溃乌径、新田之敌张枚新第四师。次日占领信丰城,张师几被全歼,退守水口待援。

△　牛兰夫妇继续在狱中绝食,坚持移沪审讯。

△　国民政府令:国立北平师范大学校长李建勋辞职照准,任命李蒸为北平师范大学校长;任命郭汝栋为陆军第二十六师师长。

△　山东淄博煤矿工人因公司降低工资,群起反对,万余工人 7 日至 9 日次第罢工。

7 月 8 日　汪精卫邀请各地学术专家胡适、陶孟和、丁文江、蒋梦麟等 32 人在京集会,讨论外交、内政、建设、教育等问题,外交侧重对日方针,建设侧重财政,教育侧重制度经费。13 日闭会。

△　废止内战大同盟会推举代表朱庆澜、查良钊、陈立廷三人赴粤制止陈济棠、陈策之争,是日乘"胡佛总统号"轮离沪。

△　蒋介石任命杨永泰为豫、鄂、皖三省"剿匪"总部秘书长,杨是日到职。

△　国民政府任命郝梦龄为陆军第五十四师师长。

△　蒋介石新聘之美国顾问裘伟达上校抵沪,协助开办航空学校。

△　粤二陈争端,经蔡廷锴调停,是日双方接受条件,停止战争。条件为:一、由谭启秀部赴琼接防;二、琼舰队全移厦"剿共",陈济棠每月助海军费 10 万元,七个月为期。

△　中国教育电影协会在南京成立,通过会章 34 条,选举徐悲鸿、田汉等 21 人为执行委员,蔡元培、吴敬恒、汪精卫等七人为监察委员。

　　△　中国首次参加奥林匹克运动会代表队启程赴美。在上海码头举行数千人参加的欢送会,中华体育协进会董事王正廷授旗并致词。刘长春接旗致答词,表示为国争光的决心。于希渭因日伪阻挠未成行。

　　7月9日　朱德毛泽东指挥红一军团、季振同红五军团所属各军与粤军20个团在池江、梅关岭、大庾、南雄县水口圩展开争夺战,经过三天两夜战斗,于11日将粤军全部击溃,红军克水口圩,敌退南雄。

　　△　国民党中央政治会议决议提高常委职权,在国难期间,由常委全权处理一切政务。

　　△　国联调查团委员在东京往晤日本陆相荒木,荒木谬称"满洲为日本生命所系,日本防务问题与满洲防务问题不能分开","日本一俟满洲国组织完备,当予承认"。

　　△　台湾公布《资本逃避防止法》。

　　7月10日　文化界鲁迅、柳亚子、茅盾、陈望道、丁玲、洪深、田汉、郁达夫等32人致电汪精卫等要求释放牛兰夫妇"以重人道"。同日,江苏高等法院允对牛兰夫妇以移送医院为"通融办法"。

　　△　红军占领福建龙潭。

　　△　孔荷宠红十六军在湖北通山与敌军谢彬部激战,歼敌两团,缴获甚多,并占通山县城。

　　△　谭启秀奉蔡廷锴命抵广州与陈济棠商收编琼州陆战队事,"中山"、"海瑞"、"福安"三舰及陆战队交蔡廷锴带闽"剿匪",琼州由陈济棠派陈汉光旅接防。逃港各舰交回陈之第一集团军,海军欠饷由粤发给。

　　△　豫北六河沟煤矿工人罢工,丰乐镇驻军第十五旅第六四三团派兵前往镇压,逮捕41人。

　　△　晨,南京水西门外大王庙军械火药库突然爆炸,附近民房延烧百余家,居民被烧死烧伤者甚多。

　　7月11日　宋庆龄由沪到京探视牛兰夫妇,劝其进食。牛兰对送医院表示赞同。同日,上海中外各界人士在宋庆龄领导下组织"营救牛兰夫妇委员会",并发表英文宣言称:"为人道正义及不可侵犯之政治自由权,应准牛兰夫妇之请求,将案移沪,或将其全部释放,此种请求,应立时应允。"

△ 豫、鄂、皖三省"剿匪"总部决设党政委员会,是日公布该委员会组织条例。

△ 国民党中央政治会议通过财政部整理产区盐税暂行税率案,宋子文为此发表谈话称,产区盐税暂行税率案,其目的在于平均税率,取缔走私,增进税收。

7 月 12 日 宋庆龄在京访汪精卫、罗文幹磋商营救牛兰夫妇。宋要求于人道上而不违背中国法律想一折衷办法。罗表示为保法律威信,当依法办理。同日,司法行政部长罗文幹、次长郑天锡因反对外籍律师为牛兰夫妇出庭辩护,并以牛兰保释"违背法治精神",呈行政院辞职。

△ 牛兰夫妇经宋庆龄、蔡元培具保移沪就医问题,蔡得悉罗文幹、郑天锡因此案辞职,"恐因此引起政治纠纷",特向高等法院退保并撤回保证书。宋庆龄亦只得连带退保。晚宋怫然去沪。

△ 中华苏维埃共和国临时中央政府为争取释放牛兰夫妇发表宣言,谓"本政府已预备释放各苏区所羁留之帝国主义侦探——外国传教士,为南京政府释放牛兰夫妇之交换条件",要求立即释放牛兰夫妇。

△ 国联调查团与日外相内田康哉会谈,内田态度强硬,声言"满洲国家业已成立,无与中国政府直接交涉满洲问题的必要"。

△ 驻日公使蒋作宾访日外相内田康哉,转达国民政府对于日本承认伪满洲国问题的意见。蒋去东京途经神户时对记者称:如日本承认伪组织,不惟证明日本违背《九国公约》信义,且将使其在世界之声望大受损伤。

△ 蒋介石在汉口三省"剿匪"总部召见湖北各县县长 41 人训话,强调县长职责最为重要,应抱城存与存决心,有好县长,可抵过一万兵,应在政治上力谋改进。

△ 徐庭瑶第一纵队攻占皖西霍丘城。

△　朱德部红军集结信丰、南康、大余一带,并分出一部绕道南雄,袭击广东仁化,直逼韶关,图断绝南雄粤军与广州的联络。

△　行政院议决将统税署与印花烟酒税局合并为税务署,任谢祺为税务署署长。16 日,该署在上海成立。

7 月 13 日　宋庆龄、杨杏佛在沪发表声明,谓"前因牛兰夫妇绝食十日,本人等出于人道观念,并基于与关系当局事前之谅解,故愿以个人资格保释,俾到沪就医,经努力两日,未达目的,同时司法部长罗文幹因此呈辞,现本人等不愿再出为牛兰等作保,希望罗氏即可打消辞意"。18 日,罗文幹、郑天锡打消辞意,到部视事。

△　江苏高等法院向牛兰夫妇最后警告,准其于南京中央医院、鼓楼医院择一出外诊治,倘再拒绝,将强制执行。

△　豫、鄂、皖三省党政委员会成立,蒋介石兼任委员长,并派定委员九人:张难先、仇鳌、彭介石、萧萱、洪陆东、贺衷寒、张群、杨永泰、耿伯钊。张难先为监察处主任;洪陆东为党务指导处主任;张群为政务指导处主任。

△　东北军第九旅旅长何柱国就任临永警备司令,辖临榆、昌黎、抚宁、卢龙、迁安五县。

7 月 14 日　国联调查团再晤日外相内田,内田表明日本不能放弃其固定政策,永远不能承认将东三省归还中国,并声称:"日本欲先等满洲地位稳定后,再与满洲国商订条约,同时承认满洲国。"

△　蒋介石颁发《告匪区民众书》及《悬赏招抚胁从民众命令》四道,凡属胁从,一律优待,并悬重赏劝红军来归。

△　蒋介石手谕湖北各县长:一、应厉行本党政纲对内政策;二、严格清查户口;三、全民军事化。

△　蒋介石电令张学良从速处理热河问题,务请从速派队星夜驰进,以免受制于倭。

△　福州全市商民反对省政府以暴力强征房铺捐而罢市。市警察第一署署长施泰桢率警劝令开店,被众围殴重伤。

△ 据《大公报》讯：杭县四乡及海宁、德清各县乡镇，最近发生老妪抢米，少则三四百人，多则千余人。抢米风潮扩大至湖属一带。

7 月 15 日 宋子文、何应钦、刘瑞恒等飞赴汉口，与蒋介石商洽"剿匪"经费，并报告"剿匪"计划。

△ 国民党南京市执委会决议，请国民党中央函国民政府转令司法机关，对牛兰夫妇"应依法办理，不得瞻徇"。

△ 宋庆龄、蔡元培、杨杏佛决再为牛兰夫妇作保，并要求依《危害民国紧急治罪法施行条例》第一条规定，将牛兰夫妇移沪高等法院分院受理。保状由陈瑛、斐斯两律师夜车赴南京呈递。

△ 牛兰夫妇绝食消息传至欧洲后，欧洲各界异常愤怒。是日，巴黎劳动界、文化界向中国公使馆示威，柏林大学教授联名质问南京国民政府，英国独立劳动党领袖舍克司登亦向南京提严重抗议，要求释放牛兰夫妇。

△ 国联调查团团长李顿偕秘书哈斯离日来华。17 日顾维钧过津赴青岛迎候。19 日，国联调查团抵青岛，次日抵北平。

△ 左路军司令何成濬、副司令徐源泉率部十余万人向鄂洪湖根据地红三军贺龙部发动总攻。

△ 中共苏区中央局发表《告前线红军战士书》，号召粉碎敌人第四次"围剿"，提出红一方面军要"迅速地夺取赣江流域中心城市，来实现江西首先胜利"。

△ 外交、财政两部决封锁东北海关，由各关代征东北入口税。

△ 全国高等教育问题讨论会在沪举行，到各地代表 67 人，交通大学校长黎照寰报告筹备经过，沪江大学校长刘湛恩致欢迎词。大会连开三日，通过增进高等教育效能、大学教学问题、普及体育、提高专任教员薪额等提案 24 件。17 日会议闭幕。

△ 上海国际电台致电交通部，以该部与美国马凯公司密订无线电报务等合同，"实足危害我国甫经自主之国际通讯事业"，请立予撤销合同。

　　△　沈阳邮局被伪满劫夺,邮务长巴立地被迫办理交代,副邮务长刘耀庭脱险到北平。20日,邮政总局负责人对远东社记者称:东北邮政乃东北交通经济之主要命脉,决不能任人劫夺,必要时决将东北邮政全部封锁,亦所不惜。

　　△　浙江嘉兴、桐乡交界之濮院镇贫苦农民结队向米行抢米;同日,镇海人民因田赋附加超过正税一倍多,举行抗捐运动。

　　7月16日　何应钦致电陈济棠、李宗仁、蔡廷锴、何键,商定"剿匪"军事计划,即以粤军主力由粤北向赣南推进;湘、桂军由湘、赣边东下;闽军由武平、长汀、上杭向瑞金、石城进攻;赣军则自永丰、南丰之北向宁都、广昌以袭红军后方。五省动员总兵力约在30万人以上,对中央苏区之宁都、瑞金、石城、广昌、会昌、寻邬、雩都、兴国、汀州、宁化、上杭、武平等县形成大包围圈。

　　△　蒋介石在汉口再度召集湖北各县长训话,令其效法曾国藩、左宗棠,并分赠手编之《曾左语录》一册。

　　△　第十九路军军长蔡廷锴在福建漳州开军事会议,动员"剿匪",其第六十、第七十八两师除留一团守漳州外,其余全部限三日内向闽西前方推进。

　　△　北江方面粤军改编为两个纵队:第一纵队攻南康,以余汉谋为总指挥;第二纵队攻信丰,以香翰屏为总指挥,限期克复信丰、南康。

　　△　国民政府任命马鸿逵为陆军第三十五师师长。

　　△　财政部发表6月份海关贸易额入超4000余万元,日货进口骤升至第一位。

　　7月17日　牛兰夫妇经宋庆龄、蔡元培、杨杏佛具保,出狱移南京鼓楼医院就医,法院派警前往看守。

　　△　日本陆战队200余人自上海停战协定中所规定之D区(东自沙泾港起,沿淞沪铁路至横浜桥止;北自沙泾港起,沿新市路至奚家桥止;西自奚家桥起,沿水电路至八字桥止;南自八字桥起,沿日本公墓循横浜河至横浜桥止)撤退,上海撤兵区域接管委员会及市公安局、保安

队前往接收。

△ 日军借口关东军联络员石本权四郎在热河境内被义勇军扣押,铁甲车二列向朝阳寺进犯,我军阻拦,即被开枪射击。次日,日机五架飞朝阳轰炸,投弹 30 余枚,步兵第三十一联队一部占朝阳寺。

△ 第五军军长张治中再次请辞军、师长各兼职,并请升王敬久为第八十七师师长;所遗第五军军长职,请派员接任或撤销,"以节糜费"。9 月 7 日,国民政府令准张治中辞职,任命王敬久为第八十七师师长。

△ 蒋介石决定对鄂、豫、皖三省红军"清剿"计划,分三步进行:先鄂,次皖,再豫。

△ 鄂省组织"剿共义勇队",本日公布章程,县设总队,区设大队。凡 15 岁至 45 岁之男丁均编入。

△ 江苏省援助东北义勇军、反对上海停战协定民众大会在上海共和剧院开会,被上海公安局侦悉,派警包围,捕去 94 人,并搜出各种革命文告、刊物、证章、密码本等。其中 88 人于 21 日解送淞沪警备司令部,28 日审讯。29 日解往南京。

△ 国民党中央政治会议通过整理产区盐税暂行税率,是日公布。原轻税地区税率均有增高,最高者增税 1.45 元。原有税率最低者仅 0.3 元,增后为一元。原有最高者为 5.5 元,增后为六元。

△ 闽省红军占华安。

△ 天津《益世报》创始人杜竹轩因心脏病突发逝世。

7 月 18 日 何应钦到沪,对记者谈"剿匪"军事,声称"剿匪"军约 60 万人,约半年可告一段落,"剿匪"全部经费原支 2000 余万元,今减至 1300 万元,非常困难。

△ 红军贺龙部二次占领湖北潜江城。

△ 江苏第一监狱奉令办理大赦。在押 920 人,大赦出狱者 35 人。

△ 下午 2 时,日机五架轰炸朝阳,炸死居民 20 余人。

7 月 19 日 粤军以全力向信丰红军进犯,以缪培南师任前锋,黄光锐亲率飞机队出发掩护。

　　△　第四军军长张发奎辞军长职，拟出洋游历。

　　△　热河省主席汤玉麟派代表与日方交涉，说明石本被掳，与正规军无关，完全是偶发事件。日军要求七天内找到石本，驻朝阳第一〇九旅旅长董福亭亲赴锦州向日方道歉，否则继续采取军事行动。

　　△　浙江余姚运盐船 200 余艘要求酌加运费，遭资方拒绝，船工联合绍兴帆船业大罢工，盐运停工。

　　△　据《大公报》讯：浙西农民今春茧汛失败，无以自给，杭县、海宁、乌镇、菱湖、练市、德清、吴兴、桐乡等地饥民纷纷聚众抢米。

　　7 月 20 日　国民政府任命沈光汉为陆军第六十师师长，毛维寿为陆军第六十一师师长，区寿年为陆军第七十八师师长。

　　△　国民党中央制定《保障言论自由法》，凡 12 条，其中规定"宣传共产主义或谋破坏团体之刊物没收"。

　　△　日军"鉴于当前内外诸般情势，不宜立即对于热河方面进行武力解决"，是日退出热河朝阳寺。

　　△　教育部呈行政院整顿各大学办法数项：一、确定经费；二、裁并各大学重复院系；三、规定延聘教授标准；四、严格限制招收及甄别学生；五、慎重任命校长。

　　△　中华苏维埃共和国临时中央政府自瑞金用无线电向南京政府发出抗议，要求释放牛兰夫妇，愿以释放苏区所有西方教士为交换条件，并表示牛兰为中国革命之友，愿为牛兰夫妇辩护。

　　△　废止内战大同盟在沪举行第八次筹备会议，秘书处报告截止是日加入发起之团体 203 个，个人 493 名。代表大会展期至 8 月 27 日在上海举行。

　　△　上海各民众团体救国联合会以日军"袭热河，攻榆关，窥平津"致电国民政府，质问"有无收复失地准备"，并称"诸公秉持国政，败坏于前，岂仍因循坐误，使敌寇纵骑关内，以沦我华北，涂炭全国"。

　　△　天津商民救国会致电热河省主席汤玉麟请对攻热日军妥加防

御,矢志抵抗。

7 月 21 日　行政院以日军窥热,急电热河省主席汤玉麟抵抗,电促张学良加派大军助汤,并决定:一、向日提出抗议;二、电知国联。

△　上海各团体救国联合会发表宣言,督促国民政府出兵收复东北失地,实行总动员,争取最后胜利,并电促张学良出兵,"决国家存亡于一旦,定个人功罪于千秋"。

△　蒋介石划豫、鄂、皖区域为鄂中、鄂东、皖西、豫南四个"剿匪"区,本日派刘秉粹、张洒葳、石毓阳、向兆余分任视察。

△　日军分五路包围吉林自卫军:一由敦化沿牡丹江南进;二由敦化沿牡丹江南北两路东进;三由延吉北进;四由珲春向西北进;五由中东路海林站南进。自卫军亦分五路迎击。

△　国民政府公布《铁道法》。

△　晚,汉口《大同报》被警察捣毁,并捕去三人。国民党湖北省党部以"特别事故"为名,令该报于 22 日停刊。

△　美兰德出任澳门第一百十三任总督。

△　广州大风雨,全市成泽国,坍屋极多,溺毙压死者千余人。

7 月 22 日　汪精卫以日军进攻热河,电令张学良作自卫抵抗,并电促蒋介石回南京共商应付策略。蒋复电称:"剿匪紧张,暂难返京",并称已令张学良"于受侵袭时尽力抵抗"。

△　行政院通过教育部所提之整顿教育令:国立北平大学及国立北平师范大学近年来学潮迭起,办学困难,均应从事整理,除平大农、工、医各学院外,其余各学院及平师大一律停招新生;又国立暨南大学教育学院并入文学院,改为教育学系,法学院裁撤,学生转入中央大学肄业。中央大学商学院、医学院,改名国立上海商学院、国立上海医学院。27 日教育部令三校遵行。

△　红军击溃敌毛炳文、许克祥部 10 个团,攻克南丰、抚州,南昌大为震动。

△　导淮委员会副委员长庄崧甫,因兵工导淮不能实行,又无经费

而辞职,是日,国民政府令准,特派陈果夫为导淮委员会委员,并代理副委员长。

　　△　宋子文与上海银钱业续商币制改革事,决定组织"废两改元"研究会,由中央银行副总裁陈行为主席委员,任命贝淞荪、胡笔江、刘鸿生及西人凯末、麦照特、雷祺为委员。

　　△　下午1时,郑州骤起大风雨,夹冰雹巨如鸡卵,历四小时始止,行人被击伤者比比皆是,倒塌房屋数千间,田禾伤十之八九。贾鲁河上游水暴发,沿河房屋漂没,浮尸数十具,为近数十年来未有之奇灾。

7月23日　邮政总局奉交通部令,封锁东北各邮务,邮件、汇兑均停寄发。同日,交通部长黄绍竑发表宣言,谓日本指使叛逆攫夺邮政,业务不能执行,被迫封锁东北邮务,以致影响公众交通,一切责任应由日本政府负之。

　　△　蔡廷锴在厦门谈第十九路军"剿匪"计划,决定分三步进行:第一步集中兵力,于短期内克复龙岩;第二步由龙岩推进闽西之永定、上杭、连城、武平等处;第三步直捣长汀根据地。

　　△　外交部就日攫夺东北盐政事,再次向日本政府提出抗议。

　　△　上海各民众团体联合会召开紧急宣传会议,电促张学良效死战场,以谢国人,并电勉汤玉麟效第十九路军精神,扫除日寇。

　　△　女共产党员区梦觉(即周爱霞)及女友莫琼兰,在沪被跟踪的广州公安局侦缉队员扣留,寄押在上海公安局,是日押回广州。

　　△　华侨140余人去旧金山谋生,被美国当局驱逐回国。

7月24日　陈诚部周至柔、李明两师协同夹攻粤赣边红军,占南康。粤军余汉谋部攻占大庾。第十军徐源泉部黄新、刘培绪两旅攻占湖北潜江县城。

　　△　上海撤兵区域接管委员会结束,经办事宜摘要连同卷宗交上海市政府保管。

　　△　西康旅京人士在京召开救省全体大会,决请国民政府明令讨伐达赖,并准康人组织自卫军。

△ 军委会调第三十三师师长葛云龙为中将参议，遗缺由副师长冯兴贤暂代。

△ 安徽宿县石乡劣商陈廷芳、张炳怀包办烟税，索价苛重，农民数千人愤起焚毁陈等之房屋。第十二师派第六十八团前往镇压。

△ 河南鹿邑县长亲带团丁下乡催缴烟款，鞭笞农民，激起众愤，鸣枪抗缴，数十村农民举行起义。

△ 日人在长春成立大同学院，是日开学。

7 月 25 日 何应钦在京中央纪念周作关于御侮与"剿匪"的报告，声称："中国目前重要问题，为御侮与剿匪。外侮不御会亡国，赤匪不剿也会亡种。"

△ 邮政总局致电国际邮政公署，宣布封锁东北邮务情况，请国际邮联一致行动。

△ 何键在湘省府纪念周发表演说，坚决反对中苏复交。

△ 西北问题研究会在沪举行成立大会，胡庶华主席致开会词，说明该会系用科学研究之结果去开发西北，纯为学术团体而非政治团体。大会通过简章，选举职员，并发表宣言。

△ 国民政府令：公布《修正蒙藏委员会组织法》；免蒙藏委员会委员石青阳本职；任命张笃伦、陈炳光为蒙藏委员会委员。

△ 伪满洲国协和会成立，溥仪为名誉总裁，本庄繁为名誉顾问，郑孝胥为会长。该会系日本关东军直接筹建的从思想上统治东北人民的"国民组织"。

7 月 26 日 国民党中央执行委员会西南执行部通电"剿共讨逆"，谬称："非灭绝共匪无以巩固国基，非讨伐叛逆无以御邻寇"，"尤冀全国同胞，确认今日之剿共讨逆，为民族争生存之唯一出路，毋误解剿共即兴内战，毋误谓讨逆必招外扰。"

△ 颜惠庆就日本掠夺东北邮务权案，再次向国联提出报告。

△ 北平政务委员会开临时大会，到张学良、韩复榘、徐永昌、商震等，张学良报告最近军事、外交及热河情况，决议正式大会于本月 29 日

举行。

△ 行政院会议决议:第十九路军总指挥蒋光鼐因病辞职照准,遗缺由第十九路军军长蔡廷锴升任,并暂兼代闽"绥靖"公署主任职。8月2日,国民政府任命正式发表。

△ 行政院长汪精卫、教育部长朱家骅发布整顿教育令,以近来学风嚣张,学潮迭起,若不厉行整顿,"国民教育即可完全破产"。

△ 旅京西康人民请愿代表马泽昭等到行政院、国民党中央党部、参谋本部等处请愿:一、请速决方针,电令刘文辉继续前进,乘胜收复西康失地;二、请中央电川、青出兵援助西康;三、接济军实;四、撤销达赖驻京办事处;五、准西康民众组织自卫军。

△ 东北民众抗日救国会热河分会致电汪精卫,表示"决率全热八百万民众,为政府先驱,誓死抵抗,以保疆土"。

△ 华侨义勇军缅甸队130余人,由许笑影等率领,本日由京出发赴东北各地参加抗日工作。

△ 江苏公安局奉省政府密令,逮捕镇江《江声日报》经理刘煜生,并勒令该报停刊。省府秘书长金体乾谈捕刘原委称:"江声副刊时有宣传阶级斗争文字。"

△ 北平小学联合会代表40余人为反对市政府非法撤免六个小学校长,赴社会局请愿无结果,就地绝食抗议,宣称"复职始复食"。

△ 日本政府任命武藤信义为驻伪满全权大使;任命林博太郎为南满铁路总裁;任命有吉明为驻华公使。

7月27日 国民党中央政治会议决议:设立惩戒委员会,审议政务官惩戒案件;准庄崧甫辞立法院委员职,慰留其导淮委员职;任命贾士毅为立法院委员。

△ 蒋介石派机飞京,迎汪精卫、宋子文、李济深、黄绍竑至汉口,共商财政、封锁东北海关及废两改元等问题。

△ 蒋介石在汉口召开湖北党政会议谈话会,张难先等党政委员五人及湖北省委、省、市党部全体委员出席,决定由党政委员会、省府、

省党部各推委员,分区赴全省各县调查。蒋介石训话,强调"须实地调查各县情况,以为实施指导之依据"。

　　△　鄂豫皖红军为粉碎敌第四次"围剿",将各部队化整为零,全面扰敌。是日蒋介石令三省"剿匪"部队照预定计划,节节清剿,并称"彼以化整为零之法四出我周围,而我须以整齐严肃之阵收抚民众"。

　　△　日驻长春领事馆改为总领事馆,并设置锦州领事馆。

　　△　是日至 29 日,马占山军 800 人渡过海伦河,在安固镇附近遭日军田中大队伏击追击,主力被围罗圈甸子一带,大部官兵牺牲。日军误认被难之参议韩述彭为马占山,日关东军司令本庄繁向天皇报功。

　　△　全国邮务职工代表会发表维护邮权宣言,声明对日本攫夺东北邮权,誓予反对,并要求国民政府对入关邮工,无条件分配各邮局服务。

　　△　废两改元研究会在中央银行开第一次会议,讨论新币制度,意见不一,定 30 日续议。

　　△　上海青年爱国组织"血魂锄奸团",警告奸商如再买日货,决戕杀无遗。28 日向贩卖日煤之永昌煤号投炸弹一枚。

7 月 28 日　国民政府训令各机关公务人员,对政府设施,如认为不妥,应用书面建议于长官,不得径自向外发表,违者交付惩戒。

　　△　日本阁议于 26 日通过派遣驻满特命全权大使兼任关东军司令官,为承认伪满之先声,是日外交部训令驻日公使蒋作宾对日政府提出抗议,并命顾维钧请国联调查团注意此事。

　　△　李济深向蒋介石请辞豫鄂皖三省"剿匪"副司令及右路军司令、驻蚌行营主任兼职。蒋电复慰留,准将"剿匪"指挥事宜着王均负责兼代。31 日豫鄂皖三省"剿匪"总部驻蚌行营结束。

　　△　上海各团体救国联合会致电国民政府,略称:"日军已决定重新占领虹口越界筑路及八字桥一带之地面,北四川路一带人心浮动,纷纷迁避,如大祸之将至,且已运来便衣警察,准备遣浪人前往肇事,恳请迅令淞沪附近驻军火速驰赴闸北实力镇慑,以安人心,而保国土。"

△　上海市香业工人 400 人因要求改善待遇,资方屡加拒绝,最近各店资方更陆续开除工人百余名,于是日起宣布罢工。

7 月 29 日　行政院会议决议:7 月份起教育经费发足,2 至 6 月份短发各费不再补发。

△　北平政务委员会决议,呈请中央修改北平政委会组织条例,加推张群、顾维钧、石友三等 10 人为委员,张群、刘哲为常委。

△　国民政府令:教育部政务次长段锡朋准辞代理国立中央大学校长职。

△　徐源泉、何成濬、夏斗寅商决悬赏 10 万元购捕贺龙。湖北省政府令财政厅筹款以待。

△　上海劳动大学奉令停办,该校校长王景岐电教育部遵令于 8 月 1 日办理结束。

△　天津陆军监狱在押犯人要求特赦未遂,晚 9 时 40 分越狱暴动,抢走步枪、手枪十余支,打死卫兵多人。军警尾追,捕回 20 余名,逃走 26 名。

7 月 30 日　立法院会议通过中政会交议之海关征收附加税,并增加进口税之种类及税率案。附加税按关税税率征收 5%,以一年为期。附税、进口税两项年可增收 2000 万元。

△　财政部长宋子文发表声明,因日本违背国际协定,掠夺东北税收,决定暂停拨付日本庚子赔款 3.3 万镑。

△　国民政府令:公布《县长任用法》;任命孙桐萱为陆军第二十师师长。

△　豫鄂皖三省"剿匪"总部颁布命令,凡红军师、旅、团、营、连长"率部来归"者,提升一级,并赏师 10 万,旅三万,团一万,营 5000,连 1500 元;个人"自首来归"者,保留原阶级,听候录用,不究既往。

△　天津各团体救国联合会、国难救济会、市商会、各大学教授抗日会等 38 团体 200 余人,在银行公会宴请张学良、韩复榘、傅作义等,呼吁各将领下最大决心,收复失地。

△　第十届奥运会在美国洛杉矶举行,中国代表队临时拼凑而成,刘长春执国旗,总代表沈嗣良及代表宋君复、刘雪松、申国权、托平共六人。刘长春百米预赛成绩 11 秒左右,排名第五,被淘汰;200 米成绩 21 秒 9,列第四。

△　"国民自救会"在沪成立,发起人为褚慧僧、褚文绮、李永祥等。该会宗旨为抵制日货,提倡国货救国。

△　沈阳伪公安局长张凤岐因筹划起义被日军惨杀,株连数十人,该局督察长杨某被割舌而死。

△　上海日商对"血魂锄奸团"之行动恐惧万状,特开会议定应付办法五项;一、催领事从速交涉;二、组织便衣侦察队侦察该团行踪;三、将存货廉价赶快出售;四、请日军保护;五、急电日本国内各埠暂停装货来沪。

△　广州连日大雨,今晨全市被淹,塌屋数十间,溺毙 98 人,伤 53 人,无家可归者甚多。

7 月 31 日　北平政委会连日会议军政防务,是日闭幕,发表宣言称:长期御侮,应以改善内政为根本之图,各省当局"应亲身巡视,或派员调查地方应兴应革事宜,克期实施";恢复失地,巩固国防,为全国军人之专责,华北军人"更应遵照中央命令,同心努力,共谋捍卫"。

△　马占山军在罗圈甸子遭日军八个联队近万人设伏围困,是日,马率部从北山口突围,受阻,转东南山口,乘黑冲出包围。

△　平、津 43 个团体请愿代表团代表 80 余人,在平向张学良请愿,提出下最大决心,收复失地等六项要求。

△　"津沽民众救国会"致函国民政府,要求转饬张学良率部援热,并函请国联调查团主持正义,制止日军在热河的军事行动。

△　华侨救国经济委员会公推该会副主席何永贞赴津调查义勇军抗日状况。何表示侨胞素爱祖国,对抗日军民当有充分之接济。

7 月下旬　湖南省政府聘胡庶华担任湖南大学校长。

△　军政部为封锁苏区消息,订定《匪区邮电扣留办法》,咨请交通

部令各省依照办理,并将设在苏区之邮务分局暂行撤退。交通部通令实行。

△　冯占海吉林抗日义勇军袭击并占领榆树城,该城伪军、伪保安队数百人起义。

是月　国民政府以"言论反动,毁谤党国"的罪名,下令禁止《生活》周刊在河南、湖北、江西、安徽等省邮递。

8　月

8月1日　张学良电京报告热河情形,称:"日方已开始军事行动,形势渐趋严重,榆关亦告紧急。"

△　南京各界民众团体为日军侵热开代表大会,讨论应付方策,决定致电国联调查团及国联,报告"暴日侵热"真相,请强力制裁,以伸公理;并致电张学良及华北各将领,请率军抵抗,援助义勇军收复失地。

△　国民党中央以近时各地新成立之团体常对于政治"作不负责任之批评或攻讦",特规定嗣后各团体发布文电,须有会长或主席署名,以重责任,除通令各级党部转饬遵照外,并函知行政院。

△　闽"绥靖"公署在漳州召开漳、泉、龙、汀四属"绥靖"会议,研究"剿灭"红军计划。蔡廷锴主席,出席者第十九路军师长沈光汉、区寿年、张贞及毛维寿、黄强,并龙溪、海澄等14县县长。第十九路军其他高级军官列席。

△　粤军李振球第一纵队占领信丰城。

△　为防共产党人举行"八一"纪念,上海市政府下令断绝交通,禁止一切集会、结社、游行。北平亦戒严。

△　南京市"血魂锄奸团"成立,宣言称有团员数百,分布全市,其任务在调查事实,锄灭奸商。

△　国民政府任命谷良民为陆军第二十二师师长;曹福林为陆军第二十九师师长;乔立志为陆军第七十四师师长;展书堂为陆军第八十

一师师长。

△ 广西银行总行在桂林成立,资本 800 万元,实收 521 万,官商合办。

△ 上海商务印书馆 1 月间被日机炸毁停业,是日总馆恢复营业,仍推王云五为总经理。

△ 香港《妇女杂志》创刊。

8 月 2 日 据《申报》讯:国民政府财政困难,曾由外部照会英、美、意三国,商请将各该国庚款,自本年 3 月起,至明年 2 月止,缓付一年,三国近均复照表示同意。

△ 荷使杜培克赴外交部欧美司洽商退还荷兰庚款事,双方意见甚接近。

△ 粤空军将领黄光锐、丁纪徐等由广州赶回韶关,组织第六航空国防队,决心以空军全力向红军总攻击。

△ 行政院接西藏达赖电,表示对康、藏纠纷愿和平解决,盼政府适当处置。是日行政院致电达赖、刘文辉详询对此事意见。

△ 晨,辽南抗日义勇军袭击海城,猛攻营口,切断南满路;辽西义勇军郑桂林部占领葫芦岛。日步兵第二十九联队及靖安游击队自沈阳出发,3 日晨到达海城。

△ 前第八十八师独立旅旅长王赓,在淞沪抗战中被拘,经严密侦察确无通敌嫌疑,本日以擅离戒严地点之罪,判处徒刑二年六个月。

△ 财政部通令各省、市财政厅、局限制田赋附捐,不得逾越地价 1%,附加总额尤不得超过正税。其已经超过者,应即切实核减;未超过者,非迫不得已时,不得率请加征。

△ 财政部电令各海关增加丝织等类货品进口税率,即日实行。

△ 国民政府任命高桂滋为陆军第八十四师师长。

△ 上海全市电报工人为要求改善待遇实行罢工,当晚经劝告复工,局方允每人加工资二元,分期实行。

8 月 3 日 国民党中央政治会议决议:一、北平政委会委员增加 10

人,常委由九名增至11名,加推张群、顾维钧、王树常、刘翼飞、易培基、石友三、孙殿英、刘尚清、王克敏、秦德纯为委员,加派张群、刘哲为常委;二、故宫博物院理事长李石曾辞职照准,聘任张群为指导整理北平市文化委员会副会长;三、故宫博物院理事长由黄郛继任,在黄未到任前,由张群代理;四、铁道部长顾孟馀辞职慰留。

　　△　行政院召集各院、部副院长、次长、总务司长会议,讨论国难期间政费支给办法,彭学沛主席,决定根据中央颁布核减成数,请求酌量增加。

　　△　日侨在沪、平、津、青设邮政所,收寄东北邮件,不贴中华邮票,对此外交部向日提严重抗议。

　　△　交通部以东北各发报局台延期不解所收国际电报费,特令全国电报局停止为东北转发国际电报。

　　△　李济深再辞鄂豫皖三省"剿匪"副司令及右路军司令兼职,蒋介石致电慰留。

　　△　上海又出现"赤血"、"铁血"两锄奸团,用警告信和炸弹警告煤业公会勿再卖日煤、贩仇货。

　　△　海关公布进口货新税率,定4日起实行。

　　△　河北省各河均大水,北运河大堤决口。北满水灾严重,中东路路轨数处被水冲毁,停止通车,数百方里成泽国。

　　8月4日　蒋介石令鄂、豫、皖三省各县长兼"剿匪"总部军法官,准其在各县任意逮捕、审讯、杀害革命人士。

　　△　伍朝枢因海南问题遭种种障碍,致原订计划不能实施,今夜宣布辞西南政委会委员职。

　　△　冯玉祥在泰山发表谈话,略谓:"我无病,来此系养心,非养病。调查团游泰山时欲见我,我因中国疆土失了三省,自己不能收回,反哀求人家帮忙,我觉着没脸见人,故托病谢之。现在热河又吃紧,假如仍不抵抗,则华北危矣,故很焦急。"

　　△　财政部公布,7月份关税收入规银10070135.46两,应拨借、

赔各款规银 13278258.62 两,相抵不敷规银 3208123.16 两。

　　△　国民政府军事委员会将第六路所属之第八、第二十三、第二十四三个师划归第三十七军指挥,以第八师师长毛炳文升任第三十七军军长,9 月 20 日行政院通过。

　　△　驻英公使郭泰祺抵伦敦,对记者发表谈话称:"自日本侵略开始以来,中国对于国联行政院与大会之决议案一一遵守,对于国联调查团之纯正公允极为信任。"

　　△　南满线辽南抗日义勇军张海天(老北风)等部在营口附近与日军激战,驻沪日陆战队 600 人开往营口。5 日,义勇军续攻海城、营口。

　　△　中国化学会在南京成立,以联系国内外化学家共图中国化学科学事业的发展为宗旨。陈裕光任会长。

　　△　上海渔商公会致电国民政府,反对重征渔税。

　　△　上海锄奸团抵北平,警告平奸商勿贩卖日货。

　　8 月 5 日　　汪精卫由京赴沪访宋子文,商财政问题。

　　△　国民政府各院、部、会以中央政费只发八成,要求财政部十足发放。宋子文表示财部发放政费,系根据国民政府命令,请体察财政困难情形,个人无权增加。

　　△　江苏高等法院以牛兰夫妇自请提回看守所,是日派武装警察40 名自鼓楼医院提回至江宁地方法院看守所收押候讯。

　　△　鄂"绥靖"主任何成濬下令封锁洪湖革命根据地,"围剿"红军。

　　△　山东潍县国民党县党部派军队包围胶济路坊子工厂,逮捕共产党人八名,将解往潍县,坊子厂全体工人卧轨阻止,只得改由旱路解出。

　　△　行政院会议决议:一、铁道部长顾孟馀辞职慰留;二、设立青海七呼图克图联合驻京办事处。

　　△　国民政府任命顾维钧继钱永铭为驻法公使。

　　△　军委会准津浦路南段警备司令王均辞职,遗职委第二军军长蒋鼎文兼任。

8月6日　汪精卫以"外交、财政问题诸感棘手",分别致电中执委会、林森、蒋介石、各院、部长,请辞行政院长职。致中执委会、林森电中称:"忝长行政以来,原期竭尽心力,以救国难,乃荏苒数月,事与愿违,再四思维,惟有呈请辞职。"致各院、部长电中称:"个人引退之原因,与行政院全体无关,在中央未选出继任人以前,敬请宋(子文)副院长依法代理院长。"

△　行政院长汪精卫致电张学良,望其辞职以谢国人,并称:"惟兄拥兵最多,军容最盛,而敌兵所扰,正在兄防地以内,故以实力言之,以职责言之,以地理上之便利言之,抵抗敌人,兄在职一日,断非他人所能越俎。""今兄未闻出一兵、放一矢,乃欲藉抵抗之名以事聚敛,自一纸宣言捍御外侮以来,所责于财部者,即筹500万……昨日则又以每月筹助热河三百万责之行政院……以此相要挟,诚不解是何居心。"

△　蒋介石接汪精卫辞职电,急电恳切劝挽,内称:"吾二人既均以共赴国难而来,现在无论有何困难,必须共负仔肩,勉度难关,决不可于国难益加严重之际遽萌退志,务望即日返京,照常主持院务。"

△　蒋介石电请林森慰留汪精卫,并电何应钦、宋子文、朱培德、吴铁城共同挽劝。蒋表示与汪共进退。

△　辽宁民众自卫军第六路李春润部3日起进攻抚顺,是日占抚顺。

△　上海锄奸团成员爱国少年恽惠芳,因用炸弹警告奸商,被市公安局逮捕,沪市总工会、各同业公会等各团体纷纷发表宣言,要求释放。11日,恽惠芳被判徒刑两月,缓刑两年。

8月7日　国民党中执会召开临时常务会议,讨论汪精卫辞职事。一致议决由中执会急电慰留,并派何应钦即日赴沪会同居正代表中央挽留。

△　蒋介石再电何应钦、朱培德促赴沪恳切挽汪回京。何夜车赴沪,朱8日晨赴沪。

△　北平政委会开会,张学良决定辞职。张复电汪精卫,劝汪"以

国事为重,勿轻言辞","本人军、政权将分交平军分会、政委会"。同日,张并电蒋介石请北来主持。

　　△　罗文幹呈行政院请辞司法、外交两部长职,表示与汪精卫同进退。

　　△　蒋介石电张群转劝张学良,"以大局为重,宜忍隐处之。北方同袍尤不宜亟有抗辩,以免益陷僵局,更增纠纷"。

　　△　蒋介石下令总攻鄂豫皖苏区。命令各路"进剿"军疾速进击,深入根据地中心。10 日陈继承纵队向七里坪急进,卫立煌纵队进抵河口一带。

　　△　李济深再电蒋介石坚辞三省"剿匪"副司令职。

　　△　张学良令天津公安局枪决扰乱破坏天津治安之大汉奸刘学古。

　　△　张群电中央请辞北平文化整委会副会长及代理故宫博物院理事长职。25 日,张再电请辞。

　　△　汕头商界反对国民政府举办营业税,组织反对营业税委员会,各业自动罢市。

　　△　海关总税务司梅乐和发表宣言,说明伪满洲国劫夺满洲海关经过。

　　△　锦州日军向汤玉麟下最后通牒,限 48 小时内交还石本权四郎,否则进攻热河。

　　△　伪满洲国国务总理郑孝胥与日本关东军司令官本庄繁签订《满洲国政府铁路、港湾、航路、航空管理及铁路线的敷设、管理协定》,规定伪满将这些交通设施交给关东军,由关东军委托"满铁"经营。

　　△　山西突降大雨,祁阳、阳曲等 30 多县遭百年来未有之奇灾。8日,汾河决堤,太原被淹,正太路被冲毁,火车停开。

　　8 月 8 日　汪精卫在沪对记者发表谈话,促张学良下野,略谓:行政院院长人选,"于右任、戴传贤均可,蔡元培来更好";继张者"以何应钦、朱培德为宜"。有询以冯玉祥、阎锡山如何? 汪谓不可,"将予人以口实,增加纠纷"。

△　汪精卫再电国民党中央执行委员会坚辞行政院长职,指责张学良治下省份,国家税收悉被截留;兵额中央无权过问。中央责以防御,则请饷之电,来如雪片。所谓财者,平日已被吞尽,中央何从得财,以应其请;请而不遂,则一切责任归之中央。

△　张学良电国民政府、军委会、行政院辞北平绥靖主任职,内称:"原思忍辱负重,尽力职责,奋其待罪之身,勉图方来之效,乃以识力短浅,事与愿违,匡济无力,寸功未立,长此素餐席禄,诚恐陨越贻羞。"

△　张学良复电汪精卫已电请中央罢免本职,略称:"自卫必先准备,准备非财莫举,良职责所在,凡有吁请,均为自卫所必需,若夫明知中央困难而故作要求,良虽至愚,亦曷敢出此","倘以为良如在职有碍于内政或外交之进行,自当立时引退","惟念我公党国柱石,万不可飘然远引,置国难于不顾",望即日复职,主持大政。

△　陈树人为表示与汪精卫同进退,请辞侨务委员会委员长职。

△　吴佩孚致函蒋介石,主张重整伦理纲常,略谓:"窃谓天灾不足患,而人祸堪忧。困难不足平,而心死是惧。""今礼教尽废,国之所以不国也。所望政府鉴于天秩之不可沦亡,民彝之不可废弃,速定国是,明布宪章,重整伦理纲常,奉若天经地义,上以是教,下以是学,凡有不忠不孝,不友不弟,不信不义者,从严惩处之。"

△　蒋介石召见武汉大学校长王世杰,嘱转电蔡元培挽劝汪精卫回京复职,并派武大教授周鲠生代表赴沪面劝。

△　中华苏维埃共和国中央革命军事委员会通令宣布:奉中央政府命令,特任毛泽东为红军第一方面军总政治委员。

△　武藤信义在东京就任关东军司令官兼驻伪满特派全权大使职,26日武藤抵沈阳。29日前关东军司令官本庄繁离沈阳回日本。

△　皖北灵璧县农民数千人由李小白领导,向尤集区公所索回已收之烟税,并捣毁区公所。9日,农民聚集不散,攻占村镇多处,尤集区长逃至县城请兵镇压。19日,县派警镇压,农民抗争暂告结束。

△ 松花江堤防冲毁,哈尔滨被水包围,灾民达 20 万。

8 月 9 日 行政院各部、会长官宋子文等致电国民党中央政治会议及林森,请总辞职,略谓:"子文等奉命供职行政院副院长、各部部长、各委员会委员长,原期在汪院长领导之下,于国难期间勉尽绵薄,今汪院长既表示辞职,子文等自当共退,敬请准予辞职。"10 日,林森、蒋介石分别复电慰留。

△ 汪精卫以沪各团体对其辞职事致书劝勉,特在报端刊载启事作答,略谓:"连日接各界团体来书对兆铭辞职事或盛意挽留,或严词责备,均已领悉。兆铭辞职原因已俱详致张主任鱼电(6 日)及上中央执行委员会齐电(8 日),恕不复一一声述,谨此裁答,诸祈鉴察为幸。"

△ 林森致电汪精卫,"希仍本受任时救国初衷,迅即回院,主持大计"。

△ 国民党中委叶楚伧、邵元冲、陈果夫、曾仲鸣、陈立夫等十余人,在孙中山陵园举行非正式会议,交换对汪精卫辞职原因及解决办法意见。

△ 北平政委会讨论张学良辞职问题。张对汪致中执会齐电甚愤慨,谓:"本人已电中央呈请辞职,昨汪又电中执会,本人处此环境,只有引退,以成汪先生之志。"各委员劝以地方治安为重,勿引退。张仍表示坚辞。

△ 蒋介石电复张学良,假拟三策:一、不辞职而带兵入热抗日;二、辞职而带兵入热抗日;三、辞职而改组北平绥靖公署,择一而行。勉出兵收复热河为上策。

△ 华侨救国经济委员会代表何永贞北上调查义勇军抗日情况完毕返津。何谈:"义军饷械俱感缺乏,而能与倭奴激烈抗战者,咸赖其全副热血,人人俱抱必死之决心……料倭寇虽万分强暴,将来终必被我义勇军驱除净尽。鄙人敢代表侨胞,在可能范围内予以充分之援助,决不致坐视成败而不援救。"

△ 李纯华率辽南抗日义勇军袭击海城。

　　△　中华职业教育社第十二届社员大会及第十届全国职业教育讨论会在福州开幕。11日闭幕,决议:一、社员大会由两年开会一次改为每年一次;二、下次开会地点暂定沈阳、广州、开封三处。

　　△　美国芝加哥博览会代表爱尔培博士来华调查中国实业,是日抵南京,实业部长陈公博设宴欢迎。

　　8月10日　国民党西南执行部致电中央请撤惩张学良,内称:"溯自九一八事变发生,张持不抵抗主义,丧失东北土地数十万里,陷三千万同胞于水火……暴日侵陷锦州,熟视无睹;义军艰苦奋斗,置若罔闻,已非党纪国法所能容。今又值热河告急之际,未闻其出一兵放一矢……应请中央严加撤惩,以维国纪,而振全国抗日之精神。"

　　△　蒋介石在汉手谕"剿匪"总部广招反共"贤才",声称:"愿与本总司令共同革命,清剿赤匪,以内安乡邑,外御强寇者,本总司令必厚遇优礼,引为同志,破格任用。"

　　△　红四方面军总部决定撤围麻城,率领红十一师、十二师、七十三师兼程向黄安进发,迎敌第六纵队。同时,以红十师开向七里坪,阻击敌第二纵队。

　　△　江苏高等法院开审牛兰案,牛兰对审判长询问不作答复,只选要求移转沪法院管辖,并要求准斐斯律师出庭为其辩护。

　　△　国民政府公布《县参议会组织法》、《县参议会选举法》、《市参议会组织法》、《市参议会选举法》。

　　△　驻沪日兵50余人闯入租界内陈万兴营造厂内殴伤工人十余人。12日,纳税华人会函工部局要求采有效手段消灭此种不稳势力。

　　△　美国国务卿史汀生会晤日使出渊,并声明反对日本武力侵略中国。

　　8月11日　蒋介石电令豫省主席刘峙、鄂省主席夏斗寅、皖省主席吴忠信整练团防,略称:"民团组织含有安内攘外意义,民团革新为救国救亡唯一关键,望竭力领导,加以改造与训练,并将现有团队实情,及研究整理改造具体方案,克日具报备查,凭其效果,以资考绩。"

△　陈济棠汇 20 万元助第十九路军军饷,并致电蔡廷锴,请速饬部开赣东,助粤军"围剿"红军。

△　卫立煌师攻鄂豫皖苏区黄安,为红四方面军所败。

△　国民党军第三十四师师长岳维峻上年在罗山被红军俘虏,是日在光山被处死。10 月 19 日,国府明令褒扬,赠陆军上将。

△　北平师范大学全体教授联名致电教育部,请收回停止招生成命,以维教育。12 日师大学生开会决议:由教授、学生共组招生会,自动招生,并联络各院校一致行动。

△　"血魂锄奸团"警告南昌市商会转各商停营日货。各商纷纷将日货藏匿。

△　上海英商公共汽车公司工人为反对公司不履行增加工资诺言及要求恢复被开除工人的工作,是日开始罢工。经过 41 天斗争,公司同意酌加薪金,工人始复工。

△　毛里求斯华文《中华日报》在路易港创刊,李伯宇任社长。

8 月 12 日　左路军徐源泉部以海、空军配合"围剿"洪湖根据地红军。蒋介石令限月内肃清。13 日,蒋令左路军四面向洪湖红军压迫,完成封锁。

△　上海市商会通电全国,共起制裁私售日货之奸商,剥夺其人格名誉。

△　张学良在平召见东北高级军官训话,勉各旅长等"安心供职,勿以本人去留为虑"。训话毕,并商谈善后办法及防地布置。

△　东北民众自卫军邓铁梅部 2000 余人攻入岫岩城,伪军大部被缴械投降。14 日退出岫岩县城。

△　"血魂锄奸团"驻蚌分团成立,并致函蚌商会请通知各业公会,晓以大义,如查出奸商贩卖日货,当严厉对付。

△　据《申报》讯:黑省水灾甚烈,灾民 36 万人,已查明死者 2.8 万人,无家可归者 18 万人,农产损失 2000 万元以上。

8 月 13 日　何应钦等赴宋子文宅晤宋,何称汪辞意甚坚,对国是仍允共负艰巨；又称汪辞职无须交三中全会讨论,三五日内当可解决。

△ 蒋介石请吴敬恒劝汪复职。吴敬恒自京抵汉,征求蒋介石意见,并请蒋即日返京,俾中枢负责有人。

△ 中路军卫立煌部、刘峙部向鄂省新集、黄安、七里坪等处红军进攻,下午占领黄安城。次日第二纵队陈继承部占领七里坪。

△ 晚,张学良在北平再次召集各将领训话,宣布辞职经过及决定赴外国游历考察,并嘱各旅长"团结一致,维持地方,服从命令,拱卫国家"。

△ 东北民众抗日救国军第二军区代理总指挥兼第一路司令李纯华等,分电汪精卫、张学良吁请复职。称:"陡闻政变,士气顿为沮丧,覆巢之下,必无完卵,值此时势危急之秋,团结御侮之不遑,岂容彼此诘难,互相诿卸。"

△ 教育部令取消北平华北学校立案,该校全体师生电教育部请收回成命。

8月14日 蒋介石再次电促汪精卫复职,关于华北军政各事,表示愿遵汪意,即为解决;并称:"如仍坚持,当亲至沪面挽。"

△ 吴敬恒由汉乘机抵沪,携蒋函偕宋子文、何应钦、朱培德、朱家骅等晤汪,并代达蒋劝汪回任意。汪辞意坚决,但允日内返京。

△ 红军贺龙部七、八两师分二路进攻湖北沙市,已抵土城,与川军王陵基部激战一昼夜后,向东北撤退。同日,贺龙红军一部入草市,逼近江陵。

△ 河北省立各院校联合会派代表谒见省教育厅长陈宝泉,请恢复二十一年教育经费预算,陈允提省政府会议讨论。

8月15日 国民党中委谈话会对汪、张辞职拟定方案,汇送中常会决定:一、准张学良辞北平"绥靖"公署主任职(16日国民政府明令发表);二、裁撤北平"绥靖"公署,改设军事委员会北平分会,委员18人,以万福麟、荣臻、蒋伯诚为常委;以军事委员会委员长兼任军分会委员长;三、再由中常委切实慰留行政院长及各部、会长。

△ 张学良召集所部各将领在平开会,各将领希张顾念国难当头,取消辞意。张训勉三点:一、努力为国,"不忘党国福利";二、勿蹈军阀割据覆辙,不以一人之去留危及国家;三、凡事三思而行,平心静气,态度安详。

△ 蒋介石乘飞机赴浔转庐山。张学良派参谋长鲍文樾携亲笔函至庐山谒蒋,报告华北军政诸事,并请示机宜。

△ 蒋介石将自序之《胡林翼军政语录》分发给豫、鄂、皖三省官吏。

△ 张学良委任唐聚五为辽宁省政府主席兼辽宁民众自卫军总司令。20 日,辽宁省政府正式成立,以裴焕星、杜枫廷、高惠民分别任民政、财政、实业各厅厅长。

8 月 16 日 江苏高等法院续审牛兰案。牛兰夫妇对 10 日至 12 日三次口供笔录颇多修正,以高等法院笔录多处错误,拒绝签字。

△ 蒋介石为杜绝挟嫌诬告之风,制订《控告官吏须知八条》,是日在豫、鄂、皖颁行。

△ 西南政委会决议,设立最高法院西南分院,为粤、桂、闽、滇、黔五省终审审判机关,派广东高等法院院长陆嗣曾兼管最高分院行政事务,并通过该分院组织暂行条例。18 日,最高法院咨西南政委会,反对设立西南分院。

△ 行政院会议通过:李四光请辞中央大学整委会副委员长及代行中大校长职务,决议慰留。

△ 国民政府特派颜惠庆、顾维钧、郭泰祺为出席国联第十三届大会代表。

△ 全国体育会议在南京开幕。21 日闭幕。会议通过《国民体育实施方案》。发表宣言,强调普及全民体育。

△ 红一方面军发起乐安、宜黄战役。17 日,攻克乐安城,20 日占领宜黄城。第二十七师高树勋部四个团大部被歼。同时,闽西红军 19 日占领宁化,红十二军 23 日占领南丰。

△ 济南、苏州、平、津、嘉兴等地锄奸团警告各商店勿贩卖仇货。

△ 吉林义勇军破坏吉敦路,颠覆列车一列,克沈海路支线东丰县城。

△ 辽南抗日义勇军袭击鞍山制钢所。

△ 鲁南滕、峄、邹、兖等县及苏北铜、邳、沛县蝗蝻成灾,秋禾树苗食尽。

8月17日 汪精卫回京,出席国民党中执委会临时常务会议,报告辞职经过。汪表示此次辞职之本意,决非一般所谓消极主义,要求中央鉴其真诚,另行物色接替人选,"本人辞职后,仍担任中政会事务,不敢推辞"。吴敬恒、叶楚伧、居正等发言慰留。

△ 国民党中央政治会议决议:一、北平绥靖公署暂行停设,改设军事委员会北平分会;二、《北平军分会暂行组织大纲》准予备案;三、任命王树翰、万福麟、张作相、张群、韩复榘、徐永昌、王树常、宋哲元、鲍文樾、于学忠、商震、荣臻、庞炳勋、沈鸿烈、汤玉麟、蒋伯诚、刘翼飞、萧振瀛为北平军分会委员,指定万福麟、荣臻、蒋伯诚为常务委员,蒋介石自兼委员长(19日,国民政府明令发表北平军分会委员名单);四、免河北省政府主席王树常职,免平津卫戍司令于学忠职,任于学忠为河北省政府委员兼主席;任王树常为平津卫戍司令(9月11日就职);免察哈尔省政府主席刘翼飞职,任宋哲元为察哈尔省政府委员兼主席。18日,国民政府发表冀、察省府主席任免令。

△ 外交部就日本任命武藤为伪满特命全权大使事发表宣言,指出日本政府"此项举动显然为正式承认伪满之初步,藉以达其最终吞并之目的"。

△ 华北军、师、旅长61人由宋哲元领衔,联电张学良劝勿辞职,略谓:"值此积极抗日之日,请顾念华北重大责任,勿因各方意见灰心言去,如必去,职等只有避位让贤。"

△ 丁超、李杜、冯占海、王德林等派代表赴平,代表东北15万官兵,恳求张学良"顾念国难家仇,万勿遽萌退志,以资振奋军心,而利长期抗日"。

△ 驻沪日总领事村井和驻津日总领事太田就锄奸团的抗日活动,分别向各该市政府提出抗议,要求予以取缔。

△ 交通部因各方反对该部前与马凯公司所订无线电合同,是日以"财政支绌,无力办理"为由,向该公司商请取消。

△ 山东武城县运河决口,淹没房屋甚多。

8 月 18 日 汪精卫、宋子文、何应钦、朱培德、吴敬恒等由京飞庐山晤蒋,商讨汪辞职事及热河军事、对苏复交、财政困难之补救等问题。

△ 余汉谋、香翰屏联呈陈济棠,以第四师师长张枚新前在赣南"违令误军",请将其撤职重办。

△ 赣闽粤三省"剿匪"总部在南昌开军事会议,讨论向赣江东岸之红军进攻及阻挠毛泽东、朱德部红军主力北进等问题。

△ 辽南抗日义勇军张海天部包围南满铁路南台车站,将电报、电话线全部破坏,断绝南北交通。激战六小时始撤。

△ 第十九路军之第六十一师在福建泉州枪杀准备起义参加红军之士兵(其中有下级军官)69 名。

8 月 19 日 荷兰庚款退还问题,外交部与驻华荷使欧登科大致商妥,未偿还数尚有关平银 50 余万两,作为向荷购买机件材料之用,俟新使来华再商条件后签字。

△ 驻锦州日军借口营救石本,由义县及朝阳寺两路侵入热境,与南岭守军董福亭旅激战,董部退守口北营子,日军攻占南岭。

△ 江苏高等法院以"危害民国罪"判处牛兰夫妇无期徒刑。

△ 沪丰田纱厂、同文书院日军未撤,不时武装通过华界。驻沪日领声称,此系上海停战协定所许。是日,俞鸿钧对报界辟谬,称停战协定内并无此规定。

△ 江海关公布关于领事签证货单章程,自 9 月 1 日起实行,违者罚签费三倍,外国一切入境货物均适用此项签证办法。

△ 蒋介石指示中路军副司令官刘峙统率各纵队进攻鄂豫皖红军根据地之新集及商城。

△　黄绍竑赴香港转广州晤陈济棠,促陈早日就广州"绥靖"主任职。

△　国民政府委员马福祥去平就医,过良乡时病死车中,11时半护送抵平。

△　据《大公报》讯:黑省水灾以松花江下流齐克路沿线一带最为严重,灾民共达180万。

8月20日　蒋介石电张群、蒋伯诚转令张学良,以军委会委员资格代理北平军分会委员长职。

△　国民政府训令行政院裁撤北平"绥靖"公署。

△　国民政府公布《宪兵令》。

△　蒋介石令鄂、豫、皖三省驻军"保护农民秋收",封锁红军区域,禁盐粮输入。

△　左路军副司令徐源泉电令第三十四师协同主力"围剿"洪湖红军。

△　立法院修正通过《森林法》。9月15日,国民政府明令公布。

△　国民政府任命梁冠英为陆军第三十二师师长;罗霖为陆军第七十七师师长。

△　鄂省府前以水灾电请行政院拨款赈济,虽经照准,但历时数月,未拨分文,省主席夏斗寅特再电行政院乞赈。

△　甘肃大雹成灾,灾区达27县。

8月21日　汪精卫、宋子文等一行由庐山返抵南京。汪谈关于辞行政院长问题,"已在庐山会议拟定辞职、挽留两方案:一为本人所提,坚辞院长职务,仍在行政院服务;二为林森、蒋介石所提,留待三中全会讨论"。

△　蒋介石、何应钦在庐山商定六省"剿匪"严密计划,并决定消灭赣、粤、闽红军办法:粤军直攻赣粤边红军根据地,驻赣州、吉安、抚州、南丰各军向宜黄、乐安红军包抄,切断赣粤边红军归路,再以新调到赣各部加入,在赣东将红军整个消灭。

△　张学良致电国民政府、行政院及外交部,报告日军侵热情形,称日军突向南岭攻击,图占北票全线,窥伺朝阳,驻军董英斌部奋勇应战。

△　第二路军陈诚部"围剿"江西红军,是日占领兴国。

△　青岛大学校长杨振声电教育部坚辞校长职务。9 月 2 日,行政院批准,以赵畸继任。9 月 16 日,国民政府明令发表。

△　伪满派鲍观澄为"驻日全权公使"。

△　上海"双宫"各丝厂工人要求增加工资举行罢工。

8 月 22 日　国民党中委谈话会决定,汪精卫暂不卸职,俟三中全会再讨论,汪在京主持中政会,由宋子文暂代行政院长。

△　蒋介石颁发《剿匪区内编查保甲户口条例》40 条及《各县区公所组织条例》18 条,令发鄂、豫、皖三省府遵行。

△　日军再度犯热,国民党中央电汤玉麟及华北各将领"誓死守土,坚决抵抗"。

△　国民政府任命陈树人为侨务委员会委员长,周启刚为副委员长。

△　中国物理学会在北平成立,李书华任会长。

△　国民党中央民众运动指导委员会函北平当局查禁北平之《认识》、《火星》、《文艺新闻》、《大众文艺》、《大众周刊》、《反帝特刊》、《红旗》、《红军》、《北方青年》、《河泉》、《流星》、《北平学生新闻》、《评论周报》等十余种革命进步刊物。

△　南京各界抗日会紧急会议决议:一、呈请市党部于五日内召集市民大会,将包运仇货之陈家树、井然二人处以极刑;二、赴中央报告陈、井舞弊案真相、判决根据,请顺从民意,勿生阻力;三、司法院长居正对本会处理陈、井发表违反民意、公然阻碍抗日运动的谈话,致函警告。

8 月 23 日　外交部就日军侵热事令蒋作宾公使向日提严重抗议,要求从速停止军事行动;并声明因此事件所引起之一切纠纷应归日方负责。

△　行政院会议决议:一、任罗家伦为中央大学校长;二、管理中英庚款会董事程振钧病故,简派李四光补任;三、准甘察青宣慰使贺耀组辞职。

△　蒋介石以第二师第八团团长杨少初,第十师营长郭恩、石泽乾,第八十三师连长李肇中,在"剿共"战争中"临阵退缩",令就地枪决。

△　北平政委会例会,张学良请辞委员职,决议慰留。

△　沪银界推张嘉璈、卢润泉、胡笔江三代表会见宋子文,要求缓征纸币税。

△　为赈济东北难胞,上海各慈善团体赈济东北难民联合会是日在沪成立,推史量才、王晓籁、郑洪年等七人为委员。

△　东北义勇军进袭铁岭。义勇军郭景珊等部进攻抚顺。

△　晋南永济县黄河决口。

8 月 24 日　国民党中央政治会议通过《中美公断条约》。条约规定签字国间一切纠纷,应交公断,不得诉诸武力。26 日,立法院通过。9 月 24 日,国民政府批准《中美公断条约》。12 月 15 日,驻美代办严鹤龄在华盛顿与美国政府正式换文,条约即日生效。

△　锦朝线日军在南岭一带与热军董福亭旅相持中。日机五架晨飞朝阳、赤峰侦察。

△　张群辞军委会北平分会委员,蒋介石致电慰留。

△　山西省水灾,遍及 56 县。

8 月 25 日　宋庆龄、蔡元培因牛兰夫妇被判无期徒刑,特向国民党中央请求予以特赦。居正至中央党部访汪精卫、叶楚伧等会商解决办法,汪称能否给予特赦,应由司法当局考虑。

△　中华苏维埃共和国临时中央政府为牛兰夫妇被判无期徒刑发表宣言,向国民政府提出抗议,号召"全世界全中国民众一致起来,坚决反对献媚帝国主义的南京国民党政府对于牛兰及其同案妇人之判决,立即释放牛兰及其同案妇人"。

△　国民党中常会开会,汪精卫主席,决议行政院长由宋子文代理。

　　△　日外务大臣内田在国会发表侵华演说,宣称日政府准备立即承认伪满洲国,并谓日对华军事行动,并不违反《九国公约》与《非战公约》。继称日新外交政策在确立远东门罗主义。

　　△　上海抵制日货运动发生三星期以来,截至目前,在沪堆积日货达 9000 万元之巨,是日驻沪日陆战队司令杉坂下令组织陆战队特别警备队,从事防遏一切抗日抵货运动。

　　△　郝梦龄第五十四师"围剿"鄂豫皖红四方面军,是日占罗田,红军转移英山。

　　△　罗家伦请辞中大校长任命。26 日,行政院决议慰留。

　　△　北平军事整理委员会举行常会,决议:一、张学良请辞委员职慰留;二、北平军整会改称北平军事训练委员会。

　　8 月 26 日　行政院会议决议:侨务委员会委员兼常委曾仲鸣辞职照准,任命梁宇皋为侨委委员兼常委。30 日,国民政府明令发表。

　　△　北平日军 170 余人晨 3 时由东交民巷兵营至东单、王府井大街等处越界露营演习,5 时始回。

　　△　教育部决定,各大学经费自 8 月份起先发五成。

　　△　北平东郊农民 700 余人向市政府请愿,反对"公益捐"。

　　△　晋省虎疫(霍乱)猖獗,蔓延 28 县,死一万余人。

　　8 月 27 日　废止内战大同盟会在上海开全国代表大会,到各省、市代表 449 人,宣布大同盟会正式成立,推吴鼎昌、王晓籁、朱学范等 57 人为常委,马相伯、段祺瑞、胡适等 15 人为名誉委员。28 日闭会,宣言称该会"誓期消弭内战,共御外侮"。

　　△　日本制定《从国际关系角度看时局处理方针》,令关东军暂停向热河进攻。

　　△　上海虹口各人民团体以日浪人在虹口路一带横行,本月 10 日日军又在扬州路等处刺伤华人多名,特开紧急会议,议决推派代表向市政府请愿,要求制止日浪人在虹口一带活动,并赔偿损失。

　　△　山西省商会以晋税奇重,商况艰窘,无力担负,特向省政府请

求豁免所得税,如不允许,即拒绝缴纳营业税。

　△　日本公使馆代办矢野到南京,就锄奸团警告奸商事向外交部提出抗议。

　△　陈诚部占领江西宜黄。红军向广昌、宁都、东韶方面撤退。

　△　国民政府任命蒋伏生为陆军第八十三师师长。

8月28日　北平东北流亡学生以张学良前曾答应发给救济费五万元,但长期未兑现,是日三四千人包围北平市政府,进行"要饭吃"、"要五万元救济费"的斗争。

　△　太原除奸团迭函市商会请速警告贩卖日货各商号自动封存,勿再出售,否则决用非常手段对付。是日市商会开紧急会议,决通告各商号,限三日内将日货一律封存,下月1日起市内不再见日货踪影。

　△　山东青州农民80余人在共产党领导下举行暴动,韩复榘派钢甲车及军队镇压,逮捕冀虎臣等27名,是日押解济南。31日,韩复榘亲自审讯,杀害14人。

　△　上海学生义勇军80余人,赴热河参加抗日。

　△　李海青抗日义勇军占领安达。

　△　浙省财政厅发行金库券600万元,本月起各机关俸给及经费每月平均搭二成。

8月29日　外交部长罗文幹在外交部纪念周上演说,对日外相内田25日侵华演说痛加驳斥,并阐明国民政府对目前时局所持之外交方针,表示"中国绝对不因武力之压迫而放弃尺土寸地或主权之一部";"解决东北之办法,苟以东省伪组织为前提者,中国绝不同意";"解决东北之合理办法,必以不背国联规约、非战公约、九国条约与中国主权,又能巩固远东永久和平为必要条件"。

　△　驻沪日陆战队司令杉坂印发反华宣言数百份,分发旅沪日侨,声称对血魂除奸团"不能极端忍耐",希望"竭力取缔";如"发生不幸事件,则在上海方面,海有第三舰队之精锐,陆有富于战斗力之陆战队,其实力较之一二八以前更为雄厚"。

△　辽宁抗日义勇军第二十一路赵殿良等部 28 日夜袭击沈阳城，与日伪军激战，在飞机场毁日飞机库一所，击毁飞机 12 架，打死日军十余名，由于日军炮击，义勇军未入城，于是日中午撤退。

△　何应钦电粤陈济棠，请速增兵吉安"剿匪"。陈复电称吉安路遥，运输不易，请赣省附近调军"围剿"。

△　徐源泉部连日大举进犯洪湖红军。是日，张振汉部陷洪湖要隘老新口。

△　铁道部长顾孟馀打消辞意，到部视事。

△　日本议会通过向伪满首批移民 500 名计划。

8 月 30 日　驻津日领署致函河北省政府抗议锄奸团爱国活动，声称"排日行为，愈趋愈烈，中国官府显有袒护排日之嫌，应请严行禁止，否则日本军警将取断然之对策"。

△　行政院会议决议：准张发奎辞第四军军长职，遗缺以吴奇伟升任。

△　蒙藏教育委员会在南京正式成立，以白云梯为主任委员，专司计划、推进蒙、藏教育办法及审核蒙、藏教育文件。

△　教育部令国立编译馆编辑曾被红军解放地区之特种小学用国语课本，并令在课本中编入"暴露"共产党"罪恶"的内容。

△　教育部通令各省、市学校倡用国货，学生制服限用国产，日用所需亦务购国货。

8 月 31 日　国民党中央通令全国，于 9 月 18 日举行国难纪念，停止娱乐，各机关、学校、工厂、商店、住户于上午 11 时停止工作五分钟，对殉难同胞默念志哀。行政院亦于 9 月 8 日发出同样通令。

△　外交部长罗文幹偕常务次长刘崇杰由京飞浔见林森，旋飞汉口见蒋介石，商外交问题。

△　国民党中央政治会议通过：一、发行江、浙两省二十一年度救济丝业公债 300 万元；二、鄂省府请发短期公债，议决交财政组审查。

△　李烈钧等以江西"清共"善后捐"扰害商民,迄无宁日",特电蒋介石、宋子文、熊式辉请迅予撤销。

△　北平军分会决议增加孙殿英、门致中、秦德纯、高桂滋、张焕相等 14 人为委员。

△　洪湖苏区周老咀被徐源泉部攻占,9 月 3 日徐部又占瞿家湾。

9　月

9 月 1 日　国民党中常会以"现值剿匪急进,中央委员中担负军事责任者颇不乏人,在此时期,势难分身与会",决议三中全会延期举行。

△　军事委员会北平分会在北平"绥靖"公署旧址正式成立,蒋介石再电张学良,请以军委会委员资格主持。

△　国民党粤中委召开联席会议,讨论对日政策,并致电国民党中执会和国民政府,请"迅定对日大计,由抵抗之宣言进为抵抗之实行,督促得力军队出师关外,收复失地"。

△　蒋介石训令湖北省政府等机关,劝导各地逃亡地主还乡"筹办善后",协助反共,如 9 月内不归者,即将其田产另行分配。

△　南京警备司令部杀害共产党人仲继成、朱寿臣、陈正兴、陈正富、张长贵、何朵文、于四殷、逄斌、冯世仁、孙正兰、郑金礼、仲三、方茂清 13 人。

△　"热察义勇军军事处"正式成立,通电全国誓死抗日。同日,辽南抗日义勇军大举进攻沈阳;吉林义勇军对长春取包围形势。

△　上海各大学教授抗日救国会致电北平教育界,请就近调查出卖故宫古物真相,并致电故宫博物院院长易培基请宣布真相。同日,北大教授陈寅恪、顾颉刚、吴其昌等联名致函政府请勿迁移故宫古物。3 日,张群函香港《工商日报》,声明该报 8 月 24 日所载蒋介石指使李石曾、易培基盗取故宫古物售与美国消息,"纯属无根"。4 日,易培基函复上海各大学教授,谓处理故宫物品,系遵照政府命令

办理,"确系无关文化历史,且不能永久保存之物,院中有案可查,并无丝毫古物"。

△ 中国政治学会在南京中央大学成立,选举高一涵、周鲠生、刘师舜、杭立武、杨杏佛等 22 人为干事。

△ 《论语》半月刊在上海创刊,林语堂、明耀玉等主编,上海时代图书公司出版。

△ 国际反帝国主义战争大会在苏联开会,各国代表 2000 余人签名发表宣言,反对列强瓜分中国。

9 月 2 日 上海闸北形势顿紧张,闸北、虹口居民惧日军生事多迁徙,路局奉命将机车集北站升火以防万一。警察劝告居民,勿轻信谣言。

△ 汤玉麟电汪精卫报告热河近况,并称财政万分困难,要求速接济 300 万元。

△ 行政院会议决议,任命翁之龙继胡庶华为国立同济大学校长。15 日,国民政府明令发表。

△ 监察委员周利生弹劾江西省主席熊式辉违法征收产销税,并擅设各区行政长官公署,经监委周觉等审查属实,呈请依法将熊交付惩戒。

△ 教育部派徐诵明代理北平大学校长。徐因平大经费无办法,于次日向教育部辞谢不就。

△ 蒋介石令前方各部队合组粮食保管会,企图封锁苏区红军粮食。

△ 国民政府考察各国实业特使孔祥熙自上海启程赴美转欧考察。

9 月 3 日 国联调查团总报告书已完成,各委员及秘书长在北平签字。下午 4 时,该团团长李顿等向张学良辞行。

△ 立法院通过《民国二十一年江浙丝业短期公债条例》,凡 14 条,定额 300 万元,充救济江、浙丝业之用。

△ 最高法院咨请西南政委会撤销西南高等分院,以维司法系统。

△ 张宗昌在济南车站被郑继成及陈凤山枪击毙命,郑称系为其叔郑金声报仇。

△ 内政部前为遏止进步报刊出版,曾咨上海市府成立新闻、报纸、杂志审查委员会,办理登记。但各报刊多延未执行。是日上海市府又令各报社"依照办理",否则"取消邮局挂号立卷特权,依法处办"。

△ 鄂豫皖三省"剿匪"总部训令湖北省政府紧缩支出,规定该省政费每月总额为70万元,划出30万元为保安处与行政督察专员经费及临时"善后"等项之用。但"剿匪"经费每月64万余元,须筹足六个月。

△ 江西红三军撤离南丰去广昌,许克祥第二十四师占领南丰。

9月4日 "东北国民救国军首都后援会"在南京成立,通过组织大纲及大会宣言,并决议:一、呈请中央明令出师,讨伐东北叛逆,收复失地;二、呈请中央实力援助东北国民救国军;三、呈请中央撤惩畏缩不前、摧残义勇军之汤玉麟;四、电请各地民众团体积极援助东北抗日同胞;五、电慰东北抗日将士及被难同胞;六、呈请国民党南京市党部于九一八国难纪念日将包运仇货之陈家树、井然二人执行枪决。

△ 是日为共产国际青年节,上海戒严,沪西有工人、学生集会,被警察驱散。上海各处发现《国际青年节告各界书》传单及《工人书报》等革命书籍甚多。南京市政府禁止示威游行及一切群众行动。

△ 全国各地抵制日货与锄奸运动高涨,尤以上海为最。是日,日舰23艘集沪示威。

△ 日本新任驻华公使有吉明抵沪,5日与日总领事村井、代理公使矢野密商对付我国抵货运动办法。

△ 中国社会学社第二次年会在北平燕京大学开会,研究"家庭问题",是日闭幕,选陈达为理事,钱振亚为副理事,吴景超为书记。

9月5日 蒋鼎文谒蒋介石,报告津浦路警备状况,及处理灵宿民变经过。蒋嘱组织民众,严防共党鼓动。

△ 国民党中央民运指导委员会讨论"农民运动计划纲要及文化事业团体监督指导"等方案。

△ 右路军徐庭瑶纵队占鄂豫皖苏区独山（位于六安县西南），11日占麻埠。

△ 红军占领福建清流县城。

△ 江苏萧县（今属安徽）县长王公玙率警队逮捕萧县及灵璧交界处青家湖农民起义首领共产党人王效白、窦仪敏、徐怀龄。6 日解徐州警备司令部。14 日王等被害。

△ 国联调查团李顿一行离沪返欧，驻法公使顾维钧赴任偕行。

9 月 6 日 张群上日在太原晤阎锡山，商讨国是，是日与晋军将领徐永昌、杨爱源、傅作义等共商御侮及维护华北治安问题。

△ 汉口各学校教职员向豫鄂皖三省"剿匪"总部党政委员会索欠薪。

△ 废止内战大同盟会在上海召开第二次常会，通过常会、分会简章，并决定在天津、北平、汉口、南京、重庆、广州等地设立分会。

9 月 7 日 外传满洲问题有直接与日交涉说，是日，国民党中政会秘书长唐有壬否认，对记者称：日使有吉抵沪时并未与汪精卫晤面，关于中日问题，经汪与顾维钧会商，"仍信赖国联，以谋解决，我国之态度毫不变动"。

△ 是日为《辛丑条约》签字国耻纪念日，上海失业工人准备举行示威游行，向市政府请愿。沪市当局闻讯后，与租界当局商定全市戒严，断绝交通。但各处仍发现革命传单。

△ 浙江省政府主席鲁涤平致电蒋介石、何应钦，报告红军入浙边江山经过，请迅饬驻闽军队大举协"剿"。

△ 铁道部准备修筑西北之石沽、大潼两铁路，向法国银公司借款3.5 亿法郎，本日签字。

△ 国民政府任命岳森为陆军第五十师师长，陈耀汉为陆军第五十八师师长，赵观涛为陆军第六师师长，张印湘为陆军第三十一师师

长,冯钦哉为陆军第四十二师师长,谢彬为陆军第八十五师师长,李延年为陆军第九师师长。

9月8日　郑继武击毙张宗昌案,国民党鲁省党部为郑电请中央党部恳转国民政府特赦。连日来阎锡山、宋哲元、庞炳勋、商震、刘镇华、张之江、孙连仲等均电韩复榘为郑缓颊。冯玉祥亦派员到济为郑请赦;徐州县党部亦电请韩复榘从宽处理。

△　左路军进攻洪湖苏区,副司令官兼总指挥徐源泉令第二纵队司令萧之楚率第四十四师主力向白露湖北岸进攻,第四纵队司令刘培绪率独立第三十七旅向湖东岸进攻。

9月9日　日本内阁正式通过承认伪满洲国。日本外相内田对记者发表谈话,谬称日率先承认伪满之三大意义:一、他国无论如何压迫,日对满政策固定不变;二、安定伪满人心;三、明示日本无并吞满洲之野心。

△　国民党中政会秘书长唐有壬奉中央令到沪敦促汪精卫返京主持政务。

△　陈济棠召粤军各将领返广州。夜,少校以上官佐在黄花岗举行秘密宣誓仪式,以"精诚团结"为口号,拥护陈济棠及西南政府为目的,陈济棠主盟。

△　中路军二纵队第三师、第八十师,六纵队第八十三师攻占黄安、光山间新集,红四方面军退商城。13日,一纵队张钫部占商城。

△　日本与伪满签订《关于规定国防上必须的矿业权的协定》,伪满政府将38处矿山的矿业权交给日满合办,并规定伪满政府在制订或修改有关国防上所需矿物的矿业法规时,应事前取得日本政府同意。

△　上海求新造船厂因工人12名被开除,全体工人大罢工,提出四项要求:被开除工人复工,罢工期内工资照发,外勤照例津贴车资,重新修订契约。

△　河北省正定等23县发现蝗灾,秋禾被食,各县长纷请省府免粮。

9 月 10 日　林森由京到沪,劝汪精卫返京。11 日,蒋介石又派张群自汉兼程赴沪,促汪入京主持政务。12 日,张群由汉到京,遍访中央各委员,次日抵沪,代蒋慰问汪疾,并促汪入京主持中枢。

△　汪精卫致电中政会,以蒋(介石)在汉,胡(汉民)在港,在本人离京就医期间,请援向例,另推委员暂代中政会主席职。

△　驻日公使蒋作宾以日承认伪满在即,特访日陆军大臣荒木。荒木诡称"中国应将满洲、上海之事变,以区区之问题而忘却,并反省从来态度,而为东洋和平尽力,于两国亲善外别无他途"。

△　何应钦以第二十七师师长高树勋上月 20 日在宜黄"临阵畏缩,放弃防地",呈准蒋介石将其撤职查办。

△　第五纵队上官云相第四十七师攻占鄂东红军根据地英山之鸡鸣河。13 日占英山。

9 月上旬　粤军黄任寰部在福建上杭破坏中共青年学校,逮捕学生七八百名,全部解往广州交"惩教场"收容。

△　日军悬赏 10 万元购缉辽宁义勇军首领朱霁青。

9 月 11 日　外交部照会英、法、美政府,声明日本劫夺我国盐税,自 4 月 1 日起,迄 8 月底止,共 108.9 万余元,另征附税每担 0.3 元尚未在内,税收短少,故本年度应付各债本息难如期偿付。

△　国民党留沪中委程潜、李烈钧等致电中央党部及韩复榘,请特赦郑继成、陈凤山。

△　汉口特税处在由川抵汉的国民政府委员王伯群所乘之"永年号"船中,查获价值十余万元之烟土、吗啡。24 日,禁烟委员会委员长刘瑞恒以"永年轮贩土案,涉及政府高级官吏,与中央威信有关",电蒋请予严惩。

△　中国国民救国义勇军后援会在南京成立,宣言希望全国同胞一致奋起,督促政府出兵收复失地。

9 月 12 日　国民党中委谈话会讨论中政会常委代理问题,决定不另推人,在汪精卫未康复前,中政会改开谈话会,重要议案电汪请示办理,次要者待汪病愈回京补行签署。

　　△　蒋介石在汉口总部报告,宣称鄂省"剿匪"计划第一期已完成。

　　△　财政部长宋子文声明到期外债本息仍照付,不因东三省盐税被掠夺而停拨。

　　△　李宗仁、黄绍竑由港抵广州,与陈济棠、邓泽如、萧佛成等讨论时局。

　　△　香港当局通告,自本日起,两周内各报不许刊载有关九一八问题的文章,其他抗日文章亦应少登,言论不得"过激",所有文章题目、小标题以及电报事先均须送检。

　　9月13日　日枢密院通过承认伪满洲国案。同日下午,内田外相电训武藤全权大使依预定计划签字。伪满外长谢介石告记者,妄称:"日本承认满洲国,足戢张学良之野心,并足予中国以警告。"

　　△　蒋梦麟在北平政委会所提取缔新闻记者案通过,规定以后凡非该会公布消息,各报不准刊登。

　　△　教育部通令称,九一八国难周年,各学校在校内举行纪念活动,停止星期例假,讲演国耻事实,讨论救国方法,以示卧薪尝胆精神。

　　△　闽省"绥靖"主任蒋光鼐由沪飞汉口晤蒋介石,商闽省改组及"剿匪"问题。14日,蒋由汉返沪,告记者称:在汉与蒋介石商闽省"剿匪"事宜,即与蔡廷锴赴闽就"绥靖"主任职,闽省府暂不更动。

　　△　行政院会议决议,任王文锦为陆军第七十九师师长。21日,国民政府明令发表。

　　△　福建"民治讨论会"推代表赴京请愿,要求改组闽省政府,军民绝对分治,军人不得干政,裁撤省防军及保安处,财政绝对公开,教费绝对独立,全省划数县试行县、区长民选。

　　△　山东青州续捕共产党人段文敏等七人。

　　△　南昌市商会常委兼南货业公会主席许梦策因勾结奸商贩仇货,被锄奸团枪毙。

　　△　中国工农红军反帝拥苏总同盟第一次代表大会在瑞金开幕,

成立中国工农红军反帝拥苏总同盟,并发表通电,号召该盟会员粉碎敌人的"围剿",以民族革命战争来赶走帝国主义出中国。

9 月 14 日 国民党西南执行部为日本承认伪满电请国民党中央、国民政府,要求迅定对日大计,主张出兵讨伐日伪,收复东北失地;并通电全国,对日厉行经济绝交。

△ 鄂豫皖三省"剿匪"总部以"导群通讯社"、《时代公论》、《中西民治》"捏造谈话或标题错误"等罪,令警部饬令分别停刊三日至半月。

△ 南京警备司令部以九一八纪念日即届,特令警厅转令所属防范,自即日起至 24 日止,凡一切集会一律禁止,中央党部批准者在外。

△ 北平各救国团体代表阎宝航、查良钊等电沪中华职业教育社,提议全国人民在九一八纪念绝食志痛,以示收复失地决心,并以餐费救济东北难胞。请在沪提倡。

△ 全国商会、上海市商会、上海银钱两公会以日本承认伪满洲国,破坏中国领土主权完整,电请国联予以制裁,并电国民政府对日严重抗议。

9 月 15 日 日本特命全权大使武藤信义与伪满洲国国务总理郑孝胥在长春签订《日满议定书》。日本政府发表声明正式承认伪满洲国,并称该国确认并尊重日本根据以往日华两方之条约、协定、其他条款及公私契约以享有之一切权益;两国共同担负该国之防卫,日军得驻屯满洲。

△ 外交部决对日承认伪满事提抗议,外长罗文幹命外交次长徐谟携带对日抗议书及照会稿本赴沪分谒汪精卫、宋子文,请示最后决定。16 日,外交部就日承认伪满洲国事向日提出严重抗议,指出日本应负违犯国际公法、《国联盟约》、《非战公约》、《九国公约》等责任。同日,外交部照会《九国公约》各当事国,请采有效办法制止日本侵略。

△ 马占山、丁超、李杜、冯占海等联衔通电反对日承认伪满洲国,宣称"倭国中秋承认伪国,三省从此名实俱亡,各军应从此日起,一齐奋

发,人人抱不共戴天、与敌偕亡之志,非扫灭敌逆不止"。

　　△　粤对外协会致电国民政府,请速下令讨伐叛逆,收复东北失地。

　　△　国民党中常会通过关于九一八纪念决定,下半旗一天,机关、工厂照常工作,学校照常上课,自行集会纪念。

　　△　辽宁民众抗日自卫军途经平顶山袭击抚顺,在平顶山烧毁日军配给站,然后向东岗等地进发,在杨伯堡杀死杨伯堡采炭所所长渡边宽一,打死自卫团长平岛善作等人,将采炭所烧毁。

　　△　中共淮阴机关被国民党特务破坏,陈霍、方超、宋振鼎、王葆华、葛玉清、梁锡伦、马树模(女)等八名共产党人被捕,并搜去许多文件和宣传品。10 月 29 日,陈霍等被解送镇江军法会审处。

9 月 16 日　平顶山血案发生。日本宪兵抚顺公遣队长小川一郎和守备中队长川上精一率大批日兵至平顶山,集合平顶山、千金堡、栗子沟等村居民 3000 余人于平顶山西南洼地,用机枪疯狂扫射,除极少数人逃脱外,男女老少 2700 余人死于非命。事后用汽油将尸体及民宅 700 多座焚烧。

　　△　外交部就日本承认伪满洲国事致牒国联,请采最有效方法,以对付目前之局面;指出日本政府之承认伪组织,实系对历来在东三省侵略中国领土完整之一切行为自划招供;所谓日伪议定书,仅为日本遂其在东三省建设保护国之野心而已;日本不顾国联告诫,制造并承认伪组织,蔑视国联之权威已达极点。

　　△　行政院会议,外交部长罗文斡报告对日承认伪满的严重抗议及致九国公约签字国之照会。决议任孙蔚如为陆军第三十八军军长,马步青为新编陆军骑兵第二师师长。

　　△　伪满洲国政府发表声明,宣告海关独立。大连关已改悬伪国旗。

　　△　蒋介石电豫、鄂、皖三省"剿匪"部队将士,要求人人抱"有匪无我,有我无匪"决心,奋勇"剿灭"红军。

　△　汪精卫赴莫干山养病。

　△　全国人民团体救国联合会通电各民众团体、各报馆,要求国民政府速定大计,出兵讨伐东北日伪。

　△　广州市为防共产党在"九一八"举行暴动,是日起特别戒严。

　△　《上海商报》出版。

9 月 17 日　留沪国民党中委程潜、柏文蔚、李烈钧等 16 人,致电中央请昭示对日方策,内称"究竟政府对日承认伪国持何对策,收复失地有无切实准备,应速以事实昭示全国"。

　△　冯玉祥在泰山对记者发表谈话,提出立开三中全会、国内团结、枪口一致对外、实行自动外交、出兵收复失地五项抗日意见。

　△　国民党西南执行部就日伪订约事再次电促中央讨逆,内称:"当局以不抵抗故,演成今日之局,悔无可追,为今之计,惟有一面对此伪约切实宣言否认,一面迅集大军讨逆,恢复失地。"

　△　朱庆澜致电上海各慈善团体,请对流亡北平的 30 万东北同胞给予赈济。

　△　北平新闻记者公会函张学良,要求保障言论自由。

9 月 18 日　国民党中执会发表"九一八"告国人书,妄称"今日之剿匪,实为御侮之要着","本党今日愿忍受一切,以求国家之生存",望全国同胞"予以充分之同情与协力"。

　△　国民党中央党部、国民政府留京办事处举行"九一八"周年纪念会。上海、武汉、广州、南昌等地分别举行国难纪念,纷请讨逆。

　△　曾仲鸣受国民党中央委托,自京赴沪转莫干山谒汪精卫,商国民党中政会主席问题,并促汪早日返京,主持中政会事宜。

　△　韩复榘第三路军与第二十一师刘珍年部,因协饷问题发生冲突,在平度、掖县附近正式开火,韩致电国民政府陈述鲁变真相。

　△　吉林自卫军司令冯占海为纪念"九一八"通电全国,表示"躬率所部十三万众,誓与倭寇周旋到底,一息尚存,此志不渝"。

　△　马占山为"九一八"国难周年纪念日发表《痛告国人书》,历数

日伪罪状,表示"东北失地不复,决奋斗不息,余最后一弹,亦须杀敌一人"。

△　教育部长朱家骅为"九一八"纪念发表《告全国学生书》,号召"全国学生亟需振奋,坚毅刻苦,尽除萎靡之蔽"。

9月19日　国民政府参谋本部为解决康、藏纠纷,巩固西陲国防,在南京召开"西防会议",川、滇、陕、甘、青五省及有关部、会代表参加。21日,该会决议请中央召开康、藏和平会议。26日,该会第三次会议决议西藏建省,请中央迅筹实现。28日,会议闭幕。

△　韩复榘在昌邑督师前进,刘珍年部退出沙河、平度。中央电令韩、刘停止冲突,刘复蒋介石电称,"现正待钧座指示机宜,非至最后一步,决不使为民族耻诟之内争,发生于国难严重之今日"。

△　内政、财政、实业、教育四部在京会商开发西北办法,决组垦殖调查团,议定任务四项:一、实地考察河套宁夏荒地及垦殖情况;二、选定垦殖区域;三、拟订垦殖计划;四、编制调查报告。

△　驻英公使郭泰祺会晤英外相西门,面交中国政府关于日本承认伪满洲国致英照会。

△　上海市民联合会致电行政院,吁请"急令出兵剿灭伪国,收复失地,并召回驻日公使,以示决心"。

△　中国代表颜惠庆致牒国联,对日正式承认伪满提出抗议,要求国联迅速采取行动制止日本侵略。

9月20日　行政院会议,由何应钦报告胶东韩复榘、刘珍年冲突情形,决议严令制止军事行动,听候中央处理。同日,军委会派蒋伯诚赴鲁调查。

△　废止内战大同盟和上海市商会分电韩复榘、刘珍年,劝其停止军事行动,静候中央处理。21日,大同盟公推张伯苓赴鲁,劝韩、刘停战。

△　蒋介石由汉电京、沪军政当局,称:"京、沪毗连,人口繁杂,闻有不肖之徒,假救国人民团体名义,希图越轨行动,望以后对此项举动

从严取缔。"

△　内政部公布禁止蓄奴养婢办法八条,规定禁止步骤:一、劝告,二、解放,三、救济,四、处罚。

△　行政院发布通令,称:"工人中发现共党分子向工人募集航空救国捐,以助红军,应严令各地党政机关彻底取缔。"

△　第六纵队卫立煌部李默庵第十师攻占皖西红军根据地金家寨。三省"剿匪"总部特于 22 日准将金家寨改为立煌县,将新集改称经扶县。

△　上海纱厂赤色工会联合会在共产党及赤色工会领导下在沪开会。出席 34 个纱厂代表 80 余人,代表六万余工人。大会选举执行委员会 37 人,常委 19 人。

△　伪满为弥补财政亏空,支付驻满日军军费,在日本指使下实行鸦片公卖。

9 月中旬　徐源泉在岳口杀害红三军第七师政委鲁易等六人。按:鲁易于是月上旬敌进攻洪湖苏区时被俘。

9 月 21 日　国民党中央政治会议决议:准汪精卫请假休养二星期,在请假期中,中政会主席由中常委轮流担任;准湖北省政府发行"绥靖"善后短期公债 300 万元;准安徽省政府发行公路公债 500 万元;派江瀚暂代故宫博物院理事长;制服一律采用国货;增补严庄、王子壮、王觉民、李元鼎、谷正鼎为监察院监察委员。

△　蒋伯诚赴济南转潍县晤韩复榘调解战争。韩部进至掖县郊外。

△　蔡廷锴于漳州通电就第十九路军总指挥职。

△　杭州航空学校改归中央直接办理,蒋介石自兼校长,以原校长毛邦初为副。

9 月 22 日　刘珍年参谋长韩洞由烟台到京谒何应钦,报告刘对鲁事悉听中央处理,所部遵命退驻掖县。

△　蒋介石抵庐山,电请林森往商要政。林语记者,称"意、日两使

呈递国书在即,事实上暂难离京"。

　　△　鄂豫皖苏区罗山独立团与仙居区赤卫军在邓家桥之大包山,阻击由宣化店开赴七里坪之敌第十三师,激战终日,迫敌绕道而行。

　　△　牛兰夫妇送往江苏反省院监禁。

　　△　汤玉麟收编在热省之刘桂堂部,并令率部驻鲁北(又名扎鲁特)抗日。

　　9月23日　国民党中执会电复广州、香港、上海各地中委,解释对日方针,并促联袂入京,内称:"中央对日悉本二中全会之决议……至于对策之不仅抗议,准备之力求切实,尊指所示,非特具有同心,且正力求有效。"

　　△　胶东前线刘珍年、韩复榘军有激战,韩经蒋伯诚调解后,允停止军事行动,听候中央查明处理。

　　△　行政院通过封锁东北海关案,并公布封锁后移地征税办法。宋子文发表封锁东北海关宣言,内称:"自9月25日起,中国及'满洲国'间一切往来商品,均将开始征收进出口税。国民政府因此训令财政部,以中国海关目前既未能于东三省各埠征收合法关税,自应将东北海关封闭,以待后命。所有应征关税,应就可能范围,暂在长城以南各海关征收之。"

　　△　上海虹口区祥成等12家丝厂女工5000余人要求增加工资,缩短工时,恢复月赏举行罢工。上海市府及租界当局派大批警捕镇压。

　　△　上海码头工人反对国民党市党部委派工会委员,组织请愿团,捣毁市党部,市公安局派警察镇压,逮捕工人代表七人。

　　9月24日　刘珍年部向栖霞撤退,韩复榘致电蒋介石、军委会,称已遵旨停止行动。韩本人返潍县转济南。

　　△　红十军攻克闽北浦城,浙边告急,福建省政府电令保安队防堵。

　　△　东北难民救济协会陕西后援会在西安成立,推李仪祉、康宗遥等15人为委员。该会宗旨为以精神、物质援助朱庆澜,唤醒国人,直接

救东北,间接救西北。

△　国民政府公布《预算法》。

△　上海虹口丝厂工潮扩大,罢工人数增至 9000 人。是日租界各丝厂工人亦一致加入罢工。

9 月 25 日　中央拟定处置韩复榘、刘珍年冲突办法:补足刘师军饷每月 14 万元;缩小刘之防区,所遗防地着调他部填防;胶东各县之行政、财政权一律交由省府办理。

△　蒋介石召在赣各将领赴庐山,会商第二步"剿匪"计划。

△　蒋介石由汉电苏、浙、皖、鄂、豫、湘、赣、闽八省政府、各"绥靖"主任及各军高级长官,将"境内烟苗,铲除净尽,永远不得再种"。

△　孙科由港抵沪,谈外交方针,主张大陆方面与苏联携手;海洋方面与英、美携手;对日仍主绝交,认为蒋介石、汪精卫对日政策软弱。

△　内蒙张家口商会与蒙古人民共和国商会自动商订通商办法,并约定由德意洋行经理。

△　哈尔滨、牛庄、安东、龙井村各关,按财政部封锁东北海关令是日封闭。所有应征合法关税,暂于别处口岸征收。

△　伪满营口海关榆分关成立,是日起开征出入税,税率极高。

△　旅京湘人呈中央党部、国民政府、军委会、行政院、监察院,称何键假名筑路,以全省人民所有之汽车路抵款购械,请从严究办。

△　南京中央日报社是日起发行《中央夜报》。

△　荷属东印度土生华人政党"中华党"在泗水成立。

9 月 26 日　红一方面军总司令朱德、总政治委员毛泽东发布《在敌人尚未大举进攻前部队向北工作一时期的训令》,命令所部北移,在乐安、宜黄、南丰一带部署第四次反"围剿"战场。

△　蒋介石以"剿匪"清乡需费,令湖北省政府将棉花营业税由 2.5‰增为 10‰,其余各税亦酌加。是日,湖北省财政厅令各县自 10 月 1 日起实行。

△　粤当局继发行"有奖航空债券"1500 万元之后,是日又发行

"国防债券"3000万元,用作扩充空军军费,并已拟定扩大空军三年计划。

9月27日　韩复榘派骑兵旅接防胶东黄县、莱阳、蓬莱、海阳、文登、牟平、栖霞、荣城八县,并委派八县县长。韩并电蒋介石为进兵攻刘自请处分。

△　第二十路总指挥张钫致电林森、汪精卫、蒋介石,略称:鄂豫皖边区红军"已化整为零,散匿谷中,意在候大军开拔,再图集合。当此时期,非清乡搜山不能断绝根株","拟请令三省民政厅长亲率自治及保安队人员……到三省边区毗连各县办理自治,指导民众,期以三月之工作,除永久之祸患"。

△　日政府就我外交部16日之抗议,复照外交部,诿称:"日军在东省行动,系本正当合法之自卫权";日本承认"满洲国"与否,"乃日本之自由"。

△　蚌埠全市大搜查,逮捕共产党嫌疑犯11人。

△　蒋光鼐以收编之福建省省防军第一旅旅长陈国辉不服调令,将其扣押。泉州宣告戒严,陈之党羽大部被捕。

△　中东路护路军苏炳文率部在海拉尔、满洲里反正,将伪国境警察队缴械。

9月28日　中华民国救国团体联合会常务理事熊希龄、李次山、褚辅成等电国民政府,要求严禁苛捐杂税,确保人民集会、结社、言论、出版之自由。

△　国民党中央政治会议决定设立研究"剿共"收复区善后委员会;通过合作社法原则。

△　宋子文由京飞庐山晤蒋介石,商财政问题。美国驻沪总领事克宁翰同往。

△　内政部长黄绍竑奉蒋介石命赴莫干山探视汪精卫疾,并商要政。

△　江、浙渔业界分电中央党部、国民政府、行政院、财政部、实业

部,反对重征渔业税,要求维持废止渔税原令。

　　△　日使有吉由沪抵京,向林森呈递国书。

　　△　北平全市小学教员举行总罢教,要求市府发清积欠,市府允尽力筹还。30 日,朱家骅电请北平小学教员顾全国难,教费则由财政部筹拨。

　　△　北京大学学生要求缓交学费,校长蒋梦麟不准,学生集会驱蒋,蒋即晚电教部辞职。

　　△　德文《上海报》发行,总主编爱伯哈德。

　　9 月 29 日　日使有吉在南京告记者,声称:"中日纠纷已成僵局,直接交涉殆不可能。鄙人亦未奉有直接交涉使命。"

　　△　军政部派李钺、万毓璜赴鲁调查韩、刘冲突真相。10 月 6 日抵济南。

　　△　热河国民抗日军事委员会通电成立,以何民魂、张咨照为正副委员长。

　　△　国民党中常会彻查沪码头工会纠纷,决定:一、电沪党政当局释放被捕工人;二、派王祺、杨虎、吴醒亚赴沪彻查纠纷原因;三、纠纷未经中央解决前,沪党政当局不得自由处置。

　　△　实业部为提倡国货,令各省、市从速设立国货陈列馆,并设国货商场。

　　△　朱家骅电蒋梦麟严厉处置北大学潮。蒋以"关锁校门,迫胁校长"罪名开除学生靳瀛等九人。学生即召开全体大会,历数蒋营私事实,议决总罢课。蒋惧而逃避西山。10 月 1 日,朱家骅复电蒋梦麟,谓对北大学生"应继续从严彻查惩处,首事学生九人业已开除学籍,处置实为得当"。

　　△　日军第十四师团在齐齐哈尔南围攻李海青抗日义勇军。

　　9 月 30 日　行政院会议,何应钦报告韩复榘、刘珍年两军近况,称军委会决令刘军缩小防区,韩军后撤,派蒋伯诚赴前线监视,纠纷即可解决。

△　川军刘文辉与刘湘争夺地盘,有一触即发之势,是日,行政院决议严厉制止,派何应钦负责处理。

△　蒋光鼐呈行政院报告扣押陈国辉经过及列举其虐民罪状,请示处理办法。行政院决定由该绥署组军事法庭会审严办。

△　国民政府令免甘肃宣慰使孙蔚如本职,另任为陆军第三十八军军长。

△　司法院令最高法院、司法行政部否认西南成立最高分院,咨西南政委会迅行撤销。

△　晚7时,英使馆职员梯莱将国联调查团报告书送达外交部。

△　张群电劝刘文辉、刘湘息争,听候中央秉公处理。西康民众驻京代表马泽昭呈请中央制止川战。同日,废止内战大同盟电请川军将领息争御侮。

9月下旬　内政部统计全国人口总数为4.74787386亿人。

是月　陶行知在上海大场孟家木桥村创办"山海工学团",开始新的乡村教育改革实验。宗旨是:工以养生,学以明生,团以保生。把工厂、学校、社会打成一片。

△　中国诗歌会在上海成立,"左联"领导下的新诗歌团体,由森堡(任钧)倡议,穆木天等人发起,以推起进新诗歌运动、致力于中国民族解放、保障诗歌权力为宗旨。

△　《海外月刊》在南京创刊,报道华侨事务为其主要内容。

10　月

10月1日　苏炳文在满洲里通电正式成立东北民众救国军,自任总司令,张殿九为副总司令,率部进迫齐齐哈尔。

△　四川刘文辉部与刘湘部为争夺防地,发生战争。晨1时,刘文辉令顺庆、潼南该部驻军向武胜烈面溪、二郎场两地新编第二十三师罗泽洲部防地猛攻。何应钦、朱培德去电箴劝二刘罢兵。

△ 日籍伪警强占榆关东罗城门楼,进而强占天下第一关城关,击毙我哨兵一名,何柱国为自卫计,下令还击,毙日籍伪警一名。驻南关日守备队出动。经何柱国会同日守备队长落合及日宪兵队长同赴现场调查,东罗城始恢复原状。

△ 林森由沪赴闽,调解闽省省防军第一旅旅长陈国辉被扣事。

△ 国民政府公布《民国二十一年湖北善后公债条例》,发行额300 万元,年息八厘,10 月 1 日起发行,至 1939 年 6 月止还清本息,以该省营业税收入为基金。

△ 立法院修正通过《统计法》及《导准委员会组织法》。

△ 内政部通令全国各省、市筹款设仓,购粮囤积,以调剂农民经济。

△ 察哈尔省教育会、农会、商会等各团体派代表王润亭等到北平向宋哲元请愿,反对察省财厅提高营业税率和增加捐税。

△ 《女声》半月刊在上海出版。

△ 荷属东印度政府颁布限制华人教育的《野校条例》(又称《取缔私立学校条例》)。

10 月 2 日 《国联调查团报告书》在日内瓦、南京、东京三地同时发表。《报告书》承认"九一八"为日方"预定精密计划"所造成,但认为满洲问题之解决,必须"遵守现行多方面之条约","承认日本在满洲利益",并提出国际共管东三省,设立"自治政府"的荒谬主张。

△ 韩复榘部与刘珍年部在胶东掖县县城炮战甚烈。何应钦再电促韩、刘切实停战,并电蒋介石请示处置办法。

△ 刘文辉部与刘湘部开战,刘湘急调鄂西"剿匪"部队回川。同日,蒋介石致电刘湘、刘文辉等令各饬所部,勿轻启衅端。

△ 旅京江西同乡千余人集会,反对江西省主席熊式辉强征产销税,增重江西人民负担。

10 月 3 日 外交部长罗文幹对《国联调查团报告书》发表宣言,谓"报告书包含许多性质极重要之问题,现中国政府当局正在悉心考量之中"。

　△　胡适在平对"路透社"记者称:彼对《国联调查团报告书》感觉满意,认为颇属公允,对报告书中所列解决中日问题之十项原则亦表同意。

　△　何应钦、顾孟馀在京召集川军代表,商议消弭川争办法。何、顾发言,望"一切纠纷均应诉之中央,听候中央处理解决,不得擅自用兵"。各代表表示接受,转电各将领知照。

　△　陈国辉部经第六十一师包围后,派代表到泉州向蔡廷锴请降,以不杀陈为条件。8日,蔡廷锴称陈部已大致解决,零星溃散者即可肃清。

　△　交通部通令各邮电机关,凡新闻纸类挂号须先验登记证,否则不准立卷;前已立卷而无登记证者,应一律取消。

　△　福建旅京同乡会决议:一、电蒋光鼐遵行政院命令,速将陈国辉枪毙;二、电中政会、国民政府、行政院及蒋介石,要求彻底改组闽省府。

　△　郭汝栋部在阳新之龙港、咸宁之杨林桥、通山之大畈与红独立第三师激战后,陷鄂南红军根据地龙港。次日,续陷燕厦。

10月4日　行政院会议讨论《国联调查团报告书》,以事关重要,决将该报告书分发各部、会长审阅。晚7时,由宋子文汇集意见。

　△　孙科向报界发表对《国联调查团报告书》意见,认为报告书能认清"九一八"责任,并说明日本造成伪国,该团"能辨是非,明公道"。又谓关于解决东北方案及建议,"日本实获益较多","自治实现,东北无异名存实亡"。

　△　胡汉民对《国联调查团报告书》发表意见,谓此书决不必要,调查团草此报告,为自毁立场。应否认有所谓满洲政府之存在,及所谓满洲国境之存在。东北问题之最终解决,不在国联,不在公约,而在我国人民最后之自决。

　△　全国民众救国团体联合会通电全国,称调查团报告书"显系抑弱扶强",表示"依赖国联,极端错误",要求一致猛醒,誓死抵抗,全力自救。

△ 中国博爱会等 15 团体致电国民政府,内称:"调查团报告书无异国际共管,求救不如自救,求人不如求己,速与日本经济绝交,出兵讨伐叛逆。"

△ 行政院决议,在颜惠庆出席国联会议期间,驻美公使职务由施肇基代理。

△ 鄂省府决议,以吴国桢继任汉口市长。

△ 北平小学教员因对经费解决办法不满意,经全体大会决议赴市府请愿。10 日,北平市府向银行借款五万元发放教费。12 日,市长周大文答应拨给十万元(中央协款五万、银行借款五万)充作小学教职员维持费,并商定 17 日复课。

△ 《社会新闻》(三日刊)在上海出版。

10 月 5 日 国民党中央政治会议讨论《国联调查团报告书》,以案关重要,决先交外交委员会详加研究,签注意见,再行集议。

△ 国民党中央政治会议决议,加推朱家骅、居正、陈果夫、叶楚伧、何应钦、贺耀组、黄慕松、朱培德为外交委员会委员,推定汪精卫、宋子文、罗文幹、朱培德、顾孟馀等为常委。

△ 韩复榘致电蒋介石,历数刘珍年"纵兵殃民"罪状。鲁省府委张苇村赴京向中央请示制止韩、刘冲突之有效办法。

△ 何应钦电川军将领刘湘等息争御侮。7 日,刘湘电复何应钦陈述川省情况,遵令制止一切纠纷,并请示今后处置办法。

△ 国联中国代表团发表宣言,对《国联调查团报告书》表示遗憾,但称中国对报告书中之建议,愿加以慎重之考虑。

10 月 6 日 中华苏维埃共和国临时中央政府通电反对《国联调查团报告书》,指斥调查团出卖中国以取好日本,号召全国民众武装起来,以革命的民族战争来撕碎报告书,驱逐日本及一切帝国主义出中国,以求得中华民族完全的解放和独立。

△ 全国民食会议在南京开幕,到浙、闽、粤、湘、鄂、赣、皖、沪等省、市代表 16 人。7 日,开第二次会议,通过确定国外食粮进口税则,

成立省、县、区食粮管理委员会等案。12 日闭幕。

　　△　军政部代表李钺、范毓璜抵济南,转赴胶东前线调查,并监督韩、刘两军实行停战。

　　10 月 7 日　宋子文偕褚民谊乘机飞沪征求汪精卫对《国联调查团报告书》意见,并促汪入京主持中枢。

　　△　邹鲁由香港回广州,与唐绍仪、陈济棠商对《国联调查团报告书》应表示之意见,邹主根据胡汉民评论,唐主暴露日本历来阴谋,陈则称结论绝对不能接受。

　　△　冯玉祥自泰安北上易地休养,临行前在济南车站发表书面谈话称:"抗日问题,予仍主张以武力收复失地。惟有抵抗方是中国唯一出路。"

　　△　国联大会开会,中国代表胡世泽发言,主张除医药及科学用途外,完全禁售鸦片。

　　△　三省"剿匪"总部公布《剿匪区内各省农村土地处理条例》,规定土地引起之纠纷"一律以发还原主确定其所有权为原则"。

　　△　凤城双庙子村长李春光和民团长陈友天、王寿山等组织辽东抗日军,共 700 人。

　　10 月 8 日　刘文辉以主力军威胁刘湘。刘湘在重庆调在鄂各"剿匪"军队集中宜昌,准备参战,川局益形紧张。

　　△　四川在京同乡制止川战特委会决议:一、呈请国府及军政部,停发四川各军一切军用物品;二、呈请中央严令制止川战,并禁止各军额外征收;三、致电四川各民众团体一致抗纳非法税捐,并运用民团实行武力制止;四、致电平、津、沪、汉、粤、宜及其他各地四川同乡会一致行动;五、联络废战大同盟及四川党务特派员一致行动。

　　△　何香凝组建之国难救护队后方理事会发募捐启,披露救护队在辽宁一带救护遭日军飞机炸伤之军民工作紧张,经济竭蹶,吁请海内外各界募集捐款。

　　△　班禅电劝刘文辉、刘湘息争。

△ 三省"剿匪"总部令豫、鄂、皖三省赶筑边区公路,限年内完竣,"以利军运而便行旅,应需款项,先由总部拨垫"。

△ 蒋介石电令鄂、豫、皖、赣四省府,"注意'匪'区城镇,办理农村合作,编查保甲户口"。

△ 红四方面军在黄安河口与敌胡宗南部及第八十八师一个旅遭遇。10 日,红二十五军军长蔡申熙、红十一军政委甘济时牺牲。

10 月 9 日 冯玉祥、李烈钧、柏文蔚、程潜等 15 中委通电全国,指摘《国联调查团报告书》之谬误,并要求国民政府"于政策上须有坚决之转变,放弃不抵抗主义及依赖国联之谬想,速解人民束缚,切实与人民合作,全国动员,以抗暴日而收复失地"。

△ 戴季陶提倡诵经救国,成立"时轮金刚法会",是日在平开会,决定由班禅主持祈祷和平,经费由中央、张学良各助两万元。

△ 东北民众救国军与日军在嫩江西岸之富拉尔基一带激战三昼夜,是日撤出富拉尔基城。

10 月 10 日 "双十节"纪念,全国各机关学校遵照中央电令不放假,仅举行仪式。

△ 三省"剿匪"总部令鄂、豫、皖三省在所陷各苏区实行"殖兵屯田"办法,"用军制之严密部署,组织农村保甲","士兵家族一律计口授田","兵民共组合作社"。12 日,公布"剿匪"区内"屯田条例"18 条。

△ 红四方面军政治委员张国焘等于黄安西北之黄柴畈召开紧急会议,决定放弃鄂豫皖根据地,红四方面军主力向外线转移。

△ 达赖在拉萨大昭寺召集军事会议,决乘川军内讧,进攻西康。

△ 吴奇伟在江西乐安就第四军军长职。

△ 上海国货展览大会开幕,展期两周。

10 月上旬 宁都会议召开。中共苏区中央局在江西宁都开全体会议。会议根据临时中央的决议和指示,指责毛泽东"诱敌深入"方针、反对打赣州等是"纯粹防御路线"、"右倾主要危险",要求红军在敌合围开始之前,粉碎敌人进攻,夺取中心城市,实现江西首先胜利。会后毛泽东被撤销红一方面军总政治委员职务。

10 月 11 日　红四方面军撤出鄂豫皖根据地。中共鄂豫皖分局和红四方面军总部率红十、红十一、红十二师,红二十五军第七十三师和少共国际团共两万余人,枪 15000 余支从四姑墩地区出发,向平汉路以西转移。

△　行政院决议分电刘文辉、李家钰、罗泽洲停止军事行动,各饬所部退回原防,听候中央处理,并电刘湘、邓锡侯、田颂尧、杨森、刘存厚从中疏解。12 日,行政院再电刘湘、刘文辉等,严令停战。

△　刘文辉与罗泽洲、李家钰两部在顺庆附近激战,罗致电刘湘请援。

△　军政部代表李铖等与刘珍年代表李恒华在掖县十里堡会晤,李恒华表示:刘珍年"一切服从中央命令,停止军事行动"。

△　国民党西南执行部、政委会致电国民党中央、国民政府指驳《国联调查团报告书》,并表示"今后惟有迅下坚决意志,本牺牲之精神以为继续抵抗,而求失地恢复"。

△　北平工联会通电全国反对调查团报告书,并要求国民政府拨巨款援助东北义勇军。

△　韩复榘发表《告胶东父老书》,历数刘珍年苦害地方,并谓已下除刘决心,决不半途中止。

△　陈树人因其子共产党员陈复被害,向国民政府辞侨务委员会委员长职。行政院决议慰留。

△　东北各部抗日军首领协议,为便利抗日,决定改为军团制,共分六个军团,初步拟定宫长海、王德林、丁超、马占山、苏炳文、唐聚五分任军团长。

△　日伪军五万余人分三路进攻通化等地民众自卫军唐聚五部,13 日陷新宾、柳河,16 日占通化。19 日,辽宁民众自卫军解体,唐聚五等人化装逃北平。

10 月 12 日　国民党中央政治会议决议:一、汪精卫患肝硬化症,准续假三个月;二、通过"匪"区善后问题讨论会组织条例,推陈立夫、何应钦、黄绍竑负责主持;三、通过建设西北专门教育计划,推戴季陶、于右任等为筹备委员,交行政院饬教育部负责进行。

△　川军将领唐式遵等 94 人联名致电刘湘、田颂尧、邓锡侯、杨森、刘存厚,提出"治川纲要"16 条,主要内容为打破防区制,订立互相保障之统治制度,各军实行比例裁军,共讨违背纲领者。刘文辉未列名。

△　上海市商会以外货倾销,对中国工业打击甚大,特电财政、实业两部,请实行倾销税。

△　西康民众因藏军乘川事纠纷侵康,特组请愿团向中央党部、国府各院、部、会请愿,要求中央负责制止川战,决心收复失地,接济义军饷款,并要求确定康、藏界址,速建西康省治。

△　苏炳文致电国联,报告日军在满暴行。

10 月 13 日　韩复榘、刘珍年表示服从中央命令,掖县前方实行停战。

△　外交部公布中、英文本《国联调查团报告书》全文。

△　中华苏维埃共和国临时中央政府发布关于战争紧急动员令,号召"全苏区工农群众,要以最大的速度,来充分准备一切战争工作,要准备一切牺牲去为争取战争的胜利"。

10 月 14 日　国民党第一集团军特别党部通电指摘《国联调查团报告书》,称报告书"无一非破坏我主权独立,干涉我自由,而为迁就强权欺压弱国之乖谬论调";"所谓国联调查团者,不啻强国雇用之巡捕,徒为虎作伥,而不能为弱国主持公道"。

△　外交部长罗文幹飞汉口,征询蒋介石对《国联调查团报告书》之意见。罗在汉对记者称:"国人于此时研究报告书外,尤应留意国际情势及日人态度。"

△　周恩来、朱德签发《工农红军一方面军战役计划》。又称《建(宁)黎(川)泰(宁)战役计划》。

△ 牛兰夫妇移押南京第一模范监狱,执行无期徒刑。

△ 刘湘、杨森、田颂尧、邓锡侯、刘存厚所部各师、旅长联合发表宣言,主张弭战救国。

△ 军委会训令各部队、各军事机关,留俄归国学生未经审查给有证书者,一律不准任用。

△ 军政部任命郭炳生为新编第三十七师师长,陈时骥为第五十九师师长。

△ 日本第一批武装移民 423 人抵达佳木斯。

10 月 15 日 由于谢立功、费侠告密,陈独秀在沪被市公安局会同公共租界捕房逮捕。同时被捕者有谢少山、王武(即宋逢春)、王兆群(即罗世凡)、张次南(即彭述之)、濮一凡、王晓春、梁有光、王之平、何阿方、王剑堂共 11 人。

△ 蒋介石电新编第二十三师师长罗泽洲顾全川局,竭力避免冲突。

△ 济南地方法院公审郑继成刺张宗昌案,律师谓郑非预谋杀人,应请减刑。19 日,该案判决,以预谋杀人罪判郑有期徒刑七年。

△ 驻满洲里苏联领事应日政府之请,致文苏炳文,请求释放被俘之日侨移居俄境。22 日苏炳文照会苏领事,允其所请,决照日领署所开名单予以释放。

△ 国民政府准国联行政院代表颜惠庆辞职,特派顾维钧继任。

10 月 16 日 晚,戴季陶宴川军各驻京代表冷杰生等 20 余人,劝告息争。

△ 马占山与苏炳文在扎兰屯举行会议,决分兵三路攻打齐齐哈尔,终因敌强我弱未能实现。

△ 上海救国团体联合会常务理事熊希龄等致电国民政府及中央党部,建议将党务经费移充东北义勇军饷械之用。

△ 吉林抗日义勇军冯占海部围攻吉林市,在小白山、温德河子与日伪军激战一昼夜始退。

　△　山东日照县共产党率领农民、雇工千余人在北乡于家村、安家岭,西乡山子河、牟家小庄子,南乡平家村等处暴动,鲁陆海军同时出动镇慑。

　△　全国各地邮工抗日殉难烈士追悼大会在沪举行,陆京士主祭,中央及沪各界代表均参加。

　△　废止内战大同盟四川分会在重庆成立。

　△　国联中国代表颜惠庆、顾维钧、郭泰祺电外交部,谓鲁、川内战,国际对华舆论恶劣,影响中日问题者至大,望政府力予制止。

10 月 17 日　杨森、李家钰、罗泽洲部在顺庆附近与刘文辉连日激战。刘湘集中兵力于荣昌、遂宁一带,准备武装调停川战。

　△　下午 5 时,外交委员会开秘密会,讨论《国联调查团报告书》,由罗文幹报告赴汉与蒋磋商经过,讨论至 7 时始散。

　△　上海市长吴铁城密电行政院,称捕陈独秀事先曾与租界当局"特别交涉",并"协同捕房侦察"达月余之久。

　△　第十九路军奉命"围剿"红军,是日该军第六十师占福建龙岩,第四十九师占坎市。

10 月 18 日　刘湘部全线出动,派王缵绪、唐式遵、潘文华三师长分任川东各路指挥。北路指挥王缵绪协助李家钰、罗泽洲攻顺庆、遂宁,中路指挥唐式遵攻永川、江津。双方伤亡甚众。

　△　国民党西南执行部、政委会分电鲁省韩复榘、刘珍年及四川刘湘、刘文辉,劝各消除成见,克日息争,协力御侮,以救危亡。

　△　蒋介石拟具鲁战解决办法,由行政院分电韩复榘、刘珍年切实遵行,内容为:指定莱阳、牟平、烟台等五县为刘军驻地,所有政权交还鲁省政府,刘部让出之其他防地,交"民团"负责守备;韩部须退出潍县以西。

　△　行政院决议,派颜惠庆、顾维钧、郭泰祺为国联特别大会代表,颜任首席代表。

　△　红军占领江西黎川、福建建宁。

△　广西右江革命根据地创始人之一、右江独立师师长韦拔群在东兰西山遭叛徒杀害。

10 月 19 日　何应钦电令韩复榘、刘珍年限期撤驻原防,听候中央处置。同日,何电令刘珍年,该师暂驻福山、掖县、莱阳、栖霞、牟平五县及龙口,严饬军纪,维持治安,关于地方民政、财政,完全由省政府主持,毋稍干涉,以明权限。次日,刘接受命令,所部暂驻掖县、莱阳等五县。

△　胶东 13 县代表李玉洲等通电,谓五年来刘珍年在胶东勒捐巨款共达五六千万元。

△　国民政府及蒋介石再电刘湘武力制止川乱,刘遵命准备。

△　四川旅京同乡会电川人速集合各地民团武装制止川战,继之罢市、罢工,最后抗捐、抗税,绝彼财源,促其自毙。

△　国民政府公布《统计法》。

△　国民党中央政治会议通过监督地方财政暂行法原则五项、调节民食意见九项,交行政院办理。

△　晚,陈独秀、彭述之解往南京。20 日到京,在军政部军法司拘押。

10 月 20 日　李杜、丁超通电反对《国联调查团报告书》,略称书中"举军政各权,中日平衡操之,是与共管无异",东北 3000 万民众决"与日寇周旋,非达到完全收复国土不止"。

△　国民党中常会讨论召开三中全会日期,均主 12 月上旬,决分电征求京外各中委意见后再定。

△　何键颁布全湘"绥靖"计划八项,包括整训保安团、义勇队,调查户口,稽查行旅,实行连坐、反坐等。

△　蔡廷锴及"剿匪"总指挥部行营进驻龙岩,准备进攻长汀红军。

△　段祺瑞、王揖唐、孙传芳等由京到平,参加"时轮金刚法会"。

△　刘文辉令顺庆驻军退遂宁,以示对刘湘让步。

△　吴佩孚电劝川中各将领"力求缉睦,共挽国危"。

△　胡适致电国民党中央,主张宽容陈独秀。

△　陇南扇子会起事,国民党军杨渠统部前往镇压。

△　广州各界援助义军大会分别致电马占山、汤玉麟、何柱国及热河民众,勉以努力抗日,誓为后盾。

10 月 21 日　四川各师、旅长等 90 余人联名电中央请免刘文辉职,交付惩戒。邓锡侯、刘湘、田颂尧、杨森等部公推刘湘为川康"绥靖"总司令,田颂尧为副。

△　韩复榘因军政部调处胶东问题为刘珍年划五县为防地,特电林森、宋子文、蒋介石等请辞鲁省主席职。宋复电慰留。蒋介石、张学良亦电劝"打销辞意"。

△　汪精卫决定赴德国就医,行政院各部、会长集沪与汪话别。22 日,汪及家属、秘书等七人离沪赴欧。

△　"时轮金刚法会"在故宫太和殿开坛,班禅率喇嘛僧众诵经,段祺瑞、吴佩孚、朱庆澜、孙传芳、王揖唐等均入坛参礼。各界参加者数万人。

△　江西公会常务理事李烈钧等通电反对《国联调查团报告书》,主张"亟宜调遣大批军队出关,协同原在东三省之义勇军积极与日军抵抗,收复失地"。

△　天津全市电车、电灯工人因提出要求改善待遇等七项条件,公司延不答复,是日起总罢工,市各民众团体予以支援。30 日,天津社会局劝电车、电灯工人复工被拒绝。11 月 5 日,于学忠奉张学良命实行强制调停,勒令工人代表承认"仲裁"条件,次日工人复工。

△　交通部长陈铭枢电行政院宋子文代院长坚请辞职。

△　江苏各县鲜猪同业推派代表 40 余人组请愿团赴省及京请愿,反对苛征猪只营业税。26 日,财部电复该业临时代表联合会,称已令饬该省财政厅迅即查明制止拦征过路猪税。

△　中华苏维埃共和国临时中央政府执行委员会为粉碎敌人大举进攻,发行第二期革命战争公债 120 万元。

　△　热河抗日军何民魂部攻克阜新。

　△　《主张与批评》半月刊在上海创刊,王造时主编,仅出三期即被当局禁止而停刊。

10 月 22 日　刘湘接受邓锡侯等百余人之请,领衔电呈中央,表示采纳"治川纲领",召集遂宁会议,以解决四川积年纠纷。

　△　西康各喇嘛庙联名电请中央制止川战,令刘湘撤销战备,令刘文辉集中兵力,收复边疆,以固国防。

　△　立法院通过《行政诉讼法》。

　△　江苏全省商联会以美麦倾销,国产粮价低落,农商交困,决议电请中央将第二次续贷美麦 45 万吨一案停止进行,以慰民望。

　△　江苏江都县政府因清查田赋逮捕乡民 50 余人,是晨审讯时,乡民数千人持械入城,冲进县府,捣毁什物,焚烧卷宗。县长从后门逃跑,军警赶到,又捕 200 余人。23 日,乡民要求渡河进城,被军警阻拦,枪杀七人。省府令各县暂停清查田赋。

10 月 23 日　四川善后督办第二十一军军长刘湘通电斥责刘文辉反复无常,好乱称兵,誓与友军左右提携,全力制止。

　△　刘湘、田颂尧、邓锡侯、刘存厚各派代表同谒蒋介石报告川况,蒋再电令四川各将领立即息争,各守原防,听候中央处理。

　△　夏斗寅恐因病久旷职守,再呈蒋介石请辞鄂省府主席职,蒋派杨永泰问病并慰留。

　△　刘珍年派代表杨力川谒何应钦,报告刘军遵令驻扎掖、莱等县情形,并请示解决鲁事办法。

　△　蔡元培、杨杏佛、柳亚子、林语堂、潘光旦等致电南京中央党部、国民政府请释陈独秀,内称:"顾其反对暴动政策,斥红军为土匪,遂遭共党除名,实与欧美各立宪国议会中之共产党议员无异,伏望矜惜耆旧,爱惜人才,特宽两观之诛,开其自新之路。"

　△　广州宣布戒严,清查户口,以"清除"共产党。

　△　中央红军在福建邵武与敌周志群第四旅发生战斗后,歼敌一

个团,是日经麻沙入建阳。

10 月 24 日　蒋介石自汉口电国民党中央委员会,称陈独秀等所犯之罪,"系危害民国之生存,国家法律对于此种罪刑,早在法律上有明白规定,为维持司法独立尊严计,应交法院公开审判"。是日,经国民党中常会讨论后议决交法院公开审判。

△　胡适等电蔡元培,请就近营救陈独秀。

△　鲁省府全体委员对划五县给刘珍年表示异议,电请中央重定对刘办法。

△　刘文辉撤退后,川战中心移遂宁以西,永川开始主力战。同日,刘湘通电各方,联合川中各军民众,对刘文辉予以制裁。

△　江都乡民反"清赋"运动取得胜利,县长被迫释放所捕乡民250 人,"清赋"暂停,死伤乡民抚恤费由商会设法解决。

△　浙江省政府向中英庚款董事会借款 20 万镑,向英国购买铁路材料,以备修筑杭江铁路之用,是日借款合同签字。

10 月 25 日　国民政府令张学良全权调处鲁事。同日,刘珍年电呈中央,请将该师调离鲁境。

△　行政院决议:河北省政府委员兼民政厅长王玉科、兼财政厅长姚铉、兼实业厅长何玉芳均免本兼各职,任魏鉴、鲁穆庭、史靖寰为河北省政府委员,魏鉴兼民政厅长,鲁穆庭兼财政厅长,史靖寰兼实业厅长。28 日,国民政府明令发表。

△　陈独秀、彭述之移押江宁地方法院看守所。移押前何应钦在军政部秘密"传询"陈,陈答称与鄂赣等省暴动行动"毫无关系";抗日问题"仍须联俄方为有利"。何请求写字,陈写"三军可夺帅也,匹夫不可夺志也"。

△　国民党江苏常熟县党部以《民众日报》等八家报刊"违反出版法",勒令停刊。

△　正太路由法移交国民政府,是日在石家庄举行接收典礼,由山西省府齐厚之参加接收。

10 月 26 日　　国民政府对《国联调查团报告书》意见由外交部电达国联中国代表,凡妨害主权、领土完整者明白表示不接受,凡无害主权、领土者原则接受。

△　国民党中央政治会议决议,交通部长陈铭枢辞职照准,内政部长兼代交通部长黄绍竑呈辞兼职照准,任朱家骅为交通部长,翁文灏为教育部长。28 日,国民政府明令发表。

△　刘文辉退出成都,邓锡侯部入城维持秩序。潘文华部占江津。

△　国民政府派李世中为议订中巴(西)友好通商航海条约全权代表。

△　蒋介石派张钫赴济南调解鲁事。

△　中央限韩复榘 28 日前撤兵,是日韩电请展缓,俟海军接防烟台、龙口,再撤潍西。

△　中共临时中央任命周恩来兼任红一方面军总政治委员。

△　华北回民护教团因南华文艺社登载侮辱回教之文字,派代表马文清等四人赴京请愿,要求查封该社,将主编人曾仲鸣撤职治罪,并将撰稿人娄子匡逮捕法办。27 日,马等到京。

10 月 27 日　　国民党中常会决定,12 月 15 日召开三中全会。

△　何成濬乘飞机视察樊城,指挥所部“追剿”红四方面军。

△　刘文辉再电蒋介石,请迅派大员入川制止战争,并谋正常解决。

△　国民政府令派萧吉珊为宣慰华侨专员。

△　沪市商会及百余同业公会以江海关搜检漏税货物,擅入商店,搬运货物,任意处罚,公推代表到京向国民党中央党部请愿,要求改善海关制度,制止关员不法行为。

10 月 28 日　　川北联军推杨森为前敌总指挥,进攻简阳。30 日,罗泽洲、李家钰等部联军占安岳,向资中、内江推进。

△　蒋介石之代表张钫、刘峙之代表刘耀扬,在济南与韩复榘商鲁事,张转达蒋意:令韩部包围掖县、莱阳等县之军队后撤,以便让刘珍年

部离鲁。韩表示服从。

△ 闽省府委员因财政困难向国民政府总辞职。

△ 蒋介石自汉口抵长沙,部署"剿匪"。

△ 李宗仁、白崇禧在广西南宁召开桂系党、政、军要员会议,讨论两广经济提携合作问题。

△ 《大公报》发表题为《营救陈独秀》之短评,称:"如果用哀恳式的乞怜,感情式的缓颊,在法律以外去营救他,倒反转辱没了这位有骨头有意识的老革命家";蔡元培们致中央电内"矜惜耆旧,爱怜人才"的话,是"多此一举"。

10 月 29 日 蒋伯诚到济南与韩复榘磋商解决鲁事途径,决定韩复榘先撤至潍河以西,11 月 8 日以前撤完,然后再调刘部离鲁。烟台、龙口暂归东北海军驻防,俾刘由两处他调。中央派蒋伯诚、熊斌、高凌百监视双方撤兵。

△ 刘文辉致电中央表示愿将所部悉交刘湘,不愿延长内战。

△ 立法院通过《国际海上人命安全公约》。

△ 红一方面军总部发表文告,指出国民党军已将四次"围剿"的重心移到江西,号召军民保卫苏区。

△ 江都反"清赋"运动领导人葛广兴、陈友善、罗才良、杨德昌、刘玉山、卜登云六人经江苏省府委员、省保安处长李明扬等亲自审讯,是日被杀害。

△ 甘肃省府政务会议决议预征 1933 年田赋。

△ 兰州教育界以 9、10 两月未领到薪金,是日起罢教索薪。

△ 广东揭阳遍地皆蝗,晚稻被害。

10 月 30 日 国民党南京市党部呈中央党部,请依法严办陈独秀,不准保释;并通电全国,称蔡元培、杨杏佛等请保释陈"系徇情庇护,为反动张目"。

△ 废止内战大同盟会北平分会成立,胡适任临时主席。胡致开会辞,称该会为"中国之生命线"。

　　△　全国各界救国团体联合会在沪成立。主席团主席张军光致开会辞称:"本会成立后之唯一任务,便是切切实实的为救国而抗日。"

　　△　军政部奉蒋介石电谕,以陶峙岳升任第八师师长。

　　△　日本关东军司令部由沈阳移长春,另设特务机关于沈阳,以板垣征四郎少将为特务机关长。

　　10 月 31 日　蒋介石电令财政部转饬各海关扣留入川军火,并令军政部停发运输护照。

　　△　戴季陶在中央纪念周会上报告治川办法:治标,根据民国十七年(1928)11 月国民政府发表之治川纲要 10 条;治本,根据民国十一年(1922)9 月孙中山致川各将领之电令,以废除内战、振兴实业两点为原则。

　　△　宋庆龄向国民党中央提议设立特种委员会,专理"政治犯"事件。

　　△　国联中国代表颜惠庆、顾维钧、郭泰祺致电外交部长罗文幹,请转达山东韩、刘及四川二刘立即停止内争,以免日方利用,而利外交进行。

　　△　马占山军与苏炳文军配合进攻齐齐哈尔。

　　△　闽北红一、五军团会同进占黎川东南之红三军团逼南丰。

　　△　教育部通令各省、市,免收入关求学青年学费。

　　是月　蒋介石以豫鄂皖三省"剿总"总司令名义发布训令,颁发《匪区内各省农村金融紧急救济条例》,决定在豫、鄂、皖、赣四省农民银行成立之前,先在"剿总"内部设立农村金融救济处,负责监督农村金融"救济事务"。

11　月

　　11 月 1 日　行政院会议决议:一、慰留鄂省府主席夏斗寅;二、电令川、康军及达赖停止军事行动。

△ 国民政府参谋本部国防设计委员会成立。由军事委员会委员长蒋介石兼任委员长,由秘书长翁文灏、副秘书长钱昌照负实际责任。主要任务是从事军事、国防、财经、文教、工矿、交通、农林等方面的调查,写出专题报告,供蒋介石等作决策时参考。

△ 刘湘部继 10 月 31 日进驻荣昌、合江之后,是日又占隆昌。杨森部进驻安岳。

△ 张群在京向川省各军驻京代表详询川局情形及各军现状后,即与戴季陶、石青阳、顾孟馀等会商解决川事办法。2 日乘轮赴汉向蒋介石报告。

△ 在沪被捕与陈独秀案有关之共产党人李荣生、苏正海、饶志陆、陈善甫、纪维方、刘志福、吴俊臣、刘阿芳、陈王氏(即帅孟奇)、吴陈氏、朱彩弟(即朱镜如)11 人,由沪市公安局押解南京交江苏高等法院,寄押江宁地方法院候审。

△ 沪回教代表因上海北新书局发行《小猪八戒》一书,侮辱回教,在京向中央请愿,要求惩办编辑人员,封闭北新书局。

11 月 2 日 何应钦电令韩复榘、刘珍年撤兵原防,并致电沈鸿烈,在第二十一师未到达前接防烟台、龙口。

△ 蒋介石委朱绍良为湘、鄂、赣三省边区"剿匪"总指挥。

△ 川籍旅沪中委杨庶堪等 50 余人拟具解决川事办法,推谢无量、黄胜祥携节略到京,交石青阳提交中政会讨论。

△ 豫鄂皖三省"剿匪"总部在汉口召集七省公路会议,蒋介石之代表曹浩森及国联所派修路专家敖京基、特赖贡尼、巴勒加、蒲德利、伯利参加。会议拟定修筑京黔、京沪、京陕、汴粤、京川、洛韶、京鲁、沪桂、海郑、株祁、京闽 11 条干线。10 日闭幕,蒋介石到会训话宣称:"剿匪"根本办法是"发展交通,组织民众"。

△ 国民党中央政治会议决议:准上海市政府发行复兴市政府公债 600 万元。12 日,立法院通过该项公债条例。

△ 国民党中央政治会议讨论解决川省纠纷案,议决重申国民政

府十七年11月7日命令,并交行政院详定实施办法,制成方案,报告该
会议。

　　△　陈济棠召余汉谋、香瀚屏、缪培南、李汉魂会商,决定联络在赣
中央军分三路进攻江西遂川红军。

　　11月3日　韩复榘电何应钦报告撤防令已下,俟海军接防烟台,
第三路军即开始撤退。

　　△　刘湘压迫泸州、内江边境,刘文辉电国民政府及蒋介石,请阻
刘湘进兵,称旬日以来,一让顺庆,再让遂宁、潼南,三让江津、永川,四
让大足、安岳、乐至、合江诸县,将士愤慨,咸愿粉身,而刘湘仍督所部积
极猛攻。表示决再退让,并提出治川三方案:一、军民大政奉还中央;
二、遵照中央编遣方案施行编遣;三、由中央明令改组省政府。

　　△　红一、三、五军团攻占黎川。建(宁)黎(川)泰(宁)战役结束。

　　△　蚌埠盐业职工反对政府垄断盐业,是日举行罢工,游行示威,
要求撤销北盐公共营业处,维持民食。12日,蚌埠盐商公推杨剑伯等
三人到京,向盐务署请愿,要求撤销该营业处。

　　△　外交部电催法政府履行《中法越南专约》。

　　11月4日　蒋介石电令赣、鄂、皖各军限12月15日前彻底肃清
红军,"逾期以纵匪论"。

　　△　四川联军猛攻泸州,刘文辉以10万人防守,双方发生激战。

　　△　刘文辉为缓和各方围攻局势,与邓锡侯、田颂尧、杨森、李家
钰、罗泽洲等在成都商定弭战办法,将温江、崇庆、华阳(今并入双流
县)、简阳、乐至、潼南、安岳七县划为邓锡侯防区,金堂、新都、彭县、成
都四县划为田颂尧防区,顺庆(今南充)、遂宁、蓬溪等七县划为杨森、李
家钰、罗泽洲防区,意在保留川南富庶区域。

　　△　刘文辉划地与邓锡侯,正式让出遂宁、潼南、安岳、乐至四县,
并将陈鸿文部仍归邓指挥。

　　△　常熟《民众日报》等八家报刊前因未依法登记,且登淫秽新闻
被封,国民党江苏省党部不许该八家报刊复刊,亦不准改名出版,是日

函省府饬县严办。

△ 香港邮政总署首次试行空邮服务。

11 月 5 日 沪市府将上海粮食委员会电转呈行政院,请停止续借美麦,免粮价更落。7 日,湖南商会电中央反对续借美麦。8 日,宋子文对记者发表谈话称:"即或政府不购美麦,而厂商亦必同美国或加拿大订购,此为事实所必需,与米价跌落毫无关系。"9 日,北平商会电请中央反对续借美麦。

△ 刘珍年电军政部报告,称掖、莱、栖三县情况仍未稍变,鲁东各地韩复榘军尚未撤退。

△ 国民党广州市党部致电中央,请严办陈独秀,并称蔡元培等袒陈,"贻祸党国,应予警告"。

△ 东北民众抗日义勇军第十四路齐福臣部,袭击南满路十家堡车站,打死日军五人,焚毁车站。

11 月 6 日 张群在汉召集四川各军驻汉代表开谈话会,请各代表分电各将领于 21 日前实行停战。

△ 张学良派彭士彬等三人赴济南监视韩复榘、刘珍年自胶东撤兵。

△ 内政部令各省、市取缔高利贷,称借贷年利率超过 20% 之契约不能成立,亟应取缔。

11 月 7 日 中华苏维埃共和国临时中央政府为成立周年纪念发表宣言,号召全国工、农、兵、学及一切劳苦群众,驱逐日本及其他帝国主义出中国,粉碎四次大"围攻",推翻国民党和帝国主义在中国的统治,彻底争取中华民族的真正独立和解放。

△ 何应钦电令刘珍年调鄂中"围剿"红军。韩复榘军开始向潍河以西撤退。8 日,沈鸿烈所部东北海军"海琛"、"楚豫"、"镇海"等舰接防烟台、龙口,并布告安民。

△ 国民党中委谈话会讨论处分刊登侮辱回教文字案,金主查封上海北新书局,将登载讽刺回教徒文章之《南华文艺》停刊,依法惩办作

者,并通令全国,此后严禁刊布侮辱任何宗教之文字。

　　△　为防止共产党纪念苏联十月革命十五周年和中华苏维埃政府成立一周年,军政部通令各省、市严予防范。南京、上海、北平严密戒备。北平、上海等市共产党人张贴"打倒国民党,加入共产党"、"庆祝红军胜利"、"拥护苏维埃政府"等革命标语,散发《中华苏维埃告工人书》、《苏联十月革命宣传大纲》等革命传单。上海租界有工人、学生集会,被捕探逮捕六人。

　　△　国民党湖北省执委会电请国民党中央依法严办陈独秀。

　　△　翁文灏函宋子文辞教育部长职。9日,朱家骅兼理教育部部务。

　　11月8日　宋子文由京飞汉口,9日与戴季陶等晤蒋介石,商内政、外交及鲁、川内争解决办法。

　　△　行政院会议决议将招商局收归国营。9日国民党中央政治会议通过。

　　△　法使韦礼敦到京,与外长罗文幹会商中法越边商约问题。同日,罗文幹宴越南回国请愿实行《中法越南专约》之华侨代表黄安、许亦鲜等,席间商谈《中法越南专约》问题。罗允请法使转促法政府依约实行。

　　△　阎锡山通令山西各军警机关及各县政府"缉拿"共产党人。同日,国民党在上海破坏中共设立之"互济会"机关,并捕共产党人韩葆春等二人。

　　△　在朱德、周恩来指挥下,红一方面军克光泽。

　　△　康、藏纠纷经年,血战已达半载,是日西康代表康军旅长邓蟠村与藏方代表琼让代本在西康正式签订《康藏停战协定》,规定双方防地以金沙江为界,不得互相侵犯,"所有历年康、藏一切悬案,听候中央与达赖解决"。

　　△　行政院发布保护宗教通令,内称"以后各种刊物,对于任何宗教,不得稍存侮视"。

　　11月9日　行政院令上海市府查封北新书局,令南京市府转饬

《南华文艺》停刊,并批示华北及上海回教请愿代表知照。

　　△　内政部规定禁止蓄奴养婢办法,不论以买卖、赠与或慈善关系而蓄养者,均予禁止,违者以"使人为奴隶罪"送司法机关办理。

　　△　闽省府召集党、政、军及银行界代表开联席会议,讨论东省财政救济办法,决组财经委员会,推詹调元、陈培锟、何公敢等为委员。

　　△　刘文辉电蒋介石,请制止刘湘进逼,略称"川战突起,辉遵奉中央迭令,始终力避冲突,让防已达十数县,辉部十余万众,今已局促一隅,再退无地。刘湘近且躬赴前方指挥战事,泸富尤在必争","刘湘处心积虑,不至兵连祸结不止"。

　　△　张发奎由香港乘意轮"干德华地号"赴德国。

　　△　东北抗日救国军苏炳文部在齐满路连日与日军激战。

　　11 月 10 日　刘湘、刘文辉两军主力在泸州、内江一带决战。

　　△　何应钦加派毛炳文部陶峙岳、许克祥两师到闽"会剿"红军,陶师前锋逼近光泽。

　　△　张学良飞汉晤蒋介石,面商东北、华北问题,并协议海军接防烟台、龙口。12 日飞杭,16 日复飞汉见蒋。

　　△　全国各界救国团体联合会电国民政府反对续购美麦,称"若再续贷美麦,则国内粮食价格将更形惨落,已呈破产之农村经济,必将陷于万劫不复之途"。

　　△　东北民众救国军在富拉尔基以西腰库勒歼日军原冈轻机枪队,后被迫退至碾子山。

　　△　北新书局因出版《小猪八戒》一书,激起沪市回民公愤,除遵照书业公会决定登报向全市回民道歉外,是日并自动宣布停业。

　　△　罗文幹派谢冠生飞汉,向蒋介石报告国联最近主张成立国际委员会,解决中日纠纷,请示应付机宜。同日,外交委员会研讨国联国际委员会讨论中日问题时应取之方针。

　　11 月 11 日　外交部长罗文幹代表国民政府电贺罗斯福当选美总统。

　　△　豫鄂皖"剿匪"总部规定"改良"鄂地方政治办法 12 项,内容有"慎选保安队长及铲共义勇队人选"等,是日令鄂省府遵行。

　　△　蒋介石电皖省府严防皖人反对米捐,令饬安庆、芜湖、蚌埠警备司令部,凡鼓动商民破坏者,以"妨害政治,扰乱社会"论。

　　△　中华儿童教育社第三届年会在南京开幕,讨论儿童健康教育等问题,13 日闭幕。

　　11 月 12 日　国民党中央在南京举行孙中山诞辰纪念大会。各地机关、学校奉令不放假,不开民众大会,仅由国民党党部召集各界代表举行纪念会。

　　△　国民政府新建之中央广播电台在南京开幕,并正式播音。

　　△　"剿匪"总部电令豫、鄂、皖各省,限本月内肃清各该省红军。

　　△　韩复榘军总部参谋长刘书香及第二十九师师长曹福林,指挥所部分返原防。13 日,韩军全撤潍西。

　　△　湘鄂西省苏维埃主席崔琪在湖南洞庭湖区游击战争中牺牲,是日在长沙悬首示众。

　　△　伪满监察院长于冲汉在大连病死,以罗振玉继任伪监察院长。

　　11 月 13 日　交通部发现招商局总经理兼董事长李国杰与交通部次长、招商局监督陈孚木以招商局栈房、码头等财产向美商中国营业公司押借 3000 万元,是为非法,是日,上海市政府奉行政院代院长宋子文手谕,将李暂行扣押。李将向交通部招商局监督处呈文及陈孚木 9 月 3 日批复指令发表。

　　△　蒋介石以第十师第二十八旅旅长刘戡在鄂"剿共有功",着调升第八十三师师长。

　　△　红军徐向前部自鄂、豫、陕交界之南化塘地区西移,是日在漫川关突围入陕境。15 日到达离商县 50 余里之杨家斜。

　　△　苏炳文正式宣布拒绝与日人进行和平谈判,并否认谣传愿与日本在苏联境内进行和平谈判之消息,称"未与日人有任何接洽",日人提议和平谈判,"决不给以答复"。

11 月 14 日 外交部训令日内瓦中国代表团,拒绝《国联调查团报告书》中设东北顾问会议事,谓如依照李顿建议举行顾问会议,则东北代表即是日本代表之变相,中国之代表决不能与未承认之地方政府之代表开同席会议,以演成世界各国所未有之现象。

△ 王家烈电黔省府驻京办事处,否认派兵参加川战。

△ 马占山率部由讷河驰扎兰屯与苏炳文部会合,士气大振。日关东军部向各路局调军车 40 列,运兵富拉尔基、龙江一带,威胁苏、马等部。

△ 兰州中等以上各校教职员罢教,向担负教费之榷运总局索教费积欠 2.7 万元。

11 月 15 日 国民政府明令将招商局收归国营,由政府继承该局原有一切权利及一切合法债务。令派刘鸿生为招商局总经理,叶琢堂、刘鸿生、史量才、张寿铺、张嘉璈、杜月笙、杨英为理事会常务理事。

△ 交通部长朱家骅电沪前任招商局监督陈孚木入京,俾就私自与美商订立借款合同事询明真相。

△ 国民党中央宣传委员会公布宣传品审查标准,规定凡宣传共产主义、国家主义、无政府主义者,均属"反动";凡批评国民党政策者,均为"危害民国","一律禁止"。

△ 何应钦电刘珍年部先行调浙。刘通电全国称该师调离鲁境,"实良心所驱使,并非正义不能抗彼暴力"。

△ 鄂党政会议在汉口开幕,张难先主席,蒋介石出席致词。次日闭幕,通过"实施训练民众方案"等案。

△ 福建拒毒会、禁烟后援会以该省有鸦片公卖说,特电国民党中央反对,并请明白表示,以释群疑。

△ 上海市复兴公债 600 万元由英商利安洋行承销,并委托汇丰银行经理还本付息事宜,市政府按票面八折实收。

11 月 16 日 国民党中央政治会议通过调节民食案,决定设立民食委员会,商同财政部,向美国借购大宗美麦。

　　△　交通部发表李国杰违法秘签之招商局与美商中国营业公司押款契约四种：一、合同；二、备忘录；三、租约；四、规定押款付给日期数额之合同。

　　△　刘文辉、田颂尧两军在成都南门外草堂寺、东门外兵工厂发生激战，旋于城内煤山等处接触。邓锡侯派部队将城内刘、田两军隔断，并商刘、田各派负责官员制止，18 日两军停止战争。

　　△　陈济棠令粤各县调查"民团"枪械，烙印存案。

　　△　是日起伪满洲国废除中国通用时间，所有钟点拨后 26 分钟。

　　11 月 17 日　国民党中常会决议：一、中央党部、国民政府及各院、部、会定 12 月 1 日由洛阳迁回南京；二、进行长安陪都及洛阳行都之建设事宜，交政治会议筹办。

　　△　在粤国民党中委开谈话会，讨论国民政府改组及防止独裁制之再出现问题，萧佛成自曼谷来电主张"分权共治、防止独裁"的意见，亦提出讨论。

　　△　蒋介石赴襄樊，指示"围剿"红四方面军。18、19 两日在樊城召集何成濬、刘镇华、卫立煌等会商。21 日返汉口。

　　△　刘珍年部退出莱阳赴烟台。军政部电令刘部缩编为乙种师。

　　△　河北省各市商会在北平开代表会，反对营业税增高税率。18 日推代表赴省党部请愿，请转达省府及财政厅收回成命。

　　△　国民政府公布《行政法院组织法》、《行政诉讼法》。

　　11 月 18 日　朱家骅数电陈孚木入京，陈拒不应命，是日陈自港复电，略谓招商局困难情形已陷绝境，非抵押不足以挽危机，故批准备案，职权上并无不合。

　　△　陈济棠在广州召开特别会议，讨论在粤再发二期航空券 1000 万元。同日，省务会议决议，发行新纸币 400 万元。

　　△　上海华商电车工人要求加薪不遂，全体罢工。保安队与工人发生冲突，工人死伤 12 人，保安队伤排长一人、士兵三人。

　　△　上海绍兴同乡会紧急会议议决，分电中央党部、国民政府、军

委会、军政部及浙省府主席等,反对刘珍年军调浙东,并联络各地同乡会、社团一致行动。

　　△　日本外务省发表日本政府向国联秘书处提出对李顿调查团报告书之意见书,声称日本对"满洲国"所取之态度,不违反国际条约;报告书中"关于满洲之诸提议,使满洲成为变相的国际共管,殊为'满洲国'及日本所不能受诺"。21 日,日政府发表意见书节略。

　　△　甘肃省主席邵力子因财政困难,电中央辞职。22 日,邵暨甘肃省府全体委员致电行政院总辞职。

11 月 19 日　刘湘部轰炸泸州,民众伤亡甚多,房屋大半被毁,刘文辉部退至城外,刘湘之第二十一军占泸州。

　　△　邓锡侯电刘湘、刘文辉、田颂尧、杨森、李家钰、罗泽洲,主张各方立停军事行动,商定集会日期,不再兴戎马于桑梓。刘文辉及田、杨、李、罗等即复电响应,刘湘对邓电暂置不复。

　　△　红军一、五军团攻占金溪。

　　△　朱家骅通知上海市长吴铁城,将招商局前总经理李国杰押解上海市地方法院审判。

　　△　司法行政部电促各省法院办理大赦至本月底截止,不得再延。

　　△　沪华商电车工人罢工,各路电车停驶,市党政机关会商处理办法。下午会衔布告,限令明日午前复工,"如敢故违,准资方解雇,另招新工"。

11 月 20 日　刘湘部占领贡井后,续向叙府(今宜宾)进攻,是日占荣县、威远。

　　△　国民政府出席军缩会议首席代表颜惠庆与苏联外交人民委员李维诺夫,在日内瓦秘密商定中苏复交。

　　△　上海各团体救国联合会召开代表大会,决议通电全国各民众团体一致援助东北义勇军,武力收复东北失地,并电日内瓦顾维钧,请拒绝李顿报告书中之共管满洲建议。

　　△　热河国民抗日军事委员会委员长何民魂等发表《告国联大会

书》,请制止日本侵略,提出:一、中国民众坚决反对基于调查团报告书建议原则而成立之解决满洲问题之任何办法,并坚决反对帝国主义对中国领土之侵占与瓜分;二、中国民众要求中国民族之真实独立自由与解放;三、满洲领土主权未完全收回以前,中国民众之抗日战争不能终止。

△ 全国各界救国团体联合会以东北救国军总司令苏炳文奋勇抗日,特电表示"集合民众力量,誓为后盾",并希望"努力奋斗,坚持到底,驱除敌军"。

△ 顾维钧访国联行政院主席狄凡勒拉,盼速解决东北问题。下午,颜惠庆告各国记者,称"中国政府无意推翻李顿调查团报告书","中国政府将不至宣布不顾李顿调查团之劝告,采取一种直接违反李顿建议之方针"。

11 月中旬 内政、财政、实业、教育四部商定分年开发西北计划,并请华侨投资开殖。

11 月 21 日 国联行政院开会,讨论李顿调查团报告书,日本代表松冈洋右和国民政府代表顾维钧相继发言,互相指责。23 日,国联行政院继续开会,各国代表发言,均不承认"满洲国",主张日本即速取消"满洲国"。24 日,顾维钧发言再驳松冈九一八事变为日人自卫行为,"满洲国之成立,为当地人民自由志愿之行为"之谬说。26 日,国联行政院将李顿报告书及本届会议记录移送十九国委员会讨论。

△ 国民党中央开中委谈话会,推陈果夫、程天放、段锡朋、邵元冲、蔡元培五人为电影文化委员会委员。

△ 北平商会召集各团体开会,反对续借美麦,电请中央停签合同。

△ 刘文辉、邓锡侯、田颂尧会衔通电停战,共谋善后。22 日,刘、邓、田继续会商,决定五项善后办法:一、刘、邓、田联名通电停战,三部将领通电赞成;二、田自动表示与邓、刘合作到底,不受他方利用;三、由邓担保开放成都北门,使城内田部扫数安全退出城外;四、由三部共谋

整个和平办法,期在三数日内川省战争一概停止;五、最短期内召开全川将领会议,以谋军事、政治、交通诸重大问题之整个解决。

△　温州旅沪同乡会分电军委会和军政部,反对刘珍年调浙。

11 月 22 日　行政院会议,交通部长朱家骅报告处理招商局经过,并通过准刘珍年辞鲁省府委员职。

△　立法院通过《行政执行法》。

△　国民党西南政务委员会决议反对续借美麦。

△　东北义勇军将领苏炳文、马占山、丁超、李杜、王德林、李海青等联名致电国联,声明东北民众誓必抗日,决不屈服,除非杀尽东北 3000 万人民,决不许傀儡组织存在,更不能抛弃主权,造成所谓共管局面,政府纵不能收复失地,人民则誓驱日寇,还我河山。

△　第九路军孙连仲自 20 日起率五个团分三路进攻金溪,红一军团一部偷渡抚河袭临川,孙部侧背受胁,是日撤出临川。

△　苏省京沪民食调节协会致电行政院代院长宋子文,请速明令各省开放省界米禁,免除米谷捐税,并推代表赴省府请愿,要求立即撤销苏省米禁。

△　安徽旅沪同乡会代表李振亚等,控告国民政府救济水灾委员会办赈人员杨树诚、余绍武、查良钊、王范五等在皖北办赈贪污巨款案,是日,上海第一特区法院开审。

△　川军邓锡侯通电戴季陶、石青阳、张群及旅外川绅,请转恳中央严令各军停战。

△　河南灾民 500 余人乘车至长辛店站,要求换车至浦口,因无车皮,与路警发生冲突,捣毁车站玻璃门窗等,经站长及公安局劝导,并允将灾民送至郑州再转浦口,始平息。

11 月 23 日　国民政府为息川事,重申民国十七年整理川政之命令,交行政院详定实施办法,并令川军各将领暨行政专员"引咎互让,立止干戈",依院决办法实行。

△　国民党中央政治会议通过建设陪都西京、行都洛阳案,交行政

院、军委会妥议办法进行,并通过保留行都中央党部及国民政府现有地址等案。

　　△　上海市拥护国联盟约会发表告全国商人书,勉全国商人御侮救亡,提出五事勉商界共同进行:一、拥护国联盟约;二、保持领土完整;三、实施经济封锁;四、援助东北义勇军;五、制裁破坏盟约及世界和平之野心国家。

　　△　刘珍年部第二旅约 6000 余人,由烟台分乘五轮,开往温州。

　　△　松江《松报》因登载调查仇货新闻,被国民党县党部以"故违法令,鼓动风潮"罪勒令停刊。

　　△　抗日军李海青部收复吉省长岭、瞻榆(今通榆)等县。

　　11 月 24 日　刘文辉、邓锡侯、田颂尧在成都再度协商息争,谓川战发生,皆刘湘所操纵,今后当制止其野心,一切请命中央,谋川局善后。同日,刘湘分电潘文华、王缵绪、唐式遵、穆瀛洲等各督所部分路西进,期于月底攻下成都,完成统一。

　　△　南京农、工、商、学、妇各团体联名电请国联对日有效制裁,谓对于日本若仍持宽容态度,不予迅速有效制裁,则世界和平基础从此即破坏无余。

　　△　皖省旅京同乡电国民政府反对米照捐。同日,宋子文电皖省政府,粮食照费商民不得抗缴,如有赴京请愿,定予申斥。

　　△　翁文灏就任教育部长,但不辞地质调查所长职。

　　△　北平大学代理校长徐诵明电教育部辞职。

　　△　天津裕元纱厂工人因要求发放制服被开除四人,是晨开始罢工,又被开除 12 人,工人被迫复工。

　　△　日阁议决定,任命武藤信义为驻伪满大使。

　　△　吉林抗日救国军王德林部进攻黑省珠河(今尚志县),与一面坡日军激战。

　　11 月 25 日　行政院代院长宋子文、外交部长罗文幹向各国驻华公使声明,否认中日直接交涉之说,并称日方造谣已司空见惯。

△ 鄂豫皖"剿匪"总部制定对所占苏区新设县治建置大纲 14 条，凡新设县治，其应隶属之省区、县治所在地及疆域，悉由总部规定，县长亦由总部任命。是日通令三省遵行。

△ 立法院通过《中华民国红十字会管理条例》和《商品检验法》。

△ 北平各团体决议反对故宫古物迁至洛阳，电请中央取消原议，如无效果，迁移时各团体民众定在神武门前设法阻止。

△ 上海社会局发表一二八事变损失统计，总数达 1.9 亿余元。

△ 吉林抗日救国军总司令王德林致电国联并通电全国，反对国联调查团报告书，声明不承认伪满，誓死抵抗。

△ 江西九江商会以洋米倾销，农村经济破产，特函全国商会联合会转请中央对洋米进口从重征税，以保护我国农业。

△ 宋哲元以察省财政困难，办事棘手，电蒋介石辞察省主席职。26 日，蒋复电慰留。

11 月 26 日 东北在平难民数逾 10 万，是日张学良等邀请平、津党、政、军、绅、商、学各界举行茶会，讨论筹款赈济办法及筹设难民工厂等事宜。

△ 刘湘令各军全线停止进攻，静候中央命令。

△ 刘珍年部梁立柱旅开抵浙江温州，骑兵团调驻安徽滁州。

△ 江、浙两省渔业团体再电宋子文，要求豁免重征渔税。

△ 教育部通令全国高、初中下学期起取消学分制，取消选科制，不设党义科。

△ 河南灾民四五千人乘专车由北平赴南京，是日在泰安被扣留。

11 月 27 日 国民政府通电各省、市，中央党部和国民政府定 12 月 1 日同时迁回南京。29 日，国民政府公布 12 月 1 日迁回南京令。

△ 李济深、黄绍竑电邀粤中委陈济棠、李宗仁、白崇禧、黄旭初、余汉谋、邓家彦等出席三中全会。

△ 蒋介石通令各县驻军尊重县长地位，凡团长以下各长官，对县长如有凌辱行为，由各该师长负责论罪。

△ 太原山西大学等校学生因要求生活费,爆发学潮。全市师范、初中学生因官费取消,生活困难,连日向山西省府教育厅请愿,要求恢复官费制或酌予津贴。

△ 南开之豫灾民第一列车抵明光,在泰安被扣之第二列车经劝阻折回天津。

11 月 28 日 国联行政院一致通过将调查团报告书交大会讨论,日代表反对援用盟约第十五条,放弃投票。是日,国联行政院会议结束。

△ 全国各界救国团体联合会致电日内瓦中国代表颜惠庆等,称"日本表示甚愿东北门户开放,与各国机会均等主义,慷他人之慨,希图博得各国之同情","务请坚决痛驳报告书,声请执行盟约第十六条,保障会员国应享之权利"。

△ 中华全国回教协会致电国联,吁请对东三省案主持公道,并表示"不能承认东北独立","决收复东北失地"。

△ 刘珍年部梁立柱旅奉命由温州开闽北。

△ 国民政府水灾救济会在南京"长江"轮上举行江、淮、汉运干路堤工落成典礼。

11 月 29 日 行政院会议决议:一、福建省政府委员兼主席杨树庄、委员兼民政厅长刘通、委员兼财政厅长何公敢、委员兼教育厅长程时煃、委员兼建设厅长许显时、委员林知渊、陈培锟、林寄南、卢兴荣、丁超五、方声涛、江屏藩均免本兼各职,任命蒋光鼐、范其务、郑贞文、孙希文、李章达、高登艇、林知渊、李清泉、陆文澜为福建省政府委员,蒋光鼐兼主席和民政厅长,范其务兼财政厅长,郑贞文兼教育厅长,孙希文兼建设厅长,国民政府于 12 月 7 日公布;二、任命蔡廷锴为驻闽"绥靖"公署主任。

△ 国民党中委柏文蔚、刘芦隐、张知本等在香港会见胡汉民,征询对三中全会意见,并商严防三中全会重新产生独裁政府之办法。

△ 张群通电中央及川军各将领,主张各军应引咎停战,悉听中央

处理,并由中央临时设置川政整理委员会解决川事。

△ 蒋介石电嘱邓锡侯负责调停川事,候中央解决。

△ 行政院决议派徐诵明代理北平大学校长。12 月 12 日国民政府明令发表。

△ 中共鄂豫皖省委在黄安县檀树岗召开会议,决定重建红二十五军。次日,红二十五军组成,辖第七十四师、第七十五师,吴焕先任军长,王平章任政治委员,全军约 7000 人。

△ 日军大举进攻扎兰屯之苏炳文救国军,救国军退海拉尔。

△ 济南一中、育英、正谊、东鲁、爱美五校学生,为援助因反对会考而被开除的高中学生,全体罢课。次日,济南高中、一中、爱美、育英、正谊、振华、东鲁及齐鲁八校学生万余人游行,向省府请愿,要求准被开除之学生立刻回校,严惩教育厅长何思源,保证以后不再发生军警压迫学生事件,并表示被开除学生未回校前,誓不复课。

11 月 30 日 国民党中央政治会议决议:特任王用宾为考选委员会委员长,任命陈大齐为副委员长;推定张静江、张继、叶楚伧、陈果夫、经亨颐、杨树庄、恩克巴图为政务官惩戒委员会委员。

△ 西南政委会决定修筑粤桂黔铁路,令三省各派一人为筹备委员。

△ 铁道部将即将建成之陇海路东段海港定名为连云港。

△ 徐诵明坚辞平大代理校长职。12 月 2 日,徐再电宋子文、朱家骅,请收回成命,另委校长。

△ 甘肃军事会议通过裁兵案,军费缩减三分之一,以解决各军发饷困难。

△ 中共满洲省委派遣周保中到吉东地区抗日联军中工作。同时派遣杨靖宇到南满地区组建抗日武装,不久在盘石、龙海将义勇军改编为游击队。

△ 徐州破获制造毒品大案,捕获人犯慈善会长曹紫亭、大昌粮栈主姜临如,搜出海洛英数十包,其他要犯前任县长刘炳晨、前任商会会

长丁荫周、粮米业主席周景昌、博施医院院长郭蔼如等逃逸。

是月 澳门中文报纸《朝阳日报》创刊,社长陈小伟。

12 月

12月1日 国民党中央党部、国民政府自洛阳迁回南京,是日分别举行回京典礼。国民政府主席林森抵南京。

△ 国民党中常会通过中外影片标准。国产影片应鼓励其制造者之标准为"阐扬总理的遗教及本党主义、政纲政策者"等17项;所需外国影片之标准为"不违背本党主义而有利于本党宣传者"等12项。

△ 刘湘联军在隆昌会议决定分三路逼成都:杨森、李家钰部取道资阳,王缵绪师取道仁寿,唐式遵、潘文华两师取道乐山。是日,前锋过简阳西进。

△ 陈诚由南昌赴临川,就抚河"剿匪"总指挥职。

△ 蒋介石制定派员查禁十省种烟办法九条,分电苏、浙、皖、鄂、湘、豫、赣、闽、陕、甘十省主席遵行,规定以上各省先行禁种,如有包庇或玩忽者严办。7日,再电十省,严令禁烟。

△ 翁文灏因母丧电国民政府恳辞教育部长职。

△ 东北民众救国军李杜部张殿九旅与日军在碾子山激战后退扎兰屯,日军占碾子山。3日,日军又占扎兰屯,李杜率部自海拉尔退满洲里。

△ 韩复榘严令济南罢课各学校限2日一律复课,违者解散,另招新生;如再发现标语,公安分局长须监禁三年;捕获贴标语者,赏洋200元。2日,济南罢课各校除高中外均复课。

△ 天津电气工人罢工斗争结束,市府允代公司发给工人罢工期间工资。

△ 国联十九国特别委员会决定6日召集国联大会特别会议,中

日问题移交大会。颜惠庆申请速定解决中日问题期限案被否决。

△ 巴拿马国会通过禁止华侨移民入境法案。

12 月 2 日 第二十五军军长王家烈率部自贵阳退守黔西,待何知重援军到后再战,该军副军长犹国才率第二师于上月 25 日进驻贵阳,欢迎毛光翔回省主持一切。是日,毛光翔电京,攻击王家烈祸省殃民,为保犹国才继长黔政。

△ 蒋介石增派卫立煌部两个师入赣"剿匪"。

△ 河北唐山粮食街余祥号经理刘国昌因贩卖仇货,被锄奸团掷炸弹炸伤。

△ 实业部发表 10 月份各海关调查报告,内称各国对华贸易,以前以美国第一,英国第二,日本第三;最近则以日货独旺,已居英、美之上,尤以棉纱、布匹为大宗。

12 月 3 日 顾维钧致函国联驳复日代表松冈洋右 11 月 21 日在国联行政院会议上的演说和日对李顿调查团报告书之意见书,略称:日方之意见书与言论,无一处可变更李顿调查团所证实满洲时局中之最重要事实及调查团依此事而得之结论。九一八事变乃日本大陆政策所促成,东三省现状之维持与承认,中国绝不能接受,"满洲国"必须解散,损失必须赔偿,日军之撤退必须尽早实行,中国问题之解决,应不违背《国联盟约》、《非战公约》及《九国公约》。

△ 外交委员会在京开会,讨论应付国联大会步骤,并训令日内瓦中国代表团据以进行。

△ 蒋介石电日内瓦颜惠庆等三代表,郑重声明否认中日直接交涉,称"中正绝未主张直接交涉",深信国联必能"为中日问题谋公平适当之解决"。

△ 华侨委员会通过《侨民教育实施纲要》。

△ 朱绍良在鄂绥署召开鄂南"清剿"会议,决定"剿匪"新方案。9 日,湘鄂赣边区"剿匪"总指挥部在咸宁成立,以朱为总指挥。10 日,朱赴鄂南"督剿"红军。

　　△　陈诚部周至柔第十四师陷江西金溪。红军向大、小竹枫林、资溪转移,主力仍在硝石、黎川及南丰间。

　　△　据《大公报》讯:日伪在东北实行"五家连坐法"、"良民证"制度,并在铁路沿线设瞭望台,窥视义勇军行动。

　　12 月 4 日　日军猛攻海拉尔,东北义勇军苏炳文弹尽援绝,通电撤兵,官兵民众 4000 余人退入苏联国境。7 日,马占山部亦被迫入苏境。

　　△　黔省王家烈、蒋在珍两部混战,相持于遵义新城狮子桥。

　　△　刘湘以九个旅兵力进攻仁寿,并研刘文辉部。

　　12 月 5 日　鄂豫皖"剿匪"总部举行扩大纪念周,蒋介石讲话,略称:三省"剿匪","七分政治力量已做到五分,政治以经济为根据,对三省经济基础有初步方案,望国人继续努力"。

　　△　陕西省府主席杨虎城因财政问题电南京辞职,行政院复电慰留,并允对财政设法补助。

　　△　胡适在长沙"肇和军舰起义纪念会"上讲演《中国政治的出路》。

　　△　济南高中被勒令解散,学生限 8 日前出校,以候甄别,除事先请假离校,确未参予学潮者外,均各呈悔过书、家长保证,由校甄别。

　　△　招商局成立债务整理委员会,公推叶琢堂为该会主席,将以合法手续向银界另借新款以偿旧欠,再谋改革。该局全部所欠,大约 1700 万元。

　　△　吴奇伟率第十四、第九十两师占硝石及资溪镇。

　　△　刘文辉部分三路反攻,一出仁寿攻叙府、泸州;一出简阳攻资中、内江;一出成都攻新都、乐山。

　　△　中英庚款会通过铁道部借款案,粤汉路先发行公债 120 万镑,增加南京轮渡料款 1.6 万镑。陇海路借款因有比国款项关系,决定缓议。

　　12 月 6 日　国联特别大会开幕,讨论中日问题,颜惠庆发表对调查团报告书意见,提出大会应令日本解散所谓"满洲国"政府;宣布不承认"满洲国"政府;宣布日本破坏《国联盟约》《非战公约》与《九国公约》;确定日期发表最后解决双方争议之报告等四点要求。

△ 日军在抚顺制造"平顶山惨案",经我方宣布后,日政府照会我国外交部否认,并对沪新闻报所载消息,认为有损"皇军名誉",要求取缔。是日外交部驳复日本来照,并对抚顺日军在平顶山等村屠杀村民2700 余人提出严重抗议。

△ 《康藏和约》告成,康军分返原防,援康青军两旅奉命撤回玉树。

△ 东北义勇军后援会致电行政院、外交部,请速救济苏炳文部。同日,沪市教育会亦通电全国教育界援助义勇军。

△ 驻华英代办应格兰照会国民政府外交部,因招商局收归国营,该局前向上海汇丰银行以财产抵借巨款,本利尚未归还,请予注意。

△ 午后 2 时,日军宫本先遣队陷满洲里。

12 月 7 日 全国各界救国团体联合会以苏炳文部受日军压迫,退入苏联国境,特通电全国军人奋起抗日,收复失地。

△ 上海总工会、全国商联会等团体致电国民政府,请速援救苏炳文部。

△ 刘湘改委唐式遵、王缵绪、范绍增、潘文华为第一、二、三、四各路总指挥,并下令进取成都,与刘文辉部激战于仁寿、井研,双方死伤均重。成都各街工事又继续恢复。

12 月 8 日 夜 10 时,日关东军第四旅团第五联队铁甲车一列自绥中驶抵山海关车站东口,向车站开炮数发,将车站旁水塔击毁,伤看守夫役一人;旋向山海关城内开炮十余发,并投掷炸弹。守军第九旅旅长何柱国当与日驻榆守备队长落合严重交涉,允将日铁甲车退至车站静候交涉,至次晨 2 时始停止射击。

△ 蒋介石为对鄂、豫、皖三省原红军根据地 13 县实行经济控制,令农村金融救济处迅筹设农民银行。

△　陈诚电约蔡廷锴第十九路军进攻赣闽边中央红军。

△　广州学生抗日联合会电国民政府请出兵援助苏炳文,并通电全国援助义勇军。

△　国联大会第三日,爱尔兰、西班牙、捷克、瑞典四国代表提出议案,请国联否认九一八事件为日本自卫行动,不承认日本卵翼下之伪满洲国,并建议邀请美、苏加入十九国委员会参加协议调停。日使松冈反对,要求将该案撤销。郭泰祺郑重声明拒绝中日直接交涉,谓任何解决方案,必须以盟约及中国主权完整为基础。

△　由建设委员会、国防设计会、扬子江水道整委会合组之长江上游水力勘察团发现宜昌葛洲坝有巨大流水量,每秒为 6.5 万立方尺,向建委会建议筹设水电厂。

12 月 9 日　下午,国联大会暂休会,对中日问题无切实决定,调查团报告书及各项有关意见,移交十九国特委会草拟提案,再送大会讨论。

△　蒋介石以安徽人民抗缴米照捐,特电该省主席吴忠信制止,并称:“倘仍有此等情事,即以妨害政治、扰乱秩序论。”

△　刘文辉急谋与田颂尧携手,令所部退出成都,转移新津。是晨田部占领成都。

△　驻津日领谒河北省府主席于学忠提出抗议,诬山海关我驻军枪击日军,并以同样内容通知驻津各国领事,混淆听闻。日驻华使馆武官永津致函北平军分会参谋长荣臻,诡称日装甲车赴山海关车站装水,忽被何柱国军所射击,“不得已而应战”。

△　退入苏联境内之苏炳文及其随员征求苏联政府同意假道赴欧。上日,日驻苏代办天羽要求引渡苏炳文等,苏政府依据国际公法严辞拒绝。是日再声明凡随苏炳文入境之华人愿留苏境工作者悉准居住,代觅职业。

12 月 10 日　何柱国与日守备队长落合及日军第五联队长谷仪一等在山海关南关谈判。日方以高压手段强迫何承认炮击事件“系出误会”,由中方赔礼道歉。何为缓兵之计,予以妥协。是日下午,日军退回原防。

　　△　第二次全国内政会议在南京开幕。下午,举行首次大会,黄绍竑主席,国民政府主席林森讲话,声称“此次内政会议实为今后政治修明之关键,其重要直与国民会议相仿佛”。

　　△　蒋介石乘舰离汉赴京,出席国民党三中全会。12 日午抵下关。

　　△　训练总监李济深离沪赴港养病,致电蒋介石,称即日具呈国府,请辞本兼各职。

　　△　自本日至 15 日,刘湘、刘文辉两军于乐山、井研、仁寿等地血战五昼夜,双方伤亡均重。

　　△　废止内战大同盟总会常委会决议:一、推林康侯等三人为代表,向三中全会请愿制止内战,一致对外;二、普征会员,增厚力量;三、电请中央严厉制裁刘湘,通电全国勿与刘湘合作;四、实行与内战者不合作;五、联合旅沪贵州同乡设法制止黔乱。

　　△　国民党北平市党部接中央党部密令,饬即“严捕共党负责分子解京法办”。是日,北师大教授马哲民被北平公安局逮捕,11 日平大教授侯外庐被捕,13 日北大教授许德珩亦以共产党嫌疑被捕。农学院进步学生 18 人被捕。

　　12 月 11 日　何香凝复函第十五师特别党部不出席三中全会,略称:现接中央及贵师特别党部来函,催促入京参加三中全会,“衮衮诸公,党国名流,出席者大有人在,如能各出真诚,一致共趋国难,对于一二人之出席,不成问题,否则亦何补于事,凝以抱病之躯,无裨于事,不愿力疾入京,以增病苦”。

　　△　中国驻英使馆在伦敦发表宣言指出,据正式统计,九一八以来,日军屠杀我国同胞达 5.8248 万人,上海一二八损失尚未包括在内。

　　△　蒋介石向内政会议提出重新制定县、区、地自治法规,区或镇以下施行保甲制度案。

　　△ 蒋介石委任卫立煌兼鄂东"剿匪"总指挥。

　　△ 工农红军闽浙赣军团总指挥部通电,奉苏维埃中央革命军事委员会命令,闽浙赣新苏区正式宣布成立。方志敏任省苏维埃政府主席。辖区达 20 余县。

　　△ 中央红军在闽赣边战斗后,分成三路:红三、五两军团由黎川入建宁;红十二军由资溪入光泽;红十军回信江北岸。

12 月 12 日　下午,中国代表颜惠庆与苏联外交人民委员李维诺夫在日内瓦交换中苏复交照会,宣布中苏两国政府自即日起恢复正式外交关系,照常交换使领。

　　△ 国民党留粤中委邹鲁、邓泽如、李宗仁、刘芦隐等 14 人电三中全会,借口"职守羁身",不出席会议,希望今后"执行第四次全国代表大会及一中全会之各项对外对内决议案,永远阻止独裁,协同剿共,实行抗日"。

　　△ 废止内战大同盟会总会常委王晓籁、杜月笙、林康侯等 37 人通电中央党部、行政院等,以刘湘无故枪杀四川大学学生,封闭《新蜀报》,封闭川省裕通银行,要求中央予以严厉制裁,褫夺刘一切职位。

　　△ 沪杭甬铁路各站职工因加薪不平等,经派代表赴总局请愿,未得圆满结果,是日举行罢工,要求当局迅予解决。京沪、沪杭甬铁路管理局局长陈兴汉向铁道部辞职。

　　△ 自政府明令将招商局收回国营后,该局股东起而组织法益维持会,研讨维护股东利益,是日该会在沪招待报界,反对政府以每套价银 50 两收回股票(按:依该会主席李次山报告,每股应得资产价值银 600 两以上),决派代表入京向三中全会请愿,并向监察、立法两院商议此次政府收回招商局手续问题。

12 月 13 日　外交部长罗文干发表中苏复交宣言,并公布中苏换文。

　　△ 河北省商会代表电国民党三中全会及财政部,请求取消营业税新税率。31 日,财政部批示已咨行冀省府转饬核议。

△　废止内战大同盟会代表林康侯等赴京,向国民党三中全会请愿制止内战。

△　陕省干旱日烈,灾民 400 万,死亡逃徙日有增加,灾情严重,各县灾民代表是日在西安开紧急会议,决推郭子兴等赴南京向国民党三中全会请愿:一、履行二中全会决议案,速发陕灾公债 800 万元;二、豁免灾区粮赋及一切苛捐杂税;三、所有驻军一律由中央直发饷糈,以免同归于尽。

12 月 14 日　蒋介石在内政会议讲话,声称"救国必先改革人心,攘外必先安内,刷政首须痛除积习"。

△　蒋介石在南京各界迎蒋大会上演说,声称:"欲民族复兴,须从民族固有之精神,即恢复礼义廉耻作起。"

△　行政院代院长宋子文就中苏复交事发表谈话称:"两民族间自由往来之途径,已清除一切阻碍,深信定能于实现远东和平上大有助力。"南京《新京日报》著文称"中俄复交与反共判若两事"。

△　江苏淮阴点心业 200 余家罢市,反对政府启征营业税。17日,经商会会长劝导,各代表答应秋冬两季缴税 40 元,并于次日复业。

△　东北民众自卫军军官学校教育长苗可秀率学生大队和自卫军大刀队在凤城和龙王庙之间伏击歼灭日伪军百余名。

△　辽吉黑热义勇军后援会向国民党三中全会建议武力抗日,收复东北失地。

△　东北抗日各军代表刘丕光、王子耀等 12 人以日本伪造东北人民请求独立函件 3000 余件寄日内瓦,特电国联大会,称自九一八事变以后,东三省人民先后牺牲于日人之手者,已达 5.8 万余人,"东三省3000 万人民誓死不承认满洲国,务希大会予以正义公平之裁判"。

△　新加坡华侨开设之华商、和丰和华侨三家银行合组华侨银行,在国内设上海、厦门、香港三分行。控制东南亚许多地方华侨的信贷和汇兑业务。

△　据《大公报》讯:伪满实行鸦片公卖,鸦片专卖公署及分署已分

别成立,开始营业。

12 月 15 日　国民党四届三中全会在南京开幕,到执监委百人,阎锡山、胡汉民、汪精卫、冯玉祥、张学良、李济深、程潜、陈济棠、李宗仁、白崇禧等均不出席。于右任主席。下午预备会议,推蒋介石、孙科、于右任、顾孟馀、丁惟汾、戴季陶、居正为主席团。

　　△　全国内政会议历时六日,共开大会七次,是日下午闭幕。通过"地方自治"、"整理土地"、"确定地方卫生制度"、"改良礼俗"、"执行调查统计工作"等议案 400 余件,审议建议案 200 余件,并发表宣言。

　　△　陈济棠召集粤党政要员讨论时局,决议力促三中全会实现"防止独裁再起","联合肃清共患"、"切实长期抗日"三要案,并提议分权共治及扩充西南政务委员会各部会组织案。

　　△　国联特别委员会通过英、法、捷克、西班牙、瑞士五国起草委员会之决议草案,其要点为:一、以李顿调查团报告书为调解的基础;二、重行确定 3 月 11 日之决议案;三、提议以十九国特委会为调解委员会,而辅以中日代表;四、宜请美、苏参加调解工作。但草案既未规定制成最后报告书的期限,更无阻止日本侵略办法,为日本预留狡辩余地。17日,国联中国代表团发表宣言,陈述中国政府不能接受十九国特委会决议草案并要求加以修改。日本拒绝接受。

12 月 16 日　国民党三中全会首次大会,蒋介石主席,决议组织特种外交委员会,推戴季陶、宋子文、于右任、孙科、顾孟馀、王正廷、朱培德、朱家骅、伍朝枢为委员,并指定外交部部长、次长参加,由宋子文召集。

　　△　李济深再电蒋介石坚辞训练总监职。军事委员会、国民政府、蒋介石先后慰留。

　　△　蒋介石邀梁漱溟咨询对改进社会及农村建设等问题。梁曾于15 日在中央大学农学院讲"村治问题"。

　　△　国民党南京市党部呈请中央撤刘湘职,并通电全国共起制止刘湘用兵。

　　△　红十六军孔荷宠部第七、九两师由赣万载入鄂东。

　　△　山西省立一师因校方开除学生杜连秀等五人，向教育厅请愿无结果，是日联合女师等七校发动驱逐教育厅长冀贡泉运动，沿街遍贴驱冀标语。

　　△　江苏中等学校教职员联合会临时代表大会决议赴教育部请愿发清积欠省校经费四个月。

　　△　东北义勇军电三中全会，要求集全国力量抗日。

　　△　全国各界救国团体联合会电请第十九路军出关杀敌，收复失地。

12 月 17 日　宋庆龄、蔡元培、杨杏佛、黎照寰、林语堂等在沪发起组织中国民权保障同盟，宣言称该同盟之目的：一、为国内政治犯之释放与非法的拘禁、酷刑及杀戮之废除而奋斗，本同盟愿首先致力于大多数无名与不为社会注意之狱囚；二、予国内政治犯以法律及其他之援助，并调查监狱状况，刊布关于国内压迫民权之事实，以唤起社会之公意；三、协助为结社集会自由、言论自由、出版自由诸民权努力之一切奋斗。是日，以筹委会名义代电蒋介石、宋子文、于学忠要求即日释放在平被非法拘禁之学校师生许德珩等。

　　△　红四方面军徐向前部由陕西城固南进，越大巴山，先头部队于18 日进入四川通江县境。蒋介石电令田颂尧派兵于川北堵截。田部分两路出动，刘汉雄率三团开广元；李炜如率四团开通江、南江。刘存厚亦派一旅防边。

　　△　刘茂恩、胡宗南、萧之楚、范石生等四师奉命入陕"剿共"。是日，刘、萧两师已过陕西鄠县以西。

　　△　刘湘、刘文辉两军激战竟日，双方伤亡甚重，刘湘到荣县指挥，潘文华师到乐山对岸之笋子山，田颂尧师到仁寿清水镇，刘文辉部退井研、乐山、仁寿。

　　△　太原一师、成中等校学生千余人，为一师开除学生事赴省府请愿，被军警镇压，伤 14 人。

　　△　辽宁日参事官成泽直亮同指挥官山岸等率日伪军自凤城孙家

店进入岫岩境。18 日,辽南抗日义勇军司令刘景文发动岫岩关门山战斗,活捉成泽直亮。

12 月 18 日 国民党三中全会主席团会议,蒋介石等以中央政治会议常委人数过少,应加充实,提请加推于右任、孙科为中政会常委。

△ 日机 12 架由义县飞朝阳滥炸。

△ 国民党中央令各省、市查禁伪满宣传报纸。

△ 辽宁救国军司令耿继周电请三中全会援助义勇军,收复失地。

△ 刘文辉以 12 团兵力由陈鸿文率领向犍为方面第二十一军穆瀛洲部猛攻,穆部损失过半。

△ 全国商业联合会电行政院,请速制定印花税法,并通令全国印税局,在税法未制定前,不得任意苛罚。

△ 苏俄研究社在南京成立,选陈立夫、张冲、康泽等 15 人为干事,贺衷寒、邓文仪等五人为监事。

12 月 19 日 国民党三中全会二次大会通过"定期召集国民参政会"、"督促政府完成肃清'共祸'工作"、"慰勉蒙藏来京各员,并团结各族以固国基"、"澄清吏治"等多案。

△ 财政部实行开弛米禁,米谷运至国内口岸,一律免税放行。

△ 国民政府任命刘戡为陆军第八十三师师长。

△ 陈诚部陷资溪。20 日,又陷黎川。中央红军主力由资溪、黎川开至光泽、邵武、建宁、广昌一带。毛泽东、朱德在黎川曾召集军事会议,进行战前改编整顿,充实连队战斗力。

△ 刘珍年师全部抵温州。大部向闽北政和、寿宁等县开动。

△ 刘湘调后方部队驰援,向刘文辉部猛攻,在敘府间相持。次日晚,双方敢死队在泸县、敘府间肉搏,至 21 日午后始停。

△ 全国海员代表严华生等五人到京向三中全会请愿,要求恢复中华海员工业联合总会名义,并修正该会组织规程。

△ 北师大学生会决议电三中全会,反对停办师大,要求将该提案撤销。

12 月 20 日　国民党三中全会三次大会通过集中国力挽救危亡案和取消省政府委员制改为省长制等案。财政部向大会提出 1930、1931 年度财政报告。

△　行政院召集各部、会长等举行临时谈话会,讨论解决川事及康、藏纠纷等问题。推定戴季陶等负责草拟计划。同日,蒋介石邀戴季陶、宋子文、张群等商川局善后,决组川事整委会。

△　平、津各院校教联会电三中全会反对国民党中央组织委员会所提改革全国高等教育案,并派代表见张学良请向全会力争。该提案要点为:一、减少独立学校数量,以集中财力谋质量之改进;二、于全国各重要城市分别设立大学一所,以谋文化之平均发展;三、各省、市政府、团体、私人暂不得设立大学及文法学院;四、师范教育不另设专校等。

△　国民党陕西省党政要员电请三中全会速拟具体办法救济陕灾。

△　上海洋商大东、大北、太平洋三电局投递工人全体罢工,要求改善待遇。22 日,公司宣告全体开除,另招新工。同日,工人派代表向市党部请愿,要求迅速解决。

△　山西省政府处理一师风潮,为首学生陈希愈等 13 人被开除,交警备部押送回籍,校长黄丽泉撤职。

△　日驻伪满特使武藤信义剥夺伪满警权,由日本国内和南满调来大批日警宪分别取代,以控制一切行政权。

12 月 21 日　国民党三中全会第四、五次大会,通过确定教育标准与改善制度案、以中央执行委员会常务委员为国民党中央政治会议常务委员案、开放米禁厉行积谷案、恢复农村经济“改进”青年思想以谋赤区善后彻底办法案、救济陕灾案等 17 案。22 日,三中全会闭幕。

△　外交部长罗文幹向三中全会报告中日问题及对日外交,历述日人侵华罪状,并申述解决东北事件始终坚持最要二原则:一曰决不容维持东省伪组织为前提;一曰必不违背《国联盟约》、《非战公约》及《九国公约》之文字与精神。

　　△　湘黔边区"剿匪"司令何知重电林森、蒋介石、宋子文等,恳速令何辑五入黔兼代省主席。22日,代理行政院长宋子文电黔省府令犹国才暂代。

　　△　许德珩由北大校长蒋梦麟保释,于下午4时出狱。

12月22日　司法部咨湘、闽、滇、桂四省迅速筹设"反省"院。

　　△　湘鄂赣边区"剿匪"总指挥朱绍良下令郭汝栋、容景芳、谢彬、李定五、张刚各部向鄂南红军总攻。

　　△　山西省教育厅以太原学运高涨,无法制止,转令太原各校提前停课放寒假。

12月23日　日军图热,驻锦州之第八师团及铃木旅团连日向热边运输,日军用汽车2000辆已由沈阳运锦州,备攻热之用。

　　△　全国各界救国团体联合会因热河告急,特举行督促政府出兵恢复东北失地大会,并致电请国民政府"飞调大军讨伐伪满,恢复失地,全国人民誓为后盾"。

　　△　国民党中央政治会议原则通过唐有壬等审查实业部所拟整理及发展实业计划案的报告,交主管机关参照成规酌量办理。

　　△　福建前省防军第一旅旅长陈国辉被闽绥署以"纵匪殃民"罪在福州枪决。同日,省防军第三旅副旅长何显祖亦在漳州被枪决。

　　△　中央苏区红军克崇仁。

　　△　废止内战大同盟总会讨论制止内战,解决川、黔问题办法,并电国民党中央党部、行政院、军委会等,要求:一、严令川军即日停战;二、迅组川政整委会;三、授权整委会编遣川军;四、严禁军火入川;五、查办川战祸首;六、调王家烈部离黔。

　　△　中央禁烟委员会以最近在江北徐、蚌等地破获官绅大规模制毒机关,特呈行政院请饬苏、皖两省切实查获,依法严惩。

　　△　热河告急,全国各界救国团体联合会在沪举行大会,通过督促政府收复失地、立即施行征兵制、编义勇军为正式国防军、特赦爱国志士等提案10项,并电国民政府要求飞调大军出关讨逆,收复失地。

△　行政院通令各省、市府、各部队禁止私设空军机关及航空队，如必须购机，应以商用或教练机为限，不得购战斗机，并须申请批准。30 日，李宗仁拨款 300 万元扩充桂空军。

△　吴忠信辞皖省主席，蒋介石、宋子文挽留。

12 月 24 日　何应钦电饬闽北各军入赣"协剿"红军。蔡廷锴自漳州赴龙岩部署策应赣方"剿共"。

△　宋子文电促在德之汪精卫回国，称："现在救亡图存，刻不容缓，吾兄假期届满，各方咸渴望吾兄早日回国，领导一切。"

△　韩复榘偕沈鸿烈到平，与张学良商华北防务，并报告胶东事件经过。26 日，张学良与韩复榘、宋哲元等详商团结御侮等问题。

△　陕甘游击支队改编为红二十六军，在陕西宜君成立，杜衡任军政委兼团政委，该军只辖第二团，王世泰任团长。随后开辟以南梁为中心的照金根据地。

△　英政府突征滇缅生银进口税，并禁中国货币输入缅甸。全国商联会特分电国民政府、行政院、外交部，请速向英国交涉取消。

△　班禅在京宣誓就西陲宣化使职。

△　北平中华民众教育协进会成立，聘蔡元培、李石曾等为董事，推蔡元培为董事长。

△　北平师大奉教育部密令，开除学生涂茅若、杨振声、于佩琛等 32 人。

12 月 25 日　热河告急后，各界电请抗日。是日，沪市 160 余同业公会电热省主席汤玉麟"迅调大军誓死抵抗"。全国各界救国团体联合会亦电全国军人自动请缨，出兵讨逆，收复国土。

△　徐向前部红军占领通江县城。29 日，川陕省临时革命委员会于通江成立，旷继勋任主席。

△　南开大学校方奉教育部密令，开除学生 30 余人。27 日又开除 20 人，未宣布理由。学生不满，殴伤校长张伯苓。

△　上午 8 时，甘肃玉门、酒泉、高台等县发生强烈地震，震源在玉

门县南之祁连山麓昌马区,该地区"房屋完全被震倒,人死四百余名,牲口约在五百以上"。金塔"城垣四周倒塌约四十余丈,城内外民房亦有倒坏者,幸未伤人"。鼎新"城垣房屋强半坍塌"。安西"摇塌民房二百余处"。兰州、青海、蒙古、四川等地亦受余震影响。

12月26日　日军在锦州召集军事会议,讨论进窥热河问题,决定先肃清热边义军,再进窥热河。

△　国民政府令免王家烈贵州省政府主席兼职,遗职由犹国才暂兼代。

△　刘文辉连日苦战,阵线动摇,是日派代表携亲笔函向刘湘请和,提出:一、自动辞省主席兼民政厅长职;二、全部改编为四师;三、以川康军边防总指挥名义退守西康;四、成都财产保留。

△　章嘉在京就蒙旗宣化使职。

△　何成濬离汉赴陕"督剿"红军徐向前部。何告记者,声称"三周内即可结束军事"。29日,何在西安召开军事会议,商"追剿"徐向前部计划,由杨虎城任总指挥。次日,杨飞汉中指挥。

12月27日　行政院会议决议:一、特任颜惠庆为驻苏联大使;二、任陶峙岳继毛炳文为第八师师长(31日国民政府明令发表);三、派胡世泽为国际劳工局专家会议代表。

△　罗文幹辞司法行政部长兼职。

△　上海地方法院以招商局前总经理李国杰犯共同损害招商权利罪、渎职罪处徒刑三年,褫夺公权四年。李声明上诉。

△　北平政委会开常会,张学良主席,到韩复榘、宋哲元、杨爱源、庞炳勋等十余人,讨论热河问题,对日军图热决誓死守土。

△　国民党西南政委会决议电中央增兵援热并严饬汤玉麟死守。

△　蔡廷锴通电劝刘湘、刘文辉息争,留军力供抗日及收复失地之用。

12月28日　国民政府令:特任朱培德兼代训练总监部训练总监,唐生智兼代军事委员会第一厅主任。

△　国民党中政会会议决议西京设市,直隶行政院。

△　陈济棠派李叔尧北上,与韩复榘、冯玉祥、阎锡山商时局问题。

△　国民政府救济水灾委员会委员长宋子文发表水灾赈务报告,称该会自 1931 年 8 月 14 日成立至今,急赈支款 668 万余元,麦 12.7 万吨,受惠者 496.4 万余人;工赈受惠者逾 1000 万人。

△　义勇军何民魂部克彰武,分兵攻击法库日军。

△　北平各界电促国民党中央速筹对策,抵抗日对热侵略。

△　全国各界救国团体联合会常务理事张军光从事抗日运动甚力,前曾接所谓"保障团"及"中日大同盟"恐吓函多件,警告其停止救国活动,否则"将以相当手段对付"。是日张在沪突告失踪。

12 月 29 日　国民党中常会推定戴季陶、孙科、伍朝枢、茅祖权、顾孟馀、段锡朋、陈立夫草拟国民参政会法规。

△　北平军训会讨论华北军事训练问题。张学良、韩复榘、万福麟、宋哲元、庞炳勋、荣臻、孙殿英、王树常等均出席。

△　国民党粤省党部电勉汤玉麟抗日守土,并电日内瓦中国代表团力争到底,不达收回失地目的不止。

△　中国民权保障同盟筹备委员会宋庆龄、蔡元培电北平公安局,请即释放被拘全部师生。电称:"闻在平被非法拘禁之各学校师生,仅许德珩君经保释,其余数十人,仍羁押贵局,政府方力言保障人民一切自由,而贵局所行如此,何以自解。"

△　外交部电日内瓦中国代表团,向国联报告热边日军行动,万一发生事故,其责任应由日方负之。

△　刘湘及联军各将领开内江会议,商对付方针。决议:一、设立四川善后委员会,各军长均为委员;二、民政由善后督办主持;三、第二十四军须让出岷江流域;四、准刘文辉保留少数部队经营西康,余部由联军处理。

12 月 30 日　赣粤闽边"剿匪"总司令部下达第四次"围剿"江西红军命令,限次年元月 6 日前各部队在指定地区集中完毕。蒋介石调集

29 个师、两个旅约四五十万兵力分左、中、右三路,采用分进合击战术围歼中央苏区红军。以陈诚指挥 12 个师约 16 万人为中路,担任主攻任务。

△　国联中国代表顾维钧致国联备忘录,声明中国向无排外政策,日本在沪、满无驻兵之权。

△　中华苏维埃共和国中央革命军事委员会主席朱德训令,决定划建宁、黎川、泰宁地区为一警备区,萧劲光任司令员兼政委,统一指挥该地区各部队、机关以及军事、政治事宜。

△　国民政府公布《修正工厂法》及《工厂法施行条例》。

△　行政院通令苏、浙、闽、鄂、湘等 10 省厉行禁烟。

△　国民政府通令全国公务人员一律服用国货。

△　中国民权保障同盟在上海招待中外记者,由副主席蔡元培代宣读宋庆龄演说词,略称:“新闻界与同盟会员实有比肩共负促进人类社会进步之责,应予同盟以诚实之赞助。”“诸君对众多国人之被非法拘禁与秘密军法审判,将长此静默不加抗议乎? 抑将一心一德,与同盟共肩此责任乎?”

12 月 31 日　张学良电外交部长罗文干报告石本案,称日本关东军侦探石本权四郎因破坏我领土治安,前被义军拘留在热河,日陆军省为侵犯热河,捏造石本被我义军杀害,以为第二中村事件之借口。石本现仍被禁在热河义军营中,在日军放弃侵略军事以前,不能轻易释放。

△　热河省府秘书长谈国桓奉汤玉麟命由承德抵平,向张学良报告热河情况。汤对人表示:“热河不守,平津华北均危殆,热民穷财困,难抗暴寇,但人有脸,树有皮,余决舍此老命,拼一死战。”

△　国民党西南执行部、西南政务委员会决议再电热河汤玉麟切实抗日。

△　中共临时中央发出给中共河北省委的信,要求必须“加强天津、唐山、北平、内蒙的领导”,“特别是加紧京东一带及唐山、天津、北平四郊的农民运动”。

△　刘湘派员到京谒蒋介石报告川情,称:外传内江会议讨论解决川局善后,并无其事。仅刘湘与田颂尧晤商答复刘文辉提出之条件。刘湘已允刘文辉保留三师,按乙种编制,给与总指挥或军长名义,由中央决定。

△　何成濬自西安电"剿匪"总部,请电令川边刘存厚部合力堵截徐向前部红军。

△　国民政府电复苏联政府同意鲍格莫洛夫为苏驻华大使。

△　陈立夫介绍章嘉活佛加入国民党。

12 月下旬　邓铁梅率民众自卫军在岫岩县东文家街与日军发生遭遇战,打退日军三次冲锋,迫使日军逃回县城。

是月　安徽增设嘉山县,由盱眙、滁州、定远、来安四县析置。

是年　钢铁产量两万吨,生铁 54.8391 万吨,钨砂 2245 吨,锑1.803 万吨,锡 7370 吨,汞三吨,煤 2637.6315 万吨。

△　全国纱厂总计 128 家,其中华商 84 家,外商 44 家,内英商三家,日商 41 家。布机 4.2596 万架,内华商 2.0599 万架,英商 2691 架,日商 1.9306 万架。锭子 490.4788 万枚,内华商 273.079 万枚,英商17.061 万枚,日商 200.3388 万枚。

△　本年度中国生丝产业由于蚕种退化,养育无方,价格低落,衰落特甚,仅出口 7.66 万余担,较上年度减少约 5.64 万担。

△　统原商业储蓄银行总行在上海成立,资本 2000 万元,董事长陈子楚,总经理陈绳武。

△　龙云将 1912 年成立的、云南惟一拥有发行纸币权的富滇银行改组为富滇新银行,使其成为云南的金融中心。

△　香港中华厂商联合会成立。

△　澳门自来水公司成立,在青洲设立机房。

△　澳门南湾填海工程动工,由华商集团组成的申达置业公司承建。

△　香港颁布《离婚条例》《离婚规程》。

　　△　菲律宾洪门秉公社成立,为菲华侨社会中洪门组织五大支派之一。

　　△　香港大学冯平山中文图书馆落成。

　　△　《华侨旬刊》在上海创刊。

　　△　旅美华侨在洛杉矶创办首家华文图书馆——罗生图书馆。

　　△　豫、陕、皖、甘、青、鲁大旱。吉、黑、晋、豫、皖、赣、冀、湘、陕、鲁、粤、北满等大水灾,晋尤重,灾民达数千万人。鲁、皖、豫虫灾。

1933 年(民国二十二年)

1 月

1月1日 日军制造榆关(山海关)事件。上午,绥中日军往榆关调动,下午2时,驻榆日宪兵守备队通知榆关日侨迁至南海日兵营"避难"。晚9时30分,日兵车一列由绥中开抵榆关车站,日军步哨将爆炸物投掷于车站附近爆炸,同时,日军在南关外鸣枪并爆炸手榴弹,嗣向我南门外步哨射击,迫其退入城内,经我驻军东北军第九旅派员诘问,反诬为我驻军挑衅。日步兵守备队第五联队一个中队出动南关外。驻临榆第九旅旅长兼临永警备司令何柱国在北平闻报,星夜回防。

△ 赣粤闽边中路军总指挥陈诚,按蒋介石关于先期"清剿"金溪附近红军,巩固临川,继以主力向赣南推进的计划,令第二纵队总指挥吴奇伟调第十四师周至柔部、第二十七师孙连仲部、第九十师吴奇伟(兼)部集中临川待命。

△ 中国航空协会在上海成立,理事王晓籁、史量才、王正廷、杜月笙、虞洽卿等21人就职。此会系蒋介石授意杜月笙等人发起建立。筹建时名中华航空救国会。

△ 蒋介石令驻皖第四师徐庭瑶部分编为第四、二十五两师,归第十七军节制,徐庭瑶任军长;原第四师副师长邢震南升第四师师长,独

立旅旅长关麟徵任第二十五师师长。是日,徐在蚌埠宣誓就职。11日,国民政府明令发表。

　　△　苏联政府任命鲍格莫洛夫为驻中国大使。

　　△　上海英美烟草公司工人罢工,9日允暂复工。

　　△　香港《裁判司条例》和《简易治罪条例》公布施行。

　　△　《中国与苏俄》月刊在南京创刊。

　　1 月 2 日　晨 2 时,榆关日军向临永警备司令部提出:一、撤退南关中国驻军、警察及保安队;二、撤退城上中国守兵;三、南关归日方警戒;限即时答复,否则武力夺取。临永警备司令部允南关暂由日方警戒,南关稽查兵暂撤城内,俟天明调查真相后再交涉解决。日军得寸进尺,要求开放南门,门内及城上均归日军警戒,遭我拒绝。日军竟将南关公安分局局长扣留,缴去警察枪械。上午 8 时前复由前卫开来兵车三列,步炮兵 3000 余人,配备大炮 20 余门。10 时,日军炮击临榆县城,步兵爬城进攻。守军第九旅第六二六团官兵愤极,不顾"不准还击"之令,以石头、手榴弹回击,毙日军儿玉中尉等。同时日军 3000 余人于石河铁桥、南关、二里店、五眼城、吴家岭之线展开,将榆关城从东、南、西三面包围。何柱国遂下令还击。是晚,日第八师团长西义一命铃木第四旅团增援。

　　△　晚,天津日驻屯军司令中村孝太郎就榆关事件电张学良提出"警告",妄称榆关事件系中国进兵热河,宣言抗日所致。同日,驻平日使馆代办中山亦访张学良提出同样"警告"。

　　△　张学良密电蒋介石,认为日军发动榆关事件"并非即欲作真面目之战斗,仍为借此对我方军事部署加以试探",希望"设法对榆关事件谋一缓和延宕办法"。同时提出"如日方不顾一切悍然来犯,缓敌之谋无效,则我亦不得不尽其全力以与周旋",并表示自己"决无丝毫犹豫"。要求蒋"迅示机宜,并乞迅饬启宇(第三十二军军长商震)所部火速出动,其他军队速行集结"。

　　△　北平邮局邮务长、意大利人巴立地勾结军警机关非法拘禁该

局邮务工会抗日会执委 13 人,并封闭邮务工会。邮务工人强烈反对,
电请中国民权保障同盟向当局要求惩办巴立地,释放被拘人员。

    1 月 3 日   榆关失陷。上午,日军第八师团铃木旅团以飞机、坦克
配合猛攻临榆县城。泊于南海之日舰两艘频繁向榆关城发炮。午,占
南门及东南城角。下午 2 时,由东南城角攻入,坦克由南门冲入,城内
发生巷战。何柱国部第九旅第六二六团守军伤亡逾半,一营营长安德
馨及二、三、四、五连连长均阵亡,全营伤亡几尽。下午 3 时,守军撤出,
临榆遂陷。城内商号毁于炮火者 500 户以上,民众死伤千余人。日方
称日军死亡官兵 80 余人,伤 200 余人。

    △   蒋介石由奉化到杭州,复电张学良,略谓:"无论倭寇行动如何
变化,我军速入热河计划,万不可稍有变更,只要能达成此任务,则为缓
寇计,不妨相机应付。"并表示商震部"调动与接济筹备,弟当负责"。

    △   驻日公使蒋作宾自东京电蒋介石,报告日军发动榆关事件原
因:"日军部久欲驱张,使反动分子在华北另组政府,因欲与我公提携,
迟迟未发。近因中俄复交,三中全会提议全国长期抗日,我公又无意出
而负责,其对华感情日形恶化……荒木、松井等虽欲先用政治手腕,促
我公与之妥协,而在满军人则以荒木计划尚嫌过迟,现又值国联开会期
近,故即夺取榆关,压迫平津,使热河归其掌握。"望蒋"负起全责,速组
健全政府,确定方针,或战或和,当机立断"。

    △   孙科、吴铁城等在沪邀请各界名流 200 余人,发起建立中山文
化教育馆。8 日,开第一次筹委会,蔡元培、吴经熊、伍朝枢等 15 人参
加,通过筹委会简章及办事细则,24 日,经国民党中执会及教育部批准
备案,并由国民政府每月补助事业费五万元。

    △   马占山于上年底退入苏境,所部二万余人由军长邰斌山、邓
文,司令檀自新等率领撤至热河。是日,外交部代电行政院要求对马部
拨款购粮,解决给养。5 日,热河省府主席汤玉麟亦电国府各院、部及
蒋介石、张学良,要求速筹救济办法。

    △   伪满外交总长谢介石通电"警告"张学良,妄称榆关引起不幸

事件,应由张学良负完全责任。

1月4日　外交部就榆关事件照会日驻华使馆,要求日政府迅饬日军退出榆关,严处肇事者,嗣后不得再有此种举动,至我方一切损失,保留要求赔偿之权。同日,该部发表宣言,指出日军侵榆为其预定计划,要求国联迅即以最有效方法予以制裁;并电令驻国联代表颜惠庆将日军侵榆情形报告国联,要求采有效措施。

△　国民党中政会讨论日军侵榆事件,由军政部长何应钦报告事件经过。会议仅决定"交付各常委会同军事当局负责处理"。

△　日军五六百人在战车掩护下沿平榆大道进攻五里台附近阵地,被何柱国部第九旅第六二七团守军击退。同日,日机轰炸石河阵地。临永警备司令部移海阳镇,电北平军分会要求增援。

△　蒋介石致电张学良,指出:"此后倭必以真面目攻取平、津,我方不能不迅下决心,从速处置。"提出军分会及张本人"应即迁保定或张家口,一面与各公使馆交涉,声明北平驻军他移,以北平为文化区,不愿与倭军在北平附近冲突,并望各国互尊条约,保持平、津之和平"。

△　驻日公使蒋作宾电告外交部称:本日日本外相内田康哉"向英、法、美、意、俄大使说明山海关事件经过,并声明不愿扩大,认为局部问题已训令前方官宪直接与张(学良)之代表交涉"。

△　日军发动榆关事件引起世界舆论的谴责,是日苏《真理报》载文指出:"日本帝国主义者以武力占据山海关,并非是偶而发生的所谓地方事件,乃日本帝国主义者侵略热河与华北之整个计划之一步骤。"并说:"此种侵略之结果,将使帝国主义者间之冲突,愈益严厉尖锐化。"

△　江西黎川、资溪一带红军一、五军团主力,乘国军调动之际,向北进展,计划夺取金溪、临川,扩展苏区。是日,红军一部在金溪黄狮渡附近围歼第五师周浑元部第十三旅。该旅伤亡大半,旅长周士达被俘,残部于次日拂晓向南城溃逃。红军占金溪。

1月5日　胡汉民在港发表对时局意见,力主御侮。指出:"日人攻占榆关为意中事,其目的不仅在东三省,实为所谓东四省及整个华北及整个中国","榆关守否为华北存亡所关,中国安危所系。"又谓:"今日只当问抗日方面有何进展,如旁及其他,不但无意思,亦且无意义。"

△ 蒋介石电林蔚转告军事委员会办公厅主任朱培德、军政部长何应钦,请任命张学良为军事委员会北平分会常务委员兼代委员长。

△ 蔡廷锴电询国民党中央,"已否确定大计,北平张主任有无抵抗决心",表示愿率所部北上抗敌。同日,阎锡山、宋哲元、韩复榘、傅作义、徐永昌等亦均致电国府及蒋介石请缨抗日。蒋分别复电"嘉慰",并令切实整顿部属,静待命令。

△ 中华民国救国团体联合会常务理事熊希龄、褚辅成,东北义勇军后援会常务理事江问渔、杜重远等电国民政府,指出"榆关失陷,强寇日深,徘徊歧路,势所不许",要求即日宣布对日绝交。

△ 国民政府任陈时骥为第五十九师师长。

1月6日 日军在榆关增兵达6000人左右,是日在飞机、坦克配合下进攻石河阵地,并轰炸秦皇岛附近村庄。驻秦皇岛日第二遣外舰队司令津田扬言要求中国驻军撤出秦皇岛。

△ 国民党西南中委召开紧急会议,反对榆关事件局部谈判。同日,西南政务会决定布置西南各省国防,令第一、四集团军对各港口及要塞布防,并电驻国联代表颜惠庆、顾维钧、郭泰祺向国联声明,国联应对日军作有效制裁,如事态扩大,国联应负其责。

△ 上海市商会、上海地方协会电华北军政首领张学良、庞炳勋、汤玉麟、于学忠、徐永昌、宋哲元、傅作义、韩复榘、何柱国等,要求积极御侮。同日,南京各界举行紧急会议,通电全国誓死抗日。

△ 泊秦皇岛英国"福克斯顿号"军舰舰长奉英远东舰队司令克留提督令,访日第二遣外舰队司令津田,提议由英斡旋停战。津田答以非中国方面有明确表示,遽难应诺。9日,日驻华使馆书记官中山将此事电告日外务省及军部,外务省复示拒绝。

△ 红军一、五军团一部围攻江西东乡县城,当地守军突围西逃,红军占东乡。8日,国军第五十三师向东乡反扑,红军主动撤退。

△　国民党中路军第二纵队主力在临川集结完毕。晚,吴奇伟下达攻击令,令第十四师为右翼,沿浒湾、琅琚向假源方面进攻;第二十七师及第九十师第二六八旅为左翼,向金溪进攻。

△　鄂东"清剿"总指挥卫立煌在黄安(今红安)河口成立鄂东"清剿"总部,第十三、三十、三十一、八十、八十三等师均归其指挥。卫并在黄安召集鄂东地区专员、县长开"剿匪"会议。

△　国民政府特任颜惠庆为驻苏联特命全权大使。翌日,免颜驻美国特命全权公使本职,遗缺以施肇基继任。

△　中国民权保障同盟临时全国执委宋庆龄、蔡元培电国民党中央,要求释放被北平公安局拘捕之马哲民等师生,以重民权。

△　上海英美烟公司工人4000余人因资方借故不履行劳资合约宣言罢工。国民党上海市党部、社会局出面调解,资方表示"妥为计议",要求工人先行复工。9日,工人允暂复工。

△　十四世达赖选派中伊青布为全藏代表,与玉树宣慰使马训在香达开会,谈判青、藏和议。

1月7日　中共中央作出《关于日本帝国主义进攻华北的决议》,指出日本侵占山海关,"是日本帝国主义新的进攻中国的强盗战争的许多步骤之开端",提出这一时期党在国民党统治区的基本任务是"动员群众,开展一切形式的群众的反帝斗争,组织吸引并提高他们到反对日本及一切帝国主义的民族解放的革命战争中去"。同日,中共中央和共产主义青年团中央发出《告全国民众书》,号召工、农、学、城市贫民,进行"武装民众的民族革命战争反对日本及一切帝国主义"。

△　蒋介石返抵南京,与国府主席林森、军政部长何应钦、外交部长罗文干商应付榆关事件。随后接见张学良代表鲍文樾,听取榆变经过。

△　冯玉祥就榆关事件自张家口电国民党中委邹鲁,内称:"倘再不全力抵抗,则华北各省随时可沦于日人之手";蒋介石等人对日妥协,"足以亡国灭种而有余";表示"凡为民族独立而同情抗日者,皆为吾友,

应互相提携之；凡为亲日辱国以阻挠抗日者，皆为吾敌，应竭力攻击之"。

△　江西南昌各界召开救亡大会，到 500 余个团体，成立江西民众救国会，电请中央动员备战。

△　国民政府令准居正辞中央公务员惩戒委员会委员长兼职，遗缺以覃振继任。

△　川军第二十一军军长、四川善后督办刘湘通电声明结束四川内战，内称："国难至此，救亡之责，我辈奚辞，自当团结同胞，枕戈待命"；并声称正与各军商撤兵善后诸问题。

△　上年退入苏境之东北义军领袖苏炳文、马占山、张殿九、谢珂率全体留俄将士通电要求政府"翻然定计，拼命争存，一切军政计划悉以抗日救国为目标"；并要求援助归国，统军杀敌。

1 月 8 日　红军第五军团在江西金溪黄狮渡、后车附近重创国民党军第十四师周至柔部；在枫山埠截断第二十七师孙连仲尾部。孙部立即转移，从外线向红军包抄，途中遭红军猛击，大部溃散。次日，红军又在浒湾大败第二十七、九十两师。是役红军第五军团参谋长兼第十四军军长赵博生牺牲。11 日，中华苏维埃共和国临时中央政府决定改宁都县为博生县。

△　张学良在平招待中外记者，发表谈话驳斥日方关于榆关事件系中国方面调动军队所引起的谬论，谓"榆关事变与九一八柳条沟（按：应为柳条湖）事件如出一辙"；表示"惟有以吾人之精神与赤血，保护我祖国，以维持正义"。

△　辽吉黑民众后援会会长朱庆澜通电全国各报馆，号召海内外同胞输财效力，挽救危亡。同日，豫鄂皖边区"剿匪"总司令刘镇华电豫鄂皖三省"剿匪"总部，表示愿为御侮前驱。第二十二军军长谭道源、第五十师师长岳森、第十八师师长朱耀华在京谒蒋，请缨杀敌。

△　湖南学生抗日救国会电国民政府，要求出兵抗日。湖南人民抗日会、广东学生抗日会、上海市教育会、上海特别市民联合会、上海全

浙公会、中华全国律师协会、平津各工会联合会、平绥路工会、福建民众救国会等民众团体亦先后电促国民政府、蒋介石出兵抗日。

　　△　日参谋本部开军事会议,部署侵热军事,决定派总务部长梅津美治郎赴天津传达。梅津当晚由东京启程,15 日到津。

　　△　日关东军与中国驻屯军决定《山海关事件处理方针及纲要》,规定将榆关事件"做为中国驻屯军执行任务上的一局部地区问题和以后用兵不受约束的原则处理",以所谓张学良军妨害日驻屯军行动引起日军保护侨民的附带任务为处置基调,并要求张学良军今后不得向榆关一定距离以内"侵入"。责成中国驻屯军司令官及第四旅团长和中方交涉。

　　△　英驻华使馆代办由英驻天津领事馆安排,与河北省府主席于学忠晤面,提议解决榆关事件"仿照沪案成例,由英、美、法、意四国出任调人"。

　　△　驻平日军 200 余人在东长安街演习战术。驻津日军举行大检阅,并邀各国武官参观。9 日,沪、汉等地日军均举行阅兵。

　　△　国联十九国特委会关于我东北问题之决议草案及说明书于上年 12 月 15 日通过后,经日本代表提出修正,要求将决议草案中邀请美、苏参加谈判一节及说明书中"对满洲现在政局维持而承认之,亦不能视为解决之道"等内容取消。十九国特委会认为调解既难生效,遂将原定 1 月 16 日以前保守秘密之上项决议草案及说明书提早于是日公布。

　　△　豫鄂皖三省"剿匪"总部令郝梦龄、戴民权、宋天才三师"会剿"豫南商城、固始、光山等县红军,限一月内肃清。

　　△　川军第二十四军军长刘文辉电国民党中央请辞四川省政府主席兼职,表示愿率部出川抗日。

　　△　上海协和医院开业。

　　1 月 9 日　汪精卫在德国柏林杜平根疗养院对记者发表谈话称:"中国目前不思与日本正式宣战","中国今日之地位,不足向日本宣战。"

△　日关东军司令部密派伪满高等顾问、奉天特务机关长板垣征四郎往天津组设特务机关。16 日,板垣在津与日天津驻屯军司令中村孝太郎谋划。

△　张学良、宋哲元、庞炳勋分别电复上海市商会、上海地方协会,表示对日坚决抵抗。

△　日军上年底大举进攻吉省义军,以第十师团为主力分三路向绥芬河、下城子、密山进犯。本月 5 日,竹本支队占绥芬河,园部支队占梨树镇。6 日,密山支队占密山,吉林自卫军总司令李杜率部撤出密山转虎林。是日日军占虎林,李率卫队一旅退入苏联国境,余部由吉林国民救国军王德林部收容。

△　国民政府派胡世泽为出席国际劳工预备专家会议政府代表。

△　前行政院长谭延闿陵墓、纪念堂举行落成礼,蒋介石、林森、于右任、宋子文等往祭。谭墓及纪念堂坐落于南京中山门外灵谷寺,1931 年动工,建筑费 20 万元。

△　中国地学会创始人张相文逝世。

1 月 10 日　晨,日军田中部队、三宅骑兵部队纠合伪军分由榆关、万家屯进攻九门口要隘。守军东北军姚东藩第十五旅退沙河寨、石门寨,九门口失陷。

△　行政院会议,一、决定设中央古物保管委员会,聘张继、戴季陶、蔡元培等 11 人任委员;二、通过《举办航空公路建设奖券计划大纲》及《奖券条例》,规定每年发行奖券四次,共 2000 万元。

△　红军第一、五军团乘胜分三路围攻临川。陈诚令调第十一、十四、二十三、九十等师防守。18 日,陈亲赴临川坐镇指挥。

△　日军第十师团园部支队骑兵第十联队 9 日从绥芬河出发进攻东宁。是日,吉林国民救国军总司令王德林在东宁抗敌,因弹尽援绝,王率部 600 余人退入苏联国境。

△　张学良电令宋哲元:"第二十九军所辖各部应即移驻平东三河、宝坻、蓟县、玉田、香河一带驻防训练。"宋即令所部于当晚 8 时从驻

地张家口开拔,23 日全部到达指定地点集结。

　　△　第二十一师刘珍年部奉蒋介石命由山东南调参加"剿共",是日刘在南京分谒蒋介石、何应钦,要求将所部调往东北杀敌,蒋嘱其暂时协助地方建设,静候中央命令。

　　△　北平军人反省分院"政治犯"(即共产党员薄一波、刘澜涛、刘尊棋等)致函中国民权保障同盟,控诉国民党当局非法逮捕、滥施酷刑以及反省院种种残酷虐待的事实。随后又再函民权保障同盟,要求政府释放,以便参加抗日,并希望该同盟为争取释放一切政治犯而斗争。

　　△　天津各团体救国联合会成立,致电国民政府及北平军分会要求抗日。

　　△　上海大夏大学学生会电军事委员会、行政院,要求即日宣布对日绝交,调全国大军抗日。

　　△　海外华侨团体纷电国民政府要求抗日。南非华侨反日总分会、菲律宾华侨救国第二次代表大会、美洲维多利亚华侨救国会及锡兰全体华侨先后电国民党中央,要求出兵抗日收回失地,表示华侨誓为后盾。

　　△　外交部为榆关事件向英、美、法、意、比、西、荷七国政府分致节略,抗议日本非法利用《辛丑条约》特权,侵略山海关,屠戮该城数千和平无辜中国人民,促请注意日方行动。

　　△　西南政务会常委兼中山县县长唐绍仪因与陈济棠争夺政治权力和中山县权益,陈策动中山县民众倒唐,是日,中山县民众到广州向西南政务会请愿,要求撤唐县长职。

　　△　上海银行公会兼办之票据交换所开幕,中国、交通、浙江兴业、浙江实业、上海、四明、金城等 32 家银行均加入。

　　△　上海英商太古轮船公司"吴淞"轮中舱工人事件自上年发生后,是日,公司方面雇用流氓突以武力驱逐工人 154 人,打伤四人,一人失踪。12 日,上海海员工会发起成立"吴淞"轮后援会。13 日,被逐工人向公司提出无条件复工、寻找失踪工人、赔偿被殴伤工人损失、惩办

"吴淞"轮买办等四项要求,遭公司拒绝。6 月,粤省海员工人起而援助,拒绝起运所有太古公司货物。太古公司被迫于 11 月 27 日恢复"吴淞"轮全体华工工作。

△ 中国航空公司沪平线开航,是日首班由沪飞平,遇雾两次折回,14 日始抵平。

△ 《新中华》半月刊在沪创刊,周宪文主编,中华书局出版发行。

△ 伪满奉山路局长阚铎以该路屡遭义军袭击,通饬所属段站员警,全力保护路线及行车安全。

1 月 11 日 国民党中政会通过马寅初、傅秉常等 90 人为第三届立法委员。12 日,国民政府明令发表。

△ 蒋介石在南京陵园私宅与宋子文、何应钦、罗文幹、陈立夫等人商对日外交,决定派外交部次长刘崇杰赴平向张学良传达中央对华北外交方针。当日晚,刘离京赴平。

△ 日本政府对中国政府 4 日所提抗议复照外交部,反诬榆关事件系中国军队向日宪兵住宅掷弹、开枪及开炮所致,日方"不能不采自卫行动"。同日,日陆军省发表声明宣称:"热河为'满洲国'之一部……而'满洲国'对于该省内扰乱治安或侵入该省内之不逞分子,自得视为侵略者而讲求自卫手段或讨伐手段。"

△ 南京工界召开代表大会,通电全国一致誓死抗日,并通告工会会员禁用日货。

△ 出席国联代表颜惠庆、顾维钧、郭泰祺电国民政府要求迅速出兵收复榆关。

△ 驻日公使蒋作宾致电蒋介石,报告日军急欲侵犯热河。电称:"在满日军料定三四年内不致惹起世界战争,决定积极侵略,况伪国财政困难,故急攻热,兼收鸦片,聊充军费……倘中国真行抵抗,或可稍敛其锋。"

1 月 12 日 汪精卫在日内瓦发表宣言,略称:"中国对于暴日侵略,确立交涉及抵抗并行之方针","中国始终信任国联,听候解决,此为交涉之本旨也。惟在此期间,日本侵略不已,中国为领土主权人民生命财产计,断难坐受其侵凌,不能不奋起而为正当防卫,此为抵抗之本旨也。"

　　△　西南政务会是日起连日在广州开联席会议,参加者广东陈济棠、邹鲁、邓泽如、刘芦隐、刘纪文、林云陔,广西李宗仁、梁朝玑、马君武,福建李孝侯、赵一肩,云南张冲,贵州杨秋帆、甘嘉仪,四川张明九、但懋辛,湖南戴静园,冯玉祥代表王建屏,胡汉民代表胡木兰,热河义勇军代表何民魂等。会议作出:一、促中央履行三中全会决议,出兵抗日,收复国土;二、拟西南大联合,筹组西南国防委员会等项决定。

　　△　国民党中央委员、国民政府委员薛笃弼以榆关失陷,华北垂危,政府不积极抗日,愤而电辞国府委员职,并于 15 日通告在上海、苏州执行律师职务。

　　△　上年冬新疆鄯善暴动发生后,吐鲁番维吾尔族民众起而响应,在麻木提等人领导下秘密组织武装,是日起事进攻吐鲁番老城,省军守将马福明投降。马降后焚烧县府,杀戮汉人,并将金树仁派往进剿之熊发育诱杀。金树仁遣盛世才率部由哈密前往镇压,相继将鄯善、吐鲁番攻占,暴动民众退焉耆者。新编第三十六师马仲英部将领马世明,利用民众武装于下旬在焉耆成立第三十六师"剿匪"总司令部,马自任总司令。

　　△　爱国志士刘崇武等上年 11 月在上海以炸弹、手枪对付私贩日货之奸商,被上海公共租界警务处逮捕,送第一特区地方法院审理。是日刘崇武被判徒刑七年,潘鸿生、曹松寿、田水阳等亦均判刑。

　　△　国民政府上日令行政院办理《流通国内米麦案》及《开放运米禁令并厉行积谷办法挽回利权调节民食案》。是日行政院电饬各省、市政府等,"省与省及县与县间,应绝对流通,不得阻留"。

　　1 月 13 日　湘鄂西红二军团贺龙部一部由鄂入湘,是日占领桑植县城,并向慈利、大庸等县进展。湖北保安处长范熙绩到恩施率各县保安队会同陈渠珍部"进剿"。20 日,何键派李觉率部赴常德、临澧"督剿"。

△　日军第十师团饭冢支队从佳木斯出发进攻宝清,9 日占宝清。吉林省府代主席、护路军总司令丁超所部第二十一旅旅长关庆禄率部投敌,余部被日军缴械。丁超在宝清藏匿。是日,丁遭日军搜出被俘。

△　监察委员高友唐弹劾前上海特区法院院长杨肇煾与审判厅长郑毓秀狼狈为奸,贪婪不法,要求政府将杨、郑及同案人书记官钮传椿、会计主任郑慧琛依法究办。15 日,杨、郑登报声明否认有贪污不法行为。2 月 25 日,监察院将该案移最高法院,杨、郑逃逸。

△　交通部令邮政总局将所有东北各邮局与外界所订合同,在失地未收复前暂时解除。

1 月 14 日　全球华侨总公会通电,提出"造成一个有组织有秩序之救亡运动……以为救国之有效准备"。

△　山东省府主席韩复榘对该省囚犯 200 余人已关押一二年以上者,分别情况,取保释放。

1 月 15 日　日军纠合伪满军千余人,在坦克配合下,向河北境内石门寨进犯。

△　上海全浙公会电促蒋介石克期北上督师,并反对将刘珍年师调驻浙境,要求蒋率同北上。

△　北平佛教青年救国团发表告全国僧界书,指出僧界为中华民族之一部,当此民族存亡生死关头,应立即团结一致,努力抗日,宁作战场鬼,莫为亡国僧。

△　江苏南通县平湖镇保卫团逼交保卫捐,将农民沈宏奎全家六人扣押,农民二三百人到区公所抗议,要求开释。桥东乡农民往援,被开枪打死四人,群众愤而捣毁区公所,将沈全家救出。县长陈栋被迫将肇事区、乡长等撤职讯办,并抚恤死难农民。

1 月 16 日　新任立法院院长孙科及第三届全体立法委员宣誓就职。

　　△　美国政府向中国驻美公使施肇基表示"山海关事件应视为中日两国间冲突之事件,并非根据《辛丑条约》规定所发之事件",不予考虑。施当即指出:"借《辛丑条约》规定驻在山海关的日军亦参加了战斗。"美方竟称"事件发生伊始,驻兵虽被牵入,但攻击之举,则系锦州开往之军队及海军、空军所为",予以推卸。

　　△　东北军第九旅旅长何柱国升任第五十七军军长,是日就职,辖第九旅、第十五旅、骑三旅。

　　△　抗日义勇军冯占海部由吉林退入热河开鲁,张学良派代表劳军,旋将冯部改编为第六十三军,冯任军长。

　　△　河北石门大兴纱厂 3000 余工人,因厂方无理取消年终双薪,是日举行绝食斗争。厂方多方威胁无效,竟捏造事端,勾结河北省府、法院,将工会理事、干事等四人拘押。2 月 9 日,又将工人 170 余人开除。4 月,中央民众运动指导委员会拟具解决办法两条,由行政院饬河北省府遵照办理:一、被开除工人一律复工;二、被拘押工人构成刑事犯者应俟法院审判。

　　△　伪满国务会议决定 3 月 1 日为"建国"纪念日,成立"建国周年纪念大会中央委员会",郑孝胥任委员长,并在长春、沈阳、哈尔滨、齐齐哈尔等地设地方委员会,筹备盛大庆祝活动。

　　1 月 17 日　中华苏维埃共和国临时中央政府和工农红军革命军事委员会发表宣言,指出:日本帝国主义已经开始侵入华北,国民党及其政客不愿意与日本军阀作战,而用 80 万大军进攻苏区。宣言号召在三个条件下和国内任何军队订立抗日作战协定:一、立即停止进攻苏维埃区域;二、立即保证民众的民主权利(集会、结社、言论、罢工、出版自由);三、立即武装民众,创立武装的义勇军,以保卫中国及争取中国的独立、统一与领土完整。

　　△　中国民权保障同盟上海分会成立,鲁迅、蔡元培、周建人、邹韬奋、胡愈之、杨杏佛、林语堂、伊罗生、史沫特莱、许申、吴汉祺、陈彬龢、林众可、郭慰然、王造时、郑大朴 16 人出席,通过宣言和分会章程,规定

主要任务为反对国民党对革命者的监禁、酷刑和处决,营救被捕的革命者,给政治犯以法律辩护及其他援助,争取公民权利和出版、言论、集会、结社的自由等。宋庆龄、鲁迅、蔡元培、杨杏佛、林语堂、伊罗生、邹韬奋、陈彬龢、胡愈之九人当选为执委。

△　张学良致电蒋介石,谓"热边情况日趋紧急,证以最近日军进向该处之积极活动,大有箭在弦上一触即发之势,我方入热部队,只东北军四旅","前途变化洵属在在可虑",催促蒋"迅赐电调中央军及晋军即日开赴热东一带,以增实力,而备万一"。

△　立法院任命焦易堂为该院法制委员会委员长,傅秉常为外交委员会委员长,马寅初为财政委员会委员长(马于 31 日辞职,改由陈长蘅代理),吴尚鹰为经济委员会委员长,陈肇英为军事委员会委员长。翌日,国民政府任命梁寒操为该院秘书长(原任张维翰于 4 日辞职)。

△　行政院任命蒋鼎文为长江各省水警总局局长,辖川、湘、鄂、赣、皖、苏、浙七省。23 日,国民政府明令发表。29 日,该局在武昌成立。6 月复奉命撤销。

△　国民政府令准免俞济时第八十八师师长职,遗缺以该师副师长孙元良升任。

△　国联秘书长德鲁蒙与副秘书长日人杉村阳太郎背着中国及其他国联会员国,擅自对十九国特委会拟定之决议草案及说明书达成妥协案,内容一味迁就日方主张。是日,外交部长罗文幹发表谈话,表示"如国联强令中国接受不能同意之决议,则政府必致坚决之训令于代表团"。由于其他各国也表示反对,此项妥协案未能正式提出。

△　上海东北义勇军后援会褚辅成、杜重远等电行政院、外交部,要求急速设法接运退入苏境之义勇军将领马占山、苏炳文、李杜、张殿九、谢珂等归国。

△　北平朝阳学院、师范大学、中国学院、商学院、工学院等 16 校组织抗日总会。2 月 18 日,北京大学、中国学院、法政大学等 24 校组织之北平学生抗日救国联合会宣告成立。

△　全国邮务工会购置"邮工号"飞机一架,捐献国民政府抗日。

1 月 18 日　国民党中政会通过《四川善后办法》,决定派张群赴川办理善后。21 日,国民政府令行政院、军事委员会转行遵照。

△　蒋介石通令各省加紧"清乡"和整顿"民团"。22 日,豫鄂皖三省"剿匪"总部公布《剿匪区内民团整理条例》。

△　上海地方协会及交易所联合会等团体因据闻日在平、津假借段祺瑞名义诱惑其旧部,特分电隐居天津、北平之段祺瑞、吴佩孚,促其"速发宣言,表明态度,勿堕日人狡计"。

△　日本以新提案提交十九国特委会,要点为:一、草案勿涉及"满洲国"之存在;二、拒绝邀请美、苏非会员国参加调解;三、中日纠纷以直接交涉为原则。同日,十九国特委会讨论日提案,发表公报称,如取消邀请美、苏加入调解,日本是否准备接受决议草案,要求于 20 日前答复。

△　由沈阳南行第 18 次列车在千山汤岗子被义军炸毁。北行货车两列行经该处脱轨颠覆。

△　粤空军队长丁纪徐电国民政府,要求率飞机一队北上抗日。与此前后,湖北绥靖主任何成濬、贵州省府主席王家烈、川军第二十九军军长田颂尧、第八十三师师长刘戡、第四十五师师长戴民权等均致电国民政府、军事委员会请缨抗日。

△　日军第十师团自上年开始对吉东一带抗日义勇军的进攻结束,是日第十师团长广濑于穆棱站下令所部除留置一部分兵力负责各要地的警备外,主力于 20 日开始返回哈尔滨。日方宣布此次作战义军死亡 1300 余人,投降日伪 7000 人。

△　山西太原警备司令部召开治安会议,决定镇压人民办法九条,其要旨为:一、不问军、警、宪、工、商、学各界,有捏造黑白、谣言惑众者,捕获讯明枪决;二、凡关于交通设备如电线、桥路等,有故意破坏窃盗,以妨事机者讯明枪决;三、凡未经许可之集会、结社妨害治安者,分别讯明枪决;四、凡有不利于治安之"反动"宣传及"煽惑"民众之印刷品,一

经查获,印者及承印者,一律讯明枪决。

1 月 19 日　国民党中常会通过《新闻检查法》及检查标准,其中规定:各大城市一律设立新闻检查所,由党、政、军、警机关派员组织;凡关于军事、外交秘密以及治安方面足以"动摇人心,引起暴动"之新闻,一律扣留或删改,各地新闻机构违者依法处分。翌日,内政部宣布,凡未经申请登记而出版之新闻杂志,各省、市政府有权停止其发行。

△　北平人民自卫会电促蒋介石即日北上御侮,并电请全国接济抗日将士。21 日至 24 日,北平工联会、上海总工会、首都工界抗日会、汉口市工会、汉口市商会等团体以及国民党上海、江苏、湖北等省、市党部均先后电请中央任蒋介石为海陆空军总司令,北上抗日。

△　日军加紧作攻热部署,是日三宅骑兵部队、茂木骑兵旅团开入锦州。绥中各部队向锦西调动。

△　冯玉祥募款赶制皮背心一万件赠抗日战士,是日函张学良请转发前方士兵,并表示此举系于"万不得已之中尽其心力之所能及而已"。

1 月 20 日　国联十九国特委会开会,日本对该特委会 18 日征询尚无答复。中国代表团知悉该特委会对原决议草案及说明书有修改之意,特发表宣言,声明:"中国代表团所坚持之最主要点之一,即否认并废止所谓满洲国之原则,应在决议案中明确规定";延请美、苏参加调解,"非特有利,且属必要";"国联若仍主直接交涉,仅由特别委员会从中调解,则中国代表团仍不能接受"。并将上年 12 月 26 日致国联秘书长备忘录公布。

△　中路军总指挥陈诚重新部署"剿匪"兵力:第九师于 21 日推进临川,接替抚河东岸防务;第十一师于 22 日向宜黄、乐安移动,俟主力第五十二、五十九师集中后进攻黎川、南丰;第二十三师接替乐安第四十三师防务,第四十三师移永丰、吉水、峡口、吉安,接替第五十二师任务;第十师到临川接替第十四、九十师城防,第十四、九十师向浒湾推进,巩固临川外围;第二十七师向崇仁、宜黄,第五十三师向乐安;第二、

三两纵队俟主力集中完毕,即向赣南推进。

△ 第三届立法委员举行第一次大会,孙科派定宪法起草委员会委员36人,由孙自兼委员长,张知本、吴经熊任副委员长。

△ 上海80余同业公会召开联席会议,决定联呈国民党中央、行政院及财政、实业部,要求废止本年5月16日期满之《中日关税互惠品目协定》,并推代表晋京请愿。

△ 中国国货股份有限公司成立,举方液仙、蔡声白、王志莘、史量才等为理事,以方液仙为总经理。该公司于上年11月由上海工商界知名人士发起筹办,集股10万元,2月9日正式营业。

1月21日 日外务大臣内田康哉在贵族院作外交方针演说,公然宣称"热河省为满洲之一部","张学良麾下之正规军有越过国境而进入热河省之模样,属于满洲国领域之地方治安维持,根据《日满议定书》,固须两国共同负责,故所谓热河问题,乃纯然满洲国内部问题"。

△ 国民党中央派内政部长黄绍竑赴粤,向西南当局传达中央"安内攘外"方针,动员两广出兵江西"剿匪"。

△ 江西省政府主席熊式辉派代表彭醇士赴南京谒蒋介石,促蒋早日赴江西坐镇指挥"剿共"。

△ 江苏省政府主席顾祝同自上年7月非法拘押镇江《江声报》经理刘煜生后,经密呈军事委员会核准,是日以"宣传共产,背叛党国"罪将刘杀害。

△ 国联十九国特委会再次集会,知悉原决议草案关于邀请美、苏参加调解一节,即使按照日方要求予以取消,日本亦不准备接受原决议草案,而日本所提种种修改意见,特委会又不能接受,因此决定宣告调解失败,并依据上年3月11日大会决议案,由德、英、法、意、捷克、瑞士、瑞典、比利时、西班牙组九国委员会起草报告书,但同时声明仍留调解余地。九国委员会于23日组成。

△ 北平中央研究院历史语言研究所文书古物120箱由津浦路运南京。

1 月 22 日　蒋介石向豫、鄂、皖三省"剿匪"部队发出特急令称："限期肃清残匪已三令五申,各部兵力十倍于匪……残匪猖獗如故,言之痛心。现限期已到,望各将领督饬所部,淬励精神,抱除恶务尽之心,为一劳永逸之计。"

△　外交部为榆关事件向日本再提照会,驳斥日方来照所称各节"既非事实,更多附会",并对日军最近复在九门口、石门寨等处进攻中国驻军,在北平等处持械游行及举行作战演习等提出抗议,要求迅将占据榆关及其附近之日军撤退,严重处罚肇事者,并对北平等处日军严加约束,勿令再有妄动。

△　外交部长罗文幹就日外务大臣内田演说发表谈话。略谓:"仅就其关系日本在东省之暴行一段而论,已足证日本之武力侵略与扩张领土之迷梦,去清醒之期尚远。"声明:"满洲国"必须取消,中国在东三省必须恢复固有主权,在日本之傀儡组织宣告取消前,任何调停与和解办法均不可能。

△　蒋介石派钱新之为特使持蒋函 19 日到天津邀请段祺瑞南下。是日,段偕前陆军总长吴光新等到达南京,蒋介石亲往下关,登轮迎接,执弟子礼甚恭。段向记者发表对时局书面意见,称:"当此共赴国难之际,政府既有整个御侮方针和办法,无论朝野,皆应一致起为后援,瑞虽衰年,亦当勉从国人之后。"23 日段离京,于 24 日到沪。

△　贵州省政府主席王家烈致电蒋介石,略谓:"自率部退出贵阳后,被犹国才叛军逼迫,故到榕江后,群请回师。固于 13 日到龙里,19 日进驻贵阳,犹部先后被击溃……将于最短期内结束贵州军事。"

1 月 23 日　国民党中央以纪念"一二八"为名,是日起至 28 日,举办"航空救国"宣传周,南京、上海等各大城市均召开大会,号召人民捐款购机。

△　红四方面军第十二师会同第十一师第三十二团向巴中进军,在恩歌嘴、清江渡等地击溃川军李炜如、罗乃琼部共八个团,是日进占巴中。同时,第十一师击溃川军另一部,占通江南之得胜山。

　　△　监察院以江苏省府主席顾祝同非法拘捕、枪杀镇江《江声报》经理刘煜生案,经监委刘莪青、田炯锦提出弹劾,监委周利生、高一涵、李梦庚审查成立,是日监察院以顾"违背约法,蹂躏人权",呈请国府交付惩戒。

　　△　出席国联代表顾维钧发表宣言,驳斥日本外相内田之演说,指出内田演说外交方针,"此实其侵略计划第二步之实现也……日本对满洲问题之全部政策,假内田之口而大白于世"。

　　△　日机连日轰炸热河开鲁,是日又投弹数十枚。

　　△　伪满奉天警备司令于芷山亲率卫队团第二次"进剿"辽西义军,是日分三路总攻。

　　△　北平民众在中南海成立保护古物协会,由周肇祥任主席,通电反对故宫古物南运。同日及上日,北平工联、北平各团体救国会亦通电反对。

　　△　国民政府任命容景芳为第八十二师师长。

1月24日　川省各军自签订停战协定后,第二十四军刘文辉部集中眉山、彭山、新津、双流等地,准备回驻成都,为第二十八军军长邓锡侯及驻成都之田颂尧、刘存厚、李家钰等部所阻。嗣经双方协商,田、刘、李等同意撤军。是日,第二十四军由新津回驻成都。

　　△　废止内战大同盟分电国民政府、行政院、军事委员会,要求速停黔省内战。

　　△　蒋伯诚自北平电蒋介石,报告北方将领宋哲元、冯治安、张自忠、刘汝明、商震、庞炳勋等"均以此次对日作战,非钧座北来,前途不堪设想,言时声泪俱下,意极恳切",要求蒋"当机立断,以安将士之心"。蒋批示:"待南方布置后,必北上与共生死也。"此后蒋多次作北上督师许诺,均以"剿匪"不能抽身而作罢。

　　△　上海市工界第二届代表大会主席团朱学范等电国民政府,指出:"时至今日,则依赖国联之迷梦当可醒矣!"要求政府当机立断,实行抗日,表示全市80万工人誓为后盾。

　　△　伪满外交总长谢介石发《敬告中国国民书》,提出"满华各安疆土,共笃邦交,中日提携,东亚诸国互求亲善,力谋消除国际恶感"等谬论。

　　△　伪满实业部发第一号布告,接收官商合办之北票煤矿公司,饬伪奉山路局长阚铎及伪实业部官员、日陆军省驻满人员组"复兴委员会"。2 月下旬北票陷后,在长春开第一次委员会,设立北票临时营业局,任李作民为局长,改为官督商办。

　　1 月 25 日　日关东军参谋长小矶国昭连日在锦州召开攻热军事会议,日伪军重要将领铃木、程国瑞、于芷山、李际春,日参谋本部梅津少将以及各师团大佐以上人员出席。

　　△　国民党中央执行委员会电召冯玉祥到京"共谋决策"。是日,冯电复,以"内感风寒"辞不应召,并陈述抗日意见 12 条,主要内容为:组织统一指挥之军事机关,统筹抗日军事全盘计划;立即调遣精锐部队开赴前线;筹拨巨额军费;赶制各种器械弹药;派飞机协助作战;接济义勇军;恢复各种民众组织;令军队严守纪律等。29 日,冯电于右任表示:"此时国家出路,惟武力抗争之一途,倘介石先生具此决心,弟当即日南下。"

　　△　蔡廷锴抵广州出席西南政务会,发表谈话称:"目下情势惟有一战乃可图存,苟再玩忽,非至亡国不止。"并表示一旦中央令下,即统率兵力北上抗日。

　　△　东北义勇军独立第八梯队王慎庐部会同东北民众救国军第四路郑桂林部联合进攻九门口,与日第八师团在九门口周围旋战近十日,曾一度占领九门口东、西城,击毙不少日伪军。

　　△　红军一、五军团围攻临川以来,因国民党军集主力于临川,为避实计,东乡一带红军转移资溪,翌日让出浒湾,28 日放弃金溪黄狮渡等地,向南城、黎川转移。

　　△　闽浙赣新红十军成立,王如痴任军长兼政治委员。

　　△　新疆维吾尔族民众反对金树仁的斗争波及北疆,新编第三十

六师马仲英部将领马全禄趁机在北疆集合暴动民众绕道天山进攻迪化（今乌鲁木齐）。金树仁遣团长邹某率兵数百人往堵。是日，暴动民众在达坂城乘旧历除夕，邹部戒备疏懈，实行夜袭，邹部逃脱者仅百余人。随后暴动民众直趋迪化。金令陈品修任南路总指挥应援，暴动民众入南山暂避其锋。

1月26日　中共中央发出《中央给满洲各级党部及全体党员的信》，对"九一八"后东北形势作出估计，分析东北四种反日武装的性质和前途，提出"为使反日游击运动胜利"，"须要坚决的为夺取和巩固我们党在满洲反日游击运动及各种革命群众运动中领导权而斗争"，"在政治上和组织上发展和巩固我们党在满洲的组织，是目前我们党最要紧最主要的任务之一"，并指示组织抗日民主政府，组织抗日民族统一战线，发动东北人民武装抗日等具体任务。

△　日陆相荒木在众议院答辩时宣称："张学良若不反省而与日军构衅，则日方亦已作相当准备。"2月2日，再次在众议院宣称："关东军已决定与满洲国军队合作，肃清热河军九万人。"

△　日步骑炮联合部队，以伪满蒙军为前驱，在飞机掩护下进犯开鲁。东北义勇军李海青等部奋起抵御，将其击退。

△　国民政府任命冯兴贤为第三十三师师长；俞大维为军政部兵工署署长。

1月27日　陈济棠、李宗仁、白崇禧、蔡廷锴及黄绍竑等在广州举行会谈，决定抗日、反共双管齐下，第一、四集团军及第十九路军抽兵北上抗日，粤、桂、闽增兵入赣"剿匪"。

△　川军田颂尧部第三混成旅旅长任玮璋，率两个团2000余人在南江桃园寺通电起义加入红军，起义后改编为红四方面军独立第一师，任玮璋任师长，刘杞任政治委员。

△　国联九国起草委员会会议决定两点：一、东三省系中国领土；二、九一八事变发生非由中国所引起。30日再次召开会议，英国对否认伪满一项不同意，遭各国反对。法国同情小国，但不愿与英正面冲突。

△　蒋介石派王法勤赴张家口邀冯玉祥赴京"共商抗日大计",21日王抵平。是日偕黄少谷到张与冯多次晤谈。冯表示如中央有抗日决心,当即刻启程到南京供驱使,虽粉身碎骨亦所不辞,并嘱黄随王赴京向中央表明态度。30 日,王、黄返平,2 月 8 日抵京复命。

△　蒋介石以豫鄂皖三省"剿匪"总司令部名义,发第九号训令,任命郭外峰为豫鄂皖赣四省农民银行筹备主任委员。

1 月 28 日　日关东军司令官武藤下令准备进攻热河,令第十师团接管第六师团现行任务,并将第十四旅团于 2 月 20 日前返回第八师团原属;第十四师团接管独立守备队铁路保护任务;第六师团在 2 月 24 日前集兵力于所警备区域及奉天、四平街铁路沿线要地;第八师团在 2 月 24 日前将主力向饶阳河以西奉天省内各要地集结,准备尔后向承德前进;混成第十四旅团做好在 2 月 24 日以后开始行动的态势;骑兵第四旅团即日起受关东军司令官直辖,第六、十、十四师团各准备一部兵力于 2 月 20 日以后供军司令官使用。

△　上海各界举行"一二八"纪念大会,通电全国一致抗日,捐款购机。全市休业一日,上海公安局及日海军陆战队均严密防范。同日,全国各大城市均举行集会,要求国民政府抗日。天津国立院校教职员联合会决定每月捐薪 10% 支援抗日,并派代表赴各地联络抗日工作。北平民众抗日救国总会在天桥召开市民大会,警察以"非法集会"罪名驱散,并捕去学生 20 多人。

△　美国芝加哥群众 600 人高举反日旗帜,包围日本领事馆,抗议日本侵略中国。日领事逃出领馆躲避,警察前往弹压,数千群众用石头与警察搏斗,嗣经大批警察开到始散。群众受伤 30 人,被捕 180 余人。

△　外交部照会日驻华使馆,抗议日机轰炸开鲁。

△　热河省府主席汤玉麟通电全国各报馆,表示"守土有责,抗日救国,贯彻始终"。

△　中国教育学会在上海成立,以"研究改进教育为宗旨",选刘廷芳、刘湛恩等 15 人为理事。

　　△　田颂尧就任川陕边区绥靖督办，孙震任总指挥，率部进驻阆中，决定以第四师师长王铭章任"进剿"军左纵队司令，指挥第四、五独立各师由广元向南江进攻；以第三师师长罗乃琼任右纵队司令，指挥第一、二、三师由阆中向巴中红四方面军徐向前部进攻。

　　1月29日　蒋介石到达南昌亲自坐镇指挥对中央苏区进行第四次"围剿"。

　　△　辽吉黑民众后援会会长朱庆澜通电全国，列举义军抗日业绩，吁请全国续作后援。

　　△　热河省府主席汤玉麟电林森、蒋介石等，称：热河境内义军、溃军，连同正式军队已达20余万，要求速筹办法给予粮饷接济。31日及2月3日，又连电催促办理。3月1日，实业、财政、内政三部议决呈行政院通令各省、市政府，"鼓励粮商或商会将粮食运往热河销售，并由政府设法协助保护"。直至3月21日，实业、财政、内政三部始会函向行政院呈报。

　　1月30日　中国民权保障同盟北平分会成立。该分会经杨杏佛到平组织，发展会员40余人（内美籍三人），议决以同盟总会所订分会章程为章程；主张废止《危害民国紧急治罪法》及其他侵害人民权利之单行法；营救平、津各地被非法监禁之政治犯；要求国民政府查办顾祝同。举胡适、蒋梦麟、李济、成舍我、陈博生、徐炳昶、许德珩、任鸿隽、马幼渔九人为执委，胡适任主席，李济任副主席。

　　△　蒋介石在南昌国民党江西省党部训话，声称"此次剿匪之成败，关系国家之存亡，亦即我民族能否自卫自存之试金石"，号召部下要"硬干、实干、快干"，"个个下有匪无我，有我无匪的决心"。

　　△　江西省府主席熊式辉为筹办"剿匪"给养，成立江西绅商各界民众协助"剿匪"委员会，分设贩卖、采办等部。

　　△　中国航空协会成立上海会员征求总队，由吴铁城任总队长，王正廷任总参谋。规定家庭个人、学生、工人、店员、社团员工尽量全体入会，入会者交纳会费两元、10元、50元不等。职工所交会费由店主、厂

主一次代缴后按期扣还。

△ 蒋介石派军事委员会委员杨杰到平。杨致电蒋介石报告称：谒张学良，防御部署已经部分着手。阎锡山要求中央略为拨款，"俾其军队克日开拔"。"北平积粮至多仅敷月余"，"前方各军生活极为艰苦"。

△ 山西学联组织铁血救国团出发抗日，是日派代表向阎锡山要求物资帮助，阎不允。

△ 希特勒出任德国总理，公开建立法西斯专政。

1 月 31 日 蒋介石在南昌召开军事会议，拟订"剿匪"具体计划。中路军总指挥陈诚、江西省府主席熊式辉、第二十六路军总指挥孙连仲、"总部"参谋长贺国光、第二纵队总指挥吴奇伟、第十师师长李默庵、第十一师师长罗卓英、第五十三师师长李韫珩等均参加。

△ 北平故宫古物 3000 箱预定本日启运南下，因本市人民群起反对，搬运工人罢工而未果。北平各民众团体函国民政府，要求速定救国大计，不必急于迁移古物。同日，鲁迅著《学生和玉佛》、《崇实》两文，揭露国民政府只要古董、不要人民的倒逆行径。

△ 杨杏佛偕胡适、成舍我往北平陆军监狱、军人反省分院等处慰问政治犯。

△ 监察院对顾祝同提出弹劾后，行政院训令苏省府查复。是日苏省府呈复，诬称刘煜生所办《铁犁》副刊"蓄意煽起阶级斗争、鼓动红色恐怖"，对刘案"戒严司令部有权办理"，指责监察院"徒以普通法理平时状况相责难"。

△ 上海《时事新报》驻京记者王慰三，在中山门外遭暗杀。2 月 1 日，沪各报驻京记者联合会决定分呈中央党、政、军、警机关彻查真相，严缉凶手。2 日，首都新闻协会开紧急会议，决定与沪各报驻京记者联合会一致行动。

△ 国民政府委中央政治学校教授梅思平为江苏省江宁自治实验县县长，叶楚伧、罗家伦等为县政委员。

　　是月　中共临时中央由上海迁往江西中央革命根据地。

　　△　冯玉祥为在张家口筹组抗日武装,向中共党员肖明提出要求中共派员协助。本月中共北方局特科及河北省委派张慕陶(即张金刃)、武止戈、吴化之到张家口,成立中共张家口特委,助冯擘划。随后又派宣侠父、张存实、许权中等前往帮助。

　　△　"三民主义力行社"外围组织"西南青年社"建立,康泽任主任委员。

　　△　《中国警察》月刊在南京创刊,中国警察协会创办。

2　月

　　2月1日　中国民权保障同盟为顾祝同枪杀刘煜生事件发表宣言,称"此种蹂躏人权,破坏法纪之黑暗暴行,已明白证明顾祝同在实质上与北洋军阀毫无二式〔致〕",要求国民政府迅将顾祝同及其他有关人员免职,依法惩办。同日,上海市记者公会召开紧急会议,亦决议要求政府严办顾祝同,并组刘煜生案专门委员会。北平、安徽、杭州、徐州、芜湖等地记者公会,上海各团体救国联合会亦相继为刘案发出抗议代电。

　　△　红四方面军徐向前部攻克南江,川军刘汉雄部逃向广元。

　　△　英国驻华公使蓝普森自英抵京返任,两次访晤外交部长罗文幹,解释国联英代表西门在国联大会对中日问题态度,"并非有意左袒,实以各小国一致反日,英国不得不取大国立场,以调剂会场空气"。

　　△　国民党中政会决定设行政法规整理委员会,由戴季陶任委员长,宋子文、孙科任副委员长。

　　△教育部召集专家会议,拟定民众教育办法,30日闭会。

　　△交通部决定本日起国内航空邮资加价,除纳普通邮资外,每一飞航区域收航空费二角五分。

　　△　共产主义青年团中央书记王云程因叛徒告密,在沪被捕。团

中央重要干部 13 人亦先后被捕,团组织遭受严重破坏。

△ 吉林国民救国军总司令王德林退入苏境后,余部由副司令吴义成率领继续抗日,是日吴就代理总司令职。

△ 伪满国务会议决定将驻日代表公署改为驻日"大使馆",以丁士源任伪大使。

2 月 2 日 西南政务会组西南国防委员会,公布该会组织条例。以陈济棠、李宗仁、白崇禧、蒋光鼐、蔡廷锴、林云陔为委员,并电请川、湘、滇、黔等省加入。国民党中央疑西南此举别有作用,曾指示在粤之黄绍竑疏通可否暂缓组织。西南表示此会系为巩固国防,决意组织。

△ 国民政府通令全国各机关捐款购机,党、政、军、警机关人员以实发薪额若干成捐助,共六个月,勤务、公役人员均不例外。

△ 上海市总工会致电行政院,反对续订中日关税协定。

△ 英国外交部发表声明,否认祖日和对西藏有野心,内称:"英帝国政府及印度政府始终未有在西藏自由行动之野心。对于中日纠纷从不以西藏故而为左右袒之态度。"同日,英代表西门在日内瓦表示,若国联调解失败,则英国政府准备接受李顿报告书。

△ 日本为加紧在满洲、蒙古倾销日货,在东京成立满蒙输出总会。

2 月 3 日 蒋介石在南昌视察赣粤闽三省"剿匪"总部,并向总部人员训话,略称:"此次剿匪关系革命成败,民族存亡",希望大家"实干、硬干、快干,立功立业"。

△ 上海成立东北协会,以"研究东北问题,救济东北同胞"为宗旨,史量才、虞洽卿、王晓籁、朱庆澜、熊希龄、吴铁城、杜月笙等 27 人任理事。

△ 国民党北平市党部以中国民权保障同盟北平分会成立未经许可,通知军警机关勿予备案,并呈中央核示。是日,国民党中央复电称:"所谓保障民权分会包庇共党一节,仰先设法防止为要。"

△ 出席国联代表顾维钧访晤十九国特委会主席西姆斯,称:"排

货为弱国对侵略者之和平报复手段"，要求于缮具大会报告书时特别注意此点。

△　国民政府明令改组宁夏省政府。原省府委员邵遇芝、扈天魁、李进军、魏鸿发、马福寿均免本职；邵、扈、李、魏分别免民政、财政、教育、建设厅长兼职；任命罗震、梁敬镗、葛武棨、余鼎铭、马福寿、海涛、达理扎雅、马继德为宁夏省政府委员；以罗、梁、葛、余分别兼民政、财政、教育、建设厅长。

△　国民政府派田颂尧为川陕边区"剿匪"督办。

△　日军为大举侵热，继续往辽西调兵，是日起奉山路全线客车停驶，供作军运。

2月4日　日机连日轰炸开鲁，掷弹 200 余枚，民众伤亡惨重。

△　日驻华使馆情报部主任须磨由沪到京，分访英使蓝普森及外长罗文幹，提出将榆关事件作为地方事件就地解决，声言"否则恐再起误会，势如燎原，更难遏止"。罗答以"时至今日断无局部解决之理"。

△　红四方面军进占川北通江、南江、巴中后，成立川陕省临时革命委员会及各级地方革命政权，发动群众打土豪、分田地，四川军阀极其恐慌。是日，刘湘、田颂尧分电国民政府，告以决调 45000 兵力"围剿"红军。

△　西陲宣化使班禅额尔德尼谒国民政府主席林森，请示宣化方针。7 日，班禅离京北上，往青、康等地宣慰。

△　中共苏区中央局机关报《斗争》在江西瑞金创刊，由中共苏区中央局党报委员会编辑，旬刊，由《战斗》和《党的建设》合并而成。至 1934 年 9 月 30 日停刊。

△　《自由言论》半月刊在沪创刊，王造时主编。在创刊号上，发表王自撰的《安内必先攘外》一文，痛论非对外抗战，不足以安内，非停止内战，不足以救亡。该刊出至本年 12 月，遭国民党当局以"言论荒谬"的罪名查封。

2月5日　国联十九国特委会向日本提三项办法，听其自择其一：

一、接受十九国特委会决议草案及说明书,可依照日方对说明书所提出之修正案说明应保留各点;二、由十九国特委会起草报告书,日本不予阻挠,由国联负采取任何行动之责;三、日本可以十九国特委会拒绝日本提案为理由,与国联决裂。日方拖延未作答复。

△　张学良电蒋介石,报告"热边风云日益紧急,大有一触即发之势","原有军队实属不敷分配",要求蒋"筹定大计"。蒋批复以"北方军事已全权托付吾兄"推诿,并表示他对这场战争的态度说:"吾人处此忧患,横逆之来,惟有尽其心力而为之,只求此心无愧,并以扩然大公示众,则成败存亡,听之而已。"

△　前外交部长陈友仁由意大利返国抵沪,翌日对中外记者称:"以前所主张之对日绝交等意见仍未变更";"依赖国联,终必失败。"13日,又对路透社记者称:"对日局部抵抗,决不能有何成功。"

△　交通部宣布"一二八"战役中,航业直接损失 421.5 万余元。

2 月 6 日　蒋介石在南昌召见湖北绥靖主任何成濬、第四十四师师长萧之楚、第十四师师长周至柔、新编第三十七师师长郭炳生、总部参议马青苑等商"剿匪"军事。

△　南昌各界"协剿会"为"剿匪"急需,作出征借本市房铺租一个月,征收商店特别捐三个月,以及摊派店员每人一元捐等决定。

△　锦西日军沿小凌河推进,凌南、凌源等地形势紧张。

△　行政院及中央古物保管委员会将北平故宫古物首批 2118 箱启运南京。天安门至西车站一带戒严,并将北平市民众保存故宫古物协会主席周肇祥逮捕,至 22 日古物在浦口起卸时始予释放。

△　贵州省府主席、第二十五军军长王家烈电西南政务会,同意加入西南国防委员会。7 日,西南政务会推王为西南国防委员会委员。

△　犹国才到达南京,向国民党中央报告黔省内战经过,并要求相当名义。

△　伪满国务院通过《商租办法》,确认日本军民在东北享有居住、往来和拥有土地的一切权利。

2月7日　四川善后督办刘湘召杨森、李家钰、罗泽洲等在渝开军事会议,决定增调刘湘部十个团、杨森部四个团赴川北,由田颂尧指挥堵截红四方面军,并电复西南政务会同意加入西南国防委员会。

△　蒋介石电令第二军军长蒋鼎文,将该军由湖北宜昌调往江西"剿共"。

△　湘鄂赣省苏维埃政府发第四号训令,提出"争取江西和邻近数省首先胜利",训令"各级政府应以百分之百的精神,为成立新的红六军团而动员而努力"。

△　川陕苏维埃政府在四川通江建立,张国焘任主席。

△　日军1000人纠合伪满军千余,由辽宁新立屯出发进犯热河阜新。

△　立法院聘戴季陶、覃振、伍朝枢、王世杰为宪法起草委员会顾问。10日,立法院会议通过宪法起草委员会组织条例。3月初,又加聘胡适、张君劢为顾问。

△　河北定县平民教育促进会发动农民举行游行示威,反对日本帝国主义侵略华北,参加人数达7000左右。

2月8日　蒋介石筹设军事委员会委员长南昌行营,任钱大钧为行营办公厅主任。

△　田颂尧到通江"督剿"红四方面军徐向前部,是日下令总攻。

△　国联裁军会议召开,中国代表颜惠庆出席,大会竟将原定颜惠庆之演说取消。颜当即离场,以示抗议。

△　国民政府以与日尚未断交,令外交、财政两部研究续订中日关税协定问题。12日,财政部令海关总署作修改细则准备。

△　豫鄂皖三省"剿匪"总部参谋长曹浩森到南昌,向蒋介石报告三省"剿匪"军事。

△　天津地方协会举行成立会,推选熊希龄等九人为常务委员。该会以抗日后援为其主要任务。

△　云南省成立民众救国会,以"协助政府筹备国防,募集救国基

金"为宗旨。由胡蕴山、卢永衡、周惺甫等人任常委。

　　△　前江西都督、国民政府参军马毓宝在上海病死。18 日,国民政府令军政部照上将积劳病故例从优议恤。

2 月 9 日　国民党中常会为指导华北党务工作,决定于新乡设中央执行委员会华北临时办事处,由张继任主任,王法勤、张厉生、陈立夫、王陆一、赵丕廉、刘守中、白云梯、克兴额、傅汝霖、黄慕松、纪亮、苗培成等为委员。

　　△　中国民权保障同盟电山东省政府主席韩复榘,要求释放因参加"国民党行动委员会"嫌疑被捕之袁春霆等 30 余人。又电交通部,要求释放被捕之北平邮务工会抗日会执委 13 人,惩办北平邮局邮务长巴立地。

　　△　胡汉民为刘煜生、王慰三被杀事件电林森、孙科,指出:"数年来,人民言论、出版、居住自由为军人剥夺净尽,纲纪坠毁,民无死所",要求"为死者求昭雪,为生者求保障"。

　　△　日陆军省发表侵热声明,妄言"满洲国为保持主权威信,已决定肃清热境华军。日本军部根据《日满议定书》合同,则满军剿灭叛徒,此种行动已有英、法前例可援,断非日军之侵华战争"。

　　△　外交部公布与英、美、法、荷、巴西公使及挪威代办互致照会,同意 1930 年 4 月 1 日与上述各国在南京所订上海公共租界内中国法院之协定,自本年 4 月 1 日起延长有效期三年。

　　△　国联十九国特委会致函日本代表团,询问日方是否能接受李顿调查团报告书关于满洲地方于中国主权及行政完整之范围内,建立高度自治权之原则,作为拟议的调解基础之一。14 日,日本复文仍未明确答复,仅称:"确信维持与承认满洲国之独立,为远东和平之惟一保障,而此全体问题,将终由中日两国依此基础解决。"

　　△　国民政府明令改组湖北省政府。原省府委员夏斗寅、朱怀冰、沈肇年、夏元瑮、李书城、孔庚、杨在春、陈达勋、晏勋甫均免本职;夏斗寅免省府主席兼职,朱、沈、夏、李分别免民政、财政、教育、建设厅长兼

职;任命夏斗寅、李书城、贾士毅、李范一、程天放、范熙绩、杨在春、陈达勋为省府委员,夏斗寅兼主席,李书城、贾士毅、程天放、李范一分别兼民政、财政、教育、建设厅长。

△　中国电影文化协会在沪成立,选出执委及候补执委黄子布(夏衍)、陈瑜(田汉)、洪深、聂耳、沈西苓等31人。协会发布宣言,指出“帝国主义的侵略与封建势力的压迫在今日已更见严重”,号召电影工作者“亲切地组织起来”,“认清过去的错误”,“探讨未来的光明”,开展电影文化运动。

△　行政院令准云南靖边行政区改置屏边县。

2月10日　日关东军司令官武藤召集各兵团主任参谋会议,布置关东军热河作战要旨:派第六师团、骑兵第四旅团及伪军张海鹏部在热河东境作战;派第八师团、混成第十四旅团急速进兵热河南部及河北省边境,“构成把华北与热河真正割断的铜墙铁壁”,以压迫张学良的势力,使热省华军及义勇军陷于孤立无援,尔后席卷西部及西南部。除另有命令外,不要在河北省内实施作战。本作战由本月下旬开始,在结冰期间结束主要作战行动。

△　辽东民众自卫军第三方面军王凤阁部2000人攻占抚松县城。

△　江西省成立经济委员会,以范争波任主席,金融界徐槐青等任常委。该会以筹措“剿匪”军费为主要任务。

△　国民党南京市党部决议请求中央解散中国民权保障同盟,并予宋庆龄、蔡元培等以警告。

2月11日　蒋介石严令各“剿匪”部队,除厉行纵的连坐法外,并遵行横的连坐法,规定同一战斗序列各部,必须密切联络,同进同退,否则杀无赦。

△　代行政院长、财政部长宋子文由京飞平,与张学良等商华北财政,并拟发行公债2000万元作华北军政费用。宋迭与平、津银行界周作民、卞白眉、杨荫荪、许汉卿等人商洽,望平、津两地承销半数。银行界表示平、津经济力量有限,数目过多,实难负担。

△　行政院令内政、财政、实业、交通各部及蒙藏委员会派员会商内外蒙通商办法。

△　财政部召开整理田赋会议，确定原则两条：一、附捐不得超过正税；二、正赋、附捐共同征收额不得超过田价 1％，并以此为依据制定整理田赋附加办法 11 条。7 月 12 日通令各省遵办。

△　中央研究院地质所研究员李捷、朱森、丘立我在桂林发现百万年前化石。

△　行政院令准广西古化县改名百寿县。

△　伪满外交总长谢介石电令驻日内瓦伪代表卜朗逊（美人），与日本代表团协同动作。13 日，卜将备忘录一件递交国联，为伪满所谓"独立自主权"作辩解。

2 月 12 日　张学良制定以"确保冀热并巩固平津为目的"的防御方针，成立华北军总司令部，由蒋介石兼任总司令，张学良任副总司令。是日发布华北军两个集团军、七个军团战斗序列及任务：第一集团军总司令张学良兼，辖第一军团总指挥于学忠，由第五十一军、第四十军组成，于天津附近集中，担任塘沽方面防务；第二军团总指挥商震，由第三十二军、第五十七军组成，于滦东附近集中，担任滦东方面作战；第三军团总指挥宋哲元，由第二十九军组成，于通县、三河附近集中，准备担任热河凌南方面作战；第四军团总指挥万福麟，由第五十三军组成，担任热河中路凌源、平泉、承德线之防守。第二集团军总司令张作相，副总司令汤玉麟，辖第五军团总指挥汤玉麟，由第五十五军、骑二军组成，担任热河北路开鲁、赤峰及中路南岭、北票线防守；第六军团总指挥张作相兼，由第四十一军、第六十三军等部组成，担任赤峰、围场线防务；挺进军总指挥刘翼飞，由热河境内五路义勇军组成，按原驻地分别配合正规军作战。另第七军团总指挥傅作义，直隶总司令部，由第五十九军、第六十一军组成，预定用于察东方面，暂于察省沽源集中待命。

△　陈诚在南昌就任赣粤闽边区进剿军中路总指挥，赣东各"剿匪"部队属之，所属原第十八军副军长罗卓英升任第五军军长，第十四

师师长周至柔任第五军副军长,该师副师长霍揆彰升任师长,第十一师副师长萧乾升任师长。

△ 南迁故宫古物首批 2000 余箱因事先未定妥存放地点,在南京浦口停搁。是日,国民党中政会决定分置河南洛阳、开封,由行政院电令豫省府主席刘峙妥觅地点。嗣因蒋介石不同意,遂将古物分存京、沪。至 5 月,故宫古物自北平分五批运走 1.956 万箱,运费达 43 万余元。

△ 上海回民举行追悼榆关阵亡军士大会,吴铁城、张之江、王晓籁以及段祺瑞等出席。为悼念营长安德馨(回族),大会决议捐购"安德馨号"飞机。

△ 全国艺术家捐助东北义勇军作品展览会在上海开幕,本日前往参观者达万人。至 20 日闭幕。

△ 上海全浙公会电外交、财政两部,主张中日关税协定期满失效,反对在日人武力侵略状态下与日本重订协定。

△ 浙江慈溪县三北乡农民千余人反对县基干队驻扎该乡,将基干队物件焚毁。县府增派基干队前往镇压,拘捕农民七人。

2 月 13 日 红军一、五军团及独立第四师围攻江西南丰。陈诚急令第一纵队各师速在宜黄集中,又令驻南城第二十四师许克祥部驰援,企图合围红军于南丰城下。红军在周恩来、朱德指挥下,在新丰街以南地区阻击第二十四师,并重创南丰守军毛炳文部。14 日,红军撤退,移主力至东陂、蛟湖、霍源一带,待机行动。

△ 国民党中央党部令各级党部及各团体组织,制"忠孝仁爱,信义和平"匾额悬挂礼堂中央,以资"启迪"。20 日,教育部公布《小学公民训练标准》,亦以"忠孝仁爱,信义和平"为依据。

△ 热河全省民众联合会及地方各法团联电国民政府,以冯占海、李海青等各义军陆续入热,所有粮秣等项地方不堪负担,吁请政府"俯念边区劫重,筹集巨款,分别作储粮备荒及赶办急赈之用",并要求对入热义军"从速补充编制,俾便向外发展"。

△　前东北军旅长、吉林省代主席丁超因抗日被俘后,本月 11 日解长春,是日伪满军政部总长张景惠开军事法庭审讯,将判决时奉伪执政溥仪传令予以特赦。丁被赦后任伪军政部顾问。

△　伪满国务会议通过满洲中央银行继承资产审定委员会官制案,并以伪国务总理郑孝胥任会长。23 日,该会查定伪中央银行由旧行号继承之资产亏损额近二亿元,拟定填补办法为:由行号资本金、公积金、东北政权存款、"叛逆"人存款抵补外,发行公债 3300 万元补偿。

2 月 14 日　冯玉祥致电胡汉民、邹鲁,指责国民政府"自榆关失陷以来,表面上虽有大军开赴前线之举,而实际上如兵站之设置,弹药之补充,军费之筹拨等等迄未筹办,是无异驱十万大军于绝境,此云抗日,真欺人之谈";要求胡等"应时势之要求,顺人民之意向,奋起救亡"。

△　行政院通过实业部所拟《创设硫酸锭厂招收商股办法大纲》,规定该厂资本 1100 万元,英、德或其他外国公司投资 500 万元,实业部投资 300 万元,中国商人投资 300 万元。每百元一股,利息与红利,官商股同。次日,实业部公布《大纲》。

△　蒋介石委蔡廷锴任赣粤闽边区进剿军左路总指挥,闽省各"剿匪"部队均归其节制。16 日,蔡在福州就职。

△　段祺瑞在沪与日驻华公使有吉明会晤,要求日本缓和侵热军事。有吉表示侵热不能中止,对平、津可不积极行动。

△　东北民众救国军苏炳文部入苏官兵 2500 余名由第十五旅旅长郑润成等率领,于是日、翌日及 18 日分三批由苏联鄂木斯克运送回国,27 日抵新疆塔城,3 月下旬陆续到迪化。

△　日大藏省认可"满铁"增资 3.6 亿元,资本金达 8 亿元;新增资金充本年后新建事业经费。

△　浙江镇海农民与城镇居民二三千人举行元宵赛会,因遭警察阻止,起而暴动,将公安局捣毁。翌日,县府紧急会议决定严禁迎赛集会,城厢戒严,并拘捕群众七人。

2 月 15 日　豫鄂皖三省"剿匪"总部公布编查保甲户口总动员办

法,要求各县加紧办理。

△ 赣省党政会议为强拉民伕供"剿匪"军运,通过《铁肩队组织规程》,定人数5640人,分47队,每队120人,由各县挑选壮丁组织,限月底组成,熊式辉兼总队长,各队长由县长兼任。

△ 日关东军司令官为伪满"建国"一周年布告民众,宣称"建国期年,从来秕政,概行革除,日满国交,益加敦厚";扶植伪满系"义之不容看过,情之不可坐视"。

△ 国民党中政会通过戴季陶等提议,设立建国奖学委员会,其条例规定:设总裁三人,考试院长为当然总裁,余二人由国府简派;奖学金来源为中央拨款、政府机关补助、社会团体或私人捐助。

△ 广州市海珠桥落成。此桥于1929年由美国马克敦公司以银103.2万两承建。

2月16日 黄炎培、穆藕初、朱庆澜、熊希龄、杜重远等发起组织东北热河后援协进会,本日在平成立。宋子文、张学良莅会发表演说。会议通过章程草案和工作计划大纲。称该会主要工作和目的为:一、集中民众抗日力量;二、使民众力量与抗日军队力量相结合;三、唤起国际的同情与援助。推选朱庆澜、丁文江、胡适、王克敏、熊希龄、周作民等45人为理事,会长朱庆澜、副会长周作民。决议通电全国人民报告该会之成立,要求全国一致起来援助前方军需;并通电全国军政官兵请一致团结御侮。会后商定朱庆澜等翌日随宋子文赴热河视察,推动汤玉麟抗战。

△ 日军以九门口两次被义军攻入,为扫除侵略热河的牵制,调步骑800余在九门口外进攻义军郑桂林、王慎庐等部。

△ 国民党中政会议决修订反省院组织办法,反省院仍隶属于司法行政部,院长不由高等法院院长兼任,而就中央执行委员会所交付之人员任用之。

△ 实业部江浙区渔业改进委员会在上海成立,实业部长陈公博兼任主席委员,林康侯、方椒伯、杜月笙等任委员。4月,该会开征渔业

建设费,遭渔商强烈反对。11 月 21 日,陈公博以经费不敷,无余资从事渔业改进,呈请行政院停办。计划中之闽粤、鲁冀两渔业改进委员会亦未成立。

　　△　上海三友实业社总厂工人,因厂方不遵上海劳资仲裁委员会关于开工问题的调解和江苏高等法院勒令开工的判决,数千工人无以为生,是日推代表樊臻涌等 40 余人到京向国民党中央党部请愿。

　　△　西陲宣化使班禅额尔德尼抵绥远百灵庙,对蒙古王公谈称:"中华五族,宜化除畛域,一致抗日。"并派安钦活佛返京,取道印度入藏,与达赖商班禅回藏事。

　　2 月 17 日　十九国特委会于 14 日修正通过《国际联盟特别大会关于中日争议报告书》,是日全文公布。内容与李顿报告书大体一致,虽载明不能承认九一八后日本在中国东北之军事行动为自卫手段,对日本所操纵的伪满"不能认为自动及真实之独立运动",却仍以李顿报告书中十项原则作为解决中日争议的建议,亦即承认日本在满洲之利益,满洲自治,以国际合作促进中国之建设(即国际共管)等等。18 日,孙科对记者发表谈话,认为报告书内容均甚公正,可表示满意,但"国联若不能以经济绝交制裁违背盟约之日本,则此项报告书,亦系一纸空文"。

　　△　日关东军司令官武藤以侵热准备就绪,是日下令第六师团以主力于 2 月 23 日从打通路沿线出发,经开鲁、绥东、阜新,接着向天山、下洼、朝阳一线进攻,然后再向赤峰及林西、多伦方面作战。又以较强一部于 2 月 23 日从朝阳寺附近出发,从北票铁道方面开始经朝阳、建平向赤峰方面进攻;令第八师团一部 2 月 23 日开始行动,迅速占领北票,并统一指挥在该方面作战的第六师团。主力成二路纵队,于 2 月 27 日从北票及绥中附近出发,尽快向建昌附近至其以南一线挺进,不失时机地以一部确保界岭口、冷口、喜峰口等长城要隘,掩护军主力侧翼,尔后以主力占领承德及古北口;混成第三十三旅团主力按随时可出动的态势作好整备;飞行队以一部协助第六师团,主力协助第八师团作战。

△ 宋子文、张学良、张作相、朱庆澜、黄炎培、杜重远、穆藕初等及东北民众抗日救国会所属宣传大队由平到承德。

△ 日驻华使馆通告北平、天津、张家口等地日侨,限两周内回国,违即强迫遣送。此前,驻津日领曾两次下令撤侨,因日侨反对日军侵华,回国者寥寥。

△ 英国著名文学家、世界反帝大同盟名誉主席萧伯纳游历远东,是日到达上海,宋庆龄等往吴淞口迎接,并设午宴招待,鲁迅、蔡元培、杨杏佛、林语堂以及美籍记者史沫特莱、伊罗生等人作陪。南京市长石瑛邀萧伯纳到京,被拒绝。当日,萧伯纳乘轮北上。

△ 上海公共租界英商自来水公司因任意增加水费,遭市民反对,13日起连续割断水管多处,引起汽缸爆裂,酿成人命事件。是日,上海房产公会大会决议拒付水费,以示抗议,并于翌日派代表向上海市政府请愿。3月1日,上海沪东区市民组拒绝断水会。

△ 上海至海参崴航班恢复。

2月18日 热河省府主席汤玉麟与承德各界设午宴欢迎宋子文、张学良等一行。宋致词称:"本人代表中央政府,敢向诸位担保,吾人决不放弃东北,吾人决不放弃热河,纵令敌方占我首都,亦无人肯作城下之盟。"张学良勉大家誓守热河,雪九一八之耻。汤致答词表示决心与日周旋。宴后,宋、张联电驻国联代表团,要求向国联和世界各国声明中国政府和人民决心抵抗日寇侵略。

△ 张学良、张作相、汤玉麟、万福麟、冯占海等27将领自承德发抗日通电,谓:"时至今日,我实忍无可忍,惟有武力自卫,舍身奋斗,以为救亡图存之计",表示"但有一兵一卒,亦必再接再厉",要求全国声援。

△ 外交部为十九国特委会通过《国际联盟特别大会关于中日争议报告书》发表谈话,表示对报告书"大体上自可满意。国人如不欲吹毛求疵者,则当不致有人欲拒绝此项报告书者"。

△ 国学泰斗章太炎、马相伯联名宣言,以无可辩驳的历史事实说

明东北与热河同属中国领土,且热河与满洲无关。"热河在明时,本朵颜等三卫之地。朵颜种类,即古之山戎,汉之乌桓、唐之奚,与契丹种类甚近,而与满洲各类相远。其后清人夺取其地,本非满洲人之旧居,至于今日,则热河所有汉人几四百万,而满人无几,更不得谓热河为满洲人所应有"。

△　北平学生抗日救国联合会成立,由北京大学、中国学院、法政大学等 24 校参加。

△　日陆军省召开紧急军事参议官会议,菱刈、铃木、本庄繁等出席,由陆相荒木报告国联处理中日纠纷情况,并详细说明侵热军事计划。会议决定要求政府断然退出国联。

△　伪满"讨伐热河作战军"总司令部发表进犯热河声明,宣布成立讨热军总司令部,任张景惠为总司令,张海鹏为前敌总指挥,统率数万大军,与日军协同作战。

△　中国参加美国芝加哥博览会征品展览会在上海开幕。

2 月 19 日　黄绍竑由广州返上海,语记者称:"西南对中央意见一致,粤桂决调劲旅'协剿',如政府有令抗日,西南自当派遣援军北上。"23 日,黄到南昌向蒋介石报告西南之行经过。

△　张群到南昌晤蒋介石商入川办理善后事。自上月 18 日中政会决定张群入川后,刘湘、刘文辉等深恐川政整理后影响个人地位,对张入川未作任何表示。张与蒋商晤后,决定暂缓入川。

△　贵州省府主席王家烈通电,说明黔变经过,表示"当于最短期间,奠定全省,用人行政,一秉大公,举措设施,悉依民意",并要求中央对犹国才予以通缉。

△　新疆维吾尔族民众在马全禄率领下围攻迪化,占领市郊妖魔山、西大桥、红山嘴等处。西大桥一带维吾尔族民众加入反金行列,直迫西北城角。金树仁令将西大桥一带民房烧毁。24 日,马率部稍退,29 日复攻,双方坚持达月余。

△　刘桂堂通电投降伪满。刘原任山东警备司令,上年脱离韩复

絮,窜往热河开鲁、林东一带。刘降敌后,任伪满护国游击军司令。

　　△　上海市新闻记者239人为抗议顾祝同非法枪杀刘煜生案发表宣言,列举顾违法12项,要求政府予以国法制裁。

　　△　厦门市公安局以各行商反对福建省财政厅任意增加营业税包额,将各业公会代表大会临时主席严灼如逮捕。全市商人罢市,迫使公安局将严释放后始复市。

　　△　胡适在《独立评论》第三十八号发表《民权的保障》一文,反对民权保障运动的宗旨。内云:"我们观察今日参加这个民权保障运动的人的言论,不能不感觉他们似乎犯了一个大毛病,就是把民权保障的问题完全看作政治的问题,而不肯看作法律的问题。这是错的。"又云:"同盟的总会宣言有要求'立即无条件的释放一切政治犯'的话……这不是保障民权,这是对一个政府要求革命的自由权。一个政府要存在,自然不能不制裁一切推翻政府或反抗政府的行动。"

　　2月20日　中国华北军总部制定"确保冀热,巩固平津"的作战方针,规定在热河方面:一、以有力之热边守军,务极力迟滞敌之前进,予后方主力军以运动之余裕时间;二、如强敌突然进袭,务宜死守各要点,以待主力军来援;三、按预定计划扼守凌源、赤峰、乌丹之线;四、如敌以主力自朝阳向凌源方面进犯,则以右军团固守叶柏寿、大城子一带,以第二集团军主力经建平以东向南压迫;五、如敌主力自开鲁方面西进,则以二集团军主力守备小河沿、乌丹线,以骑兵军直袭通辽,以后方援军主力速向经棚、林西间集结,构成左翼重点,与骑兵合力采取攻势;六、如敌对开鲁、阜新、朝阳等地同时进攻,则令各军扼守凌源、赤峰各要点,以待援军。此计划未及下达,日军进攻已提前开始。

　　△　日本内阁召开紧急会议,决定国联大会如通过十九国特委会报告书,即断然退出国联。同日,外相内田训令出席国联代表松冈对报告书投反对票。

　　△　蒋介石电示第三军军长王均,声称"热河形势渐紧,残匪不清,实为攘外障碍",令王"务尽一个月之内东西驰逐,不避劳瘁"。

△　军政部制定处置共产党员补充办法,规定各地所获"共犯",除军人外,一律在当地公安局审讯后,直接解至法院,上海则解至淞沪警备司令部;若系军人,则解至军法司审讯。

△　宋子文在平与银行界商定发行救国公债 2000 万元,月息七厘,以冀省烟、酒、印花税收入作担保,债票未印就前,由平津银行界先借垫 1000 万元。宋以任务完成,24 日到南昌向蒋介石报告此行经过。

△　桂北瑶民起义爆发。广西兴安、全县、灌阳、龙胜等县瑶民为反对官绅地主的剥削压迫,同时举行武装起义。兴安瑶民进占大溶江,切断全县与桂林间交通,与龙、灌取得联络。灌阳、全县瑶民皆进袭县城,龙胜瑶民于 23 日占据纳寨,进迫大小溶江。起义民众中心口号为"杀财主佬、杀官兵、杀汉人"。兴、全、灌、龙、义宁五县起义民众达六万人,波及灵川、平乐、永福、阳朔、荔浦、修仁、蒙山、榴江、象县以及湖南之永明、道县、江华,纵横千里,少数汉、苗、僮族民众亦加入起义。各地官绅仓惶失措,纷电广西省府及第四集团军总司令部告急。

△　监察委员王平政弹劾监委高鲁受行政院委令,离京监运古物,"实违背《国民政府组织法》第 51 条之规定,而开监察委员兼任其他公职之恶例"。院长于右任发交监委刘成禹、邵鸿基、郑螺生审查成立,移付惩戒。

2 月中旬　红四方面军在通江召开川陕省第一次工农兵代表大会,宣布以《中华苏维埃宪法大纲》为指导川陕省各项工作的根本大法,通过《川陕省苏维埃临时组织法大纲》,正式成立川陕省工农民主政府,选熊国炳任主席。

2 月 21 日　正太铁路全体员工 2800 余人,捐款 10 万元购机抗日,定名"正太号"。

△　上海正泰橡胶厂不顾工人安全,超额使用机械能力,引起汽缸爆炸,死工人 82 人,重伤 20 余人。27 日,上海永和实业公司橡胶部又发生汽缸爆炸,死伤工人数十人。两厂厂方均推卸责任,对死伤工人草率处理。全沪橡胶工人在上海共产党地下组织领导下组后援会,力为

死伤工人向厂方交涉。市总工会亦于 3 月 17 日发表宣言,要求厂方按工厂法规抚恤。

　　△　行政院令准甘肃临洮、临潭、和政等县析置康乐设置局。

2 月 22 日　日军铃木旅团派早川支队由锦州出发分二路纵队进攻北票。21 日占南岭,是日占北票。守军汤玉麟部董福亭旅汤玉山团在口北营子略作抵抗即后撤。

　　△　汤玉麟通电抗议日军进犯热河北票、南岭,表示"大战既已开始,玉麟谬膺疆寄,守土有责,誓与国土共存亡"。

　　△　广西省政府及第四集团军总司令部接兴、全等县官绅关于瑶民起义告急电,即决定痛"剿"起义瑶民、编组区乡保甲及用宣传教育方法使全省瑶民"归化"等三项"剿抚"办法,饬各军政机关办理。是日,第四集团军总司令部电令驻榴江清乡之第十九师副师长陈恩元会同桂林民团指挥官张淦等率部赴兴、全、灌、龙等地武装镇压。翌日,各部急赴起义地点。瑶民用土制武器与官兵顽强搏斗。总司令部复派第十九师师长周祖晃率该师全部人马往"剿"。

　　△　陕西省府主席杨虎城电国民党中央执行委员、监察院院长于右任,表示将派遣部队"出兵抗日,效命疆场"。

　　△　陈诚奉蒋介石令到临川指挥"围剿"红军。同日,蒋电令蔡廷锴即督率左路军进攻,会师赣、闽边境。

2 月 23 日　日驻南京领事上村就日军侵热事向外交部部长罗文幹面递日政府备忘录,妄称:"热河省内张军及其他反满军队之存在,不但与满洲国主权抵触,且与热省治安恢复不能两立。"此次日军攻热系"因张军等留驻热省内,不得已而出此",其责任"应由中国方面负担"。并扬言如张学良等部武力抵抗,"则难保战局不及于华北方面"。

　　△　晚,外交部将致日政府之备忘录交日领上村,指出:"热河为中国之领土,与东三省之为中国领土相同。中国政府派兵往热防御外国之武力侵略,乃系行使其固有之主权。日本政府竟要求中国军队退出热河,显系扩大侵略范围,破坏中国领土主权,日本政府自应绝对负攻

热之全责。""如日本军事行动侵及华北,中国军队自必行其自卫守土之权。"翌日,复将备忘录电达国联,要求采有效方法制裁日本。

△　日本外务省决定对付次日国联大会最后步骤,要点为:一、对希孟议长演说,须以绝对强硬态度回答;二、报告书在大会表决时,用最大力量反对,最后投反对票,发表不合作宣言;三、代表团退出日内瓦,准备回国;四、最后说明日本与国联断绝原因,并准备 3 月 1 日正式通告退出国联。上述决定于同日电令出席国联代表松冈洋右执行。

△　国民党中常会通过《国民参政会组织法》。

△　山东济南金融恐慌,是日义聚盛银号突然倒闭,市面亏空 30 余万。次日,成德厚银号跟随倒闭。在此前后,因日货倾销,布商倒闭十余家,亏累百余万。

2 月 24 日　国联大会以 42 票赞成,一票反对通过《国际联盟特别大会关于中日争议报告书》。中国代表颜惠庆投赞成票,并在大会致词表示无条件接受报告书。日代表团投反对票,并中途退席。大会同时通过组织顾问委员会,襄助大会继续处理中日纠纷,由十九国特委会成员国及加拿大、荷兰代表组成,并邀请美、苏代表参加工作。

△　国防委员会成立,以行政、立法、司法、监察、考试五院院长,外交、财政、军政、海军、铁道等部部长,参谋总长、训练总监及军事委员会委员组成。

△　第二十九军宋哲元部奉北平军分会令,往义院口一带接第四军团万福麟部防务。宋令第三十七师冯治安部、第三十八师张自忠部先行开拔。

△　日茂木骑兵旅团纠合伪军于 23 日由通辽出发进攻开鲁,守开鲁热军骑九旅崔兴五率部逃林东(3 月上旬投敌)。是日,日军占开鲁,续沿辽河直趋下洼。同日,武藤命在沈阳待命之混成第三十三旅团立即向绥中附近集结,准备对付冷口以东长城各口之华军。

△　国民政府任李元鼎为审计部部长;熊育锡等 28 人为监察院监察委员;决定划全国为 14 监察区,各区设监察使。

　　△　赣粤闽边区"进剿"军中路军第一纵队总指挥罗卓英主力集于宜黄以南,图与第二纵队合歼红军于南丰、广昌地区。是日,罗下攻击令,限各部 28 日到达指定地点待命。

2 月 25 日　朝阳失陷。日军铃木旅团与第十一旅团主力于拂晓进犯朝阳。守军董福亭旅弃朝阳向凌源急行退却,日机跟踪轰炸董部溃兵。午时日军占朝阳。

　　△　蒋介石得悉朝阳危急时电示杨杰:"应决以凌源、平泉、赤峰为据点死守之","朝阳则以现有兵力固守。"同时分电军政部长何应钦、河南省府主席刘峙,指示"第二、第二十五两师速集中洛阳、徐州二地,限本月 28 日由集中地开始输送北运"。次日第二十五师关麟徵部开拔。

　　△　汤玉麟令第四十一军孙殿英部"迅速进入赤峰附近阵地"。孙部原驻山西晋城,于 2 月间奉命集结围场、隆化一带。孙奉命后,即率第一一七旅向赤峰急进。

　　△　日本代表团向国联提交陈述书,对国联不顾日本反对通过十九国特委会报告书表示"遗憾";指责报告书"不承认满洲国之独立由于自动及满洲国主权属于中国"等提法;并表示设置顾问委员会违反日本主张,"绝对不能接受"。

　　△　美国政府电复国联,赞同大会通过之报告书以及关于伪满洲国问题的结论。3 月 11 日,美政府复文国联,表示愿意参加国联顾问委员会。

　　△　日外务省令驻外各使照会各国政府,要求谅解日军侵热。英国外相回答日使松平称:日满军行动如仅以热河省内为限,英默认其行动;如在国联讨论时,英将对联盟各国进行斡旋。

　　△　伪满外交总长谢介石向罗文幹、张学良发表宣言称:华北军进驻热河"系侵主权",现按《日满议定书》由日军协助对热河境内华北军"实行彻底扫灭"。如果华北军使日""满""自卫"行动受到阻碍,所引起的后果将由南京及北平当局负责。

△　鄂空军创立总会在汉口成立。叶蓬任总主席,夏斗寅等 49 人为理事,张难先、何成濬等为监事。

△　上海法租界一越南巡捕在新桥街殴打人力车夫,引起群众激愤,该捕即开枪射击,死潮州人朱固庭与宁波人刘福高,伤数人。事后,潮州、宁波旅沪同乡会组后援会,要求租界当局惩凶抚恤。4 月 11 日,法领事署公堂审讯,认为该犯开枪,"乃由华人之行动所激起",仅以"违章携带实弹之枪",判处该犯徒刑三个月。

2 月 26 日　蒋介石手令华北军各将领,宣称:"倭寇攻热,业经开始,时至今日,吾辈军人为国家民族争人格,为公理正义尽责任,惟有牺牲一切,以报党国。"同日,电令长江各商埠、要塞于 27 日起秘密戒严。又密令各军事机关与各部队自 28 日起"军官佐一律不准告假,已告假者应一律回任"。

△　日军茂木骑兵旅团前锋进至下洼;第十四旅团占白石嘴。热河守军节节败退,各线义军因指挥不一,亦各自后撤,防线全部动摇。汤玉麟电国民党中央,掩饰败退实情,诿称:"系我战线过长,兵力分散,故集中兵力,缩短战线,诱敌深入,与敌决一死战。"

△　上海 180 多个同业公会联合通电,要求国民政府对日经济绝交。同日,上海各大学教授召开大会,要求蒋介石北上督师抗日。28 日,北平人民自卫会亦电促蒋北上。

△　陈济棠令丁纪徐率飞机第二队开赣"助剿"红军。

2 月 27 日　赣粤闽边"进剿"军中路军主力在蒋介石亲自指挥下,以 10 个师兵力分三路向广昌进犯。西路罗卓英所率第五十二师李明部、第五十九师陈时骥部暴露于红军面前,经两天激战,第五十二师在宜黄县黄陂地区遭红军分段截击,该部第三〇八团、三〇七团相继被歼灭,师长李明被打伤后自戕,其他被打死打伤旅、团长六人,营以下军官三分之二,士兵 6000 人;损失枪支 3000 余支,机枪 80 余挺,炮 10 余门。残部向乐安逃窜。第五十九师在霍源地区同遭红军伏击,第一七五旅旅长杨德良被打死,第一七七旅旅长方靖、第三五四团团长李青等被打伤,师长陈时骥被俘。该师营长以下军官伤亡三分之二,仅存官兵约一团,枪 300 余支。同时,由宜黄南进增援之第十一师萧乾部三个团亦被歼,死伤官兵 300 余人。是役,红军五军团第三十九师师长王树亚牺牲。

　　△　蒋介石电令第四十四师萧之楚部"除暂留三团仍照常担任现在鄂东防务外,其余各团迅即准备北运","限 3 月 5 日前准备完毕"。

　　△　上海 60 余工会发联合宣言,要求国民政府集中力量抗日,誓守国土。

　　△　英国政府宣布对中日两国禁运军火令。3 月 13 日,由于其他国家政府不采取一致行动,复将该禁令撤销。

　　2 月 28 日　日军第十四旅团攻击纱帽山附近阵地。守军利用防御工事及险要地形进行抵抗,但在日军猛烈攻击下全线退却。同日,日米山先遣队乘车向冷口急进;第六师团主力在下洼集结完毕,师团长坂本下攻赤峰令。

　　△　国民党西南执行部、西南政务会联席会议,电勉张学良、汤玉麟"积极御侮",表示"自当率领西南全体同志,各界民众,极力援助"。

　　△　行政院会议决定续拨北平军分会协饷 100 万元及上海市面通用银两与银币换算率自 3 月 10 日起施行案。

　　△　行政院以经费困难,决定停止参加芝加哥博览会。实业部急电沪筹备委员会办理结束。3 月 3 日,各厂商集议,决自动赴美参加,5 日,正式成立出品人协会,作为民间组织参加。

　　是月　上海世界语协会成立。

　　△　中国左翼文化总同盟机关刊《艺术新闻》在上海创刊。

3　月

　　3 月 1 日　国民党中政会原则通过行政院制定之《银本位币铸造条例》及施行办法。财政部发布命令,规定上海市面通用银两与银本位币换算率为规元七钱一分五厘合银币一元,并定 3 月 10 日起先从上海施行。同日,中央造币厂正式开铸银元。

△　日军铃木旅团川原部队从朝阳乘车急趋叶柏寿,骑兵队和第八师团主力亦一齐前进。守军董福亭部抗敌,后因第一营投敌,董部四散,日军乘虚直入,占叶柏寿。绥中日军占纱帽山后趋凌南,同日凌南陷。

△　蒋介石致电宋子文称:"热河战事惟有汉兄亲出督师,方能如计奏效。"提出张学良果赴热河,他"即可随时启行"。

△　原第六路军总指挥兼安徽省政府主席方振武,为抗日由上海到山西介休、孝义一带联络旧部鲍刚、张人杰等成立抗日救国军。是日,方在介休通电就总指挥职,电称:"惟念国亡无日,不忍不尽匹夫有责之义,益以同志之敦促,部属之推情,友朋之责望,不揣谫陋,爰集我军于锦山,誓师援热,就任抗日救国军总指挥之职。"

△　全球华侨总公会在上海成立,通电海外华侨准备经济力量为抗日后援,并电请闽、桂、粤各军出师抗日。

△　新疆维吾尔等族民众武装反抗金树仁斗争继续发展。是日,北疆阜康为起义民众占领,省军南路总指挥陈品修弃守达坂城。

△　伪满公布《满洲国经济建设纲要》,提出四条基本原则为:一、"以国民全体的利益为重","排除一部分阶级垄断利益之弊"。二、"综合发展各个经济部门","对重要经济部门加以国家统制";三、"广求资本于世界范围,特别要吸取先进各国的技术、经验及其他文明,加以适当有效的利用";四、"达到东亚经济的融合","把重点放在同日本的协调上,而愈益加强相互扶助"。

△　伪满在长春及各地庆祝"建国"周年纪念日,伪执政溥仪发表"教书"。

△　伪满设置伪宪法制度调查委员会。10 日,溥仪任命该会委员人选。4 月 26 日,开第一次常委会讨论"国体"、"政体",因意见分歧,未得结果。

3月2日　凌源失陷,承德危急。日军占叶柏寿、凌南后西犯凌源,混成第十四旅团米山先遣队配合攻击。守凌源万福麟部于兆麟师一度抵抗后向平泉撤退。驻平泉王永胜旅见前方溃退,随之弃平泉经宽城退往喜峰口。凌源遂陷。至是,朝阳、承德大道完全敞开。同日,张作相命汤玉麟在承德东黄土梁子布防,汤部官兵不从,要求先补发三个月军饷。张、汤认"大势已去",汤扣留军用汽车及后援会汽车200余辆,由承德装私物运津;张作相于是晚将司令部从承德撤出,逃古北口。承德汉奸分子往前线迎日军。

△　赤峰失陷。日茂木骑兵旅团纠合伪军共四五百人从下洼奔赤峰,1日晚开始在赤峰东面高地进攻,被孙殿英部击退。是日,日增兵分向东南、东北再攻,日机十余架配合轰炸。孙率所部丁旅三个团抵抗,一度夺回东北建昌营子等五六个村镇,旋在日军加强攻势下于下午弃守赤峰。日第六师团左、右纵队亦于当晚入赤峰城。孙殿英部在赤峰周围与日军周旋后转往围场。6日,孙电北平军分会称,该部毙敌四五百名,本身阵亡团长两员,伤营长以下军官19员,士兵伤亡170余名。

△　武藤令第六师团占赤峰后以一部向围场、隆化方面作战,令混成第三十三旅团确保清河沿以东长城主要关口,策应第八师团主力攻承德。翌日,武藤抵锦州,设置司令部指挥各线作战。4日令将第三十三旅团增加给第八师团指挥。

△　外交部照会日驻华公使有吉明,对"日本政府不顾世界公议与中国政府迭次去文",反而调集大批军队侵犯热河再提严重抗议。

△　蒋介石在南昌召见第二军军长兼长江水警总局局长蒋鼎文与第十七军军长徐庭瑶,安排蒋部入赣及徐部北上问题。

△　北平军分会任命北上抗日的第十九路军将领、青年党人翁照垣为东北陆军第一一七师(由青年党人组织的东北义勇军独立第八梯队改编)师长。4日,复任为华侨救国军总指挥。

△　驻国联代表颜惠庆、顾维钧、郭泰祺以政府抗日态度踌躇,对

国联抱依赖心理,联名呈请辞职。旋经复电慰留,打消辞意。

3月3日 日军第八师团长西义一抵凌源,下午下令挺进队在六沟以西地区作攻承德准备;令第二先遣队5日从凌源出发,向承德以东地区前进;混成第十四旅团沿凌源——平泉——喜峰口大道前进,尽量把住从洪山口到清河沿长城主要关口;余部由铃木少将指挥尽快向承德推进。当晚,挺进队进入六沟。

△ 下午,汤玉麟率特务队、工辎营千余人放弃承德西逃,行至离承德30里处,得悉平泉尚未被日军占领,复率部回承德。

△ 日第八师团挺进队由凌源乘车趋平泉,途中猛袭万福麟部溃兵,是日占平泉。同日,第六师团左纵队入建平。

△ 蒋介石派军政部长何应钦、内政部长黄绍竑及国民党中委李烈钧往北平,应付华北局势,并作取代张学良兵权之准备。5日,何、黄等抵平。黄旋任北平军分会参谋长。

△ 胡适、丁文江、翁文灏联名密电蒋介石,略称:"热河危急,决非汉卿(张学良字汉卿)所能支持,不战再失一省,中央必难逃责",要求蒋即日北上指挥。翌日,蒋复电"即日北上"。

△ 蒋介石通令江西"剿匪"部队悬赏缉拿红军领袖。令称:"缉获第一方面军总司令朱德、政委周恩来者,赏洋二十万元",对其他各将领,亦均订有不同赏格。

△ 国民政府令免钮永建铨叙部长职,遗缺由林翔继任。

△ 中国民权保障同盟以胡适多次发表反对"同盟"会章的言论,对"同盟"作毫无根据的攻击,且拒绝公开更正,将胡开除出盟。

3月4日 中华苏维埃共和国临时中央政府为日军侵热发表宣言,指责国民党当局依然采取不抵抗政策,步步撤退,放弃开鲁、北票、朝阳,而把最大部分兵力用于进攻苏区。重申:"中华苏维埃政府准备与日本帝国主义军队直接作战,愿意与一切真正抗日的军队订立作战协定。但对于一切侵犯苏区的军队与武装,将给以最严厉的打击。"

△ 承德失陷。汤玉麟返承德后,与前方联络中断,是日早7时,

复率部弃承德西逃。日军第八师团川原挺进队突破天朝山附近华军阵地,得汉奸提供承德空虚的情报,派先头部队于午时不费一弹扬长进入承德。汤逃跑途中遭日机跟踪轰炸,率残部于次日逃至丰宁。

　　△　蒋介石为承德弃守致电张学良,指示“紧急处置,应以规定各部收容阵地与制止其后退,力图反攻,冀挽颓势”。

　　△　日军第十四旅团由凌源出发,进占冷口。6日,晋军第三十二军商震部黄光华师将冷口夺回。

　　△　蒋介石致电赣粤闽边区中路军总指挥陈诚,对第五十二、第五十九两师在黄陂、霍源的惨败“乃为本军未有之惨事”而“悲愤填膺”。声言惟有“杀尽赤匪,方足报复我军上下官兵之仇憾”,并指示为伤亡官兵颁发抚恤费五万元。

　　△　豫鄂皖三省“剿匪”总部制订《封锁“匪区”条例》,规定封锁物资为米、面、盐、家畜等食物,铜、铁、煤、汽油、电料等军用材料,以及中西药品等卫生材料。

　　△　国民政府任命顾维钧、郭泰祺、罗忠诒为中国出席国际军缩会议全权代表。

　　3月5日　张学良据报汤玉麟放弃承德,召开军分会紧急会议,急令古北口驻军严阻逃军入境,并令张作相、万福麟等严守长城防线。会后,张电请国民党中央将热河不战而退之将领予以惩处,并下令通缉汤玉麟。同日,何应钦亦电请中央将汤褫职严办。

　　△　孙科就承德弃守在上海对记者谈称:“热河天险,守军达十余万,中央虽明知结果必败,然无论如何,以为至少当能支持二三个月……不料战事竟未及十日,而全线崩溃,承德陷落,诚出人意料。计算日军每日进展,途径五十里,如入无人之境,谓为抵抗,谓有激烈战争,其谁能信?”“在前线指挥之汤玉麟等各军事长官,应予严惩。即负责最重之张学良,亦应立即引咎辞职,以谢国人。”

　　△　驻日公使蒋作宾奉令由东京启程回国,11日到南京向中央报告中日情势后即北上谒蒋介石。

3 月 6 日　晨,蒋介石由南昌乘机抵汉口,当晚转车北上,杨永泰、何竞武等随行。蒋离赣前将"围剿"江西红军事宜令陈诚、贺国光负责。

△　蒋介石致电杨杰转示张学良、何应钦,指示反攻战略:"以宋(哲元)部与万(福麟)部全力出冷口,袭取凌源、平泉,以古北口各部反攻承德,则必得策。"又电杨杰转示宋哲元、商震、庞炳勋等将领,望"协同一致,力图反攻,以报党国"。

△　湖南省党政军联席会议议决《湖南救国借款募集章程》,规定借款 500 万元,其中抗日费 385 万元,"剿匪"费 115 万元,从 1935 年起分 20 年偿还本息,借款在三个月内收讫,应募借款人于接通知后 10 日内全数交纳。7 日,省府会议通过。

△　考察欧美实业专使孔祥熙回国抵沪。

△　《日内瓦报》主笔威廉·马丁来华考察中日冲突实况,是日抵沪。

△　上海标金市场受美国金融风潮(截至本月 9 日,当时美国 48 州中有 44 州银行全部停业)影响,价格大跌。2 日,上海标金价为 774 两(银),3 日,落至 756.5 两,是日更加狂落,开盘为 698 两,最低降至 660 两。14 日,美金潮略平,上海标金价始回升。

3 月 7 日　张学良电国民党中央引咎辞职,略称:"热河之变,未逾旬日,失地千里,固有种种原因,酿成恶果,要皆学良一人诚信未孚,指挥不当,以致上负政府督责之殷,下无以对国民付托之重,疚戾丛集,百喙奚辞……应恳迅赐明令,准免本兼各职,以示惩儆。"

△　监察委员邵鸿基、刘莪青、周利生、高友唐等以汤玉麟弃职潜逃,张学良失地丧师,动摇国本,向监察院提出弹劾。是日,监察院将此案移送政务官惩戒委员会,并呈请国民党中政会惩治张、汤。同日,中政会决定电询蒋介石意见后再作决定。

△　日军第六师团茂木骑兵旅团及高田支队奉命由赤峰往围场追击孙殿英部。是日,茂木旅团在广道河西北高地进攻孙部阵地。孙部奋勇抗敌,于同日电北平军分会报告战况,请求接济。翌日午后孙部不

支,向沽源、多伦一带撤退。

　　△　新任丹麦驻华公使奥克斯霍尔谟向国府主席林森呈递国书。

　　△　苏联外交人民委员李维诺夫致电国联表示不加入国联顾问委员会;如国际组织及各国政府之行为与提议,目的在谋求中日争议之迅速与公允解决者,苏始终愿意赞助。

　　△　新疆焉耆汉、回首领马占仓会同库车脚夫揽头铁木耳在库车起事,先后攻陷轮台、库车,拜城、库尔勒、阿克苏等地维吾尔族民众纷起响应。铁、马率部进攻阿克苏,驻喀什省军师长金树智派团长杨庆明率骑兵两连往援失利,是日铁、马部占阿克苏,官兵逃往巴楚。乌什、墨玉、叶城旋均被起义民众占领,金树智服毒自杀。

　　3月8日　蒋介石到达河北石家庄,何应钦由北平往见。张学良拟同行,蒋以"前方军事吃紧,调度需人"拒绝。同日,宋子文亦奉蒋召由沪到石。蒋、宋、何预商张学良下野办法。

　　△　国民党中委石瑛向中政会递交提案,要求将张学良、张作相、万福麟撤职严办,汤玉麟缉拿枪决。同日,上海全国商联会、上海市商会、上海地方协会等八团体联电国民党中央各机关,要求将张等按军法惩治。

　　△　国民政府令:"热河省政府主席汤玉麟,身膺边疆重任,兼统军旅,乃竟于前方军事紧急,忠勇将士矢志抗敌之时,畏葸弃职,贻误军机,深堪痛恨。着即先行褫职,交行政院、监察院会同军事委员会彻查,严缉究办,以肃纲纪。"

　　△　日军第六师团骑兵第十联队从赤峰出发北进,占领全宁(今内蒙喀喇沁旗)。

　　△　国民政府任命唐淮源为第十二师师长;准王均辞第七师师长兼职,遗缺由曾万钟继任。

　　△　国民政府公布《银本位币铸造条例》。

　　△　中国民权保障同盟推动上海30多个民众团体成立国民御侮自救会,到代表50余人,宋庆龄、杨杏佛均与会。该会主张争取中国独

立统一与领土完整,集中救国力量,援助义勇军,要求言论、出版、集会、结社自由,释放一切政治犯。宋在会上发表演说,谴责政府对日妥协投降,要求派全国 80％ 以上的军队北上抗日,释放一切政治犯,武装民众,恢复民权,停止进攻苏区,号召"形成武装人民抵抗日本及其他帝国主义的民族革命战争"。

　　△ 川军田颂尧部上月开始大举进犯川陕苏区。是日,红四方面军为集中兵力,诱敌深入,退出巴中。11 日,田部占巴中。

　　△ 实业部与德商喜望公司在南京签订试探安徽宿县雷家沟煤矿垫款合同。

3 月 9 日 蒋介石召张学良在保定会晤。蒋先授意宋子文与张谈去留问题。张提出两项办法:一、各路东北军由张率领,克复承德,中央负责接济;二、准张辞职,中央负抗日全责。宋转达蒋旨意:热河失守,张守土有责,中央政府更是责无旁贷,蒋也同样受到国人攻击,"正如两人同乘一只小船,本应同舟共济,但是目前风浪太大,如先下去一人,以避浪潮,可免同遭沉没"。张只得接受辞职。下午 4 时,蒋到保定与张晤面,准其去职。

　　△ 国民政府分令行政、监察两院及军委会,迅即会同彻查汤玉麟案。15 日,监察院派监委邵鸿基,军委会派上将参议方本仁参加。20日,行政院秘书长褚民谊电告何应钦会同办理,何即派黄慕松参加。

　　△ 喜峰口战役开始。午,日服部、铃木两旅团联合先遣队——步兵第二十七联队、米山先遣队抵达喜峰口,即向守军万福麟部发动进攻。傍晚,与松野尾先遣队一起占领北侧长城线及喜峰口东之董家口等阵地。第二十九军第三十七师冯治安部旅长赵登禹奉令派王长海团为先锋急行军前往增援。王团组大刀队 500 人,是夜分两路潜入日阵地,趁日军醋睡,用大刀砍杀,双方均受重大伤亡。次日拂晓,日援军四起,大刀队始撤还。

　　△ 热河朝阳、凌南民众以联村自治委员会名义通电全国,指出:国民党军在热不下十数万,"讵未战而弃朝、凌,再追而退承、平,热省山

河,弃如敝屣。然军可退,民将何往"? 表示朝、凌民众将力谋自卫,誓死抗战。

△ 晚,胡适致函张学良,促其"毅然自责求去","华北全部交中央负责",并将他及丁文江准备在《独立评论》发表的《全国震惊以后》、《给张学良将军一封公开的信》两文原稿附送给张。翌日,张约胡、丁及蒋梦麟、梅贻琦等谈话,说明已遵蒋介石意辞职。

△ 新任驻苏大使颜惠庆向苏中央执行委员会主席加里宁呈递国书。颜致词表示对"中苏两国之恢复旧日友谊,深为庆慰"。加里宁致答词谓:"苏联政府对中国之关系,始终秉承 1919 年及 1920 年之重要宣言及 1924 年北京协定的基本精神。"

△ 国民政府对晋绥军重加任命,杨效欧、李服膺、杨澄源、王靖国、杨跃芳、李生达、傅作义分任第六十六、六十八、六十九、七十、七十一、七十二、七十三师师长。

3 月 10 日 日军服部旅团长令步兵第二十七联队一中队及步兵第二十六联队山炮分队、炮兵中队增援喜峰口,在炮火掩护下由董家口、铁门关等处发起进攻,占第二关门及两侧高地。第二十九军除赵登禹率部赶至前线御敌外,宋哲元又令第三十八师张自忠部、暂二师刘汝明部增援。赵登禹负伤,伤、亡营长各一员。同日,日军第八师团第十六旅团在古北口外青石梁、老虎山等地发动进攻,占将军楼口高地及炮石口长城线一角。中央军第二十五师关麟徵部开到,部署第二道防线,协同王以哲部第一一二师御敌。

△ 武藤令伪护国游击军刘桂堂部经热河北部速向多伦前进;伪洮辽军张海鹏部担任热省地方治安;李寿山军速向全宁前进,以后向林西或经棚派遣,担任该地治安;中止伪暂编第二军程国瑞部前进,给予整理或解除其武装。

△ 日军第十师团东宁守备队被抗日义军包围。经伪国境警察队、伪东宁警察队往助,战斗四天,义军撤退。

△ 张学良召于学忠、万福麟、荣臻、王树常、刘哲等东北军要员会

议,说明辞职经过及原因,并宣布已与蒋介石商定军事善后,将东北军改编为四个军,由于学忠、万福麟、何柱国、王以哲分任军长。

　　△　中共中央就第四次反围剿问题向鄂豫皖省委发出军事指令,指出:"目前国民党对鄂豫皖苏区的围剿并没有完结","摆在我们面前的革命任务就是努力的继续与加强与国民党军队作斗争,以便保持现有的和恢复以前的苏区,并且在这个基础上扩大苏区。"16 日,再致鄂豫皖省委信。

　　△　国民政府任命马麟兼青海省政府主席。任命郭任远为浙江大学校长,原任程天放免职。

　　△　天津北洋火柴公司借口受外货压迫,捐税过重,未经管辖机关允可宣告停业。工人群起反对,派代表向市政当局请愿。21 日,社会局制定调解方案,规定每月工作 20 天,照原工资三分之二发薪,假日不发工资等。工人被迫接受,于 24 日复工。

　　△　上海各业开始实行银元本位制,银钱业取消洋厘行市。中央、中国、交通三银行合组之兑换管理会开始办公。同日,海关税收亦改收银元。

　　△　世界动力学会分会在南京成立,由实业、交通、铁道三部筹组。

　　△　上海中华国货介绍总所成立。

3 月 11 日　张学良通电下野,内称:"此次蒋公北来,会商之下,益觉余今日之引咎辞职,即所以效忠党国、巩固中央之最善方法,故毅然下野,以谢国人。"并表示"惟眷念多年袍泽,东北之健儿",期望"中央俯察彼等劳苦","倘遇报国之机,加以使用,俾得为收复东北之效命,遂其志愿,免于飘泊,于愿斯足"。

　　△　晨,日军在喜峰口全线炮击。复攻喜峰口正面西侧高地,我官兵拼死迎击,毙敌百余名,至下午 3 时 30 分,西侧高地弃守。宋哲元手谕全军:"无论如何要拼命保阵地","国家存亡,本军存亡,在此一战。"下午 4 时,赵登禹令第二一七团团长刘景山率部反击,经两小时肉搏冲锋,将西侧高地夺回。是日夜,第二十九军赵登禹旅再次派队绕敌后,

占领日军炮兵阵地,卸毁日军大炮 18 门,烧毁辎重粮秣,砍毙日军官兵数百名,在日本国内引起震惊。我军阵亡中校团附胡重鲁、营长苏东元及两名连长;受伤团附一人,营连长九人;"士兵死伤亦极伙"。

△ 日军第八师团川原第十六旅团在飞机大炮掩护下再次进攻古北口,以主力部队向我龙儿峪、将军楼两阵地猛攻。我守军奋勇抵抗,伤亡甚重,第二十五师师长关麟徵亲率特务连赴前线阵地指挥,中途遭日军狙击负伤,由第七十三旅旅长杜聿明代师长。是役除关麟徵负伤外,"第一四九团团长王润波壮烈殉职,其余官兵伤亡尤多"。

△ 阎锡山到石家庄见蒋介石,商由山西调部分军队担任察哈尔防务,交北平军分会指挥调遣。翌日,阎返太原。

△ 下午 6 时,上海申新纺织一厂工人与搜身巡丁发生冲突,被巡丁开枪击伤 15 人,混乱中坠河及被扎伤者 30 余人。全厂 9000 余工人自动怠工。翌日,国民党上海市党部、公安局、总工会等派员与厂长严裕棠及工人代表等商定,将巡丁头目撤职惩办,受伤工人由厂方给予医药费及家属抚恤金,停工养伤期间工资照给。惨案指使者该厂协理王云程未受任何追究,凶手也早逃逸。工人对此项解决办法虽不满意,但在国民党当局压力下被迫复工。

△ 国民政府公布《县参议会组织法》、《县参议员选举法》、《市参议会组织法》、《市参议员选举法》,均自 12 日起施行;又公布《公务员任用法》及《公务员任用法施行条例》,4 月 1 日起施行。

△ 交通部上海国际电台与莫斯科直达线路正式开放。

3 月 12 日 国民政府明令准免张学良北平政务委员会常务委员兼代军事委员会北平分会委员长职;派军政部长何应钦兼代执行军事委员会北平分会委员长职权。同日,张离平飞沪,何到会接任。何对东北军官员表示:"一切照旧,望各安心。"

△ 蒋介石由石家庄到保定坐镇,罗文干同行。

△ 日军在喜峰口遭我军沉重打击后,未敢继续进攻,下午始利用空中优势以轰炸机四架对我喜峰口、滦河桥阵地轮番轰炸,并驱伪蒙鲜

军约一团由董家口向郫家峪窜扰。

　　△　日军第八师团川原第十六旅团增加重炮、飞机向古北口再次进攻，主力指向我龙儿峪阵地，同时向右翼延伸包抄。午时，我军通讯设备遭日机炸毁，联络中断。下午 3 时后，龙儿峪阵地守军第一四五团在日军重炮火力下伤亡惨重，潮河北岸高地之第一四九团亦受日军包围，在日军源源增加，我军后援不继下，被迫后撤至古北口西南 10 里之南天门阵地。翌日晨，第二十五师撤密云休整，由暂二师接防。

　　△　中山文化教育馆在南京成立，以林森、蒋介石、汪精卫、胡汉民、孙科等 29 人为理事，蔡元培、戴季陶等八人为常务理事，孙科为理事长。

　　△　桂第四集团军派往兴安、全县、灌阳、龙胜等地镇压瑶民起义之部队，遭瑶民顽强抵抗，复派第七军军长廖磊前往督师。廖于是日将行营移兴安。至此，参加镇压起义之官兵达四万余人。同日，湘军第二十八军军长刘建绪在衡阳召保安团长等开"剿瑶"会议，决定派兵分途"围剿"。

　　△　汤玉麟自丰宁电在津原热省民政厅长李树春转电何应钦、朱庆澜，饰词解释退出承德经过，并称所部在丰宁、隆化集结。21 日，李树春在平谒何、朱，为汤疏解。

　　3 月 13 日　蒋介石电东北军将士，略称："张代委员长所爱护之将士，皆中正之将士，爱护之责，决无二致"，勉以"一心一德，再接再厉，益矢服从"。

　　△　刘峙到保定谒蒋介石，蒋令刘代理豫鄂皖三省"剿匪"总司令。同日，胡适、丁文江、蒋梦麟、翁文灏等亦应蒋召，到保定面谒。

　　△　红十军周建屏部与独立一师黄立贵部由资溪向光泽进攻，歼灭新编第四旅周志群部第一团，占领光泽。周急派第三团往援，亦被歼于和顺地方。驻邵武第五十六师刘和鼎急向蒋介石请示办法。

　　3 月 14 日　蒋介石为对日直接交涉事，派外交部长罗文干在平征求英、美、法、意等国使节意见，各使均表反对。是晨，罗偕蒋作宾到保定向蒋介石报告,商定对日直接交涉暂取慎重态度。同日,罗在保定对路透社记者谈称,外传蒋介石北来与中日直接谈判有关,"实系谣言"。又称:"中日交涉迄未断,但日逞强,不与我交涉,今后如何当看日态度。"翌日,罗由平返京,临行前发表谈话称:"我国既与国联合作,决根据国联报告书进行。"同日,外交部发言人称罗北上纯为与蒋"商洽一种外交之新途径"。

△　日服部旅团在飞机掩护下由喜峰口后撤。至傍晚,我第一一〇旅将喜峰口正面高地完全收复。其西北侧尚有少数日军据险顽抗,旋由刘景山团将其驱逐。进犯董家口、铁门关一带之日军,一度向我右翼进扰,亦被我守军击退。

△　日驻津总领事桑岛向河北省府提出抗议,宣称中国在白河驻军"违背 1902 年《天津条约》",万一发生事件,应由中国负责。

△　中国学术界人士在上海举行马克思逝世五十周年纪念会,蔡元培、陈望道、李石岑等出席演讲。

△　郑继成因刺杀张宗昌被判处有期徒刑七年后,各民众团体纷请特赦。是日,国民政府明令予以特赦。

3 月 15 日　国民政府任命王树常为北平戒严司令,邵文凯、鲍毓麟为副司令。

△　何应钦遵蒋介石指示,对华北军重新编组,撤销华北军总司令部,所有准备参战部队统归北平军分会指挥,并对原军事序列及任务作相应调整:一、第一军团总指挥于学忠,辖第五十一军五师一旅,担任天津塘沽、大沽方面作战及河北境内津浦路之警备;二、第二军团总指挥商震,辖第三十二军、五十七军,担任滦河以东地区作战,并固守冷口附近;三、第三军团总指挥宋哲元,副总指挥庞炳勋,辖第二十九、四十军,第二十九军仍担任喜峰口、马兰峪方面之作战,第四十军以其主力集结三河策应各方;四、第四军团总指挥万福麟,辖第五十三军,一部协助第五十七军扼守冷口以东各长城要隘,余部整理;五、第八军团总指挥杨杰,辖第十七、二十六、六十七军,第六十七军担任古北口方面作战,翁

照垣师、刘多荃师担任北平附近治安并准备守城;六、傅作义部、赵承绶部、孙殿英部担任察哈尔东方之作战。

△ 北平工、农、商、妇、学等六群众团体代表到保定要求蒋介石督师抗日,不订辱国条约。蒋派杨永泰代见,声明决不签辱国条约,望民众勿信"谣言"。同日,北平人民自卫指导委员会电促蒋介石率师收复失地。

△ 河北省府主席于学忠到保定谒蒋介石报告滦榆间防务等问题。

3 月 16 日 日军因攻喜峰口未得逞,武藤亲自到承德调度,变更战略部署,改由中路突破罗文峪、龙井关,西路攻马兰关、红山口,东路攻冷口、界岭口。是日晨第八师团铃木旅团早川支队由空军、炮兵配合,沿半壁山向罗文峪正面进攻,先以骑兵一连企图抢占该处最险要之三岔口,被我阻击未逞。旋以重炮火力集中轰击罗文峪城垣,掩护步兵进扑。我暂二师刘汝明部据城垣及碉楼为阵,双方展开拉锯战,经多次反复,将日军击退。

△ 天津《大公报》社评,称宋哲元部喜峰口抗敌"竟能使骄妄气盛之日军,受偌大打击,此诚足为中国军人吐气"。18 日天津《风报》社评,呼吁国民党当局"勿使宋军又陷十九路军之悲境"。

△ 日军第三十三旅团 12 日由绥中进至界岭口,是日以第四十联队及第三十九联队一部为右翼,第十联队及第六十三联队一部为左翼,在野炮十联队主力协助下占领界岭口。17 日,万福麟部第一一六师反攻夺回。24 日,日军第二次进攻,万部撤退,日军亦退至长城线,双方相持至 4 月中旬。

△ 蒋介石电令军政部、教育部、训练总监部认真办理各学校军训,规定凡高中以上学校学生军训不合格者投考大学不予录取。21日,蒋令训练总监部饬各地驻军协助训练中学以上学生。

△ 国民党中常会通过《指导海外侨民组织团体办法》五条。29日,国民政府令行政院施行。

△　蒋介石在中央政治学校演讲《进德修业与革命之途径》。

△　浙江萧山县县长张宗海强迫农民使用改良蚕种,不顾农民损失,派警至七区弥南乡挨户强缴土种焚毁。农民愤而聚众千余人,砸毁乡、镇公所多处。张亲率基干队前往镇压,农民坚持斗争。18日,省保安队开到,农民始散。事后,县府将农民丁芳勋、高德瑞等拘捕。

△　江苏十二圩盐帮船主、船工以政府明令提倡轮运,致使帆船船工面临失业,是日推代表徐海珊、李少泉等六人晋京请愿。次日请愿代表向中央民运会、行政院及盐务署提出三项要求:一、限定相当期间,俾船主、船工得另行改业;二、在此期间不以变样方式消除江船;三、期满后,以国家财力安插劳务工,并以相等价格收买江船。

△　成都商人五万余人为反对四川军政当局滥设关卡,强征捐税及私制国税印花,向省政府请愿,要求履行早经当局认可之废止苛捐10项办法。翌日,全市停业,并电告上海、汉口、宜昌、重庆等地停止运货到蓉。

△　日本东京警视厅派警将中国各界救济国内难民联合会毛世猛等17人拘捕,其罪名为毛等曾以救济长江水灾募款汇交义勇军。随后又继续拘捕达40余人。6月,将其中20余人驱逐回国。

3月17日　汪精卫由德返国抵沪,宋子文等百余人往迎,褚民谊持林森促汪返京复职亲函迎汪。汪发表书面谈话表示:"病体既未痊愈,只能在中央党部随时献替,以尽寸心。至于行政院长一职,事繁任重,若勉强担负,则偾事误国,为咎滋大",坚辞行政院长职,并推宋子文实任,宋未允。同日,宋电中央及各部、会停止代理行政院院长职务。

△　晨8时,日军铃木旅团步、骑、炮混合部队三四千人再次向罗文峪、沙石峪等处进攻,并以飞机20余架助战。第二十九军暂二师刘汝明部奋力抵抗,阵地忽得忽失10余次。晚,刘部从两翼夹击,营长王合春率部抄入敌后,重创日军,王牺牲,该营生还者仅70余人。18日,日军再度进攻不逞,于19日撤退至半壁山,25日主力返承德。

△　何应钦电令第二军团各部:"拟集结优势兵力,在滦河之线与

敌决战",令何柱国部经昌黎向滦县撤退,限 20 日晚到达;缪澂流部在界岭口掩护何部撤退后,将主力撤退至卢龙附近;孙德荃部固守桃林口附近,掩护滦西主力侧背;杨正治部进至卢龙西部;第二军团商震部,以一部扼守冷口及其附近各口,俟何、杨两部到达滦河线后,即在沙河驿附近集结,为滦河线作战军之预备队。各部统归商震指挥。

△ 日增派蒲穆第十六师团参加长城作战,是日开抵沟帮子。

△ 孔祥熙到保定谒蒋介石报告赴欧美考察实业情形,18 日到平,21 日随宋哲元赴前方代蒋劳军。

△ 豫鄂皖三省"剿匪"总部在武昌设立地方政务研究会,是日公布该会章程,规定凡三省现任县长及有县长资格者,均须入会研究,并施以军事训练。

△ 监察委员邵鸿基以前任南京市长魏道明勾通前财政局长齐叙等伪造收据、舞弊吞款案提出弹劾。23 日,该案经监察委员杨天骥等审查成立。4 月 10 日,监察院呈请国府转送政务官惩戒委员会核办。

△ 江苏省仪征县第五区农民 3000 余人为反对举办保卫团发生暴动,捣毁蔡湖等五地乡镇长住宅,省保安处派队前往镇压。

△ 美国银行界因受金融风潮影响,生银缺乏,在上海购银 140 余万两,是日由上海运往旧金山。

3 月 18 日 日关东军司令官武藤令第八师团负责古北口、喜峰口等长城关口附近的筑城及师团补给;令混成第三十三旅团复归第十师团原属;令第六师团作向多伦作战准备;令第十、十四师团各准备一联队随时供关东军司令部使用。

△ 日军第八师团鲶江部队、嵯峨部队是晚占潘家口。

△ 驻鄂绥靖公署主任何成濬、南昌行营办公厅主任钱大钧在保定向蒋介石分别报告陕、赣"剿匪"情况。蒋令何成濬留驻北平,西安行署暂行撤销,川、陕"剿匪"军事交田颂尧、杨虎城负责。21 日何赴平,电令参谋长朱传经率西安行署人员返汉。

△ 青海省府主席马麟与省府委员黎丹、马步芳、李乃棻、张心一

等通电表示愿率边疆各族健儿,齐赴国难。

　　△　中国民权保障同盟上海分会举行会员大会,以宋庆龄、蔡元培、杨杏佛、林语堂、伊罗生、邹韬奋、胡愈之七人已任临时全国执委,按章不得兼任分会执委,改选郁达夫、洪深、吴迈、沈钧儒、王造时、钱华、宁明宇接任;并通过以中国民权保障同盟上海分会名义参加国民御侮自救会,再次声援刘煜生、王慰三两案以及推代表往上海公安局调查犯人待遇等议案。

　　△　豫鄂皖三省"剿匪"总部公布《豫鄂皖赣四省农民银行条例》,训令四省府遵办。

　　△　侨商胡文虎汇款一万元并运送永安堂万金油等药品30箱交北平军分会救济前方军民。

　　3月19日　赣粤闽边"进剿"军中路军总指挥陈诚奉蒋介石令,继续部署进攻赣南中央苏区。以第一纵队为主力,将第三纵队第五、九两师配属一纵交罗卓英指挥,再次向广昌进犯。是日下达进攻令,由第十一师萧乾部为先头,第九师尾随,向宜黄县东陂、黄陂一带推进。

　　△　陈济棠召余汉谋、香翰屏等开会,决定赣南二期"剿匪"计划。令余汉谋短期内赴赣主持。

　　△　宋哲元、庞炳勋、秦德纯应蒋介石召到保定商防务,蒋允对宋部补充军费。

　　△　上海各大学教职员联合会成立,选康选宜、胡朴安等31人为执委,郑洪年、褚辅成、沈钧儒等七人为监委。

　　3月20日　汪精卫、宋子文、褚民谊、曾仲鸣、陈公博、唐有壬等一行由沪到京。上午汪在总理纪念周会上致词:"今日我们唯一的出路就是抵抗","我们第一固然要有抵抗的决心,第二还要有抵抗的能力","抵抗能力不限于武力一项。"旋出席国民党中央重要会议,商讨国防、外交。

　　△　山东省府主席韩复榘到保定谒蒋介石报告鲁省军政,当日经平返济南。

　△　驻平日使馆就滦东军事调动对记者称:华方已开始撤兵,对中国最后通牒止发。何应钦即日语记者称:"滦东军事调动,完全为策略上必须之行动,无政治关系。"

3 月 21 日　进犯广昌之陈诚中路军先头部队第十一师萧乾部,行抵宜黄县东陂霹雳山一带,遭红军第五军团围歼,萧乾受伤,旅长一名受重伤,团长三名被打死,第六十五、六十六两个团被歼灭,该师残部撤至黄陂。与此同时,在东陂之第九师、五十九师(上月底被歼后的残部)均遭红军堵击,被打死打伤团长三人,其他官兵伤亡 500 余人,残部于 25 日败逃宜黄南之霍源、河口等地。是役,前往增援之新编第三十七师师长郭炳生(原系红三军团第二师师长)被击毙。

　△　国民政府令行政院施行《各省(市)国民军事训练委员会暂行章程》。

　△　何应钦派鲍文樾代荣臻任北平军分会办公厅主任。

3 月 22 日　国民党中政会通过设立救国飞机捐款筹办委员会,朱培德、朱家骅等 20 余人为委员,汪精卫任主席。

　△　第四十四师萧之楚部奉命北上抗日,是日开抵北平市郊。

　△　日军第六师团迎支队配属给第三十三旅团攻冷口,是日起进犯南面高地我军阵地,遭第三十二军商震部黄光华师奋勇抵抗。商震曾亲往前线督战。经连日战斗,日军未达目的,25 日中止进攻,倾全力保口外萧家营子。

　△　宋子文在上海连日召见金融、实业界钱新之、李铭、虞洽卿、王晓籁等,洽商财政问题。

　△　前江西省府主席鲁涤平、民政厅长王尹西,因处理南昌民食维持会,被控假借名义、私禁勒罚一案,经政务官惩戒委员会议决,鲁涤平申诫,王尹西免职并停止任用三年。

3 月 23 日　汪精卫由京到沪,即电国民党中常会提请正式任宋子文为行政院长,"取消代理字样,以专责成,而一观听"。宋谈话坚决表示"不能担任"。同日,中常会决定派孙科、顾孟馀赴沪敦劝汪复职。

△ 何应钦以万福麟部第一二九师师长于兆麟、第一三〇师师长王永胜在热河作战不力,均予撤职,派周福成、朱鸿勋分别接替。

△ 蒋介石致电何应钦、黄绍竑,略谓"此次剿赤挫失,短期内必难进展,且各将士皆屡求北上抗日,故无剿赤斗志,可否请商两广与闽先负剿赤任务",同时电陈济棠,请其代理"剿匪"军总司令职。

△ 蒋介石为加紧"剿共",电令何键限三个月内完成湘粤公路,同时赶修粤汉路株韶段轻便铁道。

3月24日 蒋介石偕杨永泰等由保定到平,召何应钦、蒋伯诚、杨杰、王树常等开军事会议,听取各方军事报告。杨杰要求蒋介石调部增援长城各口,蒋指示要以现有兵力抵抗,不能希望增加援军。当晚蒋返保定。

△ 国民党中委李烈钧由平到济南,语记者称:"时局至此,应另辟一新途径以拯救危亡,故最注意开放政权,使全国人民得尽力于救国与建国。"

△ 外交部再次照会日驻华公使有吉明,驳斥日本政府3月20日复照,对外交部3月2日照会"多所规避"。再次抗议日本凭借武力强占热河。

△ 上海市公安局在北京路将红军将领陈广(即陈赓)逮捕。翌日,会同捕房往梅白格路捕陈广之妻未得,将陈藻英(谭国辅,辛亥革命元勋谭人凤孙女,时伪称陈赓之妹,化名陈藻英)捕走。

△ 美洲华侨航空救国义勇团代表李玉聘到南京,将美洲华侨所购飞机12架捐助国民政府抗日。

△ 浙江余杭县农民为反对省、县政府强迫推行改良蚕种,聚众2000余人将该县西湖改良种场焚毁。翌日,县府成立取缔土种事务所,张贴布告,声言土种不得有一粒遗留。26日,省府派保安队前往镇压。

△ 青、藏冲突自上年9月中旬经川、青、藏三方代表议定各守边界后,是日藏军再次进兵,将青、藏间大小苏莽占领,青军退守玉树,迫

援军赶至,将藏军迫退。

3 月 25 日 孙科、顾孟馀到沪敦劝汪精卫复行政院长职,汪允入京商量。晚,汪偕孙赴京。

△ 福建援热部队第二纵队由谭启秀率领自漳州出发,计划经潮汕、东江至粤汉路与粤桂军会合。27 日,张炎率第一纵队由龙岩出发入粤境。

△ 北平军分会委张焕相兼北平市防空司令。

△ 红二十三军在江西会昌成立,杨宁任军长。

△ 冯玉祥于本月 20 日派高兴亚赴平、津,与辽吉黑民众后援会会长朱庆澜接洽抗日经费筹措事宜,并向吉鸿昌陈述冯在张家口组军情况。吉鸿昌在天津变卖家产,购置枪弹,于是日亲莅张垣。

3 月 26 日 蒋介石上午返抵南京。下午,与汪精卫就今后内政、对日方针进行商谈,并敦劝汪复职。

△ 红军江西军区陈毅部攻乐安。陈诚急令驻南城、南丰第二纵队星夜驰援。30 日,第十四、九十两师主力到达,红军主力退往崇仁山地。

△ 湘军第二十八军刘建绪部与粤军余汉谋部会同进犯永新、宁冈、莲花等苏区。是日,刘部第十五师、六十三师进占永新。4 月初,湘、粤军以湘东防务重要,撤回原防。

△ 伪满外交总长谢介石与日驻"满"大使武藤信义签订日"满"合办通信会社协定,5 月 6 日生效。9 月 1 日成立"满洲电信电话会社",凡"满洲国"境内所有有线无线电报电话事业均归其经营。资本 5000 万日元,伪满设备折价 600 万日元,其余另行招募。

3 月 27 日 国民党中央党部举行重要会议,蒋介石、汪精卫、林森、居正、于右任、宋子文、戴季陶、孙科、陈果夫、叶楚伧、李烈钧等 30 余人出席。蒋介石报告华北军事情况,于右任、孙科提统一全国军事案,李烈钧提建设国防与改革内政案,因李案着重于开放政权与集中全国力量御侮,以事关重大,决定交中常会"从长缜密讨论"。

△　日军攻长城各口受挫,将攻击目标转向滦东,是日武藤下达作战命令:令第六师团主力立即向冷口前进,确保长城线;令独立守备队、第八师团、靖安军各一部尽快赶走石门寨附近之华军,掩护九门口——义院口大道补给路;第八师团在义院口部队协助前项作战,并受独立守备队司令官指挥;飞行队协助作战。

△　日枢密院通过退出国联通告书,经日本天皇批准,由外相内田电达国联秘书长。同日,首相斋藤发表退出国联声明书。

△　蒋介石致电湖南省府主席何键,要求何赴赣"督剿"红军。电称:"江西进剿失利,匪势猖獗,众议非中亲往主持,则应另派大员督剿。中此时以抗日之任,未能透卸,故不能兼顾剿匪",希望何能赴赣代行职权。

△　顾维钧出席世界军缩会议总委员会会议,发言表示:"中国遭人侵略,至今未已,侵略行为且严重日甚",要求"确定更速的而更有效力的共同负责制止侵略之制度"。

△　汉口日商泰安纱厂宣告停工,强迫工人离厂,不发工资。工人愤慨,筹议对付办法。汉口警备司令部闻讯,饬军警机关严密防范,不许工人与厂方直接交涉和停留厂内,违即拿办。

3月28日　外交部长罗文幹为日本退出国联发表宣言,指出:"中日争议在国际联盟下之公允处置,毫不因日本现所采取之步骤而受有任何不良之影响";表示深信国联"将采取紧急有效之方法,以应付日本宣告退出国联后之新局势","中日问题终必得公平之解决"。

△　蒋介石派内政部长黄绍竑、参谋本部厅长熊斌由平往张家口访冯玉祥,促冯入京。30日,冯亲函蒋介石,主张对日拼命抵抗,用全力早日收复失地,并提抗日办法十二条,要旨为:抽调军队80%开往前方,由蒋亲自统率;拨军费80%作抗日之用;大赦政治犯,实行言论、集会、结社自由等,要求蒋实践、实作、实行、实施。冯并派代表邓哲熙随黄、熊到京晤蒋、汪,陈述冯抗日志愿。4月4日,黄、熊等携冯函返京。

△　国民政府令派第六师师长赵观涛为第八军军长,第六师副师长周喦升任师长。

△　上海市公安局伙同公共租界老闸捕房在山西路将中华全国总工会上海执行局书记罗登贤、秘书余文化及全国海员工会党团书记廖承志三人非法逮捕。29 日,何香凝通电全国,并电蒋介石、汪精卫、孙科等人提出抗议。何语记者称:廖在德国留学,近因暴日入侵,愤而返国,到沪为时仅两周。

△　红二十八军在皖西遭敌第二十五军两个旅及安徽省三个保安团共万余人的进攻,是日,红二十八军政委王平章在商城门坎山的激战中牺牲。

3 月 29 日　蒋介石返京后与汪精卫密商对日方针与"剿匪"问题,确定汪复职主持对日交涉,蒋负责全力"剿匪",是日召开国民党中政会议,蒋介石、汪精卫、林森、于右任、戴季陶、孙科等 50 余人出席。汪精卫表示复行政院长职。翌日,汪向中常会销假,到院视事。

△　汉口申新纺织四厂失火,除栈房、公事房外全部焚毁,4000 工人失业。汉口公安机关将最先发现起火的五名工人拘捕。

△　国民政府制定公布《陆军官佐各级晋阶规则》。同日,明令行政院施行《指导海外侨民组织团体办法》。

△　宋子文返沪,对记者发表谈话称:中日关税协定至 5 月 16 日以后,即告期满失效,无所谓续订与否。关于整理税收一项,华北方面既归中央,华南方面亦无问题。

△　英商太古轮船公司"南昌号"轮泊于牛庄口外候引水员时,遭海盗袭击,二等机师白鲁、三等机师裴尔斯、约翰逊、哈格莱夫被挟入海盗船而去。英国领事美卓于事发后访沈阳日本领事,请求协助营救。

△　台湾公布《米谷统制法》。

3 月 30 日　国民党中常会决定 7 月 1 日召开临时全国代表大会,讨论关于提前召集国民大会、国民参政会是否如期召开、第五次全国代表大会是否照常举行及中央委员改选等问题。

　　△　中国民权保障同盟为廖承志等人被捕事发表宣言,指出:罗登贤、余文化、廖承志由间谍报告被捕,未得任何证据。"若据空言可入人于罪,则吾国民之前途尚堪过问耶"? 要求立刻释放廖承志等人。

　　△　上海各大学教职员联合会通电全国,反对对日妥协、与敌签订任何屈辱条约,并督促政府倾注全力,筹定积极反攻策略,收复失地,"如有敢违此旨与敌妥协者,即视为全国公敌"。

　　△　北平军分会任萧之楚为第二十六军军长。是日,萧在三河县就职。

　　△　浙江余姚二区梁衕乡民众因反对烟酒税局强征酒捐,将稽征员宿舍烧毁,县府将乡民张徐良拘捕,并查缉"余犯"。是日,乡民吕能贵等率众进县城请愿,要求释放张徐良,免除酒捐。团丁开枪镇压,打死群众一人,伤二人。后群众聚至千人,县府被迫缓征酒捐,释放被捕者及抚恤死伤民众。5月3日,浙江省府主席鲁涤平报行政院称:"此案系酒捐按缸征收未能合法,自应责由该县切实查报,依法惩处。至该乡民聚众入城要求释犯免捐,其行动亦属不合,应由该县法院择尤惩治一二。"

　　△　日军鳌刚村一指挥3000多人"追剿"吉东马家大屯一带中共领导之抗日游击队。关东军间岛辎重队、日共党员伊田助男用汽车运送十万发子弹至游击队活动之松林,留下奉送子弹给游击队的遗书后自杀身死。事后日特务机关在鳌刚旅团进行大搜捕,并将该旅团调往延吉解散。

　　3月31日　上海第二特区法院开庭审判罗登贤、廖承志、余文化、陈赓等五人,罗等在法庭上严辞驳斥所谓"反动"、"反革命"等罪名,审判官无言以答,律师吴凯声要求释放。法庭遂判决由工部局巡捕房移提给中国当局。是晚,廖承志由何香凝、国民党中监委柳亚子具保释出。4月1日,其余四人被解至南京投入军事监狱。

　　△　日本前驻华公使芳泽谦吉与前日外务次官岩城隆德等一行抵沪,进行秘密外交活动。4月1日,北平市工会救国联合会电请国民政

府拒绝芳泽来华活动。芳泽等经青岛、济南、北平、大连等地活动后于4 月 25 日返日。

　　△　上海南洋兄弟烟草公司经理简玉阶函上海市长吴铁城,该公司愿捐款十万元供政府作训练航空人才之用。

　　△　日本在长春设置驻伪满海军部。

　　是月　浙江杭县乡、镇长劳勤余等 24 人联名呈请行政院减免田赋附税,略称:"省、县府违背附税不得超过正税之明令,田赋附税竟达十二种之多,每亩正税仅需五角一分,而附加税竟至六角有奇",农民"自十六迄二十一年中历五年之久,每户欠额竟达正税十三倍之巨",要求饬浙江省府将旧欠田赋附加税并罚金一概豁免。

　　△　日军第二师团及独立守备队年初起在临江、通化、辑安、桓仁、柳河、兴京等所谓东边道地区和岫岩、庄河、凤凰城等"三角地带"对抗日义军反复"围剿",迄是月底,屠杀我抗日武装人员 8700 余人。

4 月

　　4 月 1 日　日军攻长城各口未得逞,转攻滦东。上日,日砂川部队、岩田支队及伪满靖安军由和田少将指挥,分由九门口、义院口向沙河寨、石门寨进犯,占沙河寨。是日,又占石门寨。守军何柱国部第一一五师退守海阳镇、平顶山、亮甲山一带。

　　△　江西省府主席熊式辉密电蒋介石报告"剿匪"失败情形,请速调部队赴援,略称:"现在匪势益张,昨复扰及新淦、赣东、赣西,小股逐渐蔓延,坐视其大而莫能制。资溪、黎川为赣、闽、浙间要地,失陷数月迄不能收复,近且进扰南城、金溪,赤化民众,如火燎原。赣南大股攻城略地更无可奈何",乞蒋速筹办法,加调得力部队并立派大员到赣"督剿"。

　　△　宋庆龄发表《告中国人民》一文,指出上海第二特区法院上日审判罗登贤、廖承志等五人是"公开的滑稽剧","是蒋介石政府所奉行的政策的另一个例证"。罗等五人"不是罪犯,而是中国人民最高尚的

代表人物",号召"全中国人民起来要求释放他们"。

　　△　豫鄂皖赣四省农民银行于汉口开业,郭外峰任总经理。该行额定资本 1000 万元,蒋介石从"剿总"特税(即鸦片税)收入中拨付 250 万元作为开业资本。

　　△　桂北起义瑶民在国民党军残酷镇压下逃匿深山崖洞后,因时值春耕,被迫出洞下山,起义失败。廖磊除以部分军队留驻外,是日率部回柳州。同日,桂省府主席黄旭初电湘、黔、滇等省府主席,提出"编制保甲,使瑶民剪发易服","取消苗瑶名称,以期泯除界限"等民族绝灭主义的处置办法,要求一致办理。

　　4月2日　中国民权保障同盟临时全国执委会与上海分会联席会议,决定组设营救政治犯委员会,选举宋庆龄、蔡元培、杨杏佛、吴凯声、王造时、沈钧儒、陈彬龢为委员;要求国民党当局释放陈赓、陈藻英、罗登贤、余文化等一切政治犯,废止"特别法",开放言论与集会、结社自由,严禁私刑,予政治犯以人道待遇等;并推宋庆龄、杨杏佛、沈钧儒、伊罗生为代表晋京营救。同日,宋庆龄电汪精卫、罗文幹,指出对罗登贤等"罪证既不成立,移提久禁"之违法,要求"由正式法庭审判,勿用军法刑讯"。翌日,汪以"谨当依法办理"电复。

　　△　国民政府致电西南当局陈济棠等,要求迅即派军入赣"协剿",并电第十九路军,"即派劲旅由闽推进"。

　　4月3日　江西红军罗炳辉部由雩都秘密东移,进攻新淦,红军三、五军团各部进攻永丰,闽浙赣军区红军方志敏部同时进攻金溪策应。新淦第二十七师仅抵抗两小时即败退樟树。金溪地方团队甫经接触即败逃临川,红军遂占新淦、金溪。同日,蒋介石急令陈诚一面固守永丰、临川,一面派第五师周浑元部与独立第三十六旅组独立支队,限期收复新淦,并令停泊赣江之"浔阳"、"黎明"、"复兴"号军舰配合。

　　△　汪精卫在国民政府纪念周上声称,自国民党宣布训政以来,尚未能依照《建国大纲》克期完成地方自治,其最大原因在于"敌国外患、共匪、各省的军人割据"。

△ 政务官惩戒委员会以上海市公安局长文鸿恩吞没鸦片,私释烟犯,予以三个月减俸 10% 处分。

△ 沪商叶鸿英捐私产 50 万元(一说百余万元)办图书馆及乡村教育,是日成立鸿英教育基金董事会,叶任董事长,沈信卿、穆藕初任副董事长,蔡元培、黄炎培、钱新之等为董事。

4 月 4 日 国民党西南执行部议定应付临时全代会办法:一、电中央请撤回召集临时全代会决议案,以免野心者利用;二、如中央不顾一切,如期召集,在粤中委则联合西南各省一致不派代表出席,以示消极抵制;三、如中央果于是日召开,西南亦决援照全代会成例,在粤另行召集西南各省代表开会,以监督宁会。

△ 唐绍仪、胡汉民、陈济棠、李宗仁等电国民党中央执委会称:"抗日、剿共早决于第四次全国代表大会及历次中央全体会议,第四次全国代表大会决定对日不能再失寸土,曾几何时,关外抗日诸义军始终未得政府之救援而相继失败,榆关、热河亦以政府始终不定抗战之计而相继沦陷。……政府不能努力贯彻已成立政策,则惟有深自引咎以谢国民。……全国临时代表大会之召集不独无此必要,且不当行,尚希全党同志,一致反对。"5 日,吴铁城密电汪精卫称,陈济棠等此举系"利用胡系反蒋,以固粤局,延缓出师剿共"。

△ 日军第十四混成旅团岩田支队纠合伪军靖安游击队共 3000余人,在河田少将指挥下进犯海阳镇,占领海阳、侯庄两地。何柱国遵何应钦必须固守海阳的电令,由第一一五师令派第六二七团协同骑兵第三十九团反攻夺回,当晚再失。经得而复失多次,7 日何部反攻,再次收复。

△ 驻平英、美、法、意各使以日军在滦东扩大侵略,危及北宁路沿线榆关、秦皇岛、北戴河等地外侨生命财产,是日晨召开使节团会议,向日驻华使馆提出交涉,促其尊重《辛丑条约》,注意各该地外侨生命财产及驻军给养等问题。

△ 中荷庚款经双方迭次会商,外交部长罗文幹与荷兰驻华公使

杜培克本日在外交部正式换文,规定荷兰政府将 1926 年 1 月 1 日后应得庚款全数退还中国,用于中国水利及文化事业。

△ 黔军犹国才部被王家烈击败退入滇境后,得滇省府主席龙云之助恢复军力,是日入黔占领南龙、兴义。8 日再占兴仁,盘江等地旋亦尽为所占。退入川南之蒋在珍部得刘湘之助,闻犹部得胜,立即挥师回黔。

4 月 5 日 国民政府训令行政、立法、监察院自 6 日起所有公私款项之收付及一切交易须一律改用银币,仍用银两者在法律上无效;凡本日以前原订以银两收付者,应以规元银七钱一分五厘折合银币一元为标准,概以银币收付,如发生争执,各司法机关应将以银两收付之请求驳斥。又规定出口银类征税 2.5%,以示限制。

△ 蒋介石以江西告急,4 日由京乘舰赴赣,是日抵南昌。

△ 宋庆龄偕杨杏佛、沈钧儒、伊罗生及吴凯声到南京。汪精卫、罗文干往饭店访宋,宋等除要求立刻释放罗登贤等人外,以民权保障同盟名义提交书面要求四项:一、立即释放一切政治犯;二、废止滥刑;三、给政治犯以阅报读书自由,禁用镣铐;四、严惩狱吏敲诈受贿。汪允提交中政会。同日,宋等往卫戍司令部监狱探望罗登贤等人,又往江苏第一监狱探视于 1931 年被捕之泛太平洋产业同盟秘书牛兰及其夫人。

△ 财政部长兼中央银行总裁宋子文在财政预算和对日方针上与蒋介石分歧加深,被迫提出辞职。是日国民党中政会准宋子文辞中央银行总裁兼职,任命孔祥熙为中央银行总裁。

△ 国民党中政会将湖南省救国借款章程交行政院迅速核办。25 日,蒋介石因此案遭湖南人民强烈反对,电汪精卫维持原案,不得削减。5 月 12 日,国民政府以抗日"剿匪"紧急需要,易名为"湖南救国库券",密令批准发行。

△ 方振武部抵河北邯郸,翌日北开。何应钦为控制方部,以军权须统一为名,迭电方到平商洽收编,均遭拒绝。9 日,何派平军分会参谋徐宗恩等赴顺德(今邢台)晤方洽谈收编,仍遭拒绝。11 日,方部抵

宁晋,方在民众大会上演说称:"当局派员来嘱我在此暂住,听候接洽,我售产成军,为的是杀倭救国,现敌已打进长城,眼看就要杀到平津,商震来电,叫我速去援助,形势紧张如此,何能再留住。"辞毕立即率队开拔。

△　伪满于上年派代表丁士源赴欧美各国游说,乞求承认,遭各国拒绝,是日返回长春。

△　交通部与英国大东公司、丹麦大北公司、美国太平洋公司水线合同于 1930 年期满,是日三公司代表偕英、美驻南京领事及丹麦驻沪领事与交通部代表颜任光签订新合同。原合同系前清与北京政府时期迭次与三公司签订,各种合同不下 20 余起,丧权辱国,利权外溢。新订合同亦仅取消水线登陆专利权,收回直接收发电报权,收回地缆及架空线等。

△　浙江余杭农民继续开展反对强迫取缔土蚕种的斗争。是日东乡农民向县府请愿,被县基干队开枪打伤五人,引起激愤,各乡农民纷集县城达五六千人,捣毁取缔土种事务所。7 日,全城商店罢市。经法团代表向省民政、建设两厅请愿,答允缓办取缔土种。

4 月 6 日　蒋介石在南昌电令"剿匪"各将领,宣称"本总司令此来决与我赣中诸将士共生死,同荣辱,殄灭赤氛,以安党国。如再有偷生怕死、侈言抗日、不知廉耻者,立斩无赦"。同日,蒋偕熊式辉、贺国光到临川视察。7 日,蒋召中路军各将领作布置,并训话称:"我们的敌人不是倭寇而是土匪,东三省、热河失掉了,自然在号称统一的政府之下失掉,我们应该要负责任,不过我们站在革命的立场上,却没有多大关系。"当晚,蒋等返南昌。

△　汪精卫在国民党中常会第六十五次会议上报告宋庆龄等要求保障民权。汪提出释放政治犯问题办法两条:一、捕获共党直接、间接有危害军事证据者,交军法审判;二、捕获共党有暴动行为者,交法庭审判。关于言论、出版、结社、集会自由问题,俟江西、湖北"乱事敉平,再行提议"。

　　△　国民政府任命孔祥熙为中央银行总裁。15日,孔就职。

　　△　日本策动察哈尔省锡林郭勒盟东乌珠穆沁旗、浩济特旗、阿巴嘎旗及外蒙车臣汗部于热河赤峰开所谓内蒙王族大会,宣布脱离中国,与伪满合流。

　　△　财政部通令本日起废两改元,上海钱业同业公会、银行业同业公会分别召开联席会议,议定实行办法。同日,财政部令中央、中国、交通三行合组之银两银元兑换管理委员会即日起撤销,停止兑换。

　　△　浙江临安农民千余人反对省、县政府强制取缔土制蚕种,将县制种场及改良蚕种所捣毁。县府士兵开枪击毙群众一人,拘捕二人。9日,省府召开临时会议,派保安队前往继续镇压,续捕16人解省。

　　△　四明储蓄会在沪开业,资本50万元,孙恩甫任会长,俞佐廷任经理。

　　4月7日　日军服部旅团再次进犯喜峰口,以猛烈炮火掩护步兵千余名向老婆山、孩儿岭我军阵地攻击,遭赵登禹旅阻击未逞。翌日,日复增兵力续攻,双方均有较大伤亡。

　　△　英政府向日政府提出照会,严重要求日方应维持《辛丑条约》,秦皇岛附近不能发生战事,否则英海军陆战队将登陆维持治安。

　　△　新疆汉、回首领马占仓与铁木耳自上月在库车起事,占阿克苏等地后,喀什行政长马绍武招募柯尔克孜族兵以固城防。铁为谋取喀什,争取柯族兵首领乌斯曼参加起事。是日,乌斯曼率柯族兵会合铁、马部起事民众攻占回城(疏附),大肆劫掠,杀戮汉人。马绍武由喀什外逃。翌日,铁木耳率部进入喀什。11日,马占仓率部占汉城(疏勒),全喀什陷。

　　△　东北民众救国军前敌总指挥张玉挺、旅长郑润成、参谋长苏国自迪化电林森、蒋介石、汪精卫等,要求电催苏炳文等速由苏返国,整理旧部,重上前线抗日。

　　△　法国于是日及10日、11日先后派军舰侵占我国南沙群岛中之南威岛、太平岛等九个小岛。

4 月 8 日　国民政府令：暂行兼代贵州省政府主席犹国才毋庸兼代，任命王家烈为贵州省政府主席。

△　蔡廷锴以北上不能再缓，请前粤军第五军军长徐景唐到闽主持绥署，派邓世增到漳州代行指挥"剿共"，是日由厦门赴粤与西南当局商"剿共"、抗日等问题。

△　湘鄂赣军区孔荷宠部一部在江西万载朱木桥击败国军第十六师彭位仁部四个团。另一部由上高进占高安，直逼奉新。

△　日本与伪满为索还上年被苏联扣留之中东路车辆，与苏交涉无效，是日借口中东路与后贝加尔间之通车并无协定，将该线封锁，并由伪满外交总长丁鉴修声明此举系为"矫正俄方专断"。10 日，中东路苏方副理事长库兹涅佐夫向伪满提严重抗议，指责封锁该线违背 1896 年中东铁路经营合同及《奉俄协定》。

4 月 9 日　国民党中央执行委员会为唐绍仪、胡汉民等反对 7 月 1 日召集全国临时代表大会事通告全党，略谓"国难当前，集合全国人民之心志才力以共同解决，尤刻不容缓"，必须召集全国临时代表大会，以便决定提前召集国民大会；并要求全党对抗日、"剿共"不问国民大会召集与否，均须坚决进行。

△　何应钦电告何柱国称：为加强滦河防御，王以哲军全部已陆续向滦河之线前进，高桂滋师主力推进至卢龙，翁照垣师 12 日可到达永平。

△　红四方面军徐向前部在四川巴中得胜山击败川军李炜如部。

△　北平数十个抗日团体千余人在中共北平地下党组织下，在新华门举行前线抗日阵亡将士追悼大会，会后游行，队伍行至绒线胡同时，被军警堵截冲散。

△　海军部发表声明，略称：张学良在北平时擅将天津海军医院医校全部地皮房产越权私售与法租界当局，并于上月 8 日为法兵警占领，要求将此项不法契约取消，将原产归还海军部。18 日，行政院决定交涉取消。

△ 前北京政府国务总理梁士诒在上海病死。

4月10日 蒋介石在南昌举行的扩大纪念周上演说,宣称:"抗日必先剿匪,征诸历代兴亡,安内始能攘外。在匪未肃清前绝对不能言抗日,违者即予最严厉处罚。"

△ 国民政府军事委员会惩处在宜黄、东陂一带"围剿"失利长官:中路军总指挥陈诚"骄矜自擅,不遵意图",降一级,记大过一次;第五军军长罗卓英"指挥失当,决心不坚",革职留任;第十一师师长萧乾"骄矜疏忽",记大过一次。

△ 国民党中委李烈钧电中央党部要求保障人民自由,略称:"中常会决定召开临时代表大会,并议提前召开国民大会……中央既决定公开政权,欲集人民智能,共决国事,首当以诚意示天下,人民所渴望者在此,政府所当努力者亦应在此,则保障人民集会、结社、言论、出版等自由经屡次所宣示者,宜不致再托空言。"

△ 日军进犯滦东,大队飞机轰炸海阳,守军何柱国等部纷向西南后撤。

△ 古北口日军于上午8时起以猛烈炮火向我南天门阵地轰击,继以飞机配合步兵千余人向我阵地进攻。守军第八十三师刘戡部奋力还击,至下午4时日军退回古北口南侧高地与我对峙。

△ 全国华商纱厂联合会以外货倾销,生产过剩,营业艰难,决定本月22日起全国华商纱厂一律每周减工一天,减工期间工资减半,并通知全国各厂一致实行。天津工联会(12日)、上海市总工会(18日)先后电实业部及有关当局表示对此非法减工誓死反对,要求制止。

4月11日 蒋介石在南昌召开赣、豫、陕、苏、浙、皖、鄂七省治安会议,各省府主席熊式辉、刘峙、杨虎城、顾祝同、朱绍良,各"剿匪"部队长官陈诚、梁冠英、张钫、刘镇华、徐源泉、蒋鼎文、王均、上官云相、刘茂恩、内政部长黄绍竑、赣粤闽三省"剿匪"总部参谋长贺国光、秘书长杨永泰以及各省保安处长出席。蒋介石作整理部队、训练民团、办理保甲、清乡等指示;决定派刘峙任抚河信河"剿匪"督办,取代陈诚指挥临川一带的"剿匪";并决定从刘峙、张钫等部中抽调三师一旅入赣。14 日会议结束。

△ 日军第六师团长坂本指挥第三十六旅团主力及八师团第十四、三十三旅团各一部共三万人 9 日晚开始猛力进攻冷口。第三十二军商震部奋力御敌,因伤亡甚重,是日放弃冷口,沿建昌营、迁安向滦河右岸撤退。日军占冷口及其附近刘家口、白羊峪诸口后跟踪占建昌营,并派骑兵数十名进占迁安(是役日军死 38 人,伤 131 人)。同日,守界岭口之第五十三军杨正治部缪澂流师因冷口等处失陷,该部左侧受威胁,由界岭口之马坊、双岭线向十八里铺以北之线撤退。何应钦闻报,急令商震部恢复刘家口、冷口、白羊峪之线;杨正治部须在台头营南面高地扼守,不得再行后退。电达时各部已迅速退却。

△ 蒋介石以华北垂危,为求对日妥协,拟委其盟兄、前外交部长黄郛主持华北政务,是日电邀黄到南昌晤谈。次日黄电复"容稍事摒挡再行"。14 日,蒋再电询黄"能否以私人名义赴北方襄助"。黄经向政学系张群、杨永泰等征询意见后决定受任。24 日由沪偕张群赴赣晤蒋。

△ 闽浙赣军区红军方志敏、邵式平部攻克东乡。18 日,撤出东乡退金溪。

△ 国民政府训令行政、司法、监察三院于最高法院、高等法院内迅速成立惩治贪污专庭。

△ 张学良按蒋介石出洋考察的安排,是日从沪乘轮赴意大利,顾问端纳及眷属等 18 人随行。

4 月 12 日 新疆"四一二政变"发生。新疆迪化城防指挥官白毓秀、迪化县长陶明樾、督办公署参谋陈中、航空队长李笑天及白俄归化军团长安东诺夫等人密议倒金树仁。是日午后 2 时,安率归化军进攻督办公署,金树仁越后墙逃出。督办公署参谋长兼前敌总指挥盛世才闻报,率部返迪化。是晚,举事诸人邀集省教育厅长刘文龙、财政厅长朱瑞墀、迪化行政长李溶、新疆党务特派员宫碧澄等 20 余人会议,成立临时维持委员会和临时军事委员会,推刘文龙为临时省府主席,原东北民众救国军第十五旅旅长郑润成为临时军事委员会委员长。刘文龙提出保全全省各族人民生命财产、保全金树仁全家生命财产、保护苏联领事馆三项信条,经全体委员赞成。是为第一次"新变"。

　　△　第二十九军军长兼察哈尔省府主席宋哲元因汪精卫3日在国府纪念周谈话中指责各省的军人割据为地方自治不能克期完成的原因之一,引嫌辞主席职。是日,国民政府以宋哲元在前方督师,于宋未回任前该省主席职务由民政厅长仵庸暂行代理。

　　△　西南政务会召开临时会议,蔡廷锴要求西南当局努力抗日、"剿共",陈济棠表示愿负"剿共"全责,推蔡任西南抗日军总指挥,对粤出师抗日取消极态度。

　　△　为牵制日军进攻冷口方面长城各口,第十七军军长徐庭瑶遵何应钦电令,命第二、八十三两师各组一别动队由古北口两侧向敌袭击。是日晚,两别动队分由左右侧出长城口向敌侧背袭击,第八十三师第六旅四个连趁势从正面冲至古北口敌军前沿,将敌逐至古北口街区及迤南高地,我军占领潮河关一带高地。相持至13日晚,我军撤回原阵地。

　　△　周浑元部分两纵队在"浔阳"、"黎明"、"复兴"号三军舰配合下进犯新淦,红军主动弃新淦向崇仁山区集结。

　　△　中东路伪方理事长李绍庚及伪满外交特派员答复苏方副理事长库兹涅佐夫10日所提抗议,声称所引条约不合,亦且失效,限苏联一个月内将中东路机车82辆、客车190辆、货车3200辆归还。同时将海参崴——莫斯科国际列车扣留。14日又将绥芬河之苏联税关封闭。在此期间,日军由齐齐哈尔西开,苏联亦增兵海参崴、伯力、赤塔等处。

　　4月13日　喜峰口失陷。日军混成第十四旅团步兵第二十七、二十八联队,野炮第七联队,骑兵第七联队各一部12日起进攻喜峰口,同时董家口、建昌营日军分向口内滦阳城、摩天岭等阵地侧击。宋哲元部第三十七、三十八师各一部以腹背受敌,是日奉何应钦命放弃喜峰口,撤往通州以东沿运河布防。

　　△　金树仁在市郊调兵向迪化反扑。盛世才率部抵迪化近郊,占城北要地拥兵观望。陈中等人请出由苏回国之东北民众救国军助战,并与白毓秀往请盛率部入城,白于中途遭金部杀害。金见大势已去,遁昌吉,24 日在塔城提取省府存塔城公款黄金 1270 两后通电下野。

　　△　国民党中常会通过《临时全国代表大会组织法》、《临时全国代表大会选举法》、《临时全国代表大会议事规则》;通过中央宣传委员会拟具之《电影事业奖励条例》及《文艺创作奖励条例》。

　　△　汪精卫发表对时局谈话谓,"关于对日主张,仍抱定抵抗与交涉同时并行之方针"。

　　△　周浑元部进占新淦后率第五师回崇仁,准备进犯永丰。红军三、五军团主力移向崇仁、乐安中间地带。

　　4 月 14 日　盛世才率部入迪化城,陈中等随即召开临时维持委员会及临时军事委员会联席会议,决定临时军事委员会撤销,推盛世才任临时督办,陈中任督办公署参谋处长,陶明樾任省府秘书长,李笑天任航空处长。同日,刘文龙、盛世才向省内各区通电就职,并宣布施政纲领八条:实行民族平等;保障信教自由;澄清吏治;改良司法;整理财政;实施农村救济;扩充教育;推行自治。

　　△　何应钦电令第五十七军何柱国部、第五十三军代军长杨正治部主力向滦西撤退。当晚,杨军翁照垣师全部退守滦西。15 日夜,何军逐次由昌黎开始撤向滦西。

　　△　太原绥靖主任阎锡山密电何应钦,表示对察、绥军事指挥困难,"晋省将领中求其资望相当,能指挥察、绥全般军事者,亦实难其选",要求将察防仍由军分会直接主持。18 日,何转呈蒋介石、汪精卫。

　　△　江苏高等法院假江宁地方法院公开审判上年被捕之陈独秀、彭述之等 10 人,检查官以陈"组织危害民国为目的之团体或集会"等罪名提出公诉。陈辩词承认是托洛斯基派,"照中国现状,组织红军还不可能。革命政党要夺政权,当然要暴动……说我反对国民党,我承认,

说我危害民国,我不承认"。次日续审。

　　△　马占山、苏炳文、李杜、王德林、张殿九等一行 66 人由苏联阿穆尔州汤木斯克市乘专车赴莫斯科。18 日抵达莫斯科,中国驻苏大使颜惠庆及苏外交人员到车站迎接。

　　4 月 15 日　何应钦下令驻秦皇岛守军撤退,士兵大哭,不肯退却,在军官用机枪威胁下被迫于傍晚撤出,暂集昌黎。是日晚,游弋于秦岛海面之日海军陆战队遂登陆占秦皇岛。

　　△　何键奉蒋介石召抵南昌,蒋拟委何负"剿匪"全责,何未允。嗣商定设湘鄂赣、闽粤赣、豫鄂赣三个"剿匪"边防督办,分由何键、陈济深、刘峙担任。旋又改设赣粤闽湘鄂"剿匪"军北路、西路、南路三个总司令部,重新划定"剿匪"区域。

　　△　比利时新任驻华公使纪佑穆向国府主席林森呈递国书。

　　△　河南省政府为加强对鄂豫皖边区红军的"清剿",呈请设立煌县,由安徽之霍山、霍邱、六安及河南商城、固始等县析置。是日国民政府指令行政院准予备案。

　　△　四川善后督办刘湘以军用浩繁,本日起发行印花烟酒库券 500 万元,分 50 个月偿还本息,以所收印花、烟、酒税为偿还本息基金。

　　△　《中国经济》杂志在南京创刊,中国经济研究会创办。

　　4 月 16 日　国民政府令派宋子文参加美国总统罗斯福召集之经济谈话会。

　　△　苏联人民外交委员会副委员加拉罕向日驻苏大使太田提交抗议,指责日、"满"在中东路损害苏联权益。5 月 26 日,太田答复称:损害中东路权利之事实大半系"满洲国"权限内之行为,与日本无关;在"满"之日本官吏虽或参预,但系在"满洲政府"监督之下行动,日本不能负责。

　　△　蒋介石分别致电黄绍竑、何应钦,谓我军应速构筑平、津最后决战线。

　　△　上海大学生联合会成立。

4 月 17 日 昌黎失陷。日军高田、中村部队于 16 日陷抚宁后,是日又陷昌黎。同日,喜峰口日军陷滦阳城。何柱国部骑兵第四十团守军最后撤退滦西,与日军隔河对峙。

△ 日驻华使馆代办中山访晤美使詹森,提出能否由外国驻华武官安排中日停战谈判,并示意日军可退至长城线。詹森即将此事电告美国务院。

△ 蒋介石令湘、赣等省"厉行法治,严惩贪污"。令称:"地方官吏身縻国禄,罔顾民瘼,贪墨成风,庶政败坏",各司法、军政机关"对于惩治贪污仍不免姑息徇隐,或明知而不举发,或经举发而不究办"。要求"上下官吏应各洗心革面,互相督责",并制定各机关处理"危害民国"及贪污案件月报表二份,要求按月切实填报。

△ 北平市政府下令整顿学风,要求对学生严加管理。其"有屡犯校规,言行越轨者,宜分别惩戒","企图作大规模之破坏行动者则授权当地军警严厉制止"。

4 月 18 日 日在天津负责策反工作之奉天特务机关长板垣征四郎密电关东军司令部称,张敬尧预定 21 日在北平发难,要求关东军加紧进攻长城线,造成前方军事紧急,以配合平、津内变。日关东军司令官武藤遂令第八师团于 21 日猛攻南天门等地。

△ 冯玉祥向国民政府提议,应于最短期间内完全撤销各省田赋附加税,以后更不得巧立名目,附带征收。是日,行政院训令各省财政厅"遵照"。

△ 宋子文偕贝淞荪、秦汾、杨格、魏文彬等由沪乘轮赴美与美总统罗斯福会谈经济问题。同日,行政院决定由邹琳代行财政部长职。

△ 汪精卫由沪返京,语记者称:中央屡函电促西南各省出兵"剿匪",迄今仍无出兵之期,若再延搁,则蒋不能亲自北上督师,希望西南毅然出师入赣。

△ 国民政府命令撤销东北交通委员会。

△ 何键由赣到汉,与湖北绥靖主任何成濬、湖北清乡督办徐源泉

会商湘、鄂两省"剿共"计划。

4月19日　何应钦召蒋梦麟、胡适、丁文江、于学忠等商谈时局，决定派蒋梦麟往访英使蓝普森，请为安排中日停战谈判。同日，黄郛、张群、陈仪等在沪与日武官根本博洽谈停战问题。外交部次长刘崇杰亦为谋求停战事，即日由京往平。

△　蒋介石电何应钦，指示赶筑平津防线。电谓："预备三道防线，应如计赶筑，而最后防线似以三角淀为左翼依托点，由杨柳青经杨村，通县至怀柔，或左翼固守密云。"要求"应最速着手，并限期半月完成"。

△　蒋介石任命卫立煌为豫鄂皖边区"清剿"总指挥，经扶、潢川、商城、罗山各地部队概归其节制。23日，卫就职。

△　唐山交通大学迁上海。北京大学、北京师范大学等院校遵教育部令，将图书、仪器装箱，26日南运。

△　东北籍青年党人王捷侠、霍维周等1568人在天津《大公报》刊登退出青年党启事，略称："吾等深痛国破家亡，决心放弃党见，誓不对日妥协，故毅然退出青年党，愿与忠心为国者协力对外。"另发声明称："反对政府一党的专政"，"仇视共产党的破坏"，"不赞成青年党的对日政策。"21日，中国青年党天津特别市支部函《大公报》称，王等"虚构人数，含沙射影，显系有意破坏"。

△　张静江、李石曾、杜月笙等发起组织江南铁路公司，是日在沪开创立会，选举李石曾、张静江等19人为董事，褚民谊等七人为监察，张静江任总经理。该公司计划修筑芜（湖）乍（浦）铁路，开拓乍浦东方大港。25日，在芜湖行芜乍路奠基礼。

△　日皇颁诏宣示对伪满"友谊"，是日，伪执政溥仪颁布"教书"感谢日皇"盛情"，并训谕伪官吏"应体友邦援助之诚，益相惕励"。

△　由日、'满'支持之伪军李际春部占据昌黎，组临时政府，划滦东地域为特别区，揭五色旗。

△　上海泉漳中学被国民党上海当局指为共产党秘密机关，于3月11日被勒令停办。留校学生组国民御侮自救会沪南区泉漳分会，并

与驻校警察发生冲突。是日,上海市公安局派警前往镇压,遭学生奋力抵抗,结果学生 45 人、校工三人被拘捕。事后,华侨联合会、闽南同乡会、上海各大学教职员联合会等分电国民政府要求释放被捕者。

△　上海公共租界工部局纳税西人会修改《洋泾浜地产章程》附则第三条,将原所列各项事业内加入"工厂"、"工场"等字样,企图攫夺界内工厂检查权。27 日,上海市政府向领事团书面抗议,声明"租界为中国领土,租界内外人民同一有服从本国法律之义务";指出"似此滥用扩充权限,不独侵略我国主权,抑且违背中国与各国所订之条约"。

△　国民政府令准上海法租界设置中国法院协定有效期延长三年。

△　上海市商会以外国米、麦、粉大宗进口,致使粮价暴落,农商交困,要求国民政府对进口米麦粉课以重税。

4 月 20 日　日关东军司令官武藤令日军退出滦东。昭和天皇恐日军越长城进犯河北省境将引起国际纠纷,19 日,就此事诘问日军部参谋次长真崎甚次郎,是日武藤遂电令日军撤出滦东。

△　山西省府主席徐永昌以平、津危殆,电促汪精卫早下决心,"乘可为之时,决然自负,一切毁誉皆不计。抱全民忍辱一时之决心,以求伸于他日",与日作停战交涉。

△　蒋梦麟奉何应钦命往访英使蓝普森谈斡旋停战事。蓝表示:英调停淞沪停战曾引起中国人误解;停战谈判内容应严加限制范围;中方代表必须由政府任命等。何应钦即电告蒋介石、汪精卫。旋得汪复电称:中国对英调停淞沪停战至为感激,保证以后不发生任何影响;停战谈判范围限于军事,不涉及东三省及其他问题,建议只作口头协议而不形诸文字;指派外交部次长刘崇杰为中国官方代表,汪愿负一切责任。22 日,蒋将汪复电内容面告蓝普森。

△　马占山、苏炳文、李杜、王德林、张殿九等一行 60 余人抵德国柏林。23 日,马在柏林答日本大阪每日新闻社记者问,称"在中国脱离日本之压迫为止,在满洲脱离日本之支配为止,决不休止斗争"。

　　△　陈济棠增派粤军第三军李扬敬部入赣"围剿"红军,是日第八师黄质文部抵寻乌,余部续向赣省推进。

　　△　江苏高等法院对陈独秀、彭述之等人开庭续审。陈对检察官所指"危害民国罪"提出抗辩,律师章士钊驳斥法庭所谓"叛国"论断。是日止辩论终结。

　　△　广州中山大学学生千余人集会反对校方无故开除学生,要求校长邹鲁辞职,组驱邹救校委员会,并发通电、宣言。同日,胡汉民、萧佛成、邓泽如、陈济棠、林云陔等以中大董事名义函该校学生要求即日一律上学。

　　△　日本海军当局修理旅顺要港部竣工,是日正式开放,任命第二遣外舰队司令津田静枝少将为司令官,海军大佐久保田久静为参谋长,第二遣外舰队所属舰艇全部拨归统辖。日海军省宣称:鉴于近来华北方面之情势益形复杂,旅顺、大连对"满洲国"之发展及增进日、"满"贸易颇重要,故于旅顺设置要港部,担任关东州沿岸防卫。

　　△　日与伪满在龙井(今延吉)举行吉会铁路(吉林至朝鲜边境会宁)竣工典礼。该路为日本多年所梦寐以求,九一八前已完成吉林至敦化段,欲接通会宁而未得我国许可,九一八后始继续修筑。该路通车为日对苏联作战提供极大方便。

　　4 月 21 日　日陆军省发言人为滦东撤军发表谈话,宣称日军自 4 月 10 日战于长城以南,以图终止华军对热边之压迫,及逐之至长城炮程以外,今已奉命不再追击;如华军不再进攻,日军即退至长城。

　　△　日军第八师团遵武藤令派步兵第十六旅团、步兵第三十一联队及飞行一中队进犯南天门,在川原第十六旅团长指挥下猛攻南天门左翼支撑点八道楼子,以另一部约千余人绕攻八道楼子左侧翼。第二师黄杰部官兵与敌苦战经日,碉楼得而复失者再,战至翌日拂晓,官兵伤亡达千人,放弃东端碉楼,扼守八道楼子西端碉楼。22 日,日军以飞机大炮掩护步兵千余人向西端碉楼猛扑,于上午 11 时我军放弃八道楼子,西退界牌峪一带。

△ 日军第八师团第三十一联队第三大队上日从龙王庙出发,是日侵占兴隆县城。

△ 湘赣军区红军萧克部在安远、寻乌一带与粤军第四师张枚新部,桂军第四十四师王赞斌部战斗后向雩都方向撤退。

△ 国民政府任命王世杰为教育部部长,原任翁文灏辞职照准。

△ 教育部呈请行政院准予印行《四库全书》珍本,将其中向未付印或已绝版之珍本约八九百种先行付印。

△ 日伪为防止抗日武装袭击,是日由伪满首都警备司令发布不准种植高杆作物的命令,规定在县城附近三里以内,集镇二里以内,铁路、公路两侧一里以内禁种高粱、玉米等作物。

4 月 22 日 日关东军司令部以幕僚谈话的方式发表声明称:"关东军本拟确保长城线之后,不欲向关内进击,惟因华军逆袭挑战之态度炽烈,兹为确保国境线起见,遂不能不进击滦河右岸地区之华军,现已达成所期之目……乃渐次退还本来之配备地点。"并威胁称:"将来华军倘仍不改其态度",关东军将"断然处置"。

△ 外交部长罗文幹反对北平当局请英斡旋中日停战谈判,是日及次日连电北平刘崇杰,指出绝对不能直接交涉,即停战亦需在《国联盟约》及迭次决议案之内,不论外交或军事当局均不宜向任何方面乞怜求和。此后蒋梦麟即中止与蓝普森接触。

△ 蒋介石电何应钦、黄绍竑,指示对付日军进犯平、津"应作最后准备,且以最后抵抗线工事与平城内复廓应最先着手。万一倭有取平津之征象发现,则准将古北口方面之精粹陆续秘密抽入北平城中,以为背城借一之计"。

△ 张群以中华民国抗日军四川后援会筹备委员名义电国民政府,要求中央调陕、鄂部队北上抗日,陕、鄂两省改由川军驻守。次日,蒙藏委员会委员长石青阳表示赞同。

4 月 23 日 滦东日军开始撤走,留下伪军李际春、程国瑞等部驻守。第三十二军商震部李杏村师跟踪占迁安,王以哲第六十七军翁照垣师占卢龙。

△　日军从晨起在飞机大炮掩护下,向南天门阵地中央据点四二一高地猛攻,另一部由左翼迂回进占小桃园一带高地,并续进企图侵占大小新开岭,遮断我南天门后路。我军激战竟日,打退日军进攻,并将已失之小桃园等高地收复。翌日及25日,敌又连续进攻,终未得逞。

△　革命先烈李大钊遗榇,经中共河北省委和北平地下党组织安排,公葬于北平香山万安公墓。上午8时由浙寺发引,各校师生及市民700余人参加送葬,至西单举行路祭,演说李生前事迹,唱国际歌。至西四,学生散发传单,宪警以"妨害治安"为名,捕去学生40余人,并于5月6日将其中15名押解南京。

4月24日　李济深由港电促陈济棠、李宗仁、白崇禧、缪培南、余汉谋、香翰屏、李扬敬等人北上抗日,内称:"西南对出师已数度会商,而顾虑太多,持重过甚。抗日主张虽屡次标为口号,而事实未见诸实行,最近且闻有决不出师之定议,此尤足令人失望。"并指出:"若复靦颜苟安,划地自守,则国终不国,何有于省?"

△　何应钦电令第三十二军商震部由滦河地区向平谷、三河、通县一带撤退,以防日军由兴隆、古北口南侵。

△　豫鄂皖三省"剿匪"总部为筹集"剿匪"经费,向汉口商界摊派善后公债300万元。汉商界几经抵制,是日开联席会议,决定只认销50万元。

△　江西南昌各界"协剿会"决定强拉民丁修筑南昌城防、道路,拨经费12万元。

△　国民政府特派李仪祉为黄河水利委员会委员长,王应榆为副委员长,原任朱庆澜、李协免职。

△　甘肃红水县改名景泰县,是日国民政府指令行政院准予备案。

△　美国政府于19日宣布放弃金本位,抬高银价,致使上海标金暴跌,18日收盘为1076.7元,22日最低价为933元,25日更跌至899.5元。大英、荷兰等银行趁机在中国收购白银,是日,由上海运美

100 余万两。

4 月 25 日 行政院聘任张嘉璈、钱新之、李铭、陈光甫、虞洽卿、刘鸿生、史量才、荣宗敬、徐新六、唐寿民、胡筠、穆湘玥、王晓籁、胡适、丁文江、翁文灏、王志莘、杨永泰等 36 人为农村复兴委员会委员。

△ 第五十七军何柱国部趁日军向长城线撤退跟踪前进,何应钦恐日军回击,是日电令何"至多占领昌黎后,可暂行停止前进"。

△ 黄郛在南昌晤蒋介石。蒋说明个人无力同时应付"剿共"军事与华北危局,要求黄担负华北党政军重任,以筹统一之效。黄鉴于自己既非国民党员,且军事已有何应钦主持,仅应允负责对日交涉及华北政务。

△ 外交部照会日驻华使馆,抗议汉口日海军陆战队擅设电台,私与长春等处通报,妨害中国电政特权;日本电政局未经中国方面同意,擅将长春日电局名称改为"新京",违反中日电约规定,要求日政府迅速制止。

4 月 26 日 吴铁城密电汪精卫转告所接港方密报,胡汉民反对西南实力派先行"剿匪",内称:"陈(济棠)蔡(廷锴)多日会商先剿匪,后北上,大致已决定。……援热总指挥香(翰屏)与蔡暗争,蔡亦不欲将部队交别人,致总指挥问题今尚未决。政客方面(指胡汉民)现极力反对剿共,与实力派发生意见争执,曾以全体离粤省恫吓,新粤系军人缪培南等对政客极不满,蔡昨来港晤胡,劝勿操纵时局,致碍剿共进行。"

△ 日军连日来攻南天门阵地中央据点不逞,是日增第四旅团加入战斗,飞行队主力协助,并使用烟弹射击。第二师黄杰部伤亡甚大,由第八十三师刘戡部接防,下午在日军猛攻下刘部放弃中央据点 421 高地。

△ 北平军分会会议,何应钦、于学忠、宋哲元、商震、徐永昌、庞炳勋、傅作义、蒋伯诚、万福麟、王树常、荣臻、鲍文樾等出席,讨论滦东日军撤走后防务,决定"不轻易推进"。为阻止方振武抗日救国军行动,破坏冯玉祥联合义勇军组织抗日同盟军,决定"整饬"河北省境内义勇军办法四项:一、河北省境内义勇军、救国军等名目一律取消;二、如有仍

用义勇军、救国军等名义,勒收枪款或骚扰地方者,各该地驻军长官须严厉制止;三、由关外归来仍主张抗战之义勇军,调后方改编;四、非正式军事机关,应严密检查取缔。除分令外,29 日由何应钦电告汪精卫。随后,将冯占海部改编为第九十一师,邓文、邰斌山、檀自新等部改编为骑兵第十师,李忠义部改编为骑兵第二十四旅,刘震东部改编为骑兵第二十五旅。

△ 江苏高等法院以"共同以文字为叛国之宣传"罪名宣判陈独秀、彭述之各处有期徒刑 13 年,褫夺公权 15 年。陈等当庭申明上诉。

△ 中国民权保障同盟临时全国执行委员会正式通过同盟章程,规定以唤起民众努力于民权之保障为宗旨,为营救政治犯,争取集会、结社、言论、出版等自由而奋斗;设总会于上海,设分会于国内各重要都市。

△ 蒋介石在南昌召集四川各军驻京代表会议,刘湘、刘文辉、田颂尧、邓锡侯、刘存厚分别派代表出席,蒋介石要求川中各军全力"剿匪",限期肃清后再谈出兵抗日。30 日结束,各代表分电各川军首领报告蒋所授旨意。

4 月 27 日 蒋介石电令豫鄂皖三省"剿匪"总部,任湖北清乡督办徐源泉兼任鄂西"剿匪"总指挥,毗连鄂西之湘省团队及鄂西驻军均归其指挥。5 月 26 日,徐在江陵就职。

△ 陈诚令周浑元率第五师及第五十三、五十九师各一部组独立支队进攻金溪。翌日,又令驻东乡第五十三师及驻南城第二十四师各一个团配合。29 日,红军主动放弃金溪。

△ 第二十六军萧之楚部进袭兴隆之敌,一举攻入县城,将残敌分别围困于县署及兴隆山。日军第八师团长急调柴河守备队及承德日军往援,遭我掩护部队阻于中途。正待将被围之敌聚歼时,何应钦以"主力应避免决战",急电令萧部转移。萧遂命第一三二旅旅长于兆龙率两个团附一山炮连留置兴隆,陆续将主力转移墙子峪附近。日援军趁我主力撤走,于 30 日急进兴隆,猛扑城内我军,另一部日援军亦于 5 月 1

日赶到。我军在腹背受敌下，一面阻击日援军，一面以炮火猛袭县署，房屋几乎全被摧毁，日军藏匿地窖中。此时何应钦以"策应古北口之战"，再命萧部将主力集结关内。萧部不得不撤围而去，使其功亏一篑。

　△　外交部为日军侵入河北照会日驻华公使，指出"似此肆意侵略，破坏中国领土主权，实属违法背理，应与其侵占东三省、山海关及热河负同样责任"。

　△　何柱国部骑三师杨团、王以哲部翁照垣师分别进占昌黎、抚宁，伪满军分向留守营、界岭口撤逃。同日，何应钦电令何柱国"骑兵可用全部协同铁甲车前进，以便早日恢复交通；步兵主力不可离滦河过远"。翌日，再令何柱国"此后步兵进至昌黎为止，其骑兵全部可相机搜索前进"。

　△　前清两广总督、护法军政府七总裁之一岑春煊在上海病死。

4 月 28 日　日军 27 日夜以新增第十七联队第二大队夜袭南天门东侧高地，守军受创，是日南天门陷敌，第八十三师刘戡部退守磨石山、大小新开岭等处阵地。南天门之战历时八昼夜，我军"伤亡共 3000 余人"，日方披露日军战死 80 人，伤 336 人。

　△下午，日军四五百名纠集伪军刘桂堂、李寿山、崔兴五等部进犯多伦。

　△　国民政府令派黄慕松为新疆宣慰史。翌日，黄赴南昌向蒋介石请示处理"新变"方针。

　△　国民政府派胡世泽为中国出席国际禁烟顾问委员会第十六届会议代表。

　△　伪满将中东路苏方副理事长库兹涅佐夫及局长鲁德义免职，并驱逐出境。30 日，苏军用机两架飞越满洲里边境；5 月 1 日，苏驻满洲里税关人员撤回，形势顿趋紧张。

4 月 29 日　多伦失陷。多伦在日伪军优势兵力进攻下，守多伦晋军赵承绶骑兵旅不支，是晚弃守多伦退沽源。日伪军占多伦后分两路向沽源进犯。

　　△　何柱国部骑三师杨团一连由昌黎进抵北戴河附近。翌日,师长王奇峰命刘团向北戴河增援,经与伪军李际春、赵雷部战斗后,5月1日伪军撤走。

　　△　蒋介石以第四次"围剿"以来迭受巨创,手令刘峙、陈诚要求各将领"运用其智慧,振作其士气,不限时日,不定地区,相机应变,因地制宜","在《孙子吴子兵略问答》中研究明澈"。

　　△　国民政府公布《修正反省院条例》。

　　△　国民政府任命樊崧甫为第七十九师师长,原任王锦文辞职照准。

　　△　国民政府聘任宋子文、朱培德等40人为全国航空建设会委员。

　　△　日拓相永井及两次官与关东军参谋长小矶协议满洲一般产业及移民开发根本方针,决定创设农业、林业、畜牧、金矿等日、"满"合办各种重要产业会社;并决定设立满洲农地拓植会社开发农地及移民。

　　4月30日　何应钦令第五十九军傅作义部开往昌平集结,以备接替第十七军防务。傅立即率部开拔,于次日下午4时前全部抵达昌平。

　　△　江苏南通大生纱厂工人因反对减工早已酝酿罢工,近日该厂经理李升伯强制女工剪发和购置该厂所制服装,更激起工人愤慨,是晨6时宣布罢工。厂方派警团实行镇压,工人8000余人遂离厂。

　　△　武昌民生纱厂经理汪镜甫出布告宣布减工,工人以事先未预闻,派代表向汪要求收回成命。下午6时,交涉尚无结果,上下班工人集于厂门内外不能进出,厂方以维持秩序为名,向戒严指挥部请军警向工人射击,五名重伤。工人愤而将办公厅门窗、家具捣毁,军警见势不妙脱逃。当晚经工人代表向厂方严重交涉,厂方被迫贴出不减工布告。

　　4月下旬　冯玉祥令调山西汾阳军校3000余人取道太原、大同到张家口,改编为第二师,由支应遴任师长,作为冯组抗日同盟军的基干武装。

△ 方振武部抵达定县,何应钦派黄绍竑前往改编,拟编为两旅,以鲍刚、张人杰分任旅长,遭拒绝。方部继续步行北上,到达徐水、满城附近。

是月 国家社会党在天津秘密召开第一次全国代表大会,通过党纲、党章,选出张君劢、张东荪、胡石青、罗隆基、诸青来等 11 人为该党领导机构中央总务委员会委员。并以张君劢兼总秘书。其纲领共 98 条,要点为:"以民主政治为根本原则","政治制度中使专门家占有地位,以减少党派操纵与捭阖之作用","确认私有财产","确立公有财产","依国家计划使私有财产渐趋于平衡与普遍,俾得人人有产,而无贫富悬殊之象","保障思想自由与学术独立"等。

△ 云南丘北地区苗族佃农为反抗官府及豪绅地主的压迫与剥削起而暴动。丘北县长黄守义率团队一二千人前往镇压,遭苗族佃农沉重打击,至 5 月间在县府镇压下平息。

△ 东北协会常务理事吴铁城、史量才、王晓籁、林康侯、齐世英向国民政府呈称:该会接济东北义勇军以现在关外之义军为限,并拟派人赴东北分设秘密机关,为指挥及接济联络之用,要求政府每月拨助二三十万元。

△ 国民党中央通讯社香港分社建立,在港正式发送新闻稿。

△ "中国童子军励进社"成立,由中国童子军总会筹备处主任、"三民主义力行社"候补干事干国勋兼任主任委员。社员多系各省、市从事童子军工作人员,约 300 余人。

5 月

5 月 1 日 国民政府特派陈济棠为赣粤闽湘鄂"剿匪"军南路总司令,白崇禧为副司令,蔡廷锴为前敌总指挥;何键为赣粤闽湘鄂"剿匪"军西路总司令;刘峙为赣粤闽湘鄂"剿匪"军北路总司令;刘镇华为豫鄂皖边区"剿匪"军总司令。3 日,国民党中政会通过上述任命之追认及各路司令部暂行组织大纲。6日,国民政府核准施行。

△　鄂豫皖红军一部向鄂东麻城进击。13日,在黄安七里坪与万耀煌、汤恩伯、李思愬等部战斗。

△　日驻华公使有吉明照复外交部长罗文幹,诡称日军侵犯河北省境系"本身之自卫及确保满洲国国境之安全起见,遂不得已而采取必要之行动"。

△　南京、天津、北平、上海等市工人集会纪念五一国际劳动节,国民党当局出动军警,严加戒备。上海国民御侮自救会集会时,50余人遭军警拘捕,自救会会所被查封。天津各业工会救国联合会电请全国工人一致武装抗日。

△　国民政府派萧继荣、谢东发为出席第十七次国际劳工大会政府代表。15日,派李永祥为劳方代表。

△　台湾实施《外汇管理法》。

5月2日　日关东军参谋长小矶国昭在东京与参谋本部、陆军省制定沿长城作战,"以迫和为主,内变策应为从"的作战方案后返抵长春。同日,日陆军省发言人就滦东形势对记者谈话称:如华军继续在"边境挑衅",则日满联军将有严厉应付之充分准备。4日,又再次发表同样声明。

△　汪精卫密电福建省府主席蒋光鼐称:"如仇货风潮发生纠纷,地方当局应注意设法勿令事态扩大。"

△　国民政府令免新疆省政府主席兼边防督办金树仁本兼各职,着即来京,另候任用;同时发布命令告诫新省民众"各安所业,静候办理,毋得聚众越轨"。汪精卫另电新疆省府各委员、厅长,要求"会同维持省政府事务,和辑军民,嘉靖地方"。同日,黄慕松由赣返京,作赴新准备。

△　川军田颂尧部进占通江。上月下旬起,红四方面军在通江、巴中交界处得胜山一带重创川军田颂尧部后撤离通江。是晨,田部罗乃琼、李炜如两师进占通江。田致川省旅外人士"报捷"电中称,是役"川

军伤亡千人以上"。

△　苏联驻华大使鲍格莫洛夫向国民政府主席林森呈递国书。鲍致词称:"苏联政府于最初之时,即宣布以完全平等并真实尊重中国国民权益为根本政策,此种友谊政策于过去及现在均实行之,始终未渝。"林森答词称:"国民政府以为中苏邦交之恢复及发展,乃促进世界和平之一法,将不惜努力。"

△　苏联人民外交委员会委员李维诺夫向日本驻苏大使太田提议出售中东路,太田立即电告日政府。4 日,日外务省次官有田与苏驻日大使尤列涅夫作私下商议。

5 月 3 日　日关东军司令官武藤下达关内作战命令,令第八师团到石匣镇附近继续实行攻击,将第十四旅团主力配属第六师团攻击当面华军;令独立守备队将第五十联队主力派遣至山海关附近,入列第六师团指挥;令第十四师团将一步兵旅团及骑炮联队主力派遣至山海关入列第六师团指挥;令第六师团以一部占领永平及迁安一带,以主力从迁安上游给华军以彻底攻击,并令飞行队协助。同日,日外务省发言人称:长城以南如再发生战争,其规模当较前为大。上海日领事馆发言人表示:如华军继续向日军"挑衅",战事将危及平、津。

△　国民政府军事委员会以独立第三十六旅旅长戴岳在江西"剿匪"有功,升任为第四十六师师长。

△　国民党"剿匪"南路军粤军独立第一师与福建军区红军在上杭水西渡战斗,粤军一个营被红军歼灭。

5 月 4 日　国民政府依国民党中政会决定,设立行政院驻平政务整理委员会,令派黄郛、黄绍竑、李石曾、张继、韩复榘、于学忠、徐永昌、宋哲元、王伯群、王揖唐、王树翰、傅作义、周作民、恩克巴图、蒋梦麟、张志潭、王克敏、张伯苓、刘哲、张历生、汤尔和、丁文江、鲁荡平为委员,指定黄郛为委员长。同日,公布《行政院驻平政务整理委员会组织大纲》,并撤销北平政务委员会。

△　国民政府任命傅作义、孙殿英、吴光新、魏宗瀚、秦德纯、门致

中为军事委员会北平分会委员。

△　国民政府任命邵力子为陕西省政府委员兼主席,原任杨虎城免职;任命朱绍良为甘肃省政府委员兼主席,原任邵力子免职。

△　驻榆关日军以华军进驻滦东,"威胁"伪满为借口,要求何柱国部退回滦西,并限6日晚7时前答复,"否则派空军轰炸"。6日,何往平、津向何应钦、于学忠请示应付办法。

△　日陆军省发言人为滦东局势发表声明,诬蔑中国军队"挑战",为再次进犯制造借口。

△　白崇禧电国民政府请辞"剿匪"军南路副总司令职。6日,国府复电慰留。8日,白再电请辞。

△　蒋介石电上海筹募豫鄂皖灾区临时义赈会催交赈款。11日,又电该会称:"前筹汇之十万元早经如数告罄,现在各处呈电交驰,待赈万急,务希即将认募余款早日扫汇。"

△　教育部令各省、市教育厅、局严格遵行中小学毕业会考;各省、市如有不遵照举办或学生个人有不参加者,均否认毕业资格。

△　中德文化协会在平成立,丁文江、胡适、蒋梦麟、梅贻琦等17人任理事,朱家骅和德驻华公使陶德曼任名誉会长。

△　福建省闽侯县析置为福州市及闽县、侯官两县,厦门设市,是日国民政府指令行政院准予备案。

△　伪满驻日公使丁士源离长春往东京赴任。

5月5日　湘赣军区红军李天柱部是日及翌日在江西莲花册水坳一带与湘军第六十三师陈光中部激战,消灭陈部一个团。8日,陈向何键报告称:是役陈部伤旅、团长各一名,营长二名,被打死营长三名,连、排长及士兵伤亡七八百名。

△　行政院农村复兴委员会在南京举行第一次会议,汪精卫主席并致开会词称:行政院设立该会,目的在于"集中朝野力量,筹集巨款,分途救济,充实金融,改良技术,发展交通,调剂粮食,期于抗日为巩固后方之图,于剿匪收釜底抽薪之效"。委员穆湘玥提出保障农民安全、

统一辅币、整理铁道运输、废除各种苛捐杂税等四项拯救农民办法。会议通过设立技术、经济、组织三个组并设立各省分会,于 6 日闭会。

　　△　新编第三十六师师长马仲英趁新乱由甘肃酒泉第二次入新疆。先遣其弟骑兵旅旅长马仲杰于上月 20 日进占木垒河,击溃守军黎海如部,继迫奇台,马仲杰战死。是日,马仲英率部抵木垒河,月底攻占奇台、孚远。

　　△　天津恒源纱厂因纱业不振,不遵党政当局八折以上发薪规定,是日以"五五"放假为名,突然宣布停工,并事先请来保安队在工厂四周布防,驱赶工人。全厂 2700 余工人顿时生活无着。6 日,工人千余名赴市党部、社会局请愿。7 日,工人景留生服毒死在该厂门前以示抗议。至 6 月 20 日,经社会局与该厂御用工会达成协议,工人被迫接受工资七五折的条件复工。

5 月 6 日　国民政府委员、原交通部长及第十九路军领导人陈铭枢由欧洲回国,是日抵港。蔡廷锴、邹鲁、香翰屏等往迎。陈表示:第十九路军负民族的使命,继续抗日。7 日,陈偕蔡、香到广州后 11 日返港。蒋介石、汪精卫电邀陈到京,陈未允。

　　△　蒋介石密令浙省府主席鲁涤平将第二十一师师长刘珍年扣押。刘前奉蒋令调由鲁入赣"剿匪",因蒋策动该师驻福建浦城独立旅脱离该师,直隶中央军交鲁涤平指挥,刘不服,离江西河口防次到杭州。蒋借口刘未遵令及时返防,乃有此举。19 日,国民政府以"破坏法纪,违抗命令"为由,明令将刘褫职查办。军政部令该师副师长梁立柱代理师长。

　　△　日参谋本部将《华北方面紧急处理方案》下达上海武官、平津特务机关并通报关东军,要求于 6 月中旬实现。其要点为:日军继续进行强压方针,沿长城线对华军进行反复、彻底打击,并继续进行华北的内变策应工作,促使华北、华中、华南自行分裂。作为停战条件,中国方面应主动撤退至宣化、顺义、三河、玉田、滦县、乐亭以南以西地区,切实取缔排日活动,条件成熟时签订停战协定。

　　△　日驻华使馆武官根本博在沪晤黄郛,以华军在前线仍时有局部"挑战行为",向黄示意关东军决心再次出击。黄即电军政部次长陈仪,略谓:"前线步骤参差,致因局部而牵涉全线,引敌前进,将无止境",嘱陈密陈汪精卫"严密注意,妥为纠正"。

　　△　闽省福清县税局因任意加征营业税,殴打拘押店主,被商民数百人捣毁,局长被殴。商店罢市,各店门首悬"不惩捐蠹,誓不开市"纸旗。

　　△　天津《大公报》载杭州通信称:浙江杭州织绸业,因受农村衰敝、金融呆滞及北方市场断绝之影响,全市机户6000余张、大小绸厂130余家大部停工,失业工人达一万五六千人。

5月7日　日军第六师团再次进犯滦东地区,次日平贺、常冈部队占抚宁,高田部队占迁安。驻抚宁翁照垣师退卢龙;驻迁安何柱国部骑三师退滦西。

　　△　前湖南督军张敬尧在北平六国饭店遇刺,8日晚在德国医院毙命。刺张为复兴社特务处特派员郑介民指派天津站、北平站所为,旋以锄奸救国团名义发表通电和通启,揭露张受敌人收买,以数百万巨款在平、津阴谋组织便衣队,捣乱华北治安,并警告其他汉奸分子以张的下场为戒。按:张敬尧为日奉天特务机关长板垣征四郎收买,化名常世古在平、津从事汉奸活动。

　　△　四川内战再起。川军第二十四军军长刘文辉以第二十八军军长邓锡侯上年居中策动二刘(刘湘、刘文辉)之战,停战后又阻第二十四军回驻成都,遂举兵攻邓。5日,刘部王元虎师与邓部黄隐师在崇庆石羊场接仗,是日扩及简阳、温江、仁寿一带。9日,刘部占邓部在成都之税收机关。邓锡侯驰赴新都调集兵力,从灌县起沿毗河构筑工事布防,并电田颂尧请援。

5月8日　中华苏维埃共和国临时中央政府任命朱德为中国工农红军总司令兼第一方面军总司令,周恩来为中国工农红军总政治委员兼第一方面军总政治委员,项英暂行代理中央革命军事委员会主席。

同日,中共中央革命军事委员会由前线移到瑞金。

△ 日关东军司令部发表侵略华北声明,诡称因"华军执拗的挑战","威胁承德",日军"不能再受华军之挑战,决定起而加以大打击"。同日,日驻华公使复照外交部,为侵略河北诡辩。

△ 方振武率部开抵宣化,发表援察通电略称:"迭接前方各友军电告,倭寇西侵,凶焰益炽,沽源垂危,察省告急",表示"率所部星夜驰援,冀复国土","宁为战死鬼,不作亡国奴"。

△ 东北义军千余人攻占宁安东京城,伪军全部缴械。日军宁安守备队往援,至 10 日义军撤走。

△ 国民政府令派刘存厚为第二十三军军长,萧之楚为第二十六军军长。

△ 宋子文 6 日抵华盛顿,是日起开始与美国总统罗斯福会谈。9日发表联合声明称:"美总统与中国财长以积极及圆满之态度,讨论若干重要经济问题。"

△ 外交部电令驻苏大使颜惠庆就苏联出售中东路事向苏联政府提出抗议。同日,外交部长罗文幹召苏驻华大使鲍格莫洛夫说明中国政府对此事之态度。

△ 法国驻日大使玛尔泰访日外务次官有田,查询中东路售卖问题,并提出法国曾投资道胜银行,中东路与法国有极大利害关系,提请加以充分考虑。

△ 湖北绥靖主任何成濬、豫鄂皖边区"剿匪"总司令刘镇华、豫鄂皖三省"剿匪"总部参谋长曹浩森以及徐源泉、上官云相、梁冠英、张印相、万耀煌、彭振山、汤恩伯、郭寄峤等将领在湖北绥署举行会议,重新部署"剿共"军事,决定以十个师为"围剿"部队,其中四个师从事"追剿",六个师从事堵截。12 日,刘镇华赴南昌向蒋介石报告"围剿"计划并请款。

△ 蒋介石在崇仁总指挥部讲演《革命军的责任是安内与攘外》,同日,电令豫、鄂、皖、苏、浙、赣六省府主席及保安处长称,"以后训练民

团及保安队之训育与精神教育,要以总理所著《军人精神教育》与中正所编《增补曾胡治兵语录》为标准,考试时尤应注意此二书"。

　　△　台湾总督中川健藏召集会议,讨论地方自治问题。

　　5 月 9 日　外交部为苏联出售中东路发表声明,指出:中东路仅中俄两国享有合法权益,中东路一切事宜应继续依照 1924 年中俄两国所订协定处理,不容第三者干涉,任何新订办法未经中国同意者应视为无效,中国政府绝对不予承认。驻苏大使颜惠庆亦于同日向苏外交人民副委员加拉罕面致节略,加拉罕矢口否认有售路之举。

　　△　上海市总工会、上海市商会等团体电苏外交人民委员李维诺夫,表示苏联出售中东路,"中国民众绝对不能承认"。11 日、14 日,上海钱业公会、银行公会、东北义勇军后援会、上海大学教联会等团体纷纷电苏外交人民委员及苏驻华大使表示反对。

　　△　日军占卢龙,翁照垣师退滦西。滦东各地悉被日军侵占,中日两军复成隔河对峙状态。

　　△　绥远省地方保卫指导委员会代表到平向何应钦请愿并电蒋介石,要求速派大员,加调劲旅增防绥省。

　　5 月 10 日　日军第八师团步兵第十七、三十一联队各一部在炮火掩护下进犯大小新开岭一带第八十三师刘戡部守军阵地。刘部奋起御敌。夜,日增加兵力向稻黄店、涌泉庄及其以南高地大举进犯。同日,日军六师团下渡滦河命令,常冈部队攻占永平。

　　△　上海英美烟公司一、二、三厂工人万余人,因厂方继续将工时减为每周三天,工资减半,宣告罢工。18 日,厂方允每周开工四天,停工期工人损失再作调处。工人先行复工。

　　△　宋子文在华盛顿语记者称,与罗斯福总统对将在世界经济会议上讨论之关税、银价及其他经济币制等问题,意见已趋一致。又称:在伦敦会议上,中国最大目的在稳定银价,中国赞成美国建议,成立关税休战协定。

　　△　湖北省蕲水县改名浠水县,国民政府指令行政院准予备案。

5月上旬　中共华北政治保卫局负责人吴成方向中共驻北方代表机构全总华北办事处负责人饶漱石报告张家口行将崛起的抗日同盟军酝酿准备情况,要求派得力干部承担这一工作,即由中共河北省委派柯庆施、邹春生、王少春等到张垣,成立中共河北前线委员会,柯庆施任书记。

△　陕西省临潼、凤翔、扶风等19县遭受黑霜、狂风、冰雹之灾,庄稼悉被摧毁。

5月11日　李维诺夫对"塔斯社"谈话,承认确曾对日驻苏大使太田提起"由满洲国赎回中东路之可能,意即由苏联以中东路出卖于满洲国当局,作为解决目前困难之一最彻底方法"。并称:"中苏及奉俄协定中均未曾规定中国在合法期限前有赎回中东路之权,亦未曾限制苏联以该路售之他人,尤以对方为满洲之一现存势力,且在实际上行使中苏及奉俄协定中之华方权利义务者。"又称:"中国政府十八月以来,既未能完尽中苏及奉俄协定中之义务,遂使中国政府失去自协定所取得之正式及道德权利。"同日,加拉罕接见颜惠庆,宣布苏联政府决定售路与伪满。

△　日军继续猛攻我第十七军各阵地。小桃园、笔架山、郝家台等阵地相继失守。守军第八十三师伤亡重大,下午3时后撤,由第二师接防。日军在空军、炮兵配合下复向磨石山、大新开岭、小新开岭等处进攻,守军与之肉搏。

△　何应钦、黄绍竑密电汪精卫,要求由黄郛或陈仪与日方商谈,"在双方默契之下,以整理战线为言,指定某一线上为双方同时撤退地区"。又密电黄郛,要求在沪与日人接洽,"寻得和平途径"。

△　湖北省增设礼山县,由黄陂、孝感、黄安、罗山等县析置,是日国民政府指令行政院准予备案。

5月12日　日军渡滦河西犯。第六师团主力松田、高田部队及服部旅团分由东寨庄、西寨庄、小营、吴庄、潘家口等处强行渡河,突破何柱国、王以哲等部阵地。

△ 日军第八师团以战车为前导,配以飞机、大炮继续猛攻我第十七军各阵地,双方在小新开岭左翼 405 高地展开激烈争夺。同时敌战车八辆由白河涧大道向我瑶亭冲击,被我守军击毁战车一辆,敌始向北回窜。我第二师黄杰部上日接战以来,"伤亡官兵 2000 余人"。

△ 日机九架次飞密云轰炸。

△ 黄郛密电何应钦、黄绍竑,告以连日在沪与日方接洽情形,推测日军必进至密云,建议"大胆下一决心,用极速度撤至后方密云约二十里炮程不及之地如牛栏山一带从事整理,则无益之牺牲可以减少,对外之运用较为便利"。翌日,又将上述内容分电蒋、汪。14 日,何应钦、黄绍竑复电同意,定 18 日前撤至密云、平谷、玉田、蓟县、唐山之线,要求黄从速与日接洽,求日军保证停止进逼。

△ 行政院决定停止参加芝加哥博览会后,商人发起自由参加,获旅美华侨赞助,仍决定以政府名义参展。是日,国民政府令派容揆为芝加哥博览会中国驻会代表。

△ 张学良在罗马谒见意大利首相墨索里尼。

△ 上海市长吴铁城令全市童子军总动员,即日起出发征募"航空救国"基金三天。沪市征募"航空救国"基金业已两月,所获仅及预定 200 万元之半数。

△ 上海大中橡胶厂诬指该厂组织工会的工人为"反动分子",勾结上海市公安局将周惠华等三人拘捕,并吊去国民党上海市党部所发许可证,指为伪造。经该厂工会筹备处向公安局交涉后,公安局被迫释放工人,发还许可证。13 日,厂方竟宣告停工,并雇用打手将工人驱散。该厂工人遂组被迫工人呼吁委员会,于 6 月 9 日向行政院呈文控诉。

△ 陆隐耕为领队的天主教罗马朝圣团乘意大利邮轮启程赴罗马。

5 月 13 日 行政院会议,由外交部长罗文幹报告关于中东路问题交涉经过,经讨论,决定由外交部提抗议书,当晚电驻苏大使颜惠庆送致苏人民外交委员会。

　　△　北平军分会决定放弃南天门一带阵地,将守军第十七军撤至石匣以南九松山一带,并派员与日武官永津密洽,乞求不再追击,达成默契。同日,徐庭瑶令第二师后撤,日军占南天门石匣镇,古北口全失。徐部第十七军在古北口伤亡重大,14 日调密云整理,由第二十六军萧之楚部接防九松山预备阵地。17 日,徐部复奉命调驻怀柔、顺义线。

　　△　第四军团总指挥万福麟令第五十七军何柱国部与第六十七军王以哲部于黄昏时向唐山、丰润之线以西地区撤退。

　　△　日关东军司令官武藤根据"华北应急处理方案",命令第八师团主力驻石匣镇附近,保持对北平重压的态势;第六师团主力驻遵化附近,保持对平、津威胁的态势;其余所有在关内作战的日军行动范围,以密云、平谷、玉田、丰润、永平以北之线为界,以待时局变化。

　　△　中国民权保障同盟临时全国执委宋庆龄、鲁迅、杨杏佛等赴驻沪德领事馆递交联名签署的《为德国法西斯压迫民权,摧残文化的抗议书》,抗议希特勒法西斯政府对工人、进步文化人士、共产党人逮捕、残酷迫害与屠杀,摧残文化事业,焚毁书刊等暴行。

　　△　国民政府特派宋子文、郭泰祺为出席伦敦经济会议代表。19日,又加派颜惠庆为代表。

　　△　国民政府令免王广圻驻波兰兼捷克特命全权公使本兼各职,遗缺以李锦纶继任;免张履鳌驻智利特命全权公使职,遗缺以张谦继任。

　　△　刘文辉、邓锡侯继续在郫县、灌县、崇宁(今彭山)一带大战。是日行政院电令刘文辉、邓锡侯各将所部退回原防,听候查处,并电刘湘以诚意切实调解。

　　△　河南焦作英商福公司工人因要求援例发给烧煤并反对包工剥削,向厂方交涉无效,酝酿罢工。是日公司总经理代表蔡克士率厂警挨户拘捕工人,工人群起反抗,蔡竟命厂警开枪,击毙二名,重、轻伤多人,工人立即罢工。14 日,焦作各界组五一三惨案后援会,推代表向省府

请愿。15 日,福公司矿区民众代表通电各界声援。

　　△　江苏南通大生纱厂工人罢工后,厂方竟勾结县长,出示布告,趁机开除工人千余名,并贿请县警队、实业特警队、省保安第一团武装驻厂。工人即往中国纺织学会年会开会处向董事长张孝若请愿。是晚,实业特警队将工人 17 名拘捕,殴打逼供为"共党"。翌日,工人往县府请愿,要求释放被捕工人,在返回途中,被省保安一团开枪击毙一名,重伤八名,轻伤甚多。17 日,南通县城区纺织工会向实业部呈控,该部以"已据情咨请江苏省政府核办"了之。

　　5 月 14 日　陈济棠、蔡廷锴联名电何键称:粤、桂、闽抗日部队开拔入湘,均先集中湖南郴州。翌日,何在湘省府纪念周上谈话称:闽、粤、桂三省此举,纯系"剿匪"、抗日双管齐下之救国行动,并无其他作用,已电令沿途经过各县妥为招待,并复电陈、蔡表示欢迎。

　　△　中国驻苏大使颜惠庆遵外交部令,向苏副人民外交委员加拉罕递交抗议书,内称:中国政府受武力压迫,暂时不能行使中东路管理权,固不能影响中苏协定之效力及中东路之地位。苏拟将铁路出让,是不啻承认伪国,援助侵略。声明该路为中苏共有,非得中国同意,不能处理。

　　△　作家丁玲、潘梓年在上海租界地区被国民党特务秘密绑架。应修人前往访丁,遭留守特务拘捕,应与之搏斗,坠楼而死。丁被解往南京。23 日,文化界人士蔡元培、杨杏佛、胡愈之、洪深、邹韬奋、柳亚子等 38 人电汪精卫、罗文幹要求释放。

　　△　黄郛由沪启程北上。15 日,黄到京与孙科、居正、罗文幹、陈果夫、叶楚伧等人交换意见后渡江北行。

　　△　中国考古会在沪成立,以"搜考古迹、古物,发扬本国文化"为宗旨,选蔡元培、叶恭绰、刘海粟、杨杏佛等 19 人为理事。

　　5 月 15 日　丰润失陷。北平军分会令万福麟、何柱国、王以哲各部撤守蓟运河西岸。次日,各部开始后撤。

　　△　美国驻津总领事馆紧急通知临近战区各地美国学校、教会、教

堂一律关闭,所有美籍教员、教士、侨民均到津避难。

△ 日关东军司令官武藤发表声明称:日军已击破长城附近华军,如华军抛弃挑战态度,由长城线撤至滦西,则日军亦复返长城,否则日军将继续"反击"。

△ 日本当局与伪满外交次长大桥忠一(日人)在东京会商中东路问题。日本以国际视听及中苏、奉俄协定关系,决定名义上由伪满收买,日居中斡旋,由日、苏、伪满在东京开谈判会议。29 日,日本将上述提议通知苏联。6 月 3 日,苏答复接受,并提议 6 月 25 日开会。

△ 中共中央委员、早期工人运动领袖、原红二军团政治委员邓中夏在上海法租界被捕,被捕时化名施义,后因叛徒出卖,8 月被引渡中国当局,9 月 21 日在南京雨花台就义。

△ 东北义勇军后援会接热河民众抗日救国军第一军军长黄守中、东北义勇军第一军团独立第七支队司令周汉电,指责国民政府将大批军用飞机用于内战而不调赴抗外战争,要求转促国民党中央速调飞机北上抗日。

△ 国民政府任命第八十五旅旅长李汉章为第七十四师师长,原任乔立志免职。

△ 北平文化总联盟发表宣言,号召各文化团体联合起来,同帝国主义及国民党的反动文化宣传作斗争,深入开展反日、反帝、反封建的文化运动,巩固和扩大新文化运动统一战线。

△ 《远东月刊》在上海创刊,张军光主编。

△ 前北京政府浙江督军卢永祥在天津病死。

5 月 16 日 日军服部旅团攻遵化。宋哲元部王团抵御,团长王淦尘受重伤,该团官兵伤亡逾半,傍晚遵化失陷,宋部西撤。同日,日军占唐山,开滦矿停工,何柱国部撤至卢龙等地。

△ 行政院会议通过任命刘镇华为安徽省政府委员兼主席,原任吴忠信准辞本兼各职。

△ 国民政府指令行政院即日起恢复征收进口货物之关税附加税

和救灾附加税。中日关税协定是日期满,进口日货亦一律照征上列两项附加税。

　　△　四川通江、南江、巴中等县民众代表张子贞、李正权等电林森、蒋介石、汪精卫,控诉田颂尧横征暴敛,残害人民,称:"通江、南江每年正税不过二万元,而勒派则在四十万以上","其苛酷前所未有"。要求将田颂尧免职严惩。

　　△　美总统罗斯福向参加世界经济会议44国发出声明书,提议订立世界不侵略条约,呼吁各国政府减少军备,取消侵略武器,禁止派遣军队超越国境。

　　△　全美华侨救国团体代表大会在华盛顿召开。

　　5月17日　黄郛抵平。车达天津时发生投掷炸弹事件,随将路过铁路、年仅17岁之清洁工人刘庚生(一作刘魁生)逮捕,诬其"受日人指使",予以枪决。黄在津听取于学忠关于前方军事实况报告后接见记者称:"外传本人到平后,有与日本妥协说,殊属不确。本人想此时中华民国国民无一人敢来与日本妥协……本人当本中央一面交涉、一面抵抗之旨,应付华北危局。"下午抵平。经与何应钦磋商后电召宋哲元、商震、庞炳勋、何柱国等到平会商。

　　△　山西省府主席徐永昌密电蒋介石称:日军不到平、津之表示绝不可靠,"如中央决守平、津之线,最后之打算不可一日再缓","白河线万一不守,平、津两处须早为守城准备……我大军若退过平、津之线,即等于华北整个沦亡,人心失所依据,其促成第二满洲国亦意中事"。

　　△　广东各界数万人在中山大学召开欢送粤、桂、闽三省抗日军北上大会,将"忠勇杀敌"旗三面分赠三省抗日军。粤军潘彪团即日乘车赴韶关。

　　△　红四方面军在南江空山坝召开军事会议,确定粉碎川军田颂尧"围剿"的部署。

　　5月18日　西南政务会致电国联、《九国公约》签字国及苏联政府,指出:满洲与热河为我国主要部分,万不能容认其分割;日本参谋本部正就解决满洲与热河事件与中国政府当局秘密进行交涉,其所提条件与国联贬责日本对满政策与行动之决议及《九国公约》之规定相抵触,且极端漠视中国独立主权;全国人民决不承认此种压力下之妥协。

△　日参谋本部向关东军下达"华北停战指导要领",指令关东军为签订停战协定当事人,由永津在关东军指挥下担任接洽停战任务,以密云、平谷、蓟县为日军追击范围,中国军撤退到顺义、宝坻、芦台以西。翌日,关东军司令部电询板垣征四郎策反工作有无希望。

△　黄郛接见北平各报记者,宣称:"余奉派来此办理一切,总不违中央意旨。……外交方面,决秉承中央意旨办理,而希望于互相谅解之程度下,谋一和平解决办法,借以维持大局。"同日,上海各团体救国联合会代表王葆真致函黄郛,反对对日妥协,指出不能"求一时之苟安,贻无穷之浩劫"。

△　第二十九军宋哲元部奉北平军分会令由蓟县向三河一带撤退;第十七军徐庭瑶部由密云撤往北平城内及市郊,"以为背城借一"。日军步步跟踪。同日,占唐山日军沿铁路线侵占胥各庄、塘坊。

△　武藤命日军第八师团向密云一带挺进;第六师团以一部向蓟运河线追击;驻赤峰骑兵旅团主力快速转向玉田一带。

△　国民党中政会决定无条件接受罗斯福声明书。同日,汪精卫电黄郛称:美总统声明书将使"国人兴奋,以为得此声援,无须对日缓和,但远水不及近火,此时务须依预定政策,保全平津,徐图转圜"。

△　国民党中常会通过《地方自治指导纲领》,该《纲领》分引言、指导原则、指导方针、指导程序、附则五个部分。

△　豫鄂皖三省"剿匪"总部撤销湘鄂赣边"剿匪"指挥部。

△　蒋介石电促何键从速组西路军总部,即就西路总司令职。西路军经蒋定为三个纵队,共 14 个师两个旅。

5 月 19 日　汉奸郝鹏、石友三等受日奉天特务机关长板垣征四郎指使,以"华北人民联合自卫军"名义在津举行暴乱,袭击保安队。日军并与之配合,在八里台及南开大学等处将中国保安队缴械。天津地方当局为避免与日军直接冲突,将日租界附近岗警20处撤退。次日,黄郛遣程远帆携款赴津安抚暴乱之汉奸分子。

　　△　日军第八师团陷密云,东路日军服部旅团陷蓟县,宋哲元部退抵三河、香河一带。

　　△　宋子文与罗斯福会谈结束,发表联名公报,略称:"关于解决今日世界主要问题所必须采取之种种实用办法,彼此意见一致","非先实行军备之缩减,不能解除经济之困难。"对中日问题,表示"信赖此种敌对行动不久即可停止"。"白银为东方交易之主要标准,故其价格应当提高并使之稳定"。"整理中国及世界经济状况所必需之其他办法,意见亦极一致"。下午,宋由华盛顿赴纽约。

　　△　林森电复罗斯福表示赞同16日声明书,并称:"中国现已为侵略之牺牲者","此次外国侵略已使中国国家政治及经济之组织动摇",中国政府对罗提议各点"较之任何其他政府更为切望"。

　　△　国民政府任命戢翼翘、胡毓坤、邹作华、张焕相、高维岳、刘尚清为军事委员会北平分会委员;派何其巩为行政院驻平政务整理委员会秘书长,王树翰、王克敏分别兼任行政院驻平政务整理委员会政务、财务处主任。

　　△　蒋介石电令第一军陈继承部由河南潢川开赴鄂南。6月,陈部抵大冶,编入赣粤闽湘鄂"剿匪"军西路第三纵队。

　　△　行政院令财政部及江、浙两省,将二十年度封存未发之丝业公债200万元发行,由财部认付利息,江、浙两省府分担还本。又令实业、财政二部会同江、浙两省妥筹根本办法,以挽救丝业凋敝。

　　△　安徽旅京同乡会为刘镇华主皖事推代表向汪精卫请愿,要求:一、刘主皖不得带军队随同到任;二、各厅长人选不得以军人充任;三、不增加人民负担。

　　△　第十九路军总指挥兼军长蔡廷锴谕令特务团将福建龙溪民众教育馆长兼抗日会常委林惠元逮捕,不加审讯,立予枪决,并宣布其"罪状"为"曾入共党,历次暗运械弹接济共党"。31日,宋庆龄、蔡元培分

电陈铭枢、蒋光鼐、蔡廷锴,指出林未交法庭审讯,竟至冤死,"未免有沾贵军抗日荣誉",要求予以昭雪。

△ 刘文辉、邓锡侯两军继续在灌县激战。邓部竟将都江堰调节水量之马权砍去部分,增高内江水位,图阻第二十四军渡河,致大量农田被淹没。

5 月 20 日 中国共产党苏区中央局、中国共产主义青年团苏区中央局为"五卅"八周年纪念发表宣言,反对日本帝国主义进逼平、津,谴责国民党政府的不抵抗和投降政策,以及向苏维埃红军的进攻,并再次声明愿在三个条件之下同任何国民党军队订立抗日作战协定。

△ 国民党中央执委会电粤方中委唐绍仪、陈济棠等,对西南政务会 19 日致国联及《九国公约》签字国电表示"至为诧异",指责为"无端轻信谣言,虚构条件,以耸动国内听闻,且宣诸国际,授人以隙",要求粤方"共体时艰,并切实奉行政府所订计划,出兵围剿赤匪"。26 日,上海、南京等市党部亦电粤指责。

△ 爱国青年赵敬时怀利刃至北平日驻华使馆,刺伤日卫兵,当场被日兵逮捕。日使馆卫队长率日兵八人到平军分会向何应钦质问。日方借此事对停战谈判取强硬姿态。赵敬时至翌年 2 月始由日方交还北平公安局,黄郛派殷同前往研讯,以"小不忍几误大局"斥责后释放。

△ 日军第六师团鲶江支队陷三河,松田部队占平谷。宋哲元部退白河右岸。日机 11 架次飞北平上空示威。同日,武藤下令第八师团主力向密云一带集结,保持对北平强压态势;第六师团主力在玉田一带集结,保持对平、津方面强压态势。

△ 蒋介石电示何应钦:如日军进攻平、津时,"应即通知各国公使迁移驻地,并声明各国在平损失应由日本负责"。同日,又电示何:如日方要求在前方协商,"则万不可行"。

△ 红四方面军徐向前部于本月在万源竹浴关地方消灭川军刘存厚部两个团。是日起又在通江柳林溪一带进攻田颂尧部主力王铭章等部,战线长 200 里,战斗历三昼夜。田颂尧电蒋介石称:是役官兵死伤

千人以上,因伤亡过重,于 22 日移平溪坝整理补充。据《红色中华》报道,是役消灭田部七团之众,活捉旅、团长三人,打死打伤营、连长以下官兵 2000 余人,缴枪 3000 余支。

　　△　闽浙赣军区红军方志敏部分向福建浦城及浙江江山一带挺进。

　　△　国民政府任命胡世泽为驻瑞士特命全权公使,原任吴凯声免职;张乃燕为驻比利时特命全权公使,原任傅秉常免职;金问泗为驻荷兰特命全权公使。

　　△　全国航空建设会在南京成立,汪精卫出席并致训词。宋子文、朱培德、史量才、钱新之、葛敬恩为常委,葛敬恩兼任秘书长。

　　△　上海各大学教职员联合会致函苏联政府反对出售中东路,指出苏"以扶持弱小民族相号召,以国际和平相标榜,竟欲乘敝国上下抗日之际,反予日本以援助,不知将何以自圆其说"。

　　△　段祺瑞电王揖唐、曾毓隽、陆宗舆、姚国桢、姚震、魏宗瀚云:"余养疴海上,不问世事,目下华北局势严重,恐有假借名义为轨外行动者,殊非爱国之道,盼诸弟严密访察,告知地方当局,严加制止。"

　　△　《微言》周刊在沪出版,潘公展创办。

　　5 月 21 日　军事委员会委员长南昌行营成立,下设三部四厅,军务、机要、军机三部主任分别由熊式辉、杨永泰、贺国光担任;作战、谍报、团队编练、党政四厅主任分别由贺国光(兼)、晏勋甫、刘兴、朱怀冰担任。杨永泰兼任秘书处长。赣粤闽边区"剿匪"军总部结束,23 日停止办公。

　　△　板垣征四郎电复关东军司令部告以对华策反内变工作困难,因:一、华北反蒋部队缺乏统一号令的中心人物;二、反蒋派内容复杂,合流不易;三、反蒋派并非就是亲日派,更非就是亲满派;四、南京中央政府的威权尚未骤失,反抗中央的人仍多顾虑。

　　△　北平军分会召各路将领会议,历数小时无结论,惟决定在白河线作抵抗。此时各路守军继续后撤,溃兵涌入北平,强占民房,加之当

晚有便衣队在平暴动之谣传,市民争相趋避出城。

△　午夜,汪精卫电北平当局,表示"我军应付方案,政府实难遥制",授权何应钦、黄绍竑、黄郛"便宜处置"。

5 月 22 日　北平军分会通令各部撤兵,集中平郊,任徐庭瑶为北平城防司令,军政首脑机关作撤出北平之准备。三河、宝坻、密云日军分别占领香河,进逼通县、牛栏山,北平陷入日军三面包围之中。同日,日陆军省军务局长山冈对外务省亚洲局长表示军部意向称:"日军仍基于既定方针,如华军不继续出于挑战之行为,则日军决停止进占平、津……依关东军迭次所声明,有将日军迅速撤回长城线之意向。"日关东军参谋长小矶国昭则在长春对"路透社"记者声称:"为保持满洲国西境安全,日军有进占张家口之必要。"

△　黄郛召殷同由青岛到平,嘱赴长春从事侧面斡旋,与关东军洽商停战。

△　日参谋本部电令武藤转告板垣结束天津特务机关工作,催促武藤进行停战谈判,并指示签订停战协定后日军撤回"满洲国"境,但对长城古北口、喜峰口、冷口、山海关均须保留进驻权利。同日,武藤电令永津负责接洽停战,其条件为:一、中国军队速撤至延庆、顺义、宝坻、宁河、芦台线以西、以南,以后不得越线前进;二、中国军队照线退却,日军不追击;三、日方于确认第一项实行后,自动撤退到长城线;同时嘱永津不必坚持中国派遣军使阵前求和。

△　汪精卫电黄郛,指示与日方谋停战,"除签字于承认伪国,割让四省之条约外,其它条件皆可答应"。

△　晚 12 时,黄郛偕李择一至日使馆海军武官藤原喜代问宿舍与中山、永津、藤原会谈,永津根据武藤电令,擅自增加"今后不准一切之挑战行为"及阵前求和等内容,提出停战条件四条:一、中国军队撤退延庆、昌平、高丽营、顺义、通州、香河、宝坻、林亭口、宁河以南、以西,今后不准有一切之挑战行为;二、日本军亦不越上述之线进击;三、何应钦派正式任命之停战全权员往密云对日本军高级指挥官表示停战之意志;

四、以上正式约定后,关东军司令官指定之日本军代表与中国方面军事全权代表,定某日某时于北宁线某地,达成停战成文协定。黄郛一一接受,翌晨2时谈判结束。4时30分,黄郛至军分会与何应钦、黄绍竑、张群、熊斌等商议后由何答复中山,表示对四项条件完全接受。

△ 汪精卫在国府纪念周作政治报告称:"华北战事,我军虽因战略关系,不得已而撤退,然三月来前线将士壮烈之牺牲与今后继续奋斗之精神当为国人所共谅。"汪辩称:"今有人动辄以为中央无整个计划,试问中央如何能有整个计划?……其它各处军队或调不开,或调不动。所谓调不开,如江西是。更有人谓中央何不与赤匪妥协,如果妥协,不但可以抽调我军兵力,并得借其兵力以为御侮之用,此乃一相情愿之言。"最后希望留粤之部分中委到京"共负救亡责任"。

△ 财政部以伪满截夺东北各关,收入受损,对原定进口税则重加修订,是日公布施行。修改后税则对棉毛织品、食品及未列名货品进口征税率有所提高。

△ 全国华商纱厂减工一月期满,是日全国华商纱厂联合会开会,决定今后由各纱厂斟酌自身情形决定办法。上海恒丰、申新、永安、纬通等28家纱厂分别决定继续实行减工。

△ 武昌震寰纱厂胁迫工人接受减少工资,延长工时,遭工人反对后又借口货物滞销,金融周转不灵,宣布停厂歇业,并请军警到厂对工人实行弹压。工人代表及武昌纺织工会分向国民党湖北省党部、省政府及警备司令部请愿、控诉。

5月23日 晨,国民政府召开国防会议,认为:一、外交方面,近来英、美意见日益接近,对日斡旋,俾我得较有利之解决,当可做到,但恐缓不济急;二、军事方面,江西军队不能调开,其他军队则不听调;三、财政方面,宋子文赴美赴英,正在接洽,即使有望,亦缓不济急。对应付平、津危局的原则决定:(甲)如日攻平、津,惟有尽力应战,不可轻易放弃;(乙)如暂时休战希望尚未完全断绝,仍希继续进行,即在交战中,此种接洽仍不妨并用。汪精卫将上述内容电告何应钦、黄郛。

△ 蒋介石致电何应钦,指示作守城之计,内称:"此时人心惶惶,全在主将主宰在心,北平非死守不可","非至最后时不宜轻离北平。"

△ 何应钦、黄郛、黄绍竑联电蒋介石、汪精卫报告与日方商谈停战情况及其条件,认为:"熟权利害轻重,与其放弃平、津,使傀儡得资以组织伪政府,陷华北于万劫不复,何若协商停战,保全华北,徐图休养生息,以固党国之根基,较为利多害少。"汪即复电表示支持。

△ 日军第八师团第四、十六旅团进攻怀柔,占领怀柔南、石厂西一带阵地。第五十九军傅作义部与敌展开猛烈拼杀,不仅击退敌人的多次冲锋,且将失去的阵地恢复。何应钦电令停火,限傅部于 24 日后撤至高丽营附近一带。傅拒不撤兵,何遂下手令强制执行。怀柔陷敌。此役傅部阵亡 367 人,伤 484 人。日方称日军"伤亡约 300 余人"。

△ 日军以赵敬时刺伤日卫兵事件为借口,援引《辛丑条约》,22 日要求由津调日兵 500 名到平"保护侨民"。黄郛、何应钦以"无法拒绝",表示应允,并为之提供车辆运输。是日日兵携武器弹药开平。

△ 陈铭枢偕蔡廷锴等由港到达福州。陈于 17 日离港时表示将在闽作长期逗留,不愿再作"冯妇"。陈到闽后即开始作发动福建事变之准备。

△ 《北平晚报》因刊布停战内容之号外,遭军警搜查,发行主任被拘,北平军分会予该报停刊二日处分。24 日,何应钦派代表陈楚雄召北平各通讯社、报社记者谈话,要求对军事、外交消息特别慎重。

5 月 24 日 蒋介石自牯岭就停战条件电复何应钦、黄郛、黄绍竑,表示"事已至此,委曲求全,原非得已,中正自当负责";但认为"形诸文字,总以为不妥",要求签订正式条款时避免东三省、热河字样杂见其中。

△ 国民政府再次召开国防会议讨论停战谈判问题,决议要点为:"与对方商洽停战,以不用文字规定为原则,如万不得已,只可作为军事协定,不涉政治,其条件需经中央核准。"汪精卫将此内容电告何应钦、黄郛,并说明:"此为中央自负责任。"

　　△　何应钦、黄郛召军政重要人员会议,决定派军分会高级参谋徐祖诒(燕谋)为军使,到密云日关东军第八师团司令部阵前求和。

　　△　日骑兵 200 余配合伪军赵雷部占宁河,守军何柱国部杨团退守西关。同日,察边伪军刘桂堂部占沽源。

　　△　宋庆龄在纽约《民族》杂志发表《中国的工人们,团结起来!》一文,揭露法西斯主义势力正在欧洲扩展,准备发动帝国主义世界战争;谴责日本帝国主义的侵略和国民党政府的妥协投降;号召工人、农民、学生、义勇军联合起来,组织起来,为中国的解放、统一与完整而斗争。并要求国民政府派遣全国 80% 以上军队、全国所有飞机抗日,收复东北、热河;武装人民,组织义勇军;立即恢复人民的民主权利,立即停止对革命分子的监禁、酷刑和杀戮;停止向中国苏维埃区域进攻。

　　△　川军刘文辉部进攻邓锡侯部,田颂尧分"剿匪"兵力到彭县助邓,刘湘亦集兵于乐至,声言武力调停川战。25 日,蒋介石再电刘文辉、邓锡侯,令双方速即停止军事行动,将部队调回原防,听候处理。

　　5 月 25 日　军使徐祖诒由日使馆永津、藤原二武官陪同往密云日军第八师团司令部阵前求和。徐与永津签订"觉书",要点为:中国军应撤退延庆、昌平、高丽营、顺义、通州、香河、宝坻、林亭口、宁河、芦台之线以西及以南,尔后不仅不越该线前进,并不为一切之挑战行为;日本军为认识诚意,第一步随时以飞机侦察及其他方法视察中国军之撤退状况,中国方面必须给予保护及便利;有以上之确认后,双方代表在北宁路上某地作签订停战成文协定;成文协定成立为止,在中国军不挑战之限度内,日军不越前记撤退线追击。当日,徐返平。何应钦、黄郛、黄绍竑等人集议,决定派参谋本部厅长熊斌(临时加北平军分会总参议衔)为正式谈判代表,并决定派黄绍竑赴庐山向蒋介石作详细报告。

　　△　北平军分会电令前方各部依"觉书"规定线撤退,"以免资对方口实"。同日,日关东军司令官武藤令各军停止战斗行动(日参谋本部称:关内作战日军死 163 人,伤 838 人)。

　　△　汪精卫电告何应钦、黄郛本日南京国防会议情况称:前方停战

谈判已经开始,逆料对方进行方针不出两种:(甲)对方以强力迫我屈服承认伪组织及割让东四省,如果出此,我方必毅然拒绝,无论若何牺牲,均所不避;(乙)对方鉴于我牺牲之决心与列强之环视,此次停战目的,在对方军队退出长城以北,我军不向之追击,保留相当距离以免冲突,如果出此,则我方鉴于种种情形,可以接受。

△ 上海市长吴铁城是晚在沪发表时局谈话,宣称:"中央盱衡全局,估量情势,接受停战之谈判","国人亦正宜深谅中央之苦心,绝不应强指停战为屈服妥协,以为攻击中央之口实";并威胁说:"苟有不顾民族国家之利益,居心煽惑,希图扰乱地方,反对中央者,自必严厉惩处。"

△ 中共中央发出《关于中日秘密谈判与国民党出卖平津及华北问题的紧急通知》,要求全党动员起来,组织广大群众反帝反国民党的斗争。

△ 蒋光鼐、蔡廷锴电林森、汪精卫、蒋介石反对停战妥协,电文在批驳国民党当局制造的"共匪不除不能谈抗日","欧美间矛盾近似解决,可合同制日"等谬论后指出:"非我全民族争生死存亡于呼吸之间,舍唤起全国民众的意识,集合全民族的力量,领导全民族的革命,共誓死志以抗日,尚有何道乎?"26日,吴铁城密电汪精卫称:"沪各报本晚接到蒋光鼐、蔡廷锴通电反对妥协,力言妥协之害,但未明指中央与日妥洽,此电已禁止发表。"27日,各报不顾禁令,纷纷登载。

△ 国民党加紧实行文化"围剿",鲁迅经常投稿的《申报》副刊《自由谈》受到压力,是日刊登启事"吁请海内文豪,从兹多谈风月,少发牢骚……"。从6月起鲁迅换用虞明、桃椎、丰之余等笔名继续在该刊发表杂文。至11月,汇集64篇,题名《准风月谈》,借以揭露和讽刺国民党当局不准谈政治、只能谈风月的行径,于1934年由上海兴中书局出版。

△ 上海申新纺织一厂9000余工人因厂方取消工人赏工,迭经交涉无效,是日下午宣布罢工,并向厂方提出一、照发赏工;二、履行劳资契约;三、分派历年盈余;四、解决一切悬案;五、停工期间工资照给等五

项条件。公司总经理荣宗敬表示"碍难接受"。次日,申新总公司函请淞沪警备司令部及市府派军警勒令工人离厂。后经市公安局、社会局、市总工会等协议,订出妥协方案:5月份赏工照发,6月以后照本埠其余纱厂同样办理;怠工期间工资发半工。28日晨工人复工。

　　△　国民政府任命钱泰为驻西班牙特命全权公使,原任代办王麟阁免本职;任命张歆海为驻葡萄牙特命全权公使。

　　5月26日　冯玉祥组成察哈尔民众抗日同盟军。经吉鸿昌、宣侠父等人推动,冯积极作抗日军事准备,一面调留驻汾阳之教导团到张家口,连同宋哲元部驻张的一个团为基干扩大编练;一面与退入察境之义勇军广取联络,加之方振武率抗日救国军张人杰、鲍刚两师亦已到达宣化。筹备就绪后,是日冯在张家口通电就任察哈尔民众抗日同盟军总司令职,并派员分赴广州、济南、天津等地向有关方面说明抗日决心。通电略称:"日本帝国主义对华侵略得寸进尺,直以灭我国家、奴我民族为其决无变更之目的。握政府大权者,以不抵抗而弃三省,以假抵抗而失热河。迩者,长城全线不守,敌军迫攻平津,公言将取张垣,不但冀察垂危,黄河以北,悉将不保。当局不作整军反攻之图,转为妥协苟安之计,方以安定民心之词,自欺欺人。""数月以来,平、津、沪、粤及各省市民众团体,信使频至,文电星驰,责以大义,勉以抗日。""玉祥谨依各地民众之责望……出任民众抗日同盟军总司令,率领志同道合之战士及民众,结成抗日战线,武装保卫察省,进而收复失地,求争取中国之独立自由。""所望全国民众,一致奋起,共驱强寇,保障民族生存,恢复领土完整。"

　　△　冯玉祥以原察省府代主席佟庸及各厅长不愿合作抗日,纷纷离张往平,是日委佟麟阁暂代察省府主席,派吉鸿昌任察省警备司令,张砺生任副司令。29日,冯令吉鸿昌组织抗日同盟军总部。

　　△　蒋介石电黄郛,赞扬其对日妥协称:"忍辱负重,临难不苟,固佩公忠,尤见交谊。"

　　△　古巴华侨抗日总会、旧金山旅美华侨抗日会电国民政府,反对

与日订妥协条约。29 日,印尼雅加达华侨电汪精卫称:"公等可下野,亡国协定万不承认。"

△ 顾维钧在世界军缩会议总委员会上发宣言称:"中国政府在中国主权未伸张,并在此时残害中国之侵略未解决前,不能允诺限制其采取御侮防卫所必须之自卫权。"

△ 国民政府明令改组安徽省政府:原省府委员罗良鉴、叶元龙、刘贻燕、朱廷祜、光升、江彤侯、张鼎勋、关叔仁免本职;罗、叶、刘、朱分别免民政、财政、建设、教育厅长兼职。任命胡汝麟、马凌甫、毛龙章、刘贻燕、叶元龙、杨廉、李应生、范滋泽为安徽省府委员;马、毛、刘、杨分别兼民政、财政、建设、教育厅长。

△ 入新回军新编第三十六师马仲英部进攻奇台。是日,盛世才率省军及白俄归化军四五千人出发抵御。29 日行抵阜康、孚远间之三台,得知奇台失陷,恐省城有变,于 6 月 1 日率部返迪化。

5 月 27 日 张家口工人、贫民、士兵、学生 3000 余人在共产党员带动组织下召开群众救亡大会,提出"民众自动武装起来保卫察哈尔"、"民众与士兵联合"、"争取言论出版集会结社的绝对自由"、"铲除苛捐杂税"等要求和口号,会后游行示威,捣毁国民党察哈尔省党部,惩罚汉奸分子及"三民主义力行社"特务分子。

△ 察哈尔民众抗日同盟军总司令部发布免除苛捐杂税、释放政治犯、党费不得由公帑开支等三道命令。

△ 抗日救国军方振武部第一军军长张人杰、原马占山旧部军长邓文分别通电响应冯玉祥组民众抗日同盟军,表示愿率所部誓死追随。

△ 日陆军省发声明宣称:停战已进行交涉,"日军现作和战两项准备,倘因中国一方不诚意而致交涉不能成立,或因其挑战行为再惹起中日两军间战斗之际,其影响之处甚大"。

△ 汪精卫偕孙科等乘舰赴赣,行前电何应钦、黄郛、黄绍竑称:中日停战之成文协定,关系重大,"一字一句实为后来祸福所倚伏,敬祈设法延缓",俟晤蒋后再电达进行。

　　△　进逼通县城东日军后撤 30 里。北平军分会令驻通县庞炳勋部亦相应撤至城西 30 里。

　　△　蒋介石电令粤、桂、闽当局将北上抗日部队改调入赣"剿共"。

　　△　驻太原绥靖主任阎锡山委孙楚任晋察绥边防司令,是日孙赴大同组司令部。

　　△　汤玉麟部旅长刘玉才、副旅长刘英辉通电全国,声称汤玉麟在沽源策划率部投降伪满,宣布决不跟从,已率全旅投隶第四十一军孙殿英部。

　　△　天津市政府函呈行政院驻平政务整理委员会要求以棉纱统税作担保,发行公债 500 万元,救济纱业。8 月 4 日,行政院驻平政务整理委员会转呈实业部。实业部咨财政部后,9 月 2 日,以"该项统税向来拨充华北军费,饷源有关,自未便移作别用"批复不准。

5 月 28 日　蒋介石、汪精卫、孙科、罗文幹、马超俊、曾仲鸣、王世杰、陈绍宽、梁寒操、杨永泰等人分由南昌、南京到庐山,当晚至次日晨举行重要会议,由汪精卫、孙科、罗文幹等报告军事、外交及对日停战等问题。同时,何应钦、黄郛在北平与张群、于学忠、宋哲元、商震、庞炳勋、万福麟、傅作义、蒋伯诚等人商谈停战谈判具体问题。

　　△　汪精卫将与蒋介石会商结果电告何应钦、黄郛称:"成文协定,至关重要,能避免最好,若不能避免,祈参照国防会议决议:(一)限于军事,不涉政治;(二)不可〔有〕放弃长城以北领土之类似文句;(三)先经中央核准。……觉书签订后,我方不挑战,对方自不进攻,则时间稍宽,从长讨论,宁迟勿错。"

　　△　冯玉祥通电反对与日签订停战协定,略称:政府当局自九一八以来"始终站在不抵抗主义之立场……坚主安内先于攘外,究其实则为真对内,假抗日","目下平津被围,察绥危殆,此时言和,等于投降"。

　　△　吉鸿昌、佟麟阁、高树勋等 14 名将领自张家口联电冯玉祥响应抗日,内称:"奉读宥电,慷慨陈辞,抑郁精神,大为振奋。"表示今后愿在冯总司令领导之下"团结民众,武装民众,誓以满腔热血洒遍疆场,保

我河山,复我失地"。

△ 抗日救国军总指挥方振武自宣化电冯玉祥响应加入察哈尔民众抗日同盟军,表示"誓率数万健儿,竭诚拥护","决奉先总理之遗教,及真革命之精神,捍卫疆域,惟力是视"。次日,方通电诘责当局丧权辱国。

△ 新编第六十三军军长冯占海通电已于 27 日在张垣防次就任抗日同盟军第四路总指挥职,表示"痛国家之阽危,愤强敌之凭陵,矢志救国,义无反顾"。

5 月 29 日 晚,黄绍竑抵庐山,即向蒋介石、汪精卫等人详细报告华北军事情况及平军分会与日方交涉停战所作的处置。蒋、汪赞同华北当局所作的决定。同日,何应钦、黄郛电蒋介石告以经与日方交换意见,协定内容绝不掺杂承认伪组织、放弃东四省或类似影射文字。蒋当即复电表示"欣慰",鼓励何、黄"照常办理,放手进行",并表示共尝艰苦之宿约"始终不渝"。汪精卫亦连发三电致何、黄表示支持。

△ 中美棉麦借款合同签订。财政部长宋子文与美国财政善后银公司(一作金融复兴公司)签订棉麦借款合同,总额美金 5000 万元,棉花借款占五分之四,麦及面粉占五分之一;年利五厘,五年内还清本息;中国以统税收入作担保,其中烟酒税为第二担保,另以海关赈灾 5% 附加税作第二担保。6 月 4 日,美方正式公布,宋子文于同日电告国民政府。

△ 红四方面军第七十三师自大败川军田颂尧、刘存厚部后,是日再克南江,并乘胜回驻通江。田部分向长池、恩阳河等地败逃。

△ 南洋八打威华侨致电汪精卫,反对与日本签订停战协定。

△ 胡适著《保全华北的重要》一文,认为中国此时所处局势"决无解决的能力,也没有解决的办法"。"华北停战是一种不得已的救急办法,我们应该可以谅解"。是文载 6 月 4 日出版之《独立评论》第五十二、五十三号合刊。

△ 原东北民众救国军将领李忠义、第四军团总指挥刘震东、新任

抗日同盟军自卫军军长张砺生通电拥护冯玉祥组抗日同盟军。

　　△　西南政务会常委萧佛成、邓泽如、唐绍仪、陈济棠、李宗仁、邹鲁电冯玉祥,支持冯组抗日同盟军抗日杀敌,表示西南当力图为后盾。30日,吴铁城向汪精卫报告,已将此电扣留。

　　△　上海各民众团体救国联合会电贺冯玉祥就任抗日同盟军总司令率师抗日,表示"敝会情殷御侮,义切同仇,永矢热忱,以为后盾"。同日,济南民众团体救国联合会电冯祝贺,并派该会常委刘之田、谢一楚赴张家口慰劳。

　　△　国民党当局为防止孙殿英部参加抗日同盟军,命孙部集中怀来、康庄一带,并命第二十五师关麟徵部尾随监视。是日,孙电汪精卫表示:"职意彼到达何处,职即将防地退让,纵使交枪,亦决不再参加内战。"6月1日,汪复电赞许。

　　5月30日　晨,参加中日停战谈判之中国首席代表熊斌、代表铁道部政务次长钱宗泽、军分会高级参谋徐祖诒、军委会顾问雷寿荣、李择一、华北第一军团参谋处长张熙光由平出发到塘沽与日方谈判停战。日方首席代表为关东军参谋副长冈村宁次,代表为关东军参谋大佐喜多诚一、炮兵少佐远藤三郎、步兵少佐藤本铁雄、师参谋河野悦次郎、骑兵大尉冈部英一、公使馆武官永津比佐重等人。下午4时,在塘沽日陆军运输派出所举行预备会谈,双方交换全权证书,约定次日上午9时举行正式会谈。

　　△　蒋介石电何应钦、黄郛、黄绍竑告以庐山会商情形,对停战协定形式、内容及手续"众意均已谅解",要求确守25日国防会议决议原则,"中央内部当可一致";并希望"文字斟酌,打磨干净,不可有影射。纵属同一意义而用语必须堂皇,则电呈核准,自亦可不成问题"。

　　△　中华苏维埃共和国临时中央政府为国民党政府出卖平津宣言,号召全中国民众一致团结起来,武装起来,为反对日本帝国主义侵略中国,为反对国民党政府出卖中国,为争取中国民族的解放而战斗。

　　5月31日　中日签订《塘沽协定》。上午9时,中日停战谈判正式会议在塘沽日陆军运输派出所举行。日方首先提出停战协定草案,并由冈村宁次声言这是最后案,一字不容变更,中国代表应在一个半小时内作"允诺"或"不同意"的答复。中国首席代表熊斌披阅后,提出书面的《中国军代表停战协定意见书》,内容四点:"(一)为恢复远东和平,并改善中日两国之关系,商讨停战协定,互以至诚相晤,互求谅解,共同排除前途之障碍,冀能达成所共同之目的;(二)中国军队已退回约定之线,再向后撤以表示中国军之诚意,今后在尽可能之范围内,互相避免中日双方之冲突;(三)希望贵国军了解上述事实,为表示诚意起见,尽早恢复战区之原状,以奠定和平之基础;(四)贵国军基于以上之了解,撤军以后在该区域内,如发现妨碍治安之武装组织,必须由中国军予以处理时,希望贵军勿因此而起误会。"冈村表示中方对日方所提停战协定草案只有"诺"与"否"的答复,一切声明必须等待停战协定签字以后再行商议。11 时 10 分,中国代表在一字不改的情势下正式签署《塘沽协定》,内容为:一、中国军即撤退至延庆、昌平、高丽营、顺义、通州、香河、宝坻、林亭口、宁河、芦台所连之线以西、以南地区,不再前进,又不行一切挑战扰乱之举动;二、日本军为确悉第一项实行之情形,可用飞机或其他方法视察,中国方面应行保护,并与以便利;三、日本军确认中国军已撤至第一项协定之线时,不超越该线续行追击,且自动概归还至长城之线;四、长城线以南,第一项协定之线以北及以东地域内之治安维持,由中国警察机关任之。右述警察机关,不可用刺激日本感情之武力团体;五、本协定签字后即发生效力(按:《塘沽协定》文字根据《亦云回忆》一书所影印熊斌致北平当局电报原文。其中第四项末句"右述警察机关……"当时未予公布)。

　　△　下午 2 时,中日代表继续会谈,讨论熊斌所提意见书,冈村表示"断难照办"。嗣经中国代表再三要求,日方始同意增加一"觉书"作为附件,内容为:"万一撤兵地域有妨碍治安之武力团体发生,而以警察力不能镇压之时,双方协议之后,再行处置。"另外,日方向中方口头表示希望:一、丰宁西面之骑兵第二师,望即撤去;二、平、津附近之第四十

师,望即他调;三、白河附近堑壕及其他军事设备,望即撤去;四、中日纷争"祸根"之排日,望即彻底取缔。熊斌允诺前三项(按:上述内容,当时未予公布)。是晚,中国代表专车返平,即向何应钦、黄郛报告。

△　汪精卫由庐山返京,发表书面谈话称:"停战谈判限于军事,不涉政治";"人谓昔以不抵抗而失地,今以抵抗而失地,此言诚然。苟一量度现有国力,则抵抗之不能得到胜利,自始而知之。知之而犹抵抗,亦惟视其力之所能至,以行其心之所安耳。""局部缓和不影响于领土主权及此国际所得之地位,为久劳之军队,穷困之人民得以苏息计,政府将毅然负责为之。"

△　外交部将停战"觉书"电达出席国联代表顾维钧、郭泰祺、施肇基。旋各代表陆续复电外交部。顾表示:"日方所开一切条件,内容与字面均片面口气",并指出即使签停战协定,日军以我"不能遵守",随时可以进攻,"结果平、津仍不能保"。郭表示:"敌以飞机迫我撤兵,既许其破坏我领空权,更须予以保护与便宜,未免太虐。"施表示对政府目前政策,"未能表示同情"。是日,罗文幹将上述意见电刘崇杰转告何应钦、黄郛。

△　日外务省为停战协定发表声明,要求中国方面放弃排日、抗日。

△　山东全省民众抗日会电贺冯玉祥组成抗日同盟军,表示"誓从公后,湔雪国耻"。同日,马相伯、章太炎电贺冯"仗义兴师,为国请命",并建议冯切实联络东北军。

△　万福麟、于学忠、宋哲元等 27 名将领通电全国,否认 30 日无线电台广播万福麟、张作相等 28 将领通电加入抗日同盟军之说,声明是项通电"纯属假借名义"。张作相因未列名本日通电否认,引起北平当局注意,亦于 6 月 1 日致函何应钦否认加入抗日同盟军。

△　蔡廷锴电令行抵湖南郴州之北上抗日部队谭启秀、张炎一周内率部返闽,转赴长汀参加"剿共"。

△　伪满武力封锁中苏边境绥芬河车站,断绝货车直达运输。次

日,苏驻日大使尤列涅夫向日外务次官重光提抗议。

是月 山东莒县县政府强迫民众组织联庄会,遭第八区盛家庄黑旗会成员反对。第八十一师旅长运其昌及该区区长前往强制实行,激起会众反抗。运其昌率部镇压,会众退入沂水县境。莒县、沂水一带青旗会、青钟罩(与黑旗会等统称五旗会)等会聚众万余人,将沂水二、七等区公所占领。山东省府主席韩复榘派第八十一师展书堂部前往镇压,会众以武力抵抗。韩又令省民政厅长李树春前往勒令解散。经李等拉拢离间,旗会内部分裂。7 月间,韩复榘宣称共击毙会徒 4000 余人,完全肃清,鲁南各种旗会亦全部消灭(五旗会起事原因另说为:五旗会与红旗会因故械斗,运其昌将五旗会首钟志道、薛明会处决,五旗会徒为钟、薛复仇而起事)。

△ 蒋介石令熊式辉在江西组保卫师,规定每县组一团,若干县为一区,区组保卫师,直辖于省保安司令部。

△ 中共河北省委组织部长阮景云及秘书长周春申被捕叛变,省委受破坏,省委书记兼宣传部长罗森(又名赵琛)、党中央驻北方代表秘书长洪灵菲、军委书记王在朝等多人相继被捕,1934 年夏在南京牺牲。

△ 左翼文化总同盟机关刊物《文化新闻》周刊在上海创刊。

△ 第二届英帝国货品展览会在香港半岛酒店举行。

6 月

6 月 1 日 中华苏维埃共和国临时中央政府为国民党出卖平、津、华北发表宣言,严厉谴责国民党当局与日本帝国主义签订《塘沽协定》,驳斥其所谓不能出兵抗日是由于"苏维埃政权的存在","中国没有力量抗日",故不得不忍痛停战等谰言。表示"绝对不容许日本帝国主义与一切帝国主义侵略我们的一寸土地,不容许帝国主义的走狗国民党这样无耻的大胆地出卖中国!"号召全中国的民众"团结起来,武装起来,同中华苏维埃共和国中央政府在一起,扩大民族战争与收复东北失地,为保卫中国，为争取中国民族的独立解放而斗争！"

△ 《塘沽协定》签订后，全国愤慨，舆论哗然。是日，天津《大公报》以《中日停战协定痛言》为题发表社论，指出《协定》"充满战胜国对战败国之形式，狰狞面目，活跃纸上"，"殊如'挑战'字样之外，更有'扰乱'之语，含义之广，直可使中国动辄得咎；又如彼方得以飞机或其他方法来我指定的地点之内视察，我且须负保护及予以便利之责，尤为令人难堪"。并指出国民党政府"不必讳言屈辱，勿再饰词自欺"。同日，天津《益世报》在《评中日停战协定》一文中质问："前此政府当局否认华北对日交涉是'屈辱求和'者，目前尚有何词自解？"

△ 福州市各界举行罢市游行大示威，反对国民政府与日签订《塘沽协定》。7日，福建长乐县民众召开反对停战协定大会，致电国民政府指责此举"非特失地收复无望，即亡国灭种亦迫在眉睫，屈辱卖国，何异自缚"？

△ 北平军分会召开临时会议，何应钦、商震、万福麟、宋哲元、庞炳勋、蒋伯诚等出席，熊斌、钱宗泽等列席，由熊斌报告塘沽会谈签订停战协定经过，与会人员传阅协定原文后讨论华北各部队归还建制、调整防区及移防等问题。

△ 广东民众援助东北义勇军大会、西南各省国民对外总会、国民党广州特别市党部分电祝贺冯玉祥率师抗日，表示竭诚拥护。次日，广州市参议会、广州学生抗日运动联合会均发电表示支持。

△ 国民党中常会以"时局关系，筹备不及"，决定停开临时全国代表大会，径于11月12日召开第五次全国代表大会，已选出之临全代大会代表，拟即作为正式大会代表，临全代大会选举法适用于正式大会选举。

△ 行政院会议，根据蒋、汪在庐山会商结果，提出整理川局军政原则四项：一、对四川军事纠纷，不究既往，不迁就现在事实，不偏袒一方；二、全省军队由中央分别抽调出川，供御侮、"剿匪"之用，其留以为保安地方及边防者，经中央核定实数后，不得增添；三、打破防区制，以

谋整理四川全省行政系统；四、确实调查全省财政状况，国税归中央，地方税归省府，量入为出，公开支配，一切苛捐杂税悉予免除。次日，废止内战大同盟电国府，要求迅速履行，不遵者执法以绳，并严禁军火入川。

△ 陈济棠在广州通电就"剿匪"军南路总司令职，随颁"剿匪"计划，决定先行占领汀州、寻乌、安远各属，继向瑞金、会昌等地"进剿"，配置兵力三个纵队。蒋介石于 4 日、7 日两次电陈济棠，对其积极参加"剿匪"表示"欣慰"，并令军政部由本月起增拨粤军协饷 30 万元，对闽增特别费 10 万元。

△ 苏州国学会会刊《国字商兑》第一号出版，陈衍任编辑，第二号起易名《国学论衡》。

△ 中原公司与英商福公司在河南焦作签订合资经营煤矿业合同，合资期限 10 年，流动资金 100 万元，中原公司 51 万，福公司 49 万。21 日，国民党中政会加以批准。

6 月 2 日 汪精卫为中日签订《塘沽协定》通电向国人解释，略谓：政府"对于休战运动，确立最低限度，俾无害于中国之领土主权，及关于世界和平之各种公约"。对于《塘沽协定》虽承认"隐痛实深"，但又以"痛心仅属军事，不涉政治，于政府向来所抱根本方策，不生影响"自解。该通电译送驻英、美、法、苏各使馆及驻国联办事处，令其就地发表。译文后面增加郑重声明："……中日问题，仍须依照《九国公约》、《国联盟约》及国联历次决议案图谋解决。"

△ 日关东军司令官武藤发表声明称："中日停战协定业已缔结，如彼确实遵守协定，我军即概撤回长城线，否则，破坏协定有侵正义之时，我军有断然膺惩之准备。"

△ 熊斌、徐祖诒、雷寿荣、张熙光、李择一等由平到津，与日方磋商伪军处置及北宁路恢复通车等问题。3 日上午与冈村及天津日驻屯军司令中村会晤，日方对处置伪军的方式及手续等仅表示"不轻易干涉"。熊等旋与河北省主席于学忠商洽伪军处置、日军撤退后地方接管和警察组织等问题后返平。

　　△　北平军分会派参谋温建刚、邵华赴沙城晤孙殿英。孙表示本人始终服从中央,对抗日救国之举素表同情,绝不参加内战,愿率部赴西北屯垦。

　　△　中共苏区中央局作出《关于查田运动的决议》。

　　△　国民政府任命茅祖权为行政法院院长。23 日,该院正式成立。

　　△　教育部训令北平大学将艺术学院结束,商学院停止招生,女子文理、法学二院裁并学系,北大高中停办。训令到平后,学生及教职员群起反对。19 日,北高、艺院组联合护校会,发表宣言反对部令。校长徐诵明愤而向教部呈辞,北大校务停顿。

　　6 月 3 日　国民党中政会临时会议,通过追认《塘沽协定》。又讨论冯玉祥组抗日同盟军问题,责成华北军事当局就近查察,否则中央当谋相当之处置。

　　△　国民党中央电蒋光鼐、蔡廷锴,对签订《塘沽协定》一事,要求体谅"中央谋国之苦心"。

　　△　蔡廷锴电告陈济棠:"中日妥协已成事实,抗日军救国有心,请缨无路,除电知邓龙光归回节制外,并饬敝部日间取道粤边回闽。"张炎、谭启秀奉蔡电于 5、6 两日分别由郴州、耒阳开拔回闽。士兵不愿回师"剿匪",纷纷退伍,第十九路军北上部队原有四个团,13 日返抵源谭时仅余两个团。另开抵韶关之桂军第二十四师先头部队改趋南雄转赣南"剿匪"。粤独立第四师在乐昌候命。

　　△　前黑龙江省府主席马占山、东北民众救国军总司令苏炳文、参谋长谢珂等一行 14 人由苏联取道德国、意大利回国,是日抵沪,吴铁城代表国民党中央往迎。马、苏语记者称:今后抗日当集中全国力量,作整个抗日计划。6 日,苏、马等到京,8 日晚离京赴赣见蒋介石。

　　△　伪军李际春部韩福臣旅 1500 人突占芦台以东村落与闸口一带。国军以遵守停战协定,不予驱逐。

　　△　北平军分会开会,决定将作战时期各军所组织之指挥部、兵

站、医院及其他临时机关一律分别裁撤。12 日,各军战时组织及北平市防空司令部结束。

6月4日 日茂木骑兵旅团纠合伪军刘桂堂部进犯宝昌、康保,宝昌失陷。冯玉祥急令驻张北之张砺生率所部骑兵赶往堵截。

△ 国民党中委李烈钧自京电冯玉祥支持组同盟军抗日。

△ 盛世才返迪后电马仲英呼吁和平,马要求省方派代表至奇台洽谈,盛乃派赵国栋、吴蔼宸等五人以新省民众联合会名义前往,是日抵奇台。马以民众代表无权决定政治问题,乃派其政训处长杨波清于 7 日随同省方代表赴迪。与此同时,和加尼牙孜亦与省方接洽和谈,由苏领事馆居间签订条约,盛允和加尼牙孜任南疆警备司令,盛军不入南疆。

△ 中华律师协会第五届年会是日至 7 日在青岛举行,通过《统一法权运动宣言》,表示"自今以后对法权横肆侵夺者,当奋大无畏之精神立起纠正"。

6月5日 红四方面军收复通江、南江后,3 日进抵巴中,击溃川军田颂尧部曾南夫师,是日收复巴中。曾残部败退恩阳河。

△ 刘镇华在汉口通电就豫鄂皖边区"剿匪"总司令职。

△ 国民党河北、北平、天津、山西、察哈尔、绥远等省、市党部及北宁、平绥路特别党部联席会议电冯玉祥,反对冯组抗日同盟军,要求"幡然改图","即日停止一切异动";并电西南国民党中委唐绍仪等,要求"一致声讨"。9 日,国民党上海、南京市党部亦纷电讨冯。

△ 第六十三军军长冯占海经其舅父张作相拉拢,率部脱离抗日同盟军,是日致电北平军分会表示服从国民党政府指挥。军分会接冯电后,立将上月 30 日查封之该军驻平办事处启封。

△ 武藤下令日军从关内撤出,仍留驻一部监视中国军队。即:令骑兵集团将主力置于玉田附近监视平、津;第八师团以较强一部停置于密云及石匣镇一带监视北平,其他主力撤至承德附近警备;第六师团主力置于锦州附近;混成第十四旅团一部置于建昌营附近,主力置于山海

关、绥中附近;从第十四师团抽一步兵大队和一工兵小队在玉田附近入列骑兵集团。

　　△　外交部长罗文幹因反对中日直接谈判,签订停战协定,主张依赖国联调解,向国民政府呈请辞职。蒋介石电罗,以外交紧急,请勉为其难。林森、汪精卫亦均促罗打消辞意。罗乃请"病假",至 20 日销假视事。

　　△　上海申新纺织公司总经理荣宗敬函行政院政务处长彭学沛,表示欢迎中美棉麦借款,并谓:"以后复兴农村及关于建设事项皆可次第实施,其为福利岂有涯涘,不特纺织业感纫已也。"

　　△　上海各大学教职员联合会发表宣言,陈述救国大计,要求国民党对历年党治"反省引咎",指出"中国之病根在文化,而起死之良方在学术",吁请开展"学术救国"与"文化复兴"两大运动。

　　△　日关东军司令部制定《满洲石油股份公司设立纲要》,规定"满洲国政府不把石油精炼事业许与本公司以外的其他人","本公司在战时、事变当中有义务按满洲国政府指定价格交售日、满军所需数量的石油"。

　　6 月 6 日　红军第五军团围攻宜黄,独立第三十二旅柏天民部由临川往援,是日在宜黄北遭红军截击,柏天民受伤,所部一部分入宜黄,一部分向龙骨渡退走。

　　△　行政院会议原则通过为救济河北战区所拟具之农赈办法纲要;修正通过影印《四库全书》未刊珍本合同草案。

　　△　吉林国民救国军总司令王德林偕孔宪荣、于太一由苏联取道欧洲回国,是日由港抵穗。

　　△　吴铁城密电汪精卫,报告日使有吉明将于 7 日上午自沪到京,并称有吉等在沪对"华北停战协定成立之速,又少争论,均欣欣然有喜色,以此为改善中日关系之嚆矢"。7 日,有吉到京,8 日谒汪精卫、罗文幹。

　　6 月 7 日　国民党中政会讨论中美棉麦借款案,认为原则可行,交立法院审议。同日,胡汉民电孙科反对棉麦借款,指出"国府发行内国公债已十二万万……今既云收支适合,则何须秘密借款至二万万之巨",表示"以党员立场,不能不严重反对"。8 日,西南政务会电美国财政善后银公司及美国务卿,反对此项借款。17 日,孙科谈话称:已电复胡氏,此项借款,绝不消耗于内战。

△ 日本为向满洲大规模移民,是日由关东军特务部和朝鲜总督组织之移民会议在长春开会,提出日伪合办"农地开拓会社",正式协定签订前由东西劝业公司为租与土地及移民事务的代行机关。日陆军省旋即开始训练移民团 500 名,施以武装移民军事训练。

△ 国联顾问委员会通过不承认伪满洲国办法七条,要点为拒绝伪满加入各种国际公约及国际团体,不与通邮,禁止用伪满钱币交易等。12 日,国联秘书长以通告形式送达国联会员国及有关之非会员国。

△ 立法院宪法起草委员会拟定宪法初稿,经孙科同意,是日用吴经熊私人名义发表。初稿分总则、民族、民权、民生及宪法保障等五章共 214 条。

△ 国民政府明令改组陕西省政府:原省府委员王典章、韩光琦、赵守钰、周学昌、李克刚、李协、冯钦哉、井岳秀免本职;王、韩、赵、周分别免民政、财政、建设、教育厅长兼职;任命胡毓威、宁升三、赵守钰、周学昌、王典章、李克刚、张赞元、雷宝华为陕西省府委员,胡、宁、赵、周分别兼民政、财政、建设、教育厅长。

△ 国民政府特派徐源泉兼鄂湘边区"剿匪"总司令。

△ 伪满召开"全国"教育会议,宣布教育方针为"重仁爱,讲礼让","发扬王道精神","尚节义","亲仁善邻"等。同时规定各级学校均设"经学"课程。

6 月 8 日 蒋介石在南昌召开"剿匪"军事会议,湘、鄂、赣各"剿匪"部队副军长、副师长、参谋长出席,粤、桂、闽各军派代表参加。11 日,蒋介石演讲《参谋业务及其应有修养》。12 日,演讲《推进剿匪区域政治工作的要点》,会议通过党务、政治、军事、教育、谍报、宣传等"剿匪"方案后结束。会后分发《作战手本》、《剿匪手本》、《孙子吴子兵略问答》等书。

　　△　陈铭枢、蒋光鼐 7 日由闽抵港,是日偕香翰屏到达广州。陈谈此行系与西南当局商军政大计。蒋谈救国之道惟有誓死抗日,誓本沪战精神,以求贯彻。同日,李宗仁偕李品仙亦由广西到达广州,李表示对日虽反对妥协,但桂决增兵入赣"剿匪"。陈、蒋、李等旋出席西南政务会谈话会,交换对时局意见。次日会后,陈铭枢赴港谒胡汉民交换意见。

　　△　平绥铁路工人千余人在张家口召开大会,封闭国民党平绥路特别党部,解散国民党御用工会,驱逐其头目,建立工人自己的工会组织,并用自造的铁棍、大刀武装自己,组织百余名纠察队,参加抗日活动。

　　△　新疆和阗发生暴动。喀什人沙比提得英国特务分子支持,利用民众反金树仁的斗争,是日在和阗起事,进攻县府,参加暴动者不过数十人,十余日后占领和阗。

　　△　国民政府任命王东原为第十五师师长。

　　△　中波文化协会在南京成立,由蔡元培等人发起组织,蔡元培、吴敬恒、魏登涛(波驻华公使)任名誉会长。

6 月 9 日　何应钦电冯玉祥,借口日军图察系因冯"揭抗日旗帜,脱离华北范围,故欲借口乘机侵入察省",要求冯"忍辱负重"将同盟军取消;并电请阎锡山敦促。12 日,冯电复何表示:"日军来侵,誓迎头痛击,成败非所敢计,决以热血溅国土。"

　　△　国民政府任命蒋介石、汪精卫、戴季陶、吴敬恒、唐生智、何应钦、朱培德、李济深、张治中为中央陆军军官学校校务委员会委员,蒋介石兼校长。

　　△　东北民众救国军副司令张殿九等一行 40 余人经欧洲回国抵达上海。张语记者称:"关于抗日等一切问题及本人嗣后行止,均以中央及马(占山)主席命令是从。"

6 月 10 日 中华苏维埃共和国临时中央政府通电宣布绝对不承认国民党政府所签订之华北停战协定,号召全中国民众一致起来反对,以坚决的革命斗争、罢工、罢课、罢市、群众示威、组织民众自己的武装队伍来反对与阻止协定任何一条的实行。

△ 黄慕松率庞大宣慰团抵迪化,听取刘文龙关于事变经过的报告后,电嘱盛、马两军各驻原地待命,并接见马仲英代表杨波清,表示对马倚重,同时电伊犁屯垦使张培元,表示中央对他寄有厚望。

△ 港英南约里民府通告九龙城居民,他们所居之屋地限于1934年底前由政府征用,酌情给予补偿,并指定城外狗蚤岭(在慈云山麓)为重建房屋地段。城内共有中国居民 436 人,民房 64 所,多为农民、小贩、苦力。他们担心搬迁影响生计,且得补偿数额无法新建住所,遂向中央政府及广东省政府请愿求援。中国外交部派五省特派员甘介侯进行调查。

△ 河北战区各县临时联合救济会筹备委员王馨泉、苏人镜通电申述战区 19 县受日军侵略,直接损失近一亿元,提出国民政府速施农赈、缓征捐税、将难民输送回籍、各县行政长官选贤充任等项要求。19日,苏人镜等六人到津向于学忠请示办法。

6 月 11 日 国民党当局为制造武力镇压抗日同盟军的口实,由"中央社"、"军息"(北平军分会情报股)捏造冯勾结日本、联俄投共等种种谣言。是日,冯通电驳斥,声明"此间一切动作,绝对未逾越民族解放运动之范围",同时坚决表示"竭全力保卫察省,为国守土,不辞牺牲",并请当局命宋哲元回主察政,或另在孙殿英、方振武中择一任命,以示"绝不割据自雄"。

△ 北平军分会令派庞炳勋、傅作义两部入察,冯钦哉部待机于平绥线,以武力威胁冯玉祥取消抗日同盟军;同时令孙殿英部离开铁路沿线。13 日,孙饬各旅、团向赤城、龙关一带转移。

△ 马占山、苏炳文在南昌谒见蒋介石,报告抗战经过及撤往苏境情形。

　　△　　方振武电国民政府反对棉麦借款,指出棉、麦皆美国过剩物品,在我国谷贱伤农之时,再倾销巨量棉、麦,是不啻为资本主义国家吸收吾民血膏,压迫我国经济,以此为理财要素,何异饮鸩止渴,自促死亡。

　　△　　北平军分会令驻芦西警备师郑桂林部开赴马厂从事训练。

　　△　　湖北蕲春是日及翌日因长江水涨,连破48圩,被淹田地10余万亩。沿岸人民纷电省建设厅告急,要求速拨抢险经费。省府与江汉工程局相互推诿。翌日,蒋介石电令鄂省府与江汉工程局切实合作。

　　△　　财政部发表财政实况及中央银行成立经过与现状两报告书,前者称:国府自奠都南京,财政全靠借债,前后三四年间"剿匪"军费等支用浩繁,募借内债不下八万万元。

　　6月12日　　世界经济会议在英国伦敦开幕,66国派代表出席,中国代表宋子文、颜惠庆、郭泰祺出席。英王乔治莅会致开幕词,呼吁与会各国从事经济合作。会议为解决世界经济危机,将讨论货币及信用政策、物价、关税协定等议题。

　　△　　何应钦秉承蒋介石意旨,召宋哲元、庞炳勋等人在平开会,拟定解决抗日同盟军具体办法:察省府主席由宋哲元回任或由庞炳勋继任;取消抗日同盟军总司令名义,另给冯以某种名义或由冯另就他职;中央畀予冯边防委员会委员长名义,使之离张西去,孙殿英任屯垦督办随冯离察;冯部安顿交宋哲元办理。宋哲元即派张吉铺为代表携方案赴张垣晤冯。

　　△　　国民政府任命薛岳为第五军军长,刘绍先为第五军副军长,罗卓英为第十八军副军长。

　　△　　黄慕松到迪化后,马仲英恐黄在迪化有不利于己的决定,便先发制人,自奇台挥军向阜康进攻。盛世才闻讯,率部出发迎击,是日双方在孚远、阜康间滋泥泉接战。初盛军不利,嗣因气候变化,马军装备单薄,前锋失利。14日,盛军进占三台,马恐和加尼牙孜与之为难,后退乏路,越天山退走。盛令陈中追击,陈与盛意见不合,纵马仲英从容退吐鲁番。

△　国民政府指令行政院准将甘肃东乐县改名民乐县。

△　日关东军特务部决定创立满洲采金株式会社。7 月，在长春设置创立事务所，由日陆军主计总监广濑正德任创立委员长，开始在日本招股。

6 月 13 日　行政院会议通过设立华北战区救济委员会及该会组织大纲草案，派黄郛、于学忠、李石曾、张继、王克敏等 25 人为委员，以黄郛任委员长，于学忠任副委员长，会址设北平。14 日，国民政府明令发表。

△　行政院会议通过铁道部长顾孟馀提请修筑江西玉萍铁路及筹款办法。通过救济旅墨（西哥）难侨案。

△　红军一、三、五军团各一部向临川进逼，是日及翌日分别占领上顿渡、藤桥等地，先头达距临川七里之七里冈。

△　红二军团贺龙部在恩施县南击败范熙绩部两个保安团。

6 月 14 日　张吉镛抵张家口，向冯玉祥传达北平当局解决察省办法。冯提出七条意见：一、就抗日同盟军总司令系因日军图察，多伦、沽源相继失守，平、津危急；二、望宋哲元返察；三、孙殿英抗日有功，开发西北心切，望促其实现；四、方振武毁家报国，请予以军事名义；五、义军邓文、李忠义、富春等部由当局统一编制；六、如宋返察，本人自然告退，所部二万余人由宋负责改编；七、取消名义，不成问题。

△　国民党中委王法勤、朱霁青、邓家彦、李烈钧、傅汝霖由沪联电林森、蒋介石，称冯玉祥组同盟军抗日，"精忠卫国之心皎然共睹"，请授冯以军权。

△　国民党中央派黄绍竑、李烈钧赴港、粤向西南当局解释华北停战，促西南一致"剿匪"。是日，黄、李由沪启程，16 日抵港，分晤胡汉民、李济深、陈铭枢、蒋光鼐等。

△　蒋介石电浙江省府主席鲁涤平、建设厅长曾养甫，指示限期修筑屯溪经淳安至兰溪公路和奉化至宁海公路，建筑费准由军事委员会每月津贴三万元。

　　△　　日拓务省否决台湾自治案。

　　6月15日　冯玉祥在张家口召开抗日同盟军第一次军民代表大会，到代表61人，历时五日，通过同盟军纲领决议案，要点为：抗日同盟军为革命军民的联合战线，以外抗暴日，内除国贼为宗旨，不承认一切卖国协定，反对任何方式的妥协，誓以武力收复失地；主张对日绝交，联合世界反帝势力共同奋斗，完成中国之独立自由，肃清汉奸国贼，实现抗日救国的民众政权；取消苛捐杂税，改善工、农、贫民、士兵生活；释放爱国政治犯，保障民众集会、结社、言论、出版、武装之自由。又通过军事问题决议案、财政政策决议案、军队中政治工作与协助民众运动决议案、同盟军军事委员会组织大纲决议案等。并选举军事委员会委员35人，由军事委员会互推冯玉祥、方振武、孙良诚、吉鸿昌、张允荣、邓文、佟麟阁、张人杰、邱山宁、宣侠父、张慕陶11人组成常务委员会，徐惟烈任秘书长。此时抗日同盟军实力及序列为：第一军佟麟阁部约万人，第二军吉鸿昌部6000余人，第六军张凌云部4000余人，第十六军李忠义部7000余人，第十八军黄守中部5000余人，第五路邓文部7000余人，骑兵挺进军孙良诚部6000余人，第二十四师富春部4000余人，第二十五军马冠军部2000余人，抗日救国军方振武部二万余人，察哈尔自卫军张砺生部7000余人，总计八万人左右（7月，何应钦向蒋介石报告为6.3万余人）。

　　△　天津中华民族自救会电贺冯玉祥就抗日同盟军总司令。

　　△　张吉镛返平，报告冯玉祥所提主张。次日，黄郛、何应钦电蒋介石、汪精卫提出解决办法：一、令宋哲元回察主席任；二、第十九军、第四十军移驻察省；三、委庞炳勋为察省剿匪司令；四、上项命令发表后，冯取消名义；五、冯离开察、绥；六、方振武部暂驻张北、蔚县，方如遵令，请中央任为林垦会办。同日，暂停入察军事行动。

　　△　红四方面军进克阆中、苍溪等地，川陕边区"剿匪"督办田颂尧以无力抵御，通电中央党部、国民政府各院、部、会及林森、蒋介石等，声称"尧部苦战半载，官兵伤亡，已逾万数"，"今者匪焰益炽，我力渐衰，而

内战方殷,莫肯应援,饷绌弹缺,难事补充",向蒋介石请辞川陕边区"剿匪"督办职务,并表示"仍率所部任一方进剿之责"。

△ 《青藏和约》签订。西藏达赖谋趁川军内战,刘文辉无暇西顾之时攫取西康,遂与青海达成和议。规定:一、朵旦寺以后佛教活佛喇嘛事项由藏方办理,青方不加干预;二、青科寺、当头寺双方均不驻兵,避免冲突;三、藏若犯青,由玉树边界各族负安全之责;青若犯藏,由玉树 25 族百户完全负责。

△ 宋子文在世界经济会议第三次大会上演说,表示中国殷望与世界各国通力合作,解决世界经济危机;"中国于可能范围内,予中外资金一最好运用之机会";希望各国"于谋获金币稳定时,亦当谋白银之稳定"。

△ 蒋介石核准任孙殿英为青海西区屯垦督办,是日何应钦电孙征其同意,孙即电该军驻平办事处向何表示"遵命",并要求早日颁发开拔命令。

6 月 16 日 立法院财政、经济两委员会于 14 日审查通过棉麦借款案,是日提交立法院全体委员会,经长时间讨论,始附条件通过。其条件为:设管理委员会,负保管、支配、监督之责,由五院院长充任政府代表,再由农、工、商各界推代表六人组成;借款用途限于发展工业,复兴农村经济,兴办水利,发展重要交通,不得移充任何对内用兵或其他消费之用。

△ 国民政府任命袁良为北平市市长,原任周大文辞职照准。21日,袁就职视事。

△ 行政院会议修正通过行政院驻平政务整理委员会管辖范围为冀、鲁、晋、察、绥五省及北平、青岛两市,加派沈鸿烈为委员。19 日,国民政府明令发表。

△ 江西省县长会议在南昌举行,熊式辉主席,讨论"剿匪"、保甲、团队、筑路等问题。19 日,蒋介石莅会训话称:"要以拨乱反正的耐心,舍身救人的志愿,平赣祸乱","本席可予你们因地制宜、因时制宜之权,

各县长如遇紧急时期,即用行营军法官之名义去做。"

△　宋子文在伦敦对路透社记者谈话称:中国将向世界经济会议经济委员会提出关于白银问题的建议,希望银市稳定,银价提高,并表示仍望国联处理中日争议。21日,中国银行公会电宋反对提高银价。

△　外交部通知国联组织委员会加入《关税停战协定》;11月15日通知退出。

△　川军第二十一军军长刘湘借国民党中央命其调停川局之机,与田颂尧、邓锡侯、罗泽洲等部,组联合军分两路进攻刘文辉,一路由乐至向简阳、资阳,一路由威远、荣县向嘉定、井研。是日,第一路与刘文辉部在资阳北斗镇交战。

△　上海华商纱厂联合会以存纱过多,纺业衰败,要求国民政府购买存纱三万包,以缓和纱厂危机。

6月17日　行政院驻平政务整理委员会正式成立。黄郛在成立会上致词称:"北方政务整理方案,以及将来实施步骤,头绪纷繁,决非一手一足之劳所能擘划周详,自当随时秉承中央政府,商同地方长官,并博征民意所趋,以期适应环境,便于进行。"汪精卫致贺电称,政整会成立"实为华北政治前途馨祝无量"。该会成立时发生警察驱逐新闻记者事件,报界在下午集议,决定平、津各报本日不登载该会成立之新闻,以示抗议。

△　蒋介石、汪精卫电复何应钦、黄郛,接受冯玉祥七项意见。下午,政整会第一次全体委员会议,作出如下决定:一、接受冯玉祥七项意见;二、请国府撤销仵庸代察主席令;三、命宋哲元回察整理察政;四、电请中央任命冯玉祥为林垦督办,方振武为会办。同日,军分会、政整会发出第二十九军、第四十军开察及宋哲元回察主政命令。

△　国民政府公布《兵役法》,凡12条,规定分国民兵役与常备兵役两种,男子18岁至45岁在不服常备兵役时服国民兵役;常备兵分现役、正役、续役;现役三年,正役六年,续役以正役期满者充之。

△　教育部派中央图书馆筹备处主任蒋复璁在上海与商务印书馆

签订影印文渊阁《四库全书》未刊珍本合同,主要内容为:影印缩成小六开本,每部分订中装 1500 册,由教育部呈请行政院特许将拟印未刊珍本由图书馆雇员伴同商务印书馆至故宫博物院上海储藏处摄影,六个月摄毕,二年内将书出齐。

　　△　东北民众抗日救国会常委、东北大学教授霍维周因联合多人退出青年党,并从事抗日工作,是日在北平遭暗杀。事后北平公安局内二区署拘获民铎中学校长杨崇仁等青年党人 10 余人,杨等供认系受党命杀霍不讳。23 日将人犯解公安局。

　　△　上海棉花业同业公会具呈行政院,以棉麦借款使外棉源源输入,纱商势难支持,要求政府收回成命。

6 月 18 日　杨杏佛遭暗杀。中国民权保障同盟总干事(任职中央研究院总干事)杨杏佛是日晨在上海法租界亚尔培路中央研究院门前遭戴笠指挥的华东区行动组特务暗杀。杨连中三枪,送往医院急救时不治身亡,其子杨小佛受伤。一凶手逃逸时被同伙枪击灭口。同日,蔡元培电林森、汪精卫要求缉凶。

　　△　国民党"剿匪"军南路第八师黄质文部进占江西寻乌,红军向澄江、筠门岭方面撤退。

　　△　《申报》6 月 26 日载是日成都电讯称:去冬以来,四川抗捐军遍布,组织深入民间,声势极为浩大。抗捐军初起之际仅邛崃一隅,占据县属各乡镇,雅安方面曾火焚该县五申口,如丹棱、蒲江、名山、大邑各县边境亦警报频传,有波及宁远七属之势,与邛崃相连之青神、彭山、洪雅、夹江等县亦相继响应,参加抗捐军者多系民团,因不满四川军阀横征暴敛而起,七县抗捐大同盟为最高机关,分四路总指挥,初共五千,现扩充势力,其势愈猛。刘文辉派四旅兵力往剿,被抗捐军打败。

6 月 19 日　宋子文由伦敦飞抵巴黎。翌日,偕驻法公使顾维钧与法外长彭古晤谈。21 日访法总理达拉第,均就远东局势交换意见。22 日偕顾维钧返伦敦。

　　△　宋庆龄为杨铨(杨杏佛名铨)被害发表声明,指斥国民党特务

"单靠暴力、绑架、酷刑和暗杀就可以把争取自由的最微弱的斗争扼杀",表示"我们非但没有被压倒,杨铨为同情自由所付出的代价,反而使我们更坚决地斗争下去。"

△　汪精卫电令各省市政府一致负担救济华北战区灾民经费;并电赈济东北难民联合会称,救济资金由政府及银行界各筹1000万元。

△　苏联政府就出售中东路与伪满事复照驻苏大使颜惠庆,以苏与东北当局签订《奉俄协定》时中国政府并未抗议为理由,否认中国在所有权法律上政治上之根据,并称出售中东路与伪满"与中国实际上之利益亦不冲突"。

△　汪精卫派南京市长石瑛、教育部次长段锡朋前往港、粤,与粤方会商共同"剿共"及动员陈铭枢到京。23日,石、段抵港。

△　川军刘湘等部在嘉定、井研、资阳一带与刘文辉部激战。20日新编第六师李家钰、第二十三师罗泽洲联合占资阳,并向简阳推进。邓锡侯、田颂尧部见刘文辉阻抗捐军失败,准备会攻成都。

6月20日　抗日同盟军方振武、吉鸿昌、孙良诚、佟麟阁、邓文、张砺生等26名将领联名通电,表示"为民族生存而战争,应民众要求而奋起,敢对国人一掬肺腑,凡与吾人同一战线者,皆为吾友,凡与敌人同一战线者,皆为吾仇"。宣布"重整义师,克日北指,克复察省失地,再图还我河山。……四省不复,此心不渝"。

△　冯玉祥任命吉鸿昌为北路前敌总指挥,邓文为左副指挥,李忠义为右副指挥,率领大军克日北进,收复察东。翌日,吉鸿昌将所部主力分组为三个梯队,集中张北。22日,冯特派方振武为北路前敌总司令。

△　杨杏佛遗体入殓及追悼仪式在上海万国殡仪馆举行。宋庆龄、鲁迅、蔡元培、沈钧儒、李四光等前往吊唁。宋庆龄对记者指出:杨被杀害是一种有计划、有组织的政治性暗杀,她不会被这种卑鄙手段吓倒。

△　国民党"剿匪"军南路第四十四师王赞斌部13日起进犯安远。

是日红军主动撤离,王部占安远。

△ 陈济棠在广州召开"剿匪"南路军师长会议,决定:一、维持南路原定计划,正式委余汉谋、香翰屏、黄任寰分任一、二、三路纵队司令;二、独立第四师改调入赣"剿匪"。

△ 川江水连日暴涨,沿长江东下,是日汉口水位达 44.1 尺,较 1931 年高出 5.7 尺。武昌金水新坝崩溃成灾。浙江省连日来水陆交通停顿。湖南省水灾达 20 县。

△ 香港颁布《教育条例》修正案。

△ 日本与伪满中央银行合组大兴股份公司成立,经营原由伪满中央银行所经营之典当、粮业、制粉、油坊、造纸、林业等获利丰厚而又能操纵民间经济的行业,资本伪币 600 万元。总公司设长春,在沈阳、吉林、哈尔滨等处设分公司,在各重要城市设分店 65 处。

△ 上海大沪商业储蓄银行成立,资本 50 万元,刘鹤皋任董事长,俞国珍任经理。9 月 2 日正式开业。

△ 伪满黑龙江省省长韩云阶因中饱、受贿、卖缺等罪被免职查办。22 日,伪满国务院命孙其昌继任黑龙江省省长。

6 月中旬 红八军改编为红十七师,同红十八师合编为红六军团。

6 月 21 日 伪军李际春等伙同津变祸首郝鹏、石友三等在战区成立"华北民众自治联军军政府",在唐山、秦皇岛两处设军政最高机关。"唐山派"李际春、程国瑞、郝鹏、李甲三等称"自治军";"秦皇岛派"马廷福、石友三则称"安国军"。两派人数共达万人,粮秣就地取给,军械由日方暗中接济,活动地区十一二县。

△ 国民党中政会通过二十二年度岁出预算,计 13 类,总概数为:一、党务费 548.91 万元;二、国务费 971.32 万元;三、内务费 406.9042 万元;四、外交费 1066.2989 万元;五、财务费 6496.9175 万元;六、教育费 1661.8184 万元;七、司法费 267.6359 万元;八、实业费 423.4922 万元;九、交通费 508.3738 万元;十、蒙藏费 134.0192 万元;十一、建设费 71.5 万元;十二、补助费 2987.8449 万元;十三、抚恤费 602.981 万元。

合计 1.6148016 亿元。

　　△　川军第二十军军长杨森购运之枪械在万县、重庆两地被刘湘扣留,刘、杨两军为此一度发生武装冲突。是日,杨森到渝向刘湘索还军火,刘除全部发还外,另赠新枪 3000 支,令杨出兵六旅赴川北防堵红军。

　　△　北平军分会任庞炳勋为察省"剿匪"司令,以对付抗日同盟军。

　　△　长江水位续涨,江西九江全被淹没,鄱阳、建昌 10 余县纷电省府告急。湖北蒲圻、黄陂等县被淹,汉阳鹦鹉洲一带长堤溃决。

　　6 月 22 日　抗日同盟军收复康保县城,伪满军向宝昌溃逃。

　　△　西南政务会电劝关麟徵、黄杰、萧之楚勿进兵张家口,"屏绝内争,共御外侮"。

　　△　黄郛派殷同、雷寿荣往长春就战区善后问题与日方举行长春会谈。

　　△　国民党中常会任命马占山、苏炳文为军事委员会委员。7 月20 日,马电蒋介石、汪精卫表示东北民众处于火热水深之中,此正尝胆卧薪之日,而非居官受禄之时,要求收回成命。

　　△　蒋介石命张印相任第四十二军军长。

　　△　外交部照会日驻南京领事转日本政府,抗议在东京举行中东路售卖接洽,指出日政府以第三者地位对中东路前途横加干涉应负其责任,声明日、伪、苏订立任何协定或契约均属无效,中国绝不承认。

　　△　全国经济委员会扬子江水道整理委员会在京召开苏、皖、湘、鄂、赣五省防汛会议。决定五省划分为六大工区,各区分段进行防汛工程。定经费百万元。次日闭会。

　　△　实业部发表日本侵略我国渔业概况称:日渔轮大多数在我东海、渤海、南海、东京湾经营渔业,并以旅顺、大连、青岛、上海、香港、台湾各地为根据地,使我国渔业每年所受损失达 1.6 亿余元。

　　6 月 23 日　宋哲元于 20 日再派张吉镛到张家口晤冯玉祥。冯在方振武、吉鸿昌等 26 名将领 20 日通电鼓舞下改变态度,表示不愿放弃抗日就高官,决不取消抗日同盟军离开张家口,决意进军察东。是日,张吉铺返平报告,宋哲元对回察也取消极态度。何应钦、黄郛遂决定宋暂缓回察,并电国民党中央及蒋介石报告。

△ 国民党西南执行部、西南政务会就签订《塘沽协定》以漾电(23日)致国民政府提出质问,略称:政府果无丧权辱国之罪,何至迄未将协定内容明白宣布? 对冯玉祥等抗日军队,政府既不加以接济,而又外引暴日,以迫察境,内调关、萧各军向察省推进……此种举措是否为实行对日屈辱协定、贯彻降日卖国之计? 要求明白圆满之答复。

△ 在独石口设防之方振武部师长鲍刚,与方振武意见不合,是日率部离独石口开赴大同,脱离抗日救国军。

△ 何应钦、黄郛电蒋介石报告长春会谈日方四项决定:"(一)停止平、津间无意义之飞行;(二)关于接收及难民回乡,极力援助;(三)李军三千乃至四千改编为保安队,余听遣散,关东军允派幕僚协助;(四)铁路接收事件即可与铁路当局直接接洽实行。"

△ 北宁路列车由北平试开唐山,日宪兵队与北宁护路队同行,迫伪军李际春部撤离铁路线 20 里。

△ 财政部布告中央造币厂所铸新币定 7 月 1 日开始发行(7 月 4 日始流通),公私款项之收付及一切交易,一体行使。

△ 汉口水位达 46.7 尺,部分市区被淹。河北永定河山洪暴发,良乡、房山、宛平是日及翌日决口五处,宝坻、通县、顺义等县均受灾,淹没大片农田。

6 月 24 日 东北舰队司令兼青岛市市长沈鸿烈,在青岛乘小火轮登"镇海"舰时,遭同行之"镇海"舰炮正冯志冲枪击,未中,冯被沈枪杀。事件发生后,该舰队中下级军官要求沈下野。26 日"海圻"、"海琛"、"肇和"三舰擅自离开青岛,在长山岛联电该舰队参谋长谢刚哲称,如欲三舰回青,须沈鸿烈辞职。

△ 日本海军当局以所谓"以广东为中心之排日运动"及"十九路军与陈济棠购入美国机关枪及飞机等军械"为借口,派军舰开往闽、粤

海面,并令驱逐舰三艘待机出动。

　　△　影印《四库全书》珍本合同签订后,引起学术界强烈反应,特别对版本选择,多不主张限于库本。是日,北平图书馆副馆长袁同礼专程赴京向教育部陈述意见。袁临行前语记者称:"此书卷帙浩繁,其中已有普通刻本者占三分之二以上,而版本多较四库本为佳;故决无重印之必要";并指出:"四库本经馆臣窜改之处不一而足,而近年以来发现之孤本秘籍,远胜于四库本者不在少数。……今如不利用此项极重要之新发现,而仍影照四库原本,匪特有'开倒车'之讥,而尤贻误后人。"

　　△　国民政府令派顾维钧为出席伦敦经济会议代表。

　　△　考试院公布:本年高等考试分为普通行政、财务行政、教育行政人员;会计、统计人员;外交官、领事官、司法官数类,定10月20日在南京、北平举行。

　　△　京芜(南京——芜湖)公路竣工,是日晨在南京雨花台行通车礼。

　　6月25日　行政院驻平政务整理委员会调天津市长周龙光为该会参事,令于学忠兼任天津市长。

　　△　外交部向苏联政府致送节略,驳斥苏19日复文,指出苏出售中东路实与苏政府所宣示之中苏友谊愿望不合,要求重加考虑。

　　△　华俄道胜银行清理员朱溥泉向苏驻华大使鲍格莫洛夫递交对苏政府抗议书,指出该行为中东路全部股票证券之主人与持券人,"为银行债权人利益起见,请苏政府首先解决对于东铁股东华俄道胜银行之赔偿问题",警告苏"对于东铁有出售或任何他种情事,概不能认为有效"。

　　6月26日　第二次"新变"发生。盛世才在新疆督办公署以邀宴为名,即席将省府秘书长陶明樾、督办公署参谋处长陈中及航空处长李笑天枪杀,并宣布三人罪状为在大局未定之时"破坏团结,诱引省军谋叛"。盛且表示不愿恋此高位,将率部前往塔城。临时省主席刘文龙在惊慌中亦当场表示辞职。应邀赴宴的其他各人在震慑之余,除表示对盛、刘慰留外,并往新疆宣慰使黄慕松处要求速电南京维持督办制,对盛、刘早日真除。按:黄慕松抵新后,与陶、陈、李接触颇多,陈又曾向黄力主废除督办制。盛疑陶等有夺位之谋,遂发动此次事变。

△ 苏联与伪满、日本在东京举行中东路售卖会议,苏驻日大使尤列涅夫、外交委员会远东部长哥兹洛夫斯基、中东路苏方副理事长库兹涅佐夫、日本外相内田、外务次官重光、外务省欧美局长东乡、伪满驻日公使丁士源、伪满外交次长大桥忠一(日人)、中东路伪满代表沈瑞麟等参加。本日及 28 日第一、第二次会议均讨论程序性问题。

△ 前在热河投敌之伪满护国游击军司令刘桂堂在沽源通电反正。刘反正前曾派副军长尚武到张家口接洽,冯玉祥抱抗日者即为友之宗旨,开诚相与,予以接受。

△ 国民政府令:派孔祥熙为国货银行董事长。

6 月 27 日 冯玉祥令吉鸿昌速率各部收复宝昌。次日,吉编所部主力为三梯队二掩护队,向宝昌推进。

△ 行政院会议通过第四十三师师长刘绍先升任第五军副军长,并以华北军事结束,抗日部队分别复员,将各部将领进行更调如下:翁照垣升任第六十七军副军长,吴克仁升任第一〇七师师长,刘翰东任第一一七师师长,原第一〇七师师长张政枋调任北平军分会高级参谋。

△ 国民政府令:派孙殿英为青海西区屯垦督办。

△ 上海美商英文《大美晚报》刊登"海陆空青年刺杀团"一份所谓"声明",捏造杨杏佛"前曾加入第三党","把党中组织情形暗中报告蒋介石",致邓演达被蒋枪杀。"吾等同志历为复仇","待杨外出,乘机行刺"。以嫁祸第三党。

△ 近来上海外商纷至长江各埠及内地收购民间所藏银元、银锭,昨今两日又有 400 余箱白银运美。

△ 江西省府主席熊式辉违法征收产销税,任意变更地方制度,经监察院弹劾,是日政务官惩戒委员会决定予以申饬。

△ 江西南昌马王圩于午时溃决,农田三万余顷被淹。

6月28日 宋子文自伦敦致函国联秘书长亚普诺尔重申1931年4月25日中国向国联提出之技术合作六条件,并请求国联派技术合作接洽员来华,从事国联与中国全国经济委员会之联络。

△ 黄慕松在盛世才压力下被迫以明码电报致蒋介石、汪精卫称,"新疆偏处强邻,情形复杂,隐忧四伏,非定重心,难期安靖",请中央对盛世才、刘文龙即予真除,并要求迅速派飞机往接回京。

△ 外交部五省特派员甘介侯对九龙城情况进行调查后,是日奉外交部命照会英国驻广州总领事,重申1898年所订《展拓香港界址专条》关于九龙城问题的规定,既然九龙城应由中国官员控制,城内中国居民就有权自由居住。港英政府命令迁走城内所有居民,完全违背《专条》条文和缔约精神。要求英领转告港英政府撤销迁移九龙城中国居民的决定。

△ 湘、鄂、皖等省纷电国民政府要求拨款防汛,是日国民党中政会据行政院呈请,决定拨发长江防汛经费60万元。

△ 国民党中政会通过废止《各省临时军法会审组织大纲》及《各省临时军法会审审判规则》。7月1日,国民政府明令公布。

△ 苏(苏州)嘉(嘉兴)公路竣工,是日在苏州行通车礼。

6月29日 北平军分会宣布成立华北战区接收委员会,于学忠任委员长,魏鉴、薛之珩、雷寿荣、李择一、殷同、陶尚铭、刘石荪、钱宗泽任委员,限7月1日在河北省府成立,所有关于接收战区内之行政、警察、交通等事项,统由该会负责处理。

△ 日使馆武官永津由长春返平,向何应钦、黄郛等说明有关接收战区、北宁路通车事项在长春已商有端倪,要求北平当局派员赴大连作具体商议。黄郛即派雷寿荣、殷同于当晚赴津乘轮往大连。同日,黄郛电告蒋介石称:"7月1日可在连详商,如能顺手,大约十日内外当可见诸实行。"

△ 沈鸿烈电蒋介石、汪精卫辞东北舰队司令及青岛市长职。7月5日,国民政府准沈辞东北舰队司令本职。

△　颜惠庆在伦敦发表广播演说邀请各国对华投资,略谓:"中国人民一向注重工业现代化","顷间中国需要大宗机械以发展富源,中国实为勇敢投资家之一大市场。"

△　天津油漆、颜料、海货等 35 业公会呈请市商会转请财政部及省、市当局俯恤商艰,援照沪市前例暂停征营业税,并发表宣言请全国各地商会一致援助,决定在未得结果前各业一律暂停纳税。

6 月 30 日　刘文龙、盛世才联名电行政院,以平定马仲英殊功自诩,声称枪杀陈中等人系因陈等"勾结谋叛,证据确凿",要求中央派"关心边局"之陈立夫、彭昭贤、刘光、张凤九四人即日来新,调查真相。刘文龙另电新疆驻京代表张凤九,嘱张与中央各方接洽,早日发表盛世才新疆边防督办的任命。

△　冯玉祥任命察省右翼四旗镶蓝旗现任总管富龄阿为抗日同盟军蒙古民众抗日自卫军军长。

△　蒋介石为加紧内战,筹办庐山军官训练团,是日电训练总监部兼代总监朱培德,告以"在江西剿匪各师军官决自 7 月 15 日起分班轮流训练,每班训练时期为 14 日,每期约 1500 人",要求选派射击、通信与工兵、山地战术与步炮联合学习等最优顾问届时前往。并"约同各兵监中优秀官长"与杨杰、张治中及骑、炮、工兵各校长带同最优教官先到牯岭,"拟定教育计划与视察训练地点"。

是月　红四方面军在巴中西北门召开军事会议,总结粉碎川军田颂尧等部"围剿"的作战经验,并进行扩编,将第十师扩编为第四军,军长王宏坤,政委周纯全,辖第十、十一、十二师;第十一师扩编为第三十军,军长余天云,政委李先念,辖第八十八、八十九、九十师;第十二师扩编为第九军,军长何畏,政委詹才芳,辖第二十五、二十七师;第七十三师扩编为第三十一军,军长王树声,政委张广才,辖第九十一、九十二、九十三师。

△　伪满中央、省、县、旗各级成立地方维持会,取代清乡委员会,以配合日伪军对抗日武装的军事镇压,强行收缴民间武器,拼凑汉奸武

装自卫团等为任务。

7 月

7月1日 中华苏维埃共和国临时中央政府发布《关于"八一"纪念运动的决议》,决定自1933年起,每年8月1日南昌暴动纪念日为中国工农红军纪念日。

△ 中共中革军委决定以红三军团(缺第六师)和第十九师组成东方军,彭德怀为东方军司令员,滕代远为政治委员。

△ 吉鸿昌率抗日同盟军收复宝昌,伪军北逃多伦。

△ 刘桂堂反正后,由冯玉祥任为抗日同盟军第六路总指挥。驻沽源伪军张海鹏之一部遂陷孤立,是日抗日同盟军乘胜将其击退,沽源遂告收复。

△ 湖南省政府遵蒋介石令,为将宝洪公路(宝庆桃花坪——洪江)改建轻便铁道,决定是日起发行建设公债1000万元,除以300余万元偿还中国、交通两银行旧欠外,以600余万元供建设宝洪轻便铁道之用。10月18日,国民党中政会通过。

△ 国民政府加派钱宗泽为华北战区救济委员会委员并指定黄郛、于学忠、周作民、张伯苓、章元善、王克敏、钱宗泽为常务委员。

△ 天津电车公司因不履行劳资纠纷调解条件,无故开除工人,并殴伤工会理事张广兴,全体工人罢工,各路电车停驶。翌日,市工联会派员赴党政机关请愿,并通电全国吁请声援。工人为顾及社会交通,先行复工。

△ 香港《公司条例》公布施行。

△ 《文学》月刊在上海创刊,由郑振铎、王统照编辑,生活书店发行。

△ 何键电国民政府报告湘省水灾情形,灾区达30余县,溃溃200余垸,"损失之大盖与民国二十年如出一辙"。

7 月 2 日　华北战区接收委员殷同、雷寿荣、薛之珩在大连与日关东军参谋副长冈村宁次、参谋喜多诚一开始会谈接收战区及改编伪军等问题。伪军李际春、伪奉山路局长阐铎及"满铁"代表亦与会。日方要求在滦东部分地区及遵化、蓟县、密云、顺义等县留少数警备部队监视华方；收编伪军李际春一部为武装警察维持战区治安；北宁路先试通唐山，芦台至榆关段由中日及伪满共组委员会管理。同日，殷同等将日方要求电北平当局请示。

△　蓟县、宝坻、玉田、遵化、三河、平谷六县民众代表具呈平军分会、政整会，反对将伪军收编为武装警察。

7 月 3 日　黄郛电蒋介石报告大连会谈情况：一切交涉，决定按两原则进行："（一）除停战协定系正式签字外，余均口头商榷；（二）对手方为日军，商谈地（方）不越旧时南满铁路区域。"并称：谈判伪军收编已有相当进步；交通恢复"先试通至唐山，然后再由唐山推进至滦州"。同日，北宁路北平至唐山段正式通车。

△　蒋介石决定对冯玉祥采取军事行动，是日电汪精卫称：冯"赤色旗帜已益鲜明，使中外皆易认识不为所蔽，则中央处置更易"；并告业已电何应钦"速筹军事之彻底解决办法"，及电阎锡山、宋哲元一致协助。

△　国民政府任命邹洪为第四十三师师长，原任代师长刘绍先免职；任陶广为第六十二师师长。

△　国民政府军委会任何知重为湘黔边区"剿匪"司令，李觉为副司令，是日，国民政府指令行政院准予备案。

△　伪满国务院任命罗振玉为伪监察院院长。

△　售卖中东路谈判第三次会议，苏方提出售卖价 2.1 亿卢布，另加木场及与铁路有关之附属事业 4000 万卢布，日与伪满仍给价 5000 万日金，不包括其他财产。

△　印度华文《印度日报》在加尔各答创刊。

7 月 4 日　吉鸿昌派第六军军长张凌云率乜玉岭、胡云山、余亚农三师及刘桂堂部苏致广师骑兵一部参加收复多伦。是日,吉率部出发。

　　△　冯玉祥为解决抗日同盟军粮秣,令察省财政厅发行军粮代购证 40 万元,由各县绅商组购粮委员会,向富户以代购证作价购粮,9月1日起三个月内准商民以此证交纳田赋税捐,余额由财政厅届期收回。

　　△　蒋介石在杭州对第三师军官讲演《如何发扬历史的光荣》。

　　△　华安商业储蓄银行在沪开业,资本 50 万元,俞寰澄、方苏庵等任董事,胡莼芗任总经理。

7月5日　驻河南第七十五师宋天才部程道容团起义,并将反对起义之团附、营长各一名处决后率部开往商城西北,配合红军进击潢川刘镇华部。

　　△　行政院电召黄慕松返南京,另派新疆党务特派员宫碧澄、彭昭贤二人入新调查。中旬,宫、彭以马仲英阻挠飞机过境,向汪精卫要求中止去新。

　　△　"海圻"等三舰驶抵香港海面,要求广东当局收编,并提出发清东北舰队之欠饷三个月,来粤后依海军部饷额按月发给;各舰士官不得更易等条件。陈济棠即电蒋介石请示,旋经蒋复电暂准收容。9日,三舰驶抵黄埔。22日,西南政务会发布收编命令,将三舰划归第一集团军管辖,委任姜西园为司令。

　　△　刘文辉、邓锡侯在毗河对峙两月之久,第二十一军军长刘湘认为摧毁刘文辉力量、统一川事的时机成熟,经联合李家钰、罗泽洲等部,是日分三路向刘文辉部进攻,刘文辉分六路防守。战线东起资阳、简阳,西达灌县,开川中空前大战。

　　△　第二十六军军长萧之楚电何成濬、刘镇华,报告所部奉命复员,6日起开始向鄂境输送。

　　△　北平国立图书馆馆长蔡元培、副馆长袁同礼为影印《四库全书》未刊珍本事呈具教育部,要求用旧抄旧刻善本代替经过纂改的库本。19日,教育部长王世杰复函以"版本追究无穷,采访尤费时日,善本虽有,乞假非易",而且刊印《四库全书》未刊本"已成定议",决定仍纯

采库本。8 月 14 日,学术界傅增湘、叶恭绰等 21 人又函王世杰表示反对。

△ 日军桑原部队纠合伪军从梨树县小城子(今吉林省辖)出发进攻辽东抗日义勇军,中途被义军围歼,击毙桑原中尉等 30 余人,伤 20 余人。关东军闻讯,急派小川、山崎部队往援。

△ 上海闸北正丰、正大、祥成等 11 家丝厂 5000 多工人因要求恢复原有工资津贴举行罢工。上海市公安局派警弹压,拘捕工人七名。8 日,厂方答应恢复原工资津贴后复工。

△ 中东路售卖第四次会议,苏方提出保有中东路所有权,遭日伪拒绝,会谈陷于僵局。

7 月 6 日 何应钦遵蒋介石令对察哈尔抗日同盟军采取军事行动,是日令庞炳勋率第四十军 8 日出发,沿平绥路北进,12 日达下花园一带;冯钦哉率第七军 10 日自沙城出发,13 日达涿鹿附近;孙德荃师 13 日以前完全到达沙城及土木堡间集结待命;第二十五师 13 日以前集结怀来、康庄间待命;冯占海于 13 日以前以主力集结化稍营待命;第五十五军何遂以一部驻防独石口、赤城、延庆,以主力集结龙关等处待命。

△ 日陆军省与参谋本部向日内阁提出《对华政策大纲》,要求内阁据以制定对华政策。其要点为:"(一)虽然我们暂时容忍华北政权为南京政府的一部分,我们应当压迫它去实现塘沽协定的意义,排除对日货抵制与抗日活动,保持并延伸此一情势的发展;(二)我们必须使华北政权压制国民党在华北的抗日活动,并使国民党逐渐减少其力量,最后迫使其解体。"

△ 殷同等在大连与日伪会谈结束。商定战区伪军三分之二遣散,三分之一收编为河北省保安队,仍驻滦东;北宁路芦台至山海关段于日军撤退后,仍归中国管理。并定 10 日起,由中国依次接收滦东、平北各县。会谈不作正式文件发表。

△ 在天津扰乱之伪华北民众自治联军总司令郝鹏,因内讧被其

副官苑某等三人用汽车架出日租界,送交第一军团司令部。天津日领事田中向于学忠口头抗议华方越界捕人,要求将郝引渡并要挟中国方面不得处理。翌日,日宪兵队长森木亦到河北省府要挟。于学忠即电中央及北平军分会提出三项办法:一、解平发落;二、交法院裁判;三、由军法处判无期徒刑。日方复派员至平向黄郛、何应钦要挟,黄、何恐接收战区发生阻碍,竟令河北省府取消对郝之通缉令,并于9日将其释放。

　　△　刘湘由隆昌电国民党中央及林森、汪精卫、蒋介石称:"川北赤祸势已臻燎原,苍、广、阆中相继告急,全川震动",告以"即日出师以大部兵力会同田、杨、刘各军等协力剿赤,以一部西上,制止刘、邓之争"。

　　△　河北唐山华新纱厂2000余工人要求增加工资及发给花红,向厂方交涉无效举行罢工。8日,河北省政府实业厅电唐山公安局及当地驻军前往饬令工人出厂,并准该厂暂停工。13日,厂方允每日加给工资一分,并由公安局强制复工,同时将罢工领导人孙玉邦等八人拘捕。

　　7月7日　夜,吉鸿昌率抗日同盟军分左、中、右三路围攻多伦。战至翌日拂晓,夺取敌壕两道。下午6时,右路占领多伦西仓西端敌阵地。

　　△　国民政府特派刘湘为四川"剿匪"总司令,所有川中各军悉归节制。

　　△　国民政府令准免湖北省政府委员兼主席夏斗寅本兼各职;遗缺由张群继任。

　　△　蒋介石、汪精卫联名电新疆刘文龙、盛世才,略谓:"两兄当金树仁弃职出走之后,(马)仲英违令进攻之时,一则维持秩序巩固后方;一则督励将士奋勇前敌,保靖之功,中央良深嘉慰",要求刘、盛"万不可自生携贰,致隳前功",应"仰体中央意旨,共济时艰"。20日,刘、盛复电表示"仰赖中央,万无携贰之理"。

　　△　中共北平市委在西城府右街拣果胡同召开各区委组织部长会

议,因打入西城区委的国民党特务告密,市委书记陈镜明及各区委组织部长雷明生、宫曰健、李朝梁、余敬夫等人被捕。

  △ 中国航空公司沪粤航线开航。

7月8日 冯玉祥在张家口通电全国,揭露中央军政当局趁抗日同盟军收复康保、宝昌、沽源,进兵多伦之际,不仅不予接济,反以兵力压迫,造谣栽诬,特列举事实予以驳斥,并表示决"于血泊中求挣扎","为民族生存而奋斗"。

  △ 刘文辉在刘湘等军联合进攻下,放弃成都,退守岷江(上自灌县,下至乐山),并电蒋介石、汪精卫,指责刘湘等部大举西上,表示为"顾全川局,不忍省会糜烂,请中央准辞川省主席及民政厅长兼职"。同日,邓锡侯、李家钰、罗泽洲等部进入成都。

  △ 午,吉林省自卫军总司令李杜由苏联取道欧洲回国抵沪。10日,往东北义勇军后援会、各团体救济东北难民会致谢后招待记者,谓抗日非局部进行所可奏效,今后当仍本初衷,继续抗日,希望举国上下,共谋团结,一致对外,并郑重表示决不参加内战。

  △ 侨务委员会通过《华侨文化团体登记规程》,9月15日公布。

7月9日 东北民众抗日大同盟在张家口成立,由在察之东北义勇军官兵、东北籍抗日军人及爱国青年等组成。

  △ 冯玉祥派孟宪章到平,向黄郛提解决察事办法两项:一、宋哲元回察,专理行政;二、冯本人居察,努力收复失地。冯致黄函中表示"俟抗日工作完全结束后即收束军事,对各方误会望为解释"。11日,黄函复冯,仍要求:一、结束抗日军事;二、取消同盟军总司令名义;三、宋哲元回察;四、就全国林垦督办职。

  △ 福建各县党部驻省代表团电冯玉祥,谴责北平军分会令庞炳勋、冯钦哉、关麟徵各部对察军事行动,勉冯"矢效武穆,勿堕秦奸"。

  △ 晚,黄郛召殷同、雷寿荣、薛之珩、李择一等在平商改编伪军问题,决定派员赴唐山与李际春接洽。12日,华北战区接收委员会派薛之珩、雷寿荣、李择一前往。

△ 中国国产绸缎展览会在上海举行,至9月1日结束。

7月10日 汪精卫在行政院总理纪念周会上报告华北停战、棉麦借款、新疆事变、四川"剿匪"等问题,略称:新疆善后三大原则为外交要统一于中央;军事要统一于中央;宗教要自由,民族要平等。四川设"剿匪"总司令是因为最近共产党入川"滋扰",形势严重,故不能不统一军事,以资应付。

△ 冯玉祥电李烈钧谓:"宁方乘我多数健儿奋死攻敌之际,竟公然调兵遣将,入察攻我",要求李"联合三二十正人义士,为我义师主持正义"。14日,李复电表示愿"联合诸人,再申正论"。

△ 国民政府以黄慕松出差新疆,派葛敬恩代理参谋本部次长;以徐培根继葛敬恩任军政部航空署长。

△ 行政院驻平政务整理委员会决定将李际春丰润原籍于北伐时被没收之田地1200顷全部发还。

△ 招商局"图南"轮由营口驶沪,在山东威海卫东之成山头附近被日轮"长春丸"撞沉,乘客、船员200余人,遇救者仅30余人。事件发生后,招商局派员向大连日汽船会社初步交涉,日方函复竟表示不负责任。15日,中华海员工会筹备委员会要求招商局对被难者作好善后,并电请外交部向日提严重交涉,要求赔偿损失,保证以后不再发生同样事情。

△ 反共刊物《汗血》周刊创刊,陶百川主编。为招揽顾主,以订阅《汗血》月刊全年赠《汗血》周刊半年作宣传。

7月11日 蒋介石积极准备第五次"围剿"中央苏区红军,在庐山组设军官训练团,由陈诚主持,聘请以赛克特为首的德国军事顾问团及意、美军事教官,抽调赣粤闽湘鄂北路军军官施以训练。蒋特手编《剿匪手本》、《剿匪要诀》、《剿匪部队训练要旨》。是日,蒋在牯岭饭店对军官团各教官演讲《庐山军官训练的要旨和训练方法》,声称:"此次训练唯一目的,就是要消灭赤匪,一切的设施,皆要以赤匪为对象,一切训练的方式动作以及各种战术,统统要适合剿匪战术的需要,统统要针对土匪的实际情形与匪区的实地的地形来作想定并实施训练。"

△　黄郛、宋哲元分函冯玉祥,要求迅速取消抗日同盟军。冯当即复电,略谓:同盟军已在多伦附近发生激战,收复多伦可期,平方所提四项办法,如多伦攻下,一切不成问题。

△　张继夫人崔振华控告故宫博物院院长易培基舞弊,经最高法院检察署调检,是日批交江宁地方法院审理。25 日,江宁地方法院传易培基及有关人李宗侗到案,易等匿避。

△　国民政府明令改组湖北省政府,原省府委员李书城、贾士毅、李范一、程其保、范熙绩、杨在春、陈达勋、吴国桢免本职;李书城、贾士毅、李范一、程其保分别免民政、财政、建设、教育厅长兼职。任孟广澎、贾士毅、李范一、程其保、范熙绩、李书城、吴国桢、卢铸为省府委员,孟、贾、李(范一)、程分别兼民政、财政、建设、教育厅长。

△　国民政府任命谢刚哲为海军第三舰队司令。

△　宋子文由伦敦抵意大利罗马。13 日,意首相墨索里尼在威尼斯宫接见,并代表意王赠宋大十字勋章。14 日,墨索里尼宴宋,张学良作陪。16 日,宋由罗马往巴黎。

△　马仲英电国民政府,表示"仲英始终服从中央,效力党国,而只遵黄使(慕松)命令",要求"速颁明令,实授黄使主持新政"。他个人当听其调度,决不使中央有西顾之忧。

7 月 12 日　抗日同盟军收复多伦。吉鸿昌部自 7 日开始围攻多伦后,9 日晨将城外据点占领,10 日晚,吉鸿昌等亲率敢死队攻城。11 日开始总攻,是日,同盟军分由南、西、北三门攻入城内,复经巷战,肉搏三小时,伪军始由东门逃窜,多伦遂告收复。

△　冯玉祥电蒋介石、汪精卫、何应钦、黄郛等报告收复多伦,要求蒋等"慨念东北同胞亡国之痛,废停战协定之约,兴收东四省之师",否则,惟有"自率十万饥疲之士,进而为规复四省之谋,一息尚存,此志不懈"。

△　北平军分会自下令各军向察推进后,为防对同盟军表同情、横

亘沙城柴沟堡一带之孙殿英部捣其后路,以开拔费十万及预支薪饷若干为饵促其西开,同时调驻平西黄杰师至青龙桥一带监视。是日,孙驻怀来一带部队第一批西开抵包头,庞炳勋部跟踪接防。

△　上海市商会、地方协会、总工会、市民联合会、东北义勇军后援会等200多团体召开"上海市各团体欢迎抗日英雄大会",马占山、苏炳文、李杜均发表演说,报告抗日经过。

△　国民党中政会通过建设委员会为扩充首都、戚墅堰两电厂,并建设淮南电厂,发行民国二十年续发电气事业公债600万元。18日,国民政府训令立法院遵照。

△　第七届华北运动会在青岛举行,参加单位12省、市、区,选手千余人,田径、游泳破全国纪录八项,15日结束。

7月13日　察哈尔民众庆祝收复多伦胜利大会在张家口召开,并电吉鸿昌、邓文、李忠义、刘桂堂祝捷。

△　冯玉祥委张凌云任多伦警备司令,并调吉鸿昌、邓文二部驻防沽源、独石口。

△　黄绍竑到南昌向蒋介石报告赴港经过。同日,新任湖北省府主席张群到南昌谒蒋。

7月14日　驻华日使馆武官柴山访何应钦,声言抗日同盟军收复多伦"有违塘沽停战协定",要求中国方面注意。同日,驻承德日军第八师团一部往热、察边境调动。

△　上海各界抗日联合会,各团体救国联合会,海员工会,邮电工会,教育、学生、妇女等团体组织,江苏省各县民众救国团体联合会以及朱庆澜等纷电冯玉祥祝贺抗日同盟军收复多伦。先后发贺电的还有东北义勇军后援会,东南五省民众抗日救国会,河北及平、津各抗日团体,福建省公务员,上海教育界,上海电信同人救国会,中国国际宣传社,国民党西南执行部,中国国民党护党同志会以及李烈钧、程潜、蒋光鼐、蔡廷锴、李济深、陈铭枢、李宗仁等。

△　南昌行营制订《剿匪区域各县县长兼军法官暂行条例》,规定

凡非军人犯军事上法令规定者,该兼军法官均得拘捕审理。

△　薛之珩、雷寿荣抵唐山与李际春商编遣。李初索编遣费 30 万元,嗣改索 45 万元,最后增至 50 万元。所部头目亦趁机索名义。

△　第十九路军援热部队回闽后,经蒋介石同意,将第一纵队改编为补充师,谭启秀任师长;第二纵队与第四十九师合并,将原师长张贞撤职,任张炎为师长。是日张炎在永定就职。

△　上海天厨味精厂捐献"天厨号"飞机一架,向禅臣洋行定购,原定 16 日行命名礼,是日在沪试飞,坠地重损。

△　由梁漱溟、晏阳初、章元善、黄炎培、江问渔等发起之全国乡村建设协进会,在山东邹平山东乡村建设研究院开第一次大会,各方参加者 60 余人。16 日确定乡村改造工作三要点:一、不能急进求速效;二、不能专法欧西,须注重本国情状,因地制宜;三、不能偏重一方,须以整个社会为对象,才有整个的办法。以上作为全国乡村工作的共同守则。同日闭会。定名乡村工作讨论会,决定今后每年召开一次。

△　中东路售卖第五次会议,苏代表尤列涅夫反驳伪满声明,强硬主张中东路及附属事业的所有权属于苏方,售卖价格应以建设费为基准,计 2.5 亿卢布。伪代表大桥主张以现有价值为基准,双方争执不决。17 日尤列涅夫访日外务大臣内田,要求日积极斡旋。

△　是日出刊之《中国论坛》第三卷八期刊载国民党特务组织(代名"华")6 月 15 日匿名投寄该刊之秘密通告抄件,内称:"经过'华'的讨论,当决在最短时间内对共党、西南政府、北洋军阀以及其他反动派别的领袖实行严厉制裁,并责成各区分社自接此通告后即开始计划,相机进行。"陈绍禹、秦邦宪、鲁迅、茅盾、胡愈之、杨杏佛、冯玉祥、吉鸿昌等人均列其中。20 日,上海美商英文《大美晚报》亦刊载此项消息。21 日,上海市府遵国民党中央电令,向驻上海美总领事提书面抗议。

7 月 15 日　红军叶剑英部在赣南筠门岭进攻粤军第七师黄延桢、第八师黄质文部,将粤军欧阳新团击溃。18 日,红军向会昌撤退。陈济棠命驻韶关之飞机第二队增援。

　　△　李烈钧电国民党中央、国民政府各院,指出冯玉祥"一举而复百万方里已失之领土,应为有功";要求对冯"明令授权,示以方针,共扶危局"。

　　△　蒋介石电何应钦,指示对察事于采取军事行动的同时,由宋哲元、庞炳勋、秦德纯派人劝冯"取消名义,奉还察政,离去张垣,另谋安置"。

　　△　故宫博物院在南京召开理事会议,汪精卫、褚民谊、于右任、张继等人与会,通过准易培基辞院长职,李石曾辞理事长职;举马衡代院长,张静江任理事长;补孙科、朱家骅等19人为理事。

　　△　闽西善后委员会改组,定名闽西善后处,直接归闽绥署管辖,蔡廷锴自兼处长,邓世增任副处长。连城、永定、龙岩、上杭、漳平各分会同时改为善后分处。

　　7月16日　东北义勇军后援会电宋哲元、关麟徵、庞炳勋称:"察省异军突起,迭克各城","辽、吉、热、黑各地义军已蜂起抗敌",要求宋等趁此时机与冯玉祥共同抗日,"雪城下订盟之大耻";并电孙殿英回师抗日。

　　△　日关东军参谋部提出《暂行蒙古人指导方针纲要案》,阴谋挑拨察北汉、蒙民族情感,煽动蒙民从事分离运动。10月,关东军承德特务机关长松室孝良又向关东军提出《有关建设蒙古国之意见》,内容为在察、绥境内建立伪蒙古国,以便于"帝国大亚细亚政策之实践",其设想的"蒙古国"领域,除长城以北蒙古盟旗外,尚包括察哈尔的口北道(辖宣化、赤城、万全等10县)和山西的雁门道(辖大同、宁武、五台等26县)。

　　△　沈鸿烈电蒋介石、汪精卫辞青岛市长兼职,翌日离青避居威海卫。嗣经蒋电韩复榘慰留并由青岛市民代表往威海卫敦请,23日沈返青复任。

　　△　皖省各中学反对中学会考,组织反考大同盟,并发出反会考宣言。13日,蒋介石电刘镇华责成教育厅认真整饬,教育厅即将省立高

中及一中两校长免职。是日,两校教职员五六十人赴教育厅申辩责任,
并将办公室捣毁。省高、一中两校长旋赴庐山向蒋介石请愿,被蒋扣
留。25 日,皖省府撤换大批中等学校校长。

7 月 17 日 由中国共产党河北前线委员会(书记柯庆施)领导的、
由工农劳动群众参加的华北民众御侮救亡总会筹备会发表政治纲领,
主要内容有反对日本帝国主义进攻中国,反对国际帝国主义瓜分中国,
反对南京政府进攻南方工农革命武装,联合全世界无产阶级与被压迫
民族巩固国际反帝国主义的统一战线等项。该会原定 8 月 26 日开正
式成立大会,后因察哈尔抗日同盟军失败未果。

△ 日茂木骑兵旅团是日起由围场向多伦开动,与此同时,伪军张
海鹏、崔兴五部奉命进犯多伦、沽源,日机连日在多伦侦察。抗日同盟
军吉鸿昌部遂回驻多伦。

△ 庞炳勋、关麟徵、冯钦哉各部共 11 师陆续向察境推进,是日庞
部先头部队抵宣化下花园。冯玉祥在日伪军及中央军夹击下,一面严
饬同盟军不得擅向中央军还放一枪,以守枪口不对内之宣言,一面加派
乜玉岭等三师增防多伦对付日伪军,并调孙良诚部进驻宣化辛庄子以
防中央军进攻。

△ 李济深、陈铭枢电汪精卫、居正、于右任、孙科,请中央停止入
察之师,以化除阋墙之祸。略谓:"焕章(冯玉祥)同志愤暴侵凌,奋身朔
漠,捍卫边疆……乃者中央竟遣重兵入察……窃有期期出为不可者。"
并谓:"国家多难至此,应共奋同仇敌忾之心,化轻启兄弟阋墙之祸,为
外人所笑,为千古所悲。乞我公主持大计,即饬令停止入察之师,为国
家惜人材,为社会留元气。"

△ 西南政务会分电晋、冀、绥、陕各绥靖主任、省府主席及各军、
师长,勿目睹抗日同盟军"将被夹击消灭于妥协政策之下袖手旁观",应
"仗义执言,解此纠纷"。又电庞炳勋等"应以国家为前提,以民意为向
背,不宜为个人所利用,为乱命所操持"。

△ 蒋介石令兼第三路军总指挥陈诚、副总指挥薛岳,转令第五、

第六两师限期到达硝石、资溪与金溪防地,向黎川、光泽方面猛烈进击。并令福建绥靖公署主任蔡廷锴,速令连城部队驰往清流应援。

△ 华北战区接收委员会派陶尚铭负责接收平东、平北各县,殷同、李择一接收滦东、滦西各县。河北省府所委战区各县长及唐山、临榆两特种公安局长,事前均征得日方同意。是日,于学忠、殷同、陶尚铭率新委战区各县长在平向黄郛请训,黄指示:一、治标须积极急赈战区灾民;二、治本须注重复兴农村。同日,黄分电蒋介石、汪精卫报告接收情况称:本日止已接收通县、香河、顺义、宝坻、三河、宁河六县,其余各县务期于月底办竣。

7月18日 中央军铁甲车开过下花园,抗日同盟军将平绥路辛庄子附近104号铁桥拆毁,次晨同盟军即将该桥修复。南京方面宣称"拆桥之举,已揭开冯氏反抗中央之态度",大造对冯用兵舆论。

△ 汪精卫电复李济深、陈铭枢,指责冯玉祥在察抗日是"不秉命于中央",诋毁抗日同盟军收复多伦"非取之日本军队之手,乃取之伪军之手",并要求李、陈劝冯放弃抗日,"举察省军政之权,还之中央"。

△ 多伦商会、教育会、自治公所、农务地方救济会及全县民众电国民党中央党部、国民政府、行政院及北平军政当局,陈述多伦民众"饱尝亡国之痛,深恐再为鱼肉",要求"以全国大局及人民痛苦为念,迅移攻察之师攻热,令杀戮不再及于同胞"。

△ 华北战区接收委刘石荪会同日天津驻屯军参谋大桥,是日赴秦皇岛与石友三接洽改编,决定石部900余人运唐山,俟李际春部改编竣事后改编。8月,石部在老庄子改编完竣,开玉田驻扎。

△ 庐山军官训练团举行第一期开学典礼,学员1840人。蒋介石作《庐山训练之意义与革命前途》的演说,宣称"革命的成败,党国的存亡,以至各个人的生死,统统都看这次训练能不能发生效力";举办训练团,"其目的是要训练打赤匪的本领来消灭赤匪"。同日,又对教官演讲《革命军官须知》。训练团至10月第五次"围剿"开始前完成三期,调训军官7500余名。

△　国联行政院中国技术合作委员会在巴黎开会,中、德、墨西哥、西班牙、英、法、意、挪威、捷克等国代表参加,美国派观察员出席,中国由宋子文、顾维钧出席。宋在会上声称合作性质纯属技术性的,绝无政治意味。会议应宋子文的要求,决定派国联秘书处卫生股长波兰人拉西曼为国联驻华技术联络员,任期一年,其职责为:一、将国联各种技术机关之消息转达中国;二、将中国方面关于技术合作之请求送达国联;三、襄助中国政府选任技术人员,从事中国建设;四、襄助中国全国经济委员会,对于国联技术机关各专门人员之工作就地予以调度。

7 月 19 日　华北战区接收委员李择一偕日使馆武官柴山赴唐山,协同薛之珩等与李际春最后商定收编李部伪军 4000 人,遣散 6000 人。付与编遣、善后等费共 48.4 万元。李任战区军事编遣委员长。收编之伪军分隶两总队,委郑燕侯为第一保安总队长,第二总队长由接收委员会另委。

△　国民政府令派刘建绪任赣粤闽湘鄂"剿匪"军西路第一纵队司令,何键兼第二纵队司令,陈继承任第三纵队司令,郭汝栋任第三纵队副司令。

△　刘湘由隆昌入成都,四川省府主席暂由赵香畹代。同日,邓锡侯、田颂尧、李家钰、罗泽洲、杨森等联电要求刘文辉率兵两师入西康,余部概交刘湘率领"剿匪"。

△　中国领土保障同盟会在上海成立。

7 月 20 日　冯玉祥通电全国驳斥汪精卫对抗日同盟军收复多伦所作的诽谤,吁请全国民众团体及新闻界派员到张家口视察,多伦是否不战而克,"一白其冤"。

△　留沪国民党中委程潜、杨庶堪、陈嘉祐、张知本、李烈钧、张定璠、薛笃弼联电林森及各院长,望与冯玉祥"虚怀相处,共拯危亡",停止入察用兵。同日,马相伯亦电汪精卫,指出"李际春为日作伥,公等置之不论,独于抗日军必加压迫,是非颠倒,何至于此",并驳汪所谓多伦不战而得之说,斥为"悖谬"。

△　国民党西南执行部常委胡汉民、陈济棠、白崇禧、刘纪文、邹鲁、林翼中等电国民党中央、国民政府及北平军分会,要求"速将入察之师,停止前进",并表示如南京当局"仍抑内媚外",西南"决取断然处置"。同日,唐绍仪、萧佛成、邓泽如以及国民党广九、广三两铁路党部,亦纷电要求国民政府迅速制止对察用兵。

△　国民党中常会决议准华北临时办事处结束。

△　驻河北马厂之临永警备师郑桂林部分别于是日及 22 日哗变,开离马厂,攻占任丘、高阳等地,收缴民团及警察枪支,何应钦派兵"进剿"。

△　国民政府敦聘王晓籁、王正廷、王志远、史量才、朱庆澜、杜月笙、李铭、林康侯、林我将、陈光甫、胡笔江、胡文虎、翁照垣、张伯苓、张嘉璈、虞洽卿等为中国航空协会理事。

△　上海市政府秘书长俞鸿钧与公共租界工部局总裁费信惇会商公共租界工厂检查办法,初步决定合设工厂检查处,租界区域内外各厂同样施行中国劳工法;违反中国劳工法案归中国地方法院起诉处分。事后,因法方阻挠,未予实行。

△　日本第二批武装移民 493 人到达依兰县。

7 月 21 日　蒋介石为策划对红军第五次"围剿"及镇压抗日同盟军等问题,决定在庐山召开重要会议。是日,汪精卫偕顾孟馀、陈绍宽、朱家骅、曾仲鸣等乘舰离京赴赣。戴季陶、黄绍竑、张治中、陈仪、孔祥熙等已于上日前往。

△　冯玉祥电上海中国红十字会、中国济生会、各慈善团体联合会称:"连日运平之伤兵车,均在半途受阻,运回张垣、医药缺乏",要求"主张人道,主持正义",予以救济。

△　华北战区救济委员会在北平成立,分农赈、急赈、财政三组,章元善任农赈组主任;于学忠任急赈组主任;卞白眉任财政组主任。决定先办急赈。行政院拨赈款 100 万元,另由河北省政府发行公债 400 万元以充救济经费。同日下午,黄郛邀宴平、津银行界,要求对发行公债

予以协助。

　　△　刘湘在成都召川军各将领晤商川局。决定对刘文辉用政治方法解决,请其入康屯垦;"剿共"军事由田颂尧、杨森派所属全部军队担任广元至阆中一带防堵,刘存厚部在万源至宣汉一带防堵。刘湘出师三万,即日集中大竹、梁山(今梁平)进攻红军。

　　△　宋子文由意大利抵德国柏林,谋增进中德两国经济合作与发展航空交通。

　　7 月 22 日　中国、印度、西班牙、澳大利亚、玻利维亚、加拿大、墨西哥、秘鲁、美国九国在伦敦签订《白银协定》,约定:世界存银最多之印度 1934 年 1 月 1 日起四年内售银不逾 1.4 亿盎斯,西班牙每年售银不逾 500 万盎斯,中国政府自 1934 年 1 月 1 日起四年内不将熔毁银币所得之生银在市场出售,澳大利亚等六个产银国每年各向该国银矿吸收定额白银,并不售过剩存银,其收购数额共 3500 万盎斯。并约定该协定于 1934 年 4 月 1 日以前由各国政府批准生效。

　　△　黄慕松由迪化飞返南京。25 日赴江西庐山向蒋介石报告新疆二次事变情况。

　　△　黄郛派马伯援赴张家口游说冯玉祥取消抗日同盟军。是日,马携冯致黄函返平。冯在函中表示:一、抗日目的始终不变;二、欲求和平,平方须将入察部队撤回;三、须俟察省各军善后有办法之后始取消抗日同盟军名义。

　　△　南昌行营制订《剿匪区内实施教育方案》,规定教材需以"揭破赤匪的错误和罪恶"为标准,"施行保甲、保卫、侦探的训练和组织"。实施办法为"责成各该驻地最高军事长官负责督办,由政训人员主持,师、旅、团服务人员辅佐",开办后"先宽而后严,先易而后难,先自动而后强迫"。

　　△　废止内战大同盟电行政院、军事委员会及北平军分会,要求停止对察军事行动。

　　△　驻京日领事须磨对记者声称:对中国与国联技术合作不能忽

视,如有政治作用表现,难保证不酿成第二"满洲国"或"上海事变"。

△　张学良为考察欧美各国军事组织,是日由意大利抵法国巴黎。30日,飞抵英国伦敦。

△　天津裕元纱厂违反劳资双方议定之减工办法,工人5000余人宣告罢工,市党政当局派军警前往镇压。翌日,逮捕工人73人,8月12日复工,被裁工人千余名。

△　伪满公布新税则,定23日起施行,规定商人应以伪币付税,并减低进口税商品50余种。

7月23日　蒋介石、汪精卫及各军事将领在庐山集议第五次"围剿",决定华北驻军除一部分留驻外,悉南调江西参加"剿匪",并确立五次"围剿"实行碉堡政策、经济封锁。

△　雷寿荣、李择一偕日使馆武官柴山赴唐山办理接收战区、改编伪军事宜。

△　河北战区各县临时联合救济会通电全国各党政机关、各法团,并呈华北战区救济委员会,指责政府对战区救济"明明以二千万救济费宣布全国,而所拨现款仅只一百万元,待发之公债仅四百万元,余者尚须向各省市筹募,画饼何以充饥,望梅焉能止渴",要求政府如数筹拨。26日至29日,战区各县法团代表及农民代表纷电河北省府陈述灾情,要求急赈。

7月24日　中共中央作出《关于帝国主义国民党五次"围剿"与我们党的任务的决议》,决议说:"五次围剿是帝国主义经过国民党实行将中国完全殖民地化的最具体的最凶恶的步骤,它与帝国主义在华北的军事侵略及资本进攻都密切的联结着。粉碎五次围剿的斗争,即是阻止危机中的帝国主义的出路的斗争,即是争取独立自由的苏维埃中国的斗争。五次围剿的粉碎,将使我们有完全的可能实现中国革命一省或数省的首先胜利。"并提出"不让敌人蹂躏一寸苏区"等口号。

△　国民政府令准张继辞行政院驻平政务整理委员会委员职;陆军第三十一师师长张印相"鼓动旧部,违抗命令",着即免职查办。

△　冯玉祥电庐山汪精卫,驳斥汪所谓"抗命"、"割据称雄"以及"多伦克复初无战事可征"等诽谤,并要求将收复东北四省计划委员会所制订之救国方案,列入庐山会议议案。

△　日外务省对国联与中国技术合作问题发表非正式声明称:"中国政府暗派其代表在美国及欧洲各国策动,列国竟不察其究竟而援助中国,有对华成立借款及供给武器之事实,结果将助长中国内乱及达成其抗日之目的。然日政府视此为破坏东洋和平,故对列国之此种援助政策,则绝对加以反对。"

7 月 25 日　蒋介石在庐山召集军事会议,朱培德、唐生智、陈仪、张治中、杨永泰、陈绍宽等 20 余人出席,讨论军队编制、空军建设三年计划等。午后,汪精卫、顾孟馀、朱家骅、朱培德、黄绍竑、曾仲鸣等会商时局。

△　陶尚铭率密云、遵化、蓟县、怀柔、平谷五县长及公安局长赴密云与日铃木旅团长商洽接收问题。

△　法国政府正式宣布本年 4 月间所侵占我国南沙群岛中之太平岛、南威岛等九个小岛属于法国领土。次日,中国外交部发言人称:国际间确认该九小岛为中国领土,法方竟正式宣言占领,何所依据而出此,法政府亦未宣布其理由。除电驻法使馆及菲律宾领事探询真情外,并会同海军部筹谋应付办法,对法此举将提严重抗议。

7 月 26 日　内蒙乌兰察布盟、锡林郭勒盟、伊克昭盟盟长、副盟长及部分旗王公在百灵庙集会筹备内蒙自治,通过《内蒙自治政府组织法》,规定"自治政府总揽内蒙各盟部族之治权","以原有之内蒙各盟部族之领域为统辖范围","除国际军事及外交事项由中央处理外,内蒙一切行政俱依本自治政府法律命令行之"。

△　伪军李际春部士兵 4000 余人是日至 28 日分由安山、滦县、胥各庄等地运马厂遣散。沿途士兵跳车逃跑,日军竟在唐山车站用机枪扫射逃兵,死伤不少。运抵马厂后大部被募往江西编入"剿共"部队,余 1300 人就地遣散。

　　△　河北省政府主席于学忠电黄郛、何应钦陈述接收战区困难称："(一)交通一时未能恢复;(二)接收员警只限九百人;(三)唐山日军仍无期撤退;(四)迁安尚有李凤文部占据。有上四点,即令收回各县,仍然不能行使职权",要求"暂缓接收,以免徒生枝节"。

　　△　冯玉祥电促李烈钧"努力和平运动",表示"不愿以抗日武力为国贼作鹬蚌"。

　　△　国民党中政会准财政部续征关税 5% 附加税 11 个月。

　　△　爱国志士刘崇武等于 1 月间经上海特区第一法院判刑七年后,该院又以刘等与沪上其他投弹案有关,改判刘有期徒刑 12 年,潘鸿生等亦均加刑。是日,上海 70 余同业公会联电国民党中政会、行政院、司法院称,刘等纯出于为国除奸,要求予以特赦。

　　△　黄河在山西永济决口,永济、平民二县被淹。

7 月 27 日　殷同率滦东、滦西各县长、公安局长及保安队官兵约 2000 人赴战区接收,车至唐山,日军司令发给各接收县长通知一件,要求施政一切手续严守中日停战协定;到任时应将接收之布告,公安局配置地点及警察人马武器数,自卫团枪支数等申报榆关日第十四混成旅团部。同日,滦县、昌黎接收。

　　△　日驻伪满大使、关东军司令官武藤信义死于长春,日政府派菱刈隆继武藤职。

　　△　察哈尔民众抗日同盟军收复东北四省计划委员会在张家口成立。该会系同盟军总部出兵收复东北之设计机关,隶属同盟军军事委员会。8 月 1 日发成立通电。

　　△　湘鄂西红二军团贺龙部放弃鹤峰,集中邬阳关。是日,徐源泉部猛攻邬阳关,战斗两昼夜后,红二军团撤离。

　　△　日本为国联派拉西曼为驻华技术合作联络员事向国联秘书长提警告,谓日本鉴于拉西曼过去在华行动之不谨慎,请中止其东行。嗣后,国联复文称:拉氏活动限于技术范围,本会嘱其在华活动勿涉及政治方面,此事并非日本所当抗议。

△ 外交部照会英国驻华公使,指出香港英当局限令九龙城居民迁居,改建公园,与 1898 年中英两国所订《展拓香港界址专条》原意不符,要求转饬香港政府取消成议。

7 月 28 日 蒋介石、汪精卫于庐山联名通电全国各省、市,各军政机关,除表示国民党政府于最短期间调集大军,悉力"剿匪"外,指责冯玉祥"在察省一切举动,深为国危惧",要求冯接受四项原则:"(一)勿擅立各种军政名义,致使察省脱离中央,妨害统一政令,寝假成第二傀儡政府;(二)勿妨害中央边防计划,致外强中干,沦察省为热河之续;(三)勿滥收散军土匪,重劳民力负担,且为地方秩序之患;(四)勿引用共匪头目,煽扬赤焰,贻华北以无穷之祸。"并称:"以上诸端,中央认为不仅关系察省存亡,且关系全国安危,万不能因循迁就。"同日,蒋、汪电陈济棠、李宗仁等,诡称对察无用兵意,要求陈、李婉劝西南诸委相忍为国,勿轻信"谣言"。

△ 抚宁、乐亭两县接收。同日接收专车抵榆关,被日军以事先未经允许阻其下车,并迫其驶回秦皇岛。

△ 据"中央社"西安电称:陕西省前数日大雨,迄是日止受灾区域已向省报灾者有蒲城、三原、蓝田、渭南、咸阳等 26 县。

△ 第十九路军开设之闽西农民银行开业,资本 100 万元,由闽西善后处分期筹拨,委第十九路军总部军需处长叶少泉任总经理,总行设龙岩。

△ 黄郛电河北省府,拟于滦东、滦西及平东、平北各设行政督察专员,要求定出管辖区域。河北省民政厅即拟定方案报省府,划为二区,第一区卢龙、迁安、抚宁、昌黎、滦县、乐亭、临榆、丰润、宁河九县及都山设治局;第二区通县、三河、宝坻、蓟县、香河、昌平、顺义、密云、怀柔、平谷、遵化、兴隆、玉田 13 县。

△ 伪满在哈尔滨附近拘捕反满农民 83 人,是日被伪哈尔滨市高等法院判处死刑。

△ 伪满中央银行通告,旧纸币一律至 1934 年 6 月 30 日为作废期。

7月29日 临榆县接收。临榆城仍为日军盘踞,新县府设海阳镇。同日,黄郛电蒋介石、汪精卫称:北宁线各县已全部接收,恢复1月1日榆变前之旧状。

△ 孙科抵庐山参加时局会商。

△ 华北战区接收委员会推李际春为战区杂军编遣委员长,是日李通电就职。

△ 孙殿英留驻柴沟堡部队是日全部开抵包头,柴沟堡由晋军接防。

△ 河南豫丰纱厂以缺乏棉花,营业亏损,宣布停业,工人被遣散。该厂工会以厂方不遵守与工会所订"厂方如终止时需三个月前通知对方"的协约,提出抗议。

7月30日 怀柔、密云两县接收。日铃木旅团长向新任密云县长孙书堂、怀柔县长许文泉提出非武装区内注意事项:一、武装军队不准开入;二、反日暴力团体不准进入;三、对日本治下所经办之事业及用人不得压迫;又要求暂留一部日军驻守观察履行停战协定。接收人员一一答应。密云伪县长要求先发放亏空款项3000余元,经铃木调停,至翌日始接收。新县长受日军监视甚严,出入均由日宪兵紧随,一切政令须先向日方报告,警察人数及枪械均经日军点验,公安局长所佩手枪,因未经报明,被日军缴去。

△ 冯玉祥电秦德纯,表示"决自即日起收束军事"。

△ 东北民众大同盟电于学忠、万福麟、何柱国、王以哲、冯占海等东北军将领,要求勿在国民党当局派军入察之际"囿于名利,甘为爪牙"。

△ 抗日同盟军第十六军军长李忠义以参谋长古松年"有蓝衣社确实证据",予以枪决。

7月31日 冯玉祥通电全国答复蒋、汪28日通电,陈述兴师以来抗日经过,驳斥其所谓"抗命"、"割据"、"赤化"等种种污蔑,表示曾"屡次宣言,一则抗日到底,一则枪口决不对内。如中央严禁抗日,抗日即无异于反抗政府,则不但军事可以收束,即科我应得之罪,亦所甘心"。该电至平,被当局扣发。

△ 北平军分会遵蒋介石令增调入察部队。除原有庞炳勋、关麟徵、冯钦哉各部 11 个师外,续增调王以哲、黄杰、王敬久等五个师,共达 16 个师,15 万余人,另派有飞机二队。因庞炳勋部下级官兵不愿攻打抗日同盟军,纷纷投奔同盟军,平军分会将该部自前线调往沙城后方,改调中央军关麟徵、王敬久等部接防,是日调度完毕。

△ 北平军分会以方振武、冯玉祥"欲提用平绥路款项"、"破坏交通"为借口,饬平绥路局将该路下花园至柴沟堡段暂停通车。至此,抗日同盟军仰给于外间之弹药粮食等完全断绝,数百名伤员无法启运到平医治。

△ 抗日同盟军第五路总指挥邓文在张家口被暗杀,该路参谋长檀自新继任总指挥。8 月 3 日,檀自新、刘桂堂、李忠义等通电各省市、各报社,以邓被杀离古松年被枪决仅 16 小时,称系"蓝衣社"(三民主义力行社特务处误称)分子所为。

△ 褚民谊在中央党部纪念周上报告《新疆事件与开发西北问题》,谓"开发西北,不但是巩固新疆,并且是为全中国开一生路"。

△ 刘湘电刘文辉,对川局提三条解决办法:一、由刘文辉率领一部专驻西康,并须迅速移动;二、其余各部交刘湘统率"剿匪";三、为促成前项办法计,刘湘军先以一部渡河监察实行。刘文辉未作表示。

是月 南昌行营加紧封锁江西苏区,规定粮食、食盐、电料、煤油、药材均设专局公卖,凭"良民证"购买,如有"济匪"者处死。

△ 中共中革军委决定以红一军团为基础组成中央军,林彪兼任司令员,聂荣臻兼政治委员。

△ 《塘沽协定》签订后,日货在华倾销激增。停战前日货每月进口总值约二三千万元,7 月份突超过 5000 万元,其中华北一带占 3000 万元。

8 月

8月1日 中华苏维埃共和国临时中央政府发表宣言,决定12月11日在瑞金召开第二次全国苏维埃代表大会(后改在1934年1月22日召开)。

△ 汪精卫、孙科、顾孟馀、陈绍宽、朱家骅、曾仲鸣等自庐山返抵南京。汪在国民党临时中政会报告庐山会议经过。

△ 冯玉祥代表邓哲熙对平、津各报记者发表谈话称:冯绝对主张和平,不愿再见内战,仍希望宋主席回察主持一切,他本人进退不成问题。翌日,北平军分会在各报发表消息,声明军分会及政整会早已明令宋回察。

△ 行政院会议通过由财政部发行华北救济战区短期公债400万元,次日经国民党中政会批准。

△ 上海《时代日报》、《东方日报》、《明星日报》、《大晶报》联名登载《为唤起各界注意并贡献清查抗日义捐意见启事》,指出:各界人士义捐总数达二三千余万元,马占山过沪时声称只收得140余万元,为此特发起组织抗日义捐民众共同清查委员会。上海市商会、总工会、律师公会、会计师公会等团体即日成立上海市各界清查救国捐款委员会。同日,马占山公布收到捐款详数总计为171.3万余元。

△ 蒋介石令组公路工程队四个大队,先将粤赣、湘赣、浙赣、闽赣四大干线修通。是日各工程队分途出发。

△ 《科学画报》在上海创刊,中国科学社创办,冯执中编辑。

8月2日 孙殿英发西进屯垦通电,表示"为国家前途找出路,为整个民族谋生存……誓不参预内战,而愿率所部努力屯垦于边陲,作异日收复失地之根据"。

△ 绥远省府主席傅作义电汪精卫反对富龄阿就蒙古民众抗日自卫军军长职,并要求将察省右翼四旗划归绥省管辖。6日,蒋介石电

汪,饬行政院与蒙藏委员会制止富龄阿就职,切实划清四旗之管辖。

△ 国民政府任命刘文龙为新疆省政府委员兼新疆省政府主席;盛世才为新疆省政府委员兼新疆边防督办;张培元为陆军新编第八师师长兼新疆省政府委员兼伊犁屯垦使。

△ 国民政府派王星拱代理国立武汉大学校长。

△ 国民政府指令行政院准河北省政府在迁安、抚宁两县所属长城以外各地方设置都山设治局。

8 月 3 日 冯玉祥电庞炳勋表示"决自本日起结束军事,所有察省军政权,即由中央派员接收",请庞将此意转达南京及北平当局。次日,何应钦电汪精卫称:"冯忽然软化之故,日军确有一周内攻占多伦之准备……又因尚武、邓文等被冯枪毙后,义军首领人人危惧,时有倒戈相向之虞,不能不见机而作,以图和缓。"

△ 何应钦对记者发表谈话,对察事再提三项办法:一、冯即日取消同盟军总司令名义;二、将张垣、宣化让出,移住张北、宝昌、康保,以便宋哲元回察;三、过渡期察省军政事宜由佟麟阁暂时维持。

△ 彭德怀所部东方军上月底围攻福建连城,在朋口、庙前等地重创第十九路军第七十八师区寿年部,歼其四个营,团长丁荣光、钟经瑞受重伤,营、连长死伤十余人,是日红军占连城。

△ 黄郛以接收战区工作告一段落,是晚离平赴汉转庐山向蒋介石述职。

△ 鲍刚脱离抗日救国军方振武部后,由北平军分会委为独立第四十六旅旅长,是日鲍电何应钦表示遵即通电就职。

8 月 4 日 冯玉祥派代表到沙城与庞炳勋、关麟徵接洽,表示接受何应钦三项办法。同日,何令宋哲元回察。次日,宋通电复职。

△ 外交部照会法国驻华公使,声明对法占南沙群岛九小岛,中国政府在未经确实查明以前,对于法国政府 7 月 25 日之宣告,保留其提出异议之权,并要求将各岛名称及经纬度查明见复。10 日,法使照复外部,告以各岛名称及纬经度(九岛位置为北纬 $7°52'$—$11°42'$,东经

110°55′—114°25′之间）。

　　△　庐山军官训练团第一期学员毕业,蒋介石演讲《革命军人成功立业之道——向最危险道路急进》。

　　△　售卖中东路谈判第六次会议,双方继续为所有权问题发生争执,苏代表声明售价可减至二亿卢布,伪满代表表示售价5000万日金已相当高,增额绝无考虑余地。双方决定进行私人折冲后再正式审议。

　　8月5日　中共中央发表《为帝国主义瓜分中国与国民党的五次"围剿"告全国民众书》,指出日本帝国主义"正在动员它的武装力量向着察哈尔、绥远前进,准备在'满洲国'之外,创造它的'蒙古国'","英法帝国主义正在西康、西藏、新疆、云南、广西、贵州进行侵略"。谴责国民党对帝国主义的不抵抗主义与投降政策,并指出"第五次'围剿'是帝国主义瓜分中国的重要的与主要的步骤"。号召全中国的民众认清帝国主义、国民党的殖民地道路与苏维埃中国的道路,粉碎帝国主义与国民党的"围剿"。

　　△　宋哲元偕参谋长秦德纯、秘书杨镇南、处长张吉镛、军委会总参议蒋伯诚、北平军分会总参议熊斌及冯玉祥代表邓哲熙等率卫队乘专车由平到沙城。冯派邱山宁、佟麟阁、孙良诚、王汉门四人到沙城,当晚与宋等会谈。决定:一、冯通电取消名义,此后一概不问;二、冯居处以不在张垣为宜;三、宣化及宣化以南军队于6日移开;四、张垣附近军队除留驻两团外,其余悉数于7日离开;五、宋哲元手枪队6日午后到达宣化;六、宋调冯治安师接防张垣;七、6日起所有察省军政事宜,统由佟麟阁负责,邱山宁协助。

　　△　冯玉祥通电宣布即日起"忍痛收束军事",要求政府令宋哲元回察接收一切;并表示"抗日雪耻之念,愈挫愈坚,一息尚存,此志不渝"。

　　△　上海市商会、宁波旅沪同乡会等五团体函中国航空协会,声明所捐购飞机五架不供内战,要求将"不供内战"四字漆于机上。

　　8月6日　宋庆龄以世界反对帝国主义战争委员会远东会议上海

筹备委员会主席名义,在《中国论坛》发表《世界反对帝国主义战争委员会中国代表的声明》,宣布世界反对帝国主义战争委员会将于 9 月在上海召开远东反战大会,阐明召开这次大会的必要性及其性质,号召一切愿意参加反战运动的人们派遣代表出席。

△ 冯玉祥通电全国宣布自本日起将察省一切军政交宋哲元负责办理。同日,宋部卫队 200 余人进驻宣化,抗日同盟军开张北。

△ 黄郛抵庐山,向蒋介石报告华北停战经过及接收战区情形,并商讨今后施政方针。13 日,河北省府主席于学忠亦到达庐山谒蒋。

△ 陈济棠在广州召开"剿匪"军事会议,讨论应援闽西计划,令黄任寰师与第十九路军张炎部联络,向坎市推进策应龙岩;第一独立师张瑞贵部开赴蕉岭、大埔一带,以保粤边。又令黄延桢、黄质文两师速向筠门岭推进。

△ 国民党中央宣传部变更检查新闻办法,规定由中央党部发表国际国内政治情报及宣传大纲作为各报发刊标准。翌日,宣传部长叶楚伧召集新闻界训话,要求遇事与中央协商,被扣留的消息一律不准刊布。

△ 红一军团在瑞金举行运动会,8 日结束,是为中国人民军队最早的一次运动会。

8 月 7 日 蒋介石、汪精卫联名电冯玉祥,促其离察入京,以便宋哲元"得以自由接收察省一切军政"。9 日,冯复电拒绝。

△ 宋哲元、蒋伯诚、秦德纯等抵宣化,冯治安师先头部队两团同时进驻,布告安民。同盟军北撤,吉鸿昌率部回驻多伦。同日,何应钦在平对记者发表谈话称:"察事已初步解决,冯既无发号施令之名义,此后不足虑,惟共产党在察活动颇力,将成隐患。"

△ 红二军团贺龙部撤出邬阳关,于蛟笃坪集合改编后,佯向来凤撤退,作入川之势,突于是日冲出野熊关(野三关)入湘,次日达龙山。徐源泉派部追击,并电请何键派部堵截。

△ 中荷庚款董事会在南京成立,南京市长石瑛任董事长。同日

召开第一次董事会议,决定由荷政府即日指派工程师一名,于9月1日前抵达南京,参加南京市水利工程。

　　△　黄河水暴涨,河北长垣县(今属河南省)决口,河南汜水、武陟决堤多处。

　　8月8日　日陆军省发表声明称,向长城以南进出之关东军已逐次开回长城线,"截至8月7日业已退回完毕",并宣称此举"系对于中日提携与东洋永远之和平,踏入第一阶段",要求中国进一步"一扫两国间不快之感情,互相提携",并威胁说"倘有威胁满洲国之独立及扰乱治安,或违背本协定之精神时,则不问其如何,决意有予以排击之意"。但截至此时止,除榆关、都山长城以内地区及长城各口仍为日军占据外,迁安、建昌营、密云等地亦均有日军盘踞。

　　△　日使馆武官柴山访何应钦表示:多伦现为冯玉祥所属吉鸿昌部驻守,赤化色彩甚浓,日关东军对此不能漠视,决计加以进攻。日机五架曾于昨日在沽源平定堡一带投弹20余枚。

　　△　方振武、吉鸿昌、张慕陶等人集议冯玉祥收束察省抗日军事后之出路,拟推方振武为抗日同盟军总司令,继续抗日。因方部将领阮玄武等反对,未得结果。同日,中共察哈尔前线委员会紧急会议决定将共产党员领导的第五师、第十六师、第十八师教导队等部撤至张北。

　　△　日本内阁作出《满洲国指导方针要纲》,明确规定对伪满国体、军队、财政经济等各方面的控制政策,内称:"对满洲国的指导,在现行体制下,在关东军司令官兼帝国驻满大使的内部统辖下,主要通过日籍官吏实际进行。"

　　8月9日　冯玉祥撤销抗日同盟军总部。宋哲元派秦德纯、过之瀚等到张家口接收察省民政、财政两厅。同日,冯治安部由宣化开入张家口,第四十一军军部由沙城移驻宣化。

　　△　国民政府令:赣粤闽湘鄂"剿匪"军各路总司令部业经先后成立,所有赣粤闽边区"剿匪"总司令部应即撤销。

　　△　国民政府任命彭位仁为第十六师师长。

△ 国民政府令:准戴恩赛辞驻巴西特命全权公使职,遗缺由熊崇志继任;由黄芸苏继熊崇志任驻墨西哥特命全权公使。

△ 黄河水涨八尺余,与平汉铁路黄河铁桥平,南北交通断绝。至15 日始恢复通车。

△ 日陆军省制定《满洲国陆军指导要纲》,将伪满军作为关东军的"补助因素",兵力控制在最少限度;战斗兵种只设步兵、骑兵,不许拥有坦克、重炮和飞机。此后,大量日军被派入伪军充当各级指挥官。

8 月 10 日 庞炳勋、关麟徵部向张家口开拔,宋哲元恐引起误会,令各军暂止于宣化。是晚,宋派秦德纯、邓哲熙、李炘、陈希文、张吉镛、过之瀚谒冯玉祥,促其离张。邓、李等劝冯赴鲁居住,山东省府主席韩复榘亦有电邀,冯遂决定仍回泰山。

△ 北平军分会以察事解决,令平绥路恢复通车。

△ 国民党中委唐绍仪、萧佛成、陈济棠等自广州电中央党部,反对在宁召开第五次全国代表大会,略称:"今日本党最重要之任务,唯在领导全国民众,抵御外侮,以保我主权及领土之完整,若不努力于此而徒召集大会,为决而不行之议案,适足以增同志之惶惑,堕国民之信仰,而速党国之覆亡。"表示在未实行第四次全国代表大会及历次中央委员会全体会议关于抗日之决议案以前,无论以何种名义再在南京召集大会,必不承认。

△ 《十日谈》旬刊在沪创刊,邵洵美主办。

8 月 11 日 汪精卫偕铁道部次长曾仲鸣到庐山,与蒋介石、黄郛等商谈华北战区善后、军队整编及结束察事等问题。14 日返京。

△ 宋哲元电请蒋介石任庞炳勋为察省府主席。次日,蒋电复仍令宋主察。

△ 华北战区接收委员会派县长李英接收兴隆县长城以内地区,在马兰峪设县府办公。26 日,李英电河北省政府称,日方以该县由伪满划归青龙县,属伪满领土,令该县长速退。

△ 山东东明,河南兰封、考城(今兰考)、温县等地黄河决口,汜水

一带河水漫堤出险,南至广武,西至巩县 200 余里成泽国。河南、山东、河北三省电行政院要求发急赈及抢险费用。

8 月 12 日　中华苏维埃共和国临时中央政府在瑞金召开中央苏区南部 17 县经济建设工作会议,毛泽东作题为《粉碎五次"围剿"与苏维埃经济建设任务》的报告。15 日,大会作出关于推销 300 万元经济建设公债,发展合作社,筹办粮食调剂局、粮食合作社以及对外贸易等问题的决议。

　△　宋哲元偕蒋伯诚、庞炳勋等进驻张家口,随即到新村谒冯玉祥,冯表示对察事已不过问。宋即通电中央及各省、市党部等报告进驻张家口。

　△　"民众抗日同盟军收复察东失地阵亡将士纪念塔"及"全国军民抗日死难烈士祠"在张家口行落成典礼,冯玉祥偕宋哲元等往祭。

　△　北宁路通车事经殷同与日关东军洽商结果,日方允通车至山海关。是日 24 时,日方将关内段交出。但塘沽至山海关之间路段仍由日天津驻屯军派兵驻守,故时论有"所谓平榆通车,无异借地行车"。

　△　蒋介石电湖北省政府,以大冶、阳新、通山各县与赣边各县间公路关系"剿匪"军事,限 10 月底前修筑完成。

　△　国民政府重申禁止刑讯令,明令"嗣后无论何项机关,绝对不得再用刑讯",并令"将在押未决各犯,察其情节轻重,依法厉行保释"。

　△　蒋介石电令各路"剿匪"军及各省、县政府加紧"剿匪",倘遇"匪"警,必须负责死守待援,否则以临阵畏缩论,处以极刑。

8 月 13 日　伪蒙军李守信部是日午侵占多伦。北平军分会函日使馆武官柴山,请其转达日政府及关东军尊重停战协定,将多伦伪军撤退。柴山复函谓,李守信军原系驻多伦,因被共产系之冯军驱逐,今将其夺回,实为维持该地治安。

　△　北宁路平榆段正式通车。

　△　川军刘文辉部困处岷江南岸,所部陈鸿文师一部倒戈。是日,刘湘部渡岷江,占崇庆。刘文辉部将领彭诚孚、邓和亦在岷江上游接受

刘湘委任,林云根师一部又在彭山青龙场哗变。14 日,刘文辉下令迅由岷江往雅河撤退,师长陈鸿文、旅长石绍武被俘,石被刘湘在邛崃枪决。

△　王以哲部特务队四五百人哗变,往河北易县紫荆关与郑桂林部会合。15 日,驻满城第一二〇师一个连另一个班亦受郑部影响哗变。

△　天津宝成纱厂为缩小营业范围,要求裁工改制,是日突趁工人例假休息,通告自翌日起停工,并请调保安队 70 余名到厂阻止工人上工。1800 余工人顿时失业。次晨,工人推代表向市党部请愿。

8 月 14 日　冯玉祥离张家口,宋哲元、秦德纯等陪行。下午车抵北平,汪精卫代表傅汝霖、何应钦代表刘健群、黄郛代表何其巩到站迎候。傅遵国民政府旨意,促冯去南京就训练总监或全国林垦督办或黄河水利委员会委员长职,遭冯拒绝。次日到达济南,全市悬旗欢迎。17日,冯由济南到泰山。

△　导淮委员会、江苏省府主席顾祝同、河南省府主席刘峙先后电国民政府,报告黄河暴涨,堤漫恐入故道,危害下游,要求设法预防。是日,国民政府训令黄河水利委员会立派专员主持,迅堵豫堤漫溢处所。

△　太平洋国际学会第五届大会在加拿大班府开幕,中国代表胡适等出席。大会主席福尔孔纳致开幕词,示意避免讨论中日问题。大会进行中,中日代表对日向满洲移民问题展开争论,双方曾多次秘密接触谋求解决中日问题办法。

△　日新任驻伪满大使兼关东军司令官菱刈隆由东京启程赴任,临行表示"愿埋骨东北",贯彻日本侵华方针。

8 月 15 日　行政院会议决议着陕、豫、冀、鲁、皖、苏各省府联合防堵黄河决口,并令财政部移拨扬子江防汛委员会未付之款作经费。

△　刘湘电蒋介石称:"闻共匪有进扰仪陇之举,情势至急,非迅速结束岷江军事,必致贻误剿匪时机,迫不得已,乃于元(13)日饬令各军

分别前进。……大约岷江军事旬日内定可结束，即当回师剿赤。"

△　朱庆澜为各报揭发其侵吞救国捐款事电行政、监察两院及军事委员会，表示"自信办理此事，始终谨慎"，要求政府派员彻查。

△　陈济棠饬广东省公安局是日起向广州全市商店开征航空救国捐，按资本额 2% 征收，限一个月内收竣。

△　香港各校优秀选手组成香港东方体育会女子篮球队赴上海。

8 月 16 日　北平军分会决定察省善后办法四项：一、改编察省杂军为 18 个团；二、任方振武为北平军分会委员；三、吉鸿昌、孙良诚仍任上将参议原职；四、张砺生部枪支皆得自地方，应照数发还。以上交由宋哲元与方、吉等代表协商办理。吉鸿昌、方振武等坚持抗日，反对收编，并将所部改称"抗日讨蒋军"。同日，方在张北通电出任代理总司令职。

△　国民党中政会议，汪精卫报告在庐山与蒋介石会商经过及察、新近况；通过：一、新疆省府委员名额遇特殊情形时可增至 13 人；二、黄河水利委员会改由行政院直辖；三、通过《巩固邮基方案实施纲要》建议案，将邮政储汇局改隶邮政总局；四、派罗文幹赴新疆视察司法、外交，在离京期间由汪精卫兼署外长，郑天锡代司法行政部长。国民政府分别于 17、19 日明令发表。

△　上海各界清查救国捐款委员会致电国民党中央党部、国民政府及行政、司法、监察各院，要求政府令上海特区法院检察处迅予彻查侵吞救国捐案。9 月 4 日，汪精卫谕军政部次长陈仪、财政部次长邹琳前往查账。

△　丁文江、翁文灏、曾世英编绘《中国分省新图》，由申报馆出版发行。

8 月 17 日　黄郛由浔赴沪，20 日在沪出席新中国建设学会欢迎会，详述华北停战经过，并谓：中国之出路只在"求己"二字，"既往必须各具责己之心，以后尤须同抱求己之志"。

△　晨，孔祥熙应蒋介石召，由沪飞赣。

△ 清查救国捐款事件发生后,有关组织及人员相互责问。14日,李杜指责朱庆澜以捐款 50 万在热河开银号,并在中央所拨抗日军费 40 万中以一部送汤玉麟等。是日,朱函复李杜否认。同日,东北义勇军后援会监察委员会电国民政府,要求派员到会查账,以明真相。

△ 刘文辉自雅安通电,宣布入康致力国防,留川部队分交向传义、冷寅东统率。

△ 辽宁民众自卫军第六路司令、国民义勇军辽东总指挥李春润率义军在辽东塔沟与日军激战,击毙日军小彬少将、伊藤中佐、中村和井原大尉等。李春润受重伤,转往山东施行手术,9 月 4 日牺牲。

△ 鲁西菏泽地带黄河决口,河水泛流东下,循故道入苏境,达砀山、丰县,苏省府急令铜山等 10 余县急速防堵,并派员赴京向导淮委员会求援。

8 月 18 日 国际反帝反战代表团英人马莱爵士、法人环音考托、比利时人波比等到沪,出席世界反对帝国主义战争委员会在上海召开的国际反帝反战大会。鲁迅、茅盾等联名发表欢迎宣言,号召中国及全世界劳动者为反对帝国主义战争而团结战斗。

△ 晚,宋哲元与何应钦在平商定处理抗日同盟军办法:对"杂军"按收抚原则分别收编,首领给予军事参议名义令其离开队伍;电催方振武到平任军分会委员,孙良诚任军事参议院参议,张允荣任军委会参谋;并要求中央转饬财政部筹拨 8 月份华北接济费 200 万元,从中拨一部作察省善后及编遣费。

△ 蒋介石电南昌行营办公厅主任熊式辉、作战厅长贺国光,指示"剿匪"部署:一、第八十师主力由杭州经樟树开新淦;二、第三、十四、九十四、四十三各师大部为一纵队,归薛岳指挥,限 20 日前到达中州、龚坊一带,以第九师跟进为预备队;三、第十、八十三及保卫二师限 20 日前在新淦附近准备完毕,以第八十师主力为预备队;四、以上两纵队及永丰、吉水部队归卫立煌统一指挥,限 21 日开始"进剿"。

8 月 19 日 驻法日代办泽田向法国外交部口头抗议法占南沙群

岛九小岛，以日商磷矿公司曾在该诸岛经营为借口，要求由日、法两国直接谈判解决所有权问题。

　　△　孙科偕马超俊由济南到泰安，冯玉祥偕邓哲熙下山晤孙，详谈察局经过、国家危机及华北近况。孙邀冯入京，冯未允。

　　△　行政院令黄河水利委员会、导淮委员会速召开陕、豫、冀、鲁、皖、苏六省防汛会议，联合会商防堵黄河水患。

　　8月20日　新任日本驻伪满大使兼关东军司令菱刘隆抵大连，发表告驻伪满人士声明书，声称："本职之来任，固体日本之方针，然对于国防之强化，治安之完成，尤其对于满洲国家之坚实的发达及永远确立日满共存之事，将贡献满腔之支持与协力。至于本人对满政策经纶大纲，悉皆踏袭前任武藤元帅之所行者。"

　　8月21日　蒋介石电汪精卫转中政会，称"鄂豫皖赣剿共军事或已分头进击，或方厉行封锁"，"标本兼治，非财莫举"，提出需治标费180万元，治本费1500万元，要求汪力予主持，提请中央核议定案，并先拨治标费180万元以应急需。23日国民党中政会通过。26日国民政府训令行政院转饬财政部筹拨。

　　△　江西省政府呈请蒋介石批准发行筑路流通券400万元，以一五盐税附加为担保。是日，财政部训令盐务稽核总所将附加盐税延长三年。

　　△　唐有壬在沪访日使有吉明。此事引起中日关系转变、中国将改变外交方针等传说。次日，日外务省发表谈话称：中国如有诚意容纳日本主张，确实与日本谋亲善，则日本亦当可考虑一切。

　　△　刘文辉部师长张志和在洪雅下游渡河投刘湘。刘湘部于是日占峨眉、夹江、洪雅。

　　△　世界红十字会中华总会通电各省、市、县分会，呼吁赈济黄河水灾。

　　8月22日　刘湘部占雅安，刘文辉败退天全、荥经、汉源一带。刘湘声言须将冷寅东、夏首勋两部解决方能停止战事。冷、夏遂先后离开队伍。冷建议刘湘将部队撤到名山之线,俾刘文辉仍回驻雅安,双方停止军事,派员从长协商善后。二刘双方对此均表同意。至此,从 1918 年以来四川军阀剧地为雄、互相争夺之长期混战局面告一段落。

△ 行政院会议决议:一、免刘崇杰外交部常务次长职,遗缺以唐有壬继任;二、着铁道、实业、财政三部,京市府,农村复兴委员会于一周内调查国内产麦滞销情形,设法补救;三、建筑新疆直达公路,由铁道部主办,聘赫丁等为顾问,由铁道部先拨五万元为开办费。

△ 山东省府主席韩复榘电蒋介石、汪精卫,要求从棉麦借款项下拨 200 万元救济水灾。

8 月 23 日 国民政府令派孙连仲兼任第四十二军军长,田镇南任副军长。

△ 红四方面军第十二师在仪陇紫观场击溃川军李炜如残部,占领仪陇、阆中及南部嘉陵江以东地区,俘虏、缴获枪支各 500 左右,得盐 10 余万斤,并乘胜向营山、渠县进展。

△ 宋哲元电告汪精卫收编抗日同盟军情形,称:秉承"少编大遣"旨意,现已编定檀自新部一师共六团,张人杰部一师共三团,李忠义部一旅共两团。

△ 黄河上游山西保德一带河堤溃决,数百里被淹。

8 月 24 日 宋哲元召察哈尔抗日同盟军各部负责人宣布处置办法:委阮玄武为商都县警备司令,方振武、阮玄武各部共编两团,富春部编一团,归阮指挥;委张允荣为张北县警备司令,张与吉鸿昌部合编两团,由张负责肃清"共党";委张凌云为康保、宝昌警备司令,乜玉岭为副司令,所编两团;委刘桂堂为察东游击司令,所部编三团;孙良诚部编一团,暂归张允荣指挥,孙即日通电解除兵权离察;刘震东部先编一团,唐聚五部编一团;张砺生由省府聘为顾问,所部解散。各部编余人员给资遣散。

△ 吉林抗日武装攻打宝清县城,战一昼夜,伪满军弃城而逃。

△ 伪满吉林省富锦县同江街保卫队长张子峰率部哗变,架走县

长庞某,击毙伪商会会长。31 日,珠河(今黑龙江省尚志市)警察第二中队反正投抗日义军,并将阻拦反正之队长吴成海处死。

　　△　中国经济学社第十届年会在青岛举行,参加者 300 余人,马寅初主席。

　　8 月 25 日　四川茂县一带发生大地震。北平时间下午 3 时 50 分 26 秒,茂县(今茂汶羌族自治县)、松潘、理番(今理县)发生 7.5 级强烈地震。震中区茂县之叠溪镇房舍 278 所,仅镇东一城隍庙尚有部分残垣,亦南移十余米,叠溪附近 20 余村庄纵横 30 里,南北十余里全部沉陷。当日晚 20 时 30 分再次强震,至次日晨大震五次之多。茂县被灾镇、堡、村、寨 150 余处,死亡 6800 余人,伤 1900 余人。松潘受灾范围 900 多平方里,伤亡 6000 人以上,房屋倒塌十分之三。理县伤亡六七百人,房屋倒塌十分之三。开初每日一大震,每时一小震,波及四川全省及陕西、云南部分地区。27 日下午 2 时,成都地震,“房屋振振有声,瓦片坠落,墙垣多有震倒者”,伤亡百余人。

　　△　中共中央致红四方面军指示信,指出目前四川形势,提出红四方面军及四川党在冲破五次“围剿”中的具体任务,要求巩固现有苏区并将这些苏区联合成为一个不互相隔离的整体,在渠江与嘉陵江之间创造一个巩固的根据地;加强和扩大红军,年内创造主力红军五万人;动员一切力量,争取对十数县以上抗捐军的领导,发动川中和川陕边及川滇边的游击战争;坚决执行土地革命任务;加强各级苏维埃工作,确立正确的经济政策等。并责成就近领导四川省委的工作。

　　△　方振武、吉鸿昌、张砺生、米文和、阮玄武通电声讨北平军分会对同盟军的镇压,表示“既以抗日为起源,必以抗日为归宿”,仍督同抗日同盟军急救多伦、沽源,“倘再有阻遏抗日进程而为亡国之催命符者,决以深仇大敌视之”。该电至平,何应钦令电局扣留。

　　△　萧振瀛就镇压抗日同盟军问题电汪精卫称:“拟将‘自新’各部先行调开,专对赤化部分……再将其他各军逐步编遣,以便易于就范。”

　　△　罗文幹离南京飞西安转新疆。

△　吉林国民救国军王德林部在代总司令吴义成率领下继续抗日,是日攻克东宁,缴获日伪货车。

△　山东菏泽、寿张等 18 县灾民代表电国民党中央称:鲁西黄河水灾受害十数县之多,遭劫生灵数百万之众,系河南省政府主席刘峙派队一旅至兰封以护堤为名,决堤下灌所致,要求政府申明法纪而平民愤。28 日,刘峙电国民党中央及山东省府主席韩复榘否认此事,要求"查究有无奸人煽惑"。

△　红二军团贺龙部攻克湖北松滋县城,毙县长江文波。28 日,由松滋刘家场东进,占闸口、槐市,威胁湖南津市、澧县。

△　日新任驻伪满大使兼关东军司令官菱刘隆在长春向伪执政溥仪呈递国书。

8 月 26 日　宋哲元令冯治安、赵登禹两师开张北。是晚宋偕萧振瀛等到张北,谋与方振武、吉鸿昌晤商收编该部。宋到达前一日,方、吉离张北北开。宋即派陈希文、张允荣在离张北百余里处追及方振武,劝其收编,遭方拒绝。

△　孙良诚自张家口通电宣布"即日解甲归田",所部改隶察省府。同日,檀自新就暂编骑兵第十师师长职。张允荣、阮玄武在张北分就张北县警备司令、商都县警备司令职。

△　原汤玉麟之第五十五军除一部分自动随孙殿英部西行外,一部留置察省,另一部则随汤占据察东。北平军分会以该军"分散三处,系统已失,纪律荡然",是日下令将该军番号取消;将开往包头之部队由第四十一军严加淘汰,缩编为三个团;留察境残部由庞炳勋将其缴械遣散。翌日,该军北平办公处被查封。

△　湖北堤捐侵吞案达 28 起,数近 70 万元,是日,蒋介石令该省府严缉舞弊人员。

8 月 27 日　红五军团攻占福建延平(今南平),英、美、日等国调舰驶往福州护侨。随后,红军撤出延平,在延平东南地带歼第十九路军先头部队后占水口,威胁福州。福州当局调海军协防,并赶筑碉堡。红军遂在顺昌、延平、尤溪等地与第十九路军迂回战斗。

　　△　方、吉部由张北撤出后,方开独石口。吉鸿昌、宣侠父、张慕陶等是日在张北县北面二泉井集结,召开中共前线委员会扩大会议,批判张慕陶散布的"联日反蒋"主张,坚持抗日路线,改组革命军事委员会,推吉鸿昌任抗日同盟军总指挥,决定西开入太行山。当晚开拔,经大青沟时被张凌云部包围,吉率部突围往商都。

8月28日　陕、冀、鲁、豫、皖、苏六省防汛会议在南京召开,要求国民政府于国库项下急拨1000万元办理黄河沿线堵修工程,并建议行政院转请中央设黄河水灾救济委员会。

　　△　方振武、王中孚率部由独石口向赤城南进,宋哲元令冯钦哉部往龙关堵截;吉鸿昌率部开往商都,宋哲元令所部王子良团及高树勋师之一部尾追,并令雷中田部进驻商都。

　　△　蒋介石派朱绍良为甘、宁、青三省绥靖主任,特电劝勉,略谓:"西北军事,情形复杂,回汉情感未孚,更有统一指挥、妥为编配之必要。诸马(马麟等)对兄均表拥戴,幸勿谦辞,勉维大局。"

　　△　实业部在江西设立钨矿产销局,与英商安利洋行订产销合同,将赣南钨砂廉价售与外人专利,遭到江西民众强烈反对。是日,国民党江西省党部电国民党中央,要求撤销该项合同。31日,赣南各界决定改由粤省出口,使产销局不能控制。10月2日,实业部长陈公博电复熊式辉称:该项合同迄未实行,已决定废除,由部自办。

8月29日　上午9时,行政院副院长兼财政部长宋子文回国抵沪。林森、蒋介石、汪精卫均派代表往迎。宋发书面谈话,宣扬此行"成果",并表示"冀望全国上下化除成见,集合全国之资力、物力与人才,以友邦建设之精神为救国唯一之途径"。

　　△　国民政府明令改组察哈尔省政府:原省府委员宋哲元、佟庸、文光、赵兴德、高惜冰、德穆楚克栋鲁普、杭锦寿免本职;宋免主席兼职,佟、文、赵、高分别免民政、财政、建设、教育厅长兼职。任宋哲元、秦德纯、过之瀚、吕复、张维藩、庞炳勋、卓特巴扎普、索诺木拉布坦、德穆楚

克栋鲁普为省府委员,宋兼主席,秦、过、吕、张分别兼任民政、财政、教育、建设厅长。

△ 驻福州英、美、法、日等国领事谒蒋光鼐探询闽边"剿共"军事情况。晚,英、美舰各一艘驶抵福州。

△ 《反战新闻》双日刊在沪创刊,世界反对帝国主义战争委员会远东反战大会创办,报道远东反战大会消息,揭露帝国主义掠夺中国和国民党政府出卖民族利益的罪行,9 月 29 日停刊。

△ 中华全国总工会上海执行局书记罗登贤在南京雨花台就义。

8 月 30 日 行政院昨日起开会讨论黄河水灾事宜,是日决定:一、呈请国府明令组黄河水灾救济委员会,特派有关各部、会部长、委员长及有关各省建设厅长为委员;二、呈请国府明令拨 400 万元办急赈。黄河水利委员会委员长李仪祉在会上报告称:黄河地域受灾面积 1.5 万余平方里,受灾人口 114 万余。

△ 河南省府主席刘峙通电全国称,河南各县被淹村镇达两千以上,而省库奇绌,呼吁各界赈济。

△ 北平军分会委张人杰为暂编第三师师长,是日张通电称,遵于 31 日在察省防次就职。

△ 河北战区各县联合救济会电呈行政院、财政部,要求豁免战区 19 县 1933、1934 两年正杂各税。

△ 平沪直达列车通车。

△ 绥新长途汽车公司由绥开车五辆往新疆探路。至 10 月 10 日,第一辆车始抵迪化。此线路经两年多筹备,用费 20 余万元。

8 月 31 日 国民党中常会通过《审查中等学校公民教师资格条例》及《审查训育主任资格条例》。9 月 18 日,国民政府训令行政院转饬遵照。

△ 全国商联会以国内麦产滞销,粮价过低,洋米无税入口实为主要原因,呈请国民政府重征洋米入口税。

△ 故宫博物院理事、清史馆代馆长、东方文化事业总委员会委员

长、《新元史》撰者柯劭忞在北平逝世。12 月 28 日,国民政府明令
褒扬。

　　是月　马仲英退吐鲁番后,盛世才先后派吴兆熊、蓝彦寿、刘斌等
到吐与马商谈和平,又经马派张雅韶、姚治平随省方代表到迪化进一步
商谈,是月双方在迪化达成协议,由省府委马仲英为东路警备司令,驻
防哈密、镇西、鄯善等地,饷银由省供给。盛遂任吴兆熊为吐鲁番县长,
蓝彦寿为鄯善县长,携带饷银省票 20 万两去吐鲁番促马履行协议,但
马借口和加尼牙孜进攻焉耆,暂时不拟东撤。

　　△　财政部总税务司报告,本年 1 至 8 月底止,江海关进口总额共
计 5.32755543 亿元,出口总额共计 2.14396877 亿元,入超
3.18358666 亿元。

　　△　日陆相荒木上奏天皇《由日本见地论及满洲事变之政治经济
的效果》称:九一八以来日本在中国东北获得之特殊权益及其扩充,如
铁道守备兵驻屯权,满洲治安保持要求权,南满铁路经营权,吉会线敷
设权,各铁道干线行政权,煤铁等矿采掘合办权等政治、经济权益"不亚
于日俄战役之功绩","可谓日本肇国来第一之大事件"。

　　△　日本以所谓"经济提携",谋求统制中国东北及朝鲜的产业,特
在长春设立东亚产业协会,由日人宇佐美任会长,郑孝胥任名誉总裁,
张燕卿任副总裁。

　　△　李杜、吴焕章、萧振瀛、傅汝霖联名具呈蒋介石,提议策动东北
义勇军扰乱日军及伪满,待机会成熟,中央出兵收内外策应之效,并提
请组设东北民众救国委员会等具体方法。南昌行营复示称:"事关抗日
举动,应由中央统筹兼顾。"

　　△　年初,吉林国民救国军王德林部溃散时,共产党员李延禄将所
掌握之补充团改编为游击军,由牡丹江地区转移至密山,与中共密山县
委创建之密山游击队汇合,是月改称东北抗日联军第四军。李延禄任
军长。

　　△　香港大旱,月降雨量仅一寸七分三厘,开 49 年来新记录。

9　月

9 月 1 日　何应钦、宋哲元电国民政府报告对察哈尔民众抗日同盟军处理情况称："已改编者:檀自新为暂编骑兵第十师师长,李忠义为暂编骑兵第二十四旅旅长,张人杰为暂编第三师师长,刘桂堂为察东游击司令,黄守中为游击第一支队长,阮玄武为商都警备司令,姚景川为宝昌警备司令,张允荣为张北警备司令,雷中田、高树勋、柳青庭、张凌云、匕玉岭、唐聚五、刘震东等部属之。"又称:"惟吉鸿昌千余人已明白赤化,尚未完全就范,若张慕陶、宣侠父等著名共匪能完全除去,仍决从宽处理。"

　△　国民政府令组黄河水灾救济委员会,拨 400 万元为急赈之用,派宋子文、黄绍竑、陈公博、顾孟馀、许世英等 23 人为委员,宋任委员长,黄绍竑、陈公博、顾孟馀、朱家骅、许世英、李仪祉、刘瑞恒、秦汾任常委。同日,黄河水利委员会在南京成立。

9 月 2 日　红军一部进攻江西南城、南丰间交通要地里塔,击败第八师毛炳文部一个团,占里塔。3 日及 12 日毛部各一团两次反攻,均被击退。

　△　"剿匪"西路军第十五师王东原部在江西宁冈企图包围红军萧克部。红军诱敌至下水湾加以歼击。王部撤回砻市(宁冈县治)、古城阵地后,红军深夜乘虚进占新城。

　△　宋子文由沪到京,出席国民党中政会临时会议,报告出国经过。同日对记者发表谈话,主张厉行统制经济。

　△　瑞典亲王卡尔游历远东,经日本来华,是晨由沪到京,午访晤林森,林设宴招待,汪精卫、宋子文等作陪。晚,卡尔离京北上游览。

9 月 3 日　陈济棠、李宗仁、蔡廷锴联电蒋介石、汪精卫,要求:一、停止召集五全大会;二、公开厘定棉麦借款用度,必须用于生产事业;三、公布《塘沽协定》全案;四、维持察省抗日部队,停止中央部队前进压迫。

　　△　罗文斡乘机到达哈密,会见哈密王之子白锡尔和马仲英部重要人员,并以中央名义给当地居民赈款 1000 元。下午飞抵迪化。按:当时盛世才高谈抗日救国,指斥帝国主义分裂新疆阴谋,宣称要与友邦苏联保持亲善关系。罗鉴于盛难驾驭,积极作拉拢马仲英等活动。

　　△　英国政府任命贾德干继蓝普森为驻华公使。

　　△　日关东军及伪满代表 60 余人在沈阳开会筹设满洲棉花公司,资本定伪币 100 万元。

　　9 月 4 日　吉鸿昌率部越商都西行,为晋军赵承绶部所阻,遂东趋独石口谋与方振武部会合。宋哲元命张凌云、乜玉岭、赵登禹部三路围堵。

　　△　国民政府令派周浑元为第三十六军军长。

　　△　行政院会议决定免鲍毓麟北平市公安局长职,遗缺由青岛公安局长余晋龢继任。

　　9 月 5 日　蒋介石于午夜起召开牯岭谈话会,至 7 日结束,汪精卫、宋子文、孙科、孔祥熙、吴敬恒、张静江、陈绍宽、曾仲鸣、唐有壬等出席。首由宋子文报告出席世界经济会议、棉麦借款与国联技术合作等问题。会议决定改组全国经济委员会,由汪精卫、宋子文、孙科任常委,实行统制经济,棉麦借款归全国经济委员会全权支配;将海军、陆军、训练总监三部划归军委会管辖;确定应付日本方针为:"除割让东三省、热河,承认伪国为绝对不可能外,对其他次要问题如税则等仍应与之作相当之周旋,谋适宜之处置,并极力避免一切刺激日方感情之行动及言论,对华北当局赋以相当自由之权限。"其他如"剿匪"、财政等问题亦均有所策划。

　　△　自上年康藏停战协定后,藏军乘刘文辉在川战中失利,进兵西康,并于上月下旬侵占云南省中甸县。云南省政府主席龙云除派部镇压、派机轰炸外,是日电国民党中央告急。24 日,滇军夺回中甸。

　　△　汉口邮工于 4 月间组织邮务工会,遭邮务长史密斯(英人)无理阻拦,经多方交涉无效,是日一度罢工。武汉警备司令部声称:"在剿

赤期间任何罢工均是危及治安。"后经津、沪等地邮工声援,20 日,邮局方面承认邮务工会等条件,罢工始告解决。

△　东北义军四海仁等部 400 余人袭击兴京县城。

△　日关东军为阻止华北工人进入东北及为日本移民创造条件,是日,关东军特务部决定设立劳动统制委员会,由小矾国昭兼任委员长。

9 月 6 日　蒋介石、汪精卫电复陈济棠、李宗仁、蔡廷锴称:停止召集五全大会问题,可由陈、李以中央委员资格向中常会提议,以符手续;棉麦借款,中央政治会议早已决定用于生产事业;《塘沽协定》全案早已尽行公布,此外绝无任何秘密附件;对察省部队已收编就绪。

△　国民政府明令发表余晋龢任北平市公安局长。东北军将领纷起反对。

△　宋哲元电方振武作最后"忠告",要求立解兵权,将军队交政府。

9 月 7 日　蒋介石电蒋光鼐、蔡廷锴指示"剿匪"方略,略谓:"只要延平各城能固守半月,一待北路军发动,则匪必西退,回顾老巢。故此时我闽军主力,应先待其向西撤回时而邀击之。"同日又电南路总司令陈济棠,要求"克期规复瑞金、会昌"。

△　蔡廷锴由漳州飞抵福州,并调部增防福州。同日邓世增奉蔡命到广州,要求陈济棠派部警戒长汀或急攻筠门岭,以牵制闽北红军。

△　平市公安局易长问题,引起各方反对,何应钦以余晋龢难接任,拟以军分会第三处处长黄师岳与鲍毓麟对调,以达去鲍目的,是日电张群转黄郛征求意见。

9 月 8 日　湖北绥靖主任何成濬在麻城宋埠召开军事会议策划"剿匪"、清乡问题。第二十六路军总指挥孙连仲、第一纵队总指挥刘茂恩、第二纵队总指挥上官云相、第九军军长郝梦龄、第三十军军长彭振山、第十三师师长万耀煌、第七十五师师长宋天才等出席。

△　黄郛为执行对日妥协方针,向蒋介石保荐殷同为北宁路局局

长。是日何应钦电蒋，以公安局易长已引起纠纷，要求"暂维现状"。

△　中国红十字会、华洋义赈会、中国佛教会等九团体联合组织上海各慈善团体筹募黄河水灾急赈联合会，许世英任委员长。

△　江苏省政府议决征收永佃契税章程，每亩向佃农征收银元五角。是日，国民党无锡县党部电请省党部转呈中央严厉制止。

9月9日　吉鸿昌、方振武两部于独石口之云柴堡会合，决定东移热河丰宁。

△　罗文幹偕刘斌、李溶（迪化区行政长）及马仲英代表张雅韶由迪化到吐鲁番，向马仲英传达国民党中央调解盛、马冲突旨意。马表示服从中央，于11日就新疆东路警备司令职，但对退驻哈密持异议，提出须有饷糈保障。

△　日关东军为在察省树立傀儡组织，是日由承德特务机关长松室孝良及多伦特务机关长浅昭弥五郎分别函邀牛羊群等八旗总管于25日前到多伦参加察哈尔八旗总管会议，讨论"日后复兴蒙族重要关系事件"，会后由多伦特务机关部宣布设立察绥蒙古各盟旗联合办事处。

△　中国航空协会接受上海捐机五架并举行命名礼。

9月10日　驻平中央宪兵第三团大肆逮捕共产党员，是日将上月中下旬逮捕之中共北平市委组织部长刘有志（刘宁一）、宣传部长刘德明（赵丽卿）等38人押解南京。

△　红二军团第七师卢冬生部由五峰进入湘境桑植。是日贺龙率部4000余人乘陈渠珍新三十四师周旅"追剿"卢部之际，进占永顺。15日，贺率部回师鄂西咸丰、来凤，卢回鹤峰。

△　蒋介石电示南昌行营办公厅主任熊式辉转北路军总指挥蒋鼎文及第一纵队指挥官卫立煌，声称"此次剿匪，实关党国与本军之存亡"，要求对《剿匪手本》与《剿匪训练要旨》作为时时对将领"课问之本，以试其对剿匪之决心如何"。

△　日本为监视中国与国联技术合作，派前驻国联代表杉村阳太

郎于是日启程来华活动。

　　△　反日山林队东三好部 300 余人将中东路八道河子西面之铁轨拆毁,日满由绥芬开出之列车行经此处颠覆,并遭东三好部袭击。27日,由宽城子北行货车在蔡家沟、双城堡间因路轨被拆毁而颠覆。

　　9 月 11 日　何应钦在平召开裁军减饷会议,由军分会军需组长沈振荣报告华北财政称:每月收入 250 余万,支出 550 余万,亏欠 300 余万,除由中央月助 200 万外,尚差百余万元。继由何应钦提出整理军队、裁军减饷办法。13 日,通过裁军减饷方案,每月减饷 54 万余元,共裁军 5.7 万余人。

　　△　湘赣军区红军萧克部月初在宁冈下水湾战斗后,主力潜伏于大陇、葛田以东一带高地。是日,在大陇包围第十五师王东原部一个营。王调三旅兵力包抄,于 13 日在宁冈新城发生战斗,王部被打死团附一名,红军向永新转移。

　　△　红五军团一度进攻延平未下,是日向顺昌、邵武、泰宁等地转移。13 日,第十九路军参谋长赵一肩率部入延平设行营。

　　△　新任北平公安局长余晋龢定是日上任,平市商会、工联会、贫民救济会、东北同乡会、东北难民会等 30 余团体及 40 余学校代表1000 余人到局请愿。同日,汪精卫致电黄郛称:"东北将领,反对去鲍,致余未能接事,此等反动,本在意中。弟意宜一意坚持,贯彻政府明令。"次日,各团体、学校组平市各界挽鲍联合会,讨论进一步办法。13日,黄绍竑密电蒋介石称:此举不仅是反对余,市长、政整会委员"皆为其反对目标,拒余实为借端",要求"早为收拾"。

　　△　国民政府任霍揆彰为第十四师师长。

　　9 月 12 日　国民政府批准财政部发行库券 400 万元,作华北战区施赈补助农村之用。

　　△　行政院准河北省设滦榆、蓟密两行政督察专员公署。

　　△　黄郛由沪电蒋介石称:连日与宋子文、王克敏晤谈,已决定遵照蒋的旨意将华北财政归财政部直接办理,要求蒋电王克敏"嘉慰"。

△ 刘湘在成都召邓锡侯、杨森、李家钰、罗泽洲等，讨论川战结束后"剿匪"办法。决定先抽十团兵力驻防南部蓬安、营山等处，以防红军西进，然后大举"进剿"。同日，刘湘通电宣布川战结束，即日起总动员"剿匪"。

△ 罗文幹由吐鲁番返抵迪化。盛世才原要求马仲英随罗到省，因未见同来，认马缺乏诚意，遂准备再次攻马。

9月13日 国民党中政会决定扩大全国经济委员会职掌范围，直隶于国民政府，采常委制，以汪精卫、孙科、宋子文为常委；棉麦借款交全国经委会支配，另组监督与保管机关。

△ 国民政府特派颜惠庆、顾维钧、郭泰祺为出席国联第十四届大会代表；令刘崇杰继刘文岛任驻德意志兼驻奥地利特命全权公使；任刘文岛为驻意大利特命全权公使。

△ 国民政府特派朱绍良兼驻甘宁青三省绥靖主任。

△ 蒋介石电黄郛，提出平市公安局长由北平军分会暂派蒋孝先代理。

△ 宋哲元部赵登禹师进驻沽源。

9月14日 日机在张家口投下"警告书"，要求赵登禹部由沽源撤退至张北、龙关以西，否则将取断然处置。北平军分会即派员与日方交涉。

△ 平市各界挽鲍联合会电林森、汪精卫、蒋介石，要求顾念华北安危，俯顺舆情，收回公安局易长成命，否则虽罢工罢市亦所不惜。同日，何应钦、黄绍竑联电黄郛另荐军分会高级参谋门炳岳接充平公安局长。

△ 日驻华公使有吉明偕参赞崛内有野在南京与汪精卫及外交部次长唐有壬晤谈。日方宣称于中日外交有所商谈外，拟向中国提出中日商约谈判。唐有壬否认谈及中日商约。

△ 日本外相内田康哉辞职，由广田弘毅继任。广田表示对华仍循既定方针。16日又语记者称："苟中国能承认满洲国与其现在地位，

中日关系必可转佳。"

　△　《实业季报》在上海出版,全国商联会主编。

　9 月 15 日　北平 20 余团体二万余人挽鲍毓麟续任公安局长,定是日集会游行,被当局阻止。旋派代表赴市府再次要求中央收回成命。蒋介石、汪精卫认为此系东北军人别有他图,以事关中央政令,执意不变。余晋龢乃于 28 日上任,至 12 月 16 日国民政府始明令发表。

　△　盛世才拒绝罗文幹调解,在迪化召开军事会议,重启战衅,并将马仲英代表扣押。马知代表被扣后,宣称誓死消灭盛,并遣代表往伊犁联络张培元,协商夹击迪化。

　△　国货运动展览大会在上海举行。

　△　沈志远撰《新哲学辞典》由上海笔耕堂书店出版。

　9 月 16 日　汪精卫、孙科到沪与宋子文会商扩组全国经济委员会及其常委人选,确定棉麦借款用途。旋晤黄郛促其北返。

　△　张学良由罗马抵柏林,德国防部长布隆堡、航空部长戈林接见。25 日,张离德国往丹麦。

　△　《长风》政治文艺半月刊在上海出版,林庚白主编。

　9 月 17 日　闽浙赣军区红军方志敏部攻克浙江开化县,浙省保安处长俞济时急调保安三团往援。18 日,红军撤出开化。

　9 月 18 日　察北锡林郭勒盟副盟长德穆楚克栋鲁普(德王)领衔通电要求自治。翌日,国民政府蒙藏委员会以未到自治时机电复,并决定派巴文峻前往调查真相。

　△　汪精卫召戴季陶、陈果夫、朱培德、叶楚伧、居正等 30 余人在京讨论华北事件及党务、外交等问题。

　△　"剿匪"军西路总司令何键赴萍乡坐镇指挥"剿匪"。

　△　贵阳学生举行九一八游行,省教育厅长谭星阁派兵分据各道口,并以汽车冲击游行队伍,死二人,伤 40 余人,伤者多半为小学生,并拘捕学生 50 余人。

　△　中共党员杨靖宇领导的磐石游击队经与海龙游击队汇合,又

争取联合反日山林队殿臣、双江、老双胜等部,是日在磐石成立东北人民革命军第一独立师,杨靖宇任师长兼政治委员。发表成立宣言,表示"誓与日本强盗及走狗满洲国斗争到底"。

△　天津北洋工学院一年级生为要求免费及更换陈旧课本与校方冲突。代院长李书田以学生"侮辱高级教职员",向教育部请示处理办法。翌日,教育部电令将全体一年级生取消学籍。21日,公安局派警将该年级生强行驱逐出校。30日,该院布告除允64名限期觅保悔过作暂读生外,不准悔过返院者19人,开除五人。

9月19日　外交部训令出席第十四届国联大会代表颜惠庆、顾维钧、郭泰祺,应重申原有主张,仍信赖国联,盼能以最善努力解决中日纷争。

△　国民政府令派丘正欧、戈公振为出席在西班牙召开之国际新闻会议代表。

△　行政院秘书长褚民谊谈各省请拨棉麦借款情况称:截至本日止,计有湖南省请拨疏浚洞庭湖,卫生部请拨500万添卫生设备,安徽省请拨1000万赈灾及复兴农村,山东省请拨治水,陕、甘、青等省请拨一亿元完成陇海路,江苏省请拨2000万整理垦殖区,导淮委员会请拨完成导淮,湖北省请拨疏浚长江,河北省请拨600万造林凿井,华商纱厂请拨2000万元周转金融,广东、广西请拨珠江流域改良农作物准备金等,总计已达九亿元之多。

9月20日　方振武、吉鸿昌两部经怀柔北之长园口入河北境,是日,方振武一部入怀柔城。

△　热河义军百余人攻开鲁,毙日军守备队小队长山本。29日,再次在开鲁附近与日伪军战斗。

△　蒋介石电南昌行营办公厅主任熊式辉,指示"剿匪"军前进序列:一、依第九十、十一、六十七及十四、九十四各师次序,向新丰街、都均一带集中,第九十师限24日到新丰街后派一旅占领新丰街以东30里要地,并对黎川方面搜索;二、周浑元纵队应于25日占领硝石,同时

向黎川进攻,限 26 日至 28 日间占领黎川。

　　△　罗文幹由迪化抵塔城,动员留在当地之东北义军牵制盛世才。22 日,罗离塔城往苏联。

　　△　河南省政府以光山县地界湖北,为红军活动地域,特析置经扶县,县治设新集。是日,国民政府指令行政院准予备案。

　　△　香港各米行因上日粤方宣布征抽洋米税,是日一律停运。香港米行公所主席邹鹏展电请广东当局停征米税。

　　△　吉林农安、辽宁开通、通辽一带鼠疫流行,18 日止农安已蔓延23 村,死亡 200 余人,通辽死亡 90 余人。是日,日、"满"联合成立防疫委员会,由伪民政总长臧式毅任委员长,指定农安、开通、通辽为疫区,断绝三县与长春间一切交通。22 日,哈尔滨市亦决定检查行旅,限制交通。25 日蔓延至洮南。10 月,农安一带疫情稍减。

9 月 21 日　方振武在怀柔召开军民大会,散发、张贴抗日反蒋传单及标语。同日,平军分会派第二十五师一部往顺义附近设防,并派殷同访日武官柴山,要求日方干预。柴山立即电日关东军司令部请示办法。

　　△　湘赣军区红军萧克部占新城东南之焦陂、白石、上坊等地。第十五师王东原部急将主力集古城,图袭红军后路。24 日,红军占毛坪、葛田。王部派一个营包抄,26 日反被红军包围于毛坪附近,俟援军赶到始解围。

　　△　国民政府令派王用宾为高等考试典试委员会委员长。

　　△　滦东股匪张魁元(浑名"老耗子")陷抚宁,旋窜三河。于学忠令战区保安总队往剿。按:滦东股匪以"东亚联合同盟军"为旗号,编为两军,第一军军长郭亚洲,第二军军长孙魁元,共约 2500 余人。另有新加入之小帮大五龙、荣山等部千余人,巢穴在榆关一带。

9 月 22 日　日武官柴山根据关东军司令官菱刈隆复电,派驻密云日军官赴怀柔向方振武提出"警告",限 26 日晚以前撤退至非武装地区以外,否则即派兵进攻。翌日,日机飞平及顺义、怀柔散发"警告"方振武部传单。

　　△　日关东军总特务机关于多伦设置察东特别自治区行政长官公署,伪蒙古军司令李守信任行政长官,是日李通电到任。

　　△　蒋介石由庐山到南昌,设"匪区"党务处。

　　△　蒋介石编印《前代御寇良规》,本日令颁各军、师、旅及省府、民政厅、保安处,要求详加研究,"以供师法"。

　　△　国民政府免戴戟淞沪警备司令本职,遗缺派吴铁城暂兼。

　　△　财政部令上海各银行停止办理有奖储蓄。

　　△　前粤军总司令陈炯明病死香港。

9月23日　红四方面军集中第四、九、三十军主力是日起进攻营山川军杨森部,击溃杨部李朝信旅,占领鼎山场、玉山场、双庙场等要地。

　　△　吉鸿昌率部抵怀柔与方振武部会合。方振武一部进占牛栏山,作袭击北平准备。

　　△　蒋介石在庐山接见代表四川省安抚会请援之中国青年党人李璜,旋派员陪同考察赣省被"收复"之苏区情形。

　　△　国联行政院全体会议接受国联与中国技术合作报告书,并派拉西曼为国联与中国间之联络员。顾维钧在会上声明此举完全无政治性质。

　　△　国民政府特派汪精卫、孙科、宋子文为全国经济委员会委员,并指定为常务委员;特派蒋鼎文为赣粤闽湘鄂"剿匪"军北路前敌总指挥。

　　△　国民政府任命裴昌会为第四十七师师长。

　　△　孙殿英西进后,得阎锡山所助开拔费25万元,又将留驻晋城旧部调往包头。是日,孙部由包头开拔,假道宁夏入青。

9月24日　方振武、吉鸿昌联名发反蒋通电,提出非打倒蒋介石不能遂行抗日工作,此次举兵非个人行动,乃国家立场之实行而已。同日,方振武答复日方"警告"称,此次行动目的在拯救中国人民于水深火热之中,属中国内政问题,要日军不作干涉。

△ 方振武部在牛栏山附近与驻军第二师发生战斗。同日,日军一个连到密云,将地方保安队缴械。次日,日第八师团第五联队继到密云。

△ 滦东股匪张魁元部复占抚宁县城,县长刘兴沛率保卫团逃昌黎,居民万余随之外逃。

△ 日与伪满将中东路局苏方运输、厂务、会计、业务四处长及满洲里站长扣押,绥芬站长传讯。翌日,苏《真理报》、《消息报》载文警告日本称:满洲境内发生各事以及破坏中东路苏联权利之完全责任,须由日方担负,若日人一味挑衅,则日必将受到相当之报复。时苏已调兵力14 万、飞机 300 架驻远东。

9 月 25 日 宋子文在沪语记者称:首批美棉即可到沪,委托中央银行出售,日商采购自亦不能禁止。

△ 日海军省向内阁提出《海军对华时局处理方针》,主张使华北政权在安定的状态下,加速履行《塘沽协定》,拒绝抵制日货及其他反日运动,消除国民党势力,并在华北鼓起亲日空气。

△ 黄河水利委员会在开封举行全体会议,李仪祉提出治黄纲要,要求治标治本同时进行。27 日闭会。

△ 国联第十四届大会在日内瓦开幕。顾维钧在会上发表演说,望国联维持盟约尊严,勿使大会前所通过之调处中日争端报告书成为一纸空文。

9 月 26 日 蒋介石在南昌连日召见各军将领商"剿匪"军事,是日午亲赴前方视察指挥。

△ 吉鸿昌部进占汤山东之牛坊及昌平茶坞,方振武部进占高丽营,在高丽营附近与国民党军第二十五师战斗。何应钦急调西苑、南苑驻军开往顺义等地。同日,日使馆武官柴山访何应钦,声言日军将从 27 日起对方、吉部开始行动,并表示容纳中国要求,制止方、吉部向滦东行进。

△ 日军第八师团第五联队由密云开赴怀柔及牛栏山,日机四架

至高丽营轰炸,并飞平散发《告中国军当局官宪民众书》,要求方部撤退,宣称:"届时彼若不肯撤退,我军即断然讨伐。"

　　△　塘沽日军借酒醉滋事,占据塘大公安局,强迫华警缴械。经天津市府向天津日驻屯军司令部交涉,日军于晚间撤出塘大公安局。

　　△　黄郛在沪访晤驻华日使有吉明,商谈对付进入非战区之方振武、吉鸿昌部办法。

　　△　日外务大臣广田向中国驻日临时代办江华本表示,要求蒋作宾速回公使任。28日,蒋在沪分访黄郛、宋子文商中日问题,作回任准备。

　　9月27日　国民政府明令改组新疆省政府,除省府委员兼主席刘文龙,委员盛世才、张培元业经明令任命外,任邓聚奎、朱瑞墀、张馨、高惜冰、李溶、沙里福汗、满楚克扎布、马仲英、胡萨英、和加尼牙孜为省府委员,以邓、朱、张、高分别兼民政、财政、教育、建设厅长。原任委员朱瑞墀、李溶、陈继善、鲁效祖、徐益珊免本职,朱瑞墀、刘文龙分别免财政、教育厅长兼职。

　　△　方振武、吉鸿昌部向大、小汤山转移。北平军分会令万福麟、商震、徐庭瑶率部分三路堵击。28日,在小汤山发生战斗,日机配合轰炸,方、吉部不支,退昌平西北部山中。

　　△　蒋介石连电催促黄郛北上,并告以平市公安局长问题已解决,"无论日军是否27日再进怀柔",北行不宜再缓。

　　△　蒋介石派何成濬到四川为刘湘就四川"剿匪"总司令职监督并布置"围剿"红四方面军事宜,是日,何飞抵重庆,29日专车赴成都。

　　△　湘赣军区红军萧克部与第十五师王东原部在永新白石发生战斗。翌日,红军退永新。

　　△　伪满公布《积欠善后公债法》,定伪币600万元,年息三厘,7月1日发行,20年偿清本息。

　　△　中东路苏方副理事长库兹涅佐夫向理事长李绍庚抗议日伪逮捕中东路苏方职员事件。

9 月 28 日 国民党中常会以陈济棠、李宗仁电请五全大会延期，且华北战区各事尚未就绪，各地"剿匪"尚未完成，决定五全大会展期至明年 11 月召集，国民大会仍定 1935 年 3 月举行。

△ 北路军周浑元部三个师乘红一方面军分离作战之隙，于 25 日由南城、哨石向黎川进攻，是日占领黎川，是为对中央苏区第五次"围剿"的前奏。

△ 日军在怀柔张贴布告称，方、吉部队已退出停战协定区域以外，日军仍留驻防范。

△ 河北省府派保安队周毓英部 2000 人开往滦东剿匪，车抵滦州，日军以携带有机枪数挺为借口迫令返津，机枪被扣留。旋经平军分会向日使馆武官柴山交涉，允不带重武器始准放行。29 日，车抵芦台，又被日军阻拦返回。

△ 苏联驻日大使尤列涅夫向日外务大臣广田提交抗议书，指出逮捕中东路苏方职员手段"乃系哈尔滨日本军司令部及所有现在满洲国当局中最负责之日本首领若干会议所拟定，在必要时，苏联政府将发表此种文件之全部原文"。同日，广田外相听取伪满外交次长大桥关于伪满对今后交涉方针之意见。

△ 罗文幹于 24 日到达苏境塞米巴拉金斯克，是日在新西北利亚与驻苏大使颜惠庆会晤，了解苏对"新变"态度及金树仁 1931 年与苏秘密签订《新苏临时通商协定》等问题。

△ 政务官惩戒委员会以原浙江省府主席兼民政厅长张难先、建设厅长石瑛"滥用职权，罢免无辜，朋比为奸，滥用私人"，予张以申诫处分，石不受惩戒。

△ 国民政府以招商局总经理刘鸿生捐资兴学在 20 万元以上，是日明令嘉奖。

△ 天津宝成纱厂于 10 日复工后，厂方一味增加工作强度，工人难以忍受，遂于是日罢工。厂方将工人王德海等六人送公安局关押，并开除任宝成等 10 人。翌日，天津工联会就此事向社会局请愿。

9月29日 汪精卫在京召集林森、居正、于右任、陈果夫、黄绍竑、陈公博等开会讨论新疆事变、内蒙自治以及镇压方、吉部等问题。决定派黄绍竑、石青阳赴察、绥视察。同日晚,汪乘车赴沪。

△ 方振武、吉鸿昌部欲回师独石口,北平军分会令驻察庞炳勋部、驻延庆关麟徵部堵击。是日,方部王中孚师所属三个团被俘;吉部袭昌平,占明陵,数百人在昌平被万福麟部围击,同时日机跟踪轰炸。

△ 红四方面军第四军在巴中佛楼寺击溃川军杨森部杨汉忠旅。次日占佛楼寺,并沿巴河南下。刘湘、杨森急从大竹、合川调王陵基、范绍增两师增援渠县、营山、蓬安。

△ 闽北红军攻顺昌城,不克,退建宁、泰宁。

△ 顾维钧在国联大会演说,指出"国联大会特别会议全体通过之报告书迄未见诸实施","中国政府决心坚持其一切权益与要求,对任何不合法之已成事实决不承认",并再次呼吁国联大会遵守盟约。

△ 棉麦借款之首批美棉运抵上海。

△ 上海电力公司新厂工人千余人因厂方无故开除工人,不发养老金,宣告罢工。厂方请杨树浦捕房派警百人到厂。30日,工人整队向工部局请愿。

△ 山东滕县城北发现大规模汉墓,被附近民众挖掘,内皆汉画石刻,获五六十方,均甚完整。

△ 日陆军省为加紧侵略中国和对付苏联,加紧扩充军备,是日发表陆军急需整备之理由称:"确立满洲国治安,对外敌充实防卫设施",为陆军紧急需要。

9月30日 世界反对帝国主义战争委员会远东反战大会(又称远东反战反法西斯大会)在上海大连湾路秘密召开,到上海工人、东北义勇军、平绥路工人、第十九路军士兵、河北、福建、江苏以及苏区红军代表,国际反帝非战同盟代表等65人,由马莱(英人)、环音考托(法人)、波比(比利时人)、宋庆龄等为主席团,并推举毛泽东、朱德、片山潜、鲁迅、高尔基、巴比塞、台尔曼等为名誉主席。宋庆龄在会上作《中国的自由与反战斗争》的报告,谴责国民党投降帝国主义出卖中国民族利益的罪行,颂扬中华苏维埃道路。大会通过关于反对帝国主义战争及反法西斯蒂的决议和宣言,反对白色恐怖的决议,反对帝国主义进攻苏联红军的抗议,反对帝国主义、国民党对苏区红军的五次"围剿"的抗议书等。成立远东反帝非战同盟中国分会(一说世界反战委员会远东分会),选举宋庆龄为主席(按:大会原定 9 月 3 日在上海租界地区召开,全国各省、市均派代表参加,由于帝国主义及国民党当局阻挠破坏,虽经马莱多方奔走交涉,未得允许。各省、市代表 60 来人被国民党当局逮捕,有的在途中被阻回)。

△ 汪精卫、孙科、孔祥熙等在沪与宋子文商谈财政及经委会事,次日续商。孙科谈话称:现军政费每月需 3000 余万,不敷千余万,筹款极感困难。

是月 鄂豫皖红二十五军在湖北黄麻公路受阻,军长吴焕先、政委戴季英率第七十五师回鄂东,仍保持红二十五军序列;第七十四师由师长徐海东率领至皖西,第三次组红二十八军,徐任军长。

△ 共产国际驻中共军事顾问李德从上海到达中央苏区。

△ 监察委员曾道以江苏省府主席顾祝同祖庇民政厅长赵启骅违法案;拘押邳县县长彭国彦一年以上,蹂躏人权,侵害司法;镇江县县长张鹏经国府议决降二级改叙,顾反将其擢升为专员,违抗明令,目无国府,特提出弹劾,经监委姚雨平、张华澜、杜羲审查成立,呈国府移送政务官惩戒委员会惩戒。

10 月

10 月 1 日 红四方面军第四军一部乘胜向渠县进攻,是日占领三汇镇,打死、打伤杨森部团长各一名。红军旋占渠县、营山,并以一部兵力进抵嘉陵江边。刘湘急调范绍增等师往援。

△ 汪精卫在沪晤黄郛,促其北返。黄允即日登程,并电告蒋介

石。当晚,汪、黄离沪往南京。

　　△　上海华通商业储蓄银行受时局影响,兼营公债失败,是日倒闭,亏空 70 余万。该行兼营之乾元钱庄亦随之倒闭。

10 月 2 日　蒋介石在南昌召集"剿匪"部队师长、参谋长以上将领会议,讲演《剿匪成败与国家存亡》,提出战略要点为"严密封锁,发展交通,稳扎稳打";战术要点为"以静制动,以拙制巧,以实击虚"等。同日,颁布《剿匪区内文武官佐士兵剿匪惩奖条例》。

　　△　汪精卫在中央党部总理纪念周上报告财政问题称:自九一八以来总是不敷,政费仅能维持,军费尤不足,军事和财政当局均感到困难。这两天在沪对财政已商有救济办法。

　　△　下午,方振武、吉鸿昌部大举进攻昌平县城,激战一昼夜。

　　△　菱刈隆下令对吉林抗日义军进行秋季大讨伐。由第十四师团抽三个步兵大队为基干,一骑兵旅团,黑龙江警备军两个旅及靖安军山炮连入列第十师团长指挥,把中东路东线以南到京图路沿线之间分成数个地区分片"扫荡"。11 月下旬"扫荡"结束,各部分别返原驻地。

　　△　国联技术联络员拉西曼到沪,翌日由宋子文偕同到京,5 日返沪。

　　△　"东亚同盟军"股匪窜入北戴河,驻地警察一部被缴械。另由义院口窜入股匪千余,散布在台头营、榆关一带。

　　△　上海电力公司老厂工人为响应新厂工人斗争是日起罢工。除发电部分照常生产外,其余工作全部停顿。同日,沪市各工会发表宣言声援。9 日,公司职员亦加入罢工。

10 月 3 日　行政院会议通过《民国二十二年关税库券条例》,发行额一亿元,充作国库周转之用,10 月 1 日起按九八折发行,月息五厘,到 1946 年 3 月底偿还全部本息。宋子文在会上就发行该项库券有所说明,略称:因日军攻热,进窥平、津,临时军费急剧增加,致财政支出 3 月至 7 月溢出 4900 余万,加之华北各项税收受战事影响,异常短绌,两者合计在 5000 万以上。赖各银行暂时借垫,财部亦允予最短期间为之偿还,始得度此难关。现在军事暂告段落,拟发行二十二年关税库券一亿元,为上项垫款之抵押品。4 日,该条例经国民党中政会原则通过;27 日,立法院通过;11 月 4 日,国民政府公布。

　　△　国民政府令准刘峙辞赣粤闽湘鄂"剿匪"军北路总司令职,遗缺派顾祝同继任。

　　△　国民政府明令改组江苏省政府。原省府委员兼主席顾祝同、委员赵启騄(兼民政)、舒石父(兼财政)、周佛海(兼教育)、董修甲(兼建设)、韩德勤、王柏龄、李明扬、何玉书免本兼各职;任陈果夫、辜仁发、赵棣华、周佛海、沈百先、程天放、罗良鉴、王柏龄、余井塘为省府委员,以陈兼主席,辜、赵、周、沈分别兼民政、财政、教育、建设厅长。

　　△　行政院会议以进口米麦日增,国内粮价低落,通过停止执行粮食外运禁令,准予自由运销,免征出口税。

　　△　黄郛北返途经泰安,偕马伯援访晤冯玉祥于泰山。黄语冯:"安定华北,冀国人知耻雪耻,远效吴越,近效德法,孰知国人并不了解,毫无觉悟,真是痛心。"冯答谓:"现在的困难还不是国人自招?……现在的社会只有利害,无有是非。"

　　△　美国女作家赛珍珠到达上海。翌日在沪著作家笔会上演讲《新爱国主义》。

　　10 月 4 日　全国经济委员会通告成立。汪精卫、孙科、宋子文就常委职。下午,召开第一次会议,拉西曼列席,决定任秦汾为该会秘书长,推定该会委员;拟定棉业统制委员会组织条例,决定其委员人选。

　　△　全国经济委员会为统制棉业发表告国人书,宣称:"自今以往,对于棉业应有设施,凡属国家权责所及,由该委员会制成方案,当予实践履行,斯界从业人士,亦应全体动员,共同迈进";"如有步趋不力者,国家亦当予以制裁。"

　　△　黄郛抵平,接见记者谈华北财政称:华北军费必须恢复张学良时代之预算,每月 450 万元;今后华北财政完全由财政部管理;战区救济款项初定 2000 万,因中央财政无此力量,减为 500 万,100 万为现

款,400万发行公债。

△　方振武、吉鸿昌部分两路在汤山及高丽营一带与东北军万福麟部战斗。翌日午,高丽营战事稍停,汤山仍继续战斗。同时日军在高丽营北之水泉村设防,图阻方、吉部东进。

△　刘湘在成都宣誓就任四川"剿匪"总司令,何成濬代表蒋介石监督。随即召开"剿匪"军事会议,决定以邓锡侯、田颂尧、李家钰、杨森、王陵基、刘存厚分任第一、二、三、四、五、六路总指挥,六路"围剿"川陕边区红军,参加兵力33个旅共12万人,战线东起两开(开江、开县),西迄广元。

△　国民政府训令行政院、立法院,遵中常会决议筹备国民大会,起草国民大会组织法、选举法及建筑大会会场。

△　罗文幹由苏联塞米启程往新疆伊犁。8日,为伊犁屯垦使张培元补行就职礼。16日,返塞米取道海参崴回京。

△　福建省政府会议通过征收洋谷米入口税,取消全省茶叶出口税。

10月5日　国民党中常会以"方振武假借名义,纠集散兵,抗命窜扰,行同流寇,实属目无法纪",决议免方振武国府委员职并送中央监察委员会"严议处分",并补任陈立夫、黄复生为国府委员。

△　蒋介石加紧准备对中央苏区进行第五次"围剿",是日南昌行营重颁封锁"匪区"办法,规定:凡武器、装具、药品及其制造原料,粮、油、盐等日常生活用品均在封锁之列;邻近共区、半共区居民日用品需经保长统计按月购买;道路、河道设封锁管理所缉查,查获者半数充赏;凡与红军私相买卖、通消息者枪毙。

△　中共中革军委发布《为粉碎敌人第五次"围剿"的紧急命令》。

△　日关东军参谋喜多诚一偕第十四旅团参谋远藤到平,与何应钦、黄郛商谈战区剿匪及对付方、吉部办法。

△　黑龙江省木兰县伪满警察第二、三小队反正,处死日参事官久泉隆,焚烧县署,释放监狱"囚犯"后开往县东北山林加入义军。

△ 日关东军司令部发表九一八事变以来日军在华伤亡人数:死1845 人,伤 4968 人,其中本年 3 至 5 月长城、滦东作战期间死 500 人,伤 2125 人。

10 月 6 日   彭德怀所部东方军第四、五两师及第七军团一部由福建顺昌回师江西准备收复黎川,4 日行至黎川洵口,北路第六师师长周嵒急派葛钟山旅由黎川飞鸢来犯。是日,周部在洵口遭红军伏击围歼,两个团被消灭,团长、团附、营长各一名被打伤。翌日,红军又击败前往增援之第五师,除两个团败逃黎川外,包围其残部与第六师一个团,至10 日下午,除极少数脱逃外,余均被消灭。

△ 国民政府令:派陈光甫、李升伯、谢作楷、唐星海、邹秉文、陈立夫、荣宗敬、张嘉璈、杜月笙等 21 人为棉业统制委员会委员,指定李升伯、谢作楷、唐星海、邹秉文为常委,陈光甫为常委兼主任委员。

△ 国民党中央监察委员会常委临时会议决议开除方振武党籍,移中央执行委员会通过执行。

△ 北平军分会派关麟徵部赴平北立水桥一带会同万福麟等部合击方、吉部。方振武电何应钦表示愿和平解决。是晚,万福麟等部停止攻击。翌日,平军分会电方速派代表到平接洽。

△ 汪精卫为便于对日执行妥协方针,以"滦东、冀北一塌糊涂"为由,电黄郛"最好以战区十九县完全直接受支配于政整会","至少亦当使河北省政府能以政整会之意志为意志"。翌日,黄复电表示"不能求之过急"。

△ 蒋介石电令苏、浙等 10 省切实查禁种植鸦片。

△ 陈铭枢由香港秘密至福州,与蒋光鼐等商发动反蒋事变。

△ 孙殿英部到达宁夏境。是日,宁夏省府主席马鸿逵电孙称:奉甘肃绥靖主任朱绍良电令,甘、宁、青三省境内不准其设立兵站,不准其假道通行。

△ 四川松理茂屯殖督办邓锡侯通电报告松潘、茂县大地震灾情,请求政府及各界人士"悯此灾后孑黎,大解仁囊"。

10月7日　驻日公使蒋作宾由沪乘轮赴日,9日抵神户时语记者称:"中日关系近已好转,且信今后将愈益增进其亲善关系","国内共匪虽仍炽烈,但拟于中日关系告一段落后,即竭力从事讨伐。"11日,蒋抵东京。

△　黄郛电蒋介石、汪精卫报告与关东军参谋喜多诚一商谈滦东剿匪及镇压方、吉部办法,决定由华方增派保安队2000人往抚宁剿匪;日方允华军以一师兵力十日为期开入战区"围剿"方、吉部队。

△　行政院驻平政务整理委员会派陶尚铭为滦榆区行政督察专员,殷汝耕为蓟密区行政督察专员。

△　刘湘电北平军分会称:营(山)、渠(县)失守,情势严重,已增调重兵集中大竹、邻水声援,并分令各军依照"剿匪"会议决议案限期肃清。

△　中共大连市委因叛徒告密遭破坏。宪兵队随即在大连、旅顺等地大肆搜捕,至25日,共捕走53人。

10月8日　方振武派政治部主任郭云龙往平洽商和平解决办法。翌日,郭抵平见何应钦,何要求方离开部队,将所部调指定地点由军分会改编。郭即将何意电告方。11日,方复电希望本人不离开军队。何应钦即令关麟徵、万福麟对方、吉部再行攻击。

△　苏联政府公开发表日驻伪满大使菱刈隆9月4日、9日及19日致日外务省秘密报告书,揭露日在中东路谈判中曾唆使伪满对苏讲求压迫手段。次日,日《读卖新闻》、《国民新闻》等报刊发表短评,指为"伪造"。

△　由明星影片公司根据茅盾小说《春蚕》拍摄的同名影片今起在上海新光大戏院上映。导演程步高。

10月9日　锡林郭勒盟副盟长德穆楚克栋鲁普(德王)于百灵庙召开内蒙自治会议。各盟旗对此意见不一致,除锡林郭勒盟追随德王之10余人外,伊克昭盟无一人参加,乌兰察布盟仅一二旗参加。德王宣布会议宗旨,并提议组织自治机关,各旗均无人发言;继提议组织自治条例起草委员会,亦无应者。德王遂自行担任起草条例。会议无结果而散。

△ 茂县震灾继续。茂县叠溪大震时,岩石将岷江堵塞成三大堰塞湖,是日下午 7 时许,大水倾湖溃出,"霹雳一声,四围山岳,皆为大震"。大水于晚 9 时到茂县,夜半达汶川,次日凌晨 3 时到灌县。溃出时水头高达 20 丈,至灌县水头仍有四丈之高。自叠溪沙湾起,下至崇宁、郫县、温江、双流、新都各县止,纵横泛滥千余里。茂县死亡 340 人,冲没田地 2680 余亩,房舍 700 余所,汶川全县死亡 488 人,毁房屋 346间,农田 353 亩,灌县"全县共死 1600 余人"。

△ 红三军团第四、六两师自洵口经资溪桥、潭头市向南城硝石急进,第五军团第十三师亦由福建建宁回师攻打硝石,图"御敌于国门之外"。是日午后,与守硝石第二十四师黄子咸部接战。由于硝石工事巩固,有空军配合轰炸,周浑元部又从水口增援,红军连日数度猛攻不克,乃于 13、14 两日分向大竹、小竹、潭头市等地撤退。

△ 蒋介石限令半月内一律完成赣浙、赣鄂、赣湘、赣粤、赣闽五大干线公路桥堡,并通令各军事长官负责指导守护。

△ 拉西曼由沪到京,旋乘机飞赣见蒋介石。

△ 杉村阳太郎由日使馆参赞原田陪同在平分访何应钦、黄郛。12 日,离平往塘沽、济南、青岛、南京、上海、汉口、广州等地活动。

△ 香港航空学校开设于启德机场,定明春开学,学员不限国籍。

10 月 10 日 上午,第五届全国运动会在南京中央体育场开幕。林森任名誉会长,蒋介石、汪精卫、戴季陶、孙科、宋子文任名誉副会长,王世杰任会长。林森、汪精卫、孙科、戴季陶等出席,汪精卫致训词。参加单位 33 个,选手 2000 余人,费用近八万元。

△ 中华苏维埃共和国临时中央政府作出《关于土地斗争中一些问题的决定》,为纠正、防止分田查田斗争中所发生的偏向,除批准《怎样分析农村阶级》关于分析地主、富农、中农、贫农、工人的各项原则外,对土地斗争中的一些具体问题作出决定。

　　△　中共珠河县委以秘密地方自卫武装为基础,成立珠河东北抗日游击队,赵尚志任队长,并发表《珠河东北抗日游击队成立宣言》。

　　△　盛世才电国民政府,声言定 11 日率师对马仲英部发动进攻。电称马被委为新疆东路警备司令职后,"阳奉阴违,包藏祸心,且使其驻省代表姚治平等煽惑省军哗变,继遣其前师长马黑鹰潜赴阿尔泰山,勾结回匪二千余人,分扰西路。……若不及早扑灭,终至遗祸边局"。

　　10 月 11 日　国民党中政会通过全国经济委员会委员人选,除汪精卫、孙科、宋子文为常委外,派黄绍竑、顾孟馀、朱家骅、陈公博、蔡元培、钱新之、陈光甫等 32 人为委员。翌日,国民政府明令发表。

　　△　日关东军参谋喜多返长春向菱刈隆报告后,是日电平军分会,称华方派保安队东开剿匪,日方表示已"谅解"。

　　△　宋子文接长芦盐运使王章祐电告,日军运盐至永平七县放赈,每县千包。是日,宋电黄郛以"兹事不独破坏税收,影响饷需,且关系国权甚大",要求"克日交涉阻止"。14 日,黄郛电复称"日方已允为查禁"。

　　△　广州日代理总领事吉田丹一郎要求市长刘纪文取缔抗日运动及解散抗日会。是日,刘命广州新闻检查员将各报中"暴日"、"东夷"、"灭日"等字样删去。18 日,广州抗日会停止活动。

　　△　北平小学教员要求当局发清积欠工资和按十成发薪未得结果,是日上午召开 47 校代表大会决定下午起实行怠工,赴社会局请愿,40 余所小学教学停顿。25 日,社会局具结保证短期内设法补发积欠和切实按十成发薪,各校复课。

　　10 月 12 日　驻日公使蒋作宾在东京访日外务大臣广田及次官重光。翌日,访首相斋藤,蒋谓中国政府已在庐山会议中决定对日方针,本人为期使中日关系恢复常态而回任。

　　△　方、吉联军因迭遭中央军及日军堵击,内部动摇,方部军长王中孚力主投降,吉鸿昌坚决反对。是日,方、吉部队统由吉率领经板桥村过牛栏山东走,行至白河被河东日军所阻,遂折向南到达顺义以西杜

林庄一带。

　　△　国民党中常会通过《取缔不良小报暂行办法》,规定在《出版法》未修正前所有小报呈请登记案一律缓办,已登记之小报如发现有"言论荒谬,记载失当"等情停止其发行权。30 日,国府训令行政院转饬遵行。

　　△　盛世才率部离迪化直扑达坂攻马仲英,另一路由奇台取道七角井绕攻鄯善,断马军归路。盛指挥失当,东北义勇军不满盛之所为,纷纷后撤,于 17 日败归迪化。

　　△　河南开封信昌银号因营业亏损,存户挤兑,宣告停业。同日,该号济南分号亦宣告停业。按:信昌银号为秦昆生开设,在该省较大县城及上海、南京、济南、天津、徐州、蚌埠等地均设有分号,经营汇兑及储蓄,资产总值 100 万元,负债已达 120 万元。该号倒闭对全省金融影响颇大。

　　△　香港《娱乐场所条例》颁布实行。

　　10 月 13 日　宋子文连日在沪以关税库券作担保向中国、交通等 10 余家银行借款 1500 万元。是日,该款汇交财政部。

　　△　湘赣军区红军萧克、蔡会文部上日在株萍铁路湘赣交界处老关将铁路掘毁,电线割断,长沙、萍乡间交通联络一时断绝。何键急令陶广等师前往"进剿"。是日,红军分三路进攻萍乡、醴陵。翌日,在萍乡附近痛击陶师后退永新。

　　△　黄郛派李择一赴东京谋与日本商谈中日关系正常化问题。19 日,李由沪赴日。

　　△　宁夏省府主席马鸿逵电国民政府称:孙殿英军屯垦青海,系奉中央明令,拒之中途,于事不顺;任其入境又违朱绍良命令,表示"进退维谷",请求辞职。翌日,该省省府委员电京总辞职。

　　△　上海英美烟公司第三厂工人因厂方无故解雇工人,干预工会活动,宣告罢工。30 日,厂方与工人意见接近,在工会劝告下工人暂行复工。

10月14日　汪精卫偕曾仲鸣、唐有壬赴庐山与蒋介石商宋子文辞职及"剿匪"军费、福建政局等问题。翌日,离庐山回京。

△　日外务省就苏联公开发表菱刈隆秘密报告书发表非正式声明,称苏此举是意欲获得日本国内对苏关系持和平态度者之同情,是"谋使中东路交涉迁延",表示如"苏联不改变其认识,在满、苏间酿成重大结果,完全为苏方责任"。

△　日本修筑长春至清津铁路(即吉会路)竣工通车。

10月15日　豫鄂皖三省"剿匪"总部通令所属,严禁在京、镇、沪、杭、徐、浦、洛、津、平、汴、郑、汉等重要城市商埠招兵。

△　中共四川省委委员刘坦如、宣传部长覃文在成都被国民党四川当局杀害。翌日,中共重庆市委李烈光在重庆就义。

△　中央研究院派董作宾与山东古迹研究会王献唐负责发掘山东邹县、滕县、峄县三县古物,是日董抵济南,谈工作任务称:一、考察春秋战国古城址及其文物;二、考察汉画、石刻、汉墓。

10月16日　方振武、吉鸿昌两部连日受中央军及日军围击,飞机轰炸,伤亡惨重。是日,平军分会派北平慈善团体代表刘砥泉等四人到战地晤方、吉,促其罢兵;日军限其下午3时前退出战区。方、吉被迫派代表米文和随刘砥泉等到顺义第三十二军商震部洽商解决办法。下午2时,方、吉至马家营与商震、徐庭瑶晤面。方提三项要求:一、卫队200余人从优给资遣散;二、军队盼政府收编;三、本人及吉鸿昌愿出国,要求给予名义及旅费。商震即向何应钦请示,得答复如下:一、卫队给资5000元遣散;二、军队交方、吉部将领李德新等暂行统率,集中东、西杜林庄听候改编;三、保障方、吉安全,出洋旅费待向中央请示。下午4时半,方、吉通电申述抗日经过及不得已离军之苦衷,旋被押解北平。二人中途脱逃,吉避入天津租界,方则辗转流亡国外。所部6000余人被缴械。抗日同盟军至此完全失败。

△　全国经济委员会棉业统制委员会在上海成立。

△　行政院驻平政务整理委员会令华北战区接收委员会撤销,未

尽事宜交行政督察专员继续办理。

10 月 17 日 蒋介石开始实行对苏区第五次"围剿",是日颁发行动纲要及"围剿"计划,指示各"进剿"部队遵照"战术守势,战略攻势"、"步步为营,稳扎稳打"的原则。计划规定"以歼灭赣南匪军主力及流窜于闽西、鄂南、赣西北、浙赣闽边区匪军为目的,区分为北路军、西路军、南路军及浙赣闽边区。于 10 月中旬开始同时围剿,以政治配合军事,本战略攻势,战术守势及组训民兵之原则,构筑绵密之碉堡封锁线,防止匪军流窜,逐步缩小包围圈,期于最后聚歼匪军于赣南地区。以北路军为进剿主力"。兵力配置为:北路军总司令顾祝同,前敌总指挥蒋鼎文,辖第一路军总指挥顾祝同(兼),刘兴为副;第二路军总指挥蒋鼎文(兼),汤恩伯为副;第三路军总指挥陈诚,薛岳为副,共 28 个师,二个旅,一个税警总团。西路军总司令何键,辖九个师三个旅。南路军总司令陈济棠,辖 14 个师二个旅。浙赣闽边区警备司令赵观涛,辖五个师。直属总预备队总指挥钱大钧,辖五个师。直属空军五个队。总计陆军 61 个师七个旅一个团,空军五个队。

△ 行政院通过《变更蒙藏委员会组织法方案》、《改革蒙古地方行政系统方案》及《蒙古行政用人之标准案》,要点为:规定设边务部或称蒙藏部,直隶行政院,为处理蒙藏之最高机关;在蒙人聚居省分设蒙古地方政务委员会,办理地方行政,受边务部指挥监督;地方政务委员会设蒙古代表会议,为蒙古人之民意机关;行政用人尽量容纳蒙人;并就适宜地点设立中央军事政治学校分校。翌日,中政会原则通过。

△ 国民政府令:派黄绍竑巡视内蒙各盟旗,派蒙藏委员会副委员长赵丕廉协助;派张培元为新疆边防帮办。

△ 国民政府明令改组甘肃省政府。除省府委员兼主席兼民政厅长朱绍良业经任命外,任朱镜宙、许显时、水梓、李拯中、邓宝珊、喇世俊、张维为委员,朱兼财政厅长,许兼建设厅长,水梓暂行兼代教育厅长。原委员谭克敏(兼财政)、刘汝璠(兼建设)、水梓(兼教育)、邓宝珊、孙蔚如、马鸿宾免本兼各职。

　　△　故宫博物院院长易培基为故宫舞弊案具呈国民党中央监察委员会、行政院司法行政部,反诉张继夫人崔振华与最高法院检察长郑烈"朋比勾串,贿买人证,蓄意构陷",要求将郑暂行停职,与崔同至法院对质。

　　△　国民政府公布《高等考试及格人员分发规程》。

　　△　国民政府令:派胡世泽为中国出席保护难民会议代表。

　　10 月 18 日　中华苏维埃共和国临时中央政府颁发《为粉碎五次"围剿"紧急动员令》,指出:"这一战斗是苏维埃道路与殖民地道路决战的紧急的关头!""争取这一决战中我们的全部胜利,这是整个苏维埃政权当前最中心的最尖锐的任务。"要求各级政府、各红军部队立刻召集会议,详细说明目前革命战争的紧张情形,用尽全部力量来进行战争的动员;完成中央革命军事委员会扩大红军的计划;迅速恢复与扩大赤卫军模范营与模范少先队的组织;保证红军的供给等。

　　△　红军进攻硝石不胜,红三、七军团进至飞鸢、洵口、湖坊附近山地,准备先期进占资溪桥,截断硝石、黎川间交通。红一军团一部由广昌北移策应。陈诚令第七纵队薛岳率第九、十一、十四、九十四等四个师于是日进占资溪桥,速在该地筑碉固守;令八纵队周浑元在黎川筑碉固守,并由周率第五、六、九十六共三个师于同日到达资溪桥,交由薛岳指挥。21 日,工事完成。

　　△　行政院驻平政整会召开第三次会议,各省主席于学忠、徐永昌、韩复榘、宋哲元等均出席。会后,黄郛留各省主席交换意见。24 日,黄电蒋介石称:各省主席"大致对中央尚无恶意,然却各怀不安之念。简言之,剿共得手,深恐武力转而向北;剿共失利,深恐中央摇动,华北亦宜设法自保。经开诚坦怀,力加解释后,结果尚称圆满"。

　　△　北平军分会得日方同意,由河北省府派保安队第二大队长周毓英率一、二、三中队开往昌黎剿匪。

　　△　国民政府以西陲宣化使班禅额尔德尼"前膺宣化使命,寒暑遄征,勿辞劳瘁,上以阐扬中央之意志,下以激发蒙族之忠忱","特予崇褒"。

10 月 19 日 西蒙各盟旗首领电国民党中央、行政院、蒙藏委员会等称:"民国二十年国民会议议决案,已有特许外蒙自治之先例",要求"采用高度自治,建设内蒙自治政府"。

△ 陈铭枢由闽到港。同日,蒋光鼐以为子完婚为名赴港、粤,到港后分别与李济深、陈铭枢、徐谦及川、黔、桂等省代表商谈发动"福建事变"。

△ 刘湘以出师"剿匪",急需军款,令向戍区各县借垫一年粮款一次,名曰"安川军费",限 11 月底扫数解省。

△ 日使有吉明偕有野、须磨由沪抵平,与何应钦、黄郛讨论通车、通邮及滦河航运等问题。24、26 日与黄郛再度晤谈。

△ 政务官惩戒委员会以河北省政府委员兼教育厅长陈宝泉、委员严智怡在 4 月间列名电呈国民政府、军委会要求迅饬华北当局设法救援华北民众,"措词多系撮拾传闻,不符事实","散布流言",予以申戒。

10 月 20 日 红四方面军第四、九、三十军主力在渠县、营山大败川军杨森等部后移师东向,是日起进攻刘存厚部防区,经两天战斗,攻下万源、宣汉、绥定(达县)三县城。刘部仅存四个团退守距绥定 50 里之江陵、溪浦一带。红军在绥定兵工厂缴获大量武器弹药,旋即乘胜渡渠江进逼开江、万县。此时川东游击军主动出击刘部溃兵及王陵基增援部队八个团,将其围困于宣汉南坝达一周之久。月底,川东游击军改编为红三十三军,王维舟任军长。

△ 黄绍竑由京前往内蒙视察。

△ 北平军分会呈请国民政府批准,任刘桂堂为察东剿匪司令,令该部缩编为四个团,是日,何应钦将委任状及关防交刘部参谋长楚英翘。

△ 日首相斋藤以陆军、海军两省的提议,经五相决议的方式作出《帝国外交政策》之决定。有关中国部分为:尊重门户开放政策,中"满"间树立和谐关系并根绝中国的抵制日货运动。11 月 30 日,陆军省又

提最后修正案,主张"在日本帝国的领导下,建立中、日、满的友好关系,以促进亚洲的和平",同时主张"支持中国大陆上的分治运动,驱逐国民政府的势力于华北之外"。

△　马仲英派代表向盛世才乞和,盛复电要求马将军队撤回哈密,饷由省发,如仍延迟,即武力接收吐鲁番、鄯善。25 日,盛复率军讨马,马表示愿退哈密,要求延缓时日,双方未作接触。

△　第五届全国运动会闭幕。田径、游泳项目破全国纪录者 30 余项,上海男女队获总锦标。年仅 15 岁的香港游泳女选手杨秀琼在女子五个项目中,一人独得五枚金牌(一项接力),创造四个单项的全国记录,轰动南京,被誉为南国"美人鱼"。东北选手发表《告别书》称:"诸位有家回去,我们随地漂流。热烈希望下届运动会在沈阳举行,恢复东北河山颜色。"同日,全国体育委员会决定下届全运会于 1935 年 10 月 10日在上海举行。

10 月 21 日　林森以返里扫墓为名,离京赴闽,谋劝阻蔡廷锴、蒋光鼐等酝酿反蒋事变。

△　甘肃绥靖主任朱绍良联合宁、青两省马麟、马鸿逵、邓宝珊等电请国民党中央明令孙殿英部从缓西移或另筹办法。23 日,孙奉命暂缓西开,滞留五原一带。

△　国民政府派川军第二十三军第一师师长刘邦俊兼任该军副军长。

△　铁道部任殷同为北宁路局长,原任钱宗泽回任陇海路局长。

10 月 22 日　南昌行营召豫、皖、鄂、湘、苏、浙、赣、沪八省、市代表及豫、鄂、皖、赣四省农民银行行长在南昌举行粮食会议,杨永泰主席,通过杜绝外米倾销、限制田赋附加、组织粮食运销机关等各案。次日闭会。

△　蒋介石调整南昌行营机构,将原四厅并为两厅,第一厅司军事,贺国光任厅长;第二厅司党、政、经济,杨永泰兼任厅长;另设办公厅,由熊式辉兼任主任;夏斗寅为总参议。

△ 陈诚为恢复南城、南丰间交通,电令七纵副指挥吴奇伟率第三、九十两师由南城新丰街进占里塔圩。吴部到达前红军已南撤。

△ 新疆缠回首领和加尼牙孜宣言反对马仲英,进攻吐鲁番,马退哈密。盛世才为孤立马,即委和加尼牙孜为南疆警备司令。

△ 南京、浦口间火车轮渡工程竣工通车,建筑费 300 万元。

10 月 23 日 行政院会议通过何应钦所呈"吉鸿昌背叛党国,称兵作乱,其原任军事参议院上将参议应即先行褫职"案。30 日,国民政府明令公布。

△ 顾祝同、蒋鼎文分别就任赣粤闽湘鄂"剿匪"北路军总司令及前敌总指挥职。

10 月 24 日 红军三、五军团各一部连日进攻资溪桥北部第五师阵地,国民党军凭强固工事据守,经数次猛攻,未能取胜,于是日晚北撤。

△ 中航公司沪粤线正式开航。

10 月 25 日 国民党中政会原则通过赣省发行玉萍铁路公债案,数额 1200 万元,年息六厘,指定以中央拨还地方盐附税为还本付息基金,1934 年 1 月发行,1943 年 6 月底偿清。

10 月 26 日 中华苏维埃共和国临时中央政府及工农红军全权代表潘健行(潘汉年)与福建省政府及第十九路军全权代表徐名鸿在瑞金签订《反日反蒋的初步协定》,大要为:一、双方立即停止军事行动,暂时划定军事疆界线;二、双方恢复输出输入之商品贸易,并采取互助合作原则;三、福建方面立即释放政治犯;四、福建方面赞同福建境内革命的一切组织之活动,并允许出版、言论、结社、集会、罢工之自由;五、在初步协定签订后,福建方面即根据订立本协定原则发表反蒋宣言,并立即进行反日、反蒋军事行动之准备;六、初步协定签订后,互派全权代表常川互驻;七、双方人员有必要往来时,由各驻代表要求签发护照通行证,双方负保护安全之责;八、本协定在福建方面反日、反蒋军事布置未完成前,双方对于协定交涉应严守秘密;九、在完成上述条件后,双方应于最短期间,另订反日、反蒋具体作战协定;十、双方贸易关系,依互助互惠原则另订商务条约。

△　蒋介石以第二十三军军长刘存厚在防守绥定战役中"防守无方,有负职责",予以革职查办处分;并电令刘湘将该军所余部队着由该军副军长刘邦俊负责收容,切实整理。11月6日,国民政府明令革刘存厚职,28日,行政院会议议决任刘邦俊代理第二十三军军长职。

△　刘湘令五路军同时并进,克日收复绥定、宣汉。是日,杨森部向营山行进途中,在凤凰寺与红军发生战斗。

△　黄绍竑、赵丕廉先后抵平。是日,部分蒙族青年及旅平王公在德王怂恿下以内蒙旅平同乡会、蒙古救济委员会等名义上书黄、赵,称德王系根据"全蒙民意而要求自治,绝非其一人操纵把持,更无其他背景";"章嘉阻碍自治,为全体民众所愤懑,如其仍本过去之主张,必将激起意外事件"。黄、赵在平期间,分别接见旅平蒙古王公及章嘉等人。

△　国民政府任命原第八十七师副师长宋希濂为第三十六师师长。

△　监察委员郑螺生弹劾前新疆省府主席金树仁祸新酿变,违法擅订《新苏条约》,交付监委罗介夫等审查成立,依法交付惩戒。

△　政务官惩戒委员会以原湖南省建设厅长谭常恺将军用原料锰、锑及白铅等矿砂售与长沙同昌公司及中央贸易公司转运出口,予以免职停用十年处分。

10月27日　立法院通过《华北救济战区短期公债条例》。翌日,天津《大公报》社评称:"华北战区早该救济了,从《塘沽协定》到公债发行整整过了五个月,这和一个中央委员死了之后,十天八天便能拨给治丧费的手续比较起来,不免令人发生感慨。"

△　黄绍竑、赵丕廉离平抵张家口,与在察内蒙王公晤谈。

△　驻察汤玉麟与刘桂堂两部发生冲突,汤部枪械被缴去甚多。翌日,刘电察省府要求派兵堵截汤部,汤亦电平军分会声讨刘。宋哲元令双方停止战斗,静待解决。

△ 南昌行营为封锁苏区,设江西粮食管理局。

△ 财政部公布取消米粮出口禁令。

△ 四川"剿匪"督办公署令官产清理处变卖四川大学校址,充"剿匪"军饷。是日,川大全体教职员发表宣言反对。

△ 香港颁布《各种营业牌照条例》。

10 月 28 日 蒋介石为财政部长宋子文提请辞职事由南昌飞京,经与汪精卫、孔祥熙晤谈后,蒋、汪联电促宋由沪到京,并派专机往接,宋未应召。

△ 中共中革军委决定成立红七军团,寻淮洲任军团长;成立红九军团,罗炳辉任军团长,蔡树藩任政治委员。

△ 开封同和裕银号受信昌银号倒闭影响,发生挤兑,所存 80 万元现金被提一空,要求省府出面维持。省府除布告商民限制取款外,是日决定发行公债 80 万元,维持同和裕并助信昌复业。

10 月 29 日 国民党中政会决议准宋子文辞财政部长职,由孔祥熙继任,并于同日经国民政府明令公布;至宋请辞全国经济委员会常委职,则予慰留。同日,国民党中常会决议准宋辞行政院副院长职,选孔祥熙继任,并选任宋为国府委员。会后,蒋返南昌。汪精卫对记者谈宋辞职原因称:"自国难以来,收入骤减,军政各费,约每月短少一千余万元之巨,因无法筹措,故欲求去。"伦敦路透社电称:宋子文辞财长职,英人认为系国民政府内反对依赖国联及主张亲日派之胜利。

△ 蒋介石颁布《剿匪区临时施政纲要》,令各省政府通饬所属一体遵照办理,并责成各路总司令、各总指挥、各纵队司令严切督促实行。《纲要》包括清乡、编查保甲、整理民团、封锁"匪区"、筑碉、公路、财政、教育等 13 项。

△ 黄绍竑、赵丕廉一行抵归绥,与绥省府主席傅作义商内蒙自治。翌日,黄语记者称:中央本允许人民自治,蒙人要求,自无不可,但自治目标,要从改进经济利益与人民生活着眼,非只立一名目了事,必须在中央及省允许之下予以自治,并从而辅导之,以收自治之利。

10 月 30 日　行政院以前新疆省政府主席兼边防督办金树仁犯有重大刑事嫌疑,着司法院令检察署依法检举,并令首都警察厅将金扣留,令外交部将金与苏联私订条约全案交司法部转交检察署检举。金于 29 日到京,即被警厅监视,是日晚被逮。

　　△　上海电力公司工人罢工以来,对公司影响颇大。是日,公司派员会同捕探开车往工人居所,强迫工人上工。工人十分愤慨,登报声明,表示此次罢工系为民族地位而抗争,非仅为简单之劳资纠纷,在未获胜利前誓不复工。

　　△　据天津《大公报》载:江苏省农田负担繁重,田赋附捐名目不下30 种,超过正税竟达 20 倍以上。

10 月 31 日　陈铭枢再次由港赴闽,是日经厦门到漳州,与蔡廷锴进一步商谈发动反蒋事变后复返港。

　　△　汪精卫由京到沪,促宋子文入京主持全国经济委员会。宋语记者称,是否继续担任经委会常委尚待考虑。翌日,汪返京。

　　△　黄绍竑派内政部警政司长李松风等携改革内蒙行政系统方案至百灵庙晤德王、云王,并安排黄绍竑入蒙。

　　△　蒋介石为加紧第五次"围剿",规定自本日起,每晚 7 时在行营无线电台作广播训话,要求各军、师及各县按时收听,记录呈报。

10 月下旬　中共河北临时省委、北平市委及党的外围组织同遭破坏,省委代书记、组织部长兼北平市委书记高洁明、市委组织部长何成树、市委秘书长廖静波及团市委、反帝大同盟等负责人被捕。

是月　盛世才为对付与马仲英的战争,派外交部驻新疆办事处处长陈德立以医眼疾为名,偕同航空队附姚雄经塔城赴苏联莫斯科乞求军事援助。

11　月

11 月 1 日　国民政府公布《民国二十二年华北救济战区短期公债

条例》,总额 400 万元,年息六厘,以展限续征之长芦盐税项下附加农田水利基金全部为还本付息基金。定 11 月发行,至 1938 年 7 月底本息偿清。

△ 红一军团再攻硝石,与第二十四师彭旅、第八十七师张旅发生战斗。第十四、九十四师增防南城,第九十四师第五六四团一个营在硝石东曹家亭渡河时被红军歼灭。

△ 社会民主党人喻翊忠策动驻湘西靖县湘保安第四区第一团团长贺竟成哗变,称"全民救国军",揭五色旗,喻任前敌总指挥,贺任第一师师长。宣称:"(一)取消一切秤政,解除民众痛苦;(二)肃清各地共匪,恢复固有文明;(三)建立民众武力,准备御侮救亡。"7 日,由靖县向洪江进发。何键令第十九师李觉部往剿,并分电桂、黔当局派部协剿。贺部团长杨某投降。

△ 第十九路军军官补习所在漳州开学,蔡廷锴兼任所长,余华沐任教育部长。福建人民革命政府成立后改为军事政治学校,蔡兼任校长。1934 年春"闽变"失败时结束。

△ 台湾公布《全台湾高山族集体移住十年计划》。

11 月 2 日 何应钦在平接见德王代表包悦卿等人,表示希望内蒙各王公开诚布公与黄绍竑商谈蒙事,站在中央立场办理自治。

△ 日使有吉明抵平后向黄郛等提出解决交还长城各口、设关、通车通邮等局部问题的谈判。是日,黄郛电行政院请示,主张"在不丧权辱国之外交方针下",未始不可商议。行政院即将黄电发交有关各部拟具方案。同日下午,日使馆武官柴山就此事再与何应钦、黄郛晤谈;4 至 5 日,又接连与殷同商通车事。

△ 中共中央发出《关于开展反对五次"围剿"运动的紧急通知》。

△ 闽赣省苏维埃政府成立,邵式平任主席。

△ 国民政府令免朱培德军事委员会第三厅主任兼职,遗缺以杨端六继任。

△ 盛世才由前方返迪化晤苏联驻迪领事,商请苏出兵援助,次日

午返前方。因连接刘文龙电告马赫英部副总指挥李福兴犯绥来,又传张培元已派部东进,盛又于 5 日率师返省,急命刘斌由塔城往御马赫英部,马部败走。

11 月 3 日　交通部长朱家骅电告黄郛称:国防会议对通邮事主暂缓讨论,仍维现状。同日,铁道部长顾孟馀电告黄郛,铁部派员赴平协助商谈北宁路通车事宜。

　△　国民政府军事委员会以甘、宁、青三省当局及民众团体反对孙殿英部西开,是日电令孙部暂停西进,驻宁夏平罗以东、绥远包头以西地区过冬。

　△　日苏因中东路问题关系日益恶化。是日,日侦察机八架及轰炸机一架越苏境侦察。6 日,苏驻日大使尤列涅夫访外相广田就此事提严重抗议,广田否认日机越境。

11 月 4 日　据《申报》本日长沙通讯:湘省发行救国库券以来,因各县、市纷起反对,省府减为六折,实募 300 万,以 250 万改充西路军"剿匪"费用,50 万为征工筑路补助费,原限三个月募足,现已阅六月,仅募得六七十万,尚系从严追催而来,衡阳一县被系在狱者人为之满,长沙则派枪兵驻店坐索。长沙各业代表会议决定政府不收回派兵勒派成命,各钱商即与政府实行经济绝交,中旬,驻店坐索之枪兵撤走。

11 月 5 日　蒋介石电令赣、湘、鄂、皖、苏、浙、冀、豫各省府主席及上海市长,限制田赋附加及撤销米谷苛捐杂税。

　△　冀省保安队连日在抚宁进剿"老耗子"等股匪,是日克抚宁城,匪部向台头营方面逃窜。驻榆关日军参谋远藤要求保安队周毓英部撤回天津,窦希哲部撤返昌黎。

　△　李际春通电结束战区杂军编遣委员会及所任委员长职务,并向冀省府索编遣费五个月计四万元,军事垫款 7.5 万元。冀省府允照发。

11 月 6 日　日关东军参谋副长冈村宁次偕参谋喜多诚一等一行四人从长春到平,与华北当局交涉停战善后事宜。下午,冈村分访何应钦、黄郛。晚,黄郛宴冈村等人。宴后,日武官根本博向黄郛提交《关于北支善后交涉商定案》,内容为:一、长城线各关门警备权属于日、"满",凡有日军驻屯之住民地,(中国)不应配置武装团体;二、北支政权容认"满洲国"在山海关、古北口、喜峰口、潘家口、界岭口设置必要的各种机关,并对这些机关业务予以最善的援助;三、北支政权在接收地域内对日军提供必要的土地、房屋,以备日军暂时驻屯;四、北支政权为设定与"满洲国"间相互的通商贸易、交通通讯、航空联络等起见,应从速决定必要的委员,开始交涉。根本博声言此案系关东军再三审议所决定,中方只可修正文字,绝对不容更动实质。黄郛连夜与何应钦研讨应付方针,确定不谈政治问题,凡文内有涉及"满洲国"字样者应绝对删除;不讨论越出停战协定善后范围以外的问题。

△ 财政部长孔祥熙宣誓就职,汪精卫、叶楚伧相继致词,孔致答词,均强调要尽先充实"剿匪"军费。同日,孔在中央纪念周上报告称:"最近财政确已臻困难,每月不敷 1200 余万,自应由整理旧税源入手。"

△ 上海各界"剿匪"运动宣传周开始,各御用团体派代表参加大会,航空署派飞机二架散发反共传单,全市 100 多处路口悬挂反共标语,影院加映反共标语影片。吴铁城、吴开先等 20 余人于宣传周期间分别作反共广播演说。

△ 中共江苏省委为国民党当局举办"剿匪"宣传周发表《告江苏民众书》,指出这是国民党"进行对广大工农劳苦群众的欺骗与武断宣传作垂死挣扎的呼号",号召广大工农劳苦群众动员起来,组织打狗队、纠察队、宣传队、标语队,粉碎国民党的"剿匪"宣传周。同日,上海总工会亦发表《反对国民党五次"围剿"反革命武断宣传告江苏工友书》。

11 月 7 日 上午 9 时,黄郛、何应钦、殷同、殷汝耕、陶尚铭与日方冈村、喜多、菊池(日天津驻屯军参谋长)、根本博、柴山、花轮义敬(书记官)在平会谈。冈村声称:"有日本一日,即有满洲国一日,除非日本灭亡,则满洲国无可移易。"黄郛声明:方案"内容如带有承认'满洲国'之意味者,在我方立场上决办不到";日方所提方案应容纳我方意见,商谈范围应以地方的局部善后问题为限,"不能涉及政治、外交问题"。中国方面指派殷同、殷汝耕、陶尚铭,日方指派喜多、根本博、花轮为会谈代表,下午会谈开始,殷同就日方所提方案表示长城各口警备权委于日军与停战协定意旨相反,要求将长城全部从速交还中国;第二项无异承认"满洲国",要求删去;第三项并入修正后的第一项,不必另列;第四项通商、贸易、航空联络等项,目前无谈的必要。喜多声称,如照此修改系推翻原案主旨,表示不能办到。局面僵持,约定翌日续谈。

△　青海各族代表马绍武等到行政院请愿,要求收回孙殿英部西开成命。此时,宁、青两省已派军两旅在宁夏平罗县北石嘴子阻孙军渡河。

11月8日　汪精卫上日应蒋介石召到南昌共商对日交涉,是日联名电黄郛、何应钦,指示对日交涉以在事实上、法理上不涉及伪国之原则,可酌量商谈,并以不换文,不签字最为重要。

△　罗文幹出巡新疆后,经苏联新西伯利亚、乌苏里到海参崴乘轮返国,是日抵达天津,发表书面谈话称:"欲治理新疆,必首先结束军事,然后整理财政,开发交通。"11日返抵南京。

△　孔祥熙应蒋介石召,赴南昌商"剿匪"经费等问题。

△　粤军第二军军长香翰屏因倾向闽省发动反蒋事变受陈济棠排挤,提出辞职。是日,西南政务委员会准香辞职,遗缺由陈济棠兼任。

△　国民政府令:派邓宝珊为新编第一军军长。

11月9日　中日北平会谈连日进行,日方一味强压,执意坚持接收地点"不含长城线"等,声言若中方"完全以对等态度,遇事断断争辩,则大属错误",并多次以"罢议归去"相威胁。殷同等在强压面前乞称:"吾人以弱者地位应付强者,既不能以力争,又不能以理争,只好强颜以好意奉求。"历时三日,六次会谈,又经黄郛与冈村几次会外接触,是晚达成《关于停战协定善后处理会谈》,仅就日方原案略作文字修改,将"北支政权"改为"华北当局","满洲诸机关"改为"关东军所指定必要之诸机关","航空联络"句删去等。日方容认中方提出希望三点:一、在接收区域内暂驻之日军,及暂置之关东军所指定诸机关,对所在地中国之一切行政,不得有干预或妨碍之情事;二、除依本会谈已经华北当局同意者外,其他任何军队不得开入接收区域内;三、为完成察东地区及多伦诺尔之接收起见,关东军同意中国对于察边抗命部队及土匪得自由剿办。冈村表示同意一、二两项,第三项俟返长春讨论后答复。夜 12 时,黄郛、何应钦电蒋介石、汪精卫报告。

　　△　陈铭枢、蒋光鼐由港到厦门,翌日到漳州与蔡廷锴晤谈发动反蒋事变。

　　△　川军"剿匪"第五路军王陵基部第三、四两师,第六路范绍增师上月 31 日起在东线进攻红军,连续在观音山、中心场、杨柳关等地战斗,被红军歼灭 5000 余。红军因兵力分散,川军后续部队增加,是日,向宣汉、达县一线撤退。

　　△　国民政府令:派李松崑为第三十军副军长;任命冯安邦为第二十七师师长;准李调生辞财政部常务次长职。

　　△　伪满公布《银行法》,令民营行庄在 1934 年 6 月以前登记,经批准发给营业执照后方准继续营业。结果登记者 169 家,发给营业执照者只 88 家。

　　11 月 10 日　黄绍竑、赵丕廉在徐庭瑶及装甲车队护送下由归绥达百灵庙,内蒙云王、德王及王公代表等以上宾礼接待。

　　△　汪精卫在立法院会议上否认中日直接交涉,诡称:"中央对外政策,始终不变更原定方针,绝对不承认伪组织……此次华北方面,日代表有要求开始局部谈判之意见,华北当局电达中央请示办法,关于通车、通邮、设关各事,应否与之谈判,此刻尚未确定,外传会谈之消息,颇多不实,绝非中日直接正式交涉。"

　　△　孔祥熙由赣到沪,下午召金融界贝淞荪、李铭、胡孟嘉、吴蕴斋、胡笔江、徐新六、钱新之、傅筱庵以及虞洽卿、杜月笙、张啸林等商筹款办法。会后,孔向记者宣称"剿匪"军费已有办法。

　　△　徐州各大商号合组之公裕银号因商业萧条影响,加之滥发无

准备金之纸币,是日晚发生挤兑,随即倒闭。次晨,该埠春泉等六家银号同时发生挤兑。县府布告设公兑处,每人暂限兑换一元纸币。部分商店停业,全市商业处于瘫痪状态。

11月11日　中华苏维埃共和国临时中央政府、革命军事委员会发表《为中日直接交涉告全国民众书》,指出中日直接交涉的内容"显然不限止于国民党政府公开承认满蒙为日本帝国主义的殖民地,而且必然是南京政府进一步的投降卖国,以中国承认华北为日本势力范围,日本帮助南京政府以金钱武器伸长他的反动势力,进行他的五次'围剿'为直接的交换条件"。

△　上海市商会、航业同业公会等团体电行政院、外交部,指责与日本直接协议通车、通邮、设关"是直承认伪国、断送四省","是直将两年来民众一切牺牲尽付流水,其何以保国土系人心"。16日,汪精卫复电称:中央对外方针,"决以不损害主权为原则,希告各界勿滋疑念"。

△　天津日驻屯军司令部宣告冈村此次来平,与中国当局商议讨伐抚宁土匪之善后处置及接收榆关附近地带之办法,"已告圆满解决"。翌日,冈村返抵长春,报告北平会谈经过。

△　陈铭枢、蒋光鼐由漳州到福州谒林森,林劝其打消发动反蒋事变,陈等未接受。翌日,林返京,陈等派黄琪翔赴港迎李济深到闽作最后决定。

△　刘湘电北平军分会称:"自赤匪陷绥定后,我第五路军即计划进攻,殊匪企图东下,进扰两开(开县、开江),竟以全力猛扑我第五路军,盖欲接通南江〔江南〕,以与贺匪联合,故连日不惜冒死来攻……自上月世日至本月歌日止战六昼夜,我军伤亡五六百人。"

11月12日　黄绍竑、赵丕廉在百灵庙与云王、德王等首次会谈。德王将《内蒙自治政府组织大纲》等文件呈黄、赵。黄表示中央虽赞同自治,但只限于组设蒙古自治委员会或在中央另设边务部管辖一切,并劝其接受中央方案。德王等对"改革蒙古地方行政系统方案"表示不满,坚决要求成立自治政府,坚持自治范围除三盟外,还包括察、绥、宁省属之原有蒙地,并要求废察、绥两省,将治权交给自治政府。会谈无结果。

　　△　红七军团第十九、二十师上日起袭击临川附近浒湾。顾祝同令第四师驰援。是日,第四师在浒湾东南吴家岗地带与红军激战。13日晨,红军退守黄狮渡东北一带。

　　△　由陈果夫、陈立夫领导的 CC 特务组织在上海实行全市大检举。是日及翌日,所谓“影界铲共同志会”的暴徒先后将上海艺华影片公司和良友图书公司捣毁,并向各影院发出警告信,不准上映田汉等编导之影片。14 日,又捣毁承印《中国论坛》之勒佛尔印刷局。其他如联华影片公司、光华书局亦受“警告”。上海左翼文化界群众曾给予还击,将专售《社会新闻》、《社会主义月刊》等反动刊物之新光书店捣毁。

　　△　伪东土耳其斯坦伊斯兰共和国建立。南疆喀什陷后,马占仓、铁木耳、乌斯曼为争实权相互火并,铁为马枪杀,乌被和田王拘押。和田王之维吾尔族势力据回城(疏附),马占仓据汉城(疏勒),维兵攻汉城七月之久而未得。此时和田王联络缠回首领沙比提到达喀什,征得在阿克苏之和加尼牙孜同意,是日成立“东土耳其斯坦伊斯兰共和国”伪政权,和加尼牙孜任“总统”,沙比提任“国务总理”,首都喀什。颁“建国纲领”30 条,规定“东土耳其斯坦共和国据回教教条而成立,谨遵万世不渝之《古兰经》所载条文命令以为准则”,反苏、反盛世才政权及汉人。起初,英国曾极力支持,后来认为这个傀儡希望不大,遂取消极态度。该“共和国”成立不久,派员往土耳其、阿富汗、伊朗、印度等国要求承认而未遂。翌年 2 月,在新疆军阀混战中瓦解。

　　11 月 13 日　行政院将印有汉蒙合璧文字的布告派员交黄绍竑分发各盟旗。布告略称:中央政府对内蒙人民自治极愿扶植辅导,俾底于成,惟自治之先决条件尚未具备,倘若一旦实行高度自治,不过虚有其名;试行初步之自治,则不唯可免扞隔之弊,亦可辅助省政府之不及,而收合作之效。要求各王公、盟旗长官及地方人士与黄绍竑开诚磋商。同日,黄、赵与云王、德王在百灵庙续谈,仍无结果。

△　何应钦由平到津邀宴各界,靳云鹏、高凌霨、齐燮元、孙传芳、曹汝霖、陆宗舆等均出席。翌日,先后出席靳云鹏等及天津日驻屯军司令中村宴会后返平。

△　国民政府以第八十师师长李思愬"调度无方"免职,遗缺由副师长陈明仁代理。

11 月 14 日　行政院会议决议:一、与日方交涉通车、通邮、设关事,送中政会处理;二、交通部部长朱家骅请拨 1500 万元整理国营招商局案,送全国经委会核办;三、准宋子文辞全国水利委员会委员长及全国航空建设委员会常委职,遗缺以孔祥熙继任。

△　红军一、五军团各一部为策应浒湾附近战斗,突破见贤桥封锁线,进入佘家山、南源一带,将第四师包围。17 日,陈诚调第五、七两纵队分向见贤桥、云盖山进攻红一军团,经一日战斗,红军主力向五都、神岗、党口等地撤退,第三师李玉堂部占云盖山。

△　周浑元率第五、六、九十六各师由硝石、洋墩一带分三路向百顺、八都圩之线前进。午,第五师在周家圩附近遭红五军团第十三师伏击。俟第九十六师赶到,红军退资溪。

△　蒋介石电汪精卫、孔祥熙,催拨"剿匪"善后治标费 180 万元;又电豫、鄂、皖、赣、苏、浙六省严催各属田赋。

△　国民政府任命唐云山为第九十三师师长。

11 月 15 日　国民党中政会讨论行政院有关部所拟之通车、通邮、设关等方案,同意交付审查。又通过《修正行政院驻平政务整理委员会暂行组织大纲》,17 日国府明令公布。

△　刘湘下总攻令,要求六路军齐向红军占领区推进。

△　英使蓝普森调任驻埃及总督,北平各界 200 余人茶会送别。

△　台湾花莲港厅里垄支厅大竹区少数民族 40 余人反抗日本压迫,杀死日警,夺走枪弹,逃往深山。日警派大队往"剿",捕走 18 人。民众闻风响应抗日。宣称若见日军则杀尽。

11 月 16 日　罗文幹由京赴赣向蒋介石报告出巡新疆详情及在京

与各中委晤商处理新疆问题意见。

△ 何成濬、刘镇华到南昌,向蒋介石报告川鄂湘边及豫鄂皖边区"剿匪"情形。

△ 财政部为筹"剿匪"军费,以关税库券 500 万元,向上海钱业抵借现款 250 万元。是日,上海钱业公会全体会员临时大会决定勉认 100 万元,由 65 家钱庄每家摊认一万元,余由钱业准备库垫拨。20 日,如数缴付财政部。23 日,孔祥熙函钱业公会,要求再借 150 万,遭拒绝。

△ 长沙市各业代表秘组反对加派救国库券临时办公处,推崔伯鸿等 11 人负责,决定在省府捉人勒派时罢市。次日,市长何元文向何键告密,18 日,省警备司令部遵何令将崔伯鸿等七人捕解萍乡。

△ 第六十三军冯占海部宫长海旅自蔚县移防怀来,途中 300 余人哗变,冯派部围剿,宫旅伤亡 200 余人。冯发现该军郝旅亦有哗变迹象,遂将其缴械,旅长被拘押。

△ 上海天一保险公司成立,由金融界王伯元、秦润卿、钱新之等人创办,资本 500 万元,先收足 250 万元。选王伯元、秦润卿、钱新之等为董事,孙鹤皋等人为监察。

11 月 17 日 内蒙自治谈判因黄绍竑对德王派力量进行分化瓦解,德王处境孤立。是日,黄将德王方案退还,并扬言翌日返绥,以示谈判破裂。云王挽班禅出面疏通,表示愿在察、绥两省省辖范围内各设自治机关方案的基础上与黄续商,并于晚间向黄递交自治办法 11 条,规定"内蒙设统一最高自治机关,定名为内蒙自治政府",黄仍不同意。

△ 立法院通过洋麦面粉进口征税原则,税率最高额麦为 1.25,粉为 2.5(海关金元),税率条文交财政部草拟。

11 月 18 日 李济深、陈友仁、徐谦等由港到福州,即日与陈铭枢、蒋光鼐、蔡廷锴、李章达、邓世增、沈光汉等人在鼓山召开紧急会议,讨论成立人民政府的时间和有关政纲、政策以及军事、财政等问题。决定 20 日召开中国人民临时代表大会;通过有关宣言、政纲草案;决定派李超恒、叶少泉分别接收福州、厦门两地中央银行,以防南京国民党政府断绝财政。

△　内蒙自治谈判经班禅等向德王劝说,遂改为设内蒙第一、二自治区政府,自治区政府间设联席会议。黄绍竑认为基本符合中央原则,表示允转呈中央鉴核。翌日,黄、赵一行返归绥。

△　上海市商会通电中央、省市政府、党部,要求在国家危急存亡之际立定方针,确立"靖外安内"原则,靖外"应先认清利害,勿以一隅之幸全误将来之大计";安内"必须痛自反省,各就其军事政治职守所及,实践躬行"。

△　全国经济委员会在沪开首次常委会,汪精卫、孙科出席。财政部长孔祥熙、实业部长陈公博、交通部长朱家骅列席。会议决定聘蒋介石、孔祥熙为常委。

△　广州受闽局影响,广东省银行纸币币值猛跌至八成,因商店拒用,发生挤兑。该行共发纸币2700余万,准备金仅500万,难以应付。同日财政厅决定除一元、五元纸币照兑外,10元纸币停兑。同时,港币市价猛涨,广州银业发生恐慌。

△　京沪、沪杭甬两路员工捐献飞机在上海虹桥机场举行命名典礼。

11月19日　蒋介石于日前电陈铭枢,诡称"今日中国非剿共不足以抗日,非先安内即无力御侮",劝其"勿受他人挑拨离间,为一时误会所隔阂",希望和衷共济,放弃发动福建事变。是日,陈复电斥责蒋仍坚持"剿匪"惧日政策,表示发动福建事变"决非他人挑拨所能离间,亦非一时误会所能隔阂","所见不同,自唯有各行其是",并指出:蒋"年来所为者,果何有于民族? 果何有于民生?""公自信有谋国之忠诚,何不于国民共怒之前,自决其进退!"

△　第三党首领黄琪翔由厦门到福州,南北各省代表亦均先后到达,筹备召开中国人民临时代表大会。同日,黄强就漳厦警备司令职。福州戒严,禁止无故搬运物品出境。

△　李济深、陈铭枢、蒋光鼐、蔡廷锴、陈友仁电桂省李宗仁、白崇禧，要求贯彻历来主张，及时响应发动反蒋事变，"一致动员，兴讨逆之师"。

△　晨，陈济棠召萧佛成、邹鲁、缪培南、余汉谋、林云陔等人会商闽事，决定对闽局暂取静观态度。

△　陈诚令第七纵队主力进占神岗、党口，七纵派第四军全部协同第九师前往。是晨，第九师第二十六旅在大雄关与红军一、五军团之一部战斗。第五十一团团长谢辅三被打伤，第五十二团阵地被红军突破。陈诚遂令第二师增援，第十一师、第六十七师策应。翌日，陈诚部第七纵队占党口，红军撤退。

11 月 20 日　李济深、陈铭枢等发动福建事变，是日中国人民临时代表大会在福州召开，推举黄琪翔、徐名鸿等 17 人组成主席团，黄琪翔为总主席。各省代表相继演说后，黄宣读《中国人民临时代表大会人民权利宣言》，宣布：中国为中华全生产的人民之民主共和国，中国最高权力属于生产的农工及共同支持社会结构的商学兵代表大会；中国国家之独立为不可侵犯之最高原则；全国人民不论种族、性别及职业，除背叛民族、剥削农工者外，有绝对之自由平等权；否认一切帝国主义者强制订立之不平等条约，首先实现关税自主；实行计口授田；发展民族资本；人民有劳动之权利义务；人民有身体、居住、言论、出版、集会、结社、信仰、示威、罢工之自由。宣言指出：国民党政府为买办军阀、豪绅地主之反革命政府，号召全国反帝、反国民政府之革命势力，立即组织人民革命政府，打倒以国民政府为中心之法西斯系统，于最短期间召集第一次全国生产人民代表大会，制定宪法，解决国是。大会通过与《宣言》基本要点相同之 12 项决议案，并通过安徽、福建代表提议，建立人民革命政府。旋行升旗礼，新国旗为上红下蓝二横条组成，中嵌黄色五角星一颗。礼成后出发游行。

△　中国人民临时代表大会发表《告民众书》，揭露蒋介石政府的黑暗统治，指出"南京国民党系统与南京政府现为中国人民经济发展与

彻底民主政权实现的最大障碍物",号召"全国的革命大众立刻起来打倒蒋中正御用的国民党南京政府,建立生产人民的彻底民主政权"。

　　△　晚 8 时,中国人民临时代表大会主席团召开会议,决定成立"中华共和国人民革命政府"(通称"福建人民政府"),首都设福州,推定李济深、陈铭枢、陈友仁、蒋光鼐、蔡廷锴、方振武(方未到,后改戴戟)、黄琪翔、徐谦、李章达、余心清(代表冯玉祥)、何公敢 11 人为政府委员,李济深任主席,定 22 日举行成立典礼。

　　△　蔡廷锴密令马尾要塞司令云应霖、漳厦警备司令黄强分别派部队接收马尾、厦门两要塞司令部、马尾海军造船厂、厦门海军航空处、长门炮台、长门海军练习营、弹药库等。晚,马江要塞司令李孟斌率"江贞"、"江元"、"楚观"三舰脱逃。

　　△　国民党中政会为"闽变"通电各省、市政府,着各军政机关迅予处置,"务使叛乱克日敉平"。晚,汪精卫对"中央社"记者发表谈话,声言"中央于最短时期内,即可将此种异动消灭"。

　　△　外交部电示驻外各使馆向各国政府解释"闽变",称闽事分子复杂,有所谓国家主义、社会民主党、第三党等,均纠合一起,意见纷歧,绝难成事。中央正妥筹办法,期消弭于无形。

　　△　蒋介石电国民政府,要求对"闽变"一面用政治解决,一面调军严防浙、粤边境。

　　△　晚,广州因"闽变"宣告戒严。

　　△　上海证券市场因"闽变"大起波动。各种证券跌一元左右。翌日,大户纷纷抛售,多者跌 2.3 元。公债亦出现新低价。

　　11 月 21 日　陈铭枢、李济深等联名电粤、桂胡汉民、陈济棠、萧佛成、李宗仁、白崇禧等促其合作讨蒋。电云:"惟救国必先讨贼,而讨贼必先西南实行一致实力行动,故弟等再三矢推戴之诚,共谋救国之举。""今民族危亡,迫在眉睫,弟等为情势所迫,不得不先期发动……望吾兄本历来之主张,为一致之行动。"

　　△　李济深、陈铭枢、蒋光鼐、蔡廷锴、陈友仁、李章达、徐谦、戴戟

等联名通电,宣告自 11 月 20 日脱离国民党。李、陈等退党后,由陈发起联合第三党和神州国光社成员组织生产人民党(简称生产党),由陈铭枢担任总书记。

△ 国民政府训令行政院、军事委员会令饬各地方政府及各驻防军队,对"闽变"严加防范,"务使叛乱早日敉平"。同日,又电令湖北省政府主席张群到京商闽局。晚,张由汉启程。孙科亦由沪到京。

△ 蒋介石将"闽变"情况连电黄郛,是日,黄电蒋献策,认为闽方提出取消党治、联络共军两点"最宜注意",应急筹应付办法,并建议:一、明白宣布宪政实施时期,使闽方取消党治口号失其意义;二、揭穿闽方联共事实,力予宣传,"使国人嫌恶而共弃之";三、对冯玉祥"釜底抽薪,从速依照前议,由中央发表其林垦督办名义,如其接受,则闽方定滋疑虑,在彼则相互间不能推心置腹,在我或可以收分化之功"。

△ 国民党南京、湖北、汉口等省、市党部,平汉、武长铁路等四党部及南京市商会等团体电国民党中央,要求通缉陈铭枢等人,解散人民政府,并致电蒋光鼐、蔡廷锴反对"闽变"。

△ 驻闽第五十八师师长刘和鼎自建宁电国民政府,表示服从中央。

△ 日外务省电训驻华公使有吉明及驻福州总领事守屋和郎称:如新政府采非友谊的排日行动,以确立关税自主权及撤废不平等条约为名,威胁日侨之生命财产,防卫上决采适当处置。同日,日借口保侨,派驱逐舰六艘由马公港分驶福州、厦门海面威胁。

△ 全国经济委员会续聘外籍顾问国联财政股长英人沙而泰,前国联秘书英人莫纳及前国联秘书长之子德鲁蒙等到沪,随即访谒宋子文。

△ 晚,广州市银行受省行影响,发生挤兑,广州当局令官民一律收用一元、五元纸币,违者严惩。先施、新新等大商号为避免收用纸币,闭门停业。

11 月 22 日 上午,福建人民政府在福州成立,主席李济深及委员陈铭枢、陈友仁、蒋光鼐、蔡廷锴、戴戟、黄琪翔、徐谦、李章达、余心清、何公敢11人宣誓就职。

　　△　下午,福建人民政府中央委员会第一次会议,议决:一、发表人民革命政府成立宣言和对外宣言;二、政府机构先设军事、经济、文化三委员会及财政、外交二部,推举李济深兼任军事委员会主席,陈铭枢兼任文化委员会主席,冯玉祥(余心清代)任经济委员会主席,陈友仁兼任外交部长,蒋光鼐兼任财政部长;三、建立军事委员会,推李济深、陈铭枢、蒋光鼐、蔡廷锴、戴戟、黄琪翔、邓世增、徐景唐、沈光汉、毛维寿、谭启秀、区寿年、张炎、李章达为委员,李济深任主席,戴戟兼任参谋团主任;四、任何公敢为福建省省长,萨镇冰为政府高等顾问;五、更定年号为中华共和国元年。此外还决定通令12月1日庆祝革命政府成立,赦免一切政治犯;定11月20日为革命政府纪念日。

　　△　福建人民政府通电宣布成立。宣布新政府五项使命:"(一)求中华民族之解放,形成真正独立自由之国家;(二)消灭反革命之卖国政府,建立生产人民之政权;(三)实现国内各民族之平等权利;(四)保障一切生产人民之绝对自由平等权;(五)排除帝国主义在华势力,打倒军阀,铲除封建残余制度,发展国民经济,解放工农劳苦群众。"号召全国人民及各政治集团与各军队"一致奋起,拥护革命政府,与蒋中正御用之国民党卖国政府作殊死战"。

　　△　福建人民政府发布人民政纲——最低纲领18条,大要为:废除不平等条约;制裁、没收有违害中华民族利益之外资企业;整理新旧外债,凡祸国之政治借款,绝对否认;实行外贸统制;厉行关税自主;开放政权;各民族一律平等,确认民族自决;确定人民身体、居住、言论、集会、结社、罢工、示威、出版绝对自由;实行普选;废止一切苛捐杂税;耕者有其田,计口授田;严禁高利贷;取缔奸商;改良农工生活;厉行教育普及;实行征兵制等。

　　△　蒋介石发表《告十九路军全体将士书》,表示"决不以闽变牵动剿匪之军事",号召"十九路军将士坚持剿匪之原有阵线,毋见挠于乱

命"。25、28 日,多次派机往福州散发。

　　△　胡汉民、萧佛成、陈济棠、李宗仁、白崇禧等电复李济深、陈铭枢,对李、陈等"揭橥讨贼,期伸正义于天下"表示"至所同情",但对其"宣言脱离中国国民党,废止青天白日旗","公然以推翻党治,组织农工政府相号召",则认为是"背叛主义,招致外寇,煽动赤祸,为患无穷",表示"不忍苟同",要求李等"本历来护党救国之精神,幡然改图"。

　　△　国民党西南执行部通电海内外党部,表示本三民主义及国家民众立场,对"闽变""决不苟同附和"。

　　△　财政部停拨闽省协饷,将此款项转拨给南路"剿匪"部队。

　　△　第一集团军军事会议决定对闽采取"自固边圉"政策,令独一师黄任寰部由闽省上杭、武平等地撤回粤边大埔一带固防。陈济棠决定停发粤对闽协饷补助。晚,陈济棠赴北江视察部队。

　　△　国民党上海、浙江、山东及华北各省、市党部,江宁实验县党部,浙江省政府,南京各界抗日会,上海市总工会、农会、大学联以及一些同业公会通电反对"闽变"。

　　△　驻福州日总领事守屋和郎电日外务省报告是日各国领事集议对福建人民政府态度,决定暂采取不干涉主义,并称新政府于今尚无反日态度,但仍继续监视,如有侵犯日本权益,则将采取断然处置。

　　△　国民党中政会派何应钦、朱培德、唐生智、陈绍宽、贺耀组为军事长官惩戒委员会委员,指定朱培德为常务委员。25 日,国民政府明令发表。

　　△　蒋介石以川军"剿匪"多持观望,日前曾派杨德源、陈醒亚等七人为四川"剿匪"督察专员入川"督剿"。是日,再电刘湘称:"如再观望不进,决以军法从事。"同时又委程泽润为军事特派员常川驻川"督剿"。

　　△　北平军分会讨论华北军饷,何应钦称:经上次裁减后尚不敷百余万,冀、察两省协饷未能解交,致华北军饷益感困难,要求于各军饷项中商议缩减办法。讨论良久无结果。

　　△　粤省召开经济会议,拟向中央借款 300 万,向港商借款 700万,以维持纸币信用,解救金融危机。

　　△　上海电力公司工人罢工后,经公共租界工部局总裁费信惇及华董顾问杜月笙等"调解",订出折衷方案:未罢工前工资一律如数发给,罢工期间工资由公司发给一个月,工人所提其他条件,俟复工后由杜等继续与公司谈判解决。工人被迫于是日起复工。

11 月 23 日　福建人民政府第二次委员会议,通过《中华共和国人民革命政府组织大纲》、《中华共和国人民革命政府委员会会议规程》、《最高法院组织大纲》。

　　△　福建人民政府发布对外宣言,揭露国民党政府内亲日、亲英美及依赖国联各派出卖中国人民利益的罪恶;声明推翻蒋介石政权为中国独立与救亡所必需;警告列强勿借款与南京政府。

　　△　第十九路军全体将士由蔡廷锴领衔通电拥护人民革命政府。

　　△　福州工联会通电拥护人民革命政府,并请求人民革命政府克日出师,大张挞伐,打倒蒋介石御用的南京政府。

　　△　国民党中常会决议:开除陈铭枢、李济深、陈友仁党籍,提请监察委员会追认,并交政府拿办。定 12 月 20 日召开第四届中央执行委员会第四次全体会议。

　　△　蒋介石为福建事变发表《告剿匪将士及全国各军长官书》,声称对"闽变""深信最短期间,必能廓清一切,使此复杂矛盾之集团粉碎瓦解",要求"剿匪"部队"一本原定之计划,照常进击,不特不可因闽变而稍生疑虑,且应因闽变而益加淬励"。

　　△　陈济棠与何键在乐昌会商,议定由湘省派重兵至赣南"剿匪",使粤军专力对付闽局。同日,陈乘飞机至赣州与蒋介石商应付闽局办法。翌日,陈返广州。当晚,召缪培南、余汉谋、李扬敬、李汉魂、邓龙光等会议,报告入赣谒蒋经过,并决定固防粤边等计划。

　　△　粤第三军李扬敬部开始由赣南回防兴宁、梅县。

　　△　国民党四川、北平等省、市党部,香港、澳门党部以及杨虎城、

邵力子、龙云等通电反对"闽变"。

△ 红军一、五军团各一部袭击江西大雄关国民党军阵地,经一日激战,红军撤退。

△ 湘赣军区红军之一部在湖南攸县分水坳附近击溃湘军第十六师彭位仁部杜旅。

11 月 24 日 福建人民政府军事委员会首次会议,任命蔡廷锴为人民革命军第一方面军总司令兼第十九路军总指挥,邓世增为副指挥,沈光汉为第一军军长,毛维寿为第二军军长,区寿年为第三军军长,张炎为第四军军长,谭启秀为第五军军长,刘占雄、庞成、张君嵩、谢琼生、司徒非分别为第一、二、三、四、五师师长,赵一肩为第七师师长,阮宝洪为第四十九师师长,邓志才为第六十师师长,梁世骥为第六十一师师长,云应霖为第七十八师师长;原福建绥靖公署结束,改作第一方面军总司令部;在漳州、延平两地设行营,由谢东山、邓世增分任主任;并决定即日出师讨蒋。同日,沈光汉等五军长通电宣布自动脱离国民党。

△ 漳州各界民众五万余人举行拥护全国人民代表大会暨人民革命政府成立大会,通过全国一致讨伐蒋介石等 10 项提案。

△ 国民党中央宣传委员会为"闽变"发表《告全国同胞及国民党党员同志书》,声称"本孙总理至大至刚之精神,与叛徒为不屈不挠之奋斗"。次日,又发《告福建同胞同志书》。

△ 海军部电令驻闽、浙各舰严密封锁闽江要口。海军主力已集中三都澳。粤、赣、浙三省与闽交界各隘口均已增兵设防。

△ 南昌行营为掩护入闽各军前进,遮断福建人民军与红军之联络,重订北路军"剿匪"计划,第一路顾祝同约八个师仍向白沙、龙岩推进;第二路蒋鼎文约六个师集中黄狮渡,准备入闽。第三路陈诚 13 个师集结黎川,向闽边进展。

△ 中国天文学会在南京紫金山天文台举行徐光启逝世三百周年纪念会。同日,上海徐家汇天主教会举行大礼弥撒。

△ 滦榆行政督察专员陶尚铭、临榆县长尹寿松与日武官柴山同

抵榆关,与日驻榆第十四旅团参谋远藤商谈接收榆关问题。

　　△　南京地方法院开庭审理金树仁案。

　　△　前北京政府外交总长胡惟德在北平病逝。

　　11 月 25 日　福建人民政府任余心清、蒋光鼐、章伯钧等 17 人为经济委员会委员;决定设置农工幸福委员会,以徐谦任主席;确定官员俸额标准,最高不超过 200 元。

　　△　蔡廷锴及各军军长就职,会商部队统辖、防务配置及官兵饷额等问题。确定第一军辖第一师、第六十师;第二军辖第二师、第六十一师;第三军辖第三师、第七十八师;第四军辖第四师、第四十九师;第五军辖第五师、第七师;以翁照垣任第六军军长,辖第六师、第八师,以洪文德、余承学分任第六、八两师师长;确定各部队将官薪俸不得超过 160 元,士兵饷额酌予提高。

　　△　国民政府训令行政院、军事委员会以陈铭枢、李济深、陈友仁"乘内忧外患国难严重之时,背叛民国,残害人民,着即严行拿办"。

　　△　山西绥靖主任阎锡山电蒋介石、汪精卫,表示不予赞成闽省行动。

　　△　华北军政首领何应钦、韩复榘、宋哲元、于学忠、万福麟、商震、徐永昌、傅作义、王树常、庞炳勋、孙殿英、何柱国、王以哲、徐庭瑶、鲍文樾、高桂滋等电国民党中央,反对"闽变"。

　　△　豫鄂皖三省"剿匪"军事将领何成濬、徐源泉、孙连仲、梁冠英、陈继承、上官云相、萧之楚等 27 人电国民党中央,要求对闽省明令讨伐。

　　△　刘文龙、盛世才通电,以马仲英"未退出吐、鄯一步",宣布出兵"重张挞伐"。

　　11 月 26 日　国民党西南当局驻京代表杨德昭到南昌向蒋介石报告"闽变"后西南各中委态度、陈济棠应付方针及东北江、潮汕等地布防情况。同日,桂省代表黄建平到京,旋赴赣谒蒋,蒋嘱转告李宗仁、白崇禧要"以大局为重"。

　　△　胡汉民电复何应钦,指责南京政府两年来的倒行逆施,"掌兵者威权愈大,言莫予违;执政者自营其私,变本加厉。由媚外而公然卖国,由专制而任意杀人……"表示拒绝应其邀入京。

　　△　杭(州)徽(州)公路竣工通车。该路为全国经济委员会督造之七省公路干线之一,全长230公里。

　　△　晚8时55分,伪满由哈尔滨开往满洲里第三号国际列车在扎兰屯附近被义军炸毁,火车出轨颠覆,死伤日护路军10余人。

11 月 27 日　国民党西南执行部、西南政务委员会电国民党中央、国民政府,指出"闽变"发生,"推寻原始,不能不深咎于独裁政治之罪深恶极","国事至此,军政当局,应知乱源不宜再深,不妨一避,使全党全国得以恢复自由,以公同解决当前一切之纠纷,重定今后之国策。舍此之外,实无弭乱救亡之途"。

　　△　福建人民政府任命陈铭枢兼任军委会政治部主任。

　　△　新编第二师师长卢兴邦自永安防次电贺蔡廷锴及沈光汉等五军长就任新职,并表示愿率所部静候指挥。福建人民政府旋任卢为第十五军军长。卢虽接受任命,但按兵不动,后在蒋介石军事进攻时倒戈。

　　△　李济深、陈铭枢、蒋光鼐、蔡廷锴联名电复胡汉民、萧佛成、邓泽如、陈济棠等,劝其"宣布讨蒋,另组政府"。提出"虽政见不尽相同,军事政治之合作,无不可商量"。

　　△　国民党中宣会发《告十九路军将士书》,要求"及早为谋,速图自拔",脱离福建人民政府。

　　△　中华苏维埃共和国临时中央政府和工农红军代表张云逸和福建人民政府代表陈小航签订《闽西边界及交通条约》,依据《反日反蒋的初步协定》,具体划定闽西上杭、长乐、永定等地区边界。

　　△　蒋介石电北平军分会称:"自上月开始五次围剿以来,一战于硝石、资溪桥,二战于浒湾,三战于藤田,四战于大雄关,五战于神岗、党口,无役不胜。"又称:江西自吉安、吉水、永丰、乐安以迄黎川、金溪沿线

以北之碉堡,均已筑成。

△　胡适在《独立评论》第七十九号发表《福建的大变局》一文,认为闽局"只是一群同床异梦的军人政客用骤然的手段临时凑合成一个反国民党的革命局面";"在这个时候无论打什么好听的旗号来推翻政府,都有危害国家的嫌疑","不会得着大多数人的同情"。12 月 18 日陈铭枢发表谈话,称胡是"以懒惰庸俗的方法来分析革命,在现状下寻求改良方法。是马粪上装金,与〔于〕国家社会毫无利益"。

△　河北蓟县民众教育馆长孟新周等五人被县团警以"共党"罪名逮捕。

11 月 28 日　福建人民政府任命陈铭枢、胡秋原、欧阳予倩等 14人为文化委员会委员。

△　蒋介石令航空署全部飞机俟命出发。海军部宣布本日起检查进出口船只。同日,西南当局派"海圻"、"海琛"两舰开汕头拱卫。

△　国民党中委马超俊到南昌与蒋介石商洽迎胡汉民等人入京问题。同日,上海保安处长杨虎到南昌向蒋报告上海治安。

△　行政院会议决定硫酸铔厂准由商人承办。该厂原与英商签合办草约,因英商条件太苛,未订正式合同,草约期满作废。该厂后由天津永利制碱公司范旭东承办,资本 1000 万元,厂址设南京,于 1937 年2 月开工。

△　绥远当局依照黄绍竑旨意,在归绥举行汉蒙联欢大会,并举行阅兵礼,各盟旗王公、黄绍竑、赵丕廉、傅作义等均参加。

△　日人杉村阳太郎在华活动两个多月,是日由台湾返抵神户,对记者发表谈话称:华南及南洋为日本民族之重要发展地,台湾为日本之南进根据地。又称:今日中国之最大问题为"共匪"问题,亲日派力量甚弱,我等对于此等亲日之人,应尽力援助。

11 月 29 日　南昌行营特设赣浙闽皖边区警备司令部,任赵观涛为司令,统辖该区"剿匪"部队及督促党政机关"清剿"。

△　中央军第八十八师奉命由苏入浙增防,是日师长孙元良到杭

与浙省府主席鲁涤平、保安处长俞济时商防务。翌日,孙等赴前方
视察。

　　△ 粤军黄任寰师撤出上杭、永定等地,闽人民革命军前往接防。

　　△ 闽浙赣红军方志敏部日前在上饶罗桥、枫林头消灭第八十师
一个营。是日,复在铅山县河口附近歼第二十一师两个团。

　　△ 闽变发生后,军警机关加紧在各地搜捕共产党人。是日,驻平
中央宪兵第三团将上月下旬拘捕之中共北平市委书记高洁明等 62 名
解京。

　　△ 国民党中政会决定增加卷烟、水泥、火柴统税税率,由财政部
参照市面情形暂行试办。

　　△ 杉村阳太郎向外相广田报告在华视察经过,并对今后对华政
策提出建议:一、中国中央政府之失势,致地方政权有扩张之机运,对华
政策应一变向来之单一的而为多面的;二、中国民众关于满洲问题"已
认识抗日政策之无效",应迅速确立 1935 年之非常时对策,届时免被中
国所困;三、确保中日提携计,由有力者至华与华方交换意见。同日,广
田召开对华问题官民恳谈会,声言以文化工作打开中日关系。

11 月 30 日　外交部照会各国驻华公使,要求转告各该国政府勿
对"闽变"予以任何接济。

　　△ 陈济棠召各军事将领商军事,决定仍以巩固粤防治安为原则。
同日,李汉魂偕湘代表张沛乾赴桂,与李宗仁、白崇禧商湘、粤、桂三省
军事联络问题。

　　△ 福建人民政府颁布大赦令,规定政治及普通刑事等犯,凡系本
月 20 日以前之行为者,概予赦免。

　　△ 李烈钧致函蒋介石,望对"闽变"和平解决。

　　△ 四川"剿匪"总司令部为筹措饷糈,发行"剿匪"奖券,券额定五
万张,每张分 10 条,售大洋五元。

　　△ 河南豫丰纱厂自 7 月间停工后,8 月劳资双方曾达成发给工
人维持费的协议,但资方拒不执行,工人多次交涉无效。近因天气严

寒,工人无衣无食,被迫于是日上午赴厂抬纱变卖,为驻军所阻,旋往专署请愿。

是月　陕甘红军刘志丹、王太吉部由陇东各县进展至陕北,并在甘肃合水(庆阳县属)正式恢复红二十六军。

△　贵州军阀继续混战,犹国才之车鸣翼部进占镇远,前锋达黄平。同时,云南龙云所派援犹之滇军到达毕节,贵阳震动。王家烈率部东下,在镇远围攻车部七日,迫使车部撤离镇远。是役给镇远人民造成巨大损失。

△　藏军数月来不断侵扰康边。本月又由昌都向金沙江进兵,经川军、青军进击,大败于竹巴笼,藏军被迫后撤。

△　日本神户华侨成立南洋输出协会。

12　月

12月1日　福建泉州各界召开庆祝福建人民政府成立大会,空军飞机三架向会场投弹 11 枚,死伤群众 20 余人。同日,厦门各界亦召开庆祝大会,通过拥护《人民权利宣言》及讨伐蒋介石等提案多件,并致电林森、陈绍宽告其勿作蒋介石傀儡。

△　废止内战大同盟电国民政府、行政院、军事委员会,要求对"闽变"处置"一秉政治解决初衷,设法斡旋,免祸生灵";同时电蒋光鼐、蔡廷锴,劝其"听候政治解决,毋为亲者痛仇者快"。

△　日使有吉明抵京访汪精卫,表示:一、日政府对"闽变"不干涉,无援助之意;二、望中国政府深切注意,勿危及居闽日侨生命财产。

△　国民政府修正公布《公务员惩戒法》,同日起施行。

△　宋哲元委汤玉麟为察省府总参议。

△　湖南省财政厅为抵补"剿匪"军费垫款,决定是日起加征产销税二成,一年为限。嗣因商人反对,未能如期开征。

12月2日　国民政府令准罗文幹辞外交部长职。

　△　国民政府公布《颁给勋章条例》。

　△　孙科由京到沪,谈闽事用政治解决已绝不可能。

　△　上海召开讨闽大会,到党政军各界十万人,通电全国一致声讨福建人民政府,并电请中央从速讨伐。

　△　国民党北平市党部继续搜捕共产党人,是日公安局在北平师范大学、安徽中学附小等处拘捕共产党员蔡时济等九人。

　△　北平军分会以华北各军军饷积欠达四个月之久,派万福麟等赴赣向蒋介石请求拨发。是日,万抵赣,蒋答允连同服装费、杂费等项由中央一次拨发 75 万元。23 日,孔祥熙对报界称,前欠当逐渐支付,但非一时所能办。

12 月 3 日　福建人民政府发表《告全国武装同志书》,号召认清蒋介石祸国殃民的罪恶,分别革命的战争与内战,共同担负中国革命的责任,在人民革命政府旗帜指导下,联合广大农工群众,对帝国主义者和出卖民族利益者作殊死斗争。

　△　财政部长孔祥熙拟具统一国库四项办法,呈行政院审核。办法规定中央各部、会及其所属营业机关收入款、盈余款、非营业之经费款等均解交国库核收。

　△　陈济棠电呈中央要求补助军费,如中央无法筹措,则援华北前例发行公债 2000 万元,以粤海关收入为还本付息担保。

　△　藏军千余人渡过金沙江进入西康,与川军冲突。是日,国民政府蒙藏委员会电令双方停止军事行动,静候调解。达赖电复表示遵令饬前方制止军事行动。

　△　天津市公安局特务队将天津电车工会理事张广兴、秘书陶子明、扶轮中学教员阎兴华等以"共党"嫌疑逮捕。

　△　中法联谊会在上海成立。

12 月 4 日　福建人民政府发布命令阐明工商政策,内称:"人民革命政府成立之初,即有最大决心发展人民生产,对于私营工商事业尽力扶植,于人民私人财力所难兴办之事业亦当竭力举办";"如有奸究不法,借端扰乱,挑拨离间,致使社会不安者",“决不宽贷"。

△ 闽高等法院遵福建人民政府令释放“政治犯"38人。翌日,又释56人。

△ 孙科在沪语“中央社"记者称:第十九路军能战者不过三师,中央军八万集中浙边,粤军五个师集中闽边,“讨伐"开始,一个月可解决。

△ 国民党“剿匪"军北路将领刘峙、顾祝同、陈诚、蒋鼎文、赵观涛、薛岳等电请蒋介石对闽“明张挞伐"。

△ 马来亚华侨组织中华改进社致电福建人民政府表示支持,越南华侨救国联合会、中国致公堂总部亦先后致电表示拥护。

△ 北平军分会经理监察委员会讨论华北军饷发放办法。何应钦提议,1934年1月起改每月发放,按400万元平均支配,下级官佐、士兵饷额按六折发放。9日,该会第三次会议通过。

△ 国民政府任郭思演为第九十九师师长。

△ 英使蓝普森由平乘机到赣向蒋介石辞行,翌日离赣到京。

△ 国民政府指令行政院准青海省增设囊谦县。

12月5日 中共中央发表《为福建事变告全国民众书》,指出:“自从人民革命政府成立到现在,它除了反对帝国主义与反对军阀官僚豪绅地主等的空喊之外,并没有任何真正反帝与反军阀官僚豪绅地主的实际行动。”“事实上证明,这一政府还不是人民的,而且也还不是革命的。”“如若停止于目前状态……它不会同任何国民党的反革命政府有什么区别。”号召福建广大工农群众自动组织起来,成立自己的工会、农会、反日会、义勇军,立刻要求人民革命政府武装他们,与蒋介石、日本帝国主义决战;立刻收回日租界与关税,废除对日不平等条约,没收日资本家企业与财产;逮捕卖国贼及汉奸,开展罢工、抗租抗税,实行彻底的土地革命;立刻要求人民革命政府与红军联合一致去进攻中国民众的共同敌人。最后指出:“一切想在革命与反革命中间找取第三条出路的分子,必然遭到惨酷的失败。”

△ 财政部定是日起增加卷烟、火柴、水泥统税。6日,上海各华

商卷烟公司开会反对无条件加税,并要求财政部于加税后发给津贴。

12 月 6 日　福建人民政府布告通缉蒋介石及汪精卫、何应钦、杨永泰、黄郛、张群、熊式辉等,列举蒋等卖国殃民罪恶,宣布凡能捕杀蒋、汪、何、黄等诸逆及破获蓝衣社党徒者,均属拥护人民革命,自有重赏;其有匿藏不报者,即以通逆论罪。

△　日、美舰各一艘开抵厦门"护侨"。8 日,日舰一艘到厦,两艘到马江。11 日,英驱逐舰、日巡洋舰各一艘抵福州。

△　国民党中政会决议:"此后凡有泄露外交或捏造谣言致妨害国家政策者,当由常委查究,严厉处置。"

△　无线电发明家、意大利人马可尼为考察各国使用无线电情形,经日本、朝鲜来华,是日由平到京,分谒林森、汪精卫。翌日到沪,8 日上海各学术团体举行茶会欢迎。12 日离沪回国。

△　英使蓝普森向国府主席林森呈御任国书。12 日离沪返国。

12 月 7 日　国民党中常会派张继、马超俊、陈肇英、王陆一以"私人资格"赴港、粤,敦促西南各中委到京出席四中全会,共商国是,并说服粤、桂支持中央对闽军事行动。9 日,张等由沪乘轮赴港。

△　国民党中常会议决:"中执委陈铭枢、李济深、陈友仁业经永远开除党籍,遗缺遵照总章规定,以候补执委茅祖权、李宗黄、白云梯递补。"

△　苏、浙、皖、豫、赣、湘、鄂、沪八省、市政府及粮商代表在沪举行粮食会议,按 10 月八省、市会议所作决议,设立中国粮食运销股份有限公司(简称粮运局),推顾馨一、吴恒如为正副筹备主任,办理设置堆栈、运销粮食业务。设总公司于上海,各省、市设分机构,资本 100 万元,由各省、市粮商认付,另由中央拨借 100 万元作辅助金。

△　监察委员乐景涛弹劾北平市长袁良调验区长梁家义致死,经监委杨功亮等审查同意,是日监察院以袁良滥用职权,草菅人命,呈国府移送政务官惩戒委员会惩戒。

12 月 8 日　何键呈准军事委员会任刘膺古为"剿匪"军西路第二

纵队司令,是日刘在萍乡就职;14日,国民政府明令发表。

　　△ 福建泉州因警察殴打瓦窑工人,激起群众愤怒,与警察搏斗,被警察捕走12人。群众500余人拥到县府请愿,要求拘办警察所长,惩办肇事者,释放被捕群众,赔偿医药费并保证以后不再发生同样情事。下午被捕群众释出。晚,各工会代表紧急会议,议决呈请总工会向当局提出严重交涉。

12月9日 川军"剿匪"部队除刘湘部在东线行动外,其余各路因迭遭红军打击,心有余悸,加之内部矛盾重重,仍按兵不动。是日,蒋介石再电令刘湘转促邓锡侯、田颂尧两部迅速行动。

　　△ 浙江省制定民国二十二年追缴民欠旧赋办法,规定民国十六至二十年止均为旧赋,三个月内追缴,顽抗者拘捕。办事人员及县、局长等追完各年旧赋总额三成以上者记大功,七成以上优先拔委,允县、局长从征收中提留作办事人员奖金,反之记过撤职。是日,孔祥熙将此办法报请行政院备案。

12月10日 汪精卫由京到沪,分访孔祥熙、宋子文商时局。晚,汪答记者称:闽事最令人感困难者,在其联共一点,使"剿匪"包围之已成局面转变,其影响实大。又称:西南有贤路不妨一让之语,本人之意,当此"剿匪"紧急之际,军事当局决不能让开。翌日,汪返京。

　　△ 蒋介石电湖北省教育厅及武汉、中华两大学称:"据报自闽变发生,反动分子潜伏都市,伺机蠢动,利用青年,为其工具",要求会同警备司令部及公安局严密侦察,随时拿办。

　　△ 中共中央宣传部制定《关于福建事变宣传大纲》,称"福建事变是地主资产阶级反动营垒之中的一派"。

　　△ 盛世才将10月间在达坂失利责任归咎于郑润成、杨跃钧、应占斌等东北义勇军将领,诬为"散军纪,谋叛乱",是日以召开军事会议为名,将郑、杨、应逮捕。嗣又将其他东北义勇军将领苏国、徐国光、姚华亭等14人逮捕。13日,以"图谋扰乱边防"罪名分别判处徒刑。郑、杨于1935年被勒死,其他各人不到一年均死狱中。

12 月 11 日 第三党以"中央干部委员会"名义在福州《人民日报》刊登《中国革命行动委员会宣告解散启事》,声明"解散中国革命行动委员会之原有组织,一致参加生产人民革命运动"。

△ 汪精卫借镇压广州起义六周年著《广州共祸纪念》一文攻击胡汉民、李济深等人,略谓:"当日以共党工具厚诬同志,杀人如麻之军事首领,今乃公开的在福建与共匪妥协,向中华民国及中国国民党进攻。而当日以共党工具厚诬同志,并利用军事首领之刀斧以诛锄异己之中央委员,今乃对于福建事变有如隔岸观火,不特不思扑灭,反欲借其燎原之势以驱异己。言念及此,实为痛心。惟有同志一致奋发,贯彻初衷,向反革命者之联合战线悉力进攻。"

△ 张继等一行抵港,对记者发表谈话称,此次南来目的,系宣达中央意志,与南中诸同志对"闽变"商谈纠正办法,请南中各同志入京出席四中全会。记者问:"闽变"能否调和? 张答:陈铭枢、李济深等改换国旗,变更国体,不但叛党,且已叛国,尚有何调和可言。下午,张等往谒胡汉民。

△ 红军三、五、七军团各一部由黎川熊村进至德胜关附近。陈诚为切断红军与闽方联络,是日上午在黎川召第五、第八两纵队团长以上军官会议,部署向红军进攻,谋夺取熊村及德胜关等地。下午 5 时下达作战命令。

△ 红军第一军团第一、二两师向宜黄南之五都进攻,与第九十六师在制高点多次拉锯搏斗。陈诚令第四十三、七十九两师及空军一队增援,红军遂向东陂、黄陂撤退。

△ 天津日驻屯军司令中村调充第六师团长,遗缺由梅津美治郎接任。是晚,中村向官兵话别。

12 月 12 日 红军三军团及五军团第十三师、七军团第三十四师在黎川东南之团村伏击第六师、第九十六师及总预备队第五师等部,伤第九十六师团长二人,毙第五师团长一人,突破贯前山阵地,进至三都附近。陈诚令第十一师即日由黎川向三都推进,第十四、第九十六两师向团村附近红军右翼包围夹击。翌日占团村,红军向德胜关方向之东山、熊村转移。

　　△　国民政府特派蒋介石为全国经济委员会委员,并指定蒋介石、孔祥熙为常务委员。

　　△　日关东军为总揽对中国东北军事指挥与经济统制,由特务部发起改组"满铁",与外务、拓务省发生争执。是日,参谋长小矶与"满铁"副总裁八田在长春商定改组方案,确定要旨八点,将"满铁"所属铁路、煤矿、石油、采金等重要产业建立支会社,脱离拓务省之监督,直接由陆军大臣或内务总理大臣监督,将"满铁"经济调查会并于关东军特务部,成为经济参谋部,为监督机关之中枢。

　　12 月 13 日　福建人民政府决定将福建划分为四省,任命各省长、副省长:闽海省,辖闽侯、长乐等 15 县,省长何公敢、副省长阮淑清;延建省,辖南平、沙县等 18 县,省长萨镇冰(未就),副省长郭冠杰;兴泉省,辖莆田、晋江等 11 县,省长戴戟(未就,由副省长代),副省长陈公培;龙漳省,辖龙岩、漳浦等 12 县,省长许友超(未就,由副省长代),副省长徐名鸿;另任黄强暂代厦门市长。16 日,又决定各省省会,闽海省设闽侯,延建省设延平,兴泉省设晋江,龙漳省设龙溪。

　　△　国民党中政会决定处分陈铭枢、李济深、蔡廷锴,决议称:"军委会委员陈铭枢,训练总监兼军委会第一厅主任、中央军校校委、豫鄂皖三省剿匪副司令李济深,驻闽绥靖主任、赣粤闽湘鄂剿匪军南路前敌总指挥、第十九军军长兼十九路军总指挥蔡廷锴,背叛民国,罪恶昭著,先行明令将该逆等本兼各职褫革"。15 日,国民政府明令公布。

　　△　国民党中央决定处理康、藏纠纷办法三项:一、令达赖代表贡觉仲尼再电达赖,切实停止军事行动。关于大青、青柯两寺喇嘛及甘孜等防地问题,应候中央秉公处理,不得自由行动;二、为巩固西防起见,对刘文辉驻扎西康边境军队之饷械等,饬令刘湘酌予接济;三、令青海省府主席马麟加派部队屯驻金沙江上游玉树一带,与川康边防军切实联络,以固西防。

△ 张继等一行由港抵穗,翌日列席西南执行部、西南政务会联席会议,与陈济棠、林云陔、邹鲁等商宁、粤团结,解决"闽变"办法,促西南中委出席四中全会。西南各中委表示无意到宁出席。

△ 第四师邢震南部占资溪,红军向闽省光泽撤退。

△ 上海公安局加紧搜捕共产党员。是日,江苏高等法院二分院将"打狗团"成员欧志光、张玉山、袁友芳、张德新、董纪全五人以所谓"危害民国"、"预谋杀人"罪判处死刑。同日,中华海员总会组织部长、共产党员李爱德在虹口被捕。

△ 天津北洋、丹华、荣昌等六家火柴厂经理向河北省政府主席于学忠请愿,要求缓增火柴统税。

12 月 14 日 国民党中常会以西南中委拒绝到宁出席四中全会,决定全会展期至明年 1 月 20 日举行,并电张继等人"在粤从容接洽"。

△ 国民党中常会通过闽省党务整理办法:一、推林森、杨树庄、方声涛、丁超五、张炎、曾仲鸣、戴愧生为党务审核委员;二、就审核委员中推定特派员,赴闽执行省党部职权,俟军事结束,再召集省代表大会成立正式省党部;三、原派省代表大会筹备员蒋光鼐撤销。

△ 陈诚令第六师、第六十七师向东山进犯,第九十六师向熊村进犯,是日占东山。陈诚亲临东山督战,并下达以占领德胜关与红军主力作战为目的之作战令。

△ 英国政府为支持英采矿公司在云南西南边境班况所开银矿向班洪(今云南沧源佤族自治县)扩展,是日派员潜入该地,勾结当地土司进行秘密勘测活动。

△ 民孚商业储蓄银行在沪开业,资本 50 万元,闵瑞芝任董事长,刘祝三任经理。

△ 上海百乐门大饭店落成。

12 月 15 日 胡汉民发表对时局宣言,表示:"如宁方不能放弃其独裁之政策,闽方不能痛改叛党联共谬举,则无间宁、闽,不仅为本党之叛徒,亦且为国人之公敌";并提出八项主张:一、遵照总理遗教,力行三民主义；二、消灭蒋介石独裁统治,组织真能代表国家人民利益之政府；三、新政府对外必须抵抗帝国主义侵略,保障国家独立,对内确保人民言论、出版、集会、结社一切自由,依《建国大纲》,实行地方自治；四、防止军阀统治复活,凡带兵者,绝对不能干预政事；五、军权操于政府,全国军队统一编制,分负抗日、"剿匪"、戍边之责,撤废军事委员会；六、中央与地方实行均权制度；七、培植农村,开发交通,扩展工商业,厉行关税自主,绝对公开财政,废止苛捐杂税。南京统治之公债政策,误国害民,尤当彻底制止；八、政府用人以选贤任能为原则。

△ 日伪军千余人由装甲车配合进犯察边沽源东南喜峰砦等地,刘桂堂等部撤集赤城。翌日,日武官柴山诡称,系日第八师团一营从事"剿匪",决不越热河省境。17 日,宋哲元电示刘桂堂、黄守中、赵登禹、董福亭等"妥维防地治安,避免与日伪误会","已由平当局交涉令其后撤,在此期间驻军切勿擅动"。

△ 为策应入闽作战,陈诚令第十一、六十七师及第六、十七师分左右翼向德胜关进犯,空军助战。晚 9 时,占德胜关。红军主力于陈诚部到达前撤至闽西。

△ 国军第七十七师罗霖部向江西遂川潞田进犯,湘赣军区红军萧克部将罗部第四六一团包围,毙营长一名。翌日伤其团长,将全团歼灭。

△ 江西省民政厅令各县整饬"铲共"义勇队,提出训练标准四项：一、能否背诵"铲共"义勇队口号；二、能否人人表演武术；三、能否不预期的迅速集合；四、能否保卫本境。

△ 张学良由意大利威尼斯乘轮回国,行前意相墨索里尼赠以皇冠大十字勋章。

12 月 16 日 孙科由京到沪,语记者称：中央赞同胡汉民主张；殷同擅与日方洽商北宁路通车,实属越权,应予以撤职处分。

△ 黄绍竑返抵南京,向汪精卫报告赴蒙经过。29 日,黄将内蒙自治问题报告书及建议大纲呈行政院提交国民党中常会审核。

△ 为抵制外粮倾销,各海关奉财政部令自是日起开征外粮进口税。税率米每担 1.00 金单位(海关金元,下同),谷每担 0.50,小麦每担 0.30,面粉每担 0.75,大麦、玉米及其他杂粮一律按价 10% 征收。粤、桂、闽三省因民食关系缓征。开征前两日,各地大粮商大肆抢购囤积。

△ 西藏加派藏兵 5000 人屯驻青海边境牵制青军,并将大青寺喇嘛编成军,准备大举进兵西康。是日,蒙藏会再电达赖,警告不许发动军事进攻,听候中央处置。翌日达赖去世,过金沙江之藏军后撤,局势暂缓和。

△ 拉滨铁路建成通车。由吉林省拉法至黑龙江省哈尔滨之滨江,全长 272 公里,由伪满委托"满铁"修筑,上年 11 月起日夜施工,强拉民工 400 万人次,耗工费 2000 万元。该线通车后,黑龙江、乌苏里江广大地域之物资将全部经该线及京图线输往日本。

△ 江苏邳县警察大队以有"加入共党,密谋暴动"嫌疑,被该省十二区行政专员假检阅之名包围缴械,逮捕官兵 39 人,周占魁等七人被枪决。

12 月 17 日 张继等一行抵南宁与李宗仁、白崇禧、黄旭初等会谈。李、白否认同情闽方。

△ 蒋介石令颁"擒获共党首领"或因"招抚"、"诱降"来归者给予奖金或奖章标准,规定甲种:总司令、总指挥给奖 3000 元;乙种:军、师长 2000 元;丙种:旅、团长 1000 元等。

△ 罗炳辉率红军九军团第三、十四两师袭击国民党军团村后防,与国民党军第九十六、五师战斗后向西北转移。

△ 国民党军第十、八十三师协同第四、九十九师由资溪向光泽红七军团阵地进犯,占光泽。红军向西南方撤退。

△ 内蒙乌兰察布盟、伊克昭盟派代表赵泰保等到京"答谢"国民政府派员入蒙"盛意",并呈递自治建议书。

△ 北平东北难民救济院因经费竭蹶,通告宣布自明年 2 月底起,

停止施放难民米煤。

　　△　达赖十三世（阿旺罗布藏塔布元嘉穆错）在拉萨圆寂,藏中事务暂由司伦、噶厦负责。

　　△　行政院派禁烟委员会委员长刘瑞恒会同外交、海军两部代表到平与法使韦礼敦签订天津北洋海军医校医院新约,规定划地 24 亩为复兴医校医院之用,15 亩为扩建马路之用,中国政府担任偿还法籍教员欠薪。

12 月 18 日　国民党当局策动北平各界召开讨闽大会,国民党中委张厉生、苗培成等出席,通过提案四件:一、电中央党部、国府,明令讨伐陈铭枢、李济深;二、电蒋介石积极"剿匪";三、电粤、桂中委即日出师讨闽;四、电各地中委克日赴京,翊赞中央。

　　△　川军王陵基等部连日向红四方面军大举进攻,是日占宣汉。同日范绍增部占绥定。王电告国民党中央称"是役川军伤亡约一千余人"。

　　△　福建人民政府任命原福建独立旅旅长陈齐煊为独立师师长。翌年 1 月 3 日,陈倒戈,在寿宁就新编第十师师长职。

　　△　滦榆行政督察专员陶尚铭与日使馆武官柴山、关东军特务机关长仪我在津会谈接收榆关事。

　　△　蓟密行政督察专员公署在通州成立,专员殷汝耕到署视事。

12 月 19 日　国民政府公布《国民二十三年湖南省建设公债条例》,为修筑宝洪轻轨铁路及清偿银行旧欠,发行 1000 万元,年率六厘,按票面九八折发行,自 1934 年 12 月 31 日起十年偿还本息,以湘省契税及营业税等为担保。

　　△　行政院会议决定东北难民救济办法,一般难民之救济由政府就北平现有私人设立之东北难民救济机关予以津助,不另设东北难民救济委员会,其筹备处即行结束。

　　△　晚,孙科偕其妻由沪乘轮赴菲律宾。行前对报界声明系"耶诞旅行",过港时将访晤胡汉民交换对时局意见。

　△　吴铁城密电汪精卫报告西南将组织政府情形。电云,"顷接港电如下:西南组第三政府,宣传已久,当局表面虽否认,内部进行仍力。最近闻已决定以桂为武力中心,依胡宣言在粤组国府,如汪、蒋下野,即将国府移京,伯南(陈济棠)如不赞同,则设梧州,已有急转直下势,但粤方实力派仍主张与中央条件合作,现在互商中,本周内可决定。……"

　△　汤玉麟部经宋哲元改编为暂编骑兵第一、二两旅,由张北开抵张家口训练。是日,宋密电蒋介石、汪精卫及北平军政当局,以汤"自退出承德后,虽已负失土之咎,尚能收合部伍,转进察省,中经敌人之威迫利诱,卒克守志不渝",请撤对汤通缉明令并给予名义。27 日,行政院会议通过撤销对汤通缉令。

　△　英国复遣武装人员 2000 余名侵入云南班洪,强迫当地人民修筑公路、桥梁,架电线,开辟矿山,激起当地民众强烈反抗,此后曾多次进行武装反抗。

　△　天津卷烟业同业公会具呈市商会反对增加卷烟统税。略称:期年之间,华商相率倒闭者已达十之七八,增加统税,不啻保护外货。翌日,山东全省火柴公司代表到省府请愿,要求收回增加火柴统税成命。

　△　"满铁"总裁林博太郎、副总裁八田及关东军人员分别返东京呈报改组"满铁"方案。是日,拓相永井访首相斋藤,表示"碍难赞同",斋藤及内相山本、藏相高桥等均持反对态度。后经折冲,陆军省允拟新方案,但仍意欲夺取监督权。

12 月 20 日　中华苏维埃共和国临时中央政府致电福建人民政府与第十九路军,指出自订立反日反蒋的协定草约以来,已经有一个多月,"但是我们直到现在还没有看到你们积极的反日反蒋的行动"。"蒋介石却已经派了三个纵队向福州与延平进攻,日本帝国主义亦已经准备好以占领福州、厦门来响应蒋介石的军事行动,你们与福建广大民众是在极端危险的中间"。"在这一危险面前的任何消极与迟疑不决,对于中国革命是极大的罪恶",要求"立刻依照我们反日反蒋草约中所决定的基本原则,采取断然的行动",并表示"苏维埃政府和工农红军准备在任何时候同你们联合,同你们订立作战的军事协定"。

　　△　福建人民政府中央委员会议决定废止厦门鼓浪屿会审公廨,令思明地方法院对所有涉外诉讼行使独立审判权。此事遭领事团反对,不肯将诉讼案移送。

　　△　国民政府令:"福建省政府委员兼主席蒋光鼐甘心从逆,背叛民国,应褫夺本兼各职。"

　　△　四川"剿匪"总司令部决定自1934年元旦起在成都、重庆、万县、涪陵、合川、宜宾、泸县、自流井、乐山九处开征房捐四个月,并预征各县烟苗捐充作"剿匪"军费。

　　△　国民政府令派李平衡、谢东发为出席第十八届国际劳工大会中国政府代表,指定李平衡为第一代表。

　　△　河南豫丰纱厂劳资双方达成协议,决定1934年1月5日开工,工作时间每班延长至12小时,裁减工人500余人。

　　△　湖南新化锡矿山陷塌,工人百余人仅救出30余人,余皆压毙。

　　12月中旬　福建人民政府军事委员会以中央军第一批部队约10万人分别由浙江南进,由赣东东进,本旬召开紧急会议商讨对策,经激烈争论后确定放弃闽北守福州。会后,蔡廷锴往漳州、泉州、龙岩等地区贯彻军委决定,变更兵力部署。闽人民军全部兵力共33个团,除留置前、后方守点守线及各港口共11个团外,主力21个团均调往福州周围。

　　12月21日　国民党西南执行部通电赞成胡汉民时局宣言中所提八项主张,要求"闽省当局宜幡然改图,中央军政当局亦应退避贤路,使全党全国得恢复自由,以公同解决当前之纠纷,而重定今后之国策"。

　　△　孙科抵港访晤胡汉民,力促胡到南京,胡未允。当晚,孙离港赴菲律宾。

　　△　海军部长陈绍宽到临川向蒋介石请求处置"闽变"办法,是日午后返京。翌日,陈语记者称:按蒋指示,海军对闽一切布置就绪,日内

下令总攻,海陆空同时并进,以期"一鼓荡平"。

△ 月初西南政务会曾派黄河澧赴闽,提出三项条件:一、放弃联共政策;二、取消人民政府;三、恢复党治。闽方未接受。是日,闽派代表朱某偕黄抵穗续商。

△ 国民政府追赠达赖喇嘛护国弘化普慈圆觉大师封号。

△ 湖南滨湖各县水灾善后联合委员会呈省水灾善后委员会,要求体恤民艰,反对省方派员在滨湖各县催收 1931 年水灾工赈贷款。

△ 台湾停止 100 万石谷贮藏计划,改行奖励稻田改种代用作物。

12 月 22 日 福建人民政府发表第二次宣言,提出完成建立生产人民政权,扶助生产人民之组织,解除生产人民政治上、经济上种种痛苦,保障人民自由平等权利,以及恢复国权,求国家统一等为目前最中心的工作,要求于最短期间内完成。

△ 福建人民政府任许锡清为中央银行行长,并通过中央银行组织大纲及章程。同日,文化委员会推陈铭枢兼任人民大学校长。

△ 福建人民政府最高法院续释"政治犯"58 名。

△ 国民党中央电张继等,表示对胡汉民八项主张"可以酌量容纳",提交四中全会讨论,促胡入京说明一切。同日,张继等再次晤胡,翌日离港返京。

△ 空军飞机 14 架轰炸漳州,死伤群众 300 余人,全城大乱。厦门市商会、龙漳旅厦同乡会电蒋介石等抗议"以民众之机,戕民众之命",要求电令制止,以重人道。

△ 日驻南京总领事须磨由沪赴闽活动。28 日,由闽到台北与台湾总督松井石根商对"闽变"应付办法。

△ 内蒙各盟旗代表谒汪精卫,要求中央承认黄绍竑与德王等所订自治办法,早颁自治政府组织法,勿经立法程序成立自治区政府筹备处。汪答以黄所承认条件中央当然接受,组织法必须经立法院审查,筹备处可早日成立。

△ 汪精卫电唁达赖逝世;又电百灵庙邀班禅日内入京会商藏事。

　　△　伪满公布《暂行保甲法》,规定居民以 10 户为一牌,村或相当于村区域为一甲,一个警察区域为一保,某牌出现"扰乱治安"之"犯罪人"时各户负连带责任,课以"连坐金"。

　　12 月 23 日　海军马尾要港司令李孟斌率舰进驻马江,占领长门要塞。同日,海军部正式封锁闽江。

　　△　驻皖第三军王均部奉命开浙江攻闽,先头部队第十二师昨已入浙,是日第七师开抵蚌埠,俟令出发。

　　△　新编第一军军长邓宝珊、前甘肃省府主席马鸿宾等联电行政院为金树仁缓颊,略称:金被拘"无非以私订商约为词",金在边省"历年维持苦心,似难一概抹煞",表示"不忍坐视","恳予营救"。

　　△　国民政府任命李觉为第十九师师长。

　　△　上海中华水泥厂联合会具呈财政部,要求顾念民生困蔽,实业艰危,收回水泥增税成命,并要求发还各公司已缴之新增税款。

　　△　沪市传美国政府将提高银价,标金狂落,晨开 699.5 元,一日间跌至 671 元。翌日开始回升。

　　△　据天津《大公报》载称:苏省附税名目合各县计之,有 150 余种之多,税额较正税多至 20 倍。28 日,该报又报道各省人民纷向监察院控诉田赋附加超过正税。

　　12 月 24 日　汪精卫以行政院农村复兴委员会委员长名义电各省、市,以"必须废除苛细捐税,而后可言复兴农村",令饬将各该地方捐税情形"切实查明,据情胪报"。

　　△　空军飞机七架轰炸福州,次日,又有六架飞机飞福州轰炸。厦门商会、旅港福建商会等电请国民政府切实制止,"为闽民留一条生路"。

　　△　蔡廷锴电请陈济棠仍助第十九路军月饷 30 万元,陈置之不复。

　　△　上海丝业因丝价跌落,营业亏损,相继停业者达 63 家,是日,全国经济委员会筹组丝业统制委员会,以谋救济。

12月25日 国军占闽北屏南县;海军开始作掩护攻击,"海宁"、"应瑞"、"海筹"等舰驶抵离吴淞百余里之鸭窝沙待命。

△ 蒋介石由杭州至浦城,亲自指挥对闽军事行动,分兵三路向闽进攻:一路集中浦城一带向建瓯推进,规取南平;一路由光泽向邵武、顺昌前进,以拊闽人民军之背;一路集结于德胜关附近,遏制红军,并相机向泰宁进攻。

△ 红二军团贺龙部进占四川黔江,牵制川军刘湘对红四方面军的进攻。杨森急派陈万仞师前往堵截。

△ 晨,张继等四人由港到沪,发表共同谈话称:此行对于中央所有之使命,大体慎重达到。当晚返京。

△ 宋哲元令刘桂堂率部开驻阳原训练,并派张树声前往宣示。刘恐宋有解决该部之意,是日下午在赤城抢掠后率部四五千人(第一旅夏子明部除外)向东南开走,自称"东亚协和第二军总司令"。

△ 河北省战区各县临时联合救济筹备会向行政院、财政部、冀省府呈诉战区各县官产局利用权势,残害民众,要求明令将其撤销。

12月26日 湘鄂赣边区红军孔荷宠部进占离南昌仅50里之万寿宫,南昌一片惊慌。熊式辉即派部"进剿",并派飞机轰炸,又令南昌军警及侦察人员全体出动,日夜检查各客栈、公寓。28日,孔部撤走。

△ 国民政府任命卢兴邦为第五十二师师长。

△ 行政院会议决定任驻闽黔军周志群为新编第十一师师长。

12月27日 蔡廷锴委邱兆琛为闽东警备司令兼右翼前敌总指挥。是日,蔡偕邱检阅所部并训话。

△ 海军部长陈绍宽由京到沪,召第一舰队司令陈季良及其他高级军官会议,布置对闽进攻计划。陈书面答记者问称,海军已总动员,现仅小接触,俟令总攻。

△ 黄郛电蒋介石,建议"用全力将闽事速决,决后续自动在可能范围内容纳各方意见,颁布改弦更张之道,以系人心而安反侧"。

△ 驻闽北第五十六师师长刘和鼎派旅长刘尚志赴赣谒蒋介石,

又转杭谒鲁涤平,表示拥护国民党中央。是日,国民政府任命刘和鼎为第三十九军军长,仍兼第五十六师师长,叙中将级,加上将衔。

△　国民政府任命马鸿宾为第三十五师师长,原任马鸿逵免职;任马鸿逵为新编第七师师长。

△　张培元通电反对盛世才,自称北疆总司令,马仲英为南疆总司令,共同出兵攻盛。张即率部攻塔城;马向迪化进军。

△　刘桂堂率部窜抵延庆一带,宋哲元令宣化张自忠部、涿鹿刘汝明部、怀来冯治安部共同防堵。

△　前北京政府海军总司令、海军上将衔杜锡珪在沪病逝。30日,国民政府令给治丧费 3000 元,派吴铁城往祭,并由行政院令海军部照海军上将积劳病故例从优议恤。

12 月 28 日　国民党中常会开会,由张继报告赴港、粤接洽经过,略称:西南对中央"即有责备,未忘献替","中央党政措施有应改革以求进步之处","粤桂地方现在并无反中央表现","对闽变南中同志认识甚清,持义亦甚鲜明……于中央之如何严厉制裁,西南方面均表示赞同"。

△　杨邨人在《文化列车》第三期发表致鲁迅的公开信,对鲁迅进行攻击。是日,鲁迅著《答杨邨人先生公开信的公开信》,痛斥其造谣生事的无耻行径,揭露其叛徒嘴脸,对国民党文化"围剿"作有力抨击。

△　国民政府令:派王宠惠为海牙公断院公断员;任命王以哲、何柱国为北平军分会委员。

△　杭江铁路(杭州至江山)建成通车。

12 月 29 日　福建人民政府军事委员会委沈光汉、谭启秀为左、右翼指挥;翁照垣为兴泉永警备司令。

△　福建人民政府财政库存空虚,除征收煤油、火柴进口税外,是日蒋光鼐电福州、厦门、漳州、泉州市、县长及商会要求借款百万元充军费,厦门 60 万,福州 20 万,漳、泉各 10 万,限一周汇解,三个月内偿还。

△　孙科由菲律宾返港,发表谈话称:胡(汉民)政见已见其宣言,必要某某下野始肯复出,非为党国计,纯系私见。苟使政权归西南又如

何？蒋下野后其嫡系军队将如何处置？不从实际做去,只日发通电宣言,于事无补。翌日,孙偕唐绍仪回原籍中山县。

△ "闽变"发生时,山东省府主席韩复榘曾有华北"联省自保"之议,并曾派员向黄郛活动,黄以对日对共两难题不好解决相敷衍。是日及翌日,黄连电蒋介石报告称:于学忠"主张少事",徐永昌"尚慎重",韩"未必拿得出具体合理之办法",张学良下月抵沪,"纵有策动,亦须有相当期间运用"。决定下月 4 日开政整会例会,"趁此面谈之机会,作一度彻底之解释"。

△ 外国驻福州领事团电南京领事团,转商国民政府划仓前山泛船浦为中立区。

△ 行政院讨论边疆要务,对解决内蒙自治问题决定以黄绍竑之报告书及建议大纲为原则;并决定派大员入藏宣慰。

△ 日使馆武官谷荻为刘桂堂哗变向何应钦声明:刘曾派代表赴日本方面,谓所部给养困难,拟暂驻停战区内就食,被日方"拒绝",如刘部开入停战区内,将予断然处置。

△ 湘西"全民救国军"在洪江附近被保安第四区副司令陈子贤部击溃,"前敌总指挥"喻翊忠被俘枪决,贺竟成率残部向黔边逃逸。

△ 蒋介石以对闽军事镇压开始,为防止官兵对中央苏区五次"围剿"作战松懈,是日由行营颁布斩则九项:一、不遵命令擅自撤退或逗留不进者;二、不遵日期到指定地点者;三、放弃城地,勾通"匪类"者;四、借端敛财扰害地方者;五、"济匪"粮械者;六、贿收重要"匪首"者;七、纵兵殃民,迫民从"匪"者;八、强以地方枪械抵补或蒙蔽邀功者;九、逃兵失械隐匿不报者,均立斩决。

△ 天津《大公报》就国民政府调查捐税名目问题发表社评《请先废一种最苛之捐》,建议政府先令各省"先废一种不待调查而害民最甚之田赋附加税捐——鸦片地亩捐"。指出,最初种烟者罚,继而劝民多种,按亩收捐,仍以罚名;再继则每县派捐,强迫其种,且不许减成;最后则不论种不种,但要钱。要求不要空言整理税捐,徒耗时于调查之中。

　△　伪满决定次年 3 月 1 日实行帝制。

12 月 30 日　最高法院以前故宫博物院院长易培基盗买故宫古物案,经屡次传讯及发出拘票,易均避匿不见,是日对易下令通缉。

　△　国民政府明令褒奖沪商叶鸿英捐资 50 万元办图书馆及乡村教育,并由教育部授予一等奖状。

　△　胡汉民通电各方,指责"宁、闽两反动统治,已开始其蛮触之争",呼吁"各方奋起,制止此次行动"。

　△　国民政府准宁夏省中卫县黄河南部地域增置中宁县。

12 月 31 日　海军部长陈绍宽派陈季良离沪赴闽指挥海军作战。

　△　外交部要求各国驻京领事开具驻闽侨民名单,"俾能予以保护"。各国领事以国民党空军轰炸福建,危及外侨,提请南京当局注意。

　△　日使馆武官根本博自东京返平,晤黄郛称,荒木嘱面告三点:一、闽方事前曾派青年党人分赴台湾、东京两地求谅解;二、胡汉民发表宣言之前曾托人间接与驻港武官接洽,谓华南立场不能不标抗日,但反蒋成功后彼此合作谋根本亲善之道;三、对张学良回国提出两点要求:(一)不来华北;(二)不掌军权。同日,黄郛将上述内容电告蒋介石、汪精卫。

　△　川军田颂尧部李炜如师占仪陇,红军退兴隆场。

　△　刘桂堂率部沿"战区"边界向西南移动,是日窜抵昌平明陵。宋哲元电请平军分会派队防堵。后刘部迭经万福麟、王以哲等部截击,分成若干小股由鲁北、冀西南窜。

12 月下旬　下旬迄翌年初,中央军对闽军事行动为:蒋鼎文率第二路军,辖第三、九两师由赣东入闽后,经崇安、建阳过建瓯南进中,先头抵延平附近;张治中率第四路军,辖第八十七、八十八两师由浙入闽,经浦城、建瓯,前锋迫古田附近;卫立煌率第五路军,辖第十、三十六、八十三三个师由赣东入闽后,经邵武、顺昌,先头抵延平附近;刘和鼎部第五十六师由建瓯南进达延平以北地区;后续部队汤恩伯纵队所辖第四、八十九两师由赣东入闽后,经邵武向顺昌前进中。蒋介石乘机抵建瓯坐镇指挥。福建人民政府军事领导人遂变更原来部署,作驰援古田、延平之准备。

　　△　刘文龙被盛世才扣押。刘因对马仲英、张培元主和平解决,对盛与苏联结纳亦表不满,盛乃决计除刘,下旬,以"谋害督办,颠覆政府"罪名,解散省府卫队,押刘回私宅囚禁,并代拟向中央辞职电稿,迫刘签字发出。

　　△　黔省军阀战争经粤、桂两省当局调停,下旬于盘江召开和平会议,粤、桂、川、湘、滇均派代表参加。迄次年春,达成初步协议如下:一、联军车鸣翼、雷鸣九、杨其昌三部让出铜仁、松桃两县城,由柏辉章部接收;二、指定车、雷、杨三部暂驻石阡、思县二地听候整编;三、车、雷、杨由黔省府保障安全,并给予相当名义。

　　是月　安徽太湖、望江、宿松、至德等县各法团以省府欲恢复盐斤附加,向行政院、财政部等部门呈文,并推代表向省府请愿,要求减免。

　　△　澳门"海军航空中心"宣告结束。水上飞机及设施移交澳门港务厅。

　　△　日关东军在哈尔滨南岗宣化街设立细菌研究所,并于五常县背阴河建细菌工厂。

　　是年　第十九路军在福建秘密成立"改造社",蔡廷锴兼任总社长,徐名鸿任书记,各师成立分社,由各师长兼任分社长,分社下设支部。该社任务为秘密防范蒋介石派人暗中渗入第十九路军策动叛变及防范"力行社"特务的渗入,作为上级将领的忠实耳目。"闽变"发生后解散,部分社员加入生产党。

　　△　本年外贸出口净数 6.1182799 亿元,入口净数 13.45567188 亿元。出口以生丝第一,占出口总额的 7.9%;入口以大米第一,占入口总额的 11.21%。全年入超 7.33739198 亿元,占入口总额的 54.53%。

　　△　本年公债发行额 1.24 亿元,公债还本 6594.7211 万元,年末负债滚存 9.17748151 亿元。各省、市地方公债发行额不完全统计,共